ŒUVRES

DE PIERRE ET THOMAS

CORNEILLE

ORNÉES DU PORTRAIT DE PIERRE CORNEILLE.

Paris,

F. BÉCHET, LIBRAIRE,
QUAI DES GRANDS-AUGUSTINS, 31.

1846.

OEUVRES

DE

PIERRE ET THOMAS

CORNEILLE.

LAGNY. — Imprimerie hydraulique de Giroux et Vialat.

P. CORNEILLE.

ŒUVRES

DE PIERRE ET THOMAS

CORNEILLE

Nouvelle édition,

ORNÉE DU PORTRAIT DE PIERRE CORNEILLE.

PARIS,
MADAME VEUVE DESBLEDS, LIBRAIRE,
QUAI DES GRANDS-AUGUSTINS, 49.

—

1846.

NOTICE
SUR
CORNEILLE.

CORNEILLE (Pierre), né à Rouen en 1606, de *Pierre Corneille*, maître des eaux et forêts, parut au barreau, n'y réussit point, et se décida pour la poésie. Une petite aventure développa son talent, qui avait été caché jusqu'alors. Un de ses amis le conduisit chez sa maîtresse ; le nouveau venu prit bientôt, dans le cœur de la demoiselle, la place de l'introducteur. Ce changement le rendit poète, et ce fut le sujet de *Mélite*, sa première pièce de théâtre. Cette comédie, tout imparfaite qu'elle était, fut jouée avec un succès extraordinaire. On conçut, à travers les défauts dont elle fourmille, que la poésie dramatique allait se perfectionner ; et sur la confiance que l'on eut au nouvel auteur, il se forma une nouvelle troupe de comédiens. *Mélite* fut suivie de la *Veuve*, de *la Galerie du Palais*, de *la Suivante*, de *la Place Royale*, de *Clitandre*, et de quelques autres pièces, qui ne sont bonnes à présent que pour servir d'époque à l'histoire du théâtre Français. *Corneille* prit un vol plus élevé dans sa *Médée*, et surtout dans le *Cid*, tragi-comédie jouée en 1636, par laquelle commença le siècle qu'on appelle celui de *Louis XIV*. Quand cette pièce parut, le cardinal de *Richelieu*, jaloux de toutes les espèces de gloire, en fut aussi alarmé, (dit *Fontenelle* dans la Vie de son illustre oncle) que s'il avait vu les Espagnols devant Paris. Il souleva les auteurs contre cette ouvrage (ce qui ne dut pas être fort difficile) et se mit à leur tête. L'académie Française donna, par l'ordre de ce ministre, son fondateur et son protecteur, ses sentiments sur cette tragédie. Mais elle eut beau critiquer ; le public, pour me servir de l'expression de *Despréaux*, s'obstina à l'admirer. En plusieurs provinces de France, il était passé en proverbe de dire : *Cela est beau comme le Cid*. Corneille avait dans son cabinet cette pièce traduite dans toute les langues de l'Europe, hormis l'Esclavonne et la Turque. Les Espagnols, dont il avait emprunté ce sujet, voulurent bien copier eux-mêmes une copie dont l'original leur appartenait ; mais qui, à la vérité, par les embellissements dont l'avait accompagné l'auteur Français, était au-dessus de tout ce qu'a produit le théâtre Espagnol. *Corneille* ne répondit à *Richelieu* et à l'académie, que par de nouveaux prodiges. Il fit les *Horaces* et *Cinna*, au-dessus duquel on ne trouve rien, ni dans l'antiquité, ni dans les tragiques modernes. Le *Cid*, dit l'auteur du *Siècle de Louis XIV*, n'était après tout qu'une imitation de *Guillem de Castro*, et *Cinna* qui le suivit était unique! Le grand *Condé* à l'âge de 20 ans, étant à la première représentation de cette pièce, versa des larmes à ces paroles d'*Auguste* :

    Je suis maître de moi, comme de l'Univers ;
    Je le suis, je veux l'être. O siècles! ô mémoire!
    Conservez à jamais ma nouvelle victoire.
    Je triomphe aujourd'hui du plus juste courroux,
    De qui le souvenir puisse aller jusqu'à vous.
    Soyons amis, CINNA: c'est moi qui t'en convie :

C'étaient là des larmes de héros. Le grand *Corneille* faisant pleurer le grand *Condé*, est une époque bien célèbre dans l'histoire de l'esprit humain. Le théâtre Français était au plus haut point de sa gloire. *Corneille* le soutint dans ce degré par son *Polyeucte*. En vain la critique voulut fermer les yeux sur la beauté de cette pièce ; envain l'hôtel de Rambouillet, asyle du bel-esprit, comme du mauvais goût, lui refusa son suffrage : elle a été toujours regardée comme un de ses plus beaux ouvrages. Le style n'en est pas si fort, ni si majestueux, que celui de *Cinna* ; mais elle a quelque chose de plus touchant. L'amour profane y contraste si bien avec l'amour divin, qu'il satisfit à la fois les dévots et les gens du monde. Après *Polyeucte* vint *Pompée*, dans laquelle l'auteur profita de *Lucain*, comme dans sa *Médée* il avait imité *Sénèque* ; mais dans les endroits où il les copie, il paraît original ; et dans ceux qu'il n'a pas empruntés d'eux, le poète français est fort au-dessus des versificateurs romains. Le *Menteur*, pièce comique, et presque entièrement prise de l'Espagnol, suivit la tragédie de *Pompée*. Au *Menteur* succéda *Rodogune*, qu'il aimait d'un amour de préférence. Il disait que pour trouver la plus belle de ses pièces, il fallait choisir entre *Rodogune* et *Cinna*, quoique le public penchât plus du côté de la dernière. *Rodogune*, avec très-peu de taches, a des beautés sans nombre. L'intérêt y devient plus vif d'acte en acte. Le second passe le premier, le troisième est au-dessus du second, et le dernier l'emporte sur tous les autres. *Héraclius* parut ensuite, et le public ne la trouva point indigne des chefs-d'œuvre qui l'avaient précédée. Puis vinrent *Sertorius* et *Othon*, où, malgré une certaine dureté de style, il y a encore quelques beaux éclairs. L'entrevue de *Sertorius* et de *Pompée* intéressa tous les spectateurs qui aimaient l'ancienne Rome. Les deux généraux y déploient toute la noblesse et la fierté des héros, et paraissent en même tems épuiser les grandes ressources de leur politique. *Turenne* étant un jour à une représentation de *Sertorius*, s'écria, dit-on, à cette scène : *Où donc Corneille a-t-il appris l'art de la guerre ?* Ce fut par *Agésilas, Attila, Pulchérie, Bérénice* et *Suréna*, que ce père du théâtre finit sa carrière. Ces dernières pièces sont à quelques endroits près, ce que nous avons de moins digne de ce grand homme, par la sécheresse, la raideur, et la platitude du style, plein de termes populaires, de phrases barbares, de constructions louches ; par la froideur de l'intrigue mal imaginée et mal conduite ; par les amours déplacés et insipides ; par un tas de raisonnemens de politique et d'amplifications alambiquées. Mais on ne juge, dit M. de *Voltaire*, d'un grand-homme que par ses chefs-d'œuvre, et non par ses fautes. Ce sont les ouvrages d'un vieillard ; mais ce vieillard est *Corneille*. Si nous n'en jugeons que par les pièces du temps de sa gloire, quel homme ! Quel sublime dans ses idées ! Quelle élévation de sentiments ! Quelle noblesse dans ses portraits ! Quelle profondeur de politique ! Quelle vérité, quelle force dans ses raisonnements ! Chez lui les Romains parlent en Romains, les rois en rois ; partout de la grandeur et de la majesté. On sent, en le lisant, qu'il ne puisait l'élévation de son génie que dans son âme. C'était un ancien Romain parmi les Français, un *Cinna*, un *Pompée*, etc. *Corneille*, débarrassé du théâtre, ne s'occupa plus qu'à se préparer à la mort. Il avait eu dans tous les temps beaucoup de religion. Il traduisit l'*Imitation de J.-C.* en vers : version qui eut un succès prodigieux, mais qui manque du plus beau charme de l'original, de cette simplicité touchante, de cette naïveté tendre, qui opèrent plus de conversions que tous les sermons. Ce grand homme s'affaiblit peu à peu, et mourut doyen de l'académie Française en 1684. Comme c'est une loi dans ce corps, que le directeur fait les frais d'un service pour ceux qui meurent sous son directorat, il y eut un combat de générosité entre *Racine* et l'abbé de *Lavau* ; celui-ci l'emporta. Ce fut à cette occasion que *Benserade* dit à *Racine* : *Si quelqu'un pouvait prétendre à enterrer* Corneille, *c'était vous ; vous ne l'avez pourtant pas fait.* Ce discours a été pleinement vérifié, dit l'illustre neveu de ce grand poëte. *Corneille* a la première place, et *Racine* la seconde, quoique supérieur à son rival dans une des plus belle parties de l'art du théâtre, dans la versification. On fera à son gré l'intervalle entre ces deux places, un peu plus, ou un peu moins grand : c'est-là ce qu'on trouve en ne comparant que les ouvrages de part et d'autre. Mais si l'on compare les deux hommes, l'inégalité est plus grande. Il peut être incertain que *Racine* eût été si *Corneille* ne fût pas venu avant lui ; il est certain que *Corneille* a été par lui-même. On ne peut s'empêcher de placer ici le portrait de ce grand homme, tracé par la même main. « *Corneille* était assez grand et assez plein, l'air fort simple et fort commun, toujours négligé, et peu curieux de son extérieur. Il avait le visage assez agréable, un grand nez, la bouche belle, les yeux pleins de feu, la physionomie vive, des traits fort marqués, propres à être transmis à la postérité dans une médaille ou dans un buste. Sa prononciation n'était pas tout-à-fait nette. Il faisait ses vers avec force, mais sans grâce. Il savait les belles-lettres, l'histoire, la politique ; mais il les prenait principalement du côté qu'elles ont rapport au théâtre. Il n'avait pour toutes les autres connaissances ni loisir, ni curiosité, ni beaucoup d'estime. Il parlait peu, même sur la matière qu'il entendait si parfaitement. Il n'ornait pas ce qu'il disait, et pour trouver le grand *Corneille*, il fallait le lire. Il était mélancolique. Il lui fallait des sujets plus solides pour espérer, ou pour se réjouir, que pour se chagriner ou pour craindre. Il avait l'humeur brusque, et quelquefois rude en apparence ; au fond il était très aisé à vivre : bon père, bon mari, bon parent, tendre et plein d'amitié. Son tempérament le portait assez à l'amour, mais jamais au libertinage, et rarement aux grands attachements. Il avait l'âme fière et indépendante ; nulle souplesse, nul manége : ce qui l'a rendu très propre à peindre la vertu romaine, et très peu propre à faire sa fortune. Il n'aimait point la cour ; il y apportait un visage presqu'inconnu, un grand nom qui ne s'attirait que des louanges, et un mérite qui n'était point le mérite de ce pays-là. Rien n'était égal à son incapacité pour les affaires, que son aversion ; les plus légères lui causaient de l'effroi et de la terreur. Il avait plus d'amour pour l'argent, que d'habileté pour en amasser. Il ne s'était point trop endurci aux louanges, à force d'en recevoir ; mais quoique sensible à la gloire, il était fort éloigné de la vanité. Quelquefois il s'assurait trop peu sur son rare mérite, et croyait trop facilement qu'il pouvait avoir des rivaux. » M. de *Voltaire*, qui doit tant au grand *Corneille*, et pour nous servir de ses modestes expressions, soldat de ce général, prit chez lui, à la fin de 1760, sa petite-nièce. Après lui avoir donné une éducation digne de sa naissance et de ses talents, il l'a mariée d'une manière avantageuse. Il a ajouté à ce bienfait, celui de lui céder tout le fruit de la nouvelle édition des œuvres de son grand'oncle, qu'il publia en 1764, en 12 vol. in-8°.

LE CID.

TRAGÉDIE EN CINQ ACTES. — 1636.

PERSONNAGES.

DON FERNAND, premier roi de Castille.
DONA URRAQUE, infante de Castille.
DON DIEGUE, père de don Rodrigue.
DON GOMES, comte de Gormas, père de Chimène.
CHIMÈNE, fille de don Gomès.
DON RODRIGUE, fils de don Diègue, et amant de Chimène.
DON SANCHE, amoureux de Chimène.
DON ARIAS, } gentilshommes castillans.
DON ALONSE,
LÉONOR, gouvernante de l'infante.
ELVIRE, gouvernante de Chimène.
Un page de l'infante

La scène est à Séville.

ACTE PREMIER.

SCÈNE I. — Chimène, Elvire.

CHIMÈNE. Elvire, m'as-tu fait un rapport bien sincère?
Ne déguises-tu rien de ce qu'a dit mon père?
ELVIRE. Tous mes sens à moi-même en sont encor charmés :
Il estime Rodrigue autant que vous l'aimez;
Et si je ne m'abuse à lire dans son ame,
Il vous commandera de répondre à sa flamme.
CHIMÈNE. Dis-moi donc, je te prie, une seconde fois
Ce qui te fait juger qu'il approuve mon choix;
Apprends-moi de nouveau quel espoir j'en dois prendre;
Un si charmant discours ne se peut trop entendre;
Tu ne peux trop promettre aux feux de notre amour
La douce liberté de se montrer au jour.
Que t'a-t-il répondu sur la secrète brigue
Que font auprès de toi don Sanche et don Rodrigue?
N'as-tu point trop fait voir quelle inégalité
Entre ces deux amants me penche d'un côté?
ELVIRE. Non, j'ai peint votre cœur dans une indifférence
Qui n'enfle d'aucun d'eux, ni détruit l'espérance,
Et sans les voir d'un œil trop sévère ou trop doux,
Attend l'ordre d'un père à choisir un époux.
Ce respect l'a ravi, sa bouche et son visage
M'en ont donné sur l'heure un digne témoignage;
Et puisqu'il vous en faut encor faire un récit,
Voici d'eux et de vous ce qu'en hâte il m'a dit :
« Elle est dans le devoir, tous deux sont dignes d'elle,
« Tous deux formés d'un sang noble, vaillant, fidèle,
« Jeunes, mais qui font lire aisément dans leurs yeux
« L'éclatante vertu de leurs braves aïeux.
« Don Rodrigue surtout n'a trait en son visage,
« Qui d'un homme de cœur ne soit la haute image,
« Et sort d'une maison si féconde en guerriers,
« Qu'ils y prennent naissance au milieu des lauriers.
« La valeur de son père en son temps sans pareille,
« Tant qu'a duré sa force, a passé pour merveille;
« Ses rides sur son front ont gravé ses exploits,
« Et nous disent encor ce qu'il fut autrefois.
« Je me promets du fils ce que j'ai vu du père,

« Et ma fille, en un mot, peut l'aimer et me plaire. »
Il allait au conseil, dont l'heure qui pressait
A tranché ce discours qu'à peine il commençait ;
Mais à ce peu de mots je crois que sa pensée
Entre vos deux amants n'est pas fort balancée.
Le roi doit à son fils élire un gouverneur,
Et c'est lui que regarde un tel degré d'honneur :
Ce choix n'est pas douteux et sa rare vaillance
Ne peut souffrir qu'on craigne aucune concurrence.
Comme ses hauts exploits le rendent sans égal,
Dans un espoir si juste il sera sans rival ;
Et puisque don Rodrigue a résolu son père
Au sortir du conseil à proposer l'affaire,
Je vous laisse à juger s'il prendra bien son temps,
Et si tous vos désirs seront bientôt contents.
CHIMÈNE. Il semble toutefois que mon âme troublée
Refuse cette joie, et s'en trouve accablée.
Un moment donne au sort des visages divers,
Et dans ce grand bonheur je crains un grand revers.
ELVIRE. Vous verrez votre crainte heureusement déçue.
CHIMÈNE. Allons, quoi qu'il en soit, en attendre l'issue.

SCÈNE II. — L'INFANTE, LÉONOR, PAGE.

L'INFANTE. Page, allez avertir Chimène de ma part
Qu'aujourd'hui pour me voir elle attend un peu tard,
Et que mon amitié se plaint de sa paresse. (*Le page rentre.*)
LÉONOR. Madame, chaque jour même désir vous presse ;
Et dans son entretien je vous vois, chaque jour,
Demander en quel point se trouve son amour.
L'INFANTE. Ce n'est pas sans sujet ; je l'ai presque forcée
A recevoir les traits dont son âme est blessée ;
Elle aime don Rodrigue, et le tient de ma main,
Et par moi don Rodrigue a vaincu son dédain :
Ainsi de ces amants ayant formé les chaînes,
Je dois prendre intérêt à voir finir leurs peines.
LÉONOR. Madame, toutefois parmi leurs bons succès
Vous montrez un chagrin qui va jusqu'à l'excès.
Cet amour, qui tous deux, les comble d'allégresse,
Fait-il de ce grand cœur la profonde tristesse ?
Et ce grand intérêt que vous prenez pour eux
Vous rend-il malheureuse alors qu'ils sont heureux ?
Mais je vais trop avant et deviens indiscrète.
L'INFANTE. Ma tristesse redouble à la tenir secrète.
Écoute, écoute enfin comme j'ai combattu,
Écoute quels assauts brave encor ma vertu.
L'amour est un tyran qui n'épargne personne.
Ce jeune cavalier, cet amant que je donne,
Je l'aime.
LÉONOR. Vous l'aimez !
L'INFANTE. Mets la main sur mon cœur,
Et vois comme il se trouble au nom de son vainqueur,
Comme il le reconnaît !
LÉONOR. Pardonnez-moi, Madame :
Si je sors du respect pour blâmer cette flamme,
Une grande princesse à ce point s'oublier
Que d'admettre en son cœur un simple cavalier !
Et que dirait le roi, que dirait la Castille ?
Vous souvient-il encor de qui vous êtes fille ?
L'INFANTE. Il m'en souvient si bien que j'épandrais mon sang,

Avant que je m'abaisse à démentir mon rang.
Je te répondrais bien que dans les belles ames
Le seul mérite a droit de produire des flammes;
Et, si ma passion cherchait à s'excuser,
Mille exemples fameux pourraient l'autoriser;
Mais je n'en veux point suivre où ma gloire s'engage :
La surprise des sens n'abat point mon courage,
Et je me dis toujours qu'étant fille de roi,
Tout autre qu'un monarque est indigne de moi.
Quand je vis que mon cœur ne se pouvait défendre,
Moi-même je donnai ce que je n'osais prendre ;
Je mis, au lieu de moi, Chimène en ses liens,
Et j'allumai leurs feux pour éteindre les miens.
Ne t'étonne donc plus si mon âme gênée
Avec impatience attend leur hyménée :
Tu vois que mon repos en dépend aujourd'hui.
Si l'amour vit d'espoir, il périt avec lui :
C'est un feu qui s'éteint faute de nourriture;
Et, malgré la rigueur de ma triste aventure,
Si Chimène a jamais Rodrigue pour mari,
Mon espérance est morte, et mon esprit guéri.
Je souffre cependant un tourment incroyable.
Jusques à cet hymen Rodrigue m'est aimable :
Je travaille à le perdre, et le perds à regret;
Et de là prend son cours mon déplaisir secret.
Je vois avec chagrin que l'amour me contraigne
A pousser des soupirs pour ce que je dédaigne;
Je sens en deux partis mon esprit divisé,
Si mon courage est haut, mon cœur est embrasé.
Cet hymen m'est fatal, je le crains, et souhaite :
Je n'ose en espérer qu'une joie imparfaite.
Ma gloire et mon amour ont pour moi tant d'appas
Que je meurs s'il s'achève, ou ne s'achève pas.

LÉONOR. Madame, après cela je n'ai rien à vous dire,
Sinon que de vos maux avec vous je soupire :
Je vous blâmais tantôt, je vous plains à présent.
Mais, puisque dans un mal si doux et si cuisant
Votre vertu combat et son charme et sa force,
En repousse l'assaut, en rejette l'amorce,
Elle rendra le calme à vos esprits flottants.
Espérez donc tout d'elle et du secours du temps;
Espérez tout du ciel : il a trop de justice
Pour laisser la vertu dans un si long supplice.

L'INFANTE. Ma plus douce espérance est de perdre l'espoir.
LE PAGE. Par vos commandements Chimène vous vient voir.
L'INFANTE, à *Léonor.* Allez l'entretenir en cette galerie.
LÉONOR. Voulez-vous demeurer dedans la rêverie ?
L'INFANTE. Non, je veux seulement, malgré mon déplaisir,
Remettre mon visage un peu plus à loisir.
Je vous suis. (*Léonor sort avec le page.*)
L'INFANTE. (*Seule.*) Juste ciel, d'où j'attends mon remède.
Mets enfin quelque borne au mal qui me possède,
Assure mon repos, assure mon honneur.
Dans le bonheur d'autrui je cherche mon bonheur.
Cet hyménée à trois également importe;
Rends son effet plus prompt, ou mon âme plus forte.
D'un lien conjugal joindre ces deux amants,
C'est briser tous mes fers, et finir mes tourments.
Mais je tarde un peu trop : allons trouver Chimène,

Et, par son entretien, soulager notre peine.

SCÈNE III. — LE COMTE, D. DIÈGUE.

LE COMTE. Enfin vous l'emportez, et la faveur du roi
Vous élève en un rang qui n'était dû qu'à moi :
Il vous fait gouverneur du prince de Castille.
D. DIÈGUE. Cette marque d'honneur qu'il met dans ma famille
Montre à tous qu'il est juste, et fait connaître assez
Qu'il sait récompenser les services passés.
LE COMTE. Pour grands que soient les rois, ils sont ce que nous sommes :
Ils peuvent se tromper comme les autres hommes ;
Et ce choix sert de preuve à tous les courtisans
Qu'ils savent mal payer les services présents.
D. DIÈGUE. Ne parlons plus d'un choix dont votre esprit s'irrite,
La faveur l'a pu faire autant que le mérite ;
Mais on doit ce respect au pouvoir absolu,
De n'examiner rien quand un roi l'a voulu.
A l'honneur qu'il m'a fait ajoutez-en un autre ;
Joignons d'un sacré nœud ma maison à la vôtre.
Vous n'avez qu'une fille, et moi je n'ai qu'un fils ;
Leur hymen nous peut rendre à jamais plus qu'amis :
Faites-nous cette grâce, et l'acceptez pour gendre.
LE COMTE. A des partis plus hauts ce beau fils doit prétendre,
Et le nouvel éclat de votre dignité
Lui doit enfler le cœur d'une autre vanité.
Exercez-la, Monsieur, et gouvernez le prince ;
Montrez-lui comme il faut régir une province,
Faire trembler partout les peuples sous sa loi,
Remplir les bons d'amour, et les méchants d'effroi :
Joignez à ces vertus celle d'un capitaine ;
Montrez lui comme il faut s'endurcir à la peine,
Dans le métier de Mars se rendre sans égal,
Passer les jours entiers et les nuits à cheval,
Reposer tout armé, forcer une muraille,
Et ne devoir qu'à soi le gain d'une bataille :
Instruisez-le d'exemple, et rendez-le parfait,
Expliquant à ses yeux vos leçons par l'effet.
D. DIÈGUE. Pour s'instruire d'exemple, en dépit de l'envie,
Il lira seulement l'histoire de ma vie.
Là, dans un long tissu de belles actions,
Il verra comme il faut dompter les nations,
Attaquer une place, ordonner une armée,
Et sur de grands exploits bâtir sa renommée.
LE COMTE. Les exemples vivants sont d'un autre pouvoir.
Un prince, dans un livre, apprend mal son devoir.
Et qu'a fait, après tout, ce grand nombre d'années,
Que ne puisse égaler une de mes journées ?
Si vous fûtes vaillant, je le suis aujourd'hui ;
Et ce bras, du royaume, est le plus ferme appui.
Grenade et l'Aragon tremblent que ce fer brille :
Mon nom sert de rempart à toute la Castille.
Sans moi, vous passeriez bientôt sous d'autres lois,
Et vous auriez bientôt vos ennemis pour rois.
Chaque jour, chaque instant, pour rehausser ma gloire,
Met lauriers sur lauriers, victoire sur victoire :
Le prince à mes côtés ferait dans les combats
L'essai de son courage à l'ombre de mon bras ;
Il apprendrait à vaincre en me regardant faire ;
Et, pour répondre en hâte à son grand caractère,

Il verrait...
D. DIÈGUE. Je le sais, vous servez bien le roi.
Je vous ai vu combattre et commander sous moi :
Quand l'âge dans mes nerfs a fait couler sa glace,
Votre rare valeur a bien rempli ma place :
Enfin, pour épargner les discours superflus,
Vous êtes aujourd'hui ce qu'autrefois je fus.
Vous voyez toutefois qu'en cette concurrence
Un monarque entre nous met quelque différence.
LE COMTE. Ce que je méritais vous l'avez emporté.
D. DIÈGUE. Qui l'a gagné sur vous l'avait mieux mérité.
LE COMTE. Qui peut mieux l'exercer en est bien le plus digne.
D. DIÈGUE. En être refusé n'en est pas un bon signe.
LE COMTE. Vous l'avez eu par brigue, étant vieux courtisan.
D. DIÈGUE. L'éclat de mes hauts faits fut mon seul partisan.
LE COMTE. Parlons-en mieux, le roi fait honneur à votre âge.
D. DIÈGUE. Le roi, quand il en fait, le mesure au courage.
LE COMTE. Et par là cet honneur n'était dû qu'à mon bras.
D. DIÈGUE. Qui n'a pu l'obtenir ne le méritait pas.
LE COMTE. Ne le méritait pas! Moi?
D. DIÈGUE. Vous.
LE COMTE. Ton imprudence,
Téméraire vieillard, aura sa récompense. (*Il lui donne un soufflet.*)
D. DIEGUE, *mettant l'épée à la main.*
Achève, et prends ma vie après un tel affront,
Le premier dont ma race ait vu rougir son front.
LE COMTE. Et que penses-tu faire avec tant de faiblesse ?
D. DIÈGUE. O Dieu! ma force usée en ce besoin me laisse !
LE COMTE. Ton épée est à moi ; mais tu serais trop vain,
Si ce honteux trophée avait chargé ma main.
Adieu. Fais lire au prince, en dépit de l'envie,
Pour son instruction l'histoire de ta vie ;
D'un insolent discours ce juste châtiment
Ne lui servira pas d'un petit ornement.

SCÈNE IV. — D. DIEGUE.

O rage ! ô désespoir ! ô vieillesse ennemie !
N'ai-je donc tant vécu que pour cette infamie ?
Et ne suis-je blanchi dans les travaux guerriers
Que pour voir en un jour flétrir tant de lauriers ?
Mon bras qu'avec respect toute l'Espagne admire,
Mon bras, qui tant de fois a sauvé cet empire,
Tant de fois affermi le trône de son roi,
Trahit donc ma querelle, et ne fait rien pour moi ?
O cruel souvenir de ma gloire passée !
Œuvre de tant de jours en un jour effacée !
Nouvelle dignité, fatale à mon bonheur !
Précipice élevé d'où tombe mon honneur !
Faut-il de votre éclat voir triompher le comte,
Et mourir sans vengeance, ou vivre dans la honte ?
Comte, sois de mon prince à présent gouverneur !
Ce haut rang n'admet point un homme sans honneur ;
Et ton jaloux orgueil, par cet affront insigne,
Malgré le choix du roi m'en a su rendre indigne.
Et toi, de mes exploits glorieux instrument,
Mais d'un corps tout de glace inutile ornement,
Fer, jadis tant à craindre, et qui, dans cette offense,
M'as servi de parade, et non pas de défense,
Va, quitte désormais le dernier des humains,

Passe, pour me venger, en de meilleures mains.

SCÈNE V. — D. Diègue, d. Rodrigue.

D. DIÈGUE. Rodrigue, as-tu du cœur?

D. RODRIGUE. Tout autre que mon père
L'éprouverait sur l'heure.

D. DIÈGUE. Agréable colère !
Digne ressentiment à ma douleur bien doux !
Je reconnais mon sang à ce noble courroux ;
Ma jeunesse revit en cette ardeur si prompte.
Viens, mon fils, viens, mon sang, viens réparer ma honte ;
Viens me venger.

D. RODRIGUE. De quoi?

D. DIÈGUE. D'un affront si cruel,
Qu'à l'honneur de tous deux il porte un coup mortel ;
D'un soufflet. L'insolent en eût perdu la vie ;
Mais mon âge a trompé ma généreuse envie ;
Et ce fer, que mon bras ne peut plus soutenir,
Je le remets au tien pour venger et punir.
Va contre un arrogant éprouver ton courage :
Ce n'est que dans le sang qu'on lave un tel outrage ;
Meurs, ou tue. Au surplus, pour ne te point flatter,
Je te donne à combattre un homme à redouter ;
Je l'ai vu tout couvert de sang et de poussière,
Porter partout l'effroi dans une armée entière.
J'ai vu, par sa valeur, cent escadrons rompus ;
Et, pour t'en dire encor quelque chose de plus,
Plus que brave soldat, plus que grand capitaine,
C'est.....

D. RODRIGUE. De grâce, achevez.

D. DIÈGUE. Le père de Chimène.

D. RODRIGUE. Le... ?

D. DIÈGUE. Ne réplique point, je connais ton amour,
Mais qui peut vivre infâme est indigne du jour :
Plus l'offenseur est cher, et plus grande est l'offense.
Enfin tu sais l'affront, et tu tiens la vengeance :
Je ne te dis plus rien. Venge-moi, venge-toi.
Montre-toi digne fils d'un père tel que moi.
Accablé des malheurs où le destin me range,
Je vais les déplorer. Va, cours, vole, et nous venge.

SCÈNE VI. — D. Rodrigue.

Percé jusques au fond du cœur
D'une atteinte imprévue aussi bien que mortelle,
Misérable vengeur d'une juste querelle,
Et malheureux objet d'une injuste rigueur,
Je demeure immobile, et mon âme abattue
  Cède au coup qui me tue.
Si près de voir mon feu récompensé,
  O Dieu ! l'étrange peine !
En cet affront mon père est l'offensé,
  Et l'offenseur le père de Chimène !
Que je sens de rudes combats !
Contre mon propre honneur mon amour s'intéresse :
Il faut venger un père, et perdre une maîtresse.
L'un m'anime le cœur, l'autre retient mon bras.
Réduit au triste choix ou de trahir ma flamme,
  Ou de vivre en infâme,
Des deux côtés mon mal est infini.
  O Dieu, l'étrange peine !

Faut-il laisser un affront impuni ?
Faut-il punir le père de Chimène ?
  Père, maîtresse, honneur, amour,
Noble et dure contrainte, aimable tyrannie,
Tous mes plaisirs sont morts, ou ma gloire ternie.
L'un me rend malheureux, l'autre indigne du jour.
Cher et cruel espoir d'une âme généreuse,
  Mais ensemble amoureuse,
 Digne ennemi de mon plus grand bonheur,
  Fer qui causes ma peine,
 M'es-tu donné pour venger mon honneur ?
 M'es-tu donné pour perdre ma Chimène ?
  Il vaut mieux courir au trépas.
Je dois à ma maîtresse aussi bien qu'à mon père ;
J'attire en me vengeant sa haine et sa colère ;
J'attire ses mépris en ne me vengeant pas.
A mon plus doux espoir l'un me rend infidèle,
  Et l'autre indigne d'elle.
 Mon mal augmente à le vouloir guérir ;
  Tout redouble ma peine.
 Allons, mon âme ; et puisqu'il faut mourir,
Mourons du moins sans offenser Chimène.
  Mourir sans en tirer raison ?
Rechercher un trépas si mortel à ma gloire !
Endurer que l'Espagne impute à ma mémoire
D'avoir mal soutenu l'honneur de ma maison !
Respecter un amour dont mon âme égarée
  Voit la perte assurée !
 N'écoutons plus ce penser suborneur,
  Qui ne sert qu'à ma peine.
 Allons, mon bras, sauvons du moins l'honneur,
Puisque après tout il faut perdre Chimène.
  Oui, mon esprit s'était déçu.
Je dois tout à mon père avant qu'à ma maîtresse :
Que je meure au combat, ou meure de tristesse,
Je rendrai mon sang pur comme je l'ai reçu.
Je m'accuse déjà de trop de négligence :
  Courons à la vengeance ;
 Et, tout honteux d'avoir tant balancé,
  Ne soyons plus en peine,
Puisqu'aujourd'hui mon père est l'offensé,
Et l'offenseur le père de Chimène.

ACTE DEUXIÈME.
SCÈNE I. — D. ARIAS, LE COMTE.

LE COMTE. Je l'avoue entre nous, mon sang un peu trop chaud,
S'est trop ému d'un mot, et l'a porté trop haut.
Mais, puisque c'en est fait, le coup est sans remède.
D. ARIAS. Qu'aux volontés du roi ce grand courage cède :
Il y prend grande part ; et son cœur irrité
Agira contre vous de pleine autorité.
Aussi vous n'avez point de valable défense :
Le rang de l'offensé, la grandeur de l'offense,
Demandent des devoirs et des submissions
Qui passent le commun des satisfactions.
LE COMTE. Le roi peut, à son gré, disposer de ma vie.
D. ARIAS. De trop d'emportement votre faute est suivie.
Le roi vous aime encore ; apaisez son courroux :

Il a dit : JE LE VEUX ; désobéirez-vous?
LE COMTE. Monsieur, pour conserver tout ce que j'ai d'estime,
Désobéir un peu n'est pas un si grand crime ;
Et, quelque grand qu'il soit, mes services présents
Pour le faire abolir sont plus que suffisants.
D. ARIAS. Quoi qu'on fasse d'illustre et de considérable,
Jamais à son sujet un roi n'est redevable.
Vous vous flattez beaucoup, et vous devez savoir
Que qui sert bien son roi ne fait que son devoir.
Vous vous perdrez, Monsieur, sur cette confiance.
LE COMTE. Je ne vous en croirai qu'après l'expérience.
D. ARIAS. Vous devez redouter la puissance d'un roi.
LE COMTE. Un jour seul ne perd pas un homme tel que moi.
Que toute sa gradeur s'arme pour mon supplice,
Tout l'État périra, s'il faut que je périsse.
D. ARIAS. Quoi ! vous craignez si peu le pouvoir souverain....
LE COMTE. D'un sceptre qui sans moi tomberait de sa main.
Il a trop d'intérêt lui-même en ma personne,
Et ma tête en tombant ferait choir sa couronne.
D. ARIAS. Souffrez que la raison remette vos esprits.
Prenez un bon conseil.
LE COMTE. Le conseil en est pris.
D. ARIAS. Que lui dirai-je enfin ? je lui dois rendre compte.
LE COMTE. Que je ne puis du tout consentir à ma honte.
D. ARIAS. Mais songez que les rois veulent être absolus.
LE COMTE. Le sort en est jeté, Monsieur : n'en parlons plus.
D. ARIAS. Adieu donc, puisqu'en vain je tâche à vous résoudre.
Avec tous vos lauriers, craignez encor la foudre.
LE COMTE. Je l'attendrai sans peur.
D. ARIAS. Mais non pas sans effet.
LE COMTE. Nous verrons donc par là don Diègue satisfait.
(Seul.) Qui ne craint point la mort ne craint point les menaces.
J'ai le cœur au-dessus des plus fières disgrâces ;
Et l'on peut me réduire à vivre sans bonheur,
Mais non pas me résoudre à vivre sans honneur.

SCÈNE II. — LE COMTE, D. RODRIGUE.

D. RODRIGUE. A moi, comte, deux mots.
LE COMTE. Parle.
D. RODRIGUE. Ote-moi d'un doute.
Connais-tu bien don Diègue !
LE COMTE. Oui.
D. RODRIGUE. Parlons bas ; écoute.
Sais-tu que ce vieillard fut la même vertu,
La vaillance et l'honneur de son temps ? le sais-tu ?
LE COMTE. Peut-être.
D. RODRIGUE. Cette ardeur que dans les yeux je porte,
Sais-tu que c'est son sang ? le sais-tu ?
LE COMTE. Que m'importe ?
D. RODRIGUE. A quatre pas d'ici je te le fais savoir.
LE COMTE. Jeune présomptueux.
D. RODRIGUE. Parle sans t'émouvoir.
Je suis jeune, il est vrai ; mais aux âmes bien nées
La valeur n'attend pas le nombre des années.
LE COMTE. Te mesurer à moi ! Qui t'a rendu si vain,
Toi qu'on n'a jamais vu les armes à la main ?
D. RODRIGUE. Mes pareils à deux fois ne se font point connaître,
Et pour leurs coups d'essai veulent des coups de maître.
LE COMTE. Sais-tu bien qui je suis?

D. RODRIGUE. Oui : tout autre que moi
Au seul bruit de ton nom pourrait trembler d'effroi.
Les palmes dont je vois ta tête si couverte
Semblent porter écrit le destin de ma perte.
J'attaque en téméraire un bras toujours vainqueur :
Mais j'aurai trop de force ayant assez de cœur.
A qui venge son père il n'est rien d'impossible.
Ton bras est invaincu, mais non pas invincible.

LE COMTE. Ce grand cœur qui paraît au discours que tu tiens
Par tes yeux, chaque jour, se découvrait aux miens;
Et croyant voir en toi l'honneur de la Castille,
Mon âme avec plaisir te destinait ma fille.
Je sais ta passion, et suis ravi de voir
Que tous ces mouvements cèdent à ton devoir;
Qu'ils n'ont point affaibli cette ardeur magnanime;
Que ta haute vertu répond à mon estime;
Et que, voulant pour gendre un cavalier parfait,
Je ne me trompais point au choix que j'avais fait.
Mais je sens que pour toi ma pitié s'intéresse :
J'admire ton courage, et je plains ta jeunesse.
Ne cherche point à faire un coup d'essai fatal;
Dispense ma valeur d'un combat inégal;
Trop peu d'honneur pour moi suivrait cette victoire :
A vaincre sans péril, on triomphe sans gloire.
On te croirait toujours abattu sans effort;
Et j'aurais seulement le regret de ta mort.

D. RODRIGUE. D'une indigne pitié ton audace est suivie :
Qui m'ose ôter l'honneur craint de m'ôter la vie !

LE COMTE. Retire-toi d'ici.

D. RODRIGUE. Marchons sans discourir.

LE COMTE. Es-tu si las de vivre?

D. RODRIGUE. As-tu peur de mourir?

LE COMTE. Viens, tu fais ton devoir ; et le fils dégénère
Qui survit un moment à l'honneur de son père.

SCÈNE III. — L'INFANTE, CHIMÈNE, LÉONOR.

L'INFANTE. Apaise, ma Chimène, apaise ta douleur ;
Fais agir ta constance en ce coup de malheur :
Tu reverras le calme après ce faible orage ;
Ton bonheur n'est couvert que d'un peu de nuage,
Et tu n'as rien perdu pour le voir différer.

CHIMÈNE. Mon cœur outré d'ennuis n'ose rien espérer.
Un orage si prompt qui trouble une bonace,
D'un naufrage certain nous porte la menace;
Je n'en saurais douter, je péris dans le port.
J'aimais, j'étais aimée, et nos pères d'accord ;
Et je vous en contais la charmante nouvelle,
Au malheureux moment que naissait leur querelle,
Dont le récit fatal, sitôt qu'on vous l'a fait,
D'une si douce attente a ruiné l'effet.
Maudite ambition, détestable manie,
Dont les plus généreux souffrent la tyrannie!
Honneur impitoyable à mes plus chers désirs,
Que tu me vas coûter de pleurs et de soupirs!

L'INFANTE. Tu n'as dans leur querelle aucun sujet de craindre;
Un moment l'a fait naître, un moment va l'éteindre
Elle a fait trop de bruit pour ne pas s'accorder,
Puisque déjà le roi les veut accommoder ;
Et tu sais que mon âme, à tes ennuis sensible,
Pour en tarir la source y fera l'impossible.

CHIMÈNE. Les accommodements ne font rien en ce point :
  De si mortels affronts ne se réparent point.
  En vain on fait agir la force ou la prudence;
  Si l'on guérit le mal ce n'est qu'en apparence :
  La haine que les cœurs conservent au-dedans
  Nourrit des feux cachés, mais d'autant plus ardents.
L'INFANTE. Le saint nœud qui joindra don Rodrigue et Chimène
  Des pères ennemis dissipera la haine;
  Et nous verrons bientôt votre amour le plus fort
  Par un heureux hymen étouffer ce discord.
CHIMÈNE. Je le souhaite ainsi plus que je ne l'espère :
  Don Diègue est trop altier, et je connais mon père.
  Je sens couler des pleurs que je veux retenir;
  Le passé me tourmente, et je crains l'avenir.
L'INFANTE. Que crains-tu ? d'un vieillard l'impuissante faiblesse ?
CHIMÈNE. Rodrigue a du courage.
              L'INFANTE. Il a trop de jeunesse.
CHIMÈNE. Les hommes valeureux le sont du premier coup.
L'INFANTE. Tu ne dois pas pourtant le redouter beaucoup :
  Il est trop amoureux pour te vouloir déplaire;
  Et deux mots de ta bouche arrêtent sa colère.
CHIMÈNE. S'il ne m'obéit point, quel comble à mon ennui !
  Et, s'il peut m'obéir, que dira-t-on !de lui ?
  Etant né ce qu'il est, souffrir un tel outrage !
  Soit qu'il cède ou résiste au feu qui me l'engage,
  Mon esprit ne peut qu'être ou honteux, ou confus,
  De son trop de respect ou d'un juste refus.
L'INFANTE. Chimène a l'âme haute, et, quoiqu'intéressée,
  Elle ne peut souffrir une basse pensée :
  Mais, si jusques au jour de l'accommodement
  Je fais mon prisonnier de ce parfait amant,
  Et que j'empêche ainsi l'effet de son courage,
  Ton esprit amoureux n'aura-t-il point d'ombrage ?
CHIMÈNE. Ah, Madame ! en ce cas je n'ai plus de souci.

SCÈNE IV. — L'INFANTE, CHIMÈNE, LÉONOR, LE PAGE.

L'INFANTE. Page, cherchez Rodrigue, et l'amenez ici.
LE PAGE. Le comte de Gormas et lui...
              CHIMÈNE. Bon dieu ! je tremble.
L'INFANTE. Parlez.
    LE PAGE. De ce palais ils sont sortis ensemble.
CHIMÈNE. Seuls ?
      LE PAGE. Seuls, et qui semblaient tout bas se quereller.
CHIMÈNE. Sans doute ils sont aux mains, il n'en faut plus parler.
  Madame, pardonnez à cette promptitude. (*Elle sort.*)

SCÈNE V. — L'INFANTE, LÉONOR.

L'INFANTE. Hélas ! que dans l'esprit je sens d'inquiétude !
  Je pleure ses malheurs, son amant me ravit;
  Mon repos m'abandonne, et ma flamme revit.
  Ce qui va séparer Rodrigue de Chimène
  Fait renaître à la fois mon espoir et ma peine;
  Et leur division, que je vois à regret,
  Dans mon esprit charmé jette un plaisir secret.
LÉONOR. Cette haute vertu qui règne dans votre âme
  Se rend-elle sitôt à cette lâche flamme ?
L'INFANTE. Ne la nomme point lâche, à présent que chez moi
  Pompeuse et triomphante elle me fait la loi;
  Porte-lui du respect, puisqu'elle m'est si chère.
  Ma vertu la combat, mais, malgré moi, j'espère;

Et d'un si fol espoir mon cœur mal défendu
Vole après un amant que Chimène a perdu.
LÉONOR. Vous laissez choir ainsi ce glorieux courage ?
Et la raison chez vous perd ainsi son usage ?
L'INFANTE. Ah ! qu'avec peu d'effet on entend la raison,
Quand le cœur est atteint d'un si charmant poison !
Et lorsque le malade aime sa maladie,
Qu'il a peine à souffrir que l'on y remédie !
LÉONOR. Votre espoir vous séduit, votre mal vous est doux :
Mais enfin ce Rodrigue est indigne de vous.
L'INFANTE. Je ne le sais que trop ; mais, si ma vertu cède,
Apprends comme l'amour flatte un cœur qu'il possède.
Si Rodrigue une fois sort vainqueur du combat,
Si dessous sa valeur ce grand guerrier s'abat,
Je puis en faire cas, je puis l'aimer sans honte.
Que ne fera-t-il point, s'il peut vaincre le comte !
J'ose m'imaginer qu'à ses moindres exploits
Les royaumes entiers tomberont sous ses lois ;
Et mon amour flatteur déjà me persuade
Que je le vois assis au trône de Grenade,
Les Maures subjugués trembler en l'adorant,
L'Aragon recevoir ce nouveau conquérant,
Le Portugal se rendre, et ses nobles journées
Porter delà les mers ses hautes destinées,
Du sang des Africains arroser ses lauriers ;
Enfin, tout ce qu'on dit des plus fameux guerriers,
Je l'attends de Rodrigue après cette victoire,
Et fais de son amour un sujet de ma gloire.
LÉONOR. Mais, Madame, voyez où vous portez son bras,
En suite d'un combat qui peut-être n'est pas.
L'INFANTE. Rodrigue est offensé, le comte a fait l'outrage ;
Ils sont sortis ensemble : en faut-il davantage ?
LÉONOR. Eh bien ! ils se battront, puisque vous le voulez ;
Mais Rodrigue ira-t-il si loin que vous allez ?
L'INFANTE. Que veux-tu ? je suis folle, et mon esprit s'égare ;
Je vois par là quels maux cet amour me prépare.
Viens dans mon cabinet consoler mes ennuis ;
Et ne me quitte point dans le trouble où je suis.

SCÈNE VI. — D. FERNAND, D. ARIAS, D. SANCHE.

D. FERNAND. Le comte est donc si vain et si peu raisonnable !
Ose-t-il croire encor son crime pardonnable ?
D. ARIAS. Je l'ai de votre part longtemps entretenu.
J'ai fait mon pouvoir, sire, et n'ai rien obtenu.
D. FERNAND. Justes cieux ! ainsi donc un sujet téméraire
A si peu de respect et de soins de me plaire !
Il offense don Diègue, et méprise son roi !
Au milieu de ma cour il me donne la loi !
Qu'il soit brave guerrier, qu'il soit grand capitaine,
Je saurai bien rabattre une humeur si hautaine ;
Fût-il la valeur même, et le dieu des combats,
Il verra ce que c'est que de n'obéir pas.
Quoi qu'ait pu mériter une telle insolence,
Je l'ai voulu d'abord traiter sans violence ;
Mais, puisqu'il en abuse, allez dès aujourd'hui,
Soit qu'il résiste, ou non, vous assurer de lui.
D. SANCHE. Peut-être un peu de temps le rendrait moins rebelle :
On l'a pris tout bouillant encor de sa querelle ;
Sire, dans la chaleur d'un premier mouvement,

Un cœur si généreux se rend malaisément.
Il voit bien qu'il a tort; mais une âme si haute
N'est pas sitôt réduite à confesser sa faute.

D. FERNAND. Don Sanche, taisez-vous, et soyez averti
Qu'on se rend criminel à prendre son parti.

D. SANCHE. J'obéis, et me tais ; mais de grâce encor, sire :
Deux mots en sa défense.

D. FERNAND. Et que pourrez-vous dire ?

D. SANCHE. Qu'une âme accoutumée aux grandes actions
Ne se peut abaisser à des submissions :
Elle n'en conçoit point qui s'expliquent sans honte;
Et c'est à ce mot seul que résiste le comte.
Il trouve en son devoir un peu trop de rigueur,
Et vous obéirait, s'il avait moins de cœur.
Commandez que son bras, nourri dans les alarmes,
Répare cette injure à la pointe des armes :
Il satisfera, sire ; et vienne qui voudra,
Attendant qu'il l'ait su, voici qui répondra.

D. FERNAND. Vous perdez le respect; mais je pardonne à l'âge,
Et j'excuse l'ardeur en un jeune courage.
Un roi dont la prudence a de meilleurs objets
Est meilleur ménager du sang de ses sujets ;
Je veille pour les miens, mes soucis les conservent,
Comme le chef a soin des membres qui le servent.
Ainsi votre raison n'est pas raison pour moi ;
Vous parlez en soldat, je dois agir en roi ;
Et, quoi qu'on veuille dire, et quoi qu'il ose croire,
Le comte à m'obéir ne peut perdre sa gloire.
D'ailleurs, l'affront me touche ; il a perdu d'honneur
Celui que de mon fils j'ai fait le gouverneur :
S'attaquer à mon choix, c'est se prendre à moi-même,
Et faire un attentat sur le pouvoir suprême.
N'en parlons plus. Au reste, on a vu dix vaisseaux
De nos vieux ennemis arborer les drapeaux ;
Vers la bouche du fleuve ils ont osé paraître.

D. ARIAS. Les Maures ont appris par force à vous connaître,
Et, tant de fois vaincus, ils ont perdu le cœur
De se plus hasarder contre un si grand vainqueur.

D. FERNAND. Ils ne verront jamais, sans quelque jalousie,
Mon sceptre, en dépit d'eux, régir l'Andalousie ;
Et ce pays si beau, qu'ils ont trop possédé,
Avec un œil d'envie est toujours regardé.
C'est l'unique raison qui m'a fait dans Séville
Placer, depuis dix ans, le trône de Castille,
Pour les voir de plus près, et d'un ordre plus prompt
Renverser aussitôt ce qu'ils entreprendront.

D. ARIAS. Ils savent aux dépens de leurs plus dignes têtes
Combien votre présence assure vos conquêtes ;
Vous n'avez rien à craindre.

D. FERNAND. Et rien à négliger,
Le trop de confiance attire le danger ;
Et vous n'ignorez pas qu'avec fort peu de peine,
Un flux de pleine mer jusqu'ici les amène.
Toutefois j'aurais tort de jeter dans les cœurs,
L'avis étant mal sûr, de paniques terreurs.
L'effroi que produirait cette alarme inutile,
Dans la nuit qui survient troublerait trop la ville :
Faites doubler la garde aux murs et sur le port,
C'est assez pour ce soir.

SCÈNE VII. — D. Fernand, D. Alonse, D. Sanche, D. Arias.

D. ALONSE. Sire, le comte est mort.
Don Diègue par son fils a vengé son offense.
LE ROI. Dès que j'ai su l'affront j'ai prévu la vengeance,
Et j'ai voulu dès lors prévenir ce malheur.
D. ALONSE. Chimène à vos genoux apporte sa douleur ;
Elle vient tout en pleurs vous demander justice.
D. FERNAND. Bien qu'à ses déplaisirs mon âme compatisse,
Ce que le comte a fait semble avoir mérité
Ce digne châtiment de sa témérité.
Quelque juste pourtant que puisse être sa peine,
Je ne puis sans regret perdre un tel capitaine.
Après un long service à mon État rendu,
Après son sang pour moi mille fois répandu,
A quelques sentiments que son orgueil m'oblige,
Sa perte m'affaiblit, et son trépas m'afflige.

SCÈNE VIII. — D. Fernand, D. Diègue, Chimène, D. Sanche, D. Arias.
D. Alonse.

CHIMÈNE. Sire, sire, justice !
    D. DIÈGUE. Ah ! sire, écoutez-nous.
CHIMÈNE. Je me jette à vos pieds.
    D. DIÈGUE. J'embrasse vos genoux.
CHIMÈNE. Je demande justice.
    D. DIÈGUE. Entendez ma défense.
CHIMÈNE. D'un jeune audacieux punissez l'insolence ;
Il a de votre sceptre abattu le soutien,
Il a tué mon père.
    D. DIÈGUE. Il a vengé le sien.
CHIMÈNE. Au sang de ses sujets un roi doit la justice.
D. DIÈGUE. Pour la juste vengeance il n'est point de supplice.
D. FERNAND. Levez-vous l'un et l'autre, et parlez à loisir.
Chimène, je prends part à votre déplaisir ;
D'une égale douleur je sens mon âme atteinte.
(A don Diègue.) Vous parlerez après ; ne troublez pas sa plainte.
CHIMÈNE. Sire, mon père est mort : mes yeux ont vu son sang
Couler à gros bouillons de son généreux flanc ;
Ce sang qui tant de fois garantit vos murailles,
Ce sang qui tant de fois vous gagna des batailles,
Ce sang qui tout sorti fume encor de courroux
De se voir répandu pour d'autres que pour vous,
Qu'au milieu des hasards n'osait verser la guerre,
Rodrigue en votre cour vient d'en couvrir la terre.
J'ai couru sur le lieu sans force et sans couleur ;
Je l'ai trouvé sans vie. Excusez ma douleur,
Sire : la voix me manque à ce récit funeste ;
Mes pleurs et mes soupirs vous diront mieux le reste.
D. FERNAND. Prends courage, ma fille et sache qu'aujourd'hui
Ton roi te veut servir de père au lieu de lui.
CHIMÈNE. Sire, de trop d'honneur ma misère est suivie.
Je vous l'ai déjà dit, je l'ai trouvé sans vie ;
Son flanc était ouvert, et, pour mieux m'émouvoir,
Son sang sur la poussière écrivait mon devoir ;
Ou plutôt sa valeur en cet état réduite
Me parlait par sa plaie, et hâtait ma poursuite ;
Et, pour se faire entendre au plus juste des rois,
Par cette triste bouche elle empruntait ma voix.
Sire, ne souffrez pas que sous votre puissance
Règne devant vos yeux une telle licence ;

Que les plus valeureux, avec impunité,
Soient exposés aux coups de la témérité ;
Qu'un jeune audacieux triomphe de leur gloire,
Se baigne dans leur sang, et brave leur mémoire.
Un si vaillant guerrier qu'on vient de vous ravir
Eteint, s'il n'est vengé, l'ardeur de vous servir.
Enfin, mon père est mort, j'en demande vengeance,
Plus pour votre intérêt que pour mon allégeance.
Vous perdez en la mort d'un homme de son rang ;
Vengez-la par une autre, et le sang par le sang.
Immolez, non à moi, mais à votre couronne,
Mais à votre grandeur, mais à votre personne ;
Immolez, dis-je, sire, au bien de tout l'État
Tout ce qu'enorgueillit un si grand attentat.
D. FERNAND. Don Diègue, répondez.

      D. DIÈGUE. Qu'on est digne d'envie ?
Lorsqu'en perdant la force on perd aussi la vie !
Et qu'un long âge apprête aux hommes généreux,
Au bout de leur carrière, un destin malheureux !
Moi, dont les longs travaux ont acquis tant de gloire,
Moi, que jadis partout a suivi la victoire,
Je me vois aujourd'hui, pour avoir trop vécu,
Recevoir un affront, et demeurer vaincu.
Ce que n'a pu jamais combat, siège, embuscade,
Ce que n'a jamais pu Aragon, ni Grenade,
Ni tous vos ennemis, ni tous mes envieux,
Le comte en votre cour l'a fait presque à vos yeux :
Jaloux de votre choix, et fier de l'avantage
Que lui donnait sur moi l'impuissance de l'âge.
Sire, ainsi ces cheveux blanchis sous le harnois,
Ce sang pour vous servir prodigué tant de fois,
Ce bras jadis l'effroi d'une armée ennemie,
Descendaient au tombeau tout chargés d'infamie,
Si je n'eusse produit un fils digne de moi,
Digne de son pays, et digne de son roi :
Il m'a prêté sa main, il a tué le comte ;
Il m'a rendu l'honneur, il a lavé ma honte.
Si montrer du courage et du ressentiment,
Si venger un soufflet mérite un châtiment,
Sur moi seul doit tomber l'éclat de la tempête :
Quand le bras a failli, l'on en punit la tête.
Qu'on nomme crime ou non ce qui fait nos débats,
Sire, j'en suis la tête, il n'en est que le bras.
Si Chimène se plaint qu'il a tué son père,
Il ne l'eût jamais fait, si je l'eusse pu faire.
Immolez donc ce chef que les ans vont ravir,
Et conservez pour vous le bras qui peut servir.
Aux dépens de mon sang satisfaites Chimène :
Je n'y résiste point, je consens à ma peine ;
Et, loin de murmurer d'un rigoureux décret,
Mourant sans déshonneur je mourrai sans regret.
D. FERNAND. L'affaire est d'importance, et, bien considérée,
Mérite en plein conseil d'être délibérée.
Don Sanche, remettez Chimène en sa maison.
Don Diègue aura ma cour et sa foi pour prison.
Qu'on me cherche son fils. Je vous ferai justice.
CHIMÈNE. Il est juste, grand roi, qu'un meurtrier périsse.
D. FERNAND. Prends du repos, ma fille, et calme tes douleurs.
CHIMÈNE. M'ordonner du repos, c'est croître mes malheurs.

ACTE TROISIÈME.

SCÈNE I. — D. RODRIGUE, ELVIRE.

ELVIRE. Rodrigue, qu'as-tu fait? où viens-tu, misérable?
D. RODRIGUE. Suivre le triste cours de mon sort déplorable.
ELVIRE. Où prends-tu cette audace et ce nouvel orgueil
De paraître en des lieux que tu remplis de deuil?
Quoi! viens-tu jusqu'ici braver l'ombre du comte:
Ne l'as-tu pas tué?
D. RODRIGUE. Sa vie était ma honte:
Mon honneur de ma main a voulu cet effort.
ELVIRE. Mais chercher ton asile en la maison du mort!
Jamais un meurtrier en fit-il son refuge?
D. RODRIGUE. Et je n'y viens aussi que m'offrir à mon juge.
Ne me regarde plus d'un visage étonné;
Je cherche le trépas après l'avoir donné.
Mon juge est mon amour, mon juge est ma Chimène:
Je mérite la mort de mériter sa haine;
Et j'en viens recevoir, comme un bien souverain,
Et l'arrêt de sa bouche, et le coup de sa main.
ELVIRE. Fuis plutôt de ses yeux, fuis de sa violence:
A ses premiers transports dérobe ta présence.
Va, ne t'expose point aux premiers mouvements
Que poussera l'ardeur de ses ressentiments.
D. RODRIGUE. Non, non, ce cher objet à qui j'ai pu déplaire
Ne peut pour mon supplice avoir trop de colère;
Et j'évite cent morts qui me vont accabler,
Si pour mourir plus tôt je la puis redoubler.
ELVIRE. Chimène est au palais, de pleurs toute baignée,
Et n'en reviendra point que bien accompagnée.
Rodrigue, fuis, de grâce, ôte-moi de souci.
Que ne dira-t-on point si l'on te voit ici?
Veux-tu qu'un médisant, pour comble à sa misère,
L'accuse d'y souffrir l'assassin de son père?
Elle va revenir; elle vient, je la voi:
Du moins, pour son honneur, Rodrigue, cache-toi.

SCÈNE II. — D. SANCHE, CHIMÈNE, ELVIRE.

D. SANCHE. Oui, Madame, il vous faut de sanglantes victimes:
Votre colère est juste, et vos pleurs légitimes;
Et je n'entreprends pas, à force de parler,
Ni de vous adoucir, ni de vous consoler.
Mais si de vous servir je puis être capable,
Employez mon épée à punir le coupable;
Employez mon amour à venger cette mort.
Sous vos commandements mon bras sera trop fort.
CHIMÈNE. Malheureuse!
D. SANCHE. De grâce, acceptez mon service.
CHIMÈNE. J'offenserais le roi, qui m'a promis justice.
D. SANCHE. Vous savez qu'elle marche avec tant de langueur,
Que bien souvent le crime échappe à sa longueur;
Son cours lent et douteux fait trop perdre de larmes.
Souffrez qu'un cavalier vous venge par les armes:
La voie en est plus sûre, et plus prompte à punir.
CHIMÈNE. C'est le dernier remède; et s'il faut y venir,
Et que de mes malheurs cette pitié vous dure,
Vous serez libre alors de venger mon injure.
D. SANCHE. C'est l'unique bonheur où mon âme prétend;
Et, pouvant l'espérer, je m'en vais trop content.

SCÈNE III. — CHIMÈNE, ELVIRE.

CHIMÈNE. Enfin je me vois libre, et je puis, sans contrainte
De mes vives douleurs te faire voir l'atteinte;
Je puis donner passage à mes tristes soupirs;
Je puis t'ouvrir mon âme et tous mes déplaisirs.
Mon père est mort, Elvire; et la première épée
Dont s'est armé Rodrigue a sa trame coupée.
Pleurez, pleurez, mes yeux, et fondez-vous en eau;
La moitié de ma vie a mis l'autre au tombeau,
Et m'oblige à venger, après ce coup funeste,
Celle que je n'ai plus sur celle qui me reste.
ELVIRE. Reposez-vous, Madame.
    CHIMÈNE. Ah! que mal à propos
Dans un malheur si grand tu parles de repos!
Par où sera jamais ma douleur apaisée,
Si je ne puis haïr la main qui l'a causée?
Et que dois-je espérer qu'un tourment éternel.
Si je poursuis un crime aimant le criminel?
ELVIRE. Il vous prive d'un père, et vous l'aimez encore!
CHIMÈNE. C'est peu de dire aimer, Elvire, je l'adore;
Ma passion s'oppose à mon ressentiment;
Dedans mon ennemi je trouve mon amant;
Et je sens qu'en dépit de toute ma colère,
Rodrigue dans mon cœur combat encor mon père :
Il l'attaque, il le presse, il cède, il se défend,
Tantôt fort, tantôt faible, et tantôt triomphant :
Mais, en ce dur combat de colère et de flamme,
Il déchire mon cœur sans partager mon âme;
Et, quoi que mon amour ait sur moi de pouvoir,
Je ne consulte point pour suivre mon devoir;
Je cours sans balancer où mon honneur m'oblige.
Rodrigue m'est bien cher, son intérêt m'afflige;
Mon cœur prend son parti : mais, malgré son effort,
Je sais ce que je suis, et que mon père est mort.
ELVIRE. Pensez-vous le poursuivre?
    CHIMÈNE. Ah! cruelle pensée!
Et cruelle poursuite où je me vois forcée!
Je demande sa tête, et crains de l'obtenir :
Ma mort suivra la sienne, et je le veux punir!
ELVIRE. Quittez, quittez, Madame, un dessein si tragique;
Ne vous imposez point de loi si tyrannique.
CHIMÈNE. Quoi! mon père étant mort et presque entre mes bras,
Son sang criera vengeance, et je ne l'aurai pas!
Mon cœur, honteusement surpris par d'autres charmes,
Croira ne lui devoir que d'impuissantes larmes!
Et je pourrai souffrir qu'un amour suborneur
Sous un lâche silence étouffe mon honneur!
ELVIRE. Madame, croyez-moi, vous serez excusable
D'avoir moins de chaleur contre un objet aimable,
Contre un amant si cher : vous avez assez fait;
Vous avez vu le roi, n'en pressez point l'effet;
Ne vous obstinez point en cette humeur étrange.
CHIMÈNE. Il y va de ma gloire, il faut que je me venge;
Et de quoi que nous flatte un désir amoureux,
Toute excuse est honteuse aux esprits généreux.
ELVIRE. Mais vous aimez Rodrigue, il ne vous peut déplaire.
CHIMÈNE. Je l'avoue.
    ELVIRE. Après tout, que pensez-vous donc faire?
CHIMÈNE. Pour conserver ma gloire et finir mon ennui,

Le poursuivre, le perdre, et mourir après lui.

SCÈNE IV. — D. Rodrigue, Chimène, Elvire.

D. RODRIGUE. Eh bien, sans vous donner la peine de poursuivre,
Assurez-vous l'honneur de m'empêcher de vivre.
CHIMÈNE. Elvire, où sommes-nous? et qu'est-ce que je vois?
Rodrigue en ma maison! Rodrigue devant moi!
D. RODRIGUE. N'épargnez point mon sang; goûtez, sans résistance,
La douceur de ma perte et de votre vengeance.
CHIMÈNE. Hélas!
D. RODRIGUE. Écoute-moi.
CHIMÈNE. Je me meurs.
D. RODRIGUE. Un moment.
CHIMÈNE. Va, laisse-moi mourir.
D. RODRIGUE. Quatre mots seulement;
Après, ne me réponds qu'avecque cette épée.
CHIMÈNE. Quoi! du sang de mon père encor toute trempée!
D. RODRIGUE. Ma Chimène!...
CHIMÈNE. Ote-moi cet objet odieux,
Qui reproche ton crime et ta vie à mes yeux.
D. RODRIGUE. Regarde-le plutôt pour exciter ta haine,
Pour croître ta colère et pour hâter ma peine.
CHIMÈNE. Il est teint de mon sang.
D. RODRIGUE. Plonge-le dans le mien;
Et fais-lui perdre ainsi la teinture du tien.
CHIMÈNE. Ah! quelle cruauté, qui tout en un jour tue
Le père par le fer, la fille par la vue!
Ote-moi cet objet, je ne le puis souffrir :
Tu veux que je t'écoute, et tu me fais mourir!
D. RODRIGUE. Je fais ce que tu veux, mais sans quitter l'envie
De finir par tes mains ma déplorable vie;
Car enfin n'attends pas de mon affection
Un lâche repentir d'une bonne action.
L'irréparable effet d'une chaleur trop prompte
Déshonorait mon père, et me couvrait de honte.
Tu sais comme un soufflet touche un homme de cœur.
J'avais part à l'affront, j'en ai cherché l'auteur;
Je l'ai vu, j'ai vengé mon honneur et mon père :
Je le ferais encor, si j'avais à le faire.
Ce n'est pas qu'en effet, contre mon père et moi,
Ma flamme assez longtemps n'ait combattu pour toi :
Juge de son pouvoir: dans une telle offense
J'ai pu délibérer si j'en prendrais vengeance.
Réduit à te déplaire, ou souffrir un affront,
J'ai pensé qu'à son tour mon bras était trop prompt,
Je me suis accusé de trop de violence;
Et ta beauté, sans doute, emportait la balance,
A moins que d'opposer à tes plus forts appas
Qu'un homme sans honneur ne te méritait pas;
Que malgré cette part que j'avais en ton âme,
Qui m'aima généreux me haïrait infâme;
Qu'écouter ton amour, obéir à sa voix,
C'était m'en rendre indigne et diffamer ton choix.
Je te le dis encor, et, quoique j'en soupire,
Jusqu'au dernier soupir je veux bien le redire,
Je t'ai fait une offense, et j'ai dû m'y porter
Pour effacer ma honte, et pour te mériter :
Mais, quitte envers l'honneur, et quitte envers mon père,
C'est maintenant à toi que je viens satisfaire :

C'est pour t'offrir mon sang qu'en ces lieux tu me vois
J'ai fait ce que j'ai dû, je fais ce que je dois.
Je sais qu'un père mort t'arme contre mon crime ;
Je ne t'ai pas voulu dérober ta victime :
Immole avec courage au sang qu'il a perdu
Celui qui met sa gloire à l'avoir répandu.

CHIMÈNE. Ah ! Rodrigue, il est vrai, quoique ton ennemie,
Je ne te puis blâmer d'avoir fui l'infamie ;
Et, de quelque façon qu'éclatent mes douleurs,
Je ne t'accuse point, je pleure mes malheurs.
Je sais ce que l'honneur, après un tel outrage,
Demandait à l'ardeur d'un généreux courage :
Tu n'as fait le devoir que d'un homme de bien ;
Mais aussi, le faisant, tu m'as appris le mien.
Ta funeste valeur m'instruit par ta victoire ;
Elle a vengé ton père et soutenu ta gloire :
Même soin me regarde, et j'ai, pour m'affliger,
Ma gloire à soutenir, et mon père à venger.
Hélas ! ton intérêt ici me désespère.
Si quelque autre malheur m'avait ravi mon père,
Mon âme aurait trouvé dans le bien de te voir
L'unique allégement qu'elle eût pu recevoir,
Et contre ma douleur j'aurais senti des charmes,
Quand une main si chère eût essuyé mes larmes.
Mais il me faut te perdre après l'avoir perdu ;
Cet effort sur ma flamme à mon honneur est dû ;
Et cet affreux devoir, dont l'ordre m'assassine,
Me force à travailler moi-même à ta ruine.
Car, enfin, n'attends pas de mon affection
De lâches sentiments pour ta punition.
De quoi qu'en ta faveur notre amour m'entretienne,
Ma générosité doit répondre à la tienne :
Tu t'es, en m'offensant, montré digne de moi ;
Je me dois, par ta mort, montrer digne de toi.

D. RODRIGUE. Ne diffère donc plus ce que l'honneur t'ordonne :
Il demande ma tête, et je te l'abandonne ;
Fais-en un sacrifice à ce noble intérêt ;
Le coup m'en sera doux aussi bien que l'arrêt.
Attendre après mon crime une lente justice,
C'est reculer ta gloire autant que mon supplice.
Je mourrai trop heureux mourant d'un coup si beau.

CHIMÈNE. Va, je suis ta partie, et non pas ton bourreau.
Si tu m'offres ta tête, est-ce à moi de la prendre ?
Je la dois attaquer, mais tu dois la défendre ;
C'est d'un autre que toi qu'il me faut l'obtenir ;
Et je dois te poursuivre, et non pas te punir.

D. RODRIGUE. De quoi qu'en ma faveur notre amour t'entretienne,
Ta générosité doit répondre à la mienne,
Et pour venger un père, emprunter d'autres bras,
Ma Chimène, crois-moi, c'est n'y répondre pas :
Ma main seule du mien a su venger l'offense,
Ta main seule du tien doit prendre la vengeance.

CHIMÈNE. Cruel ! à quel propos sur ce point t'obstiner ?
Tu t'es vengé sans aide, et tu veux m'en donner !
Je suivrai ton exemple, et j'ai trop de courage
Pour souffrir qu'avec toi ma gloire se partage.
Mon père et mon honneur ne veulent rien devoir
Aux traits de ton amour et de ton désespoir.

D. RODRIGUE. Rigoureux point d'honneur ! hélas ! quoi que je fasse,

Ne pourrais-je à la fin obtenir cette grâce !
Au nom d'un père mort, ou de notre amitié,
Punis-moi par vengeance, ou du moins par pitié.
Ton malheureux amant aura bien moins de peine
A mourir par ta main qu'à vivre avec ta haine.
CHIMÈNE. Va, je ne te hais point.
D. RODRIGUE. Tu le dois.
CHIMÈNE. Je ne puis.
D. RODRIGUE. Crains-tu si peu de blâme, et si peu de faux bruits?
Quand on saura mon crime, et que ta flamme dure,
Que ne publieront point l'envie et l'imposture !
Force-les au silence, et, sans plus discourir,
Sauve ta renommée en me faisant mourir.
CHIMÈNE. Elle éclate bien mieux en te laissant la vie ;
Et je veux que la voix de la plus noire envie
Élève au ciel ma gloire et plaigne mes ennuis,
Sachant que je t'adore et que je te poursuis.
Va-t-en, ne montre plus à ma douleur extrême
Ce qu'il faut que je perde encore que je l'aime.
Dans l'ombre de la nuit cache bien ton départ :
Si l'on te voit sortir, mon honneur court hasard.
La seule occasion qu'aura la médisance,
C'est de savoir qu'ici j'ai souffert ta présence :
Ne lui donne point lieu d'attaquer ma vertu.
D. RODRIGUE. Que je meure.
CHIMÈNE. Va-t-en.
D. RODRIGUE. A quoi te résous-tu ?
CHIMÈNE. Malgré des feux si beaux qui troublent ma colère,
Je ferai mon possible à bien venger mon père ;
Mais, malgré la rigueur d'un si cruel devoir,
Mon unique souhait est de ne rien pouvoir.
D. RODRIGUE. O miracle d'amour !
CHIMÈNE. O comble de misères !
D. RODRIGUE. Que de maux et de pleurs nous coûteront nos pères !
CHIMÈNE. Rodrigue, qui l'eût cru...
D. RODRIGUE. Chimène, qui l'eût dit...
CHIMÈNE. Que notre heur fût si proche et sitôt se perdît ?
D. RODRIGUE. Et que si près du port, contre toute apparence,
Un orage si prompt brisât notre espérance ?
CHIMÈNE. Ah ! mortelles douleurs !
D RODRIGUE. Ah! regrets superflus !
CHIMÈNE. Va-t'en : encore un coup, je ne t'écoute plus.
D. RODRIGUE. Adieu ; je vais traîner une mourante vie,
Tant que par ta poursuite elle me soit ravie.
CHIMÈNE. Si j'en obtiens l'effet, je t'engage ma foi
De ne respirer pas un moment après toi.
Adieu : sors, et surtout garde bien qu'on te voie.
ELVIRE. Madame, quelques maux que le ciel nous envoie...
CHIMÈNE. Ne m'importune plus, laisse-moi soupirer.
Je cherche le silence et la nuit pour pleurer.
SCENE V. — D. DIÈGUE.
Jamais nous ne goûtons de parfaite allégresse :
Nos plus heureux succès sont mêlés de tristesse ;
Toujours quelques soucis en ces évènements
Troublent la pureté de nos contentements.
Au milieu du bonheur mon âme en sent l'atteinte,
Je nage dans la joie, et je tremble de crainte.
J'ai vu mort l'ennemi qui m'avait outragé ;
Et je ne saurais voir la main qui m'a vengé.

En vain je m'y travaille, et d'un soin inutile,
Tout cassé que je suis, je cours toute la ville :
Ce peu que mes vieux ans m'ont laissé de vigueur
Se consume sans fruit à chercher ce vainqueur.
A toute heure, en tous lieux, dans une nuit si sombre,
Je pense l'embrasser, et n'embrasse qu'une ombre ;
Et mon amour déçu, par cet objet trompeur,
Se forme des soupçons qui redoublent ma peur.
Je ne découvre point de marques de sa fuite ;
Je crains du comte mort les amis et la suite ;
Leur nombre m'épouvante et confond ma raison.
Rodrigue ne vit plus, ou respire en prison.
Justes cieux ! me trompé-je encore à l'apparence !
Ou si je vois encor mon unique espérance ?
C'est lui, n'en doutons plus ; mes vœux sont exaucés ;
Ma crainte est dissipée, et mes ennuis cessés.

SCÈNE VI. — D. DIÈGUE, D. RODRIGUE.

D. DIÈGUE. Rodrigue, enfin le ciel permet que je te voie !
D. RODRIGUE. Hélas !
　　　　　　D. DIÈGUE. Ne mêle point de soupirs à ma joie ;
Laisse-moi prendre haleine afin de te louer.
Ma valeur n'a point lieu de te désavouer ;
Tu l'as bien imitée, et ton illustre audace
Fait bien revivre en toi les héros de ma race ;
C'est d'eux que tu descends, c'est de moi que tu viens ;
Ton premier coup d'épée égale tous les miens ;
Et d'une belle ardeur ta jeunesse animée
Par cette grande épreuve atteint ma renommée.
Appui de ma vieillesse, et comble de mon heur,
Touche ces cheveux blancs à qui tu rends l'honneur ;
Viens baiser cette joue, et reconnais la place
Où fut empreint l'affront que ton courage efface.
D. RODRIGUE. L'honneur vous en est dû, je ne pouvais pas moins,
Étant sorti de vous et nourri par vos soins.
Je m'en tiens trop heureux, et mon âme est ravie
Que mon coup d'essai plaise à qui je dois la vie :
Mais parmi vos plaisirs ne soyez point jaloux
Si je m'ose, à mon tour, satisfaire après vous ;
Souffrez qu'en liberté mon désespoir éclate ;
Assez et trop longtemps votre discours le flatte.
Je ne me repens point de vous avoir servi ;
Mais rendez-moi le bien que ce coup m'a ravi.
Mon bras, pour vous venger, armé contre ma flamme,
Par ce coup glorieux m'a privé de mon âme ;
Ne me dites plus rien, pour vous j'ai tout perdu
Ce que je vous devais, je vous l'ai bien rendu.
D. DIÈGUE. Porte, porte plus haut le fruit de ta victoire.
Je t'ai donné la vie, et tu me rends ma gloire ;
Et d'autant que l'honneur m'est plus cher que le jour,
D'autant plus maintenant je te dois de retour.
Mais d'un cœur magnanime éloigne ces faiblesses ;
Nous n'avons qu'un honneur, il est tant de maîtresses !
L'amour n'est qu'un plaisir, l'honneur est un devoir.
D. RODRIGUE. Ah ! que me dites-vous ?
　　　　　　D. DIÈGUE. Ce que tu dois savoir.
D. RODRIGUE. Mon honneur offensé sur moi-même se venge ;
Et vous m'osez pousser à la honte du change !
L'infamie est pareille, et suit également

Le guerrier sans courage et le perfide amant,
A ma fidélité ne faites point d'injure ;
Souffrez-moi généreux sans me rendre parjure ;
Mes liens sont trop forts pour être ainsi rompus ;
Ma foi m'engage encor si je n'espère plus ;
Et, ne pouvant quitter ni posséder Chimène,
Le trépas que je cherche est ma plus douce peine.

D. DIÈGUE. Il n'est pas temps encor de chercher le trépas ;
Ton prince et ton pays ont besoin de ton bras.
La flotte qu'on craignait, dans ce grand fleuve entrée,
Croit surprendre la ville et piller la contrée.
Les Maures vont descendre, et le flux et la nuit
Dans une heure à nos murs les amènent sans bruit.
La cour est en désordre, et le peuple en alarmes :
On n'entend que des cris, on ne voit que des larmes.
Dans ce malheur public mon bonheur a permis
Que j'aie trouvé chez moi cinq cents de mes amis,
Qui, sachant mon affront, poussés d'un même zèle,
Se venaient tous offrir à vider ma querelle.
Tu les a prévenus ; mais leurs vaillantes mains
Se tremperont bien mieux au sang des Africains.
Va marcher à leur tête où l'honneur te demande :
C'est toi que veut pour chef leur généreuse bande.
De ces vieux ennemis va soutenir l'abord ;
Là, si tu veux mourir, trouve une belle mort ;
Prends-en l'occasion, puisqu'elle t'est offerte ;
Fais devoir à ton roi son salut à ta perte.
Mais reviens-en plutôt les palmes sur le front.
Ne borne pas ta gloire à venger un affront ;
Porte-la plus avant ; force par ta vaillance
Ce monarque au pardon, et Chimène au silence ;
Si tu l'aimes, apprends que revenir vainqueur
C'est l'unique moyen de regagner son cœur.
Mais le temps est trop cher pour le perdre en paroles ;
Je t'arrête en discours, et je veux que tu voles.
Viens, suis-moi, va combattre, et montrer à ton roi
Que ce qu'il perd au comte il le recouvre en toi.

ACTE QUATRIÈME.
SCÈNE I. — CHIMÈNE, ELVIRE.

CHIMÈNE. N'est-ce point un faux bruit ? le sais-tu bien, Elvire ?
ELVIRE. Vous ne croiriez jamais comme chacun l'admire,
Et porte jusqu'au ciel, d'une commune voix,
De ce jeune héros les glorieux exploits.
Les Maures devant lui n'ont paru qu'à leur honte ;
Leur abord fut bien prompt, leur fuite encor plus prompte.
Trois heures de combat laissent à nos guerriers
Une victoire entière et deux rois prisonniers.
La valeur de leur chef ne trouvait point d'obstacles.
CHIMÈNE. Et la main de Rodrigue a fait tous ces miracles !
ELVIRE. De ses nobles efforts ces deux rois sont le prix ;
Sa main les a vaincus, et sa main les a pris.
CHIMÈNE. De qui peux-tu savoir ces nouvelles étranges ?
ELVIRE. Du peuple, qui partout fait sonner les louanges,
Le nomme de sa joie et l'objet et l'auteur,
Son ange tutélaire et son libérateur.
CHIMÈNE. Et le roi de quel œil voit-il tant de vaillance ?
ELVIRE. Rodrigue n'ose encor paraître en sa présence ;

Mais don Diègue ravi lui présente enchaînés,
Au nom de ce vainqueur ces captifs couronnés,
Et demande pour grâce à ce généreux prince
Qu'il daigne voir la main qui sauve la province.
CHIMÈNE. Mais n'est-il point blessé ?
ELVIRE. Je n'en ai rien appris.
Vous changez de couleur ! reprenez vos esprits.
CHIMÈNE. Reprenons donc aussi ma colère affaiblie :
Pour avoir soin de lui faut-il que je m'oublie ?
On le vante, on le loue, et mon cœur y consent !
Mon honneur est muet, mon devoir impuissant !
Silence, mon amour, laisse agir ma colère :
S'il a vaincu deux rois, il a tué mon père ;
Ces tristes vêtements où je lis mon malheur,
Sont les premiers effets qu'ait produit sa valeur ;
Et quoi qu'on dise ailleurs d'un cœur si magnanime,
Ici tous les objets me parlent de son crime.
Vous qui rendez la force à mes ressentiments,
Voile, crêpes, habits, lugubres ornements,
Pompe où m'ensevelit sa première victoire,
Contre ma passion soutenez bien ma gloire ;
Et lorsque mon amour prendra trop de pouvoir,
Parlez à mon esprit de mon triste devoir ;
Attaquez sans rien craindre une main triomphante.
ELVIRE. Modérez ces transports, voici venir l'infante.

SCÈNE II. — L'INFANTE, CHIMÈNE, LÉONOR, ELVIRE.

L'INFANTE. Je ne viens pas ici consoler tes douleurs ;
Je viens plutôt mêler mes soupirs à tes pleurs.
CHIMÈNE. Prenez bien plutôt part à la commune joie,
Et goûtez le bonheur que le ciel vous envoie,
Madame : autre que moi n'a droit de soupirer.
Le péril dont Rodrigue a su nous retirer,
Et le salut public que vous rendent ses armes,
A moi seule aujourd'hui souffrent encor les larmes ;
Il a sauvé la ville, il a servi son roi ;
Et son bras valeureux n'est funeste qu'à moi.
L'INFANTE. Ma Chimène, il est vrai qu'il a fait des merveilles.
CHIMÈNE. Déjà ce bruit fâcheux a frappé mes oreilles ;
Et je l'entends partout publier hautement
Aussi brave guerrier que malheureux amant.
L'INFANTE. Qu'a de fâcheux pour toi ce discours populaire ?
Ce jeune Mars qu'il loue a su jadis te plaire ;
Il possédait ton âme, il vivait sous tes lois :
Et vanter sa valeur, c'est honorer ton choix.
CHIMÈNE. Chacun peut la vanter avec quelque justice,
Mais pour moi sa louange est un nouveau supplice.
On aigrit ma douleur en l'élevant si haut :
Je vois ce que je perds quand je vois ce qu'il vaut.
Ah ! cruels déplaisirs à l'esprit d'une amante !
Plus j'apprends son mérite, et plus mon feu s'augmente :
Cependant mon devoir est toujours le plus fort,
Et, malgré mon amour, va poursuivre sa mort.
L'INFANTE. Hier ce devoir te mit en une haute estime ;
L'effort que tu te fis parut si magnanime,
Si digne d'un grand cœur, que chacun à la cour
Admirait ton courage et plaignait ton amour.
Mais croirais-tu l'avis d'une amitié fidèle ?
CHIMÈNE. Ne vous obéir pas me rendrait criminelle.

L'INFANTE. Ce qui fut juste alors ne l'est plus aujourd'hui.
Rodrigue maintenant est notre unique appui,
L'espérance et l'amour d'un peuple qui l'adore,
Le soutien de Castille et la terreur du Maure.
Le roi même est d'accord de cette vérité,
Que ton père en lui seul se voit ressuscité ;
Et si tu veux enfin qu'en deux mots je m'explique,
Tu poursuis en sa mort la ruine publique.
Quoi ! pour venger un père est-il jamais permis
De livrer sa patrie aux mains des ennemis ?
Contre nous ta poursuite est-elle légitime ?
Et pour être punis avons-nous part au crime ?
Ce n'est pas qu'après tout tu doives épouser
Celui qu'un père mort t'obligeait d'accuser ;
Je te voudrais moi-même en arracher l'envie :
Ote-lui ton amour, mais laisse-nous sa vie.
CHIMÈNE. Ah ! ce n'est pas à moi d'avoir tant de bonté ;
Le devoir qui m'aigrit n'a rien de limité.
Quoique pour ce vainqueur mon amour s'intéresse,
Quoiqu'un peuple l'adore, et qu'un roi le caresse,
Qu'il soit environné des plus vaillants guerriers,
J'irai sous mes cyprès accabler ses lauriers.
L'INFANTE. C'est générosité quand, pour venger un père,
Notre devoir attaque une tête si chère ;
Mais c'en est une encor d'un plus illustre rang,
Quand on donne au public les intérêts du sang.
Non, crois-moi, c'est assez que d'éteindre ta flamme :
Il sera trop puni s'il n'est plus dans ton ame.
Que le bien du pays t'impose cette loi ;
Aussi bien que crois-tu que t'accorde le roi ?
CHIMÈNE. Il peut me refuser, mais je ne puis me taire.
L'INFANTE. Pense bien, ma Chimène, à ce que tu veux faire.
Adieu : tu pourras seule y penser à loisir.
CHIMÈNE. Après mon père mort, je n'ai point à choisir.

SCÈNE III. — D. FERNAND, D. DIÈGUE, D. ARIAS, D. RODRIGUE, D. SANCHE.

D. FERNAND. Généreux héritier d'une illustre famille
Qui fut toujours la gloire et l'appui de Castille,
Race de tant d'aïeux en valeur signalés,
Que l'essai de la tienne a sitôt égalés,
Pour te récompenser ma force est trop petite ;
Et j'ai moins de pouvoir que tu n'as de mérite.
Le pays délivré d'un si rude ennemi,
Mon sceptre dans ma main par la tienne affermi,
Et les Maures défaits avant qu'en ces alarmes
J'eusse pu donner ordre à repousser leurs armes
Ne sont point des exploits qui laissent à ton roi
Le moyen ni l'espoir de s'acquitter vers toi.
Mais deux rois tes captifs feront ta récompense.
Ils t'ont nommé tous deux leur Cid en ma présence.
Puisque Cid en leur langue est autant que seigneur,
Je ne t'envierai pas ce beau titre d'honneur.
Sois désormais le Cid ; qu'à ce grand nom tout cède :
Qu'il comble d'épouvante et Grenade et Tolède ;
Et qu'il marque à tous ceux qui vivent sous mes lois
Et ce que tu me vaux, et ce que je te dois.
D. RODRIGUE. Que votre majesté, sire, épargne ma honte.
D'un si faible service elle fait trop de compte,
Et me force à rougir devant un si grand roi

De mériter si peu l'honneur que j'en reçoi.
Je sais trop que je dois au bien de votre empire
Et le sang qui m'anime, et l'air que je respire ;
Et, quand je les perdrais pour un si digne objet,
Je ferais seulement le devoir d'un sujet.

D. FERNAND. Tous ceux que ce devoir à mon service engage,
Ne s'en acquittent point avec même courage ;
Et lorsque la valeur ne va point dans l'excès,
Elle ne produit point d'aussi rares succès :
Souffre donc qu'on te loue, et de cette victoire
Apprends-moi plus au long la véritable histoire.

D. RODRIGUE. Sire, vous avez su qu'en ce danger pressant,
Qui jeta dans la ville un effroi si puissant,
Une troupe d'amis chez mon père assemblée
Sollicita mon âme encor toute troublée...
Mais, sire, pardonnez à ma témérité,
Si j'osai l'employer sans votre autorité.
Le péril approchait ; leur brigade était prête ;
Me montrant à la cour je hasardais ma tête ;
Et s'il fallait la perdre, il m'était bien plus doux
De sortir de la vie en combattant pour vous.

D. FERNAND. J'excuse ta chaleur à venger ton offense ;
Et l'Etat défendu me parle en ta défense :
Crois que dorénavant Chimène a beau parler :
Je ne l'écoute plus que pour la consoler.
Mais poursuis.

D. RODRIGUE. Sous moi donc cette troupe s'avance,
Et porte sur le front une mâle assurance.
Nous partîmes cinq cents ; mais, par un prompt renfort,
Nous nous vîmes trois mille en arrivant au port,
Tant, à nous voir marcher avec un tel visage,
Les plus épouvantés reprenaient de courage !
J'en cache les deux tiers aussitôt qu'arrivés
Dans le fond des vaisseaux qui lors furent trouvés ;
Le reste, dont le nombre augmentait à toute heure,
Brûlant d'impatience autour de moi demeure,
Se couche contre terre, et, sans faire aucun bruit,
Passe une bonne part d'une si belle nuit.
Par mon commandement la garde en fait de même,
Et, se tenant cachée, aide à mon stratagême :
Et je feins hardiment d'avoir reçu de vous
L'ordre qu'on me voit suivre et que je donne à tous.
Cette obscure clarté qui tombe des étoiles
Enfin avec le flux nous fit voir trente voiles ;
L'onde s'enfle dessous, et, d'un commun effort,
Les Maures et la mer montent jusques au port.
On les laisse passer : tout leur paraît tranquille ;
Point de soldats au port, point aux murs de la ville.
Notre profond silence abusant leurs esprits,
Ils n'osent plus douter de nous avoir surpris ;
Ils abordent sans peur, ils ancrent, ils descendent,
Et courent se livrer aux mains qui les attendent.
Nous nous levons alors, et tous en même temps
Poussons jusques au ciel mille cris éclatants ;
Les nôtres, à ces cris, de nos vaisseaux répondent,
Ils paraissent armés : les Maures se confondent ;
L'épouvante les prend à demi-descendus ;
Avant que de combattre ils s'estiment perdus.
Ils couraient au pillage, ils rencontrent la guerre ;

Nous les pressons sur l'eau, nous les pressons sur terre,
Et nous faisons courir des ruisseaux de leur sang,
Avant qu'aucun résiste ou reprenne son rang.
Mais bientôt, malgré nous, leurs princes les rallient,
Leurs courage renaît, et leurs terreurs s'oublient;
La honte de mourir sans avoir combattu
Arrête leur désordre, et leur rend leur vertu.
Contre nous de pied ferme ils tirent leurs alfanges.
De notre sang au leur font d'horribles mélanges ;
Et la terre, et le fleuve, et leur flotte, et le port,
Sont des champs de carnage où triomphe la mort.
O combien d'actions, combien d'exploits célèbres,
Sont demeurés sans gloire au milieu des ténèbres,
Où chacun, seul témoin des grands coups qu'il donnait
Ne pouvait discerner où le sort inclinait !
J'allais de tous côtés encourager les nôtres,
Faire avancer les uns, et soutenir les autres,
Ranger ceux qui venaient, les pousser à leur tour ;
Et ne l'ai pu savoir jusques au point du jour.
Mais enfin sa clarté montre notre avantage :
Le Maure voit sa perte, et perd soudain courage ;
Et, voyant un renfort qui nous vient secourir,
L'ardeur de vaincre cède à la peur de mourir.
Ils gagnent leurs vaisseaux, ils en coupent les câbles,
Poussent jusques aux cieux des cris épouvantables,
Font retraite en tumulte, et sans considérer
Si leurs rois avec eux peuvent se retirer.
Pour souffrir ce devoir leur frayeur est trop forte ;
Le flux les apporta, le reflux les remporte ;
Cependant que leurs rois, engagés parmi nous,
Et quelque peu des leurs, tous percés de nos coups,
Disputent vaillamment et vendent bien leur vie.
A se rendre moi-même en vain je les convie :
Le cimeterre au poing ils ne m'écoutent pas ;
Mais voyant à leurs pieds tomber tous leurs soldats,
Et que seuls désormais en vain ils se défendent,
Ils demandent le chef : je me nomme, ils se rendent.
Je vous les envoyai tous deux en même temps ;
Et le combat cessa faute de combattants.
C'est de cette façon que, pour votre service....

SCÈNE IV. — D. Fernand, D. Diègue, D. Rodrigue, D. Arias, D. Alonse, D. Sanche.

D. Alonse. Sire, Chimène vient vous demander justice.
D. Fernand. La fâcheuse nouvelle ! et l'importun devoir !
Va, je ne la veux pas obliger à te voir.
Pour tout remercîment il faut que je te chasse :
Mais avant que sortir, viens, que ton roi t'embrasse.
(D. Rodrigue rentre.)
D. Diègue. Chimène le poursuit et voudrait le sauver.
D. Fernand. On m'a dit qu'elle l'aime, et je vais l'éprouver.
Montrez un œil plus triste.

SCÈNE V. — D. Fernand, D. Diègue, D. Arias, D. Sanche, D. Alonse, Chimène, Elvire.

D. Fernand. Enfin soyez contente,
Chimène, le succès répond à votre attente.
Si de nos ennemis Rodrigue a le dessus,
Il est mort à nos yeux des coups qu'il a reçus ;
Rendez grâces au ciel qui vous en a vengée.
(A D. Diègue.) Voyez comme déjà sa couleur est changée,

D. DIÈGUE. — Mais voyez qu'elle pâme, et, d'un amour parfait,
Dans cette pâmoison, sire, admirez l'effet.
Sa douleur a trahi les secrets de son âme,
Et ne vous permet plus de douter de sa flamme.
CHIMÈNE. Quoi ! Rodrigue est donc mort ?
D. FERNAND. Non, non, il voit le jour,
Et te conserve encore un immuable amour :
Calme cette douleur qui pour lui s'intéresse.
CHIMÈNE. Sire, on pâme de joie ainsi que de tristesse :
Un excès de plaisir nous rend tout languissants ;
Et, quand il surprend l'âme, il accable les sens.
D. FERNAND. Tu veux qu'en ta faveur nous croyions l'impossible.
Chimène, ta douleur a paru trop visible.
CHIMÈNE. Eh bien, sire, ajoutez ce comble à mon malheur,
Nommez ma pâmoison l'effet de ma douleur :
Un juste déplaisir à ce point m'a réduite ;
Son trépas dérobait sa tête à ma poursuite ;
S'il meurt des coups reçus pour le bien du pays,
Ma vengeance est perdue et mes desseins trahis :
Une si belle fin m'est trop injurieuse.
Je demande sa mort, mais non pas glorieuse,
Non pas dans un éclat qui l'élève si haut,
Non pas au lit d'honneur, mais sur un échafaud ;
Qu'il meure pour mon père, et non pour la patrie ;
Que son nom soit taché, sa mémoire flétrie.
Mourir pour le pays n'est pas un triste sort :
C'est s'immortaliser par une belle mort.
J'aime donc sa victoire, et je le puis sans crime ;
Elle assure l'Etat, et me rend ma victime,
Mais noble, mais fameuse entre tous les guerriers,
Le chef, au lieu de fleurs, couronné de lauriers,
Et, pour dire en un mot ce que j'en considère,
Digne d'être immolée aux mânes de mon père.....
Hélas ! à quel espoir me laissé-je emporter !
Rodrigue de ma part n'a rien à redouter ;
Que pourraient contre lui des larmes qu'on méprise !
Pour lui tout votre empire est un lieu de franchise ;
Là, sous votre pouvoir, tout lui devient permis ;
Il triomphe de moi comme des ennemis.
Dans leur sang répandu la justice étouffée
Au crime du vainqueur sert d'un nouveau trophée :
Nous en croissons la pompe, et le mépris des lois
Nous fait suivre son char au milieu des deux rois.
FERNAND. Ma fille, ces transports ont trop de violence.
Quand on rend la justice, on met tout en balance.
On a tué ton père, il était l'agresseur ;
Et la même équité m'ordonne la douceur.
Avant que d'accuser ce que j'en fais paraître,
Consulte bien ton cœur : Rodrigue en est le maître ;
Et ta flamme en secret rend grâces à ton roi,
Dont la faveur conserve un tel amant pour toi.
CHIMÈNE. Pour moi ! mon ennemi ! l'objet de ma colère !
L'auteur de mes malheurs ! l'assassin de mon père !
De ma juste poursuite on fait si peu de cas,
Qu'on me croit obliger en ne m'écoutant pas.
Puisque vous refusez la justice à mes larmes,
Sire, permettez-moi de recourir aux armes ;
C'est par là seulement qu'il a su m'outrager,
Et c'est aussi par là que je me dois venger.

          A tous vos cavaliers je demande sa tête ;
          Oui, qu'un d'eux me l'apporte, et je suis sa conquête.
          Qu'il le combatte, Sire ; et, le combat fini,
          J'épouse le vainqueur, si Rodrigue est puni :
          Sous votre autorité, souffrez qu'on le publie.
D. FERNAND. Cette vieille coutume en ces lieux établie,
          Sous couleur de punir un injuste attentat,
          Des meilleurs combattants affaiblit un Etat ;
          Souvent de cet abus le succès déplorable
          Opprime l'innocent et soutient le coupable.
          J'en dispense Rodrigue, il m'est trop précieux
          Pour l'exposer aux coups d'un sort capricieux ;
          Et, quoi qu'ait pu commettre un cœur si magnanime,
          Les Maures en fuyant ont emporté son crime.
D. DIÈGUE. Quoi ! sire pour lui seul vous renversez des lois
          Qu'a vu toute la cour observer tant de fois !
          Que croira votre peuple, et que dira l'envie,
          Si sous votre défense il ménage sa vie,
          Et s'en fait un prétexte à ne paraître pas
          Où tous les gens d'honneur cherchent un beau trépas ?
          De pareilles faveurs terniraient trop sa gloire ;
          Qu'il goûte sans rougir les fruits de sa victoire.
          Le comte eut de l'audace, il l'en a su punir :
          Il l'a fait en brave homme, et le doit maintenir.
D. FERNAND. Puisque vous le voulez, j'accorde qu'il le fasse :
          Mais d'un guerrier vaincu mille prendraient la place ;
          Et le prix que Chimène au vainqueur a promis
          De tous mes cavaliers ferait ses ennemis.
          L'opposer seul à tous serait trop d'injustice ;
          Il suffit qu'une fois il entre dans la lice.
          Choisis qui tu voudras, Chimène, et choisis bien ;
          Mais après ce combat ne demande plus rien.
D. DIÈGUE. N'excusez point par-là ceux que son bras étonne ;
          Laissez un champ ouvert où n'entrera personne.
          Après ce que Rodrigue a fait voir aujourd'hui,
          Quel courage assez vain s'oserait prendre à lui ?
          Qui se hasarderait contre un tel adversaire ?
          Qui serait ce vaillant, ou bien ce téméraire ?
D. SANCHE. Faites ouvrir le champ : vous voyez l'assaillant ;
          Je suis ce téméraire, ou plutôt ce vaillant.
          Accordez cette grâce à l'ardeur qui me presse.
          Madame, vous savez quelle est votre promesse.
D. FERNAND. Chimène, remets-tu ta querelle en sa main ?
CHIMÈNE. Sire, je l'ai promis.
                    D. FERNAND. Soyez prêt à demain.
D. DIÈGUE. Non, sire, il ne faut pas différer davantage ;
          On est toujours tout prêt quand on a du courage.
D. FERNAND. Sortir d'une bataille, et combattre à l'instant !
D. DIÈGUE. Rodrigue a pris haleine en vous la racontant.
D. FERNAND. Du moins une heure ou deux je veux qu'il se délasse.
          Mais de peur qu'en exemple un tel combat ne passe,
          Pour témoigner à tous qu'à regret je permets
          Un sanglant procédé qui ne me plut jamais,
          De moi ni de ma cour il n'aura la présence.
(A D. Arias.) Vous seul des combattants jugerez la vaillance.
          Ayez soin que tous deux fassent en gens de cœur,
          Et, le combat fini, m'amenez le vainqueur.
          Quel qu'il soit, même prix est acquis à sa peine ;
          Je le veux de ma main présenter à Chimène,

Et que, pour récompense, il reçoive sa foi.
CHIMÈNE. Quoi, sire, m'imposer une si dure loi !
D. FERNAND. Tu t'en plains ; mais ton feu, loin d'avouer ta plainte,
Si Rodrigue est vainqueur, l'accepte sans contrainte.
Cesse de murmurer contre un arrêt si doux ;
Qui que ce soit des deux, j'en ferai ton époux.

ACTE CINQUIÈME.
SCÈNE I. — D. RODRIGUE, CHIMÈNE.

CHIMÈNE. Quoi ! Rodrigue en plein jour ! d'où te vient cette audace ?
Va, tu me perds d'honneur ; retire-toi, de grace.
D. RODRIGUE. Je vais mourir, Madame, et vous viens en ce lieu,
Avant le coup mortel, dire un dernier adieu ;
Cet immuable amour qui sous vos lois m'engage,
N'ose accepter ma mort sans vous en faire hommage.
CHIMÈNE. Tu vas mourir !
D. RODRIGUE. Je cours à ces heureux moments
Qui vont livrer ma vie à vos ressentiments.
CHIMÈNE. Tu vas mourir ! Don Sanche est-il si redoutable,
Qu'il donne l'épouvante à ce cœur indomptable ?
Qui t'a rendu si faible ? ou qui le rend si fort ?
Rodrigue va combattre, et se croit déjà mort !
Celui qui n'a pas craint les Maures, ni mon père,
Va combattre don Sanche, et déjà désespère !
Ainsi donc au besoin ton courage s'abat !
D. RODRIGUE. Je cours à mon supplice et non pas au combat ;
Et ma fidèle ardeur sait bien m'ôter l'envie,
Quand vous cherchez ma mort de défendre ma vie.
J'ai toujours même cœur ; mais je n'ai point de bras
Quand il faut conserver ce qui ne vous plaît pas :
Et déjà cette nuit m'aurait été mortelle
Si j'eusse combattu pour ma seule querelle ;
Mais défendant mon roi, son peuple, et mon pays,
A me défendre mal je les aurais trahis.
Mon esprit généreux ne hait pas tant la vie,
Qu'il en veuille sortir par une perfidie :
Maintenant qu'il s'agit de mon seul intérêt,
Vous demandez ma mort, j'en accepte l'arrêt.
Votre ressentiment choisit la main d'un autre :
Je ne méritais pas de mourir de la vôtre.
On ne me verra point en repousser les coups ;
Je dois plus de respect à qui combat pour vous ;
Et, ravi de penser que c'est de vous qu'ils viennent,
Puisque c'est votre honneur que ses armes soutiennent,
Je lui vais présenter mon estomac ouvert,
Adorant en sa main la vôtre qui me perd.
CHIMÈNE. Si d'un triste devoir la juste violence,
Qui me fait malgré moi poursuivre ta vaillance,
Prescrit à ton amour une si forte loi
Qui te rend sans défense à qui combat pour moi ;
En cet aveuglement ne perds pas la mémoire
Qu'ainsi que de ta vie il y va de ta gloire,
Et que, dans quelque éclat que Rodrigue ait vécu,
Quand on le saura mort, on le croira vaincu.
Ton honneur t'est plus cher que je ne te suis chère,
Puisqu'il trempe tes mains dans le sang de ton père,
Et te fait renoncer, malgré ta passion,
A l'espoir le plus doux de la possession.

Je t'en vois cependant faire si peu de compte,
Que sans rendre combat tu veux qu'on te surmonte.
Quelle inégalité ravale ta vertu !
Pourquoi ne l'as-tu plus? ou pourquoi l'avais-tu ?
Quoi ! n'es-tu généreux que pour me faire outrage?
S'il ne faut m'offenser, n'as-tu point de courage ?
Et traites-tu mon père avec tant de rigueur,
Qu'après l'avoir vaincu tu souffres un vainqueur?
Va, sans vouloir mourir, laisse-moi te poursuivre,
Et défends ton honneur, si tu ne veux plus vivre.

D. RODRIGUE. Après la mort du comte, et les Maures défaits,
Faudrait-il à ma gloire encor d'autres effets ?
Elle peut dédaigner le soin de me défendre ;
On sait que mon courage ose tout entreprendre,
Que ma valeur peut tout, et que dessous les cieux,
Auprès de mon honneur, rien ne m'est précieux.
Non, non, en ce combat, quoi que vous veuilliez croire,
Rodrigue peut mourir sans hasarder sa gloire,
Sans qu'on l'ose accuser d'avoir manqué de cœur,
Sans passer pour vaincu, sans souffrir un vainqueur.
On dira seulement : « Il adorait Chimène ;
Il n'a pas voulu vivre, et mériter sa haine ;
Il a cédé lui-même à la rigueur du sort
Qui forçait sa maîtresse à poursuivre sa mort :
Elle voulait sa tête ; et son cœur magnanime,
S'il l'en eût refusée, eût pensé faire un crime.
Pour venger son honneur il perdit son amour,
Pour venger sa maîtresse il a quitté le jour,
Préférant (quelque espoir qu'eût son âme asservie),
Son honneur à Chimène, et Chimène à sa vie. »
Ainsi donc vous verrez ma mort en ce combat,
Loin d'obscurcir ma gloire, en rehausser l'éclat;
Et cet honneur suivra mon trépas volontaire,
Que tout autre que moi n'eût pu vous satisfaire.

CHIMÈNE. Puisque, pour t'empêcher de courir au trépas,
Ta vie et ton honneur sont de faibles appas,
Si jamais je t'aimai, cher Rodrigue, en revanche,
Défends-toi maintenant pour m'ôter à don Sanche ;
Combats pour m'affranchir d'une condition
Qui me donne à l'objet de mon aversion.
Te dirai-je encore plus ? va, songe à ta défense,
Pour forcer mon devoir, pour m'imposer silence ;
Et, si tu sens pour moi ton cœur encore épris,
Sors vainqueur d'un combat dont Chimène est le prix.
Adieu : ce mot lâché me fait rougir de honte.

D. RODRIGUE, seul. Est-il quelque ennemi qu'à présent je ne dompte?
Paraissez, Navarrois, Maures et Castillans,
Et tout ce que l'Espagne a nourri de vaillants ;
Unissez-vous ensemble, et faites une armée,
Pour combattre une main de la sorte animée :
Joignez tous vos efforts contre un espoir si doux;
Pour en venir à bout c'est trop peu que de vous.

SCÈNE II. — L'INFANTE.

T'écouterai-je encor, respect de ma naissance,
 Qui fais un crime de mes feux !
T'écouterai-je, amour, dont la douce puissance
 Contre ce fier tyran fait révolter mes vœux ?
  Pauvre princesse, auquel des deux
  Dois-tu prêter obéissance?

Rodrigue, ta valeur te rend digne de moi ;
Mais pour être vaillant tu n'es pas fils de roi.
Impitoyable sort, dont la rigueur sépare
    Ma gloire d'avec mes désirs,
Est-il dit que le choix d'une vertu si rare
Coûte à ma passion de si grands déplaisirs ?
    O cieux ! à combien de soupirs
    Faut-il que mon cœur se prépare,
Si jamais il n'obtient sur un si long tourment
Ni d'éteindre l'amour, ni d'accepter l'amant !
Mais c'est trop de scrupule, et ma raison s'étonne
    Du mépris d'un si digne choix :
Bien qu'aux monarques seuls ma naissance me donne,
Rodrigue, avec honneur je vivrai sous tes lois.
    Après avoir vaincu deux rois,
    Pourrais-tu manquer de couronne ?
Et ce grand nom de Cid que tu viens de gagner
Ne fait-il pas trop voir sur qui tu dois régner ?
Il est digne de moi, mais il est à Chimène ;
    Le don que j'en ai fait me nuit.
Entre eux la mort d'un père a si peu mis de haine,
Que le devoir du sang à regret le poursuit :
    Ainsi n'espérons aucun fruit
    De son crime, ni de ma peine,
Puisque pour me punir le destin a permis
Que l'amour dure même entre deux ennemis.

SCÈNE III. — L'INFANTE, LÉONOR.

L'INFANTE. Où viens-tu, Léonor ?
    LÉONOR. Vous applaudir, Madame,
Sur le repos qu'enfin a retrouvé votre âme.
L'INFANTE. D'où viendrait ce repos dans un comble d'ennui ?
LÉONOR. Si l'amour vit d'espoir, et s'il meurt avec lui,
    Rodrigue ne peut plus charmer votre courage,
    Vous savez le combat où Chimène l'engage ;
    Puisqu'il faut qu'il y meure, ou qu'il soit son mari,
    Votre espérance est morte, et votre esprit guéri.
L'INFANTE. Ah ! qu'il s'en faut encor !
    LÉONOR. Que pouvez-vous prétendre ?
L'INFANTE. Mais plutôt quel espoir me pourrais-tu défendre ?
    Si Rodrigue combat sous ces conditions,
    Pour en rompre l'effet j'ai trop d'inventions.
    L'amour, ce doux auteur de mes cruels supplices,
    Aux esprits des amants apprend trop d'artifices.
LÉONOR. Pourrez-vous quelque chose, après qu'un père mort
    N'a pu, dans leurs esprits, allumer de discord ?
    Car Chimène aisément montre, par sa conduite,
    Que la haine aujourd'hui ne fait pas sa poursuite.
    Elle obtient un combat, et pour son combattant
    C'est le premier offert qu'elle accepte à l'instant :
    Elle n'a point recours à ces mains généreuses
    Que tant d'exploits fameux rendent si glorieuses ;
    Don Sanche lui suffit, et mérite son choix,
    Parce qu'il va s'armer pour la première fois ;
    Elle aime en ce duel son peu d'expérience ;
    Comme il est sans renom, elle est sans défiance ;
    Et sa facilité vous doit bien faire voir
    Qu'elle cherche un combat qui force son devoir,
    Qui livre à son Rodrigue une victoire aisée,

Et l'autorise enfin à paraître apaisée.
L'INFANTE. Je le remarque assez, et toutefois mon cœur
A l'envi de Chimène adore ce vainqueur.
A quoi me résoudrai-je, amante infortunée?
LÉONOR. A vous mieux souvenir de qui vous êtes née ;
Le ciel vous doit un roi, vous aimez un sujet !
L'INFANTE. Mon inclination a bien changé d'objet.
Je n'aime plus Rodrigue, un simple gentilhomme ;
Non, ce n'est plus ainsi que mon amour le nomme :
Si j'aime, c'est l'auteur de tant de beaux exploits,
C'est le valeureux Cid, le maître de deux rois.
Je me vaincrai pourtant, non de peur d'aucun blâme,
Mais pour ne troubler pas une si belle flamme ;
Et, quand pour m'obliger on l'aurait couronné,
Je ne veux point reprendre un bien que j'ai donné.
Puisqu'en un tel combat sa victoire est certaine,
Allons encore un coup le donner à Chimène.
Et toi, qui vois les traits dont mon cœur est percé,
Viens me voir achever comme j'ai commencé.

SCÈNE IV. — CHIMÈNE, ELVIRE.

CHIMÈNE. Elvire, que je souffre ! et que je suis à plaindre !
Je ne sais qu'espérer, et je vois tout à craindre ;
Aucun vœu ne m'échappe où j'ose consentir ;
Je ne souhaite rien sans un prompt repentir.
A deux rivaux pour moi je fais prendre les armes :
Le plus heureux succès me coûtera des larmes;
Et, quoi qu'en ma faveur en ordonne le sort,
Mon père est sans vengeance, ou mon amant est mort.
ELVIRE. D'un et d'autre côté je vous vois soulagée ;
Ou vous avez Rodrigue, ou vous êtes vengée ;
Et quoi que le destin puisse ordonner de vous,
Il soutient votre gloire, et vous donne un époux.
CHIMÈNE. Quoi ! l'objet de ma haine, ou de tant de colère,
L'assassin de Rodrigue, ou celui de mon père !
De tous les deux côtés on me donne un mari
Encor tout teint du sang que j'ai le plus chéri.
De tous les deux côtés mon âme se rebelle :
Je crains plus que la mort la fin de ma querelle.
Allez, vengeance, amour, qui troublez mes esprits,
Vous n'avez point pour moi de douceurs à ce prix :
Et toi, puissant moteur du destin qui m'outrage,
Termine ce combat sans aucun avantage,
Sans faire aucun des deux ni vaincu, ni vainqueur?
ELVIRE. Ce serait vous traiter avec trop de rigueur.
Ce combat pour votre âme est un nouveau supplice,
S'il vous laisse obligée à demander justice,
A témoigner toujours ce haut ressentiment,
Et poursuivre toujours la mort de votre amant.
Madame, il vaut bien mieux que sa rare vaillance,
Lui couronnant le front, vous impose silence ;
Que la loi du combat étouffe vos soupirs,
Et que le roi vous force à suivre vos désirs.
CHIMÈNE. Quand il sera vainqueur, crois-tu que je me rende !
Mon devoir est trop fort, et ma perte trop grande ;
Et ce n'est pas assez pour leur faire la loi,
Que celle du combat et le vouloir du roi.
Il peut vaincre don Sanche avec fort peu de peine,
Mais non pas avec lui la gloire de Chimène ;

Et, quoi qu'à sa victoire un monarque ait promis,
Mon honneur lui fera mille autres ennemis.
ELVIRE. Gardez, pour vous punir de cet orgueil étrange,
Que le ciel à la fin ne souffre qu'on vous venge.
Quoi ! vous voulez encor refuser le bonheur
De pouvoir maintenant vous taire avec honneur ?
Que prétend ce devoir, et qu'est-ce qu'il espère ?
La mort de votre amant vous rendra-t-elle un père ?
Est-ce trop peu pour vous que d'un coup de malheur ?
Faut-il perte sur perte, et douleur sur douleur ?
Allez, dans le caprice où votre humeur s'obstine,
Vous ne méritez pas l'amant qu'on vous destine ;
Et nous verrons du ciel l'équitable courroux
Vous laisser, par sa mort, don Sanche pour époux.
CHIMÈNE. Elvire c'est assez des peines que j'endure,
Ne les redouble point par ce funeste augure.
Je veux, si je le puis, les éviter tous deux,
Sinon, en ce combat Rodrigue a tous mes vœux :
Non qu'un folle ardeur de son côté me penche ;
Mais, s'il était vaincu, je serais à don Sanche :
Cette appréhension fait naître mon souhait...
Que vois-je, malheureuse ! Elvire, c'en est fait.

SCÈNE V. — D. SANCHE, CHIMÈNE, ELVIRE.

D. SANCHE. Obligé d'apporter à vos pieds cette épée.....
CHIMÈNE. Quoi du sang de Rodrigue encor toute trempée !
Perfide, oses-tu bien te montrer à mes yeux,
Après m'avoir ôté ce que j'aimais le mieux ?
Éclate mon amour, tu n'as plus rien à craindre ;
Mon père est satisfait, cesse de te contraindre ;
Un même coup a mis ma gloire en sûreté,
Mon âme au désespoir, ma flamme en liberté.
D. SANCHE. D'un esprit plus rassis...
CHIMÈNE. Tu me parles encore,
Exécrable assassin d'un héros que j'adore !
Va, tu l'as pris en traître ; un guerrier si vaillant
N'eût jamais succombé sous un tel assaillant.
N'espère rien de moi, tu ne m'as point servie ;
Et, croyant me venger, tu m'as ôté la vie.
D. SANCHE. Étrange impression qui, loin de m'écouter ..
CHIMÈNE. Veux-tu que de sa mort je t'écoute vanter,
Que j'entende à loisir avec quelle insolence
Tu peindras son malheur, mon crime, et ta vaillance ?

SCÈNE VI. — D. FERNAND, D. DIÈGUE, D. ARIAS, D. SANCHE, D. ALONSE, CHIMÈNE, ELVIRE.

CHIMÈNE. Sire, il n'est plus besoin de vous dissimuler
Ce que tous mes efforts ne vous ont pu céler.
J'aimais, vous l'avez su ; mais, pour venger mon père,
J'ai bien voulu proscrire une tête si chère :
Votre majesté, Sire, elle-même a pu voir
Comme j'ai fait céder mon amour au devoir.
Enfin Rodrigue est mort, et sa mort m'a changée
D'implacable ennemie en amante affligée.
J'ai dû cette vengeance à qui m'a mise au jour,
Et je dois maintenant ces pleurs à mon amour.
Don Sanche m'a perdue en prenant ma défense ;
Et du bras qui me perd je suis la récompense !
Sire, si la pitié peut émouvoir un roi,
De grâce, révoquez une si dure loi ;

Pour prix d'une victoire où je perds ce que j'aime,
Je lui laisse mon bien ; qu'il me laisse à moi-même ;
Qu'en un cloître sacré je pleure incessamment,
Jusqu'au dernier soupir, mon père et mon amant.
D. DIÈGUE. Enfin, elle aime, Sire, et ne croit plus un crime
D'avouer par sa bouche un amour légitime.
D. FERNAND. Chimène, sors d'erreur, ton amant n'est pas mort ;
Et don Sanche vaincu t'a fait un faux rapport.
D. SANCHE. Sire, un peu trop d'ardeur malgré moi l'a déçue :
Je venais du combat lui raconter l'issue.
Ce généreux guerrier dont son cœur est charmé,
« Ne crains rien, m'a-t-il dit (quand il m'a désarmé) ;
« Je laisserais plutôt la victoire incertaine
« Que de répandre un sang hasardé pour Chimène ;
« Mais puisque mon devoir m'appelle auprès du roi,
« Va de notre combat l'entretenir pour moi,
« De la part du vainqueur lui porter ton épée. »
Sire, je suis venu : cet objet l'a trompée ;
Elle m'a cru vainqueur, me voyant de retour ;
Et soudain sa colère a trahi son amour
Avec tant de transport et tant d'impatience,
Que je n'ai pu gagner un moment d'audience.
Pour moi, bien que vaincu, je me répute heureux ;
Et, malgré l'intérêt de mon cœur amoureux,
Perdant infiniment, j'aime encore ma défaite,
Qui fait le beau succès d'une amour si parfaite.
D. FERNAND. Ma fille, il ne faut point rougir d'un si beau feu,
Ni chercher les moyens d'en faire un désaveu :
Une louable honte en vain t'en sollicitent ;
Ta gloire est dégagée et ton devoir est quitte :
Ton père est satisfait, et c'était le venger
Que mettre tant de fois ton Rodrigue en danger.
Tu vois comme le ciel autrement en dispose.
Ayant tant fait pour lui, fais pour toi quelque chose,
Et ne sois point rebelle à mon commandement,
Qui te donne un époux aimé si chèrement.

SCÈNE VII. — D. FERNAND, D. DIÈGUE, D. ARIAS, D. RODRIGUE, D. ALONSE,
D. SANCHE, L'INFANTE, CHIMÈNE, LÉONOR, ELVIRE.

L'INFANTE. Sèche tes pleurs, Chimène, et reçois sans tristesse
Ce généreux vainqueur des mains de ta princesse.
D. RODRIGUE. Ne vous offensez point, Sire, si, devant vous
Un respect amoureux me jette à ses genoux.
Je ne viens point ici demander ma conquête.
Je viens tout de nouveau vous apporter ma tête,
Madame ; mon amour n'emploiera point pour moi,
Ni la loi du combat, ni le vouloir du roi.
Si tout ce qui s'est fait est trop peu pour un père,
Dites par quels moyens il vous faut satisfaire.
Faut-il combattre encor mille et mille rivaux,
Aux deux bouts de la terre étendre mes travaux,
Forcer moi seul un camp, mettre en fuite une armée,
Des héros fabuleux passer la renommée ?
Si mon crime par là se peut enfin laver,
J'ose tout entreprendre, et puis tout achever :
Mais si ce fier honneur, toujours inexorable,
Ne se peut apaiser sans la mort du coupable,
N'armez plus contre moi le pouvoir des humains :
Ma tête est à vos pieds, vengez-vous par vos mains ;

Vos mains seules ont droit de vaincre un invincible,
Prenez une vengeance à tout autre impossible.
Mais du moins que ma mort suffise à me punir.
Ne me bannissez point de votre souvenir ;
Et, puisque mon trépas conserve votre gloire,
Pour vous en revancher conservez ma mémoire,
Et dites quelquefois, en déplorant mon sort :
S'il ne m'avait aimée, il ne serait pas mort.

CHIMÈNE. Relève-toi, Rodrigue. Il faut l'avouer, Sire
Je vous en ai trop dit pour m'en pouvoir dédire.
Rodrigue a des vertus que je ne puis haïr ;
Et quand son roi commande on lui doit obéir.
Mais, à quoi que déjà vous m'avez condamnée,
Pourrez-vous à vos yeux souffrir cet hyménée ?
Et quand de mon devoir vous voulez cet effort,
Toute votre justice en est-elle d'accord ?
Si Rodrigue à l'État devient si nécessaire,
De ce qu'il fait pour vous dois-je être le salaire,
Et me livrer moi-même au reproche éternel
D'avoir trempé mes mains dans le sang paternel ?

D. FERNAND. Le temps assez souvent a rendu légitime
Ce qui semblait d'abord ne se pouvoir sans crime.
Rodrigue t'a gagnée, et tu dois être à lui.
Mais, quoique sa valeur t'ait conquise aujourd'hui,
Il faudrait que je fusse ennemi de ta gloire
Pour lui donner sitôt le prix de sa victoire.
Cet hymen différé ne rompt point une loi
Qui sans marquer de temps, lui destine ta foi.
Prends un an, si tu veux, pour essuyer tes larmes
Rodrigue, cependant il faut prendre les armes.
Après avoir vaincu les Maures sur nos bords,
Renversé leurs desseins, repoussé leurs efforts,
Va jusqu'en leur pays leur reporter la guerre,
Commander mon armée, et ravager leur terre.
A ce seul nom de Cid ils trembleront d'effroi ;
Ils t'ont nommé seigneur, ils te voudront pour roi.
Mais parmi tes hauts faits sois-lui toujours fidèle :
Reviens-en, s'il se peut, encore plus digne d'elle ;
Et par tes grands exploits fais-toi si bien priser,
Qu'il lui soit glorieux alors de t'épouser.

D. RODRIGUE. Pour posséder Chimène, et pour votre service
Que peut-on m'ordonner que mon bras n'accomplisse ?
Quoi qu'absent de ses yeux il me faille endurer,
Sire, ce m'est trop d'heur de pouvoir espérer.

D. FERNAND. Espère en ton courage, espère en ma promesse ;
Et possédant déjà le cœur de ta maîtresse,
Pour vaincre un point d'honneur qui combat contre toi,
Laisse faire le temps, ta vaillance, et ton roi.

FIN DU CID.

HORACE

TRAGÉDIE EN CINQ ACTES. — 1639.

PERSONNAGES.

TULLE, roi de Rome.
LE VIEIL HORACE, chevalier romain.
HORACE, son fils.
CURIACE, gentilhomme d'Albe, amant de Camille.
VALERE, chevalier romain, amoureux de Camille.
SABINE, femme d'Horace, et sœur de Curiace.
CAMILLE, amante de Curiace, et sœur d'Horace.
JULIE, dame romaine, confidente de Sabine et de Camille.
FLAVIAN, soldat de l'armée d'Albe.
PROCULE, soldat de l'armée de Rome.

La scène est à Rome, dans une salle de la maison d'Horace.

ACTE PREMIER.

SCÈNE I. — SABINE, JULIE.

SABINE. Approuvez ma faiblesse, et souffrez ma douleur :
Elle n'est que trop juste en un si grand malheur.
Si près de voir sur soi fondre de tels orages,
L'ébranlement sied bien aux plus fermes courages ;
Et l'esprit le plus mâle et le moins abattu
Ne saurait sans désordre exercer sa vertu.
Quoique le mien s'étonne à ces rudes alarmes,
Le trouble de mon cœur ne peut rien sur mes larmes,
Et, parmi les soupirs qu'il pousse vers les cieux,
Ma constance du moins règne encor sur mes yeux.
Quand on arrête là les déplaisirs d'une ame,
Si l'on fait moins qu'un homme, on fait plus qu'une femme ;
Commander à ses pleurs en cette extrémité,
C'est montrer, pour le sexe, assez de fermeté.

JULIE. C'en est peut-être assez pour une âme commune,
Qui du moindre péril se fait une infortune ;
Mais de cette faiblesse un grand cœur est honteux :
Il ose espérer tout dans un succès douteux.
Les deux camps sont rangés au pied de nos murailles ;
Mais Rome ignore encor comme on perd des batailles.
Loin de trembler pour elle, il lui faut applaudir :
Puisqu'elle va combattre, elle va s'agrandir.
Bannissez, bannissez une frayeur si vaine,
Et conservez des vœux dignes d'une Romaine.

SABINE. Je suis Romaine, hélas ! puisqu'Horace est Romain ;
J'en ai reçu le titre en recevant sa main ;
Mais ce nœud me tiendrait en esclave enchaînée,
S'il m'empêchait de voir en quels lieux je suis née.
Albe, où j'ai commencé de respirer le jour,
Albe, mon cher pays, et mon premier amour,
Lorsqu'entre nous et toi je vois la guerre ouverte,
Je crains notre victoire autant que notre perte.
Rome, si tu te plains que c'est là te trahir,
Fais-toi des ennemis que je puisse haïr.
Quand je vois de tes murs leur armée et la nôtre,
Mes trois frères dans l'une, et mon mari dans l'autre,
Puis-je former des vœux, et sans impiété
Importuner le ciel pour ta félicité ?
Je sais que ton Etat, encor en sa naissance,

Ne saurait, sans la guerre, affermir sa puissance ;
Je sais qu'il doit s'accroître, et que tes grands destins
Ne le borneront pas chez les peuples latins ;
Que les dieux t'ont promis l'empire de la terre,
Et que tu n'en peux voir l'effet que par la guerre :
Bien loin de m'opposer à cette noble ardeur
Qui suit l'arrêt des dieux et court à la grandeur,
Je voudrais déjà voir tes troupes couronnées
D'un pas victorieux franchir les Pyrénées.
Va jusqu'en l'Orient pousser tes bataillons ;
Va sur les bords du Rhin planter tes pavillons ;
Fais trembler sous tes pas les colonnes d'Hercule,
Mais respecte une ville à qui tu dois Romule.
Ingrate, souviens-toi que du sang de ses rois
Tu tiens ton nom, tes murs, et tes premières lois.
Albe est ton origine : arrête et considère
Que tu portes le fer dans le sein de ta mère.
Tourne ailleurs les efforts de tes bras triomphants ;
Sa joie éclatera dans l'heur de ses enfants,
Et, se laissant ravir à l'amour maternelle,
Ses vœux seront pour toi, si tu n'es plus contre elle.

JULIE. Ce discours me surprend, vu que, depuis le temps
Qu'on a contre son peuple armé nos combattants,
Je vous ai vu pour elle autant d'indifférence,
Que si d'un sang romain vous aviez pris naissance.
J'admirais la vertu qui réduisait en vous
Vos plus chers intérêts à ceux de votre époux ;
Et je vous consolais au milieu de vos plaintes,
Comme si notre Rome eût fait toutes vos craintes.

SABINE. Tant qu'on ne s'est choqué qu'en de légers combats,
Trop faibles pour jeter un des partis à bas,
Tant qu'un espoir de paix a pu flatter ma peine,
Oui, j'ai fait vanité d'être toute Romaine.
Si j'ai vu Rome heureuse avec quelque regret,
Soudain j'ai condamné ce mouvement secret
Et si j'ai ressenti, dans ses destins contraires,
Quelque maligne joie en faveur de mes frères,
Soudain, pour l'étouffer, rappelant ma raison,
J'ai pleuré quand la gloire entrait dans leur maison.
Mais aujourd'hui qu'il faut que l'une ou l'autre tombe,
Qu'Albe devienne esclave, ou que Rome succombe,
Et qu'après la bataille il ne demeure plus
Ni d'obstacle aux vainqueurs, ni d'espoir aux vaincus,
J'aurais pour mon pays une cruelle haine,
Si je pouvais encore être toute Romaine,
Et si je demandais votre triomphe aux dieux,
Au prix de tant de sang qui m'est si précieux.
Je m'attache un peu moins aux intérêts d'un homme ;
Je ne suis point pour Albe, et ne suis plus pour Rome :
Je crains pour l'une et l'autre en ce dernier effort,
Et serai du parti qu'affligera le sort.
Egale à tous les deux jusques à la victoire,
Je prendrai part aux maux sans en prendre à la gloire ;
Et je garde, au milieu de tant d'âpres rigueurs,
Mes larmes aux vaincus, et ma haine aux vainqueurs.

JULIE. Qu'on voit naître souvent de pareilles traverses,
En des esprits divers, des passions diverses !
Et qu'à nos yeux Camille agit bien autrement :
Son frère est votre époux, le vôtre est son amant :

Mais elle voit d'un œil bien différent du vôtre
Son sang dans une armée et son amour dans l'autre.
Lorsque vous conserviez un esprit tout romain,
Le sien irrésolu, le sien tout incertain,
De la moindre mêlée appréhendait l'orage,
De tous les deux partis détestait l'avantage,
Au malheur des vaincus donnait toujours ses pleurs,
Et nourrissait ainsi d'éternelles douleurs.
Mais hier, quand elle sut qu'on avait pris journée,
Et qu'enfin la bataille allait être donnée,
Une soudaine joie éclatant sur son front....

SABINE. Ah! que je crains, Julie, un changement si prompt!
Hier, dans sa belle humeur elle entretint Valère;
Pour ce rival sans doute elle quitte mon frère;
Son esprit, ébranlé par les objets présents,
Ne trouve point d'absent aimable après deux ans.
Mais excusez l'ardeur d'une amour fraternelle,
Le soin que j'ai de lui me fait tout craindre d'elle;
Je forme des soupçons d'un trop léger sujet.
Près d'un jour si funeste on change peu d'objet,
Les âmes rarement sont de nouveau blessées;
Et dans un si grand trouble, on a d'autres pensées:
Mais on n'a pas aussi de si doux entretiens,
Ni de contentements qui soient pareils aux siens.

JULIE. Les causes, comme à vous, m'en semblent fort obscures;
Je ne me satisfais d'aucunes conjectures.
C'est assez de constance en un si grand danger
Que de le voir, l'attendre, et ne point s'affliger;
Mais certes c'en est trop d'aller jusqu'à la joie.

SABINE. Voyez qu'un bon génie à propos nous l'envoie.
Essayez sur ce point à la faire parler;
Elle vous aime assez pour ne vous rien céler.
Je vous laisse. (*A Camille qui entre.*) Ma sœur, entretenez Julie:
J'ai honte de montrer tant de mélancolie;
Et mon cœur, accablé de mille déplaisirs,
Cherche la solitude à cacher ses soupirs.

SCÈNE II. — CAMILLE, JULIE.

CAMILLE. Qu'elle a tort de vouloir que je vous entretienne!
Croit-elle ma douleur moins vive que la sienne,
Et que, plus insensible à de si grands malheurs,
A mes tristes discours je mêle moins de pleurs?
De pareilles frayeurs mon âme est alarmée;
Comme elle je perdrai dans l'une et l'autre armée,
Je verrai mon amant, mon plus unique bien,
Mourir pour son pays, ou détruire le mien;
Et cet objet d'amour devenir, pour ma peine,
Digne de mes soupirs, ou digne de ma haine.
Hélas!

JULIE. Elle est pourtant plus à plaindre que vous.
On peut changer d'amant, mais non changer d'époux.
Oubliez Curiace, et recevez Valère,
Vous ne tremblerez plus pour le parti contraire,
Vous serez toute nôtre, et votre esprit remis
N'aura plus rien à craindre au camp des ennemis.

CAMILLE. Donnez-moi des conseils qui soient plus légitimes,
Et plaignez mes malheurs sans m'ordonner des crimes.
Quoiqu'à peine à mes maux je puisse résister,
J'aime mieux les souffrir que de les mériter.

JULIE. Quoi ! vous appelez crime un change raisonnable ?
CAMILLE. Quoi ! le manque de foi vous semble pardonnable ?
JULIE. Envers un ennemi qui peut nous obliger ?
CAMILLE. D'un serment solennel qui peut nous dégager
JULIE. Vous déguisez en vain une chose trop claire,
Je vous vis encore hier entretenir Valère ;
Et l'accueil grâcieux qu'il recevait de vous
Lui permet de nourrir un espoir assez doux.
CAMILLE. Si je l'entretins hier et lui fis bon visage,
N'en imaginez rien qu'à son désavantage ;
De mon contentement un autre était l'objet.
Mais pour sortir d'erreur sachez-en le sujet :
Je garde à Curiace une amitié trop pure
Pour souffrir plus longtemps qu'on m'estime parjure.
Il vous souvient qu'à peine on voyait de sa sœur
Par un heureux hymen mon frère possesseur,
Quand, pour comble de joie, il obtint de mon père
Que de ses chastes feux je serais le salaire.
Ce jour nous fut propice et funeste à la fois :
Unissant nos maisons, il désunit nos rois ;
Un même instant conclut notre hymen et la guerre,
Fit naître notre espoir et le jeta par terre,
Nous ôta tout, sitôt qu'il nous eut tout promis ;
Et, nous faisant amants, il nous fit ennemis.
Combien nos déplaisirs parurent lors extrêmes !
Combien contre le ciel il vomit de blasphêmes !
Et combien de ruisseaux coulèrent de mes yeux !
Je ne vous le dis point : vous vites nos adieux.
Vous avez vu depuis les troubles de mon ame ;
Vous savez pour la paix quels vœux a faits ma flamme,
Et quels pleurs j'ai versés à chaque évènement,
Tantôt pour mon pays, tantôt pour mon amant.
Enfin mon désespoir, parmi ces longs obstacles,
M'a fait avoir recours à la voix des oracles.
Ecoutez si celui qui me fut hier rendu
Eut droit de rassurer mon esprit éperdu.
Ce Grec si renommé qui, depuis tant d'années,
Au pied de l'Aventin prédit nos destinées,
Lui qu'Apollon jamais n'a fait parler à faux,
Me promit par ces vers la fin de mes travaux :
« Albe et Rome demain prendront une autre face :
« Tes vœux sont exaucés, elles auront la paix ;
« Et tu seras unie avec ton Curiace,
« Sans qu'aucun mauvais sort t'en sépare jamais. »
Je pris sur cet oracle une entière assurance ;
Et, comme le succès passait mon espérance,
J'abandonnai mon âme à des ravissements
Qui passaient les transports des plus heureux amants.
Jugez de leur excès : je rencontrai Valère,
Et, contre sa coutume il ne put me déplaire ;
Il me parla d'amour sans me donner d'ennui,
Je ne m'aperçus pas que je parlais à lui ;
Je ne lui pus montrer de mépris ni de glace :
Tout ce que je voyais me semblait Curiace.
Tout ce qu'on me disait me parlait de ses feux ;
Tout ce que je disais l'assurait de mes vœux.
Le combat général aujourd'hui se hasarde ;
J'en sus hier la nouvelle, et je n'y pris pas garde :
Mon esprit rejetait ces funestes objets,
Charmé des doux pensers d'hymen et de la paix.

La nuit a dissipé des erreurs si charmantes :
Mille songes affreux, mille images sanglantes,
Ou plutôt mille amas de carnage et d'horreur,
M'ont arraché ma joie, et rendu ma terreur.
J'ai vu du sang, des morts, et n'ai rien vu de suite;
Un spectre en paraissant prenait soudain la fuite;
Ils s'effaçaient l'un l'autre, et chaque illusion
Redoublait mon effroi par sa confusion.
JULIE. C'est en contraire sens qu'un songe s'interprète.
CAMILLE. Je le dois croire ainsi puisque je le souhaite.
Mais je me trouve enfin, malgré tous mes souhaits,
Au jour d'une bataille, et non pas d'une paix.
JULIE. Par là finit la guerre, et la paix lui succède.
CAMILLE. Dure à jamais le mal, s'il y faut ce remède :
Soit que Rome y succombe ou qu'Albe ait le dessous,
Cher amant, n'attends plus d'être un jour mon époux
Jamais, jamais ce nom ne sera pour un homme
Qui soit ou le vainqueur ou l'esclave de Rome.
Mais quel objet nouveau se présente en ces lieux?
Est-ce toi, Curiace? en croirai-je mes yeux?

SCÈNE III.— CURIACE, CAMILLE, JULIE.

CURIACE. N'en doutez point, Camille, et revoyez un homme
Qui n'est ni le vainqueur ni l'esclave de Rome.
Cessez d'appréhender de voir rougir mes mains
Du poids honteux des fers ou du sang des Romains.
J'ai cru que vous aimiez assez Rome et la gloire
Pour mépriser ma chaîne et haïr ma victoire;
Et comme également en cette extrémité
Je craignais la victoire et la captivité....
CAMILLE. Curiace, il suffit, je devine le reste.
Tu fuis une bataille à tes yeux si funeste,
Et ton cœur, tout à moi, pour ne me perdre pas,
Dérobe à ton pays le secours de ton bras.
Qu'un autre considère ici ta renommée,
Et te blâme, s'il veut, de m'avoir trop aimée,
Ce n'est point à Camille à t'en mésestimer :
Plus ton amour paraît, plus elle doit t'aimer;
Et, si tu dois beaucoup aux lieux qui t'ont vu naître,
Plus tu quittes pour moi, plus tu le fais paraître.
Mais as-tu vu mon père? et peut-il endurer
Qu'ainsi dans ta maison tu t'oses retirer?
Ne préfère-t-il point l'Etat à sa famille?
Ne regarde-t-il point Rome plus que sa fille?
Enfin notre bonheur est-il bien affermi?
T'a-t-il vu comme gendre, ou bien comme ennemi?
CURIACE. Il m'a vu comme gendre, avec une tendresse
Qui témoignait assez une entière allégresse;
Mais il ne m'a point vu, par une trahison,
Indigne de l'honneur d'entrer dans sa maison.
Je n'abandonne point l'intérêt de ma ville;
J'aime encor mon honneur en adorant Camille.
Tant qu'a duré la guerre, on m'a vu constamment
Aussi bon citoyen que véritable amant.
D'Albe avec mon amour j'accordais la querelle;
Je soupirais pour vous en combattant pour elle;
Et, s'il fallait encor que l'on en vînt aux coups,
Je combattrais pour elle en soupirant pour vous.
Oui, malgré les désirs de mon âme charmée,

Si la guerre durait, je serais dans l'armée,
C'est la paix qui chez vous me donne un libre accès,
La paix à qui nos feux doivent ce beau succès.
CAMILLE. La paix ! Et le moyen de croire un tel miracle !
JULIE. Camille, pour le moins croyez-en votre oracle ;
Et sachons pleinement par quels heureux effets
L'heure d'une bataille a produit cette paix.
CURIACE. L'aurait-on jamais cru ? Déjà les deux armées,
D'une égale chaleur au combat animées,
Se menaçaient des yeux, et, marchant fièrement,
N'attendaient pour donner que le commandement :
Quand notre dictateur devant les rangs s'avance,
Demande à votre prince un moment de silence ;
Et l'ayant obtenu : « Que faisons-nous, Romains ?
« Dit-il, et quel démon nous fait venir aux mains.
« Souffrons que la raison éclaire enfin nos âmes :
« Nous sommes vos voisins, nos filles sont vos femmes,
« Et l'hymen nous a joints par tant et tant de nœuds,
« Qu'il est peu de nos fils qui ne soient vos neveux ;
« Nous ne sommes qu'un sang et qu'un peuple en deux villes :
« Pourquoi nous déchirer par des guerres civiles,
« Où la mort des vaincus affaiblit les vainqueurs,
« Et le plus beau triomphe est arrosé de pleurs ?
« Nos ennemis communs attendent avec joie
« Qu'un des partis défaits leur donne l'autre en proie,
« Lassé, demi-rompu, vainqueur, mais, pour tout fruit,
« Dénué d'un secours par lui-même détruit.
« Ils ont assez longtemps joui de nos divorces :
« Contre eux dorénavant joignons toutes nos forces,
« Et noyons dans l'oubli ces petits différends
« Qui de si bons guerriers font de mauvais parents.
« Que si l'ambition de commander aux autres
« Fait marcher aujourd'hui vos troupes et les nôtres,
« Pourvu qu'à moins de sang nous voulions l'apaiser,
« Elle nous unira, loin de nous diviser.
« Nommons des combattants pour la cause commune ;
« Que chaque peuple aux siens attache sa fortune ;
« Et, suivant ce que d'eux ordonnera le sort,
« Que le faible parti prenne loi du plus fort :
« Mais sans indignité pour des guerriers si braves,
« Qu'ils deviennent sujets sans devenir esclaves,
« Sans honte, sans tribut, et sans autre rigueur
« Que de suivre en tous lieux les drapeaux du vainqueur.
« Ainsi nos deux États ne feront qu'un empire. »
Il semble qu'à ces mots notre discorde expire :
Chacun jetant les yeux dans un rang ennemi,
Reconnaît un beau-frère, un cousin, un ami ;
Ils s'étonnent comment leurs mains, de sang avides,
Volaient, sans y penser, à tant de parricides,
Et font paraître un front couvert tout à la fois
D'horreur pour la bataille, et d'ardeur pour ce choix.
Enfin l'offre s'accepte, et la paix désirée
Sous ces conditions est aussitôt jurée :
Trois combattront pour tous ; mais, pour les mieux choisir,
Nos chefs ont voulu prendre un peu plus de loisir :
Le vôtre est au sénat, le nôtre dans sa tente.
CAMILLE. O dieux ! que ce discours rend mon âme contente !
CURIACE. Dans deux heures au plus, par un commun accord,
Le sort de nos guerriers réglera notre sort.

Cependant tout est libre, attendant qu'on les nomme.
Rome est dans notre camp, et notre camp dans Rome :
D'un et d'autre côté l'accès étant permis,
Chacun va renouer avec ses vieux amis.
Pour moi, ma passion m'a fait suivre vos frères ;
Et mes désirs ont eu des succès si prospères,
Que l'auteur de vos jours m'a promis à demain
Le bonheur sans pareil de vous donner la main.
Vous ne deviendrez pas rebelle à sa puissance ?
CAMILLE. Le devoir d'une fille est dans l'obéissance.
CURIACE. Venez donc recevoir ce doux commandement,
Qui doit mettre le comble à mon contentement.
CAMILLE. Je vais suivre vos pas, mais pour revoir mes frères,
Et savoir d'eux encor la fin de nos misères.
JULIE. Allez, et cependant au pied de nos autels
J'irai rendre pour vous grâces aux immortels.

ACTE DEUXIÈME.
SCÈNE I. — HORACE, CURIACE.

CURIACE. Ainsi Rome n'a point séparé son estime :
Elle eût cru faire ailleurs un choix illégitime.
Cette superbe ville en vos frères et vous
Trouve les trois guerriers qu'elle préfère à tous ;
Et son illustre ardeur d'oser plus que les autres
D'une seule maison brave toutes les nôtres :
Nous croirons, à la voir tout entière en vos mains,
Que hors les fils d'Horace il n'est point de Romains.
Ce choix pouvait combler trois familles de gloire,
Consacrer hautement leurs noms à la mémoire :
Oui, l'honneur que reçoit la vôtre par ce choix
En pouvait à bon titre immortaliser trois ;
Et puisque c'est chez vous que mon heur et ma flamme
M'ont fait placer ma sœur et choisir une femme,
Ce que je vais vous être et ce que je vous suis
Me font y prendre part autant que je le puis.
Mais un autre intérêt tient ma joie en contrainte,
Et parmi ses douleurs mêle beaucoup de crainte :
La guerre en tel éclat a mis votre valeur,
Que je tremble pour Albe et prévois son malheur :
Puisque vous combattez, sa perte est assuré ;
En vous faisant nommer, le destin l'a jurée.
Je vois trop dans ce choix ses funestes projets,
Et me compte déjà pour un de vos sujets.
HORACE. Loin de trembler pour Albe, il vous faut plaindre Rome,
Voyant ceux qu'elle oublie, et les trois qu'elle nomme.
C'est un aveuglement pour elle bien fatal
D'avoir tant à choisir, et de choisir si mal.
Mille de ses enfants, beaucoup plus dignes d'elle,
Pouvaient bien mieux que nous soutenir sa querelle :
Mais quoique ce combat me promette un cercueil,
La gloire de ce choix m'enfle d'un juste orgueil ;
Mon esprit en conçoit une mâle assurance ;
J'ose espérer beaucoup de mon peu de vaillance ;
Et du sort envieux quels que soient les projets,
Je ne me compte point pour un de vos sujets.
Rome a trop cru de moi ; mais mon âme ravie
Remplira son attente, ou quittera la vie.
Qui veut mourir, ou vaincre, est vaincu rarement :

Ce noble désespoir périt malaisément.
Rome, quoi qu'il en soit, ne sera point sujette,
Que mes derniers soupirs n'assurent sa défaite.

CURIACE. Hélas! c'est bien ici que je dois être plaint
Ce que veut mon pays, mon amitié le craint.
Dures extrémités, de voir Albe asservie,
Ou sa victoire au prix d'une si chère vie,
Et que l'unique bien où tendent ses désirs
S'achète seulement par vos derniers soupirs!
Quels vœux puis-je former? et quel bonheur attendre?
De tous les deux côtés j'ai des pleurs à répandre;
De tous les deux côtés mes désirs sont trahis.

HORACE. Quoi! vous me pleureriez mourant pour mon pays!
Pour un cœur généreux ce trépas a des charmes;
La gloire qui le suit ne souffre point de larmes;
Et je le recevrais en bénissant mon sort,
Si Rome et tout l'État perdaient moins en ma mort.

CURIACE. A vos amis pourtant permettez de le craindre,
Dans un si beau trépas ils sont les seuls à plaindre.
La gloire en est pour vous, et la perte est pour eux:
Il vous fait immortel, et les rend malheureux:
On perd tout quand on perd un ami si fidèle.
Mais Flavian m'apporte ici quelque nouvelle.

SCÈNE II. — HORACE, CURIACE, FLAVIAN.

CURIACE. Albe de trois guerriers a-t-elle fait le choix?
FLAVIAN. Je viens pour vous l'apprendre.
CURIACE. Eh bien, qui sont les trois?
FLAVIAN. Vos deux frères et vous.
CURIACE. Qui?
FLAVIAN. Vous et vos deux frères.
Mais pourquoi ce front triste et ces regards sévères?
Ce choix vous déplaît-il?
CURIACE. Non, mais il me surprend;
Je m'estimais trop peu pour un honneur si grand.
FLAVIAN. Dirai-je au dictateur, dont l'ordre ici m'envoie,
Que vous le receviez avec si peu de joie?
Ce morne et froid accueil me surprend à mon tour.
CURIACE. Dis-lui que l'amitié, l'alliance et l'amour,
Ne pourront empêcher que les trois Curiaces
Ne servent leur pays contre les trois Horaces.
FLAVIAN. Contre eux! Ah! c'est beaucoup me dire en peu de mots.
CURIACE. Porte-lui ma réponse, et nous laisse en repos.

SCÈNE III. — HORACE, CURIACE.

CURIACE. Que désormais le ciel, les enfers et la terre,
Unissent leurs fureurs à nous faire la guerre,
Que les hommes, les dieux, les démons et le sort,
Préparent contre nous un général effort;
Je mets à faire pis, en l'état où nous sommes,
Le sort, et les démons, et les dieux, et les hommes.
Ce qu'ils ont de cruel, et d'horrible et d'affreux,
L'est bien moins que l'honneur qu'on nous fait à tous deux.

HORACE. Le sort, qui de l'honneur nous ouvre la barrière,
Offre à notre constance une illustre matière;
Il épuise sa force à former un malheur,
Pour mieux se mesurer avec notre valeur;
Et comme il voit en nous des âmes peu communes,
Hors de l'ordre commun il nous fait des fortunes,
Combattre un ennemi pour le salut de tous,

Et contre un inconnu s'exposer seul aux coups.
D'une simple vertu c'est l'effet ordinaire :
Mille déjà l'ont fait, mille pourraient le faire ;
Mourir pour le pays est un si digne sort,
Qu'on briguerait en foule une si belle mort.
Mais vouloir au public immoler ce qu'on aime,
S'attacher au combat contre un autre soi-même,
Attaquer un parti qui prend pour défenseur
Le frère d'une femme et l'amant d'une sœur,
Et, rompant tous ces nœuds, s'armer pour la patrie
Contre un sang qu'on voudrait racheter de sa vie :
Une telle vertu n'appartenait qu'à nous.
L'éclat de son grand nom lui fait peu de jaloux,
Et peu d'hommes au cœur l'ont assez imprimée
Pour oser aspirer à tant de renommée.

CURIACE. Il est vrai que nos noms ne sauraient plus périr :
L'occasion est belle, il nous la faut chérir.
Nous serons les miroirs d'une vertu bien rare :
Mais votre fermeté tient un peu du barbare :
Peu, même des grands cœurs, tireraient vanité
D'aller par ce chemin à l'immortalité.
A quelque prix qu'on mette un telle fumée,
L'obscurité vaut mieux que tant de renommée.
Pour moi, je l'ose dire, et vous l'avez pu voir,
Je n'ai point consulté pour suivre mon devoir ;
Notre longue amitié, l'amour, ni l'alliance,
N'ont pu mettre un moment mon esprit en balance :
Et puisque par ce choix Albe montre en effet
Qu'elle m'estime autant que Rome vous a fait,
Je crois faire pour elle autant que vous pour Rome :
J'ai le cœur aussi bon, mais enfin je suis homme.
Je vois que votre honneur demande tout mon sang ;
Que tout le mien consiste à vous percer le flanc ;
Près d'épouser la sœur, qu'il faut tuer le frère,
Et que pour mon pays j'ai le sort si contraire.
Encor qu'à mon devoir je coure sans terreur,
Mon cœur s'en effarouche, et j'en frémis d'horreur :
J'ai pitié de moi-même ; et jette un œil d'envie
Sur ceux dont notre guerre a consumé la vie,
Sans souhait toutefois de pouvoir reculer.
Ce triste et fier honneur m'émeut sans m'ébranler :
J'aime ce qu'il me donne : et je plains ce qu'il m'ôte ;
Et si Rome demande une vertu plus haute,
Je rends grâces aux dieux de n'être pas Romain,
Pour conserver encor quelque chose d'humain.

HORACE. Si vous n'êtes Romain, soyez digne de l'être :
Et si vous m'égalez, faites-le mieux paraître.
La solitude vertu dont je fais vanité
N'admet point de faiblesse avec sa fermeté ;
Et c'est mal de l'honneur entrer dans la carrière
Que dès le premier pas regarder en arrière.
Notre malheur est grand, il est au plus haut point ;
Je l'envisage entier ; mais je n'en frémis point :
Contre qui que ce soit que mon pays m'emploie,
J'accepte aveuglément cette gloire avec joie :
Celle de recevoir de tels commandements
Doit étouffer en nous tous autres sentiments.
Qui, près de le servir, considère autre chose,
A faire ce qu'il doit lâchement se dispose ;

Ce droit saint et sacré rompt tout autre lien.
Rome a choisi mon bras, je n'examine rien.
Avec une allégresse aussi pleine et sincère
Que j'épousai la sœur, je combattrai le frère ;
Et, pour trancher enfin ces discours superflus,
Albe vous a nommé, je ne vous connais plus.

CURIACE. Je vous connais encore, et c'est ce qui me tue :
Mais cette âpre vertu ne m'était pas connue ;
Comme notre malheur elle est au plus haut point :
Souffrez que je l'admire et ne l'imite point.

HORACE. Non, non, n'embrassez point de vertu par contrainte ;
Et puisque vous trouvez plus de charme à la plainte,
En toute liberté goûtez un bien si doux.
Voici venir ma sœur pour se plaindre avec vous.
Je vais revoir la vôtre, et résoudre son ame
A se bien souvenir qu'elle est toujours ma femme,
A vous aimer encor, si je meurs par vos mains,
Et prendre en son malheur des sentiments romains.

SCÈNE IV. — CAMILLE, HORACE, CURIACE.

HORACE. Avez-vous su l'état qu'on fait de Curiace,
Ma sœur ?

CAMILLE. Hélas ! mon sort a bien changé de face.

HORACE. Armez-vous de constance, et montrez-vous ma sœur ;
Et si par mon trépas il retourne vainqueur,
Ne le recevez point en meurtrier d'un frère.
Mais en homme d'honneur qui fait ce qu'il doit faire,
Qui sert bien son pays, et sait montrer à tous,
Par sa haute vertu, qu'il est digne de vous.
Comme si je vivais, achevez l'hyménée.
Mais si ce fer aussi tranche sa destinée,
Faites à ma victoire un pareil traitement,
Ne me reprochez point la mort de votre amant.
Vos larmes vont couler, et votre cœur se presse
Consumez avec lui toute cette faiblesse,
Querellez ciel et terre, et maudissez le sort ;
Mais après le combat ne pensez plus au mort.
(*A Curiace.*) Je ne vous laisserai qu'un moment avec elle,
Puis nous irons ensemble où l'honneur nous appelle.

SCÈNE V. — CURIACE, CAMILLE.

CAMILLE. Iras-tu, Curiace ? et ce funeste honneur
Te plaît-il aux dépens de tout notre bonheur ?

CURIACE. Hélas ! je vois trop bien qu'il faut, quoi que je fasse,
Mourir ou de douleur, ou de la main d'Horace.
Je vais comme au supplice à cet illustre emploi ;
Je maudis mille fois l'état qu'on fait de moi ;
Je hais cette valeur qui fait qu'Albe m'estime ;
Ma flamme au désespoir passe jusques au crime,
Elle se prend au ciel, et l'ose quereller.
Je vous plains, je me plains ; mais il y faut aller.

CAMILLE. Non, je te connais mieux, tu veux que je te prie,
Et qu'ainsi mon pouvoir t'excuse à ta patrie.
Tu n'es que trop fameux par tes autres exploits ;
Albe a reçu par eux tout ce que tu lui dois.
Autre n'a mieux que toi soutenu cette guerre :
Autre de plus de morts n'a couvert notre terre :
Ton nom ne peut plus croître, il ne lui manque rien ;
Souffre qu'un autre ici puisse ennoblir le sien.

CURIACE. Que je souffre à mes yeux qu'on ceigne une autre tête

Des lauriers immortels que la gloire m'apprête
Ou que tout mon pays reproche à ma vertu
Qu'il aurait triomphé si j'avais combattu,
Et que sous mon amour ma valeur endormie
Couronne tant d'exploits d'une telle infamie !
Non, Albe, après l'honneur que j'ai reçu de toi,
Tu ne succomberas ni vaincras que par moi ;
Tu m'as commis ton sort, je t'en rendrai bon compte ;
Je vivrai sans reproche, ou périrai sans honte.
CAMILLE. Quoi ! tu ne veux pas voir qu'ainsi tu me trahis !
CURIACE. Avant que d'être à vous, je suis à mon pays.
CAMILLE. Mais te priver pour lui toi-même d'un beau-frère,
Ta sœur de son mari !
CURIACE. Telle est notre misère :
Le choix d'Albe et de Rome ôte toute douceur
Aux noms jadis si doux de beau-frère et de sœur.
CAMILLE. Tu pourras donc, cruel, me présenter sa tête,
Et demander ma main pour prix de ta conquête !
CURIACE. Il n'y faut plus penser : en l'état où je suis,
Vous aimer sans espoir, c'est tout ce que je puis.
Vous en pleurez, Camille !
CAMILLE. Il faut bien que je pleure :
Mon insensible amant ordonne que je meure ;
Et quand l'hymen pour nous allume son flambeau,
Il l'éteint de sa main pour m'ouvrir le tombeau.
Ce cœur impitoyable à ma perte s'obstine,
Et dit qu'il m'aime encore alors qu'il m'assassine.
CURIACE. Que les pleurs d'une amante ont de puissants discours !
Et qu'un bel œil est fort avec un tel secours !
Que mon cœur s'attendrit à cette triste vue !
Ma constance contre elle à regret s'évertue.
N'attaquez plus ma gloire avec tant de douleurs,
Et laissez-moi sauver ma vertu de vos pleurs ;
Je sens qu'elle chancelle et défend mal la place.
Plus je suis votre amant, moins je suis Curiace.
Faible d'avoir déjà combattu l'amitié,
Vaincrait-elle à la fois l'amour et la pitié ?
Allez, ne m'aimez plus, ne versez plus de larmes,
Ou j'oppose l'offense à de si fortes armes ;
Je me défendrai mieux contre votre courroux,
Et, pour le mériter, je n'ai plus d'yeux pour vous :
Vengez vous d'un ingrat, punissez un volage.
Vous ne vous montrez point sensible à cet outrage !
Je n'ai plus d'yeux pour vous, vous en avez pour moi !
En faut-il encore plus ? je renonce à ma foi.
Rigoureuse vertu dont je suis la victime.
Ne peux-tu résister sans le secours d'un crime ?
CAMILLE. Ne fais point d'autre crime, et j'atteste les dieux
Qu'au lieu de t'en haïr, je t'en aimerai mieux ;
Oui, je te chérirai, tout ingrat et perfide,
Et cesse d'aspirer au nom de fratricide.
Pourquoi suis-je Romaine, ou que n'es-tu Romain ?
Je te préparerais des lauriers de ma main ;
Je t'encouragerais, au lieu de te distraire :
Et je te traiterais comme j'ai fait mon frère.
Hélas ! j'étais aveugle en mes vœux aujourd'hui,
J'en ai fait contre toi quand j'en ai fait pour lui.
Il revient, quel malheur, si l'amour de sa femme
Ne peut non plus sur lui que le mien sur ton âme !

SCÈNE VI. — HORACE, SABINE, CURIACE, CAMILLE.

CURIACE. Dieu ! Sabine le suit ! pour ébranler mon cœur,
Est-ce peu de Camille ? y joignez-vous ma sœur ?
Et laissant à ses pleurs vaincre ce grand courage,
L'amenez-vous ici chercher même avantage ?
SABINE. Non, non, mon frère, non, je ne viens en ce lieu
Que pour vous embrasser et pour vous dire adieu.
Votre sang est trop bon, n'en craignez rien de lâche,
Rien dont la fermeté de ces grands cœurs se fâche.
Si ce malheur illustre ébranlait l'un de vous,
Je le désavouerais pour frère ou pour époux.
Pourrais-je toutefois vous faire une prière
Digne d'un tel époux, et digne d'un tel frère ?
Je veux d'un coup si noble ôter l'impiété,
A l'honneur qui l'attend rendre sa pureté,
La mettre en son éclat sans mélange de crimes ;
Enfin, je vous veux faire ennemis légitimes.
Du saint nœud qui vous joint je suis le seul lien :
Quand je ne serai plus, vous ne serez plus rien.
Brisez votre alliance ; et rompez-en la chaîne ;
Et puisque votre honneur veut des effets de haine,
Achetez par ma mort le droit de vous haïr :
Albe le veut, et Rome : il faut leur obéir.
Qu'un de vous deux me tue, et que l'autre me venge
Alors votre combat n'aura plus rien d'étrange ;
Et du moins l'un des deux sera juste agresseur,
Ou pour venger sa femme, ou pour venger sa sœur
Mais quoi ! vous souillerez une gloire si belle,
Si vous vous animiez par quelque autre querelle :
Le zèle du pays vous défend de tels soins ;
Vous feriez peu pour lui si vous vous étiez moins.
Il lui faut, et sans haine, immoler un beau-frère,
Ne différez donc plus ce que vous devez faire ;
Commencez par sa sœur à répandre son sang,
Commencez par sa femme à lui percer le flanc.
Commencez par Sabine à faire de vos vies
Un digne sacrifice à vos chères patries :
Vous êtes ennemis en ce combat fameux,
Vous d'Albe, vous de Rome, et moi de toutes deux.
Quoi ! me réservez-vous à voir une victoire
Où, pour haut appareil d'une pompeuse gloire,
Je verrai les lauriers d'un frère ou d'un mari
Fumer encor d'un sang que j'aurai tant chéri ?
Pourrai-je entre vous deux régler alors mon ame,
Satisfaire aux devoirs et de sœur et de femme,
Embrasser le vainqueur en pleurant le vaincu ?
Non, non, avant ce coup Sabine aura vécu :
Ma mort le préviendra de qui que je l'obtienne ;
Le refus de vos mains y condamne la mienne.
Sus donc, qui vous retient ? Allez, cœurs inhumains,
J'aurai trop de moyens pour y forcer vos mains ;
Vous ne les aurez point au combat occupées,
Que ce corps au milieu n'arrête vos épées ;
Et, malgré vos refus, il faudra que leurs coups
Se fassent jour ici pour aller jusqu'à vous.
HORACE. O ma femme !
CURIACE. O ma sœur !
CAMILLE. Courage ! ils s'amollissent.
SABINE. Vous poussez des soupirs, vos visages pâlissent !

Quelle peur vous saisit? Sont-ce là ces grands cœurs,
Ces héros qu'Albe et Rome ont pris pour défenseurs?
HORACE. Que t'ai-je fait, Sabine, et quelle est mon offense?
Qui t'oblige à chercher une telle vengeance?
Que t'a fait mon honneur? et par quel droit viens-tu
Avec toute ta force attaquer ma vertu?
Du moins contente-toi de l'avoir étonnée,
Et me laisse achever cette grande journée.
Tu viens de me réduire en un étrange point :
Aime assez ton mari pour n'en triompher point.
Va-t'en, et ne rends plus la victoire douteuse ;
La dispute déjà m'en est assez honteuse :
Souffre qu'avec honneur je termine mes jours.
SABINE. Va, cesse de me craindre ; on vient à ton secours.

SCÈNE VII. — LE VIEIL HORACE, CURIACE, SABINE, CAMILLE.

LE VIEIL HORACE. Qu'est-ce ci, mes enfants? écoutez-vous vos flammes
Et perdez-vous encor le temps avec des femmes?
Prêts à verser du sang, regardez-vous des pleurs?
Fuyez, et laissez-les déplorer leurs malheurs.
Leurs plaintes ont pour vous trop d'art et de tendresse :
Elles vous feraient part enfin de leur faiblesse,
Et ce n'est qu'en fuyant qu'on pare de tels coups.
SABINE. N'appréhendez rien d'eux, ils sont dignes de vous,
Malgré tous nos efforts, vous en devez attendre
Ce que vous souhaitez et d'un fils et d'un gendre :
Et si notre faiblesse ébranlait leur honneur,
Nous vous laissons ici pour leur rendre du cœur.
Allons, ma sœur, allons, ne perdons plus de larmes :
Contre tant de vertus ce sont de faibles armes.
Ce n'est qu'au désespoir qu'il nous faut recourir,
Tigres, allez combattre ; et nous, allons mourir.

SCÈNE VIII. — LE VIEIL HORACE, HORACE, CURIACE.

HORACE. Mon père, retenez des femmes qui s'emportent,
Et, de grâce, empêchez surtout qu'elles ne sortent :
Leur amour importun viendrait avec éclat
Par des cris et des pleurs troubler notre combat :
Et ce qu'elles nous sont ferait qu'avec justice
On nous imputerait ce mauvais artifice :
L'honneur d'un si beau choix serait trop acheté,
Si l'on nous soupçonnait de quelque lâcheté.
LE VIEIL HORACE. J'en aurai soin. Allez : vos frères vous attendent ;
Ne pensez qu'aux devoirs que vos pays demandent.
CURIACE. Quel adieu vous dirai-je et par quels sentiments...
LE VIEIL HORACE. Ah! n'attendrissez point ici mes sentiments !
Pour vous encourager ma voix manque de termes ;
Mon cœur ne forme point de pensers assez fermes ;
Moi-même en cet adieu j'ai les larmes aux yeux.
Faites votre devoir, et laissez faire aux dieux.

ACTE TROISIÈME.

SCÈNE I. — SABINE.

Prenons parti, mon âme, en de telles disgraces,
Soyons femme d'Horace, ou sœur des Curiaces ;
Cessons de partager nos inutiles soins ;
Souhaitons quelque chose, et craignons un peu moins.
Mais, las! quel parti prendre en un sort si contraire?
Quel ennemi choisir, d'un époux, ou d'un frère?

La nature ou l'amour parle pour chacun d'eux,
Et la loi du devoir m'attache à tous les deux.
Sur leurs hauts sentiments réglons plutôt les nôtres ;
Soyons femme de l'un ensemble et sœur des autres ;
Regardons leur honneur comme un souverain bien ;
Imitons leur constance, et ne craignons plus rien :
La mort qui les menace est une mort si belle,
Qu'il en faut sans frayeur attendre la nouvelle.
N'appelons point alors les destins inhumains ;
Songeons pour quelle cause, et non par quelles mains :
Revoyons les vainqueurs, sans penser qu'à la gloire
Que toute leur maison reçoit de leur victoire :
Et, sans considérer aux dépens de quel sang
Leur vertu les élève en cet illustre rang,
Faisons nos intérêts de ceux de leur famille :
En l'une je suis femme, en l'autre je suis fille ;
Et tiens à toutes deux par de si forts liens,
Qu'on ne peut triompher que par les bras des miens.
Fortune, quelques maux que ta rigueur m'envoie,
J'ai trouvé les moyens d'en tirer de la joie,
Et puis voir aujourd'hui le combat sans terreur,
Les morts sans désespoir, les vainqueurs sans horreur.
Flatteuse illusion, erreur douce et grossière,
Vain effort de mon âme, impuissante lumière,
De qui le faux brillant prend droit de m'éblouir,
Que tu sais peu briller, et tôt t'évanouir !
Pareille à ces éclairs qui, dans le fort des ombres,
Poussent un jour qui fuit et rend les nuits plus sombres.
Tu n'as frappé mes yeux d'un moment de clarté
Que pour les abîmer dans plus d'obscurité.
Tu charmais trop ma peine, et le ciel, qui s'en fâche,
Me rend déjà bien cher ce moment de relâche.
Je sens mon triste cœur percé de tous les coups
Qui m'ôtent maintenant un frère, ou mon époux.
Quand je songe à leur mort, quoi que je me propose,
Je songe par quels bras, et non pour quelle cause,
Et ne vois les vainqueurs en leur illustre rang,
Que pour considérer aux dépens de quel sang.
La maison des vaincus touche seule mon âme ;
En l'une je suis fille, en l'autre je suis femme ;
Et tiens à toutes deux par de si forts liens,
Qu'on ne peut triompher que par la mort des miens.
C'est donc là cette paix que j'ai tant souhaitée !
Trop favorables dieux, vous m'avez écoutée !
Quels foudres lancez-vous quand vous vous irritez,
Si même vos faveurs ont tant de cruautés,
Et de quelle façon punissez-vous l'offense,
Si vous traitez ainsi les vœux de l'innocence ?

SCÈNE II. — SABINE, JULIE.

SABINE. En est-ce fait, Julie ? et que m'apportez-vous ?
Est-ce la mort d'un frère, ou celle d'un époux ?
Le funeste succès de leurs armes impies
De tous les combattants a-t-il fait des hosties ?
Et, m'enviant l'horreur que je fais des vainqueurs,
Pour tous tant qu'ils étaient demande-t-il mes pleurs !

JULIE. Quoi ! ce qui s'est passé, vous l'ignorez encore ?

SABINE. Vous faut-il étonner de ce que je l'ignore ?
Et ne savez-vous point que de cette maison

Pour Camille et pour moi l'on fait une prison?
Julie, on nous renferme, on a peur de nos larmes ;
Sans cela nous serions au milieu de leurs armes,
Et, par les désespoirs d'une chaste amitié,
Nous aurions des deux camps tiré quelque pitié.

JULIE. Il n'était pas besoin d'un si tendre spectacle;
Leur vue à leur combat apporte assez d'obstacle.
Sitôt qu'ils ont paru prêts à se mesurer,
On a dans les deux camps entendu murmurer :
A voir de tels amis, des personnes si proches,
Venir pour leur patrie aux mortelles approches,
L'un s'émeut de pitié, l'autre est saisi d'horreur,
L'autre d'un si grand zèle admire la fureur;
Tel porte jusqu'aux cieux leur vertu sans égale,
Et tel l'ose nommer sacrilège et brutale.
Ces divers sentiments n'ont pourtant qu'une voix;
Tous accusent leurs chefs, tous détestent leurs choix;
Et, ne pouvant souffrir un combat si barbare,
On s'écrie, on s'avance, enfin on les sépare.

SABINE. Que je vous dois d'encens, grands dieux, qui m'exaucez!

JULIE. Vous n'êtes pas, Sabine, encore où vous pensez :
Vous pouvez espérer, vous avez moins à craindre;
Mais il vous reste encore assez de quoi vous plaindre,
En vain d'un sort si triste on les veut garantir;
Ces cruels généreux n'y peuvent consentir :
La gloire de ce choix leur est si précieuse,
Et charme tellement leur âme ambitieuse,
Qu'alors qu'on les déplore ils s'estiment heureux,
Et prennent pour affront la pitié qu'on a d'eux.
Le trouble des deux camps souille leur renommée,
Ils combattront plutôt et l'une et l'autre armée,
Et mourront par les mains qui leur font d'autres lois
Que pas un d'eux renonce aux honneurs d'un tel choix.

SABINE. Quoi! dans leur dureté ces cœurs d'acier s'obstinent?

JULIE. Oui, mais d'autre côté les deux camps se mutinent,
Et leurs cris des deux parts poussés en même temps
Demandent la bataille, ou d'autres combattants.
La présence des chefs à peine est respectée,
Leur pouvoir est douteux, leur voix mal écoutée.
Le roi même s'étonne, et pour dernier effort,
« Puisque chacun, dit-il, s'échauffe en ce discord,
« Consultons des grands dieux la majesté sacrée,
« Et voyons si ce change à leurs bontés agréée.
« Quel impie osera se prendre à leur vouloir,
« Lorsqu'en un sacrifice ils nous l'auront fait voir? »
Il se tait, et ces mots semblent être des charmes;
Même aux six combattants ils arrachent les armes;
Et ce désir d'honneur qui leur ferme les yeux,
Tout aveugle qu'il est, respecte encor les dieux.
Leur plus bouillante ardeur cède à l'avis de Tulle;
Et, soit par déférence, ou par un prompt scrupule,
Dans l'une et l'autre armée on s'en fait une loi,
Comme si toutes deux le connaissaient pour roi.
Le reste s'apprendra par la mort des victimes.

SABINE. Les dieux n'avoueront point un combat plein de crimes.
J'en espère beaucoup, puisqu'il est différé,
Et je commence à voir ce que j'ai désiré.

SCÈNE III. — CAMILLE, SABINE, JULIE.

SABINE. Ma sœur, que je vous dise une bonne nouvelle.

4

CAMILLE. Je pense la savoir, s'il faut la nommer telle ;
On l'a dite à mon père, et j'étais avec lui ;
Mais je n'en conçois rien qui flatte mon ennui :
Ce délai de nos maux rendra leurs coups plus rudes ;
Ce n'est plus qu'un long terme à nos inquiétudes ;
Et, tout l'allégement qu'il en faut espérer,
C'est de pleurer plus tard ceux qu'il faudra pleurer.
SABINE. Les dieux n'ont pas en vain inspiré ce tumulte
CAMILLE. Disons plutôt, ma sœur, qu'en vain on les consulte.
Ces mêmes dieux à Tulle ont inspiré ce choix ;
Et la voix du public n'est pas toujours leur voix ;
Ils descendent bien moins dans de si bas étages,
Que dans l'âme des rois, leurs vivantes images,
De qui l'indépendance et sainte autorité
Est un rayon secret de leur divinité.
JULIE. C'est vouloir sans raison vous former des obstacles,
Que de chercher leurs voix ailleurs qu'en leurs oracles ;
Et, vous ne vous pouvez figurer tout perdu,
Sans démentir celui qui vous fut hier rendu.
CAMILLE. Un oracle jamais ne se laisse comprendre ;
On l'entend d'autant moins que plus on croit l'entendre :
Et loin de s'assurer sur un pareil arrêt,
Qui n'y voit rien d'obscur doit croire que tout l'est.
SABINE. Sur ce qu'il fait pour nous prenons plus d'assurance,
Et souffrons les douceurs d'une juste espérance.
Quand la faveur du ciel ouvre à demi ses bras
Qui ne s'en promet rien ne la mérite pas ;
Il empêche souvent qu'elle ne se déploie ;
Et lorsqu'elle descend, son refus la renvoie.
CAMILLE. Le ciel agit sans nous en ces évènements,
Et ne les règle point dessus nos sentiments.
JULIE. Il ne vous a fait peur que pour vous faire grace.
Adieu : je vais savoir comme enfin tout se passe.
Modérez vos frayeurs ; j'espère à mon retour,
Ne vous entretenir que de propos d'amour,
Et que nous n'emploierons la fin de la journée
Qu'aux doux préparatifs d'un heureux hyménée.
SABINE. J'ose encor l'espérer.
          CAMILLE. Moi, je n'espère rien.
L'effet vous fera voir que nous en jugeons bien.

SCÈNE IV. — SABINE, CAMILLE.

SABINE. Parmi nos déplaisirs souffrez que je vous blâme,
Je ne puis approuver tant de trouble en votre âme ;
Que feriez-vous, ma sœur, au point où je me vois
Si vous aviez à craindre autant que je le dois,
Et si vous attendiez de leurs armes fatales
Des maux pareils aux miens, et des pertes égales?
CAMILLE. Parlez plus sainement de vos maux et des miens :
Chacun voit ceux d'autrui d'un autre œil que les siens.
Mais, à bien regarder ceux où le ciel me plonge,
Les vôtres auprès d'eux vous sembleront un songe.
La seule mort d'Horace est à craindre pour vous.
Des frères ne sont rien à l'égal d'un époux ;
L'hymen qui nous attache en une autre famille
Nous détache de celle où l'on a vécu fille ;
On voit d'un œil divers des nœuds si différents,
Et pour suivre un mari l'on quitte ses parents.
Mais si près d'un hymen, l'époux que donne un père

Nous est moins qu'un époux, et non pas moins qu'un frère :
Nos sentiments entre eux demeurent suspendus,
Notre choix impossible, et nos vœux confondus.
Ainsi, ma sœur, du moins vous avez dans vos plaintes
Où porter vos souhaits, et terminer vos craintes
Mais si le ciel s'obstine à nous persécuter,
Pour moi j'ai tout à craindre, et rien à souhaiter.
SABINE. Quand il faut qu'el'un meure, et par les mains de l'autre,
C'est un raisonnement bien mauvais que le vôtre.
Quoique ce soient, ma sœur, des nœuds bien différents,
C'est sans les oublier qu'on quitte ses parents :
L'hymen n'efface point ces profonds caractères ;
Pour aimer un mari l'on ne hait pas ses frères ;
La nature en tout temps garde ses premiers droits ;
Aux dépens de leur vie on ne fait point de choix :
Aussi bien qu'un époux ils sont d'autres nous-mêmes ;
Et tous maux sont pareils alors qu'ils sont extrêmes.
Mais l'amant qui vous charme et pour qui vous brûlez
Ne vous est, après tout, que ce que vous voulez ;
Une mauvaise humeur, un peu de jalousie,
En fait assez souvent passer la fantaisie.
Ce que peut le caprice, osez-le par raison,
Et laissez votre sang hors de compassion :
C'est crime qu'opposer des liens volontaires
A ceux que la naissance a rendu nécessaires.
Si donc le ciel s'obstine à nous persécuter,
Seule j'ai tout à craindre, et rien à souhaiter ;
Mais pour vous, le devoir vous donne, dans vos plaintes,
Où porter vos souhaits, et terminer vos craintes.
CAMILLE. Je le vois bien, ma sœur, vous n'aimâtes jamais ;
Vous ne connaissez point ni l'amour ni ses traits :
On peut lui résister quand il commence à naître,
Mais non pas le bannir quand il s'est rendu maître,
Et que l'aveu d'un père, engageant notre foi,
A fait de ce tyran un légitime roi :
Il entre avec douceur, mais il règne par force ;
Et, quand l'âme une fois a goûté son amorce,
Vouloir ne plus aimer, c'est ce qu'elle ne peut,
Puisqu'elle ne peut plus vouloir que ce qu'il veut :
Ses chaînes sont pour nous aussi fortes que belles.

SCÈNE V. — LE VIEIL HORACE, SABINE, CAMILLE.

LE VIEIL HORACE. Je viens vous apporter de fâcheuses nouvelles,
Mes filles ; mais en vain je voudrais vous céler
Ce qu'on ne vous saurait longtemps dissimuler :
Vos frères sont aux mains, les dieux ainsi l'ordonnent.
SABINE. Je veux bien l'avouer, ces nouvelles m'étonnent,
Et je m'imaginais dans la divinité
Beaucoup moins d'injustice, et bien plus de bonté.
Ne nous consolez point : contre tant d'infortune
La pitié parle en vain, la raison importune.
Nous avons en nos mains la fin de nos douleurs,
Et qui veut bien mourir peut braver les malheurs.
Nous pourrions aisément faire en votre présence
De notre désespoir une fausse constance ;
Mais quand on peut sans honte être sans fermeté,
L'affecter au dehors, c'est une lâcheté ;
L'usage d'un tel art, nous le laissons aux hommes,
Et ne voulons passer que pour ce que nous sommes.

Nous ne demandons point qu'un courage si fort
S'abaisse, à notre exemple, à se plaindre du sort.
Recevez sans frémir ces mortelles alarmes ;
Voyez couler nos pleurs, sans y mêler vos larmes ;
Enfin, pour toute grâce, en de tels déplaisirs,
Gardez votre constance et souffrez nos soupirs.

LE VIEIL HORACE. Loin de blâmer les pleurs que je vous vois répandre,
Je crois faire beaucoup de m'en pouvoir défendre,
Et céderais peut-être à de si rudes coups
Si je prenais ici même intérêt que vous :
Non qu'Albe par son choix m'aitfait haïr vos frères,
Tous trois me sont encor des personnes bien chères ;
Mais enfin l'amitié n'est pas de même rang,
Et n'a point les effets de l'amour ni du sang.
Je ne sens point pour eux la douleur qui tourmente
Sabine comme sœur, Camille comme amante :
Je puis les regarder comme nos ennemis,
Et donne sans regrets mes souhaits à mes fils.
Ils sont, grâces aux dieux, dignes de leur patrie ;
Aucun étonnement n'a leur gloire flétrie ;
Et j'ai vu leur honneur croître de la moitié
Quand ils ont des deux camps refusé la pitié.
Si par quelque faiblesse ils l'avaient mendiée,
Si leur haute vertu ne l'eût répudiée,
Ma main bientôt sur eux m'eût vengé hautement
De l'affront que m'eût fait ce mol consentement.
Mais lorsqu'en dépit d'eux on en a voulu d'autres,
Je ne le cède point, j'ai joint mes vœux aux vôtres.
Si le ciel pitoyable eût écouté ma voix,
Albe serait réduite à faire un autre choix :
Nous pourrions voir tantôt triompher les Horaces
Sans voir leurs bras souillés du sang des Curiaces,
Et de l'évènement d'un combat plus humain
Dépendrait maintenant l'honneur du nom romain.
La prudence des dieux autrement en dispose ;
Sur leur ordre éternel mon esprit se repose :
Il s'arme en ce besoin de générosité,
Et du bonheur public fait sa félicité.
Tâchez d'en faire autant pour soulager vos peines :
Et songez toutes deux que vous êtes Romaines ;
Vous l'êtes devenue, et vous l'êtes encor,
Un si glorieux titre est digne d'un trésor.
Un jour, un jour viendra que par toute la terre
Rome se fera craindre à l'égal du tonnerre,
Et que tout l'univers tremblant dessous ses lois,
Ce grand nom deviendra l'ambition des rois.
Les dieux à notre Enée ont promis cette gloire.

SCÈNE VI. — LE VIEIL HORACE, SABINE, CAMILLE, JULIE.

LE VIEL HORACE. Nous venez-vous, Julie, apprendre la victoire ?
JULIE. Mais plutôt du combat les funestes effets.
Rome est sujette d'Albe, et vos fils sont défaits ;
Des trois les deux sont morts, son époux seul vous reste.
LE VIEIL HORACE. O d'un triste combat effet vraiment funeste !
Rome est sujette d'Albe : et pour l'en garantir
Il n'a pas employé jusqu'au dernier soupir !
Non, non, cela n'est point ; on vous trompe, Julie ;
Rome n'est point sujette, ou mon fils est sans vie :
Je connais mieux mon sang, il sait mieux son devoir.
JULIE. Mille de nos remparts comme moi l'ont pu voir.

Il s'est fait admirer tant qu'ont duré ses frères ;
Mais comme il s'est vu seul contre trois adversaires,
Près d'être enfermé d'eux, sa fuite l'a sauvé.
LE VIEIL HORACE. Et nos soldats trahis ne l'ont point achevé !
Dans leurs rangs à ce lâche ils ont donné retraite !
JULIE. Je n'ai rien voulu voir après cette défaite.
CAMILLE. O mes frères !

LE VIEIL HORACE. Tout beau, ne les pleurez pas tous :
Deux jouissent d'un sort dont leur père est jaloux.
Que des plus nobles fleurs leur tombe soit couverte ;
La gloire de leur mort m'a payé de leur perte :
Ce bonheur a suivi leur courage invaincu,
Qu'ils ont vu Rome libre autant qu'ils ont vécu,
Et ne l'auront point vue obéir qu'à son prince,
Ni d'un état voisin devenir la province.
Pleurez l'autre, pleurez l'irréparable affront
Que sa fuite honteuse imprime à notre front ;
Pleurez le déshonneur de toute notre race,
Et l'opprobre éternel qu'il laisse au nom d'Horace.
JULIE. Que vouliez-vous qu'il fît contre trois ?

LE VIEIL HORACE. Qu'il mourût,
Ou qu'un beau désespoir alors le secourût.
N'eût-il que d'un moment reculé sa défaite,
Rome eût été du moins un peu plus tard sujette :
Il eût avec honneur laissé mes cheveux gris,
Et c'était de sa vie un assez digne prix.
Il est de tout son sang comptable à sa patrie ;
Chaque goutte épargnée a sa gloire flétrie ;
Chaque instant de sa vie, après ce lâche tour,
Met d'autant plus ma honte avec la sienne au jour.
J'en romprai bien le cours, et ma juste colère,
Contre un indigne fils usant des droits d'un père,
Saura bien faire voir, dans sa punition,
L'éclatant désaveu d'une telle action.
SABINE. Ecoutez un peu moins ces ardeurs généreuses,
Et ne nous rendez point tout-à-fait malheureuses.
LE VIEIL HORACE. Sabine, votre cœur se console aisément
Nos malheurs jusqu'ici vous touchent faiblement.
Vous n'avez point encore de part à nos misères ;
Le ciel vous a sauvé votre époux et vos frères :
Si nous sommes sujets, c'est de votre pays,
Vos frères sont vainqueurs quand nous sommes trahis ;
Et voyant le haut point où leur gloire se monte,
Vous regardez fort peu ce qui vous vient de honte.
Mais votre trop d'amour pour cet infame époux
Vous donnera bientôt à plaindre comme à nous.
Vos pleurs en sa faveur sont de faibles défenses ;
J'atteste des grands dieux les suprêmes puissances
Qu'avant ce jour fini, ces mains, ces propres mains
Laveront dans son sang la honte des Romains.
SABINE. Suivons-le promptement, la colère l'emporte.
Dieux ! verrons-nous toujours des malheurs de la sorte ?
Nous faudra-t-il toujours en craindre de plus grands,
Et toujours redouter la main de nos parents ?

ACTE QUATRIÈME.

SCÈNE I. — LE VIEIL HORACE, CAMILLE.

LE VIEIL HORACE. Ne me parlez jamais en faveur d'un infame ;

Qu'il me fuie à l'égal des frères de sa femme ;
Pour conserver un sang qu'il tient si précieux,
Il n'a rien fait encore s'il n'évite mes yeux.
Sabine y peut mettre ordre, ou de rechef j'atteste
Le souverain pouvoir de la troupe céleste....
CAMILLE. Ah ! mon père, prenez un plus doux sentiment ;
Vous verrez Rome même en user autrement,
Et, de quelque malheur que le ciel l'ait comblée,
Excuser la vertu sous le nombre accablée.
LE VIEIL HORACE. Le jugement de Rome est peu pour mon regard,
Camille ; je suis père, et j'ai mes droits à part.
Je sais trop comme agit la vertu véritable :
C'est sans en triompher que le nombre l'accable :
Et sa mâle vigueur, toujours en même point,
Succombe sous la force et ne lui cède point.
Taisez-vous, et sachons ce que nous veut Valère.

SCÈNE II. — LE VIEIL HORACE, VALÈRE, CAMILLE.

VALÈRE. Envoyé par le roi pour consoler un père,
Et pour lui témoigner...
LE VIEIL HORACE. N'en prenez aucun soin :
C'est un soulagement dont je n'ai pas besoin ;
Et j'aime mieux voir morts que couverts d'infamie
Ceux que vient de m'ôter une main ennemie.
Tous deux pour leur pays sont morts en gens d'honneur ;
Il me suffit.
VALÈRE. Mais l'autre est un rare bonheur :
De tous les trois chez vous il doit tenir la place.
LE VIEIL HORACE. Que n'a-t-on vu périr en lui le nom d'Horace !
VALÈRE. Seul vous le maltraitez après ce qu'il a fait !
LE VIEIL HORACE. C'est à moi seul aussi de punir son forfait.
VALÈRE. Quel forfait trouvez-vous dans sa bonne conduite ?
LE VIEIL HORACE. Quel éclat de vertu trouvez-vous en sa fuite ?
VALÈRE. La fuite est glorieuse en cette occasion.
LE VIEIL HORACE. Vous redoublez ma honte et ma confusion.
Certes, l'exemple est rare et digne de mémoire,
De trouver dans la fuite un chemin à la gloire !
VALÈRE. Quelle confusion, et quelle honte à vous
D'avoir produit un fils qui nous conserve tous,
Qui fait triompher Rome, et lui gagne un empire ?
A quels plus grands honneurs faut-il qu'un père aspire ?
LE VIEIL HORACE. Quels honneurs, quel triomphe, et quel empire enfin,
Lorsqu'Albe sous ses lois range notre destin ?
VALÈRE. Que parlez-vous ici d'Albe et de sa victoire ?
Ignorez-vous encore la moitié de l'histoire ?
LE VIEIL HORACE. Je sais que par sa fuite il a trahi l'Etat.
VALÈRE. Oui, s'il eût en fuyant terminé le combat ;
Mais on a bientôt vu qu'il ne fuyait qu'en homme
Qui savait ménager l'avantage de Rome.
LE VIEIL HORACE. Quoi ! Rome donc triomphe ?
VALÈRE. Apprenez, apprenez
La valeur de ce fils qu'à tort vous condamnez.
Resté seul contre trois, mais en cette aventure
Tous trois étant blessés, et lui seul sans blessure,
Trop faible pour eux tous, trop fort pour chacun d'eux,
Il sait bien se tirer d'un pas si hasardeux ;
Il fuit pour mieux combattre, et cette prompte ruse
Divise adroitement trois frères qu'elle abuse.
Chacun le suit d'un pas ou plus ou moins pressé,

Selon qu'il se rencontre ou plus ou moins blessé ;
Leur ardeur est égale à poursuivre sa fuite,
Mais leurs coups inégaux séparent leur poursuite.
Horace les voyant l'un de l'autre écartés,
Se retourne, et déjà les croit demi-domptés.
Il attend le premier, et c'était votre gendre :
L'autre, tout indigné qu'il ait osé l'attendre,
En vain en l'attaquant fait paraître un grand cœur,
Le sang qu'il a perdu ralentit sa vigueur.
Albe à son tour commence à craindre un sort contraire,
Elle crie au second qu'il secoure son frère ;
Il se hâte et s'épuise en efforts superflus,
Il trouve en les joignant que son frère n'est plus.

CAMILLE. Hélas !

VALÈRE. Tout hors d'haleine il prend pourtant sa place.
Et redouble bientôt la victoire d'Horace :
Son courage sans force est un débile appui ;
Voulant venger son frère il tombe auprès de lui.
L'air résonne des cris qu'au ciel chacun envoie ;
Albe en jette d'angoisse, et les Romains de joie.
Comme notre héros se voit près d'achever,
C'est peu pour lui de vaincre, il veut encor braver :
« J'en viens d'immoler deux aux mânes de mes frères,
« Rome aura le dernier de mes trois adversaires,
« C'est à ses intérêts que je vais l'immoler, »
Dit-il ; et tout d'un temps on le voit y voler.
La victoire entre eux deux n'était pas incertaine ;
L'Albain percé de coups ne se traînait qu'à peine.
Et, comme une victime aux marches de l'autel,
Il semblait présenter sa gorge au coup mortel :
Aussi le reçoit-il, peu s'en faut sans défense ;
Et son trépas de Rome établit la puissance.

LE VIEIL HORACE. O mon fils ! ô ma joie ! ô l'honneur de nos jours !
O d'un état penchant l'inespéré secours !
Vertu digne de Rome, et sang digne d'Horace !
Appui de ton pays, et gloire de ta race !
Quand pourrai-je étouffer dans tes embrassements
L'erreur dont j'ai formé de si faux sentiments ?
Quand pourra mon amour baigner avec tendresse
Ton front victorieux de larmes d'allégresse ?

VALÈRE. Vos caresses bientôt pourront se déployer ;
Le roi dans un moment va vous le renvoyer,
Et remet à demain la pompe qu'il prépare
D'un sacrifice aux dieux pour un bonheur si rare.
Aujourd'hui seulement on s'acquitte vers eux
Par des chants de victoire et par de simples vœux.
C'est où le roi le mène, et tandis il m'envoie
Faire office vers vous de douleur et de joie ;
Mais cet office encore n'est pas assez pour lui ;
Il y viendra lui-même, et peut-être aujourd'hui.
Il croit mal reconnaître une vertu si pure,
Si de sa propre bouche il ne vous en assure,
S'il ne vous dit chez vous combien vous doit l'Etat.

LE VIEIL HORACE. De tels remerciments ont pour moi trop d'éclat :
Et je me tiens déjà trop payé par les vôtres
Du service d'un fils et du sang des deux autres.

VALÈRE. Il ne sait ce que c'est d'honorer à demi ;
Et son sceptre arraché des mains de l'ennemi
Fait qu'il tient cet honneur qu'il lui plaît de vous faire

Au dessous du mérite et du fils et du père.
Je vais lui témoigner quels nobles sentiments
La vertu vous inspire en tous vos mouvements,
Et combien vous montrez d'ardeur pour son service.
LE VIEIL HORACE. Je vous devrai beaucoup pour un si bon office.

SCÈNE III. — LE VIEIL HORACE, CAMILLE.

LE VIEIL HORACE. Ma fille, il n'est plus temps de répandre des pleurs,
Il sied mal d'en verser où l'on voit tant d'honneurs ;
On pleure injustement des pertes domestiques,
Quand on en voit sortir des victoires publiques.
Rome triomphe d'Albe et c'est assez pour nous ;
Tous nos maux à ce prix doivent nous être doux.
En la mort d'un amant vous ne perdez qu'un homme
Dont la perte est aisée à réparer dans Rome ;
Après cette victoire il n'est point de Romain
Qui ne soit glorieux de vous donner la main.
Il me faut à Sabine en porter la nouvelle ;
Ce coup sera sans doute assez rude pour elle,
Et ses trois frères morts par la main d'un époux
Lui donneront des pleurs bien plus justes qu'à vous ;
Mais j'espère aisément en dissiper l'orage,
Et qu'un peu de prudence, aidant son grand courage,
Fera bientôt régner sur un si noble cœur
Le généreux amour qu'elle doit au vainqueur.
Cependant étouffez cette lâche tristesse ;
Recevez-le, s'il vient, avec moins de faiblesse,
Faites-vous voir sa sœur, et qu'en un même flanc
Le ciel vous a tous deux formés du même sang.

SCÈNE IV. — CAMILLE.

Oui, je lui ferai voir par d'infaillibles marques,
Qu'un véritable amour brave la main des Parques,
Et ne prend point de lois de ces cruels tyrans
Qu'un astre injurieux nous donne pour parents.
Tu blâmes ma douleur, tu l'oses nommer lâche ;
Je l'aime d'autant plus que plus elle te fâche,
Impitoyable père, et par un juste effort
Je la veux rendre égale aux rigueurs de mon sort.
En vit-on jamais un dont les rudes traverses
Prissent en moins de rien tant de faces diverses,
Qui fût doux tant de fois, et tant de fois cruel,
Et portât tant de coups avant le coup mortel ?
Vit-on jamais une âme en un jour plus atteinte
De joie et douleur, d'espérance et de crainte,
Asservie en esclave à plus d'évènements,
Et le piteux jouet de plus de changements ?
Un oracle m'assure, un songe me travaille :
La paix calme l'effroi que me fait la bataille ;
Mon hymen se prépare, et presque en un moment
Pour combattre mon frère, on choisit mon amant.
Ce choix me désespère, et tous le désavouent,
La partie est rompue, et les dieux la renouent ;
Rome semble vaincue, et, seul des trois Albains,
Curiace en mon sang n'a point trempé ses mains.
O dieux ! sentais-je alors des douleurs trop légères,
Pour le malheur de Rome et la mort de deux frères ?
Et me flattais-je trop quand je croyais pouvoir
L'aimer encor sans crime et nourrir quelque espoir ?
Sa mort m'en punit bien, et la façon cruelle

Dont mon âme éperdue en reçoit la nouvelle ;
Son rival me l'apprend ; et faisant à mes yeux
D'un si triste succès le récit odieux,
Il porte sur le front une allégresse ouverte,
Que le bonheur public fait bien moins que ma perte :
Et, bâtissant en l'air sur le malheur d'autrui,
Aussi bien que mon frère il triomphe de lui.
Mais ce n'est rien encore au prix de ce qui reste :
On demande ma joie en un jour si funeste ;
Il me faut applaudir aux exploits du vainqueur,
Et baiser une main qui me perce le cœur.
En un sujet de pleurs si grand, si légitime,
Se plaindre est une honte et soupirer un crime ;
Leur brutale vertu veut qu'on s'estime heureux,
Et, si l'on n'est barbare, on n'est point généreux !
Dégénérons, mon cœur, d'un si vertueux père ;
Soyons indigne sœur d'un si généreux frère :
C'est gloire de passer pour un cœur abattu,
Quand la brutalité fait la haute vertu.
Eclatez, mes douleurs ; à quoi bon vous contraindre ?
Quand on a tout perdu, que saurait-on plus craindre ?
Pour ce cruel vainqueur n'ayez point de respect ;
Loin d'éviter ses yeux, croissez à son aspect ;
Offensez sa victoire, irritez sa colère,
Et prenez, s'il se peut, plaisir à lui déplaire.
Il vient, préparons-nous à montrer constamment
Ce que doit une amante à la mort d'un amant.

SCÈNE V. — HORACE, CAMILLE, PROCULE.

(Procule porte en sa main les trois épées des Curiaces.)

HORACE. Ma sœur, voici le bras qui venge nos deux frères,
Le bras qui rompt le cours de nos destins contraires,
Qui nous rend maîtres d'Albe ; enfin voici le bras
Qui seul fait aujourd'hui le sort de deux Etats ;
Vois ces marques d'honneur, ces témoins de ma gloire,
Et rends ce que tu dois à l'heur de ma victoire.
CAMILLE. Recevez donc mes pleurs, c'est ce que je lui dois.
HORACE. Rome n'en veut point voir après de tels exploits ;
Et nos deux frères morts dans le malheur des armes
Sont trop payés de sang pour exiger des larmes :
Quand la perte est vengée, on n'a plus rien perdu.
CAMILLE. Puisqu'ils sont satisfaits par le sang épandu,
Je cesserai pour eux de paraître affligée,
Et j'oublierai leur mort que vous avez vengée ;
Mais qui me vengera de celle d'un amant
Pour me faire oublier sa perte en un moment ?
HORACE. Que dis-tu, malheureuse ?
                    CAMILLE. O mon cher Curiace !
HORACE. O d'une indigne sœur insupportable audace !
D'un ennemi public dont je reviens vainqueur
Le nom est dans ta bouche et l'amour dans ton cœur !
Ton ardeur criminelle à la vengeance aspire !
Ta bouche la demande, et ton cœur la respire !
Suis moins ta passion, règle mieux tes désirs,
Ne me fais plus rougir d'entendre tes soupirs :
Tes flammes désormais doivent être étouffées,
Bannis-les de ton âme, et songe à mes trophées ;
Qu'ils soient dorénavant ton unique entretien.
CAMILLE. Donne-moi donc, barbare, un cœur comme le tien ;

Et, si tu veux enfin que je t'ouvre mon ame,
Rends-moi mon Curiace, ou laisse agir ma flamme.
Ma joie et mes douleurs dépendaient de son sort ;
Je l'adorais vivant, et je le pleure mort.
Ne cherche plus ta sœur où tu l'avais laissée ;
Tu ne revois en moi qu'une amante offensée,
Qui, comme une furie attachée à tes pas,
Te veut incessamment reprocher son trépas.
Tigre altéré de sang, qui me défends les larmes,
Qui veux que dans sa mort je trouve encor des charmes,
Et que, jusques au ciel élevant tes exploits,
Moi-même je le tue une seconde fois !
Puissent tant de malheurs accompagner ta vie,
Que tu tombes au point de me porter envie !
Et toi bientôt souiller par quelque lâcheté
Cette gloire si chère à ta brutalité.

HORACE. O ciel ! qui vit jamais une pareille rage ?
Crois-tu donc que je sois insensible à l'outrage,
Que je souffre en mon sang ce mortel déshonneur !
Aime donc cette mort qui fait notre bonheur,
Et préfère du moins au souvenir d'un homme
Ce que doit ta naissance aux intérêts de Rome.

CAMILLE. Rome, l'unique objet de mon ressentiment !
Rome, à qui vient ton bras d'immoler mon amant !
Rome, qui t'a vu naître, et que ton cœur adore !
Rome enfin, que je hais parce qu'elle t'honore !
Puissent tous ses voisins ensemble conjurés
Saper ses fondements encor mal assurés !
Et, si ce n'est assez de toute l'Italie,
Que l'Orient contre elle à l'Occident s'allie ;
Que cent peuples unis des bouts de l'univers
Passent, pour la détruire, et les monts et les mers !
Qu'elle-même sur soi renverse ses murailles,
Et de ses propres mains déchire ses entrailles !
Que le courroux du ciel allumé par mes vœux
Fasse pleuvoir sur elle un déluge de feux !
Puissé-je de mes yeux y voir tomber ce foudre,
Voir ses maisons en cendre, et tes lauriers en poudre,
Voir le dernier Romain à son dernier soupir,
Moi seule en être cause, et mourir de plaisir !

HORACE, *mettant l'épée à la main et poursuivant sa sœur qui s'enfuit.*

C'est trop, ma patience à la raison fait place ;
Va dedans les enfers plaindre ton Curiace !

CAMILLE, *blessée, derrière le théâtre.*
Ah ! traître !

HORACE, *revenant sur le théâtre.*
Ainsi reçoive un châtiment soudain
Quiconque ose pleurer un ennemi romain !

SCÈNE VI. — HORACE, PROCULE

PROCULE. Que venez-vous de faire ?

HORACE. Un acte de justice :
Un semblable forfait veut un pareil supplice.

PROCULE. Vous deviez la traiter avec moins de rigueur.

HORACE. Ne me dis point qu'elle est et mon sang et ma sœur.
Mon père ne peut plus l'avouer pour sa fille :
Qui maudit son pays renonce à sa famille ;
Des noms si pleins d'amour ne lui sont plus permis,
De ses plus chers parents il fait ses ennemis ;

Le sang même les arme en haine de son crime.
La plus prompte vengeance en est plus légitime ;
Et ce souhait impie, encore qu'impuissant,
Est un monstre qu'il faut étouffer en naissant.

SCÈNE VII. — Sabine, Horace, Procule.

SABINE. A quoi s'arrête ici ton illustre colère ?
Viens voir mourir ta sœur dans les bras de ton père ;
Viens repaître ton cœur d'un spectacle si doux ;
Ou, si tu n'es point las de ces généreux coups,
Immole au cher pays des vertueux Horaces
Ce reste malheureux du sang des Curiaces.
Si prodigue du tien, n'épargne pas le leur ;
Joins Sabine à Camille, et ta femme à ta sœur ;
Nos crimes sont pareils, ainsi que nos misères ;
Je soupire comme elle, et déplore mes frères ;
Plus coupable en ce point contre tes dures lois,
Qu'elle n'en pleurait qu'un, et que j'en pleure trois,
Qu'après son châtiment ma faute continue.

HORACE. Sèche tes pleurs, Sabine, ou les cache à ma vue.
Rends-toi digne du nom de ma chaste moitié,
Et ne m'accable point d'une indigne pitié.
Si l'absolu pouvoir d'une impudique flamme
Ne nous laisse à tous deux qu'un penser et qu'une ame,
C'est à toi d'élever tes sentiments aux miens,
Non à moi de descendre à la honte des tiens.
Je t'aime, et je connais la douleur qui te presse ;
Embrasse ma vertu pour vaincre ta faiblesse ;
Participe à ma gloire au lieu de la souiller ;
Tâche à t'en revêtir, non à m'en dépouiller.
Es-tu de mon honneur si mortelle ennemie,
Que je te plaise mieux couvert d'une infamie !
Sois plus femme que sœur, et, te réglant sur moi,
Fais-toi de mon exemple une immuable loi.

SABINE. Cherche pour t'imiter des âmes plus parfaites.
Je ne t'impute point les pertes que j'ai faites,
J'en ai les sentiments que je dois en avoir,
Et je m'en prends au sort plutôt qu'à ton devoir.
Mais enfin je renonce à la vertu romaine,
Si, pour la posséder, je dois être inhumaine,
Et ne puis voir en moi la femme du vainqueur,
Sans y voir des vaincus la déplorable sœur.
Prenons part en public aux victoires publiques,
Pleurons dans la maison nos malheurs domestiques ;
Et ne regardons point des biens communs à tous,
Quand nous voyons des maux qui ne sont que pour nous.
Pourquoi veux-tu, cruel, agir d'une autre sorte ?
Laisse en entrant ici tes lauriers à la porte,
Mêle tes pleurs aux miens. Quoi ! ces lâches discours
N'arment point ta vertu contre mes tristes jours !
Mon crime redoublé n'émeut point ta colère !
Que Camille est heureuse ! elle a pu te déplaire !
Elle a reçu de toi ce qu'elle a prétendu,
Et recouvre là bas tout ce qu'elle a perdu.
Cher époux, cher auteur du tourment qui me presse,
Écoute la pitié si ta colère cesse ;
Exerce l'une ou l'autre, après de tels malheurs,
A punir ma faiblesse, ou finir mes douleurs :
Je demande la mort pour grâce ou pour supplice ;

Qu'elle soit un effet d'amour ou de justice,
N'importe ; tous ses traits n'auront rien que de doux,
Si je les vois partir de la main d'un époux.
HORACE. Quelle injustice aux dieux d'abandonner aux femmes
Un empire si grand sur les plus belles ames,
Et de se plaire à voir de si faibles vainqueurs
Régner si puissamment sur les plus nobles cœurs !
A quel point ma vertu devient-elle réduite !
Rien ne la saurait plus garantir que la fuite.
Adieu. Ne me suis point, ou retiens tes soupirs.
SABINE, *seule*. O colère ! ô pitié ! sourdes à mes désirs,
Vous négligez mon crime, et ma douleur vous lasse,
Et je n'obtiens de vous ni supplice, ni grace !
Allons-y par nos pleurs faire encore un effort,
Et n'employons après que nous à notre mort.

ACTE CINQUIÈME.

SCÈNE I. — LE VIEIL HORACE, HORACE.

LE VIEIL HORACE. Retirons nos regards de cet objet funeste,
Pour admirer ici le jugement céleste :
Quand la gloire nous enfle, il sait bien comme il faut
Confondre notre orgueil qui s'élève trop haut ;
Nos désirs les plus doux ne vont point sans tristesse ;
Il mêle à nos vertus des marques de faiblesse,
Et rarement accorde à notre ambition
L'entier et pur honneur d'une bonne action.
Je ne plains point Camille ; elle était criminelle :
Je me tiens plus à plaindre, et je te plains plus qu'elle.
Moi, d'avoir mis au jour un cœur si peu romain ;
Toi, d'avoir par sa mort déshonoré ta main.
Je ne la trouve point injuste ni trop prompte ;
Mais tu pouvais, mon fils, t'en épargner la honte :
Son crime, quoique énorme et digne du trépas,
Était mieux impuni, que puni par ton bras.
HORACE. Disposez de mon sang, les lois vous en font maître ;
J'ai cru devoir le sien aux lieux qui m'ont vu naître.
Si dans vos sentiments mon zèle est criminel,
S'il m'en faut recevoir un reproche éternel,
Si ma main en devient honteuse et profanée,
Vous pouvez d'un seul mot trancher ma destinée :
Reprenez tout ce sang de qui ma lâcheté
A si brutalement souillé la pureté.
Ma main n'a pu souffrir de crime en votre race ;
Ne souffrez point de tache en la maison d'Horace.
C'est en ces actions dont l'honneur est blessé
Qu'un père tel que vous se montre intéressé :
Son amour doit se taire où toute excuse est nulle ;
Lui-même il y prend part lorsqu'il les dissimule ;
Et de sa propre gloire il fait trop peu de cas,
Quand il ne punit point ce qu'il n'approuve pas.
LE VIEIL HORACE. Il n'use pas toujours d'une rigueur extrême :
Il épargne ses fils bien souvent pour soi-même ;
Sa vieillesse sur eux aime à se soutenir,
Et ne les punit point de peur de se punir.
Je te vois d'un autre œil que tu ne te regardes ;
Je sais... Mais le roi vient, je vois entrer ses gardes.

SCÈNE II. — TULLE, VALÈRE, LE VIEIL HORACE, HORACE, TROUPE DE GARDES.

LE VIEIL HORACE. Ah ! sire, un tel honneur a trop d'excès pour moi ;

Ce n'est point en ce lieu que je dois voir mon roi :
Permettez qu'à genoux...

TULLE. Non, levez-vous, mon père.
Je fais ce qu'en ma place un bon prince doit faire.
Un si rare service et si fort important
Veut l'honneur le plus rare et le plus éclatant.
(Montrant Valère.) Vous en aviez déjà sa parole pour gage ;
Je ne l'ai point voulu différer davantage.
    J'ai su, par son rapport, et je n'en doutais pas,
Comme de vos deux fils vous portez le trépas,
Et que, déjà votre âme étant trop résolue,
Ma consolation vous serait superflue :
Mais je viens de savoir quel étrange malheur
D'un fils victorieux a suivi la valeur,
Et que son trop d'amour pour la cause publique
Par ses mains à son père ôte une fille unique.
Ce coup est un peu rude à l'esprit le plus fort ;
Et je doute comment vous portez cette mort.

LE VIEIL HORACE. Sire, avec déplaisir, mais avec patience.

TULLE. C'est l'effet vertueux de votre expérience.
Beaucoup par un long âge ont appris comme vous
Que le malheur succède au bonheur le plus doux :
Peu savent comme vous s'appliquer ce remède,
Et dans leur intérêt toute leur vertu cède.
Si vous pouvez trouver dans ma compassion
Quelque soulagement pour votre affliction,
Ainsi que votre mal sachez qu'elle est extrême,
Et que je vous en plains autant que je vous aime.

VALÈRE. Sire, puisque le ciel entre les mains des rois
Dépose sa justice et la force des lois,
Et que l'État demande aux princes légitimes
Des prix pour les vertus, des peines pour les crimes,
Souffrez qu'un bon sujet vous fasse souvenir
Que vous plaignez beaucoup ce qu'il vous faut punir.
Souffrez....

LE VIEIL HORACE. Quoi ! qu'on envoie un vainqueur au supplice ?

TULLE. Permettez qu'il achève, et je ferai justice.
J'aime à la rendre à tous, à toute heure, en tout lieu ;
C'est par elle qu'un roi se fait un demi-dieu,
Et c'est dont je vous plains qu'après un tel service,
On puisse contre lui me demander justice.

VALÈRE. Souffrez donc, ô grand roi, le plus juste des rois,
Que tous les gens de bien vous parlent par ma voix :
Non que nos cœurs jaloux de ses honneurs s'irritent ;
S'il en reçoit beaucoup, ses hauts faits les méritent ;
Ajoutez-y plutôt que d'en diminuer ;
Nous sommes tous encor prêts d'y contribuer.
Mais, puisque d'un tel crime il s'est montré capable,
Qu'il triomphe en vainqueur, et périsse en coupable.
Arrêtez sa fureur, et sauvez de ses mains,
Si vous voulez régner, le reste des Romains :
Il y va de la perte ou du salut du reste.
    La guerre avait un cours si sanglant, si funeste,
Et les nœuds de l'hymen, durant nos bons destins,
Ont tant de fois uni des peuples si voisins,
Qu'il est peu de Romains que le parti contraire
N'intéresse en la mort d'un gendre ou d'un beau-frère,
Et qui ne soient forcés de donner quelques pleurs,
Dans le bonheur public, à leurs propres malheurs.

Si c'est offenser Rome, et que l'heur de ses armes,
L'autorise à punir ce crime de nos larmes,
Quel sang épargnera ce barbare vainqueur,
Qui ne pardonne pas à celui de sa sœur,
Et ne peut excuser cette douleur pressante
Que la mort d'un amant jette au cœur d'une amante,
Quand, près d'être éclairés du nuptial flambeau,
Elle voit avec lui son espoir au tombeau?
Faisant triompher Rome, il se l'est asservie;
Il a sur nous un droit et de mort et de vie;
Et nos jours criminels ne pourront plus durer
Qu'autant qu'à sa clémence il plaira l'endurer.
  Je pourrais ajouter aux intérêts de Rome
Combien un pareil coup est indigne d'un homme;
Je pourrais demander qu'on mît devant vos yeux
Ce grand et rare exploit d'un bras victorieux :
Vous verriez un beau sang, pour accuser sa rage,
D'un frère si cruel rejaillir au visage;
Vous verriez des horreurs qu'on ne peut concevoir;
Son âge et sa beauté vous pourraient émouvoir;
Mais je hais ces moyens qui sentent l'artifice.
Vous avez à demain remis le sacrifice :
Pensez-vous que les dieux, vengeurs des innocents,
D'une main parricide acceptent de l'encens?
Sur vous ce sacrilége attirerait sa peine;
Ne le considérez qu'en objet de leur haine,
Et croyez avec nous qu'en tous ces trois combats,
Le bon destin de Rome a fait plus que son bras,
Puisque ces mêmes dieux, auteurs de sa victoire,
Ont permis qu'aussitôt il en souillât la gloire,
Et qu'un si grand courage, après ce noble effort,
Fût digne en même jour de triomphe et de mort.
Sire, c'est ce qu'il faut que votre arrêt décide.
En ce lieu Rome a vu le premier parricide;
La suite en est à craindre, et la haine des cieux.
Sauvez-nous de sa main, et redoutez les dieux.

TULLE. Défendez-vous, Horace.

                    HORACE. A quoi bon me défendre?
Vous savez l'action, vous la venez d'entendre;
Ce que vous en croyez me doit être une loi.
Sire, on se défend mal contre l'avis d'un roi;
Et le plus innocent devient soudain coupable,
Quand aux yeux de son prince il paraît condamnable.
C'est crime qu'envers lui se vouloir excuser :
Notre sang est son bien, il en peut disposer;
Et c'est à nous de croire, alors qu'il en dispose,
Qu'il ne s'en prive point sans une juste cause.
Sire, prononcez donc, je suis prêt d'obéir :
D'autres aiment la vie, et je dois la haïr.
Je ne reproche point à l'ardeur de Valère
Qu'en amant de la sœur il accuse le frère :
Mes vœux avec les siens conspirent aujourd'hui :
Il demande ma mort, je la veux comme lui.
Un seul point entre nous met cette différence,
Que mon honneur par là cherche son assurance,
Et qu'à ce même but nous voulons arriver,
Lui pour flétrir ma gloire, et moi pour la sauver.
  Sire, c'est rarement qu'il s'offre une matière
A montrer d'un grand cœur la vertu tout entière;

Suivant l'occasion, elle agit plus ou moins,
Et paraît forte ou faible aux yeux de ses témoins.
Le peuple, qui voit tout seulement par l'écorce,
S'attache à son effet pour juger de sa force ;
Il veut que ses dehors gardent un même cours,
Qu'ayant fait un miracle, elle en fasse toujours ;
Après une action pleine, haute, éclatante,
Tout ce qui brille moins remplit mal son attente :
Il veut qu'on soit égal en tous temps, en tous lieux ;
Il n'examine point si lors on pouvait mieux,
Ni que, s'il ne voit pas sans cesse une merveille,
L'occasion est moindre, et la vertu pareille ;
Son injustice accable et détruit les grands noms ;
L'honneur des premiers faits se perd par les seconds,
Et quand la renommée a passé l'ordinaire,
Si l'on n'en veut déchoir, il ne faut plus rien faire.
    Je ne vanterai point les exploits de mon bras ;
Votre majesté, sire, a vu mes trois combats :
Il est bien malaisé qu'un pareil les seconde,
Qu'une autre occasion à celle-ci réponde,
Et que tout mon courage, après de si grands coups,
Parvienne à des succès qui n'aillent au-dessous ;
Si bien que, pour laisser une illustre mémoire,
La mort seule aujourd'hui peut conserver ma gloire.
Encor la fallait-il sitôt que j'eus vaincu,
Puisque pour mon honneur j'ai déjà trop vécu.
Un homme tel que moi voit sa gloire ternie,
Quand il tombe en péril de quelque ignominie ;
Et ma main aurait su déjà m'en garantir,
Mais, sans votre congé, mon sang n'ose sortir ;
Comme il vous appartient, votre aveu doit se prendre ;
C'est vous le dérober qu'autrement le répandre.
Rome ne manque point de généreux guerriers ;
Assez d'autres sans moi soutiendront vos lauriers ;
Que votre majesté désormais m'en dispense :
Et si ce que j'ai fait vaut quelque récompense,
Permettez, ô grand roi, que de ce bras vainqueur
Je m'immole à ma gloire, et non pas à ma sœur.

SCÈNE III.—TULLE, VALÈRE, LE VIEIL HORACE, HORACE, SABINE

SABINE. Sire, écoutez Sabine ; et voyez dans son ame
Les douleurs d'une sœur, et celles d'une femme,
Qui toute désolée, à vos sacrés genoux,
Pleure pour sa famille, et craint pour son époux.
Ce n'est pas que je veuille avec cet artifice
Dérober un coupable au bras de la justice ;
Quoi qu'il ait fait pour vous, traitez-le comme tel,
Et punissez en moi ce noble criminel ;
De mon sang malheureux expiez tout son crime ;
Vous ne changerez point pour cela de victime ;
Ce n'en sera point prendre une injuste pitié,
Mais en sacrifier la plus chère moitié.
Les nœuds de l'hyménée, et son amour extrême,
Font qu'il vit plus en moi qu'il ne vit en lui-même,
Et si vous m'accordez de mourir aujourd'hui,
Il mourra plus en moi qu'il ne mourrait en lui :
La mort que je demande et qu'il faut que j'obtienne,
Augmentera sa peine et finira la mienne.
Sire, voyez l'excès de mes tristes ennuis,

Et l'effroyable état où mes jours sont réduits.
Quelle horreur d'embrasser un homme dont l'épée
De toute ma famille a la trame coupée!
Et quelle impiété de haïr un époux,
Pour avoir bien servi les siens, l'Etat et vous!
Aimer un bras souillé du sang de tous mes frères!
N'aimer pas un mari qui finit nos misères!
Sire, délivrez-moi, par un heureux trépas,
Des crimes de l'aimer, et de ne l'aimer pas;
J'en nommerai l'arrêt une faveur bien grande.
Ma main peut me donner ce que je vous demande.
Mais ce trépas enfin me sera bien plus doux,
Si je puis de sa honte affranchir mon époux;
Si je puis par mon sang apaiser la colère
Des dieux qu'a pu fâcher sa vertu trop sévère,
Satisfaire en mourant aux mânes de ma sœur,
Et conserver à Rome un si bon défenseur.

LE VIEIL HORACE. Sire, c'est donc à moi de répondre à Valère.
Mes enfants avec lui conspirent contre un père;
Tous trois veulent me perdre, et s'arment sans raison
Contre si peu de sang qui reste en ma maison.
(A Sabine.) Toi, qui, par des douleurs à ton devoir contraire,
Veux quitter un mari pour rejoindre tes frères,
Va plutôt consulter leurs mânes généreux;
Ils sont morts, mais pour Albe, et s'en tiennent heureux :
Puisque le ciel voulait qu'elle fût asservie,
Si quelque sentiment demeure après la vie,
Ce malheur semble moindre, et moins rudes ses coups.
Voyant que tout l'honneur en retombe sur nous;
Tous trois désavoueront la douleur qui te touche,
Les larmes de tes yeux, les soupirs de ta bouche,
L'horreur que tu fais voir d'un mari vertueux.
Sabine, sois leur sœur, suis ton devoir comme eux.
(Au roi.) Contre ce cher époux Valère en vain s'anime
Un premier mouvement ne fut jamais un crime,
Et la louange est due, au lieu du châtiment,
Quand la vertu produit ce premier mouvement.
Aimer nos ennemis avec idolâtrie,
De rage en leur trépas maudire la patrie,
Souhaiter à l'État un malheur infini,
C'est ce qu'on nomme crime, et ce qu'il a puni.
Le seul amour de Rome a sa main animée;
Il serait innocent s'il l'avait moins aimée.
Qu'ai-je dit, sire? il l'est, et ce bras paternel
L'aurait déjà puni s'il était criminel;
J'aurais su mieux user de l'entière puissance
Que me donnent sur lui les droits de la naissance:
J'aime trop l'honneur, sire, et ne suis point de rang
A souffrir ni d'affront ni de crime en mon sang.
C'est dont je ne veux point de témoin que Valère;
Il a vu quel accueil lui gardait ma colère,
Lorsque ignorant encor la moitié du combat,
Je croyais que sa fuite avait trahi l'État.
Qui le fait se charger des soins de ma famille?
Qui le fait, malgré moi, vouloir venger ma fille?
Et par quelle raison dans son juste trépas,
Prend-il un intérêt qu'un père ne prend pas?
On craint qu'après sa sœur il n'en maltraite d'autres,
Sire, nous n'avons part qu'à la honte des nôtres;

Et, de quelque façon qu'un autre puisse agir,
Qui ne nous touche point ne nous fait point rougir.
A Valère.) Tu peux pleurer, Valère, et même aux yeux d'Horace;
Il ne prend intérêt qu'aux crimes de sa race :
Qui n'est point de son sang ne peut faire d'affront
Aux lauriers immortels qui lui ceignent le front.
Lauriers, sacrés rameaux qu'on veut réduire en poudre,
Vous qui mettez sa tête à couvert de la foudre,
L'abandonnerez-vous à l'infâme couteau
Qui fait choir les méchants sous la main d'un bourreau?
Romains, souffrirez-vous qu'on vous immole un homme,
Sans qui Rome aujourd'hui cesserait d'être Rome,
Et qu'un Romain s'efforce à tacher le renom
D'un guerrier à qui tous doivent un si beau nom?
Dis, Valère, dis-nous, si tu veux qu'il périsse,
Où tu penses choisir un lieu pour son supplice.
Sera-ce entre ces murs que mille et mille voix
Font résonner encor du bruit de ses exploits?
Sera-ce hors des murs, au milieu de ces places
Qu'on voit fumer encor du sang des Curiaces,
Entre leurs trois tombeaux et dans ce champ d'honneur
Témoin de sa vaillance et de notre bonheur?
Tu ne saurais cacher sa peine à sa victoire :
Dans les murs, hors des murs, tout parle de sa gloire,
Tout s'oppose à l'effort de ton injuste amour,
Qui veut d'un si bon sang souiller un si beau jour.
Albe ne pourra pas souffrir un tel spectacle,
Et Rome par ses pleurs y mettra trop d'obstacle.
Vous les préviendrez, sire ; et, par un juste arrêt,
Vous saurez embrasser bien mieux son intérêt.
Ce qu'il a fait pour elle il peut encor le faire ;
Il peut la garantir encor d'un sort contraire.
Sire, ne donnez rien à mes débiles ans :
Rome aujourd'hui m'a vu père de quatre enfants ;
Trois en ce même jour sont morts pour sa querelle ;
Il m'en reste encore un, conservez-le pour elle :
N'ôtez pas à ses murs un si puissant appui,
Et souffrez, pour finir, que je m'adresse à lui.
Horace, ne crois pas que le peuple stupide
Soit le maître absolu d'un renom bien solide,
Sa voix tumultueuse assez souvent fait bruit,
Mais un moment l'élève, un moment le détruit,
Et ce qu'il contribue à notre renommée
Toujours en moins de rien se dissipe en fumée.
C'est aux rois, c'est aux grands, c'est aux esprits bien faits,
A voir la vertu pleine en ses moindres effets ;
C'est d'eux seuls qu'on reçoit la véritable gloire,
Eux seuls des vrais héros assurent la mémoire.
Vis toujours en Horace, et toujours auprès d'eux
Ton nom demeurera grand, illustre, fameux,
Bien que l'occasion, moins haute ou moins brillante,
D'un vulgaire ignorant trompe l'injuste attente.
Ne hais donc plus la vie, et du moins vis pour moi,
Et pour servir encor ton pays et ton roi.
Sire, j'en ai trop dit : mais l'affaire vous touche ;
Et Rome tout entière a parlé par ma bouche.

VALÈRE. Sire, permettez-moi....

     TULLE. Valère, c'est assez :
Vos discours par les leurs ne sont pas effacés ;

J'en garde en mon esprit les forces plus pressantes,
Et toutes vos raisons me sont encor présentes.
Cette énorme action faite presque à nos yeux
Outrage la nature, et blesse jusqu'aux dieux.
Un premier mouvement qui produit un tel crime
Ne saurait lui servir d'excuse légitime ;
Les moins sévères lois en ce point sont d'accord ;
Et, si nous les suivons, il est digne de mort.
Si d'ailleurs nous voulons regarder le coupable,
Ce crime, quoique grand, énorme, inexcusable,
Vient de la même épée, et part du même bras
Qui me fait aujourd'hui maître de deux États.
Deux sceptres en ma main, Albe à Rome asservie,
Parlent bien hautement en faveur de sa vie ;
Sans lui j'obéirais où je donne la loi,
Et je serais sujet où je suis deux fois roi.
Assez de bons sujets dans toutes les provinces
Par des vœux impuissants s'acquittent vers leurs princes ;
Tous les peuvent aimer, mais tous ne peuvent pas
Par d'illustres effets assurer leurs États ;
Et l'art et le pouvoir d'affermir des couronnes
Sont des dons que le ciel fait à peu de personnes.
De pareils serviteurs sont les forces des rois,
Et de pareils aussi sont au-dessus des lois.
Qu'elles se taisent donc : que Rome dissimule
Ce que dès sa naissance elle vit en Romule ;
Elle peut bien souffrir en son libérateur
Ce qu'elle a bien souffert en son premier auteur.
Vis donc, Horace ; vis, guerrier trop magnanime :
Ta vertu met ta gloire au-dessus de ton crime ;
Sa chaleur généreuse a produit ton forfait ;
D'une cause si belle il faut souffrir l'effet.
Vis pour servir l'État ; vis, mais aime Valère :
Qu'il ne reste entre vous ni haine ni colère ;
Et soit qu'il ait suivi l'amour ou le devoir,
Sans aucun sentiment résous-toi de le voir.
Sabine, écoutez moins la douleur qui vous presse ;
Chassez de ce grand cœur ces marques de faiblesse :
C'est en séchant vos pleurs que vous vous montrerez
La véritable sœur de ce que vous pleurez.
Mais nous devons aux dieux demain un sacrifice :
Et nous aurions le ciel à nos vœux mal propice,
Si nos prêtres, avant que de sacrifier,
Ne trouvaient le moyen de le purifier :
Son père en prendra soin ; il lui sera facile
D'apaiser tout d'un temps les mânes de Camille.
Je la plains, et pour rendre à son sort rigoureux
Ce que peut souhaiter son esprit amoureux,
Puisqu'en un même jour l'ardeur d'un même zèle
Achève le destin de son amant et d'elle :
Je veux qu'un même jour, témoin de leurs deux morts,
En un même tombeau voie enfermer leurs corps.

FIN D'HORACE.

CINNA.

TRAGÉDIE EN CINQ ACTES. — 1639.

PERSONNAGES.

OCTAVE CÉSAR AUGUSTE, empereur de Rome.
LIVIE, impératrice.
CINNA, fils d'une fille de Pompée, chef de la conjuration contre Auguste.
MAXIME, autre chef de la conjuration.
ÉMILIE, fille de C. Toranius, tuteur d'Auguste, et proscrit par lui durant le triumvirat.
FULVIE, confidente d'Émilie.
POLICLÈTE, affranchi d'Auguste.
ÉVANDRE, affranchi de Cinna.
EUPHORBE, affranchi de Maxime.

La scène est à Rome.

ACTE PREMIER.

SCÈNE I. — ÉMILIE.

Impatients désirs d'une illustre vengeance
Dont la mort de mon père a formé la naissance,
Enfants impétueux de mon ressentiment,
Que ma douleur séduite embrasse aveuglément,
Vous prenez sur mon âme un trop puissant empire;
Durant quelques moments souffrez que je respire,
Et que je considère, en l'état où je suis,
Et ce que je hasarde, et ce que je poursuis.
Quand je regarde Auguste au milieu de sa gloire,
Et que vous reprochez à ma triste mémoire
Que par sa propre main mon père massacré
Du trône où je le vois fait le premier degré;
Quand vous me présentez cette sanglante image,
La cause de ma haine et l'effet de sa rage,
Je m'abandonne tout à vos ardents transports,
Et crois, pour une mort, lui devoir mille morts.
Au milieu toutefois d'une fureur si juste,
J'aime encor plus Cinna que je ne hais Auguste,
Et je sens refroidir ce bouillant mouvement,
Quand il faut, pour le suivre, exposer mon amant.
Oui, Cinna, contre moi moi-même je m'irrite,
Quand je songe aux dangers où je te précipite.
Quoique pour me servir tu n'appréhendes rien,
Te demander du sang, c'est exposer le tien :
D'une si haute place on n'abat point de têtes
Sans attirer sur soi mille et mille tempêtes;
L'issue en est douteuse et le péril certain.
Un ami déloyal peut trahir ton dessein;
L'ordre mal concerté, l'occasion mal prise,
Peuvent sur son auteur renverser l'entreprise,
Tourner sur toi les coups dont tu le veux frapper;
Dans sa ruine même il peut t'envelopper;
Et, quoi qu'en ma faveur ton amour exécute,
Il te peut, en tombant, écraser sous sa chute.
Ah! cesse de courir à ce mortel danger;
Te perdre, en me vengeant, ce n'est pas me venger.
Un cœur est trop cruel quand il trouve des charmes
Aux douceurs que corrompt l'amertume des larmes;
Et l'on doit mettre au rang des plus cuisants malheurs

La mort d'un ennemi qui coûte tant de pleurs.
Mais peut-on en verser alors qu'on venge un père?
Est-il perte à ce prix qui ne semble légère?
Et, quand son assassin tombe sous notre effort,
Doit-on considérer ce que coûte sa mort?
Cessez, vaines frayeurs, cessez, lâches tendresses,
De jeter dans mon cœur vos indignes faiblesses;
Et toi qui les produis par tes soins superflus,
Amour, sers mon devoir, et ne le combats plus :
Lui céder, c'est ta gloire; et le vaincre, ta honte;
Montre-toi généreux, souffrant qu'il te surmonte,
Plus tu lui donneras, plus il te va donner,
Et ne triomphera que pour te couronner.

SCÈNE II. — ÉMILIE, FULVIE.

ÉMILIE. Je l'ai juré, Fulvie, et je le jure encore,
Quoique j'aime Cinna, quoique mon cœur l'adore,
S'il me veut posséder, Auguste doit périr;
Sa tête est le seul prix dont il peut m'acquérir;
Je lui prescris la loi que mon devoir m'impose.
FULVIE. Elle a pour la blâmer une trop juste cause;
Par un si grand dessein vous vous faites juger
Digne sang de celui que vous voulez venger;
Mais, encore une fois, souffrez que je vous die
Qu'une si juste ardeur devrait être attiédie.
Auguste chaque jour, à force de bienfaits,
Semble assez réparer les maux qu'il vous a faits
Sa faveur envers vous paraît si déclarée,
Que vous êtes chez lui la plus considérée;
Et de ses courtisans souvent les plus heureux
Vous pressent à genoux de lui parler pour eux.
ÉMILIE. Toute cette faveur ne me rend pas mon père;
Et de quelque façon que l'on me considère,
Abondante en richesse, ou puissante en crédit,
Je demeure toujours la fille d'un proscrit.
Les bienfaits ne font pas toujours ce que tu penses;
D'une main odieuse ils tiennent lieu d'offenses :
Plus nous en prodiguons à qui nous peut haïr,
Plus d'armes nous donnons à qui nous veut trahir.
Il m'en fait chaque jour, sans changer mon courage;
Je suis ce que j'étais, et je puis davantage;
Et des mêmes présents qu'il verse dans mes mains
J'achète contre lui les esprits des Romains;
Je recevrais de lui la place de Livie
Comme un moyen plus sûr d'attenter à sa vie.
Pour qui venge son père il n'est point de forfaits,
Et c'est vendre son sang que se rendre aux bienfaits.
FULVIE. Quel besoin toutefois de passer pour ingrate?
Ne pouvez-vous haïr sans que la haine éclate?
Assez d'autres sans vous n'ont pas mis en oubli
Par quelles cruautés son trône est établi;
Tant de braves Romains, tant d'illustres victimes,
Qu'à son ambition ont immolés ses crimes,
Laissent à leurs enfants d'assez vives douleurs
Pour venger votre perte en vengeant leurs malheurs.
Beaucoup l'ont entrepris, mille autres vont les suivre :
Qui vit haï de tous ne saurait longtemps vivre :
Remettez à leurs bras les communs intérêts,
Et n'aidez leurs desseins que par des vœux secrets.

ÉMILIE. Quoi ! je le haïrai sans tâcher de lui nuire ?
J'attendrai du hasard qu'il ose le détruire ?
Et je satisferai des devoirs si pressants
Par une haine obscure et des vœux impuissants !
Sa perte, que je veux, me deviendrait amère,
Si quelqu'un l'immolait à d'autres qu'à mon père ;
Et tu verrais mes pleurs couler pour son trépas
Qui, le faisant périr, ne me vengerait pas.
C'est une lâcheté que de remettre à d'autres
Les intérêts publics qui s'attachent aux nôtres.
Joignons à la douceur de venger nos parents
La gloire qu'on remporte à punir les tyrans ;
Et faisons publier par toute l'Italie :
« La liberté de Rome est l'œuvre d'Émilie :
« On a touché son âme, et son cœur s'est épris,
« Mais elle n'a donné son amour qu'à ce prix. »
FULVIE. Votre amour à ce prix n'est qu'un présent funeste
Qui porte à votre amant sa perte manifeste.
Pensez mieux, Émilie, à quoi vous l'exposez,
Combien à cet écueil se sont déjà brisés ;
Ne vous aveuglez point quand sa mort est visible.
ÉMILIE. Ah ! tu sais me frapper par où je suis sensible.
Quand je songe aux dangers que je lui fais courir,
La crainte de sa mort me fait déjà mourir ;
Mon esprit en désordre à soi-même s'oppose ;
Je veux, et ne veux pas, je m'emporte, et je n'ose ;
Et mon devoir, confus, languissant, étonné,
Cède aux rébellions de mon cœur mutiné.
Tout beau, ma passion, deviens un peu moins forte ;
Tu vois bien des hasards, ils sont grands, mais n'importe :
Cinna n'est pas perdu pour être hasardé.
De quelques légions qu'Auguste soit gardé,
Quelque soin qu'il se donne, et quelque ordre qu'il tienne,
Qui méprise la vie est maître de la sienne :
Plus le péril est grand, plus doux en est le fruit ;
La vertu nous y jette, et la gloire le suit.
Quoi qu'il en soit, qu'Auguste ou que Cinna périsse,
Aux mânes paternels je dois ce sacrifice ;
Cinna me l'a promis en recevant ma foi,
Et ce coup seul aussi le rend digne de moi.
Il est tard, après tout, de m'en vouloir dédire ;
Aujourd'hui l'on s'assemble, aujourd'hui l'on conspire ;
L'heure, le lieu, le bras se choisit aujourd'hui ;
Et c'est à faire enfin à mourir après lui.
Mais le voici qui vient.

SCÈNE III. — CINNA, ÉMILIE, FULVIE.

ÉMILIE. Cinna, votre assemblée
Par l'effroi du péril n'est-elle point troublée ?
Et reconnaissez-vous au front de vos amis
Qu'ils soient prêts à tenir ce qu'ils vous ont promis ?
CINNA. Jamais contre un tyran entreprise conçue
Ne permit d'espérer une si belle issue,
Jamais de telle ardeur on n'en jura la mort,
Et jamais conjurés ne furent mieux d'accord :
Tous s'y montrent portés avec tant d'allégresse,
Qu'ils semblent, comme moi, servir une maîtresse ;
Et tous font éclater un si puissant courroux,
Qu'ils semblent tous venger un père, comme vous.

ÉMILIE. Je l'avais bien prévu que, pour un tel ouvrage,
Cinna saurait choisir des hommes de courage,
Et ne remettrait pas en de mauvaises mains
L'intérêt d'Émilie et celui des Romains.
CINNA. Plût aux dieux que vous-même eussiez vu de quel zèle
Cette troupe entreprend une action si belle!
Au seul nom de César, d'Auguste, et d'empereur!
Vous eussiez vu leurs yeux s'enflammer de fureur,
Et dans un même instant, par un effet contraire,
eur front pâlir d'horreur, et rougir de colère.
« Amis, leur ai-je dit, voici le jour heureux
« Qui doit conclure enfin nos desseins généreux;
« Le ciel entre nos mains a mis le sort de Rome,
« Et son salut dépend de la perte d'un homme,
« Si l'on doit le nom d'homme à qui n'a rien d'humain,
« A ce tigre altéré de tout le sang romain.
« Combien pour le répandre a-t-il formé de brigues!
« Combien de fois changé de partis et de ligues,
« Tantôt ami d'Antoine, et tantôt ennemi,
« Et jamais insolent ni cruel à demi! »
Là, par un long récit de toutes les misères
Que durant notre enfance ont enduré nos pères,
Renouvelant leur haine avec leur souvenir,
Je redouble en leurs cœurs l'ardeur de le punir.
Je leur fais des tableaux de ces tristes batailles
Où Rome par ses mains déchirait ses entrailles,
Où l'aigle abattait l'aigle, et de chaque côté
Nos légions s'armaient contre leur liberté ;
Où les meilleurs soldats et les chefs les plus braves
Mettaient toute leur gloire à devenir esclaves;
Ou, pour mieux assurer la honte de leurs fers,
Tous voulaient à leur chaîne attacher l'univers;
Et, l'exécrable honneur de lui donner un maître
Faisant aimer à tous l'infâme nom de traître,
Romains contre Romains, parents contre parents,
Combattaient seulement pour le choix des tyrans.
J'ajoute à ces tableaux la peinture effroyable
De leur concorde impie, affreuse, inexorable,
Funeste aux gens de bien, aux riches, au sénat,
Et, pour tout dire enfin, de leur triumvirat,
Mais je ne trouve point de couleurs assez noires
Pour en représenter les tragiques histoires.
Je les peins dans le meurtre à l'envi triomphants,
Rome entière noyée au sang de ses enfants ;
Les uns assassinés dans les places publiques,
Les autres dans le sein de leurs dieux domestiques;
Le méchant par le prix au crime encouragé,
Le mari par sa femme en son lit égorgé ;
Le fils tout dégoûtant du meurtre de son père,
Et, sa tête à la main, demandant son salaire,
Sans pouvoir exprimer par tant d'horribles traits
Qu'un crayon imparfait de leur sanglante paix.
Vous dirai-je les noms de ces grands personnages
Dont j'ai dépeint les morts pour aigrir les courages
De ces fameux proscrits, ces demi-dieux mortels,
Qu'on a sacrifiés jusque sur les autels ?
Mais pourrais-je vous dire à quelle impatience,
A quels frémissements, à quelle violence,
Ces indignes trépas, quoique mal figurés,

Ont porté les esprits de tous nos conjurés ?
Je n'ai point perdu temps ; et voyant leur colère
Au point de ne rien craindre, en état de tout faire,
J'ajoute en peu de mots : « Toutes ces cruautés,
« La perte de nos biens et de nos libertés,
« Le ravage des champs, le pillage des villes,
« Et les proscriptions, et les guerres civiles,
« Sont les degrés sanglants dont Auguste a fait choix
« Pour monter sur le trône, et nous donner des lois.
« Mais nous pouvons changer un destin si funeste,
« Puisque de trois tyrans c'est le seul qui nous reste,
« Et que, juste une fois, il s'est privé d'appui,
« Perdant, pour régner seul, deux méchants comme lui ;
« Lui mort, nous n'avons point de vengeur, ni de maître ;
« Avec la liberté Rome s'en va renaître ;
« Et nous mériterons le nom de vrais Romains.
« Si le joug qui l'accable est brisé dans nos mains.
« Prenons l'occasion tandis qu'elle est propice :
« Demain au Capitole il fait un sacrifice ;
« Qu'il en soit la victime, et faisons en ces lieux
« Justice à tout le monde à la face des dieux :
« Là presque pour sa suite il n'a que notre troupe,
« C'est de ma main qu'il prend et l'encens et la coupe ;
« Et je veux pour signal que cette même main
« Lui donne, au lieu d'encens, d'un poignard dans le sein.
« Ainsi d'un coup mortel la victime frappée
« Fera voir si je suis du sang du grand Pompée.
« Faites voir, après moi, si vous vous souvenez
« Des illustres ayeux de qui vous êtes nés. »
A peine ai-je achevé, que chacun renouvelle,
Par un noble serment, le vœu d'être fidèle :
L'occasion leur plaît, mais chacun veut pour soi
L'honneur du premier coup que j'ai choisi pour moi.
La raison règle enfin l'ardeur qui les emporte :
Maxime et la moitié s'assurent de la porte ;
L'autre moitié me suit, et doit l'environner,
Prête au moindre signal que je voudrai donner.
  Voilà, belle Emilie, à quel point nous en sommes.
Demain, j'attends la haine ou la faveur des hommes,
Le nom de parricide, ou de libérateur,
César celui de prince, ou d'un usurpateur.
Du succès qu'on obtient contre la tyrannie
Dépend ou notre gloire, ou notre ignominie ;
Et le peuple, inégal à l'endroit des tyrans,
S'il les déteste morts, les adore vivants.
Pour moi, soit que le ciel me soit dur ou propice,
Qu'il m'élève à la gloire, ou me livre au supplice,
Que Rome se déclare ou pour ou contre nous,
Mourant pour vous servir, tout me semblera doux.
ÉMILIE. Ne crains point de succès qui souille ta mémoire :
Le bon et le mauvais sont égaux pour ta gloire ;
Et, dans un tel dessein, le manque de bonheur
Met ta vie en péril, et non pas ton honneur.
Regarde le malheur de Brute et de Cassie ;
La splendeur de leur nom en est-elle obscurcie ?
Sont-ils morts tout entiers avec leurs grands desseins?
Ne les compte-t-on plus pour les derniers Romains ?
Leur mémoire dans Rome est encore précieuse
Autant que de César la vie est odieuse ;

Si leur vainqueur y règne, ils y sont regrettés,
Et par les vœux de tous leurs pareils souhaités.
 Va marcher sur leurs pas où l'honneur te convie :
Mais ne perds pas le soin de conserver ta vie ;
Souviens-toi du beau feu dont nous sommes épris,
Qu'aussi bien que la gloire Emilie est ton prix ;
Que tu me dois ton cœur, que mes faveurs t'attendent ;
Que tes jours me sont chers, que les miens en dépendent,
Mais quelle occasion mène Évandre vers nous.

SCÈNE IV. — CINNA, ÉMILIE, ÉVANDRE, FULVIE.

ÉVANDRE. Seigneur, César vous mande, et Maxime avec vous.
CINNA. Et Maxime avec moi ! Le sais-tu bien, Evandre ?
ÉVANDRE. Polyclète est encor chez vous à vous attendre,
Et fût venu lui-même avec moi vous chercher,
Si ma dextérité n'eût su l'en empêcher ;
Je vous en donne avis de peur d'une surprise.
Il presse fort.
ÉMILIE. Mander les chefs de l'entreprise !
Tous deux ! en même temps ! Vous êtes découverts.
CINNA. Espérons mieux, de grâce.
 ÉMILIE. Ah ! Cinna, je te perds,
Et les dieux, obstinés à nous donner un maître,
Parmi tes vrais amis ont mêlé quelque traître.
Il n'en faut point douter, Auguste a tout appris.
Quoi, tous deux ! et sitôt que le conseil est pris !
CINNA. Je ne puis vous céler que son ordre m'étonne ;
Mais souvent il m'appelle auprès de sa personne ;
Maxime est comme moi de ses plus confidents,
Et nous nous alarmons peut-être en imprudents.
ÉMILIE. Sois moins ingénieux à te tromper toi-même,
Cinna, ne porte point mes maux jusqu'à l'extrême !
Et, puisque désormais tu ne peux me venger,
Dérobe au moins ta tête à ce mortel danger ;
Fuis d'Auguste irrité l'implacable colère.
Je verse assez de pleurs pour la mort de mon père :
N'aigris point ma douleur par un nouveau tourment ;
Et ne me réduis point à pleurer mon amant.
CINNA. Quoi ! sur l'illusion d'une terreur panique,
Trahir vos intérêts et la cause publique !
Par cette lâcheté moi-même m'accuser,
Et tout abandonner quand il faut tout oser !
Que feront nos amis si vous êtes déçue ?
ÉMILIE. Mais que deviendras-tu si l'entreprise est sue ?
CINNA. S'il est pour me trahir des esprits assez bas,
Ma vertu pour le moins ne me trahira pas ;
Vous la verrez, brillante au bord des précipices,
Se couronner de gloire en bravant les supplices,
Rendre Auguste jaloux du sang qu'il répandra,
Et le faire trembler alors qu'il me perdra.
Je deviendrais suspect à parler davantage.
Adieu. Raffermissez ce généreux courage.
S'il faut subir le coup d'un destin rigoureux,
Je mourrai tout ensemble heureux et malheureux :
Heureux pour vous servir de perdre ainsi la vie,
Malheureux de mourir sans vous avoir servie.
ÉMILIE. Oui, va, n'écoute plus ma voix qui te retient ;
Mon trouble se dissipe, et ma raison revient.
Pardonne à mon amour cette indigne faiblesse.
Tu voudrais fuir en vain, Cinna, je le confesse ;

Si tout est découvert, Auguste a su pourvoir
A ne te laisser pas ta fuite en ton pouvoir.
Porte, porte chez lui cette mâle assurance,
Digne de notre amour, digne de ta naissance.
Meurs, s'il y faut mourir en citoyen romain,
Et par un beau trépas couronne un beau dessein.
Ne crains pas qu'après toi rien ici me retienne ;
Ta mort emportera mon âme vers la tienne ;
Et mon cœur aussitôt percé des mêmes coups....
CINNA. Ah ! souffrez que tout mort je vive encore en vous ;
Et du moins en mourant permettez que j'espère
Que vous saurez venger l'amant avec le père.
Rien n'est pour vous à craindre ; aucun de nos amis
Ne sait ni vos desseins, ni ce qui m'est promis ;
Et, leur parlant tantôt des misères romaines,
Je leur ai tu la mort qui fait naître nos haines,
De peur que mon ardeur touchant vos intérêts,
D'un si parfait amour ne trahît les secrets ;
Il n'est su que d'Evandre et de votre Fulvie.
ÉMILIE. Avec moins de frayeur, je vais donc chez Livie,
Puisque dans ton péril il me reste un moyen
De faire agir pour toi son crédit et le mien :
Mais si mon amitié par là ne te délivre,
N'espère pas qu'enfin je veuille te survivre :
Je fais de ton destin des règles à mon sort,
Et j'obtiendrai ta vie, ou je suivrai ta mort.
CINNA. Soyez en ma faveur moins cruelle à vous-même.
ÉMILIE. Va-t'en, et souviens-toi seulement que je t'aime.

ACTE DEUXIÈME.

SCÈNE I. — AUGUSTE, CINNA, MAXIME, TROUPE DE COURTISANS.

AUGUSTE. Que chacun se retire, et qu'aucun n'entre ici.
Vous, Cinna, demeurez, et vous, Maxime, aussi.
(Tous se retirent, à la réserve de Cinna et de Maxime.)
Cet empire absolu sur la terre et sur l'onde,
Ce pouvoir souverain que j'ai sur tout le monde,
Cette grandeur sans borne et cet illustre rang
Qui m'a jadis coûté tant de peine et de sang,
Enfin tout ce qu'adore en ma haute fortune
D'un courtisan flatteur la fortune importune,
N'est que de ces beautés dont l'éclat éblouit,
Et qu'on cesse d'aimer sitôt qu'on en jouit.
L'ambition déplaît quand elle est assouvie,
D'une contraire ardeur son ardeur est suivie ;
Et comme notre esprit jusqu'au dernier soupir,
Toujours vers quelque objet pousse quelque désir,
Il se ramène en soi, n'ayant plus où se prendre,
Et, monté sur le faîte, il aspire à descendre.
J'ai souhaité l'empire, et j'y suis parvenu ;
Mais, en le souhaitant, je ne l'ai pas connu :
Dans sa possession, j'ai trouvé pour tous charmes
D'effroyables soucis, d'éternelles alarmes,
Mille ennemis secrets, la mort à tous propos,
Point de plaisir sans trouble, et jamais de repos.
Sylla m'a précédé dans ce pouvoir suprême ;
Le grand César, mon père, en a joui de même :
D'un œil si différent tous deux l'ont regardé,
Que l'un s'en est démis, et l'autre l'a gardé :

Mais l'un cruel, barbare, est mort aimé, tranquille,
Comme un bon citoyen dans le sein de sa ville ;
L'autre, tout débonnaire, au milieu du sénat
A vu trancher ses jours par un assassinat.
Ces exemples récents suffiraient pour m'instruire.
Si par l'exemple seul on se devait conduire ;
L'un m'invite à le suivre, et l'autre me fait peur ;
Mais l'exemple souvent n'est qu'un miroir trompeur,
Et l'ordre du destin qui gêne nos pensées
N'est pas toujours écrit dans les choses passées :
Quelquefois l'un se brise où l'autre s'est sauvé,
Et par où l'un périt un autre est conservé.
    Voilà, mes chers amis, ce qui me met en peine.
Vous, qui me tenez lieu d'Agrippe et de Mécène
Pour résoudre ce point avec eux débattu,
Prenez sur mon esprit le pouvoir qu'ils ont eu :
Ne considérez point cette grandeur suprême,
Odieuse aux Romains, et pesante à moi-même ;
Traitez-moi comme ami, non comme souverain,
Rome, Auguste, l'État, tout est en votre main :
Vous mettrez et l'Europe, et l'Asie, et l'Afrique,
Sous les lois d'un monarque, ou d'une république :
Votre avis est ma règle, et par ce seul moyen
Je veux être empereur, ou simple citoyen.

CINNA. Malgré notre surprise, et mon insuffisance,
Je vous obéirai, Seigneur, sans complaisance,
Et mets bas le respect qui pourrait m'empêcher
De combattre un avis où vous semblez pencher :
Souffrez-le d'un esprit jaloux de votre gloire,
Que vous allez souiller d'une tache trop noire,
Si vous ouvrez votre âme à ces impressions
Jusques à condamner toutes vos actions.
    On ne renonce point aux grandeurs légitimes;
On garde sans remords ce qu'on acquiert sans crimes
Et plus le bien qu'on quitte est noble, grand, exquis,
Plus qui l'ose quitter le juge mal acquis.
N'imprimez pas, Seigneur, cette honteuse marque
A ces rares vertus qui vous ont fait monarque ;
Vous l'êtes justement, et c'est sans attentat
Que vous avez changé la forme de l'État.
Rome est dessous vos lois par le droit de la guerre
Qui sous les lois de Rome a mis toute la terre ;
Vos armes l'ont conquise, et tous les conquérants
Pour être usurpateur ne sont pas des tyrans ;
Quand ils ont sous leurs lois asservi des provinces,
Gouvernant justement, ils s'en font justes princes :
C'est ce que fit César ; il vous faut aujourd'hui
Condamner sa mémoire, ou faire comme lui.
Si le pouvoir suprême est blâmé par Auguste,
César fut un tyran, et son trépas fut juste,
Et vous devez aux dieux compte de tout le sang
Dont vous l'avez vengé pour monter à son rang.
N'en craignez point, Seigneur, les tristes destinées,
Un plus puissant démon veille sur vos années :
On a dix fois sur vous attenté sans effet,
Et qui l'a voulu perdre au même instant l'a fait.
On entreprend assez, mais aucun n'exécute ;
Il est des assassins, mais il n'est plus de Brute :
Enfin, s'il faut attendre un semblable revers,

Il est beau de mourir maître de l'univers.
C'est ce qu'en peu de mots j'ose dire ; et j'estime
Que ce peu que j'ai dit est l'avis de Maxime.
MAXIME. Oui, j'accorde qu'Auguste a droit de conserver
L'empire où sa vertu l'a fait seule arriver,
Et qu'au prix de son sang, au péril de sa tête,
Il a fait de l'État une juste conquête ;
Mais que, sans se noircir, il ne puisse quitter
Le fardeau que sa main est lasse de porter,
Qu'il accuse par-là César de tyrannie,
Qu'il approuve sa mort, c'est ce que je dénie.
    Rome est à vous, Seigneur, l'empire est votre bien :
Chacun en liberté peut disposer du sien ;
Il le peut à son choix garder, ou s'en défaire.
Vous seul ne pourriez pas ce que peut le vulgaire,
Et seriez devenu, pour avoir tout dompté,
Esclave des grandeurs où vous êtes monté.
Possédez-les, Seigneur, sans qu'elles vous possèdent ;
Loin de vous captiver, souffrez qu'elle vous cèdent ;
Et faites hautement connaître enfin à tous
Que tout ce qu'elles ont est au-dessous de vous.
Votre Rome autrefois vous donna la naissance ;
Vous lui voulez donner votre toute puissance ;
Et Cinna vous impute à crime capital
La libéralité vers le pays natal !
Il appelle remords l'amour de la patrie !
Par la haute vertu la gloire est donc flétrie,
Et ce n'est qu'un objet digne de nos mépris,
Si de ces pleins effets l'infamie est le prix !
Je veux bien avouer qu'une action si belle
Donne à Rome bien plus que vous ne tenez d'elle.
Mais commet-on un crime indigne de pardon,
Quand la reconnaissance est au-dessus du don ?
Suivez, suivez, Seigneur, le ciel qui vous inspire :
Votre gloire redouble à mépriser l'empire ;
Et vous serez fameux chez la postérité,
Moins pour l'avoir conquis que pour l'avoir quitté.
Le bonheur peut conduire à la grandeur suprême ;
Mais pour y renoncer il faut la vertu même ;
Et peu de généreux vont jusqu'à dédaigner,
Après un sceptre acquis, la douceur de régner.
    Considérez d'ailleurs que vous régnez dans Rome,
Où, de quelque façon que votre cour vous nomme,
On hait la monarchie ; et le nom d'empereur,
Cachant celui de roi, ne fait pas moins d'horreur.
Il passe pour tyran quiconque s'y fait maître ;
Qui le sert, pour esclave, et qui l'aime, pour traître :
Qui le souffre a le cœur lâche, mol, abattu,
Et pour s'en affranchir tout s'appelle vertu.
Vous en avez, Seigneur, des preuves trop certaines :
On a fait contre vous dix entreprises vaines ;
Peut-être que l'onzième est prête d'éclater,
Et que ce mouvement qui vous vient d'agiter
N'est qu'un avis secret que le ciel vous envoie,
Qui pour vous conserver n'a plus que cette voie.
Ne vous exposez plus à ces fameux revers :
Il est beau de mourir maître de l'univers ;
Mais la plus belle mort souille notre mémoire,
Quand nous avons pu vivre et croître notre gloire.

Si l'amour du pays doit ici prévaloir,
C'est son bien seulement que vous devez vouloir ;
Et cette liberté, qui lui semble si chère,
N'est pour Rome, Seigneur, qu'un bien imaginaire;
Plus nuisible qu'utile, et qui n'approche pas
De celui qu'un bon prince apporte à ses États :
Avec ordre et raison les honneurs il dispense,
Avec discernement punit et récompense.
Et dispose de tout en juste possesseur,
Sans rien précipiter, de peur d'un successeur.
Mais quand le peuple est maître, on n'agit qu'en tumulte :
La voix de la raison jamais ne se consulte ;
Les honneurs sont vendus aux plus ambitieux.
L'autorité livrée aux plus séditieux.
Ces petits souverains qu'il fait pour une année,
Voyant d'un temps si court leur puissance bornée,
Des plus heureux desseins font avorter le fruit,
De peur de le laisser à celui qui les suit ;
Comme ils ont peu de part au bien dont ils ordonnent,
Dans le champ du public largement ils moissonnent,
Assurés que chacun leur pardonne aisément,
Espérant à son tour un pareil traitement :
Le pire des États, c'est l'État populaire.

AUGUSTE. Et toutefois le seul qui dans Rome peut plaire.
Cette haine des rois que depuis cinq cents ans
Avec le premier lait sucent tous ses enfants,
Pour l'arracher des cœurs, est trop enracinée.

MAXIME. Oui, Seigneur, dans son mal Rome est trop obstinée ;
Son peuple, qui s'y plaît, en fuit la guérison :
Sa coutume l'emporte, et non pas la raison ;
Et cette vieille erreur, que Cinna veut abattre,
Est une heureuse erreur dont il est idolâtre,
Par qui le monde entier, asservi sous ses lois,
L'a vu cent fois marcher sur la tête des rois,
Son épargne s'enfler du sac de leurs provinces.
Que lui pouvaient de plus donner les meilleurs princes ?
J'ose dire, Seigneur, que par tous les climats
Ne sont pas bien reçus toutes sortes d'Etats ;
Chaque peuple a le sien conforme à sa nature,
Qu'on ne saurait changer sans lui faire une injure :
Telle est la loi du ciel, dont la sage équité
Sème dans l'univers cette diversité.
Les Macédoniens aiment la monarchique,
Et le reste des Grecs la liberté publique :
Les Parthes, les Persans veulent des souverains ;
Et le seul consulat est bon pour les Romains.

CINNA. Il est vrai que du ciel la prudence infinie
Départ à chaque peuple un différent génie ;
Mais il n'est pas moins vrai que cet ordre des cieux
Change selon les temps comme selon les lieux.
Rome a reçu des rois ses murs et sa naissance ;
Elle tient des consuls sa gloire et sa puissance,
Et reçoit maintenant de vos rares bontés
Le comble souverain de ses prospérités.
Sous vous, l'Etat n'est plus en pillage aux armées :
Les portes de Janus par vos mains sont fermées,
Ce que sous ses consuls on n'a vu qu'une fois,
Et qu'a fait voir comme eux le second de ses rois.

MAXIME. Les changements d'Etat que fait l'ordre céleste

Ne coûtent point de sang, n'ont rien qui soit funeste.
CINNA. C'est un ordre des dieux, qui jamais ne se rompt,
De nous vendre bien cher les grands biens qu'ils nous font.
L'exil des Tarquins même ensanglanta nos terres,
Et nos premiers consuls nous ont coûté des guerres.
MAXIME. Donc votre aïeul Pompée au ciel a résisté
Quand il a combattu pour notre liberté?
CINNA. Si le ciel n'eût voulu que Rome l'eût perdue,
Par les mains de Pompée il l'aurait défendue.
Il a choisi sa mort pour servir dignement
D'une marque éternelle à ce grand changement,
Et devait cette gloire aux mânes d'un grand homme,
D'emporter avec eux la liberté de Rome.
Ce nom depuis longtemps ne sert qu'à l'éblouir,
Et sa propre grandeur l'empêche d'en jouir.
Depuis qu'elle se voit la maîtresse du monde,
Depuis que la richesse entre ses murs abonde,
Et que son sein, fécond en glorieux exploits,
Produit des citoyens plus puissants que des rois,
Les grands, pour s'affermir achetant les suffrages
Tiennent pompeusement leurs maîtres à leurs gages,
Qui, par des fers dorés se laissant enchaîner,
Reçoivent d'eux les lois qu'ils pensent leur donner.
Envieux l'un de l'autre, ils mènent tout par brigues,
Que leur ambition tourne en sanglantes ligues.
Ainsi de Marius Sylla devint jaloux;
César, de mon aïeul; Marc-Antoine de vous.
Ainsi la liberté ne peut plus être utile
Qu'à former les fureurs d'une guerre civile,
Lorsque, par un désordre à l'univers fatal,
L'un ne veut point de maître, et l'autre point d'égal.
Seigneur, pour sauver Rome, il faut qu'elle s'unisse
En la main d'un bon chef à qui tout obéisse.
Si vous aimez encore à la favoriser,
Otez-lui les moyens de se plus diviser.
Sylla, quittant la place enfin bien usurpée,
N'a fait qu'ouvrir le champ à César et Pompée,
Que le malheur des temps ne nous eût point fait voir,
S'il eût dans sa famille assuré son pouvoir.
Qu'a fait du grand César le cruel parricide,
Qu'élever contre vous Antoine avec Lépide,
Qui n'eussent pas détruit Rome par les Romains,
Si César eût laissé l'empire entre vos mains?
Vous la replongerez, en quittant cet empire,
Dans les maux dont encore à peine elle respire,
Et de ce peu, Seigneur, qui lui reste de sang,
Une guerre nouvelle épuisera son flanc.
Que l'amour du pays, que la pitié vous touche :
Votre Rome à genoux vous parle par ma bouche.
Considérez le prix que vous avez coûté :
Non pas qu'elle vous croie avoir trop acheté,
Des maux qu'elle a soufferts elle est trop bien payée
Mais une juste peur tient son âme effrayée :
Si, jaloux de son heur, et las de commander,
Vous lui rendez un bien qu'elle ne peut garder,
S'il lui faut à ce prix en acheter un autre,
Si vous ne préférez son intérêt au vôtre,
Si ce funeste don la met au désespoir,
Je n'ose dire ici ce que j'ose prévoir.

Conservez-vous, Seigneur en lui laissant un maître
Sous qui son vrai bonheur commence de renaître ;
Et pour mieux assurer le bien commun de tous,
Donnez un successeur qui soit digne de vous.
AUGUSTE. N'en délibérons plus, cette pitié l'emporte.
Mon repos m'est bien cher, mais Rome est la plus forte :
Et quelque grand malheur qui m'en puisse arriver,
Je consens à me perdre afin de la sauver.
Pour ma tranquillité mon cœur en vain soupire :
Cinna, par vos conseils je retiendrai l'empire ;
Mais je le retiendrai pour vous en faire part.
Je vois trop que vos cœurs n'ont point pour moi de fard
Et que chacun de vous, dans l'avis qu'il me donne,
Regarde seulement l'Etat et ma personne,
Votre amour en tous deux fait ce combat d'esprits,
Et vous allez tous deux en recevoir le prix.
Maxime, je vous fais gouverneur de Sicile,
Allez donner mes lois à ce terroir fertile :
Songez que c'est pour moi que vous gouvernerez,
Et que je répondrai de ce que vous ferez.
Pour épouse, Cinna, je vous donne Emilie;
Vous savez qu'elle tient la place de Julie,
Et que, si nos malheurs et la nécessité
M'ont fait traiter son père avec sévérité,
Mon épargne depuis en sa faveur ouverte
Doit avoir adouci l'aigreur de cette perte.
Voyez-la de ma part, tâchez de la gagner :
Vous n'êtes point pour elle un homme à dédaigner,
De l'offre de vos vœux elle sera ravie.
Adieu : j'en veux porter la nouvelle à Livie.

SCÈNE II. — CINNA, MAXIME.

MAXIME. Quel est votre dessein après ces beaux discours?
CINNA. Le même que j'avais, et que j'aurai toujours.
MAXIME. Un chef de conjurés flatte la tyrannie !
CINNA. Un chef de conjurés la veut voir impunie.
MAXIME. Je veux voir Rome libre.
CINNA. Et vous pouvez juger
Que je veux l'affranchir ensemble et la venger.
Octave aura donc vu ses fureurs assouvies,
Pillé jusqu'aux autels, sacrifié nos vies,
Rempli les champs d'horreur, comblé Rome de morts,
Et sera quitte après pour l'effet d'un remords!
Quand le ciel par nos mains à le punir s'apprête,
Un lâche repentir garantira sa tête !
C'est trop semer d'appâts, et c'est trop inviter
Par son impunité quelque autre à l'imiter.
Vengeons nos citoyens, et que sa peine étonne
Quiconque après sa mort aspire à la couronne.
Que le peuple aux tyrans ne soit plus exposé :
S'il n'eût puni Sylla, César eût moins osé.
MAXIME. Mais la mort de César, que vous trouvez si juste
A servi de prétexte aux cruautés d'Auguste.
Voulant nous affranchir, Brute s'est abusé;
S'il n'eût puni César, Auguste eût moins osé.
CINNA. La faute de Cassie, et ses terreurs paniques,
Ont fait rentrer l'Etat sous des lois tyranniques;
Mais nous ne verrons point de pareils accidents,
Lorsque Rome suivra des chefs moins imprudents.

MAXIME. Nous sommes encor loin de mettre en évidence
Si nous nous conduirons avec plus de prudence;
Cependant c'en est peu que de n'accepter pas
Le bonheur qu'on recherche au péril du trépas.
CINNA. C'en est encor bien moins alors qu'on s'imagine
Guérir un mal si grand sans couper la racine ;
Employer la douceur à cette guérison,
C'est, en fermant la plaie, y verser du poison.
MAXIME. Vous la voulez sanglante, et la rendez douteuse.
CINNA. Vous la voulez sans peine, et la rendez honteuse.
MAXIME. Pour sortir de ses fers jamais on ne rougit.
CINNA. On n'en sort lâchement si la vertu n'agit.
MAXIME. Jamais la liberté ne cesse d'être aimable ;
Et c'est toujours pour Rome un bien inestimable.
CINNA. Ce ne peut être un bien qu'elle daigne estimer,
Quand il vient d'une main lasse de l'opprimer :
Elle a le cœur trop bon pour se voir avec joie
Le rebut du tyran dont elle fut la proie ;
Et tout ce que la gloire a de vrais partisans
Le hait trop puissamment pour aimer ses présents.
MAXIME. Donc pour vous Emilie est un objet de haine?
CINNA. La recevoir de lui me serait une gêne :
Mais quand j'aurai vengé Rome des maux soufferts,
Je saurai le braver jusque dans les enfers.
Oui, quand par son trépas je l'aurai méritée,
Je veux joindre à sa main ma main ensanglantée,
L'épouser sur sa cendre, et qu'après notre effort,
Les présents du tyran soient le prix de sa mort.
MAXIME. Mais l'apparence, ami, que vous puissiez lui plaire,
Teint du sang de celui qu'elle aime comme un père
Car vous n'êtes pas homme à la violenter.
CINNA. Ami, dans ce palais, on peut nous écouter,
Et nous parlons peut-être avec trop d'imprudence
Dans un lieu si mal propre à notre confidence.
Sortons, qu'en sûreté j'examine avec vous
Pour en venir à bout les moyens les plus doux.

ACTE TROISIÈME.
SCÈNE I. — MAXIME, EUPHORBE.

MAXIME. Lui-même m'a tout dit, leur flamme est mutuelle;
Il adore Émilie, il est adoré d'elle ;
Mais sans venger son père il n'y peut aspirer,
Et c'est pour l'acquérir qu'il nous fait conspirer.
EUPHORBE. Je ne m'étonne plus de cette violence
Dont il contraint Auguste à garder sa puissance :
La ligue se romprait s'il s'en était démis,
Et tous vos conjurés deviendraient ses amis.
MAXIME. Ils servent à l'envi la passion d'un homme
Qui n'agit que pour soi, feignant d'agir pour Rome ;
Et moi, par un malheur qui n'eut jamais d'égal,
Je pense servir Rome, et je sers mon rival !
EUPHORBE. Vous êtes son rival?
MAXIME. Oui, j'aime sa maîtresse,
Et l'ai caché toujours avec assez d'adresse ;
Mon ardeur inconnue, avant que d'éclater,
Par quelque grand exploit la voulait mériter :
Cependant par mes mains je vois qu'il me l'enlève ;
Son dessein fait ma perte, et c'est moi qui l'achève ;

J'avance des succès dont j'attends le trépas,
Et pour m'assassiner je lui prête mon bras.
Que l'amitié me plonge en un malheur extrême !
EUPHORBE. L'issue en est aisée : agissez pour vous-même :
D'un dessein qui vous perd rompez le coup fatal,
Gagnez une maîtresse, accusant un rival.
Auguste, à qui par là vous sauverez la vie,
Ne vous pourra jamais refuser Émilie.
MAXIME. Quoi ! trahir mon ami !
      EUPHORBE. L'amour rend tout permis,
Un véritable amant ne connaît point d'amis,
Et même avec justice on peut trahir un traître
Qui pour une maîtresse ose trahir son maître.
Oubliez l'amitié, comme lui les bienfaits.
MAXIME. C'est un exemple à fuir que celui des forfaits.
EUPHORBE. Contre un si noir dessein tout devient légitime
On n'est point criminel quand on punit un crime.
MAXIME. Un crime par qui Rome obtient sa liberté !
EUPHORBE. Craignez tout d'un esprit si plein de lâcheté.
L'intérêt du pays n'est point ce qui l'engage ;
Le sien, et non la gloire, anime son courage :
Il aimerait César, s'il n'était amoureux,
Et n'est enfin qu'ingrat, et non pas généreux.
Pensez-vous avoir lu jusqu'au fond de son ame?
Sous la cause publique il vous cachait sa flamme.
Et peut cacher encor sous cette passion
Les détestables feux de son ambition.
Peut-être qu'il prétend, après la mort d'Octave,
Au lieu d'affranchir Rome, en faire son esclave,
Qu'il vous compte déjà pour un de ses sujets,
Ou que sur votre perte il fonde ses projets.
MAXIME. Mais comment l'accuser sans nommer tout le reste ?
A tous nos conjurés l'avis serait funeste,
Et par là nous verrions indignement trahis
Ceux qu'engage avec nous le seul bien du pays.
D'un si lâche dessein mon âme est incapable :
Il perd trop d'innocents pour punir un coupable.
J'ose tout contre lui, mais je crains tout pour eux.
EUPHORBE. Auguste s'est lassé d'être si rigoureux ;
En ces occasions, ennuyé de supplices,
Ayant puni les chefs, il pardonne aux complices.
Si toutefois pour eux vous craignez son courroux,
Quand vous lui parlerez, parlez au nom de tous.
MAXIME. Nous disputons en vain, et ce n'est que folie
De vouloir par sa perte acquérir Emilie :
Ce n'est pas le moyen de plaire à ses beaux yeux
Que de priver du jour ce qu'elle aime le mieux.
Pour moi, j'estime peu qu'Auguste me la donne ;
Je veux gagner son cœur plutôt que sa personne.
Et ne fais point d'état de sa possession,
Si je n'ai point de part à son affection.
Puis-je la mériter par une triple offense?
Je trahis son amant, je détruis sa vengeance,
Je conserve le sang qu'elle veut voir périr :
Et j'aurais quelque espoir qu'elle me pût chérir !
EUPHORBE. C'est ce qu'à dire vrai je vois fort difficile.
L'artifice pourtant vous y peut être utile ;
Il en faut trouver un qui la puisse abuser,
Et du reste le temps en pourra disposer.

MAXIME. Mais si pour s'excuser il nomme sa complice.
S'il arrive qu'Auguste avec lui la punisse,
Puis-je lui demander, pour prix de mon rapport,
Celle qui nous oblige à conspirer sa mort?
EUPHORBE. Vous pourriez m'opposer tant et de tels obstacles.
Que pour les surmonter il faudrait des miracles;
J'espère toutefois qu'à force d'y rêver...
Éloigne-toi; dans peu j'irai te retrouver :
Cinna vient, et je veux en tirer quelque chose,
Pour mieux résoudre après ce que je me propose.

SCÈNE II. — CINNA, MAXIME.

MAXIME. Vous me semblez pensif.
CINNA. Ce n'est pas sans sujet.
MAXIME. Puis-je d'un tel chagrin savoir quel est l'objet?
CINNA. Emilie et César : l'un et l'autre me gêne;
L'un me semble trop bon, l'autre trop inhumaine.
Plût aux dieux que César employât mieux ses soins,
Et s'en fît plus aimer, ou m'aimât un peu moins;
Que sa bonté touchât la beauté qui me charme,
Et la pût adoucir comme elle me désarme!
Je sens au fond du cœur mille remords cuisants,
Qui rendent à mes yeux tous ses bienfaits présents,
Cette faveur si pleine, et si mal reconnue,
Par un mortel reproche à tous moments me tue :
Il me semble surtout incessamment le voir
Déposer en nos mains son absolu pouvoir,
Écouter nos avis, m'applaudir, et me dire :
« Cinna, par vos conseils je retiendrai l'empire;
« Mais je le retiendrai pour vous en faire part. »
Et je puis dans son sein enfoncer un poignard!
Ah! plutôt... Mais, hélas! j'idolâtre Émilie;
Un serment exécrable à sa haine me lie;
L'horreur qu'elle a de lui me le rend odieux :
Des deux côtés j'offense et ma gloire et les dieux;
Je deviens sacrilége, ou je suis parricide;
Et vers l'un ou vers l'autre il faut être perfide.
MAXIME. Vous n'aviez point tantôt ces agitations;
Vous paraissiez plus ferme en vos intentions;
Vous ne sentiez au cœur ni remords ni reproche.
CINNA. On ne les sent aussi que quand le coup approche,
Et l'on ne reconnaît de semblables forfaits
Que quand la main s'apprête à venir aux effets.
L'âme, de son dessein jusque-là possédée,
S'attache aveuglément à sa première idée;
Mais alors quel esprit n'en devient point troublé?
Ou plutôt quel esprit n'en est point accablé?
Je crois que Brute même, à tel point qu'on le prise,
Voulut plus d'une fois rompre son entreprise,
Qu'avant que de frapper elle lui fit sentir
Plus d'un remords en l'âme, et plus d'un repentir.
MAXIME. Il eut trop de vertu pour tant d'inquiétude;
Il ne soupçonna point sa main d'ingratitude,
Et fut contre un tyran d'autant plus animé
Qu'il en reçut de biens et qu'il s'en vit aimé.
Comme vous l'imitez, faites la même chose;
Et formez vos remords d'une plus juste cause,
De vos lâches conseils, qui seuls ont arrêté
Le bonheur renaissant de notre liberté;

C'est vous seul aujourd'hui qui nous l'avez ôtée :
De la main de César Brute l'eût acceptée,
Et n'eût jamais souffert qu'un intérêt léger
De vengeance ou d'amour l'eût remise en danger.
N'écoutez plus la voix d'un tyran qui vous aime,
Et vous veut faire part de son pouvoir suprême;
Mais entendez crier Rome à votre côté :
« Rends-moi, rends-moi, Cinna, ce que tu m'as ôté;
« Et, si tu m'as tantôt préféré ta maîtresse,
« Ne me préfère pas le tyran qui m'oppresse. »

CINNA. Ami, n'accable plus un esprit malheureux,
Qui ne forme qu'en lâche un dessein généreux.
Envers nos citoyens je sais quelle est ma faute,
Et leur rendrai bientôt tout ce que je leur ôte;
Mais pardonne aux abois d'une vieille amitié
Qui ne peut expirer sans me faire pitié,
Et laisse-moi, de grâce, attendant Émilie,
Donner un libre cours à ma mélancolie :
Mon chagrin t'importune, et le trouble où je suis
Veut de la solitude à calmer tant d'ennuis.

MAXIME. Vous voulez rendre compte à l'objet qui vous blesse
De la bonté d'Octave et de votre faiblesse;
L'entretien des amants veut un entier secret.
Adieu. Je me retire en confident discret.

SCÈNE III. — CINNA.

Donne un plus digne nom au glorieux empire
Du noble sentiment que la vertu m'inspire,
Et que l'honneur oppose au coup précipité
De mon ingratitude et de ma lâcheté;
Mais plutôt continue à la nommer faiblesse,
Puisqu'il devient si faible auprès d'une maîtresse,
Qu'il respecte un amour qu'il devrait étouffer,
Ou que, s'il le combat, il n'ose en triompher.
En ces extrémités quel conseil dois-je prendre?
De quel côté pencher? à quel parti me rendre?
    Qu'une âme généreuse a de peine à faillir !
Quelque fruit que par là j'espère de cueillir,
Les douceurs de l'amour, celles de la vengeance,
La gloire d'affranchir le lieu de ma naissance,
N'ont point assez d'appas pour flatter ma raison,
S'il les faut acquérir par une trahison,
S'il faut percer le flanc d'un prince magnanime
Qui du peu que je suis fait une telle estime,
Qui me comble d'honneurs, qui m'accable de biens,
Qui ne prend pour régner de conseils que les miens.
O coup, ô trahison trop indigne d'un homme !
Dure, dure à jamais l'esclavage de Rome !
Périsse mon amour, périsse mon espoir,
Plutôt que de ma main parte un crime si noir !
Quoi ! ne m'offre-t-il pas tout ce que je souhaite,
Et qu'au prix de son sang ma passion achète?
Pour jouir de ses dons faut-il l'assassiner?
Et faut-il lui ravir ce qu'il me veut donner?
    Mais je dépends de vous, ô serment téméraire,
O haine d'Émilie, ô souvenir d'un père !
Ma foi, mon cœur, mon bras, tout vous est engagé,
Et je ne puis plus rien que par votre congé :
C'est à vous de régler ce qu'il faut que je fasse;

C'est à vous, Emilie, à lui donner sa grace ;
Vos seules volontés président à son sort,
Et tiennent en mes mains et sa vie et sa mort.
O dieux, qui comme vous la rendez adorable,
Rendez-la comme vous à mes vœux exorable ;
Et puisque de ces lois je ne puis m'affranchir,
Faites qu'à mes désirs je la puisse fléchir.
Mais voici de retour cette aimable inhumaine.

SCÈNE IV. — Emilie, Cinna, Fulvie.

ÉMILIE. Grâces aux dieux, Cinna, ma frayeur était vaine ;
Aucun de tes amis ne t'a manqué de foi,
Et je n'ai point eu lieu de m'employer pour toi.
Octave en ma présence a tout dit à Livie,
Et par cette nouvelle il m'a rendu la vie.
CINNA. Le désavouerez-vous ? et du don qu'il me fait
Voudrez-vous retarder le bienheureux effet ?
ÉMILIE. L'effet est en ta main.
          CINNA. Mais plutôt en la vôtre.
ÉMILIE. Je suis toujours moi-même, et mon cœur n'est point autre ;
Me donner à Cinna, c'est ne lui donner rien,
C'est seulement lui faire un présent de son bien.
CINNA. Vous pouvez toutefois.... O ciel ! l'osé-je dire ?
ÉMILIE. Que puis-je ? et que crains-tu ?
              CINNA. Je tremble, je soupire,
Et vois que si nos cœurs avaient mêmes désirs,
Je n'aurais pas besoin d'expliquer mes soupirs.
Ainsi je suis trop sûr que je vais vous déplaire ;
Mais je n'ose parler, et je ne puis me taire.
ÉMILIE. C'est trop me gêner, parle.
              CINNA. Il faut vous obéir.
Je vais donc vous déplaire, et vous m'allez haïr.
Je vous aime, Emilie ; et le ciel me foudroie
Si cette passion ne fait toute ma joie,
Et si je ne vous aime avec toute l'ardeur
Que peut un digne objet attendre d'un grand cœur !
Mais voyez à quel prix vous me donnez votre âme ;
En me rendant heureux vous me rendez infâme :
Cette bonté d'Auguste...
          ÉMILIE. Il suffit, je t'entends ;
Je vois ton repentir et tes vœux inconstants :
Les faveurs du tyran emportent tes promesses,
Tes feux et tes serments cèdent à ses caresses ;
Et ton esprit crédule ose s'imaginer
Qu'Auguste pouvant tout peut aussi me donner ;
Tu me veux de sa main plutôt que de la mienne :
Mais ne crois pas qu'ainsi jamais je t'appartienne.
Il peut faire trembler la terre sous ses pas,
Mettre un roi hors du trône, et donner ses Etats,
De ses proscriptions rougir la terre et l'onde,
Et changer à son gré l'ordre de tout le monde ;
Mais le cœur d'Emilie est hors de son pouvoir.
CINNA. Aussi n'est-ce qu'à vous que je veux le devoir.
Je suis toujours moi-même, et ma foi toujours pure ;
La pitié que je sens ne me rend point parjure :
J'obéis sans réserve à tous vos sentiments,
Et prends vos intérêts par delà mes serments.
J'ai pu, vous le savez, sans parjure et sans crime,
Vous laisser échapper cette illustre victime ·

César se dépouillant du pouvoir souverain
Nous ôtait tout prétexte à lui percer le sein ;
La conjuration s'en allait dissipée,
Vos desseins avortés, votre haine trompée :
Moi seul j'ai raffermi son esprit étonné,
Et pour vous l'immoler ma main l'a couronné.
ÉMILIE. Pour me l'immoler, traître ! Et tu veux que moi-même
Je retienne ta main ! qu'il vive, et que je l'aime !
Que je sois le butin de qui l'ose épargner,
Et le prix du conseil qui le force à régner !
CINNA. Ne me condamnez point quand je vous ai servie ;
Sans moi, vous n'auriez plus de pouvoir sur sa vie ;
Et, malgré ses bienfaits, je rends tout à l'amour,
Quand je veux qu'il périsse ou vous doive le jour.
Avec les premiers vœux de mon obéissance
Souffrez ce faible effort de ma reconnaissance,
Que je tâche de vaincre un indigne courroux,
Et vous donner pour lui l'amour qu'il a pour vous.
Une âme généreuse, et que la vertu guide,
Fuit la honte des noms d'ingrate et de perfide ;
Elle en hait l'infamie attachée au bonheur,
Et n'accepte aucun bien aux dépens de l'honneur.
ÉMILIE. Je fais gloire pour moi de cette ignominie :
La perfidie est noble envers la tyrannie ;
Et quand on rompt le cours d'un sort si malheureux,
Les cœurs les plus ingrats sont les plus généreux.
CINNA. Vous faites des vertus au gré de votre haine.
ÉMILIE. Je me fais des vertus dignes d'une Romaine.
CINNA. Un cœur vraiment romain....
     ÉMILIE. Ose tout pour ravir
Une odieuse vie à qui le fait servir :
Il fuit plus que la mort la honte d'être esclave.
CINNA. C'est l'être avec honneur que de l'être d'Octave ;
Et nous voyons souvent des rois à nos genoux
Demander pour appuis tels esclaves que nous ;
Il abaisse à nos pieds l'orgueil des diadèmes,
Il nous fait souverains sur leurs grandeurs suprêmes,
Il prend d'eux les tributs dont il nous enrichit,
Et leur impose un joug dont il nous affranchit.
ÉMILIE. L'indigne ambition que ton cœur se propose !
Pour être plus qu'un roi, tu te crois quelque chose !
Aux deux bouts de la terre en est-il un si vain
Qu'il prétende égaler un citoyen romain ?
Antoine sur sa tête attira notre haine
En se déshonorant par l'amour d'une reine ;
Attale, ce grand roi dans la pourpre blanchi,
Qui du peuple romain se nommait l'affranchi,
Quand de toute l'Asie il se fut vu l'arbitre,
Eût encor moins prisé son trône que ce titre.
Souviens-toi de ton nom, soutiens sa dignité ;
Et, prenant d'un Romain la générosité,
Sache qu'il n'en est point que le ciel n'ait fait naître
Pour commander aux rois, et pour vivre sans maître.
CINNA. Le ciel a trop fait voir en de tels attentats
Qu'il hait les assassins et punit les ingrats,
Et quoi qu'on entreprenne, et quoi qu'on exécute,
Quand il élève un trône, il en venge la chute ;
Il se met du parti de ceux qu'il fait régner,
Le coup dont on les tue est longtemps à saigner ;

Et quand à les punir, il n'a pu se résoudre,
De pareils châtiments n'appartiennent qu'au foudre.
ÉMILIE. Dis que de leur parti toi-même tu te rends,
De te remettre au foudre à punir les tyrans.
Je ne t'en parle plus, va, sers la tyrannie;
Abandonne ton âme à ton lâche génie;
Et, pour rendre le calme à ton esprit flottant,
Oublie et ta naissance et le prix qui t'attend.
Sans emprunter ta main pour servir ma colère.
Je saurai bien venger mon pays et mon père.
J'aurais déjà l'honneur d'un si fameux trépas,
Si l'amour jusqu'ici n'eût arrêté mon bras :
C'est lui qui sous tes lois me tenant asservie,
M'a fait en ta faveur prendre soin de ma vie :
Seule contre un tyran, en le faisant périr,
Par les mains de sa garde il me fallait mourir.
Je t'eusse par ma mort dérobé ta captive ;
Et comme pour toi seul l'amour veut que je vive,
J'ai voulu, mais en vain, me conserver pour toi,
Et te donner moyen d'être digne de moi.
Pardonnez-moi, grand dieu, si je me suis trompée,
Quand j'ai pensé chérir un neveu de Pompée,
Et si, d'un faux-semblant mon esprit abusé,
A fait choix d'un esclave en son lieu supposé.
Je t'aime toutefois, quel que tu puisses être ;
Et si, pour me gagner, il faut trahir ton maître,
Mille autres à l'envi recevraient cette loi,
S'ils pouvaient m'acquérir à même prix que toi ;
Mais n'appréhende pas qu'un autre ainsi m'obtienne.
Vis pour ton cher tyran, tandis que je meurs tienne :
Mes jours avec les siens se vont précipiter,
Puisque ta lâcheté n'ose me mériter.
Viens me voir dans son sang et dans le mien baignée,
De ma seule vertu mourir accompagnée,
Et te dire en mourant d'un esprit satisfait :
« N'accuse point mon sort, c'est toi seul qui l'as fait;
« Je descends dans la tombe où tu m'as condamnée,
« Où la gloire me suit, qui t'était destinée :
« Je meurs en détruisant un pouvoir absolu ;
« Mais je vivrais en toi, si tu l'avais voulu. »
CINNA. Eh bien, vous le voulez, il faut vous satisfaire,
Il faut affranchir Rome, il faut venger un père,
Il faut sur un tyran porter de justes coups ;
Mais apprenez qu'Auguste est moins tyran que vous.
S'il nous ôte à son gré nos biens, nos jours, nos femmes
Il n'a point jusqu'ici tyrannisé nos âmes ;
Mais l'empire inhumain qu'exerce vos beautés
Force jusqu'aux esprits et jusqu'aux volontés.
Vous me faites priser ce qui me déshonore ;
Vous me faites haïr ce que mon âme adore ;
Vous me faites répandre un sang pour qui je dois
Exposer tout le mien et mille et mille fois ;
Vous le voulez, j'y cours, ma parole est donnée :
Mais ma main, aussitôt contre mon sein tournée,
Aux mânes d'un tel prince immolant votre amant,
A mon crime forcé joindra mon châtiment,
Et, par cette action dans l'autre confondue,
Recouvrera ma gloire aussitôt que perdue.
Adieu.

SCÈNE V. — Emilie, Fulvie.

FULVIE. Vous avez mis son âme au désespoir.
ÉMILIE. Qu'il cesse de m'aimer, ou suive son devoir.
FULVIE. Il va vous obéir aux dépens de sa vie :
Vous en pleurez !
        ÉMILIE. Hélas ! cours après lui, Fulvie ;
Et, si ton amitié daigne me secourir,
Arrache-lui du cœur ce dessein de mourir ;
Dis-lui....
        FULVIE. Qu'en sa faveur vous laissez vivre Auguste ?
ÉMILIE. Ah ! c'est faire à ma haine une loi trop injuste.
FULVIE. Et quoi donc ?
        ÉMILIE. Qu'il achève, et dégage sa foi,
Et qu'il choisisse après de la mort ou de moi.

ACTE QUATRIÈME.

SCÈNE I. — Auguste, Euphorbe, Polyclète, gardes.

AUGUSTE. Tout ce que tu me dis, Euphorbe, est incroyable.
EUPHORBE. Seigneur, le récit même en paraît effroyable :
On ne conçoit qu'à peine une telle fureur,
Et la seule pensée en fait frémir d'horreur.
AUGUSTE. Quoi ! mes plus chers amis ! quoi ! Cinna ! quoi ! Maxime !
Les deux que j'honorais d'une si haute estime,
A qui j'ouvrais mon cœur, et dont j'avais fait choix
Pour les plus importants et plus nobles emplois !
Après qu'entre leurs mains j'ai remis mon empire,
Pour m'arracher le jour l'un et l'autre conspire !
Maxime a vu sa faute, il m'en fait avertir,
Et montre un cœur touché d'un juste repentir :
Mais Cinna !
        EUPHORBE. Cinna seul dans sa rage s'obstine,
Et contre vos bontés d'autant plus se mutine ;
Lui seul combat encor les vertueux efforts
Que sur les conjurés fait ce juste remords.
Et malgré les frayeurs à leurs regrets mêlées,
Il tâche à raffermir leurs âmes ébranlées.
AUGUSTE. Lui seul les encourage et lui seul les séduit !
O le plus déloyal que la terre ait produit !
O trahison conçue au sein d'une furie !
O trop sensible coup d'une main si chérie !
Cinna, tu me trahis !...Polyclète, écoutez.(*Il lui parle à l'oreille.*)
POLYCLÈTE. Tous vos ordres, Seigneur, seront exécutés.
AUGUSTE. Qu'Érasme en même temps aille dire à Maxime
Qu'il vienne recevoir le pardon de son crime (*Polyclète rentre.*)
EUPHORBE. Il l'a jugé trop grand pour ne pas s'en punir.
A peine du palais il a pu revenir,
Que, les yeux égarés et le regard farouche,
Le cœur gros de soupirs, les sanglots à la bouche,
Il déteste sa vie, et ce complot maudit,
M'en apprend l'ordre entier tel que je vous l'ai dit ;
Et m'ayant commandé que je vous avertisse ;
Il ajoute : « Dis-lui que je me fais justice,
« Que je n'ignore point ce que j'ai mérité. »
Puis soudain dans le Tibre il s'est précipité,
Et l'eau grosse et rapide et la nuit assez noire,
M'ont dérobé la fin de sa tragique histoire.
AUGUSTE. Sous ce pressant remords il a trop succombé,

Et s'est à mes bontés lui-même dérobé.
Il n'est crime envers moi qu'un repentir n'efface :
Mais puisqu'il a voulu renoncer à ma grace,
Allez pourvoir au reste, et faites qu'on ait soin
De tenir en lieu sûr ce fidèle témoin.

SCÈNE II. — AUGUSTE.

Ciel, à qui désormais voulez-vous que je fie
Les secrets de mon âme et le soin de ma vie?
Reprenez le pouvoir que vous m'avez commis,
Si donnant des sujets il ôte les amis,
Si tel est le destin des grandeurs souveraines
Que leurs plus grands bienfaits n'attirent que des haines,
Et si votre rigueur les condamne à chérir
Ceux que vous animez à les faire périr.
Pour elles rien n'est sûr ; qui peut tout doit tout craindre.
 Rentre en toi-même, Octave, et cesse de te plaindre.
Quoi! tu veux qu'on t'épargne, et n'as rien épargné!
Songe aux fleuves de sang où ton bras s'est baigné.
De combien ont rougi les champs de Macédoine,
Combien en a versé la défaite d'Antoine,
Combien celle de Sexte ; et revois tout d'un temps
Pérouse au sien noyée et tous ses habitants ;
Remets dans ton esprit, après tant de carnage,
De tes proscriptions les sanglantes images,
Où toi-même, des tiens devenu le bourreau,
Au sein de ton tuteur enfonças le couteau ;
Et puis ose accuser le destin d'injustice
Quand tu vois que les tiens s'arment pour ton supplice,
Et que, par ton exemple à ta perte guidés,
Ils violent des droits que tu n'as pas gardés!
Leur trahison est juste, et le ciel l'autorise :
Quitte ta dignité comme tu l'as acquise ;
Rends un sang infidèle à l'infidélité,
Et souffre des ingrats après l'avoir été.
 Mais que mon jugement au besoin m'abandonne!
Quelle fureur, Cinna, m'accuse et te pardonne?
Toi, dont la trahison me force à retenir
Ce pouvoir souverain dont tu me veux punir,
Me traite en criminel, et fait seule mon crime,
Relève pour l'abattre un trône illégitime,
Et, d'un zèle effronté couvrant son attentat,
S'oppose, pour me perdre, au bonheur de l'État?
Donc jusqu'à l'oublier je pourrais me contraindre!
Tu vivras en repos après m'avoir fait craindre!
Non, non, je me trahis moi-même d'y penser :
Qui pardonne aisément invite à l'offenser.
Punissons l'assassin, proscrivons les complices.
 Mais quoi! toujours du sang, et toujours des supplices!
Ma cruauté se lasse, et ne peut s'arrêter ;
Je veux me faire craindre, et ne fais qu'irriter.
Rome a pour ma ruine une hydre trop fertile :
Une tête coupée en fait renaître mille ;
Et le sang répandu de tant de conjurés
Rend mes jours plus maudits, et non plus assurés.
Octave, n'attends plus le coup d'un nouveau Brute :
Meurs, et dérobe-lui la gloire de ta chute :
Meurs ; tu ferais pour vivre un lâche et vain effort
Si tant de gens de cœur font des vœux pour ta mort,

Et si tout ce que Rome a d'illustre jeunesse
Pour te faire périr tour-à-tour s'intéresse ;
Meurs, puisque c'est un mal que tu ne peux guérir :
Meurs enfin, puisqu'il faut ou tout perdre, ou mourir ;
La vie est peu de chose, et le peu qui t'en reste
Ne vaut pas l'acheter par un prix si funeste ;
Meurs, mais quitte du moins la vie avec éclat,
Eteins-en le flambeau dans le sang de l'ingrat.
A toi-même en mourant immole ce perfide ;
Contentant ses désirs, punis son parricide ;
Fais un tourment pour lui de ton propre trépas,
En faisant qu'il le voie et n'en jouisse pas.
Mais jouissons plutôt nous-mêmes de sa peine ;
Et si Rome nous hait, triomphons de sa haine.
 O Romains ! ô vengeance ! ô pouvoir absolu !
O rigoureux combat d'un cœur irrésolu,
Qui fuit en même temps tout ce qu'il se propose !
D'un prince malheureux ordonnez quelque chose.
Qui des deux dois-je suivre, et duquel m'éloigner ?
Ou laissez-moi périr, ou laissez-moi régner.

SCÈNE III. — Auguste, Livie.

AUGUSTE. Madame, on me trahit, et la main qui me tue
Rend sous mes déplaisirs ma constance abattue.
Cinna, Cinna le traître....
     LIVIE. Euphorbe m'a tout dit,
Seigneur, et j'ai pâli cent fois à ce récit.
Mais écouteriez-vous les conseils d'une femme ?
AUGUSTE. Hélas ! de quel conseil est capable mon ame ?
LIVIE. Votre sévérité, sans produire aucun fruit,
Seigneur, jusqu'à présent a fait beaucoup de bruit.
Par les peines d'un autre aucun ne s'intimide :
Salvidien à bas a soulevé Lépide :
Murène a succédé, Cépion l'a suivi ;
Le jour à tous les deux dans les tourments ravi
N'a point mêlé de crainte à la fureur d'Egnace,
Dont Cinna maintenant ose prendre la place ;
Et dans les plus bas rangs les noms les plus abjects
Ont voulu s'ennoblir par de si hauts projets.
Après avoir en vain puni leur insolence,
Essayez sur Cinna ce que peut la clémence ;
Faites son châtiment de sa confusion,
Cherchez le plus utile en cette occasion :
Sa peine peut aigrir une ville animée ;
Son pardon peut servir à votre renommée ;
Et ceux que vos rigueurs ne font qu'effaroucher
Peut-être à vos bontés se laisseront toucher.
AUGUSTE. Gagnons-les tout-à-fait en quittant cet empire
Qui nous rend odieux, contre qui l'on conspire.
J'ai trop par vos avis, consulté là-dessus ;
Ne m'en parlez jamais, je ne consulte plus.
 Cesse de soupirer, Rome, pour ta franchise ;
Si je t'ai mise aux fers, moi-même je les brise,
Et te rends ton État, après l'avoir conquis,
Plus paisible et plus grand que je ne te l'ai pris.
Si tu me veux haïr, hais-moi sans plus rien feindre,
Si tu me veux aimer, aime-moi sans me craindre :
De tout ce qu'eut Sylla de puissance et d'honneur
Lassé comme il en fut j'aspire à son bonheur.

LIVIE. Assez et trop longtemps son exemple vous flatte :
  Mais gardez que sur vous le contraire n'éclate :
  Ce bonheur sans pareil qui conserva ses jours
  Ne serait pas bonheur s'il arrivait toujours.
AUGUSTE. Eh bien ! s'il est trop grand, si j'ai tort d'y prétendre,
  J'abandonne mon sang à qui voudra l'épandre.
  Après un long orage il faut trouver un port :
  Et je n'en vois que deux, le repos ou la mort.
LIVIE. Quoi ! vous voulez quitter le fruit de tant de peines !
AUGUSTE. Quoi ! vous voulez garder l'objet de tant de haines !
LIVIE. Seigneur, vous emporter à cette extrémité,
  C'est plutôt désespoir que générosité.
AUGUSTE. Régner, et caresser une main si traîtresse,
  Au lieu de sa vertu c'est montrer sa faiblesse.
LIVIE. C'est régner sur vous-même, et par un noble choix,
  Pratiquer la vertu la plus digne des rois.
AUGUSTE. Vous m'aviez bien promis des conseils d'une femme :
  Vous me tenez parole, et c'en sont là, Madame.
  Après tant d'ennemis à mes pieds abattus,
  Depuis vingt ans je règne, et j'en sais les vertus :
  Je sais leurs divers ordres, et de quelle nature
  Sont les devoirs d'un prince en cette conjoncture :
  Tout son peuple est blessé par un tel attentat,
  Et la seule pensée est un crime d'Etat,
  Une offense qu'on fait à toute sa province :
  Donc il faut qu'il la venge ou cesse d'être prince.
LIVIE. Donnez moins de croyance à votre passion.
AUGUSTE. Ayez moins de faiblesse, ou moins d'ambition.
LIVIE. Ne traitez plus si mal un conseil salutaire.
AUGUSTE. Le ciel m'inspirera ce qu'ici je dois faire.
  Adieu : nous perdons temps.
                              LIVIE. Je ne vous quitte point,
  Seigneur, que mon amour n'ait obtenu ce point.
AUGUSTE. C'est l'amour des grandeurs qui vous rend importune.
LIVIE. J'aime votre personne, et non votre fortune.
  (*Elle est seule.*) Il m'échappe ; suivons, et forçons-le de voir
  Qu'il peut, en faisant grâce, affermir son pouvoir,
  Et qu'enfin la clémence est la plus belle marque
  Qui fasse à l'univers connaître un vrai monarque.

SCÈNE IV. — EMILIE, FULVIE.

ÉMILIE. D'où me vient cette joie ? et que mal à propos
  Mon esprit malgré moi goûte un entier repos !
  César mande Cinna sans me donner d'alarmes !
  Mon cœur est sans soupirs, mes yeux n'ont point de larmes,
  Comme si j'apprenais d'un secret mouvement
  Que tout doit succéder à mon contentement !
  Ai-je bien entendu ? me l'as-tu dit, Fulvie ?
FULVIE. J'avais gagné sur lui qu'il aimerait la vie,
  Et je vous l'amenais, plus traitable et plus doux,
  Faire un second effort contre votre courroux,
  Je m'en applaudissais, quand soudain Polyclète,
  Des volontés d'Auguste ordinaire interprète,
  Est venu l'aborder et sans suite et sans bruit,
  Et de sa part sur l'heure au palais l'a conduit.
  Auguste est fort troublé, l'on ignore la cause ;
  Chacun diversement soupçonne quelque chose ;
  Tous présument qu'il ait un grand sujet d'ennui,
  Et qu'il mande Cinna pour prendre avis de lui.

Mais ce qui m'embarrasse, et que je viens d'apprendre,
C'est que deux inconnus se sont saisis d'Evandre,
Qu'Euphorbe est arrêté sans qu'on sache pourquoi,
Que même de son maître on dit je ne sais quoi :
On lui veut imputer un désespoir funeste ;
On parle d'eaux, de Tibre, et l'on se tait du reste.
ÉMILIE. Que de sujets de craindre et de désespérer,
Sans que mon triste cœur en daigne murmurer !
A chaque occasion le ciel y fait descendre
Un sentiment contraire à celui qu'il doit prendre :
Une vaine frayeur tantôt m'a pu troubler,
Et je suis insensible alors qu'il faut trembler !
   Je vous entends, grands dieux : vos bontés que j'adore
Ne peuvent consentir que je me déshonore ;
Et ne me permettant soupirs, sanglots ni pleurs,
Soutiennent ma vertu contre de tels malheurs.
Vous voulez que je meure avec ce grand courage
Qui m'a fait entreprendre un si fameux ouvrage ;
Et je veux bien périr comme vous l'ordonnez,
Et dans la même assiette où vous me retenez.
   O liberté de Rome ! ô mânes de mon père !
J'ai fait de mon côté tout ce que j'ai pu faire :
Contre votre tyran j'ai ligué ses amis,
Et plus osé pour vous qu'il ne m'était permis.
Si l'effet a manqué, ma gloire n'est pas moindre :
N'ayant pu vous venger, je vous irai rejoindre ;
Mais si fumante encor d'un généreux courroux,
Par un trépas si noble et si digne de vous,
Qu'il vous fera sur l'heure aisément reconnaître
Le sang des grands héros dont vous m'avez fait naître.

SCÈNE V. MAXIME, ÉMILIE, FULVIE.

ÉMILIE. Mais je vous vois, Maxime, et l'on vous faisait mort !
MAXIME. Euphorbe trompe Auguste avec ce faux rapport ;
Se voyant arrêté, la trame découverte,
Il a feint ce trépas pour arrêter ma perte.
ÉMILIE. Que dit-on de Cinna ?
                 MAXIME. Que son plus grand regret,
C'est de voir que César sait tout votre secret :
En vain il le dénie et le veut méconnaître,
Evandre a tout conté pour excuser son maître,
Et par l'ordre d'Auguste on vient vous arrêter.
ÉMILIE. Celui qui l'a reçu tarde à l'exécuter ;
Je suis prête à le suivre et lasse de l'attendre.
MAXIME. Il vous attend chez moi.
          ÉMILIE. Chez vous ?
                     MAXIME. C'est vous surprendre :
Mais apprenez le soin que le ciel a de vous ;
C'est un des conjurés qui va fuir avec nous.
Prenons notre avantage avant qu'on nous poursuive ;
Nous avons pour partir un vaisseau sur la rive.
ÉMILIE. Me connais-tu, Maxime ? et sais-tu qui je suis ?
MAXIME. En faveur de Cinna je fais ce que je puis,
Et tâche à garantir de ce malheur extrême
La plus belle moitié qui reste de lui-même.
   Sauvons-nous, Emilie, et conservons le jour,
Afin de le venger par un heureux retour.
ÉMILIE. Cinna dans son malheur est de ceux qu'il faut suivre,
Qu'il ne faut pas venger de peur de leur survivre.

Quiconque apres sa perte aspire à se sauver,
Est indigne du jour qu'il tâche à conserver.
MAXIME. Quel désespoir aveugle à ces fureurs vous porte?
O dieux ! que de faiblesse en une âme si forte !
Ce cœur si généreux rend si peu de combat,
Et du premier revers la fortune l'abat !
Rappelez, rappelez cette vertu sublime ;
Ouvrez enfin les yeux, et connaissez Maxime ;
C'est un autre Cinna qu'en lui vous regardez :
Le ciel vous rend en lui l'amant que vous perdez ;
Et puisque l'amitié n'en faisait plus qu'une ame,
Aimez en cet ami l'objet de votre flamme ;
Avec la même ardeur il saura vous chérir,
Que....
ÉMILIE. Tu m'oses aimer, et tu n'oses mourir !
Tu prétends un peu trop : mais, quoique tu prétendes,
Rends-toi digne du moins de ce que tu demandes ;
Cesse de fuir en lâche un glorieux trépas,
Ou de m'offrir un cœur que tu fais voir si bas ;
Fais que je porte envie à ta vertu parfaite ;
Ne te pouvant aimer, fais que je te regrette ;
Montre d'un vrai Romain la dernière vigueur,
Et mérite mes pleurs au défaut de mon cœur.
Quoi ! si ton amitié pour Cinna s'intéresse,
Crois-tu qu'elle consiste à flatter sa maîtresse ?
Apprends, apprends de moi quel en est le devoir,
Et donne-m'en l'exemple, ou viens le recevoir.
MAXIME. Votre juste douleur est trop impétueuse.
ÉMILIE. La tienne en ta faveur est trop ingénieuse.
Tu me parles déjà d'un bienheureux retour,
Et dans tes déplaisirs tu conçois de l'amour !
MAXIME. Cet amour en naissant est toutefois extrême ;
C'est votre amant en vous, c'est mon ami que j'aime :
Et des mêmes ardeurs dont il fut embrasé...
ÉMILIE. Maxime, en voilà trop pour un homme avisé.
Ma perte m'a surprise, et ne m'a point troublée ;
Mon noble désespoir ne m'a point aveuglée ;
Ma vertu toute entière agit sans s'émouvoir,
Et je vois malgré moi plus que je ne veux voir.
MAXIME. Quoi ! vous suis-je suspect de quelque perfidie ?
ÉMILIE Oui, tu l'es, puisqu'enfin tu veux que je le die ;
L'ordre de notre fuite est trop bien concerté,
Pour ne te soupçonner d'aucune lâcheté :
Les dieux seraient pour nous prodigues en miracles,
S'ils en avaient sans toi levé tous les obstacles.
Fuis sans moi, tes amours sont ici superflus.
MAXIME. Ah ! vous m'en dites trop.
ÉMILIE. J'en présume encor plus.
Ne crains pas toutefois que j'éclate en injures ;
Mais n'espère non plus m'éblouir de parjures.
Si c'est te faire tort que de m'en défier,
Viens mourir avec moi pour te justifier.
MAXIME. Vivez belle Emilie, et souffrez qu'un esclave...
ÉMILIE. Je ne t'écoute plus qu'en présence d'Octave.
Allons, Fulvie, allons.

SCÈNE VI. — MAXIME.

Désespéré, confus,
Et digne, s'il se peut, d'un plus cruel refus,

Que résous-tu, Maxime? et quel est le supplice
Que ta vertu prépare à ton vain artifice?
Aucune illusion ne te doit plus flatter ;
Émilie en mourant va tout faire éclater ;
Sur un même échafaud la perte de sa vie
Étalera sa gloire et ton ignominie,
Et sa mort va laisser à la postérité
L'infâme souvenir de ta déloyauté.
Un même jour t'a vu, par une fausse adresse,
Trahir ton souverain, ton ami, ta maîtresse,
Sans que de tant de droits en un jour violés,
Sans que de deux amants au tyran immolés,
Il te reste aucun fruit que la honte et la rage
Qu'un remords inutile allume en ton courage.
 Euphorbe, c'est l'effet de tes lâches conseils ;
Mais que peut-on attendre enfin de tes pareils?
Jamais un affranchi n'est qu'un esclave infâme ;
Bien qu'il change d'état, il ne change point d'âme ;
La tienne, encore servile, avec la liberté,
N'a pu prendre un rayon de générosité :
Tu m'as fait relever une injuste puissance ;
Tu m'as fait démentir l'honneur de ma naissance ;
Mon cœur te résistait, et tu l'as combattu
Jusqu'à ce que ta fourbe ait souillé sa vertu.
Il m'en coûte la vie, il m'en coûte la gloire,
Et j'ai tout mérité pour t'avoir voulu croire.
Mais les dieux permettront à mes ressentiments
De te sacrifier aux yeux des deux amants :
Et j'ose m'assurer qu'en dépit de mon crime,
Mon sang leur servira d'assez pure victime,
Si dans le tien mon bras justement irrité,
Peut laver le forfait de t'avoir écouté.

ACTE CINQUIÈME.

SCÈNE I. — AUGUSTE, CINNA.

AUGUSTE. Prends un siège, Cinna, prends, et sur toute chose
 Observe exactement la loi que je t'impose :
 Prête, sans me troubler, l'oreille à mes discours ;
 D'aucun mot, d'aucun cri, n'en interromps le cours ;
 Tiens ta langue captive ; et si ce grand silence
 A ton émotion fait quelque violence,
 Tu pourras me répondre, après, tout à loisir,
 Sur ce point seulement contente mon désir.
CINNA. Je vous obéirai, Seigneur.
      AUGUSTE. Qu'il te souvienne
 De garder ta parole, et je tiendrai la mienne.
  Tu vois le jour, Cinna ; mais ceux dont tu le tiens
 Furent les ennemis de mon père et les miens :
 Au milieu de leur camp tu reçus la naissance ;
 Et lorsqu'après leur mort tu vins en ma puissance,
 Leur haine enracinée au milieu de ton sein
 T'avait mis contre moi les armes à la main.
 Tu fus mon ennemi même avant que de naître,
 Et tu le fus encor quand tu me pus connaître,
 Et l'inclination jamais n'a démenti
 Ce sang qui t'avait fait de contraire parti.
 Autant que tu l'as pu les effets l'ont suivie ;

AUGUSTE. — Prends un siége, Cinna, prends, et sur toute chose
Observe exactement la loi que je t'impose.

CINNA. — Acte v, scène 1re, p. 100.

Je ne m'en suis vengé qu'en te donnant la vie :
Je te fis prisonnier pour te combler de biens,
Ma cour fut ta prison, mes faveurs tes liens ;
Je te restituai d'abord ton patrimoine ;
Je t'enrichis après des dépouilles d'Antoine.
Et tu sais que depuis à chaque occasion
Je suis tombé pour toi dans la profusion ;
Toutes les dignités que tu m'as demandées
Je te les ai sur l'heure, et sans peine accordées ;
Je t'ai préféré même à ceux dont les parents
Ont jadis dans mon camp tenu les premiers rangs,
A ceux qui de leur sang m'ont acheté l'empire,
Et qui m'ont conservé le jour que je respire :
De la façon enfin qu'avec toi j'ai vécu,
Les vainqueurs sont jaloux du bonheur du vaincu.
Quand le ciel me voulut, en rappelant Mécène,
Après tant de faveurs montrer un peu de haine,
Je te donnai sa place en ce triste accident,
Et te fis, après lui, mon plus cher confident ;
Aujourd'hui même encor, mon âme irrésolue
Me pressant de quitter ma puissance absolue,
De Maxime et de toi j'ai pris les seuls avis,
Et ce sont, malgré lui, les tiens que j'ai suivis ;
Bien plus, ce même jour je te donne Émilie,
Le digne objet des vœux de toute l'Italie,
Et qu'ont mise si haut mon amour et mes soins,
Qu'en te couronnant roi je t'aurais donné moins.
Tu t'en souviens, Cinna ; tant d'heur et tant de gloire
Ne peuvent pas sitôt sortir de ta mémoire ;
Mais ce qu'on ne pourrait jamais s'imaginer,
Cinna, tu t'en souviens, et veux m'assassiner.

CINNA. Moi ! Seigneur, moi, que j'eusse une âme si traîtresse !
Qu'un si lâche dessein....

AUGUSTE. Tu tiens mal ta promesse :
Sieds-toi, je n'ai pas dit encor ce que je veux ;
Tu te justifieras après, si tu le peux.
Écoute cependant, et tiens mieux ta parole.
Tu veux m'assassiner demain au Capitole,
Pendant le sacrifice, et ta main pour signal
Me doit au lieu d'encens donner le coup fatal ;
La moitié de tes gens doit occuper la porte,
L'autre moitié te suivre, et te prêter main-forte.
Ai-je de bons avis, ou de mauvais soupçons ?
De tous ces meurtriers te dirai-je les noms ?
Procule, Glabrion, Virginian, Rutile,
Marcel, Plaute, Lénas, Pompone, Albin, Icile,
Maxime, qu'après toi j'avais le plus aimé :
Le reste ne vaut pas l'honneur d'être nommé ;
Un tas d'hommes perdus de dettes et de crimes,
Que pressent de mes lois les ordres légitimes,
Et qui, désespérant de les plus éviter,
Si tout n'est renversé, ne sauraient subsister.
Tu te tais maintenant, et gardes le silence,
Plus par confusion que par obéissance.
Quel était ton dessein, et que prétendais-tu
Après m'avoir au temple à tes pieds abattu ?
Affranchir ton pays d'un pouvoir monarchique ?
Si j'ai bien entendu tantôt ta politique,
Son salut désormais dépend d'un souverain,

Qui, pour tout conserver, tienne tout en sa main ;
Et si sa liberté te faisait entreprendre,
Tu ne m'eusses jamais empêché de la rendre ;
Tu l'aurais acceptée au nom de tout l'État,
Sans vouloir l'acquérir par un assassinat.
Quel était donc ton but? d'y régner à ma place?
D'un étrange malheur son destin le menace,
Si pour monter au trône et lui donner la loi
Tu ne trouves dans Rome autre obstacle que moi,
Si jusques à ce point son sort est déplorable,
Que tu sois après moi le plus considérable,
Et que ce grand fardeau de l'empire romain
Ne puisse après ma mort tomber mieux qu'en ta main.
Apprends à te connaître, et descends en toi-même :
On t'honore dans Rome, on te courtise, on t'aime,
Chacun tremble sous toi, chacun t'offre des vœux,
Ta fortune est bien haut, tu peux ce que tu veux :
Mais tu ferais pitié même à ceux qu'elle irrite,
Si je t'abandonnais à ton peu de mérite.
Ose me démentir, dis-moi ce que tu vaux ;
Conte-moi tes vertus, tes glorieux travaux,
Les rares qualités par où tu m'as dû plaire,
Et tout ce qui t'élève au-dessus du vulgaire.
Ma faveur fait ta gloire, et ton pouvoir en vient ;
Elle seule t'élève, et seule te soutient ;
C'est elle qu'on adore, et non pas ta personne ;
Tu n'as crédit ni rang qu'autant qu'elle t'en donne ;
Et pour te faire choir je n'aurais aujourd'hui
Qu'à retirer la main qui seule est ton appui.
J'aime mieux toutefois céder à ton envie ;
Règne, si tu le peux, aux dépens de ma vie.
Mais oses-tu penser que les Serviliens,
Les Cosses, les Métels, les Pauls, les Fabiens,
Et tant d'autres enfin de qui les grands courages
Des héros de leur sang sont les vives images,
Quittent le noble orgueil d'un sang si généreux
Jusqu'à pouvoir souffrir que tu règnes sur eux?
Parle, parle, il est temps.

CINNA. Je demeure stupide ;
Non que votre colère ou la mort m'intimide ;
Je vois qu'on m'a trahi, vous m'y voyez rêver,
Et j'en cherche l'auteur sans le pouvoir trouver.
Mais c'est trop y tenir toute l'âme occupée.
Seigneur, je suis romain, et du sang de Pompée.
Le père et les deux fils, lâchement égorgés,
Par la mort de César étaient trop peu vengés :
C'est là d'un beau dessein l'illustre et seule cause :
Et puisqu'à vos rigueurs la trahison m'expose,
N'attendez point de moi d'infâmes repentirs,
D'inutiles regrets, ni de honteux soupirs.
Le sort vous est propice autant qu'il m'est contraire :
Je sais ce que j'ai fait, et ce qu'il vous faut faire ;
Vous devez un exemple à la postérité,
Et mon trépas importe à votre sûreté.

AUGUSTE. Tu me braves, Cinna, tu fais le magnanime,
Et, loin de t'excuser, tu couronnes ton crime.
Voyons si ta constance ira jusques au bout.
Tu sais ce qui t'est dû, tu vois que je sais tout :
Fais ton arrêt toi-même, et choisis tes supplices.

SCÈNE II. — LIVIE, AUGUSTE, CINNA, ÉMILIE, FULVIE.

LIVIE. Vous ne connaissez pas encor tous les complices ;
Votre Émilie en est, Seigneur, et la voici.
CINNA. C'est elle-même, ô dieux !
AUGUSTE. Et toi, ma fille, aussi !
ÉMILIE. Oui, tout ce qu'il a fait, il l'a fait pour me plaire,
Et j'en étais, Seigneur, la cause et le salaire.
AUGUSTE. Quoi ! l'amour qu'en ton cœur j'ai fait naître aujourd'hui
T'emporte-t-il déjà jusqu'à mourir pour lui !
Ton âme à ces transports un peu trop s'abandonne,
Et c'est trop tôt aimer l'amant que je te donne.
ÉMILIE. Cet amour qui m'expose à vos ressentiments,
N'est point le prompt effet de vos commandements ;
Ces flammes dans nos cœurs sans votre ordre étaient nées ;
Et ce sont des secrets de plus de quatre années :
Mais, quoique je l'aimasse, et qu'il brûlât pour moi,
Une haine plus forte à tous deux fit la loi ;
Je ne voulus jamais lui donner d'espérance,
Qu'il ne m'eût de mon père assuré la vengeance ;
Je la lui fis jurer ; il chercha des amis :
Le ciel rompt le succès que je m'étais promis,
Et je vous viens, Seigneur, offrir une victime ;
Non pour sauver sa vie en me chargeant du crime :
Son trépas est trop juste après son attentat,
Et toute excuse est vaine en un crime d'État.
Mourir en sa présence, et rejoindre mon père,
C'est tout ce qui m'amène, et tout ce que j'espère.
AUGUSTE. Jusques à quand, ô ciel, et par quelle raison
Prendrez-vous contre moi des traits dans ma maison ?
Pour ses débordements j'en ai chassé Julie ;
Mon amour en sa place a fait choix d'Émilie,
Et je la vois comme elle indigne de ce rang :
L'une m'ôtait l'honneur, l'autre a soif de mon sang ;
Et prenant toutes deux leur passion pour guide,
L'une fut impudique, et l'autre est parricide.
O ma fille ! est-ce là le prix de mes bienfaits ?
ÉMILIE. Ceux de mon père en vous firent mêmes effets.
AUGUSTE. Songe avec quel amour j'élevai ta jeunesse.
ÉMILIE. Il éleva la vôtre avec même tendresse ;
Il fut votre tuteur, et vous son assassin ;
Et vous m'avez au crime enseigné le chemin :
Le mien d'avec le vôtre en ce point seul diffère,
Que votre ambition s'est immolé mon père,
Et qu'un juste courroux dont je me sens brûler
A son sang innocent voulait vous immoler.
LIVIE. C'en est trop, Émilie, arrête, et considère
Qu'il t'a trop bien payé les bienfaits de ton père ;
Sa mort, dont la mémoire allume ta fureur,
Fut un crime d'Octave, et non de l'empereur.
Tous ces crimes d'État qu'on fait pour la couronne,
Le ciel nous en absout alors qu'il nous la donne,
Et, dans le sacré rang où sa faveur l'a mis,
Le passé devient juste, et l'avenir permis.
Qui peut y parvenir ne peut être coupable ;
Quoi qu'il est fait ou fasse, il est inviolable :
Nous lui devons nos biens, nos jours sont en sa main ;
Et jamais on n'a droit sur ceux du souverain.
ÉMILIE. Aussi, dans le discours que vous venez d'entendre,
Je parlais pour l'aigrir, et non pour me défendre.

Punissez donc, Seigneur, ces criminels appas
Qui de vos favoris font d'illustres ingrats;
Tranchez mes tristes jours pour assurer les vôtres.
Si j'ai séduit Cinna, j'en séduirai bien d'autres;
Et je suis plus à craindre, et vous plus en danger,
Si j'ai l'amour ensemble, et le sang à venger.

CINNA. Que vous m'ayez séduit, et que je souffre encore
D'être déshonoré par celle que j'adore!
Seigneur, la vérité doit ici s'exprimer :
J'avais fait ce dessein avant que de l'aimer;
A mes plus saints désirs la trouvant inflexible,
Je crus qu'à d'autres soins elle serait sensible;
Je parlai de son père et de votre rigueur,
Et l'offre de mon bras suivit celle du cœur.
Que la vengeance est douce à l'esprit d'une femme!
Je l'attaquai par là, par là je pris son ame;
Dans mon peu de mérite elle me négligeait,
Et ne put négliger le bras qui la vengeait:
Elle n'a conspiré que par mon artifice;
J'en suis le seul auteur, elle n'est que complice.

ÉMILIE. Cinna, qu'oses-tu dire? est-ce là me chérir
Que de m'ôter l'honneur quand il me faut mourir?

CINNA. Mourez, mais en mourant ne souillez point ma gloire.

ÉMILIE. La mienne se flétrit, si César te veut croire.

CINNA. Et la mienne se perd si vous tirez à vous
Toute celle qui suit de si généreux coups.

ÉMILIE. Eh bien! prends-en ta part et me laisse la mienne;
Ce serait l'affaiblir que d'affaiblir la tienne :
La gloire et le plaisir, la honte et les tourments,
Tout doit être commun entre de vrais amants.
Nos deux âmes, Seigneur, sont deux âmes romaines :
Unissant nos désirs nous unîmes nos haines;
De nos parents perdus le vif ressentiment
Nous apprit nos devoirs en un même moment;
En ce noble dessein nos cœurs se rencontrèrent;
Nos esprits généreux ensemble le formèrent;
Ensemble nous cherchons l'honneur d'un beau trépas :
Vous vouliez nous unir, ne nous séparez pas.

AUGUSTE. Oui, je vous unirai, couple ingrat et perfide,
Et plus mon ennemi qu'Antoine ni Lépide;
Oui, je vous unirai, puisque vous le voulez :
Il faut bien satisfaire aux feux dont vous brûlez;
Et que tout l'univers, sachant ce qui m'anime,
S'étonne du supplice aussi bien que du crime...

SCÈNE III. — AUGUSTE, LIVIE, CINNA, MAXIME, ÉMILIE, FULVIE.

AUGUSTE. Mais enfin le ciel m'aime, et ses bienfaits nouveaux
Ont arraché Maxime à la fureur des eaux.
Approche, seul ami, que j'éprouve fidèle.

MAXIME. Honorez moins, Seigneur, une âme criminelle.

AUGUSTE. Ne parlons plus de crime après ton repentir,
Après que du péril tu m'as su garantir:
C'est à toi que je dois et le jour et l'empire.

MAXIME. De tous vos ennemis connaissez mieux le pire :
Si vous régnez encor, Seigneur, si vous vivez,
C'est ma jalouse rage à qui vous le devez.
Un vertueux remords n'a point touché mon ame :
Pour perdre mon rival j'ai découvert sa trame;
Euphorbe vous a feint que je m'étais noyé

De crainte qu'après moi vous n'eussiez envoyé :
Je voulais avoir lieu d'abuser Émilie,
Effrayer son esprit, la tirer d'Italie,
Et pensais la résoudre à cet enlèvement
Sous l'espoir du retour pour venger son amant:
Mais, au lieu de goûter ces grossières amorces,
Sa vertu combattue a redoublé ses forces ;
Elle a lu dans mon cœur : vous savez le surplus,
Et je vous en ferais des récits superflus.
Vous voyez le succès de mon lâche artifice.
Si pourtant quelque grâce est due à mon indice,
Faites périr Euphorbe au milieu des tourments,
Et souffrez que je meure aux yeux de ces amants.
J'ai trahi mon ami, ma maîtresse, mon maître,
Ma gloire, mon pays, par l'avis de ce traître :
Et croirai toutefois mon bonheur infini,
Si je puis m'en punir après l'avoir puni.

AUGUSTE. En est-ce assez, ô ciel ! et le sort pour me nuire
A-t-il quelqu'un des miens qu'il veuille encor séduire ?
Qu'il joigne à ses efforts le secours des enfers ;
Je suis maître de moi comme de l'univers :
Je le suis, je veux l'être. O siècles ! ô mémoire !
Conservez à jamais ma dernière victoire !
Je triomphe aujourd'hui du plus juste courroux
De qui le souvenir puisse aller jusqu'à vous.
Soyons amis, Cinna, c'est moi qui t'en convie :
Comme à mon ennemi je t'ai donné la vie ;
Et, malgré la fureur de ton lâche dessein,
Je te la donne encor comme à mon assassin.
Commençons un combat qui montre par l'issue
Qui l'aura mieux de nous ou donnée ou reçue.
Tu trahis mes bienfaits, je les veux redoubler ;
Je t'en avais comblé, je t'en veux accabler :
Avec cette beauté que je t'avais donnée
Reçois le consulat pour la prochaine année.
Aime Cinna, ma fille, en cet illustre rang ;
Préfères-en la pourpre à celle de mon sang ;
Apprends sur mon exemple à vaincre ta colère :
Te rendant un époux, je te rends plus qu'un père.

ÉMILIE. Et je me rends, Seigneur, à ces hautes bontés:
Je recouvre la vue auprès de leurs clartés :
Je connais mon forfait qui me semble justice ;
Et, ce que n'avait pu la terreur du supplice,
Je sens naître en mon âme un repentir puissant,
Et mon cœur en secret me dit qu'il y consent.
Le ciel a résolu votre grandeur suprême ;
Et pour preuve, Seigneur, je n'en veux que moi-même.
J'ose avec vanité me donner cet éclat,
Puisqu'il change mon cœur, qu'il veut changer l'État.
Ma haine va mourir, que j'ai crue immortelle,
Elle est morte, et ce cœur devient sujet fidèle,
Et, prenant désormais cette haine en horreur,
L'ardeur de vous servir succède à sa fureur.

CINNA. Seigneur, que vous dirai-je après que nos offenses
Au lieu de châtiment trouvent des récompenses ?
O vertu sans exemple ! ô clémence, qui rend
Votre pouvoir plus juste, et mon crime plus grand !

AUGUSTE. Cesse d'en retarder un oubli magnanime ;
Et tous deux avec moi faites grâce à Maxime

Il nous a trahis tous; mais ce qu'il a commis
Vous conserve innocents, et me rend mes amis.
(A Maxime.) Reprends auprès de moi ta place accoutumée :
Rentre dans ton crédit et dans ta renommée ;
Qu'Euphorbe de tous trois ait sa grâce à son tour ;
Et que demain l'hymen couronne leur amour :
Si tu l'aimes encor, ce sera ton supplice.
MAXIME. Je n'en murmure point, il a trop de justice ;
Et je suis plus confus, Seigneur, de vos bontés,
Que je ne suis jaloux du bien que vous m'ôtez.
CINNA. Souffrez que ma vertu dans mon cœur rappelée
Vous consacre une foi lâchement violée,
Mais si ferme à présent, si loin de chanceler,
Que la chute du ciel ne pourrait l'ébranler.
Puisse le grand moteur des belles destinées,
Pour prolonger vos jours retrancher nos années ;
Et moi, par un bonheur dont chacun soit jaloux,
Perdre pour vous cent fois ce que je tiens de vous ;
LIVIE. Ce n'est pas tout, Seigneur ; une céleste flamme
D'un rayon prophétique illumine mon ame.
Oyez ce que les dieux vous font savoir par moi ;
De votre heureux destin c'est l'immuable loi.
Après cette action vous n'avez rien à craindre ;
On portera le joug désormais sans se plaindre ;
Et les plus indomptés, renversant leurs projets,
Mettront toute leur gloire à mourir vos sujets ;
Aucun lâche dessein, aucune ingrate envie
N'attaquera le cours d'une si belle vie ;
Jamais plus d'assassins, ni de conspirateurs :
Vous avez trouvé l'art d'être maître des cœurs.
Rome avec une joie et sensible et profonde
Se démet en vos mains de l'empire du monde ;
Vos royales vertus lui vont trop enseigner
Que son bonheur consiste à vous faire régner.
D'une si longue erreur pleinement affranchie,
Elle n'a plus de vœux que pour la monarchie,
Vous prépare déjà des temples, des autels,
Et le ciel une place entre les immortels ;
Et la postérité, dans toutes les provinces,
Donnera votre exemple aux plus généreux princes.
AUGUSTE. J'en accepte l'augure, et j'ose l'espérer :
Ainsi toujours les dieux vous daignent inspirer !
Qu'on redouble demain les heureux sacrifices
Que nous leur offrirons sous de meilleurs auspices,
Et que vos conjurés entendent publier
Qu'Auguste a tout appris, et veut tout oublier.

FIN DE CINNA.

LE MENTEUR

COMÉDIE EN CINQ ACTES. — 1642.

PERSONNAGES.

GÉRONTE, père de Dorante.
DORANTE, fils de Géronte.
ALCIPPE, ami de Dorante et amant de Clarice.
PHILISTE, ami de Dorante et d'Alcippe.
CLARICE, maîtresse d'Alcippe.
LUCRÈCE, amie de Clarice.
ISABELLE, suivante de Clarice.
SABINE, femme de chambre de Lucrèce.
CLITON, valet de Dorante.
LYCAS, valet d'Alcippe.

La scène est à Paris.

ACTE PREMIER.

SCÈNE I. — DORANTE, CLITON.

DORANTE. A la fin j'ai quitté la robe pour l'épée :
L'attente où j'ai vécu n'a point été trompée ;
Mon père a consenti que je suive mon choix,
Et je fais banqueroute à ce fatras de lois.
Mais puisque nous voici dedans les Tuileries,
Le pays du beau monde et des galanteries,
Dis-moi, me trouves-tu bien fait en cavalier ?
Ne vois-tu rien en moi qui sente l'écolier ?
Comme il est malaisé qu'au royaume du code
On apprenne à se faire un visage à la mode,
J'ai lieu d'appréhender....
        CLITON. Ne craignez rien pour vous ;
Vous ferez en une heure ici mille jaloux.
Ce visage et ce port n'ont point l'air de l'école ;
Et jamais comme vous on ne peignit Barthole :
Je prévois du malheur pour beaucoup de maris.
Mais que vous semble encor maintenant de Paris ?
DORANTE. J'en trouve l'air bien doux, et cette loi bien rude
Qui m'en avait banni sous prétexte d'étude.
Toi, qui sais les moyens de s'y bien divertir,
Ayant eu le bonheur de n'en jamais sortir,
Dis-moi comme en ce lieu l'on gouverne les dames.
CLITON. C'est là le plus beau soin qui vienne aux belles âmes,
Disent les beaux esprits. Mais, sans faire le fin,
Vous avez l'appétit ouvert de bon matin !
D'hier au soir seulement vous êtes dans la ville,
Et vous vous ennuyez déjà d'être inutile !
Votre humeur sans emploi ne peut passer un jour !
Et déjà vous cherchez à pratiquer l'amour !
Je suis auprès de vous en fort bonne posture
De passer pour un homme à donner tablature,
J'ai la taille d'un maître en ce noble métier,
Et je suis tout au moins l'intendant du quartier.
DORANTE. Ne t'effarouche point : je ne cherche, à vrai dire,
Que quelque connaissance où l'on se plaise à rire,
Qu'on puisse visiter par divertissement,
Où l'on puisse en douceur couler quelque moment.
Pour me connaître mal tu prends mon sens à gauche.
CLITON. J'entends, vous n'êtes pas un homme de débauche,
Et tenez celles-là trop indignes de vous,

Que le son d'un écu rend traitables à tous :
Aussi que vous cherchiez de ces sages coquettes
Où peuvent tous venants débiter leurs fleurettes,
Mais qui ne font l'amour que de babil et d'yeux,
Vous êtes d'encolure à vouloir un peu mieux.
Loin de passer son temps, chacun le perd chez elles,
Et le jeu, comme on dit, n'en vaut pas les chandelles.
Mais ce serait pour vous un bonheur sans égal
Que ces femmes de bien qui se gouvernent mal,
Et de qui la vertu, quand on leur fait service,
N'est pas incompatible avec un peu de vice.
Vous en verrez ici de toutes les façons.
Ne me demandez point cependant de leçons ;
Ou je me connais mal à voir votre visage,
Ou vous n'en êtes point à votre apprentissage :
Vos lois ne régleraient pas si bien tous vos desseins
Que vous eussiez toujours un portefeuille aux mains.

DORANTE. A ne rien déguiser, Cliton, je te confesse
Qu'à Poitiers j'ai vécu comme vit la jeunesse.
J'étais en ces lieux-là de beaucoup de métiers :
Mais Paris, après tout, est bien loin de Poitiers.
Le climat différent veut une autre méthode :
Ce qu'on admire ailleurs est ici hors de mode ;
La diverse façon de parler et d'agir
Donne aux nouveaux-venus souvent de quoi rougir.
Chez les provinciaux on prend ce qu'on rencontre,
Et là, faute de mieux, un sot passe à la montre :
Mais il faut à Paris bien d'autres qualités ;
On ne s'éblouit point de ces fausses clartés ;
Et tant d'honnêtes gens que l'on y voit ensemble,
Font qu'on est mal reçu, si l'on ne leur ressemble.

CLITON. Connaissez mieux Paris, puisque vous en parlez.
Paris est un grand lieu plein de marchands mêlés :
L'effet n'y répond pas toujours à l'apparence ;
On s'y laisse duper autant qu'en lieu de France ;
Et, parmi tant d'esprits plus polis et meilleurs,
Il y croît des badauds autant et plus qu'ailleurs.
Dans la confusion que ce grand monde apporte,
Il y vient de tous lieux des gens de toute sorte ;
Et dans toute la France, il est fort peu d'endroits
Dont il n'ait le rebut aussi bien que le choix.
Comme on s'y connaît mal, chacun s'y fait de mise,
Et vaut communément autant comme il se prise :
De bien pires que nous s'y font assez valoir.
Mais, pour venir au point que vous voulez savoir,
Êtes-vous libéral ?

DORANTE. Je ne suis point avare.

CLITON. C'est un secret d'amour et bien grand et bien rare :
Mais il faut de l'adresse à le bien débiter ;
Autrement on s'y perd au lieu d'en profiter.
Tel donne à pleines mains, qui n'oblige personne
La façon de donner vaut mieux que ce qu'on donne.
L'un perd exprès au jeu son présent déguisé ;
L'autre oublie un bijou qu'on aurait refusé.
Un lourdaud libéral auprès d'une maîtresse
Semble donner l'aumône alors qu'il fait largesse ;
Et d'un tel contre-temps il fait tout ce qu'il fait,
Que, quand il tâche à plaire, il offense en effet.

DORANTE. Laissons-là ces lourdauds contre qui tu déclames,

Et me dis seulement si tu connais ces dames.
CLITON. Non : cette marchandise est de trop bon aloi ;
Ce n'est point là gibier à des gens comme moi :
Il est aisé pourtant d'en savoir des nouvelles,
Et bientôt leur cocher m'en dira des plus belles.
DORANTE. Penses-tu qu'il t'en die ?
       CLITON. Assez pour en mourir :
Puisque c'est un cocher, il aime à discourir.

SCÈNE II. — DORANTE, CLARICE, LUCRÈCE, ISABELLE.

CLARICE. Ay ! (*Faisant un faux pas et comme se laissant choir.*)
DORANTE *lui donnant la main.* Ce malheur me rend un favorable office,
Puisqu'il me donne lieu de ce petit service ;
Et c'est pour moi, Madame, un bonheur souverain
Que cette occasion de vous donner la main.
CLARISSE. L'occasion ici fort peu vous favorise,
Et ce faible bonheur ne vaut pas qu'on le prise.
DORANTE. Il est vrai, je le dois tout entier au hasard ;
Mes soins ni vos désirs n'y prennent point de part ;
Et sa douceur mêlée avec cette amertume
Ne me rend pas le sort plus doux que de coutume,
Puisqu'enfin ce bonheur, que j'ai si fort prisé,
A mon peu de mérite eût été refusé.
CLARICE. S'il a perdu si tôt ce qui pouvait vous plaire,
Je veux être à mon tour d'un sentiment contraire,
Et crois qu'on doit trouver plus de félicité
A posséder un bien sans l'avoir mérité.
J'estime plus un don qu'une reconnaissance :
Qui nous donne fait plus que qui nous récompense,
Et le plus grand bonheur au mérite rendu
Ne fait que nous payer de ce qui nous est dû.
La faveur qu'on mérite est toujours achetée ;
L'heur en croît d'autant plus, moins elle est méritée :
Et le bien où sans peine elle fait parvenir
Par le mérite à peine aurait pu s'obtenir.
DORANTE. Aussi ne croyez pas que jamais je prétende
Obtenir par mérite une faveur si grande :
J'en sais mieux le haut prix, et mon cœur amoureux,
Moins il s'en connaît digne, et plus s'en tient heureux.
On me l'a pu toujours dénier sans injure ;
Et si la recevant ce cœur même en murmure,
Il se plaint du malheur de ses félicités,
Que le hasard lui donne et non vos volontés.
Un amant a fort peu de quoi se satisfaire
Des faveurs qu'on lui fait sans dessein de les faire :
Comme l'intention seule en forme le prix,
Assez souvent sans elle on les joint au mépris.
Jugez par là quel bien peut recevoir ma flamme
D'une main qu'on me donne en me refusant l'âme.
Je la tiens, je la touche, et je la touche en vain,
Si je ne puis toucher le cœur avec la main.
CLARICE. Cette flamme, Monsieur, est pour moi fort nouvelle,
Puisque j'en viens de voir la première étincelle.
Si votre cœur ainsi s'embrase en un moment,
Le mien ne sut jamais brûler si promptement.
Mais peut-être, à présent que j'en suis avertie,
Le temps donnera place à plus de sympathie.
Confessez cependant qu'à tort vous murmurez
Du mépris de vos feux que j'avais ignorés.

SCÈNE III. — Dorante, Clarice, Lucrèce, Isabelle, Cliton.

DORANTE. C'est l'effet du malheur qui partout m'accompagne.
Depuis que j'ai quitté les guerres d'Allemagne,
C'est-à-dire du moins depuis un an entier,
Je suis et jour et nuit dedans votre quartier;
Je vous cherche en tous lieux, au bal, aux promenades;
Vous n'avez que de moi reçu des sérénades;
Et je n'ai pu trouver que cette occasion
A vous entretenir de mon affection.

CLARICE. Quoi ! vous avez donc vu l'Allemagne et la guerre !

DORANTE. Je m'y suis fait, quatre ans, craindre comme un tonnerre.

CLITON. Que va-t-il lui conter ?

DORANTE. Et durant ces quatre ans
Il ne s'est fait combats, ni sièges importants,
Nos armes n'ont jamais remporté de victoire
Où cette main n'ait eu bonne part à la gloire;
Et même la gazette a souvent divulgué...

CLITON, *le tirant par la basque.*
Savez-vous bien, Monsieur, que vous extravaguez?

DORANTE. Tais-toi.

CLITON. Vous rêvez, dis-je, ou...

DORANTE. Tais-toi, misérable.

CLITON. Vous venez de Poitiers, ou je me donne au diable;
Vous en revîntes hier.

DORANTE, *à Cliton.* Te tairas-tu, maraud?
(*A Clarisse.*) Mon nom dans nos succès s'était mis assez haut
Pour faire quelque bruit sans beaucoup d'injustice;
Et je suivrais encore un si noble exercice,
N'était que l'autre hiver, faisant ici ma cour,
Je vous vis, et je fus retenu par l'amour.
Attaqué par vos yeux, je leur rendis les armes;
Je me fis prisonnier de tant d'aimables charmes;
Je leur livrai mon âme ; et ce cœur généreux
Dès ce premier moment oublia tout pour eux.
Vaincre dans les combats, commander dans l'armée,
De mille exploits fameux enfler ma renommée,
Et tous ces nobles soins, qui m'avaient su ravir,
Cédèrent aussitôt à ceux de vous servir.

ISABELLE, *à Clarice, tout bas.*
Madame, Alcippe vient, il aura de l'ombrage.

CLARICE. Nous en saurons, Monsieur, quelque jour davantage.
Adieu.

DORANTE. Quoi ! me priver sitôt de tout mon bien?

CLARICE. Nous n'avons pas loisir d'un plus long entretien,
Et, malgré la douceur de me voir cajolée,
Il faut que nous fassions seules deux tours d'allée.

DORANTE. Cependant accordez à mes vœux innocents
La licence d'aimer des charmes si puissants.

CLARICE. Un cœur qui veut aimer, et qui sait comme on aime,
N'en demande jamais licence qu'à soi-même.

SCÈNE IV. — Dorante, Cliton.

DORANTE. Suis-les, Cliton.

CLITON. J'en sais ce qu'on en peut savoir :
La langue du cocher a fait tout son devoir.
« La plus belle des deux, dit-il, est ma maîtresse;
« Elle loge à la place, et son nom est Lucrèce. »

DORANTE. Quelle place?

CLITON. Royale : et l'autre y loge aussi.

Il n'en sait pas le nom, mais j'en prendrai souci.
DORANTE. Ne te mets point, Cliton, en peine de l'apprendre.
 Celle qui m'a parlé, celle qui m'a su prendre,
 C'est Lucrèce, ce l'est sans aucun contredit ;
 Sa beauté m'en assure, et mon cœur me le dit.
CLITON. Quoique mon sentiment doivent respect au vôtre,
 La plus belle des deux, je crois que ce soit l'autre.
DORANTE. Quoi ! celle qui s'est tue, et qui dans nos propos
 N'a jamais eu l'esprit de mêler quatre mots?
CLITON. Monsieur, quand une femme a le don de se taire,
 Elle a des qualités au-dessus du vulgaire ;
 C'est un effort du ciel qu'on a peine à trouver,
 Sans un petit miracle il ne peut l'achever ;
 Et la nature souffre extrême violence
 Lorsqu'il en fait d'humeur à garder le silence.
 Pour moi, jamais l'amour n'inquiète mes nuits ;
 Et, quand le cœur m'en dit, j'en prends par où je puis :
 Mais naturellement femme qui se peut taire
 A sur moi tel pouvoir et tel droit de me plaire,
 Qu'eût-elle en vrai magot tout le corps fagoté,
 Je lui voudrais donner le prix de la beauté.
 C'est elle assurément qui s'appelle Lucrèce ;
 Cherchez un autre nom pour l'objet qui vous blesse ;
 Ce n'est pas là le sien : celle qui n'a dit mot,
 Monsieur, c'est la plus belle, ou je ne suis qu'un sot.
DORANTE. Je t'en crois sans jurer avec tes incartades.
 Mais voici les plus chers de mes vieux camarades.
 Ils semblent étonnés, à voir leur action.

SCÈNE V. — DORANTE, ALCIPPE, PHILISTE, CLITON.

PHILISTE à *Alcippe*. Quoi ! sur l'eau la musique et la collation ?
ALCIPPE à *Philiste*. Oui, la collation avecque la musique.
PHILISTE à *Alcippe*. Hier au soir ?
            ALCIPPE à *Philiste*. Hier au soir.
                    PHILISTE à *Alcippe*. Et belle ?
                            ALCIPPE à *Philiste*. Magnifique.
PHILIPPE à *Alcippe*. Et par qui ?
            ALCIPPE à *Philiste*. Sur ce point je suis mal éclairci.
DORANTE, *les saluant*. Que mon bonheur est grand de vous revoir ici !
ALCIPPE. Le mien est sans pareil, puisque je vous embrasse.
DORANTE. J'ai rompu vos discours d'assez mauvaise grâce ;
 Vous le pardonnerez à l'aise de vous voir.
PHILISTE. Avec nous, de tout temps, vous avez tout pouvoir.
DORANTE. Mais de quoi parliez-vous?
            ALCIPPE. D'une galanterie.
DORANTE. D'amour?
            ALCIPPE. Je le présume.
                    DORANTE. Achevez, je vous prie,
 Et souffrez qu'à ce mot ma curiosité
 Vous demande sa part de cette nouveauté.
ALCIPPE. On dit qu'on a donné musique à quelque dame.
DORANTE. Sur l'eau ?
            ALCIPPE. Sur l'eau.
                    DORANTE. Souvent l'onde irrite la flamme.
PHILISTE Quelquefois.
            DORANTE. Et ce fut hier au soir?
                    ALCIPPE. Hier au soir.
DORANTE. Dans l'ombre de la nuit le feu se fait mieux voir.
 Le temps était bien pris. Cette dame, elle est belle?

ALCIPPE. Aux yeux de bien du monde elle passe pour telle.
DORANTE. Et la musique?
ALCIPPE. Assez pour n'en rien dédaigner.
DORANTE. Quelque collation a pu l'accompagner?
ALCIPPE. On le dit.
DORANTE. Fort superbe?
ALCIPPE. Et fort bien ordonnée.
DORANTE. Et vous ne savez point celui qui l'a donnée!
ALCIPPE. Vous en riez!
DORANTE. Je ris de vous voir étonné
D'un divertissement que je me suis donné.
ALCIPPE. Vous?
DORANTE. Moi-même.
ALCIPPE. Et déjà vous avez fait maîtresse?
DORANTE. Si je n'en avais fait, j'aurais bien peu d'adresse,
Moi qui depuis un mois suis ici de retour.
Il est vrai que je sors fort peu souvent de jour ;
De nuit, *incognito,* je rends quelques visites.
Ainsi...
CLITON, *à Dorante, à l'oreille.*
Vous ne savez, Monsieur, ce que vous dites.
DORANTE. Tais-toi : si jamais plus tu me viens avertir...
CLITON. J'enrage de me taire et d'entendre mentir.
PHILISTE, *à Alcippe.* Voyez qu'heureusement dedans cette rencontre
Votre rival lui-même à vous-même se montre,
DORANTE *revenant à eux.*
Comme à mes chers amis je vous veux tout conter.
J'avais pris cinq bateaux pour mieux tout ajuster ;
Les quatre contenaient quatre chœurs de musique,
Capables de charmer le plus mélancolique.
Au premier, violons ; en l'autre, luths et voix ;
Des flûtes, au troisième ; au dernier, des hautbois,
Qui tour à tour dans l'air poussaient des harmonies
Dont on pouvait nommer les douceurs infinies.
Le cinquième était grand, tapissé tout exprès
De rameaux enlacés pour conserver le frais,
Dont chaque extrémité portait un doux mélange
De bouquets de jasmin, de grenades et d'orange.
Je fis de ce bateau la salle du festin :
Là je menai l'objet qui seul fait mon destin.
De cinq autres beautés la sienne fut suivie,
Et la collation fut aussitôt servie.
Je ne vous dirai point les différents apprêts,
Le nom de chaque plat, le rang de chaque mets ;
Vous saurez seulement qu'en ce lieu de délices,
On servit douze plats, et l'on fit six services.
Cependant que les eaux, les rochers et les airs,
Répondaient aux accents de nos quatre concerts.
Après qu'on eût mangé, mille et mille fusées,
S'élançant vers les cieux, ou droites ou croisées,
Firent un nouveau jour, d'où tant de serpenteaux
D'un déluge de flammes attaquèrent les eaux,
Qu'on crut que, pour leur faire une plus rude guerre,
Tout l'élément du feu tombait du ciel en terre.
Après ce passe-temps, on dansa jusqu'au jour,
Dont le soleil jaloux avança le retour :
S'il eût pris notre avis, sa lumière importune
N'eût pas troublé si tôt ma petite fortune ;
Mais, n'étant pas d'humeur à suivre nos désirs,

Il sépara la troupe et finit nos plaisirs.
ALCIPPE. Certes, vous avez grâce à conter ces merveilles :
Paris, tout grand qu'il est, en voit peu de pareilles.
DORANTE. J'avais été surpris, et l'objet de mes vœux
Ne m'avait, tout au plus, donné qu'une heure ou deux.
PHILISTE. Cependant l'ordre est rare, et la dépense belle.
DORANTE. Il s'est fallu passer à cette bagatelle :
Alors que le temps presse, on n'a pas à choisir.
ALCIPPE. Adieu : nous nous verrons avec plus de loisir.
DORANTE. Faites état de moi.
ALCIPPE *à Philiste en s'en allant.* Je meurs de jalousie !
PHILISTE *à Alcippe.* Sans raison toutefois votre âme en est saisie ;
Les signes du festin ne s'accordent pas bien.
ALCIPPE, *à Philiste.* Le lieu s'accorde, et l'heure, et le reste n'est rien.

SCÈNE VI. — DORANTE, CLITON.

CLITON. Monsieur, puis-je à présent parler sans vous déplaire ?
DORANTE. Je remets à ton choix de parler ou te taire ;
Mais quand tu vois quelqu'un, ne fais plus l'insolent.
CLITON. Votre ordinaire est-il de rêver en parlant ?
DORANTE. Où me vois-tu rêver ?
      CLITON. J'appelle rêveries
Ce qu'en d'autres qu'un maître on nomme menteries :
Je parle avec respect.
    DORANTE. Pauvre esprit !
         CLITON. Je le perds,
Quand je vous ois parler de guerre et de concerts.
Vous voyez sans péril nos batailles dernières,
Et faites des festins qui ne vous coûtent guères.
Pourquoi depuis un an vous feindre de retour ?
DORANTE. J'en montre plus de flamme et j'en fais mieux ma cour.
CLITON. Qu'a de propre la guerre à montrer votre flamme ?
DORANTE. O le beau compliment à charmer une dame,
De lui dire d'abord : « J'apporte à vos beautés
« Un cœur nouveau venu des universités :
« Si vous avez besoin de lois et de rubriques,
« Je sais le code entier avec les authentiques,
« Le digeste nouveau, le vieux, l'infortiat,
« Ce qu'en a dit Jason, Balde, Accurse, Alciat ! »
Qu'un si riche discours nous rend considérables !
Qu'on amollit par là de cœurs inexorables !
Qu'un homme à paragraphe est un joli galant !
On s'introduit bien mieux à titre de vaillant :
Tout le secret ne gît qu'en un peu de grimace ;
A mentir à propos, jurer de bonne grâce,
Etaler force mots qu'elles n'entendent pas ;
Faire sonner Lamboy, Jean de Vert, et Galas ;
Nommer quelques châteaux de qui les noms barbares,
Plus ils blessent l'oreille, et plus ils semblent rares ;
Avoir toujours en bouche angles, lignes, fossés,
Vedette, contrescarpe, et travaux avancés :
Sans ordre et sans raison, n'importe, on les étonne ;
On leur fait admirer les baies qu'on leur donne :
Et tel, à la faveur d'un semblable débit,
Passe pour homme illustre, et se met en crédit.
CLITON. A qui vous veut ouïr, vous en faites bien croire ;
Mais celle-ci bientôt peut savoir votre histoire.
DORANTE. J'aurai déjà gagné chez elle quelque accès ;
Et, loin d'en redouter un malheureux succès,

Si jamais un fâcheux nous nuit par sa présence,
　　　Nous pourrons sous ces mots être d'intelligence.
　　　Voilà traiter l'amour, Cliton, et comme il faut.
CLITON. A vous dire le vrai, je tombe de bien haut.
　　　Mais parlons du festin : Urgande et Mélusine
　　　N'ont jamais sur-le-champ mieux fourni leur cuisine;
　　　Vous allez au-delà de leurs enchantements;
　　　Vous seriez un grand maître à faire des romans :
　　　Ayant si bien en main le festin et la guerre,
　　　Vos gens en moins de rien courraient toute la terre,
　　　Et ce serait pour vous des travaux fort légers
　　　Que d'y mêler partout la pompe et les dangers.
　　　Ces hautes fictions vous sont bien naturelles.
DORANTE. J'aime à braver ainsi les conteurs de nouvelles;
　　　Et sitôt que j'en vois quelqu'un s'imaginer
　　　Que ce qu'il veut m'apprendre a de quoi m'étonner,
　　　Je le sers aussitôt d'un conte imaginaire
　　　Qui l'étonne lui-même, et le force à se taire.
　　　Si tu pouvais savoir quel plaisir on a lors
　　　De leur faire rentrer les nouvelles au corps.
CLITON. Je le juge assez grand : mais enfin ces pratiques
　　　Vous couvriront de honte en devenant publiques.
DORANTE. Nous nous en tirerons; mais tous ces vains discours
　　　M'empêchent de chercher l'objet de mes amours :
　　　Tâchons de le rejoindre, et sache qu'à me suivre
　　　Je t'apprendrai bientôt d'autres façons de vivre.

　　　　　　　　　ACTE DEUXIÈME.
　　　　SCÈNE I. — GÉRONTE, CLARICE, ISABELLE.

CLARICE. Je sais qu'il vaut beaucoup étant sorti de vous :
　　　Mais, Monsieur, sans le voir, accepter un époux :
　　　Par quelque haut récit qu'on en soit conviée,
　　　C'est grande avidité de se voir mariée;
　　　D'ailleurs, en recevoir visite et compliment,
　　　Et lui permettre accès en qualité d'amant,
　　　A moins qu'à vos projets un plein effet réponde,
　　　Ce serait trop donner à discourir au monde.
　　　Trouvez donc un moyen de me le faire voir,
　　　Sans m'exposer au blâme, et manquer au devoir.
GÉRONTE. Oui, vous avez raison, belle et sage Clarice :
　　　Ce que vous m'ordonnez est la même justice;
　　　Et comme c'est à nous à subir votre loi,
　　　Je reviens tout-à-l'heure, et Dorante avec moi.
　　　Je le tiendrai longtemps dessous votre fenêtre,
　　　Afin qu'avec loisir vous puissiez le connaître,
　　　Examiner sa taille, et sa mine, et son air,
　　　Et voir quel est l'époux que je vous veux donner.
　　　Il vint hier de Poitiers, mais il sent peu l'école;
　　　Et si l'on pouvait croire un père à sa parole,
　　　Quelque écolier qu'il soit, je dirais qu'aujourd'hui
　　　Peu de nos gens de cour sont mieux taillés que lui.
　　　Mais vous en jugerez après la voix publique.
　　　Je cherche à l'arrêter, parce qu'il m'est unique,
　　　Et je brûle surtout de le voir sous vos lois.
CLARICE. Vous m'honorez beaucoup d'un si glorieux choix.
　　　Je l'attendrai, Monsieur, avec impatience;
　　　Et je l'aime déjà sur cette confiance.

SCÈNE II. — CLARICE, ISABELLE.

ISABELLE. Ainsi, vous le verrez, et sans vous engager.
CLARICE. Mais pour le voir ainsi qu'en pourrai-je juger ?
　J'en verrai le dehors, la mine, l'apparence ;
　Mais du reste, Isabelle, où prendre l'assurance ?
　Le dedans paraît mal en ces miroirs flatteurs ;
　Les visages souvent sont de doux imposteurs.
　Que de défauts d'esprit se couvrent de leurs grâces !
　Et que de beaux semblants cachent des âmes basses !
　Les yeux en ce grand choix ont la première part ;
　Mais leur déférer tout, c'est tout mettre au hasard :
　Qui veut vivre en repos ne doit pas leur déplaire ;
　Mais, sans leur obéir, il doit les satisfaire,
　En croire leur refus, et non pas leur aveu,
　Et sur d'autres conseils faisser naître son feu.
　Cette chaîne, qui dure autant que notre vie,
　Et qui devrait donner plus de peur que d'envie,
　Si l'on n'y prend bien garde, attache assez souvent
　Le contraire au contraire, et le mort au vivant ;
　Et pour moi, puisqu'il faut qu'elle me donne un maître,
　Avant que l'accepter je voudrais le connaître,
　Mais connaître dans l'âme.
　　　　　　　　ISABELLE. Eh bien ! qu'il parle à vous.
CLARICE. Alcippe le sachant en deviendrait jaloux.
ISABELLE. Qu'importe qu'il le soit, si vous avez Dorante.
CLARICE. Sa perte ne m'est pas encore indifférente ;
　Et l'accord de l'hymen entre nous concerté,
　Si son père venait, serait exécuté.
　Depuis plus de deux ans il promet et diffère ;
　Tantôt c'est maladie, et tantôt quelque affaire ;
　Le chemin est mal sûr, ou les jours sont trop courts ;
　Et le bonhomme enfin ne peut sortir de Tours.
　Je prends tous ces délais pour une résistance,
　Et ne suis pas d'humeur à mourir de constance.
　Chaque moment d'attente ôte de notre prix,
　Et fille qui vieillit tombe dans le mépris :
　C'est un nom glorieux qui se garde avec honte ;
　Sa défaite est fâcheuse à moins que d'être prompte :
　Le temps n'est pas un dieu qu'elle puisse braver,
　Et son honneur se perd à le trop conserver.
ISABELLE. Ainsi vous quitteriez Alcippe pour un autre
　De qui l'humeur aurait de quoi plaire à la vôtre ?
CLARICE. Oui, je le quitterais : mais pour ce changement
　Il me faudrait en main avoir un autre amant,
　Savoir qu'il me fût propre, et que son hyménée
　Dût bientôt à la sienne unir ma destinée.
　Mon humeur sans cela ne s'y résout pas bien,
　Car Alcippe, après tout, vaut toujours mieux que rien.
　Son père peut venir, quelque longtemps qu'il tarde.
ISABELLE. Pour en venir à bout sans que rien s'y hasarde,
　Lucrèce est votre amie, et peut beaucoup pour vous :
　Elle n'a point d'amants qui deviennent jaloux :
　Qu'elle écrive à Dorante, et lui fasse paraître
　Qu'elle veut cette nuit le voir par sa fenêtre.
　Comme il est jeune encore, on l'y verra voler ;
　Et là, sous ce faux nom, vous pourrez lui parler,
　Sans qu'Alcippe jamais en découvre l'adresse,
　Ni que lui-même pense à d'autre qu'à Lucrèce.
CLARICE. L'invention est belle ; et Lucrèce aisément

Se résoudra pour moi d'écrire un compliment :
J'admire ton adresse à trouver cette ruse.
ISABELLE. Puis-je vous dire encor que, si je ne m'abuse,
Tantôt cet inconnu ne vous déplaisait pas ?
CLARICE. Ah, bon Dieu ! si Dorante avait autant d'appas,
Que d'Alcippe aisément il obtiendrait la place !
ISABELLE. Ne parlez point d'Alcippe ; il vient ;
CLARICE. Qu'il m'embarrasse,
Va pour moi chez Lucrèce, et lui dis mon projet,
Et tout ce qu'on peut dire en un pareil sujet.

SCÈNE III. — CLARICE, ALCIPPE.

ALCIPPE. Ah, Clarice ! ah, Clarice ! inconstante ! volage !
CLARICE. Aurait-il deviné déjà ce mariage ?
Alcippe, qu'avez-vous ? qui vous fait soupirer ?
ALCIPPE. Ce que j'ai, déloyale ! eh ! peux-tu l'ignorer ?
Parle à ta conscience, elle devrait t'apprendre...
CLARICE. Parlez un peu plus bas, mon père va descendre.
ALCIPPE. Ton père va descendre, âme double et sans foi !
Confesse que tu n'as un père que pour moi.
La nuit, sur la rivière...
CLARICE. Eh bien ! sur la rivière ?
La nuit ! quoi ? qu'est-ce enfin ?
ALCIPPE. Oui, la nuit tout entière.
CLARICE. Après ?
ALCIPPE. Quoi ! sans rougir ?...
CLARICE. Rougir ! à quel propos ?
ALCIPPE. Tu ne meurs pas de honte entendant ces deux mots !
CLARICE. Mourir pour les entendre ! et qu'ont-ils de funeste ?
ALCIPPE. Tu peux donc les ouïr et demander le reste ?
Ne saurais-tu rougir, si je ne te dis tout ?
CLARICE. Quoi, tout ?
ALCIPPE. Tes passe-temps, de l'un à l'autre bout.
CLARICE. Je meure, en vos discours si je puis rien comprendre.
ALCIPPE. Quand je veux te parler, ton père va descendre ;
Il t'en souvient alors : le tour est excellent !
Mais pour passer la nuit auprès de ton galant...
CLARICE. Alcippe, êtes-vous fou ?
ALCIPPE. Je n'ai plus lieu de l'être,
A présent que le ciel me fait te mieux connaître.
Oui, pour passer la nuit en danses et festins,
Être avec ton galant du soir jusqu'au matin,
(Je ne parle que d'hier), tu n'as point lors de père.
CLARICE. Rêvez-vous ? raillez-vous ? et quel est ce mystère ?
ALCIPPE. Ce mystère est nouveau, mais non pas fort secret.
Choisis une autre fois un amant plus discret ;
Lui-même il m'a tout dit.
CLARICE. Qui, lui-même ?
ALCIPPE. Dorante.
CLARICE. Dorante !
ALCIPPE. Continue, et fais bien l'ignorante.
CLARICE. Si je le vis jamais, et si je le connoi !...
ALCIPPE. Ne viens-je pas de voir son père avecque toi ?
Tu passes, infidèle, âme ingrate et légère,
La nuit avec le fils, le jour avec le père !
CLARICE. Son père de vieux temps est grand ami du mien.
ALCIPPE. Cette vieille amitié faisait votre entretien ?
Tu te sens convaincue ! et tu m'oses répondre !
Te faut-il quelque chose encor pour te confondre ?

CLARICE. Alcippe, si je sais quel visage a le fils...
ALCIPPE. La nuit était fort noire alors que tu le vis.
Il ne t'a pas donné quatre chœurs de musique,
Une collation superbe et magnifique,
Six services de rang, douze plats à chacun?
Son entretien alors était fort importun?
Quand ses feux d'artifice éclairaient le rivage,
Tu n'eus pas le loisir de le voir au visage?
Tu n'as pas avec lui dansé jusques au jour,
Et tu ne l'as pas vu pour le moins au retour?
T'en ai-je dit assez? Rougis, et meurs de honte.
CLARICE. Je ne rougirai point sur le récit d'un conte.
ALCIPPE. Quoi, je suis donc un fourbe, un bizarre, un jaloux!
CLARICE. Quelqu'un a pris plaisir à se jouer de vous,
Alcippe, croyez-moi.
ALCIPPE. Ne cherche point d'excuses;
Je connais tes détours, et devines tes ruses.
Adieu : suis ton Dorante, et l'aime désormais;
Laisse en repos Alcippe, et n'y pense jamais.
CLARICE. Écoutez quatre mots.
ALCIPPE. Ton père va descendre.
CLARICE. Non; il ne descend point, et ne peut nous entendre;
Et j'aurai tout loisir de vous désabuser.
ALCIPPE. Je ne t'écoute point, à moins que m'épouser,
A moins qu'en attendant le jour du mariage
M'en donner ta parole et deux baisers pour gage.
CLARICE. Pour me justifier vous demandez de moi,
Alcippe?
ALCIPPE. Deux baisers, et ta main, et ta foi.
CLARICE. Que cela?
ALCIPPE. Résous-toi, sans plus me faire attendre.
CLARICE. Je n'ai pas le loisir, mon père va descendre.

SCÈNE IV. — ALCIPPE.

Va, ris de ma douleur alors que je te perds;
Par ces indignités romps toi-même mes fers;
Aide mes feux trompés à se tourner en glace;
Aide un juste courroux à se mettre en leur place.
Je cours à la vengeance, et porte à ton amant
Le vif et prompt effet de mon ressentiment.
S'il est homme de cœur, ce jour même nos armes
Régleront par leur sort tes plaisirs ou tes larmes;
Et, plutôt que le voir possesseur de mon bien,
Puissé-je dans son sang voir couler tout le mien!
Le voici ce rival que ton père t'amène;
Ma vieille amitié cède à ma nouvelle haine ;
Sa vue accroît l'ardeur dont je me sens brûler...
Mais ce n'est pas ici qu'il faut le quereller.

SCÈNE V. — GÉRONTE, DORANTE, CLITON.

GÉRONTE. Dorante, arrêtons-nous; le trop de promenade
Me mettrait hors d'haleine, et me ferait malade.
Que l'ordre est rare et beau de ces grands bâtiments!
DORANTE. Paris semble à mes yeux un pays de romans.
J'y croyais ce matin voir une île enchantée;
Je la laissai déserte et la trouve habitée;
Quelque Amphion nouveau, sans l'aide des maçons,
En superbes palais a changé ses buissons.
GÉRONTE. Paris voit tous les jours de ces métamorphoses;
Dans tout le Pré aux Clercs tu verras mêmes choses;

Et l'univers entier ne peut rien voir d'égal
Aux superbes dehors du palais cardinal.
Toute une ville entière avec pompe bâtie
Semble d'un vieux fossé par miracle sortie,
Et nous fait présumer, à ses superbes toits,
Que tous ses habitants sont des dieux ou des rois.
Mais changeons de discours. Tu sais combien je t'aime?
DORANTE. Je chéris cet honneur bien plus que le jour même.
GÉRONTE. Comme de mon hymen il n'est sorti que toi,
Et que je te vois prendre un périlleux emploi,
Où l'ardeur pour la gloire à tout oser convie,
Et force à tout moment de négliger la vie;
Avant qu'aucun malheur te puisse être avenu,
Pour te faire marcher un peu plus retenu
Je te veux marier.
    DORANTE, *à part.* O ma chère Lucrèce!
GÉRONTE. Je t'ai voulu choisir moi-même une maîtresse,
Honnête, belle, riche.
    DORANTE. Ah! pour la bien choisir,
Mon père, donnez-vous un peu plus de loisir.
GÉRONTE. Je la connais assez. Clarice est belle et sage
Autant que dans Paris il en soit de son âge:
Son père de tout temps est mon plus grand ami,
Et l'affaire est conclue.
    DORANTE. Ah! monsieur, je frémi:
D'un fardeau si pesant accabler ma jeunesse!
GÉRONTE. Fais ce que je t'ordonne.
    DORANTE, *à part.* Il faut jouer d'adresse.
(*Haut.*) Quoi! Monsieur, à présent qu'il faut dans les combats
Acquérir quelque nom, et signaler mon bras...
GÉRONTE. Avant qu'être au hasard, qu'un autre bras t'immole,
Je veux dans ma maison avoir qui m'en console;
Je veux qu'un petit-fils puisse y tenir ton rang,
Soutenir ma vieillesse, et réparer mon sang.
En un mot, je le veux.
    DORANTE. Vous êtes inflexible?
GÉRONTE. Fais ce que je te dis.
    DORANTE. Mais s'il m'est impossible?
GÉRONTE. Impossible! et comment?
    DORANTE. Souffrez qu'aux yeux de tous
Pour obtenir pardon j'embrasse vos genoux.
Je suis...
GÉRONTE. Quoi?
    DORANTE. Dans Poitiers...
    GÉRONTE. Parle donc, et te lève.
DORANTE. Je suis donc marié, puisqu'il faut que j'achève.
GÉRONTE. Sans mon consentement?
    DORANTE. On m'a violenté.
Vous ferez tout passer par votre autorité:
Mais nous fûmes tous deux forcés à l'hyménée
Par la fatalité la plus inopinée...
Ah! si vous le saviez!
    GÉRONTE. Dis, ne me cache rien.
DORANTE. Elle est de fort bon lieu, mon père; et pour son bien,
S'il n'est du tout si grand que votre humeur souhaite...
GÉRONTE. Sachons, à cela près, puisque c'est chose faite;
Elle se nomme?
    DORANTE. Orphise, et son père Armédon.
GÉRONTE. Je n'ai jamais ouï ni l'un ni l'autre nom.

Mais poursuis.
  DORANTE. Je la vis presque à mon arrivée.
Une âme de rocher ne s'en fût pas sauvée,
Tant elle avait d'appas, et tant son œil vainqueur
Par une douce force assujétit mon cœur!
Je cherchai donc chez elle à faire connaissance;
Et les soins obligeants de ma persévérance
Surent plaire de sorte à cet objet charmant,
Que j'en fus en six mois autant aimé qu'amant.
J'en reçus des faveurs secrètes, mais honnêtes;
Et j'étendis si loin mes petites conquêtes,
Qu'en son quartier souvent je me coulais sans bruit,
Pour causer avec elle une part de la nuit.
   Un soir que je venais de monter dans sa chambre,
(Ce fut, s'il m'en souvient, le second de septembre.
Oui, ce fut ce jour-là que je fus attrapé),
Ce soir même son père en ville avait soupé;
Il monte à son retour; il frappe à la porte : elle
Transit, pâlit, rougit, me cache en sa ruelle,
Ouvre enfin, et d'abord (qu'elle eut d'esprit et d'art!)
Elle se jette au cou de ce pauvre vieillard,
Dérobe en l'embrassant son désordre à sa vue.
Il se sied; il lui dit qu'il veut la voir pourvue,
Lui propose un parti qu'on lui venait d'offrir.
Jugez combien mon cœur avait lors à souffrir!
Par sa réponse adroite elle sut si bien faire,
Que sans m'inquiéter elle plut à son père.
Ce discours ennuyeux enfin se termina;
Le bonhomme partait, quand ma montre sonna.
Et lui se retournant vers sa fille étonnée :
« Depuis quand cette montre? et qui vous l'a donnée?
« —Acaste, mon cousin, me la vient d'envoyer,
« Dit-elle, et veut ici la faire nettoyer,
« N'ayant point d'horloger au lieu de sa demeure.
« Elle a déjà sonné deux fois en un quart d'heure.
« —Donnez-la moi, dit-il, j'en prendrai mieux le soin. »
Alors pour me la prendre elle vient en mon coin;
Je la lui donne en main; mais voyez ma disgrâce,
Avec mon pistolet le cordon s'embarrasse.
Fait marcher le déclin; le feu prend, le coup part :
Jugez de notre trouble à ce triste hasard.
Elle tombe par terre, et moi je la crus morte,
Le père épouvanté gagne aussitôt la porte;
Il appelle au secours, il crie à l'assassin :
Son fils et deux valets me coupent le chemin.
Furieux de ma perte, et combattant de rage,
Au milieu de tous trois je me faisais passage,
Quand un autre malheur de nouveau me perdit;
Mon épée en ma main en trois morceaux rompit.
Désarmé, je recule et rentre; alors Orphise,
De sa frayeur première aucunement remise,
Sait prendre un temps si juste en son reste d'effroi,
Qu'elle pousse la porte et s'enferme avec moi.
Soudain nous entassons, pour défenses nouvelles,
Bancs, table, coffres, lits, et jusqu'aux escabelles;
Nous nous barricadons, et dans ce premier feu,
Nous croyons gagner tout à différer un peu.
Mais comme à ce rempart l'un et l'autre travaille,
D'une chambre voisine on perce la muraille :

Alors, me voyant pris, il fallut composer.
(Ici Clarice les voit de sa fenêtre ; et Lucrèce, avec Isabelle, les voit aussi de la sienne.)
GÉRONTE. C'est-à-dire, en français, qu'il fallut l'épouser ?
DORANTE. Les siens m'avaient trouvé de nuit seul avec elle,
Ils étaient les plus forts, elle me semblait belle,
Le scandale était grand, son honneur se perdait ;
A ne le faire pas ma tête en répondait ;
Ses grands efforts pour moi, son péril et ses larmes,
A mon cœur amoureux étaient de nouveaux charmes
Donc, pour sauver ma vie ainsi que son honneur,
Et me mettre avec elle au comble du bonheur,
Je changeai d'un seul mot la tempête en bonace,
Et fis ce que tout autre aurait fait en ma place.
Choisissez maintenant de me voir ou mourir,
Ou posséder un bien qu'on ne peut trop chérir.
GÉRONTE. Non, non, je ne suis pas si mauvais que tu penses,
Et trouve en ton malheur de telles circonstances,
Que mon amour t'excuse ; et mon esprit touché
Te blâme seulement de l'avoir trop caché.
DORANTE. Le peu de bien qu'elle a me faisait vous le taire.
GÉRONTE. Je prends peu garde au bien, afin d'être bon père.
Elle est belle, elle est sage, elle sort de bon lieu,
Tu l'aimes, elle t'aime, il me suffit. Adieu :
Je vais me dégager du père de Clarice.

SCÈNE VI. — DORANTE, CLITON.

DORANTE. Que dis-tu de l'histoire, et de mon artifice ?
Le bonhomme en tient-il ? m'en suis-je bien tiré ?
Quelque sot en ma place y serait demeuré ;
Il eût perdu le temps à gémir, à se plaindre,
Et, malgré son amour, se fût laissé contraindre.
O l'utile secret que mentir à propos !
CLITON. Quoi ! ce que vous disiez n'est pas vrai ?
DORANTE. Pas deux mots,
Et tu ne viens d'ouïr qu'un trait de gentillesse
Pour conserver mon âme et mon cœur à Lucrèce.
CLITON. Quoi ! la montre, l'épée, avec le pistolet...
DORANTE. Industrie.
CLITON. Obligez, Monsieur, votre valet,
Quand vous voudrez jouer de ces grands coups de maître,
Donnez-lui quelque signe à les pouvoir connaître ;
Quoique bien averti, j'étais dans le panneau.
DORANTE. Va, n'appréhende pas d'y tomber de nouveau :
Tu seras de mon cœur l'unique secrétaire,
Et de tous mes secrets le grand dépositaire.
CLITON. Avec ces qualités j'ose bien espérer
Qu'assez mal aisément je pourrai m'en parer.
Mais parlons de vos feux. Certes, cette maîtresse...

SCÈNE VII. — DORANTE, CLITON, SABINE.

SABINE *lui donnant un billet.*
Lisez ceci, Monsieur.
DORANTE D'où vient-il ?
SABINE. De Lucrèce.
DORANTE *après l'avoir lu,*
Dis-lui que j'y viendrai. *(Sabine rentre et Dorante continue.)*
Doute encore, Cliton,
A laquelle des deux appartient ce beau nom.
Lucrèce sent sa part des feux qu'elle fait naître,

Et me veut cette nuit parler par sa fenêtre.
Dis encor que c'est l'autre, ou que tu n'es qu'un sot,
Qu'aurait l'autre à m'écrire, à qui je n'ai dit mot?
CLITON. Monsieur, pour ce sujet n'ayons point de querelle:
Cette nuit, à la voix, vous saurez si c'est elle.
DORANTE. Coule-toi là dedans; et de quelqu'un des sien
Sache subtilement sa famille et ses biens.

SCÈNE VIII. — DORANTE, LYCAS.

LYCAS *lui présentant un billet.*

Monsieur.
DORANTE. Autre billet. (*Il continue après avoir lu tout bas le billet.*)
J'ignore quelle offense
Peut d'Alcippe avec moi rompre l'intelligence;
Mais n'importe, dis-lui que j'irai volontiers.
Je te suis.   (*Lycas rentre, et Dorante continue seul.*)
Je revins hier au soir de Poitiers,
D'aujourd'hui seulement je produis mon visage,
Et j'ai déjà querelle, amour et mariage.
Pour un commencement ce n'est point mal trouvé.
Vienne encore un procès, et je suis achevé.
Se charge qui voudra d'affaires plus pressantes,
Plus en nombre à la fois et plus embarrassantes,
Je pardonne à qui mieux s'en pourra démêler.
Mais allons voir celui qui m'ose quereller.

ACTE TROISIÈME.

SCÈNE I. — DORANTE, ALCIPPE, PHILISTE.

PHILISTE. Oui, vous faisiez tous deux en hommes de courage,
Et n'aviez l'un ni l'autre aucun désavantage.
Je rends grâces au ciel de ce qu'il a permis
Que je sois survenu pour vous refaire amis,
Et que, la chose égale, ainsi je vous sépare :
Mon heur en est extrême, et l'aventure rare.
DORANTE. L'aventure est encor bien plus rare pour moi,
Qui lui faisais raison sans avoir su de quoi.
Mais, Alcippe, à présent tirez-moi hors de peine.
Quel sujet aviez-vous de colère ou de haine ?
Quelque mauvais rapport m'aurait-il pu noircir ?
Dites, que devant lui je vous puisse éclaircir.
ALCIPPE. Vous le savez assez.
DORANTE. Plus je me considère,
Moins je découvre en moi ce qui peut vous déplaire.
ALCIPPE. Eh bien! puisqu'il vous faut parler plus clairement,
Depuis plus de deux ans j'aime secrètement;
Mon affaire est d'accord, et la chose vaut faite :
Mais pour quelque raison nous la tenons secrète.
Cependant à l'objet qui me tient sous sa loi,
Et qui sans me trahir ne peut être qu'à moi,
Vous avez donné bal, collation, musique;
Et vous n'ignorez pas combien cela me pique,
Puisque, pour me jouer un si sensible tour,
Vous m'avez à dessein caché votre retour,
Et n'avez aujourd'hui quitté votre embuscade
Qu'afin de m'en conter l'histoire par bravade.
Ce procédé m'étonne, et j'ai lieu de penser
Que vous n'avez rien fait qu'afin de m'offenser.
DORANTE. Si vous pouviez encor douter de mon courage,

Je ne vous guérirais ni d'erreur ni d'ombrage,
Et nous nous reverrions, si nous étions rivaux :
Mais comme vous savez tous deux ce que je vaux,
Écoutez en deux mots l'histoire démêlée :
Celle que cette nuit sur l'eau j'ai régalée
N'a pu vous donner lieu de devenir jaloux,
Car elle est mariée, et ne peut être à vous;
Depuis peu pour affaire elle est ici venue,
Et je ne pense pas qu'elle vous soit connue.
ALCIPPE. Je suis ravi, Dorante, en cette occasion,
De voir finir sitôt notre division.
DORANTE. Alcippe, une autre fois donnez moins de croyance
Aux premiers mouvements de votre défiance ;
Jusqu'à mieux savoir tout sachez vous retenir,
Et ne commencez plus par où l'on doit finir.
Adieu : je suis à vous.

SCÈNE II. — ALCIPPE, PHILISTE.

PHILISTE. Ce cœur encor soupire?
ALCIPPE. Hélas! je sors d'un mal pour tomber dans un pire.
Cette collation, qui l'aura pu donner ?
A qui puis-je m'en prendre? et que m'imaginer?
PHILISTE. Que l'ardeur de Clarice est égale à vos flammes.
Cette galanterie était pour d'autres dames.
L'erreur de votre page a causé votre ennui ;
S'étant trompé lui-même, il vous trompe après lui.
J'ai tout su de lui-même et des gens de Lucrèce.
Il avait vu chez elle entrer votre maîtresse ;
Mais il n'avait pas su qu'Hippolyte et Daphné,
Ce jour-là par hasard, chez elle avaient dîné.
Il les en voit sortir, mais à coiffe abattue,
Et sans les approcher il suit de rue en rue ;
Aux couleurs, au carrosse, il ne doute de rien ;
Tout était à Lucrèce, et le dupe si bien,
Que, prenant ces beautés pour Lucrèce et Clarice,
Il rend à votre amour un très mauvais service.
Il les voit donc aller jusques au bord de l'eau,
Descendre de carrosse, entrer dans un bateau ;
Il voit porter des plats, entend quelque musique,
A ce que l'on m'a dit assez mélancolique.
Mais cessez d'en avoir l'esprit inquiété,
Car enfin le carrosse avait été prêté :
L'avis se trouve faux ; et ces deux autres belles
Avaient en plein repos passé la nuit chez elles.
ALCIPPE. Quel malheur est le mien ! ainsi donc sans sujet
J'ai fait ce grand vacarme à ce charmant objet!
PHILISTE. Je ferai votre paix. Mais sachez autre chose.
Celui qui de ce trouble est la seconde cause,
Dorante, qui tantôt nous en a tant conté
De son festin superbe et sur l'heure apprêté,
Lui qui, depuis un mois nous cachant sa venue,
La nuit, *incognito*, visite une inconnue,
Il vint hier de Poitiers, et, sans faire aucun bruit,
Chez lui paisiblement a dormi toute nuit.
ALCIPPE. Quoi! sa collation ?...
                    PHILISTE. N'est rien qu'un pur mensonge;
Ou quand, il l'a donnée, il l'a donnée en songe.
ALCIPPE. Dorante en ce combat si peu prémédité
M'a fait voir trop de cœur pour tant de lâcheté.

La valeur n'apprend point la fourbe en son école :
Tout homme de courage est homme de parole ;
A des vices si bas il ne peut consentir,
Et fuit plus que la mort la honte de mentir.
Cela n'est point.
    PHILISTE. Dorante, à ce que je présume,
Est vaillant par nature, et menteur par coutume.
Ayez sur ce sujet moins d'incrédulité,
Et vous-même admirez notre simplicité.
A nous laisser duper nous sommes bien novices :
Une collation servie à six services,
Quatre concerts entiers, tant de plats, tant de feux,
Tout cela cependant prêt en une heure ou deux,
Comme si l'appareil d'une telle cuisine
Fût descendu du ciel dedans quelque machine.
Quiconque le peut croire ainsi que vous et moi,
S'il a manqué de sens, n'a pas manqué de foi.
Pour moi, je voyais bien que tout ce badinage
Répondait assez mal aux remarques du page.
Mais vous ?
    ALCIPPE. La jalousie aveugle un cœur atteint,
Et, sans examiner, croit tout ce qu'elle craint.
Mais laissons-là Dorante avecque son audace ;
Allons trouver Clarice et lui demander grace :
Elle pouvait tantôt m'entendre sans rougir.
PHILISTE. Attendez à demain, et me laissez agir.
Je veux par ce récit vous préparer la voie,
Dissiper sa colère et lui rendre sa joie.
Ne vous exposez point, pour gagner un moment,
Aux premières chaleurs de son ressentiment.
ALCIPPE. Si du jour qui s'enfuit la lumière est fidèle,
Je pense l'entrevoir avec son Isabelle.
Je suivrai tes conseils, et fuirai son courroux
Jusqu'à ce qu'elle ait ri de m'avoir vu jaloux.

SCÈNE III. — CLARICE, ISABELLE.

CLARICE. Isabelle, il est temps, allons chercher Lucrèce.
ISABELLE. Il n'est pas encor tard, et rien ne vous en presse,
Vous avez un pouvoir bien grand sur son esprit ;
A peine ai-je parlé qu'elle a sur l'heure écrit.
CLARICE. Clarice à la servir ne serait pas moins prompte.
Mais dis, par sa fenêtre as-tu bien vu Géronte ?
Et sais-tu que ce fils qu'il m'avait tant vanté
Est ce même inconnu qui m'en a tant conté ?
ISABELLE. A Lucrèce avec moi je l'ai fait reconnaître ;
Et sitôt que Géronte a voulu disparaître,
Le voyant resté seul avec un vieux valet,
Sabine à nos yeux même a rendu le billet.
Vous parlerez à lui.
    CLARICE. Qu'il est fourbe, Isabelle !
ISABELLE. Eh bien ! cette pratique est-elle si nouvelle ?
Dorante est-il le seul qui, de jeune écolier,
Pour être mieux reçu s'érige en cavalier ?
Que j'en sais comme lui qui parlent d'Allemagne !
Et, si l'on veut les croire, ont vu chaque campagne,
Sur chaque occasion tranchent des entendus,
Content quelque défaite, et des chevaux perdus ;
Qui, dans une gazette apprenant ce langage,
S'ils sortent de Paris, ne vont qu'à leur village,

Et se donnent ici pour témoins approuvés
De tous ces grands combats qu'ils ont lus ou rêvés.
Il aura cru sans doute, ou je suis fort trompée,
Que les filles de cœur aiment les gens d'épée ;
Et, vous prenant pour telle, il a jugé soudain
Qu'une plume au chapeau vous plaît mieux qu'à la main.
Ainsi donc, pour vous plaire, il a voulu paraître,
Non pas pour ce qu'il est, mais pour ce qu'il veut être.
Et s'est osé promettre un traitement plus doux
Dans la condition qu'il veut prendre pour vous.

CLARICE. En matière de fourbe, il est maître, il y pipe ;
Après m'avoir dupée, il dupe encore Alcippe.
Ce malheureux jaloux s'est blessé le cerveau
D'un festin qu'hier au soir il m'a donné sur l'eau.
Juge un peu si la pièce a la moindre apparence.
Alcippe cependant m'accuse d'inconstance,
Me fait une querelle où je ne comprends rien.
J'ai, dit-il, toute nuit souffert son entretien ;
Il me parle de bal, de danse, de musique,
D'une collation superbe et magnifique,
Servie à tants de plats, tant de fois redoublés,
Que j'en ai la cervelle et les esprits troublés.

ISABELLE. Reconnaissez par là que Dorante vous aime,
Et que dans son amour son adresse est extrême ;
Il aura su qu'Alcippe était bien avec vous,
Et pour l'en éloigner il l'a rendu jaloux.
Soudain à cet effort il en a joint un autre ;
Il a fait que son père est venu voir le vôtre.
Un amant peut-il mieux agir en un moment
Que de gagner un père et brouiller l'autre amant ?
Votre père l'agrée, et le sien vous souhaite ;
Il vous aime, il vous plaît, c'est une affaire faite.

CLARICE. Elle est faite, de vrai, ce qu'elle se fera.
ISABELLE. Quoi ! votre cœur se change, et désobéira ?
CLARICE. Tu vas sortir de garde, et perdre tes mesures.
Explique, si tu peux, encor ses impostures :
Il était marié sans que l'on en sût rien ;
Et son père a repris sa parole du mien,
Fort triste de visage et fort confus dans l'âme.

ISABELLE. Ah ! je dis à mon tour : qu'il est fourbe, Madame !
C'est bien aimer la fourbe, et l'avoir bien en main,
Que de prendre plaisir à fourber sans dessein.
Car, pour moi, plus j'y songe, et moins je puis comprendre
Quel fruit auprès de vous il en ose prétendre.
Mais qu'allez-vous donc faire ? et pourquoi lui parler ?
Est-ce à dessein d'en rire, ou de le quereller ?

CLARICE. Je prendrai du plaisir du moins à le confondre.
ISABELLE. J'en prendrais davantage à le laisser morfondre.
CLARICE. Je veux l'entretenir par curiosité.
Mais j'entrevois quelqu'un dans cette obscurité,
Et si c'était lui-même, il pourrait me connaître :
Entrons donc chez Lucrèce, allons à sa fenêtre,
Puisque c'est sous son nom que je lui dois parler.
Mon jaloux, après tout, sera mon pis aller.
Si sa mauvaise humeur déjà n'est apaisée,
Sachant ce que je sais, la chose est fort aisée.

SCÈNE IV. — DORANTE, CLITON.

DORANTE. Voici l'heure et le lieu que marque le billet.

CLITON. J'ai su tout ce détail d'un ancien valet
Son père est de la robe, et n'a qu'elle de fille ;
Je vous ai dit son bien, son âge et sa famille.
 Mais, Monsieur, ce serait pour me bien divertir,
Si, comme vous, Lucrèce excellait à mentir.
Le divertissement serait rare, ou je meure ;
Et je voudrais qu'elle eût ce talent pour une heure ;
Qu'elle pût un moment vous piquer en votre art,
Rendre conte pour conte, et martre pour renard :
D'un et d'autre côté j'en entendrais de bonnes.
DORANTE. Le ciel fait cette grâce à fort peu de personnes :
Il y faut promptitude, esprit, mémoire, soins,
Ne se brouiller jamais, et rougir encor moins.
Mais la fenêtre s'ouvre, approchons.

SCÈNE V. — CLARICE, LUCRÈCE, ISABELLE *à la fenêtre*, DORANTE, CLITON, *en bas*.

 CLARICE *à Isabelle*. Isabelle,
Durant notre entretien demeure en sentinelle.
ISABELLE. Lorsque votre vieillard sera prêt à sortir,
Je ne manquerai pas de vous en avertir.
 (*Isabelle descend de la fenêtre et ne se montre plus.*)
LUCRÈCE *à Clarice*. Il conte assez au long ton histoire à mon père.
Mais parle sous mon nom, c'est à moi de me taire.
CLARICE. Êtes-vous là, Dorante.
 DORANTE. Oui, Madame, c'est moi,
Qui veux vivre et mourir sous votre seule loi.
LUCRECE *à Clarice*. Sa fleurette pour toi prend encor même style.
CLARICE *à Lucrèce*. Il devrait s'épargner cette gêne inutile :
Mais m'aurait-il déjà reconnue à la voix ?
CLITON *à Dorante*. C'est elle, et je me rends, Monsieur, à cette fois.
DORANTE *à Clarice*. Oui, c'est moi qui voudrais effacer de ma vie
Les jours où j'ai vécu sans vous avoir servie.
Que vivre sans vous voir est un sort rigoureux !
C'est ou ne vivre point, ou vivre malheureux ;
C'est une longue mort ; et pour moi je confesse
Que pour vivre il faut être esclave de Lucrèce.
CLARICE *à Lucrèce*. Chère amie, il en conte à chacune à son tour.
LUCRÈCE *à Clarice*. Il aime à promener sa fourbe et son amour.
DORANTE. A vos commandements j'apporte donc ma vie ;
Trop heureux si pour vous elle m'était ravie !
Disposez-en, Madame, et me dites en quoi
Vous avez résolu de vous servir de moi.
CLARICE. Je vous voulais tantôt proposer quelque chose ;
Mais il n'est plus besoin que je vous la propose,
Car elle est impossible.
 DORANTE. Impossible ! ah ! pour vous
Je pourrai tout, Madame, en tous lieux, contre tous.
CLARICE. Jusqu'à vous marier quand je sais que vous l'êtes ?
DORANTE. Moi, marié ! ce sont pièces qu'on vous a faites ;
Quiconque vous l'a dit s'est voulu divertir.
CLARICE *à Lucrèce*. Est-il un plus grand fourbe ?
 LUCRÈCE *à Clarice*. Il ne sait que mentir.
DORANTE. Je ne le fus jamais ; et si, par cette voie
On pense...
 CLARICE. Et vous pensez encor que je vous croie ?
DORANTE. Que la foudre à vos yeux m'écrase si je mens !
CLARICE. Un menteur est toujours prodigue de serments.
DORANTE. Non, si vous avez eu pour moi quelque pensée
Qui sur ce faux rapport puisse être balancée,

Cessez d'être en balance, et de vous défier
De ce qu'il m'est aisé de vous justifier.
CLARICE, à Lucrèce. On dirait qu'il dit vrai, tant son effronterie
Avec naïveté pousse une menterie.
DORANTE. Pour vous ôter de doute, agréez que demain
En qualité d'époux je vous donne la main.
CLARICE. Hé? vous la donneriez en un jour à deux mille.
DORANTE. Certes, vous m'allez mettre en crédit par la ville,
Mais en crédit si grand que j'en crains les jaloux.
CLARICE. C'est tout ce que mérite un homme tel que vous,
Un homme qui se dit un grand foudre de guerre,
Et n'en a vu qu'à coups d'écritoire ou de verre;
Qui vint hier de Poitiers, et conte, à son retour,
Que depuis une année il fait ici sa cour;
Qui donne toute nuit festin, musique et danse,
Bien qu'il l'ait dans son lit passée en tout silence;
Qui se dit marié, puis soudain s'en dédit.
Sa méthode est jolie à se mettre en crédit!
Vous-même apprenez-moi comme il faut qu'on le nomme.
CLITON à Dorante. Si vous vous en tirez, je vous tiens habile homme.
DORANTE à Cliton. Ne t'épouvante point : tout vient en sa saison.
(à Clarice) De ces inventions chacune a sa raison;
Sur toutes quelque jour je vous rendrai contente;
Mais à présent je passe à la plus importante.
J'ai donc feint cet hymen; (pourquoi désavouer
Ce qui vous forcera vous même à me louer?)
Je l'ai feint, et ma feinte à vos mépris m'expose.
Mais si de ces détours vous seule étiez la cause?
CLARICE. Moi?
DORANTE. Vous. Ecoutez-moi. Ne pouvant consentir...
CLITON à Dorante. De grâce! dites-moi si vous allez mentir.
DORANTE à Cliton. Ah! je t'arracherai cette langue importune.
(à Clarice.) Donc comme à vous servir j'attache ma fortune,
L'amour que j'ai pour vous ne pouvant consentir
Qu'un père à d'autres lois voulût m'assujétir...
CLARICE à Lucrèce. Il fait pièce nouvelle; écoutons.
DORANTE. Cette adresse
A conservé mon âme à la belle Lucrèce;
Et, par ce mariage au besoin inventé,
J'ai su rompre celui qu'on m'avait apprêté.
Blâmez-moi de tomber en des fautes si lourdes,
Appelez-moi grand fourbe et grand donneur de bourdes;
Mais louez-moi du moins d'aimer si puissamment,
Et joignez à ces noms celui de votre amant.
Je fais par cet hymen banqueroute à tous autres;
J'évite tous leurs fers pour mourir dans les vôtres;
Et, libre pour entrer dans des liens si doux,
Je me fais marié pour toute autre que vous.
CLARICE. Votre flamme en naissant a trop de violence,
Et me laisse toujours en juste défiance.
Le moyen que mes yeux eussent de tels appas
Pour qui m'a si peu vue et ne me connaît pas?
DORANTE. Je ne vous connais pas! vous n'avez plus de mère;
Périandre est le nom de monsieur votre père;
Il est homme de robe, adroit et retenu;
Dix mille écus de rente en font le revenu;
Vous perdîtes un frère aux guerres d'Italie;
Vous aviez une sœur qui s'appelait Julie,
Vous connais-je à présent? dites encor que non.

CLARICE *à Lucrèce.* Cousine, il te connaît, et t'en veut tout de bon.
LUCRÈCE *à part.* Plût à Dieu !
    CLARICE *à Lucrèce.* Découvrons le fond de l'artifice.
(*à Dorante.*) J'avais voulu tantôt vous parler de Clarice,
Quelqu'un de vos amis m'en est venu prier.
Dites-moi, seriez-vous pour elle à marier?
DORANTE. Par cette question m'éprouvez plus ma flamme.
 Je vous ai trop fait voir jusqu'au fond de mon âme,
Et vous ne pouvez plus désormais ignorer
Que j'ai feint cet hymen avant de m'en parer.
Je n'ai ni feux ni vœux que pour votre service,
Et ne puis plus avoir que mépris pour Clarice.
CLARICE. Vous êtes, à vrai dire, un peu bien dégoûté;
 Clarice est de maison, et n'est pas sans beauté :
Si Lucrèce à vos yeux paraît un peu plus belle,
De bien mieux faits que vous se contenteraient d'elle.
DORANTE. Oui, mais un grand défaut ternit tous ses appas.
CLARICE. Quel est-il ce défaut?
      DORANTE. Elle ne me plaît pas :
Et plutôt que l'hymen avec elle me lie,
Je serai marié, si l'on veut, en Turquie.
CLARICE. Aujourd'hui cependant on m'a dit qu'en plein jour
 Vous lui serriez la main, et lui parliez d'amour.
DORANTE. Quelqu'un auprès de vous m'a fait cette imposture.
CLARICE *à Lucrèce.* Ecoutez l'imposteur; c'est hasard s'il n'en jure.
DORANTE. Que du ciel...
  CLARICE *à Lucrèce.* L'ai-je dit?
        DORANTE. J'éprouve le courroux,
Si j'ai parlé, Lucrèce, à personne qu'à vous !
CLARICE. Je ne puis plus souffrir une telle impudence,
Après ce que j'ai vu moi-même en ma présence :
Vous couchez d'imposture, et vous osez jurer,
Comme si je pouvais vous croire, ou l'endurer?
Adieu : retirez-vous, et croyez, je vous prie,
Que souvent je m'égaie ainsi par raillerie,
Et que, pour me donner des passe-temps si doux,
J'ai donné cette baie à bien d'autres qu'à vous.

SCÈNE VI. — DORANTE, CLITON.

CLITON. Eh bien ! vous le voyez; l'histoire est découverte.
DORANTE. Ah ! Cliton ! je me trouve à deux doigts de ma perte.
CLITON. Vous en avez sans doute un plus heureux succès,
 Et vous avez gagné chez elle un grand accès.
Mais je suis ce fâcheux qui nuis par ma présence,
Et vous fais sous ces mots être d'intelligence.
DORANTE. Peut-être : qu'en crois-tu?
       CLITON. Le peut-être est gaillard.
DORANTE. Penses-tu qu'après tout j'en quitte encor ma part,
 Et tienne tout perdu pour un peu de traverse ?
CLITON. Si jamais cette part tombait dans le commerce,
 Et qu'il vous vînt marchand pour ce trésor caché,
Je vous conseillerais d'en faire bon marché.
DORANTE. Mais pourquoi si peu croire un feu si véritable?
CLITON. A chaque bout de champ vous mentez comme un diable.
DORANTE. Je disais vérité.
    CLITON. Quand un menteur la dit,
En passant par sa bouche elle perd son crédit.
DORANTE. Il faut donc essayer si par quelque autre bouche
 Elle pourra trouver un accueil moins farouche.

Allons sur le chevet rêver quelque moyen
D'avoir de l'incrédule un plus doux entretien.
Souvent leur belle humeur suit le cours de la lune :
Telle rend des mépris qui veut qu'on l'importune,
Et, de quelques effets que les siens soient suivis,
Il sera demain jour, et la nuit porte avis.

ACTE QUATRIÈME.
SCÈNE I. — DORANTE, CLITON.

CLITON. Mais, Monsieur, pensez-vous qu'il soit jour chez Lucrèce ?
Pour sortir si matin elle a trop de paresse.
DORANTE. On trouve bien souvent plus qu'on ne croit trouver ;
Et ce lieu pour ma flamme est plus propre à rêver :
J'en puis voir sa fenêtre, et de sa chère idée
Mon âme à cet aspect sera mieux possédée.
CLITON. A propos de rêver, n'avez-vous rien trouvé
Pour servir de remède au désordre arrivé ?
DORANTE. Je me suis souvenu d'un secret que toi-même
Me donnais hier pour grand, pour rare, pour suprême.
Un amant obtient tout quand il est libéral.
CLITON. Le secret est fort beau, mais vous l'appliquez mal :
Il ne fait réussir qu'auprès d'une coquette.
DORANTE. Je sais ce qu'est Lucrèce, elle est sage et discrète ;
A lui faire présent mes efforts seraient vains ;
Elle a le cœur trop bon ; mais ses gens ont des mains :
Et, bien que sur ce point telle les désavoue,
Avec un tel secret leur langue se dénoue :
Ils parlent ; et souvent on les daigne écouter.
A tel prix que ce soit, il m'en faut acheter.
Si celle-ci venait qui m'a rendu sa lettre,
Après ce qu'elle a fait j'ose tout m'en promettre ;
Et ce sera hasard si sans beaucoup d'effort
Je ne trouve moyen de lui payer le port.
CLITON. Certes, vous dites vrai, j'en juge par moi-même :
Ce n'est point mon humeur de refuser qui m'aime ;
Et comme c'est m'aimer que me faire présent,
Je suis toujours alors d'un esprit complaisant.
DORANTE. Il est beaucoup d'humeurs pareilles à la tienne.
CLITON. Mais, Monsieur, attendant que Sabine survienne,
Et que sur son esprit vos dons fassent vertu,
Il court quelque bruit sourd qu'Alcippe s'est battu.
DORANTE. Contre qui ?
CLITON. L'on ne sait ; mais ce confus murmure
D'un air pareil au vôtre à peu près le figure ;
Et, si de tout le jour je vous avais quitté,
Je vous soupçonnerais de cette nouveauté.
DORANTE. Tu ne me quittas point pour entrer chez Lucrèce !
CLITON. Ah ! Monsieur, m'auriez-vous joué ce tour d'adresse ?
DORANTE. Nous nous battîmes hier et j'avais fait serment
De ne parler jamais de cet évènement ;
Mais à toi, de mon cœur l'unique secrétaire,
A toi, de mes secrets le grand dépositaire,
Je ne célerai rien, puisque je l'ai promis.
Depuis cinq ou six mois nous étions ennemis :
Il passa par Poitiers, où nous prîmes querelle ;
Et comme on nous fit lors une paix telle qu'elle,
Nous sûmes l'un à l'autre en secret protester
Qu'à la première vue il en faudrait tâter.

Hier nous nous rencontrons ; cette ardeur se réveille,
Fait de notre embrassade un appel à l'oreille :
Je me défais de toi, j'y cours, je le rejoins,
Nous vidons sur le pré l'affaire sans témoins ;
Et, le perçant à jour de deux coups d'estocade,
Je le mets hors d'état d'être jamais malade ;
Il tombe dans son sang.

CLITON. A ce compte il est mort ?
DORANTE. Je le laissai pour tel.
CLITON. Certes, je plains son sort :
Il était honnête homme ; et le ciel ne déploie...

SCÈNE II — DORANTE, ALCIPPE, CLITON.

ALCIPPE. Je te veux, cher ami, faire part de ma joie.
Je suis heureux ; mon père...
DORANTE. Eh bien ?
ALCIPPE. Vient d'arriver.
CLITON à Dorante. Cette place pour vous est facile à rêver.
DORANTE. Ta joie est peu commune, et pour revoir un père
Un homme tel que nous ne se réjouit guère.
ALCIPPE. Un esprit que la joie entièrement saisit
Présume qu'on l'entend au moindre mot qu'il dit.
Sache donc que je touche à l'heureuse journée
Qui doit avec Clarice unir ma destinée :
On attendait mon père afin de tout signer.
DORANTE. C'est ce que mon esprit ne pouvait deviner ;
Mais je m'en réjouis. Tu vas entrer chez elle ?
ALCIPPE. Oui, je lui vais porter cette heureuse nouvelle ;
Et je t'en ai voulu faire part en passant.
DORANTE. Tu t'acquiers d'autant plus un cœur reconnaissant.
Enfin donc ton amour ne craint plus de disgrace ?
ALCIPPE. Cependant qu'au logis mon père se délasse,
J'ai voulu par devoir prendre l'heure du sien.
CLITON, à Dorante. Les gens que vous tuez se portent assez bien.
ALCIPPE. Je n'ai de part ni d'autre aucune défiance :
Excusez d'un amant la juste impatience.
Adieu.
DORANTE. Le ciel te donne un hymen sans souci !

SCÈNE III. — DORANTE, CLITON.

CLITON. Il est mort ! Quoi ! Monsieur, vous m'en donnez aussi,
A moi, de votre cœur l'unique secrétaire,
A moi, de vos secrets le grand dépositaire !
Avec ces qualités j'avais lieu d'espérer
Qu'assez mal aisément je pourrais m'en parer.
DORANTE. Quoi ! mon combat te semble un conte imaginaire ?
CLITON. Je croirai tout, Monsieur, pour ne pas vous déplaire ;
Mais vous en contez tant, à tout heure, en tous lieux,
Qu'il faut bien de l'esprit avec vous et bons yeux.
Maure, Juif, ou Chrétien, vous n'épargnez personne.
DORANTE. Alcippe te surprend ! sa guérison t'étonne !
L'état où je le mis était fort périlleux ;
Mais il est à présent des secrets merveilleux :
Ne t'a-t-on point parlé d'une source de vie
Que nomment nos guerriers poudre de sympathie ?
On en voit tous les jours des effets étonnants.
CLITON. Encor ne sont-ils pas du tout si surprenants ;
Et je n'ai point appris qu'elle eût tant d'efficace,
Qu'un homme que pour mort on laisse sur la place,
Qu'on a de deux grands coups percé de part en part,

CORNEILLE.

Je lui veux par pitié donner quelques leçons.
Chère amie, entre nous, toutes tes révérences
En ces occasions ne sont qu'impertinences :
Si ce n'est assez d'une, ouvre toutes les deux ;
Le métier que tu fais ne veut point de honteux.
Sans te piquer d'honneur, crois qu'il n'est que de prendre,
Et que tenir vaut mieux mille fois que d'attendre.
Cette pluie est fort douce ; et, quand j'en vois pleuvoir,
J'ouvrirais jusqu'au cœur pour la mieux recevoir.
On prend à toutes mains dans le siècle où nous sommes,
Et refuser n'est plus le vice des grands hommes.
Retiens bien ma doctrine : et, pour faire amitié,
Si tu veux, avec toi je serai de moitié.
SABINE. Cet article est de trop.
DORANTE. Vois-tu, je me propos
De faire avec le temps pour toi toute autre chose.
Mais comme j'ai reçu cette lettre de toi,
En voudrais-tu donner la réponse pour moi ?
SABINE. Je la donnerai bien ; mais je n'ose vous dire
Que ma maîtresse daigne ou la prendre, ou la lire :
J'y ferai mon effort.
CLITON. Voyez, elle se rend
Plus douce qu'une épouse, et plus souple qu'un gant.
DORANTE.
(Bas, à Cliton.)   (Haut, à Sabine.)
Le secret a joué. Présente-la, n'importe :
Elle n'a pas pour moi d'aversion si forte.
Je reviens dans une heure en apprendre l'effet.
SABINE. Je vous conterai lors tout ce que j'aurai fait.

SCÈNE VII. — CLITON, SABINE.

CLITON. Tu vois que les effets préviennent les paroles ;
C'est un homme qui fait litière de pistoles.
Mais comme auprès de lui je puis beaucoup pour toi...
SABINE. Fais tomber de la pluie, et laisse faire à moi.
CLITON. Tu viens d'entrer en goût.
SABINE. Avec mes révérences
Je ne suis pas encor si dupe que tu penses :
Je sais bien mon métier, et ma simplicité
Joue aussi bien son jeu que ton avidité.
CLITON. Si tu sais ton métier, dis-moi quelle espérance
Doit obstiner mon maître à la persévérance.
Sera-t-elle insensible ? en viendrons-nous à bout ?
SABINE. Puisqu'il est si brave homme, il faut te dire tout.
Pour te désabuser, sache donc que Lucrèce
N'est rien moins qu'insensible à l'ardeur qui le presse :
Durant toute la nuit elle n'a point dormi ;
Et, si je ne me trompe, elle l'aime à demi.
CLITON. Mais sur quel privilége est-ce qu'elle se fonde,
Quand elle aime à demi, de maltraiter le monde.
Il n'en a cette nuit reçu que des mépris.
Chère amie, après tout, mon maître vaut son prix :
Ces amours à demi sont d'une étrange espèce ;
Et, s'il voulait me croire, il quitterait Lucrèce.
SABINE. Qu'il ne se hâte point, on l'aime assurément.
CLITON. Mais on le lui témoigne un peu bien rudement,
Et je ne vis jamais de méthodes pareilles.
SABINE. Elle tient, comme on dit, le loup par les oreilles ;
Elle l'aime, et son cœur n'y saurait consentir,

Parce que d'ordinaire il ne fait que mentir.
Hier même elle le vit dedans les Tuileries,
Où tout ce qu'il conta n'était que menteries.
Il en a fait autant depuis à deux ou trois.
CLITON. Les menteurs les plus grands disent vrai quelquefois.
SABINE. Elle a lieu de douter, et d'être en défiance.
CLITON. Qu'elle donne à ses feux un peu plus de croyance;
Il n'a fait toute nuit que soupirer d'ennui.
SABINE. Peut-être que tu mens aussi bien comme lui.
CLITON. Je suis homme d'honneur; tu me fais injustice.
SABINE. Mais dis-moi, sais-tu bien qu'il n'aime plus Clarice?
CLITON. Il ne l'aima jamais.
SABINE. Pour certain.
CLITON. Pour certain.
SABINE. Qu'il ne craigne donc plus de soupirer en vain.
Aussitôt que Lucrèce a pu le reconnaître,
Elle a voulu qu'exprès je me sois fait paraître,
Pour voir si par hasard il ne me dirait rien ;
Et, s'il l'aime en effet, tout le reste ira bien.
Va-t'en ; et, sans te mettre en peine de m'instruire,
Crois que je lui dirai tout ce qu'il lui faut dire.
CLITON. Adieu : de ton côté si tu fais ton devoir,
Tu dois croire du mien que je ferai pleuvoir.

SCÈNE VIII. — LUCRÈCE, SABINE.

SABINE *seule*. Que je vais bientôt voir une fille contente !
Mais la voici déjà ; qu'elle est impatiente !
Comme elle a les yeux fins, elle a vu le poulet.
LUCRÈCE. Et bien ! que t'ont conté le maître et le valet?
SABINE. Le maître et le valet m'ont dit la même chose;
Le maître est tout à vous, et voici de sa prose.
LUCRÈCE *après avoir lu*. Dorante avec chaleur fait le passionné :
Mais le fourbe qu'il est nous en a trop donné;
Et je ne suis pas fille à croire ses paroles.
SABINE. Je ne les crois non plus, mais j'en crois ses pistoles
LUCRÈCE. Il t'a donc fait présent?
SABINE. Voyez.
LUCRÈCE. Et tu l'as pris?
SABINE. Pour vous ôter du trouble où flottent vos esprits,
Et vous mieux témoigner ses flammes véritables,
J'en ai pris les témoins les plus indubitables ;
Et je remets, Madame, au jugement de tous,
Si qui donne à vos gens est sans amour pour vous,
Et si ce traitement marque une âme commune.
LUCRÈCE. Je ne m'oppose pas à ta bonne fortune;
Mais comme en l'acceptant tu sors de ton devoir,
Du moins une autre fois ne m'en fais rien savoir.
SABINE. Mais à ce libéral que pourrais-je promettre?
LUCRÈCE. Dis-lui que, sans la voir j'ai déchiré sa lettre.
SABINE. O ma bonne fortune, où vous en fuyez-vous?
LUCRÈCE. Mêles-y de ta part deux ou trois mots plus doux:
Conte-lui dextrement le naturel des femmes ;
Dis-lui qu'avec le temps on amollit leurs ames;
Et l'avertis surtout des heures et des lieux
Où par rencontre il peut se montrer à mes yeux.
Parce qu'il est grand fourbe, il faut que je m'assure.
SABINE. Ah ! si vous connaissiez les peines qu'il endure,
Vous ne douteriez plus si son cœur est atteint :
Toute nuit il soupire, il gémit, il se plaint.

LUCRÈCE. Pour apaiser les maux que cause cette plainte,
  Donne-lui de l'espoir avec beaucoup de crainte ;
  Et sache entre les deux toujours le modérer,
  Sans m'engager à lui, ni le désespérer.

SCÈNE IX. — CLARICE, LUCRÈCE, SABINE.

CLARICE. Il t'en veut tout de bon, et m'en voilà défaite :
  Mais je souffre aisément la perte que j'ai faite ;
  Alcippe la répare, et son père est ici.
LUCRÈCE. Te voilà donc bientôt quitte d'un grand souci ?
CLARICE. M'en voilà bientôt quitte ; et toi, te voilà prête
  A t'enrichir bientôt d'une étrange conquête.
  Tu sais ce qu'il m'a dit.
           SABINE. S'il vous mentait alors,
  A présent il dit vrai ; j'en réponds corps pour corps.
CLARICE. Peut-être qu'il le dit ; mais c'est un grand peut-être.
LUCRÈCE. Dorante est un grand fourbe, et nous l'a fait connaître ;
  Mais s'il continuait encore à m'en conter,
  Peut-être avec le temps il me ferait douter.
CLARICE. Si tu l'aimes, du moins, étant bien avertie,
  Prends bien garde à ton fait, et fais bien ta partie.
LUCRÈCE. C'en est trop, et tu dois seulement présumer
  Que je penche à le croire, et non pas à l'aimer.
CLARICE. De le croire à l'aimer la distance est petite :
  Qui fait croire ses feux fait croire son mérite ;
  Ces deux points en amour se suivent de si près,
  Que qui se croit aimée aime bientôt après.
LUCRÈCE. La curiosité souvent dans quelques âmes
  Produit le même effet que produirait des flammes.
CLARICE. Je suis prête à le croire, afin de t'obliger.
SABINE. Vous me feriez ici toutes deux enrager.
  Voyez, qu'il est besoin de tout ce badinage !
  Faites moins la sucrée, et changez de langage,
  Ou vous n'en casserez, ma foi, que d'une dent.
LUCRÈCE. Laissons-là cette folle, et dis-moi cependant,
  Quand nous le vîmes hier dedans les Tuileries,
  Qu'il te conta d'abord tant de galanteries,
  Il fut, ou je me trompe, assez bien écouté.
  Etait-ce amour alors ou curiosité ?
CLARICE. Curiosité pure, avec dessein de rire
  De tous les compliments qu'il aurait pu me dire.
LUCRÈCE. Je fais de ce billet même chose à mon tour ;
  Je l'ai pris, je l'ai lu, mais le tout sans amour :
  Curiosité pure, avec dessein de rire
  De tous les compliments qu'il aurait pu m'écrire.
CLARICE. Ce sont deux que de lire, et d'avoir écouté :
  L'un est grande faveur, l'autre civilité ;
  Mais trouves-y ton compte, et j'en serai ravie ;
  En l'état où je suis, j'en parle sans envie.
LUCRÈCE. Sabine lui dira que je l'ai déchiré.
CLARICE. Nul avantage ainsi n'en peut être tiré.
  Tu n'es que curieuse.
           LUCRÈCE. Ajoute à ton exemple.
CLARICE. Soit. Mais il est saison que nous allions au temple.
LUCRÈCE *à Clarice.* Allons.
           (*A Sabine.*) Si tu le vois, agis comme tu sais.
SABINE. Ce n'est pas sur ce coup que je fais mes essais :
  Je connais à tous deux où tient la maladie,
  Et le mal sera grand si je n'y remédie.

Mais sachez qu'il est homme à prendre sur le vert.
LUCRÈCE. Je te croirai.
SABINE. Mettons cette pluie à couvert.

ACTE CINQUIÈME.
SCÈNE I. — GÉRONTE, PHILISTE.

GÉRONTE. Je ne pouvais avoir rencontre plus heureuse
Pour satisfaire ici mon humeur curieuse.
Vous avez feuilleté le digeste à Poitiers,
Et vu, comme mon fils, les gens de ces quartiers :
Ainsi vous me pouvez facilement apprendre
Quelle est et la famille et le bien de Pyrandre ?
PHILISTE. Quel est-il ce Pyrandre ?
GÉRONTE. Un de leurs citoyens :
Noble, à ce qu'on m'a dit, mais un peu mal en biens.
PHILISTE. Il n'est dans tout Poitiers bourgeois ni gentilhomme,
Qui, si je m'en souviens, de la sorte se nomme.
GÉRONTE. Vous le connaîtrez mieux peut-être à l'autre nom :
Ce Pyrandre s'appelle autrement Armédon.
PHILISTE. Aussi peu l'un que l'autre.
GÉRONTE. Et le père d'Orphise,
Cette rare beauté qu'en ces lieux même on prise ?
Vous connaissez le nom de cet objet charmant
Qui fait de ces cantons le plus digne ornement ?
PHILISTE. Croyez que cette Orphise, Armédon et Pyrandre,
Sont gens dont à Poitiers on ne peut rien apprendre.
S'il vous faut sur ce point encor quelque garant...
GÉRONTE. En faveur de mon fils vous faites l'ignorant ;
Mais je ne sais que trop qu'il aime cette Orphise,
Et qu'après les douceurs d'une longue hantise,
On l'a seul dans sa chambre avec elle trouvé ;
Que par son pistolet un désordre arrivé
L'a forcé sur-le-champ d'épouser cette belle.
Je sais tout ; et, de plus, ma bonté paternelle
M'a fait y consentir ; et votre esprit discret
N'a plus d'occasion de m'en faire un secret.
PHILISTE. Quoi ! Dorante a donc fait un secret mariage ?
GÉRONTE. Et, comme je suis bon, je pardonne à son âge.
PHILISTE. Qui vous l'a dit ?
GÉRONTE. Lui-même.
PHILISTE. Ah ! puisqu'il vous l'a dit,
Il vous fera du reste un fidèle récit ;
Il en sait mieux que moi toutes les circonstances :
Non qu'il vous faille en prendre aucunes défiances ;
Mais il a le talent de bien imaginer,
Et moi, je n'eus jamais celui de deviner.
GÉRONTE. Vous me feriez par là soupçonner son histoire.
PHILISTE. Non, sa parole est sûre, et vous pouvez l'en croire :
Mais il nous servit hier d'une collation
Qui partait d'un esprit de grande invention ;
Et, si ce mariage est de même méthode,
La pièce est fort complète et des plus à la mode.
GÉRONTE. Prenez-vous du plaisir à me mettre en courroux ?
PHILISTE. Ma foi, vous en tenez aussi bien comme nous :
Et pour vous en parler avec plus de franchise,
Si vous n'avez jamais pour bru que cette Orphise,
Vos chers collatéraux s'en trouveront fort bien.
Vous m'entendez : adieu ; je ne vous dis plus rien.

SCÈNE II. — GÉRONTE.

O vieillesse facile ! ô jeunesse impudente !
O de mes cheveux gris honte trop évidente !
Est-il dessous le ciel père plus malheureux ?
Est-il affront plus grand pour un cœur généreux !
Dorante n'est qu'un fourbe ; et cet ingrat que j'aime,
Après m'avoir fourbé, me fait fourber moi-même ;
Et d'un discours en l'air, qu'il forge en imposteur,
Il me fait le trompette et le second auteur !
Comme si c'était peu pour mon reste de vie
De n'avoir à rougir que de son infamie,
L'infame, se jouant de mon trop de bonté,
Me fait encor rougir de ma crédulité !

SCÈNE III. — GÉRONTE, DORANTE, CLITON.

GÉRONTE. Etes-vous gentilhomme ?
            DORANTE. Ah ! rencontre fâcheuse !
Etant sorti de vous, la chose est peu douteuse.
GÉRONTE. Croyez-vous qu'il suffit d'être sorti de moi ?
DORANTE. Avec toute la France aisément je le croi.
GÉRONTE. Et ne savez-vous point avec toute la France
    D'où ce titre d'honneur a tiré sa naissance,
    Et que la vertu seule a mis dans ce haut rang
    Ceux qui l'ont jusqu'à moi fait passer dans leur sang ?
DORANTE. J'ignorerais un point que n'ignore personne,
    Que la vertu l'acquiert, comme le sang le donne !
GÉRONTE. Où le sang a manqué, si la vertu l'acquiert,
    Où le sang l'a donné, le vice aussi le perd.
    Ce qui naît d'un moyen périt par son contraire ;
    Tout ce que l'un a fait, l'autre peut le défaire ;
    Et, dans la lâcheté du vice où je te voi,
    Tu n'es plus gentilhomme, étant sorti de moi.
DORANTE. Moi ?
        GÉRONTE. Laisse-moi parler, toi, de qui l'imposture
Souille honteusement ce don de la nature ;
Qui se dit gentilhomme, et ment comme tu fais,
Il ment quand il le dit, et ne le fut jamais.
Est-il vice plus bas ? est-il tache plus noire,
Plus indigne d'un homme élevé pour la gloire ?
Est-il quelque faiblesse, est-il quelque action
Dont un cœur vraiment noble ait plus d'aversion.
Puisqu'un seul démenti lui porte une infamie
Qu'il ne peut effacer s'il n'expose sa vie,
Et si dedans le sang il ne lave l'affront
Qu'un si honteux outrage imprime sur son front ?
DORANTE. Qui vous dit que je mens ?
                GÉRONTE. Qui me le dit, infame ?
Dis-moi, si tu le peux, dis le nom de ta femme.
Le conte qu'hier au soir tu m'en fis publier...
CLITON, à Dorante. Dites que le sommeil vous l'a fait oublier,
GÉRONTE. Ajoute, ajoute encore avec effronterie
Le nom de ton beau-père et de sa seigneurie ;
Invente à m'éblouir quelques nouveaux détours.
CLITON, à Dorante. Appelez la mémoire ou l'esprit au secours.
GÉRONTE. De quel front cependant faut-il que je confesse
    Que ton effronterie a surpris ma vieillesse,
    Qu'un homme de mon âge a cru légèrement
    Ce qu'un homme du tien débite impudemment ?
    Tu me fais donc servir de fable et de risée,

Passer pour esprit faible et pour cervelle usée !
Mais, dis-moi, te portais-je à la gorge un poignard?
Voyais-tu violence ou courroux de ma part?
Si quelque aversion t'éloignait de Clarice,
Quel besoin avais-tu d'un si lâche artifice?
Et pouvais-tu douter que mon consentement
Ne dût tout accorder à ton contentement,
Puisque mon indulgence, au dernier point venue,
Consentait à tes yeux l'hymen d'une inconnue?
Ce grand excès d'amour que je t'ai témoigné
N'a point touché ton cœur, ou ne l'a point gagné :
Ingrat, tu m'as payé d'une impudente feinte,
Et tu n'as eu pour moi, respect, amour, ni crainte.
Va, je te désavoue.

DORANTE. Hé! mon père, écoutez...
GÉRONTE. Quoi! des contes en l'air et sur l'heure inventés?
DORANTE. Non, la vérité pure.

GÉRONTE. En est-il dans ta bouche?
CLITON, à *Dorante*. Voici pour votre adresse une assez rude touche.
DORANTE. Épris d'une beauté qu'à peine j'ai pu voir
Qu'elle a pris sur mon âme un absolu pouvoir,
De Lucrèce, en un mot, vous la pouvez connaître...
GÉRONTE. Dis vrai : je la connais, et ceux qui l'ont fait naître,
Son père est mon ami.

DORANTE. Mon cœur en un moment
Étant de ses regards charmé si puissamment,
Le choix que vos bontés avaient fait de Clarice,
Sitôt que je le sus, me parut un supplice :
Mais comme j'ignorais si Lucrèce et son sort
Pouvaient avec le vôtre avoir quelque rapport,
Je n'osai pas encor vous découvrir la flamme
Que venaient ses beautés d'allumer dans mon âme;
Et j'avais ignoré, Monsieur, jusqu'à ce jour
Que l'adresse d'esprit fût un crime en amour.
Mais si je vous osais demander quelque grace,
A présent que je sais et son bien et sa race,
Je vous conjurerais, par les nœuds les plus doux
Dont l'amour et le sang pussent m'unir à vous,
De seconder mes vœux auprès de cette belle;
Obtenez-la d'un père, et je l'obtiendrai d'elle.
GÉRONTE. Tu me fourbes encor.

DORANTE. Si vous ne m'en croyez,
Croyez-en, pour le moins, Cliton que vous voyez.
Il sait tout mon secret.

GÉRONTE. Tu ne meurs point de honte
Qu'il faille que de lui je fasse plus de compte,
Et que ton père même, en doute de ta foi,
Donne plus de croyance en ton valet qu'à toi!
Ecoute : je suis bon, et, malgré ma colère,
Je veux encor un coup montrer un cœur de père;
Je veux encor un coup pour toi me hasarder.
Je connais ta Lucrèce, et la vais demander;
Mais si de ton côté le moindre obstacle arrive...
DORANTE. Pour vous mieux assurer, souffrez que je vous suive
GÉRONTE. Demeure ici, demeure, et ne suis point mes pas;
Je doute, je hasarde, et je ne te crois pas.
Mais sache que tantôt si pour cette Lucrèce
Tu fais la moindre fourbe, ou la moindre finesse,
Tu peux bien fuir mes yeux, et ne me voir jamais;

Autrement souviens-toi du serment que je fais :
Je jure les rayons du jour qui nous éclaire
Que tu ne mourras point que de la main d'un père,
Et que ton sang indigne à mes pieds répandu
Rendra prompte justice à mon honneur perdu.

SCÈNE IV. — DORANTE, CLITON.

DORANTE. Je crains peu les effets d'une telle menace.
CLITON. Vous vous rendez trop tôt et de mauvaise grâce;
Et cet esprit adroit, qui l'a dupé deux fois,
Devait en galant homme aller jusques à trois :
Toutes tierces, dit-on, sont bonnes, ou mauvaises.
DORANTE. Cliton, ne raille point, que tu ne me déplaises;
D'un trouble tout nouveau j'ai l'esprit agité.
LITON. N'est-ce point du remords d'avoir dit vérité?
Si pourtant ce n'est point quelque nouvelle adresse :
Car je doute à présent si vous aimez Lucrèce,
Et vous vois si fertile en semblables détours,
Que, quoi que vous disiez, je l'entends au rebours.
DORANTE. Je l'aime ; et sur ce point ta défiance est vaine :
Mais je hasarde trop, et c'est ce qui me gêne.
Si son père et le mien ne tombent point d'accord,
Tout commerce est rompu, je fais naufrage au port.
Et d'ailleurs, quand l'affaire entre eux serait conclue,
Suis-je sûr que la fille y soit bien résolue?
J'ai tantôt vu passer cet objet si charmant ;
Sa compagne, ou je meure, a beaucoup d'agrément.
Aujourd'hui que mes yeux l'ont mieux examinée,
De mon premier amour j'ai l'âme un peu gênée :
Mon cœur entre les deux est presque partagé ;
Et celle-ci l'aurait, s'il n'était engagé,
CLITON. Mais pourquoi donc montrer une flamme si grande,
Et porter votre père à faire une demande ?
DORANTE. Il ne m'aurait pas cru, si je ne l'avais fait.
CLITON. Quoi! même en disant vrai vous mentiez en effet.
DORANTE. C'était le seul moyen d'apaiser sa colère.
Que maudit soit quiconque a détrompé mon père!
Avec ce faux hymen j'aurais eu le loisir
De consulter mon cœur, et je pourrais choisir.
CLITON. Mais sa compagne enfin n'est autre que Clarice.
DORANTE. Je me suis donc rendu moi-même un bon office.
Oh! qu'Alcippe est heureux, et que je suis confus!
Mais Alcippe, après tout, n'aura que mon refus.
N'y pensons plus, Cliton, puisque la place est prise.
CLITON. Vous en voilà défait aussi bien que d'Orphise.
DORANTE. Reportons à Lucrèce un esprit ébranlé,
Que l'autre à ses yeux même avait presque volé.
Mais Sabine survient.

SCÈNE V. — DORANTE, SABINE, CLITON.

DORANTE. Qu'as-tu fait de ma lettre?
En de si belles mains as-tu su la remettre?
SABINE. Oui, Monsieur, mais...
DORANTE. Quoi? mais?
SABINE. Elle a tout déchiré,
DORANTE. Sans lire?
SABINE. Sans rien lire.
DORANTE. Et tu l'as enduré?
SABINE. Ah! si vous aviez vu comme elle m'a grondée!
Elle me va chasser, l'affaire en est vidée.

DORANTE. Elle s'apaisera, mais, pour t'en consoler,
Tends la main.
SABINE. Eh! Monsieur!
DORANTE. Ose encor lui parler.
Je ne perds pas sitôt toutes mes espérances.
CLITON. Voyez la bonne pièce avec ses révérences!
Comme ses déplaisirs sont déjà consolés,
Elle vous en dira plus que vous n'en voulez.
DORANTE. Elle a donc déchiré mon billet sans le lire?
SABINE. Elle m'avait donné charge de vous le dire;
Mais, à parler sans fard...
CLITON. Sait-elle son métier!
SABINE. Elle n'en a rien fait, et l'a lu tout entier.
Je ne puis si longtemps abuser un brave homme.
CLITON. Si quelqu'un l'entend mieux, je l'irai dire à Rome.
DORANTE. Elle ne me hait pas, à ce compte?
SABINE. Elle? non.
DORANTE. M'aime-t-elle?
SABINE. Non plus.
DORANTE. Tout de bon?
SABINE. Tout de bon.
DORANTE. Aime-t-elle quelque autre?
SABINE. Encor moins.
DORANTE. Qu'obtiendrai-je?
SABINE. Je ne sais.
DORANTE. Mais enfin, dis-moi.
SABINE. Que vous dirai-je?
DORANTE. Vérité.
SABINE. Je la dis.
DORANTE. Mais elle m'aimera?
SABINE. Peut-être.
DORANTE. Mais quand encor?
SABINE. Quand elle vous croira.
DORANTE. Quand elle me croira? Que ma joie est extrême!
SABINE. Quand elle vous croira, dites qu'elle vous aime.
DORANTE. Je le dis déjà donc, et m'en ose vanter,
Puisque ce cher objet n'en saurait plus douter :
Mon père...
SABINE. La voici qui vient avec Clarice.

SCÈNE VI. — CLARICE, LUCRÈCE, DORANTE, SABINE, CLITON.

CLARICE, *à Lucrèce.* Il peut te dire vrai, mais ce n'est pas son vice.
Comme tu le connais, ne précipite rien.
DORANTE, *à Clarice.* Beauté qui pouvez seule et mon mal et mon bien.
CLARICE, *à Lucrèce.*
On dirait qu'il m'en veut, et c'est moi qu'il regarde.
LUCRÈCE, *à Clarice.*
Quelques regards sur toi sont tombés par mégarde.
Voyons s'il continue.
DORANTE *à Clarice.* Ah! que loin de vos yeux
Les moments à mon cœur deviennent ennuyeux!
Et que je reconnais par mon expérience
Quel supplice aux amants est une heure d'absence!
CLARICE *à Lucrèce.* Il continue encor.
LUCRÈCE *à Clarice.* Mais vois ce qu'il m'écrit.
CLARICE *à Lucrèce.* Mais écoute.
LUCRÈCE *à Clarice.* Tu prends pour toi ce qu'il me dit.
CLARICE. Eclaircissons-nous-en. Vous m'aimez donc, Dorante?
DORANTE *à Clarice.* Hélas! que cette amour vous est indifférente!

Depuis que vos regards m'ont mis sous votre loi...
CLARICE à *Lucrèce*. Crois-tu que ce discours s'adresse encore à toi?
LUCRÈCE à *Clarice*. Je ne sais où j'en suis.
CLARICE à *Lucrèce*. Oyons la fourbe entière.
LUCRÈCE à *Clarice*. Vu ce que nous savons, elle est un peu grossière.
CLARICE à *Lucrèce*. C'est ainsi qu'il partage entre nous son amour;
Il te flatte de nuit, et m'en conte le jour.
DORANTE à *Clarice*.
Vous consultez ensemble! Ah! quoi qu'elle vous die,
Sur de meilleurs conseils disposez de ma vie;
Le sien auprès de vous me serait trop fatal :
Elle a quelque sujet de me vouloir du mal.
LUCRÈCE à *part*. Ah! je n'en ai que trop, et si je ne me venge...
CLARICE, à *Dorante*. Ce qu'elle me disait est de vrai fort étrange.
DORANTE. C'est quelque invention de son esprit jaloux.
CLARICE. Je le crois; mais enfin me reconnaissez-vous?
DORANTE. Si je vous reconnais? Quittez ces railleries.
Vous que j'entretins hier dedans les Tuileries,
Que je fis aussitôt maîtresse de mon sort?
CLARICE. Si je veux toutefois en croire son rapport,
Pour une autre déjà votre âme inquiétée....
DORANTE. Pour une autre déjà je vous aurais quittée?
Que plutôt à vos pieds mon cœur sacrifié...
CLARICE. Bien plus, si je la crois, vous êtes marié.
DORANTE. Vous me jouez, Madame, et, sans doute pour rire,
Vous prenez du plaisir à m'entendre redire
Qu'à dessein de mourir dans des liens si doux,
Je me fais marié pour toute autre que vous.
CLARICE. Mais avant qu'avec moi le nœud d'hymen vous lie,
Vous seriez marié, si l'on veut, en Turquie.
DORANTE. Avant qu'avec toute autre on me puisse engager,
Je serai marié, si l'on veut, en Alger.
CLARICE. Mais enfin vous n'avez que mépris pour Clarice.
DORANTE. Mais enfin vous savez le nœud de l'artifice,
Et que pour être à vous je fais ce que je puis.
CLARICE. Je ne sais plus moi-même à mon tour où j'en suis.
Lucrèce, écoute un mot.
DORANTE à *Cliton*. Lucrèce! Que dit-elle.
CLITON à *Dorante*. Vous en tenez, Monsieur, Lucrèce est la plus belle
Mais laquelle des deux? J'en ai le mieux jugé;
Et vous auriez perdu si vous aviez gagé.
DORANTE à *Cliton*. Cette nuit, à la voix, j'ai cru la reconnaître.
CLITON à *Dorante*. Clarice sous son nom parlait à sa fenêtre ;
Sabine m'en a fait un secret entretien.
DORANTE à *Cliton*. Bonne bouche! j'en tiens : mais l'autre la vaut bien;
Et, comme dès tantôt je la trouvais bien faite,
Mon cœur déjà penchait où mon erreur le jette.
Ne me découvre point ; et, dans ce nouveau feu,
Tu vas me voir, Cliton, jouer un nouveau jeu.
Sans changer de discours, changeons de batterie.
LUCRÈCE à *Clarice*. Voyons le dernier point de son effronterie.
Quand tu lui diras tout, il sera bien surpris.
CLARICE à *Dorante*. Comme elle est mon amie, elle m'a tout appris.
Cette nuit vous l'aimiez, et m'avez méprisée.
Laquelle de nous deux avez-vous abusée?
Vous lui parliez d'amour en termes assez doux.
DORANTE. Moi! depuis mon retour je n'ai parlé qu'à vous.
CLARICE. Vous n'avez point parlé cette nuit à Lucrèce?
DORANTE. Vous n'avez point voulu me faire un tour d'adresse?

Et je ne vous ai point reconnue à la voix?
CLARICE. Nous dirait-il bien vrai pour la première fois?
DORANTE. Pour me venger de vous, j'eus assez de malice
Pour vous laisser jouir d'un si lourd artifice,
Et, vous laissant passer pour ce que vous vouliez,
Je vous en donnai plus que vous ne m'en donniez.
Je vous embarrassai, n'en faites point la fine.
Choisissez un peu mieux vos dupes à la mine :
Vous pensiez me jouer ; et moi je vous jouais,
Mais par de faux mépris que je désavouais ;
Car enfin je vous aime, et je hais de ma vie
Les jours que j'ai vécu sans vous avoir servie.
CLARICE. Pourquoi, si vous m'aimez, feindre un hymen en l'air,
Quand un père pour vous est venu me parler ?
Quel fruit de cette fourbe osez-vous vous promettre ?
LUCRÈCE à *Dorante*. Pourquoi, si vous l'aimez, m'écrire cette lettre?
DORANTE à *Lucrèce*. J'aime de ce courroux les principes cachés.
Je ne vous déplais pas, puisque vous vous fâchez.
Mais j'ai moi-même enfin assez joué d'adresse :
Il faut vous dire vrai, je n'aime que Lucrèce.
CLARICE à *Lucrèce*. Est-il un plus grand fourbe? et peux-tu l'écouter?
DORANTE à *Lucrèce*.
Quand vous m'aurez ouï, vous n'en pourrez douter.
Sous votre nom, Lucrèce, et par votre fenêtre,
Clarice m'a fait pièce, et je l'ai su connaître ;
Comme en y consentant vous m'avez affligé,
Je vous ai mise en peine, et je m'en suis vengé.
LUCRÈCE. Mais que disiez-vous hier dedans les Tuileries?
DORANTE. Clarice fut l'objet de mes galanteries....
CLARICE à *Lucrèce*. Veux-tu longtemps encor écouter ce moqueur?
DORANTE à *Lucrèce*. Elle avait mes discours, mais vous aviez mon cœur,
Où vos yeux faisaient naître un feu que j'ai fait taire,
Jusqu'à ce que ma flamme ait eu l'aveu d'un père :
Comme tout ce discours n'était que fiction,
Je cachais mon retour et ma condition.
CLARICE à *Lucrèce*. Vois que fourbe sur fourbe à nos yeux il entasse,
Et ne fait que jouer des tours de passe-passe.
DORANTE à *Lucrèce*. Vous seule êtes l'objet dont mon cœur est charmé.
LUCRÈCE à *Dorante*. C'est ce que les effets m'ont fort mal confirmé.
DORANTE. Si mon père à présent porte parole au vôtre,
Après son témoignage, en voudrez-vous quelque autre ?
LUCRÈCE. Après son témoignage il faudra consulter
Si nous aurons encor quelque lieu d'en douter.
DORANTE, à *Lucrèce*. Qu'à de telles clartés votre erreur se dissipe.
(*A Clarice.*) Et vous, belle Clarice, aimez toujours Alcippe.
Sans l'hymen de Poitiers il ne tenait plus rien ;
Je ne lui ferai pas ce mauvais entretien ;
Mais entre vous et moi vous savez le mystère.
Le voici qui s'avance, et j'aperçois mon père.

SCÈNE VII. — GÉRONTE, DORANTE, ALCIPPE, CLARICE, LUCRÈCE, ISABELLE, SABINE, CLITON.

ALCIPPE, *sortant de chez Clarice, et lui parlant.*
Nos parents sont d'accord, et vous êtes à moi.
GÉRONTE, *sortant de chez Lucrèce, et lui parlant.*
Votre père à Dorante engage votre foi.
ALCIPPE à *Clarice*. Un mot de votre main, l'affaire est terminée.
GÉRONTE à *Lucrèce*. Un mot de votre bouche achève l'hyménée.
DORANTE à *Lucrèce*. Ne soyez pas rebelle à seconder mes vœux.

ALCIPPE. Êtes-vous aujourd'hui muettes toutes deux ?
CLARICE. Mon père a sur mes vœux une entière puissance.
LUCRÈCE. Le devoir d'une fille est dans l'obéissance.
GÉRONTE *à Lucrèce.* Venez donc recevoir ce doux commandement.
ALCIPPE *à Clarice.* Venez donc ajouter ce doux consentement.
(*Alcippe rentre chez Clarice avec Isabelle, et le reste rentre chez Lucrèce.*)

SABINE, *à Dorante comme il rentre.*
Si vous vous mariez, il ne pleuvra plus guères.
DORANTE. Je changerai pour toi cette pluie en rivières.
SABINE. Vous n'aurez pas loisir seulement d'y penser.
Mon métier ne vaut rien quand on s'en peut passer.
CLITON *seul.* Comme en sa propre fourbe un menteur s'embarrasse !
Peu sauraient comme lui s'en tirer avec grace.
Vous autres, qui doutiez s'il en pourrait sortir
Par un si rare exemple apprenez à mentir.

FIN DU MENTEUR.

POMPÉE

TRAGÉDIE EN CINQ ACTES. — 1641.

PERSONNAGES.

JULES CÉSAR.
MARC ANTOINE.
LÉPIDE.
CORNÉLIE, femme de Pompée.
PTOLOMÉE, roi d'Egypte.
CLÉOPATRE, sœur de Ptolomée.
PHOTIN, chef du conseil d'Egypte.
ACHILLAS, lieutenant-général des armées du roi d'Egypte.
SEPTIME, tribun romain à la solde du roi d'Egypte.
CHARMION, dame d'honneur de Cléopatre.
ACHORÉE, écuyer de Cléopatre.
PHILIPPE, affranchi de Pompée.
TROUPE DE ROMAINS.
TROUPE D'ÉGYPTIENS.

La scène est à Alexandrie, dans le palais de Ptoloméc.

ACTE PREMIER.

SCÈNE I. — PTOLOMÉE, PHOTIN, ACHILLAS, SEPTIME.

PTOLOMÉE. Le destin se déclare, et nous venons d'entendre
Ce qu'il a résolu du beau-père et du gendre.
Quand les dieux étonnés semblaient se partager,
Pharsale a décidé ce qu'ils n'osaient juger.
Ses fleuves teints de sang, et rendus plus rapides
Par le débordement de tant de parricides,
Cet horrible débris d'aigles, d'armes, de chars,
Sur ces champs empestés confusément épars,
Ces montagnes de morts privés d'honneurs suprêmes,
Que la nature force à se venger eux-mêmes,
Et dont les troncs pourris exhalent dans les vents
De quoi faire la guerre au reste des vivants,
Sont les titres affreux dont le droit de l'épée,
Justifiant César, a condamné Pompée.
Ce déplorable chef du parti le meilleur,
Que sa fortune lasse abandonne au malheur,
Devient un grand exemple, et laisse à la mémoire
Des changements du sort une éclatante histoire.

Il fuit, lui qui, toujours triomphant et vainqueur.
Vit ses prospérités égaler son grand cœur ;
Il fuit, et dans nos ports, dans nos murs, dans nos villes ;
Et, contre son beau-père ayant besoin d'asyles,
Sa déroute orgueilleuse en cherche aux mêmes lieux
Où contre les Titans en trouvèrent les Dieux ;
Il croit que ce climat, en dépit de la guerre,
Ayant sauvé le ciel, sauvera bien la terre,
Et, dans son désespoir à la fin se mêlant,
Pourra prêter l'épaule au monde chancelant.
Oui, Pompée avec lui porte le sort du monde,
Et veut que notre Égypte, en miracles féconde,
Serve à sa liberté de sépulcre ou d'appui,
Et relève sa chute, ou trébuche sous lui.
 C'est de quoi, mes amis, nous avons à résoudre,
Il apporte en ces lieux les palmes ou la foudre :
S'il couronna le père, il hasarde le fils ;
Et, nous l'ayant donnée, il expose Memphis.
Il faut le recevoir, ou hâter son supplice,
Le suivre, ou le pousser dedans le précipice.
L'un me semble peu sûr, l'autre peu généreux ;
Et je crains d'être injuste, ou d'être malheureux.
Quoi que je fasse enfin, la fortune ennemie
M'offre bien des périls, ou beaucoup d'infamie :
C'est à moi de choisir, c'est à vous d'aviser
A quel choix vos conseils me doivent disposer.
Il s'agit de Pompée, et nous aurons la gloire
D'achever de César ou troubler la victoire ;
Et je puis dire enfin que jamais potentat
N'eut à délibérer d'un si grand coup d'État.

PHOTIN. Seigneur, quand par le fer les choses sont vidées,
La justice et le droit sont de vaines idées ;
Et qui veut être juste en de telles saisons
Balance le pouvoir, et non pas les raisons.
 Voyez donc votre force ; et regardez Pompée,
Sa fortune abattue, et sa valeur trompée.
César n'est pas le seul qu'il fuie en cet État :
Il fuit et le reproche et les yeux du sénat,
Dont plus de la moitié piteusement étale
Une indigne curée aux vautours de Pharsale ;
Il fuit Rome perdue, il fuit tous les Romains,
A qui par sa défaite il met les fers aux mains ;
Il fuit le désespoir des peuples et des princes
Qui vengeraient sur lui le sang de leurs provinces,
Leurs États et d'argent et d'hommes épuisés,
Leurs trônes mis en cendre, et leurs sceptres brisés.
Auteur des maux de tous, il est à tous en butte,
Et fuit le monde entier écrasé sous sa chute.
Le défendrez-vous seul contre tant d'ennemis ?
L'espoir de son salut en lui seul était mis ;
Lui seul pouvait pour soi : cédez alors qu'il tombe.
Soutiendrez-vous un faix sous qui Rome succombe,
Sous qui tout l'univers se trouve foudroyé,
Sous qui le grand Pompée a lui-même ployé ?
Quand on veut soutenir ceux que le sort accable,
A force d'être juste on est souvent coupable ;
Et la fidélité qu'on garde imprudemment,
Après un peu d'éclat, traîne un long châtiment,
Trouve un noble revers, dont les coups invincibles

Pour être glorieux, ne sont pas moins sensibles.
  Seigneur n'attirez point le tonnerre en ces lieux :
Rangez-vous du parti des destins et des dieux ;
Et sans les accuser d'injustice ou d'outrage,
Puisqu'ils font les heureux, adorez leur ouvrage ;
Quels que soient leurs décrets, déclarez-vous pour eux
Et pour leur obéir perdez les malheureux.
Pressé de toutes parts des colères célestes,
Il en vient dessus vous faire fondre les restes ;
Et sa tête, qu'à peine il a pu dérober,
Toute prête de choir, cherche avec qui tomber.
Sa retraite chez vous en effet n'est qu'un crime ;
Elle marque sa haine, et non pas son estime ;
Il ne vient que vous perdre en venant prendre port,
Et vous pouvez douter s'il est digne de mort :
Il devait mieux remplir nos vœux et notre attente,
Faire voir sur ses nefs la victoire flottante ;
Il n'eût ici trouvé que joie et que festins :
Mais puisqu'il est vaincu, qu'il s'en prenne aux destins.
J'en veux à sa disgrâce, et non à sa personne ;
J'exécute à regret ce que le ciel ordonne ;
Et du même poignard pour César destiné
Je perce en soupirant son cœur infortuné.
Vous ne pouvez enfin qu'aux dépens de sa tête
Mettre à l'abri la vôtre, et parer la tempête.
Laissez nommer sa mort un injuste attentat :
La justice n'est pas une vertu d'État.
Le choix des actions ou mauvaises ou bonnes
Ne fait qu'anéantir la force des couronnes ;
Le droit des rois consiste à ne rien épargner ;
La timide équité détruit l'art de régner :
Quand on craint d'être injuste, on a toujours à craindre ;
Et qui veut tout pouvoir doit oser tout enfreindre,
Fuir comme un déshonneur la vertu qui le perd,
Et voler sans scrupule au crime qui le sert.
  C'est là mon sentiment. Achillas et Septime
S'attacheront peut-être à quelque autre maxime.
Chacun a son avis ; mais, quel que soit le leur,
Qui punit le vaincu ne craint point le vainqueur.

ACHILLAS. Seigneur, Photin dit vrai ; mais, quoique de Pompée
Je voie et la fortune et la valeur trompée,
Je regarde son sang comme un sang précieux,
Qu'au milieu de Pharsale ont respecté les dieux.
Non qu'en un coup d'État je n'approuve le crime ;
Mais, s'il n'est nécessaire, il n'est point légitime :
Et quel besoin ici d'une extrême rigueur ?
Qui n'est point au vaincu ne craint point le vainqueur.
Neutre jusqu'à présent, vous pouvez l'être encore ;
Vous pouvez adorer César, si l'on l'adore :
Mais quoique vos encens le traitent d'immortel,
Cette grande victime est trop pour son autel ;
Et sa tête immolée au dieu de la victoire
Imprime à votre nom une tache trop noire :
Ne le pas secourir suffit sans l'opprimer.
En usant de la sorte, on ne vous peut blâmer.
Vous lui devez beaucoup ; par lui Rome animée,
A fait rendre le sceptre au feu roi Ptolomée :
Mais la reconnaissance et l'hospitalité
Sur les âmes des rois n'ont qu'un droit limité.

Quoi que doive un monarque, et dût-il sa couronne,
Il doit à ses sujets encor plus qu'à personne,
Et cesse de devoir quand la dette est d'un rang
A ne point s'acquitter qu'aux dépens de leur sang.
S'il est juste d'ailleurs que tout se considère,
Que hasardait Pompée en servant votre père?
Il se voulut par là faire voir tout puissant,
Il vit croître sa gloire en le rétablissant.
Il le servit enfin, mais ce fut de la langue ;
La bourse de César fit plus que sa harangue.
Sans ses mille talents, Pompée et ses discours
Pour rentrer en Égypte étaient un froid secours.
Qu'il ne vante donc plus ses mérites frivoles,
Les effets de César valent bien ses paroles ;
Et si c'est un bienfait qu'il faut rendre aujourd'hui,
Comme il parla pour vous, vous parlerez pour lui.
Ainsi vous le pouvez et devez reconnaître :
Le recevoir chez vous, c'est recevoir un maître,
Qui, tout vaincu qu'il est, bravant le nom de roi,
Dans vos propres États vous donnerait la loi.
 Fermez-lui donc vos ports, mais épargnez sa tête.
S'il le faut toutefois, ma main est toute prête ;
J'obéis avec joie, et je serais jaloux
Qu'autre bras que le mien portât les premiers coups.
SEPTIME. Seigneur, je suis Romain : je connais l'un et l'autre
Pompée a besoin d'aide, il vient chercher la vôtre.
Vous pouvez, comme maître absolu de son sort,
Le servir, le chasser, le livrer vif ou mort.
Des quatre le premier vous serait trop funeste ;
Souffrez donc qu'en deux mots j'examine le reste.
 Le chasser, c'est vous faire un puissant ennemi,
Sans obliger par là le vainqueur qu'à-demi,
Puisque c'est lui laisser, et sur mer et sur terre
La suite d'une longue et difficile guerre,
Dont peut-être tous deux également lassés
Se vengeraient sur vous de tous les maux passés.
Le livrer à César n'est que la même chose :
Il lui pardonnera, s'il faut qu'il en dispose,
Et, s'armant à regret de générosité,
D'une fausse clémence il fera vanité ;
Heureux de l'asservir en lui donnant la vie,
Et de plaire par là même à Rome asservie !
Cependant que, forcé d'épargner son rival,
Aussi bien que Pompée il vous voudra du mal.
 Il faut le délivrer du péril et du crime,
Assurer sa puissance, et sauver son estime,
Et du parti contraire en ce grand chef détruit,
Prendre sur vous la honte, et lui laisser le fruit :
C'est là mon sentiment, ce doit être le vôtre :
Par là vous gagnez l'un, et ne craignez plus l'autre.
Mais suivant d'Achillas le conseil hasardeux,
Vous n'en gagnez aucun, et les perdez tous deux.
PTOLOMÉE. N'examinons donc plus la justice des causes,
Et cédons au torrent qui roule toutes choses.
Je passe au plus de voix, et de mon sentiment
Je veux bien avoir part à ce grand changement.
 Assez et trop longtemps l'arrogance de Rome
A cru qu'être Romain, c'était être plus qu'homme.
Abattons sa superbe avec sa liberté ;

Dans le sang de Pompée éteignons sa fierté ;
Tranchons l'unique espoir où tant d'orgueil se fonde ;
Et donnons un tyran à ces tyrans du monde.
Secondons le destin qui les veut mettre aux fers,
Et prêtons-lui la main pour venger l'univers.
Rome, tu serviras ; et ces rois que tu braves,
Et que ton insolence ose traiter d'esclaves,
Adoreront César avec moins de douleur,
Puisqu'il sera ton maître aussi bien que le leur.
    Allez donc, Achillas, allez avec Septime
Nous immortaliser par cet illustre crime.
    Qu'il plaise au ciel ou non, laissez m'en le souci :
Je crois qu'il veut sa mort, puisqu'il l'amène ici.
ACHILLAS. Seigneur, je crois tout juste alors qu'un roi l'ordonne.
PTOLOMÉE. Allez, et hâtez-vous d'assurer ma couronne ;
Et vous ressouvenez que je mets en vos mains
Le destin de l'Égypte et celui des Romains.

    SCÈNE II. — PTOLOMÉE, PHOTIN.

PTOLOMÉE. Photin, ou je me trompe, ou ma sœur est déçue.
De l'abord de Pompée elle espère autre issue.
Sachant que de mon père il a le testament,
Elle ne doute point de son couronnement ;
Elle se croit déjà souveraine maîtresse
D'un sceptre partagé que sa bonté lui laisse ;
Et se promettant tout de leur vieille amitié,
De mon trône en son âme elle prend la moitié,
Où de son vain orgueil les cendres rallumées
Poussent déjà dans l'air de nouvelles fumées.
PHOTIN. Seigneur, c'est un motif que je ne disais pas,
Qui devait de Pompée avancer le trépas.
Sans doute il jugerait de la sœur et du frère
Suivant le testament du feu roi votre père,
Son hôte et son ami, qui l'en daigna saisir :
Jugez après cela de votre déplaisir.
Ce n'est pas que je veuille, en vous parlant contre elle,
Rompre les sacrés nœuds d'une amour fraternelle :
Du trône et non du cœur je la veux éloigner ;
Car c'est ne régner pas qu'être deux à régner :
Un roi qui s'y résout est mauvais politique ;
Il détruit son pouvoir quand il le communique ;
Et les raisons d'État... Mais, Seigneur, la voici.

    SCÈNE III. — PTOLOMÉE, CLÉOPATRE, PHOTIN.

CLÉOPATRE. Seigneur, Pompée arrive et vous êtes ici !
PTOLOMÉE. J'attends dans mon palais ce guerrier magnanime,
Et lui viens d'envoyer Achillas et Septime.
CLÉOPATRE. Quoi ! Septime à Pompée ! à Pompée Achillas !
PTOLOMÉE. Si ce n'est assez d'eux, allez suivez leurs pas.
CLÉOPATRE. Donc pour le recevoir c'est trop que de vous-même ?
PTOLOMÉE. Ma sœur, je dois garder l'honneur du diadème.
CLÉOPATRE. Si vous en portez un, ne vous en souvenez
Que pour baiser la main de qui vous le tenez,
Que pour en faire hommage aux pieds d'un si grand homme.
PTOLOMÉE. Au sortir de Pharsale est-ce ainsi qu'on le nomme ?
CLÉOPATRE. Fût-il dans son malheur de tous abandonné,
Il est toujours Pompée, et vous a couronné.
PTOLOMÉE. Il n'en est plus que l'ombre, et couronna mon père,
Dont l'ombre et non pas moi lui doit ce qu'il espère,
Il peut aller, s'il veut, dessus son monument

Recevoir ses devoirs et son remercîment.
CLÉOPATRE. Après un tel bienfait, c'est ainsi qu'on le traite !
PTOLOMÉE. Je m'en souviens, ma sœur, et je vois sa défaite.
CLÉOPATRE. Vous la voyez de vrai, mais d'un œil de mépris.
PTOLOMÉE. Le temps de chaque chose ordonne et fait le prix.
Vous qui l'estimez tant, allez lui rendre hommage ;
Mais songez qu'au port même il peut faire naufrage.
CLÉOPATRE. Il peut faire naufrage, et même dans le port !
Quoi ! vous auriez osé lui préparer la mort ?
PTOLOMÉE. J'ai fait ce que les dieux m'ont inspiré de faire,
Et que pour mon État j'ai jugé nécessaire.
CLÉOPATRE. Je ne le vois que trop, Photin et ses pareils
Vous ont empoisonné de leurs lâches conseils :
Ces âmes que le ciel ne forma que de boue...
PHOTIN. Ce sont de nos conseils, oui, Madame ; et j'avoue...
CLÉOPATRE. Photin, je parle au roi : vous répondrez pour tous,
Quand je m'abaisserai jusqu'à parler à vous.
PTOLOMÉE à *Photin*. Il faut un peu souffrir cette humeur hautaine ;
Je sais votre innocence, et je connais sa haine :
Après tout c'est ma sœur, soyez sans repartir.
CLÉOPATRE. Ah ! s'il est encor temps de vous en repentir.
Affranchissez-vous d'eux et de leur tyrannie.
Rappelez la vertu par leurs conseils bannie,
Cette haute vertu dont le ciel et le sang
Enflent toujours les cœurs de ceux de notre rang.
PTOLOMÉE. Quoi ! d'un frivole espoir déjà préoccupée,
Vous me parlez en reine en parlant de Pompée ;
Et d'un faux zèle ainsi votre orgueil revêtu
Fait agir l'intérêt sous le nom de vertu !
Confessez-le, ma sœur, vous sauriez vous en taire,
N'était le testament du feu roi notre père ;
Vous savez qui le garde.
    CLÉOPATRE. Et vous saurez aussi
Que la seule vertu me fait parler ainsi ;
J'agirais pour César, et non pas pour Pompée !
Apprenez un secret que je voulais cacher,
Et cessez désormais de me rien reprocher.
  Quand ce peuple insolent qu'enferme Alexandrie
Fit quitter au feu roi son trône et sa patrie,
Et que, jusque dans Rome, il alla du sénat
Implorer la pitié contre un tel attentat,
Il nous mena tous deux pour toucher son courage,
Vous assez jeune encor, moi déjà dans un âge
Où ce peu de beauté que m'ont donné les cieux
D'un assez vif éclat faisait briller mes yeux.
César en fut épris, et du moins j'eus la gloire
De le voir hautement donner lieu de le croire ;
Mais voyant contre lui le sénat irrité,
Il fit agir Pompée et son autorité.
Ce dernier nous servit à sa seule prière,
Qui de leur amitié fut la preuve dernière :
Vous en savez l'effet, et vous en jouissez.
Mais pour un tel amant ce ne fut pas assez :
Après avoir pour nous employé ce grand homme,
Qui nous gagne soudain toutes les voix de Rome,
Son amour en voulut seconder les efforts,
Et, nous ouvrant son cœur, nous ouvrit ses trésors :
Nous eûmes de ses feux, encore en leur naissance,
Et les nerfs de la guerre, et ceux de la puissance ;

Et les mille talents qui lui sont encore dus,
Remirent en nos mains tous nos Etats perdus.
Le roi qui s'en souvint, à son heure fatale,
Me laissa comme à vous la dignité royale,
Et, par son testament, il vous fit cette loi
Pour me rendre une part de ce qu'il tint de moi.
C'est ainsi qu'ignorant d'où vint ce bon office,
Vous appelez faveur ce qui n'est que justice
Et l'osez accuser d'une aveugle amitié,
Quand du tout qu'il me doit il me rend la moitié.

PTOLOMÉE. Certes, ma sœur, le conte est fait avec adresse.
CLÉOPATRE. César viendra bientôt, et j'en ai lettre expresse ;
Et peut-être aujourd'hui vos yeux seront témoins
De ce que votre esprit s'imagine le moins.
Ce n'est pas sans sujet que je parlais en reine.
Je n'ai reçu de vous que mépris et que haine :
Et, de ma part du sceptre indigne ravisseur,
Vous m'avez plus traitée en esclave qu'en sœur ;
Même, pour éviter des effets plus sinistres,
Il m'a fallu flatter vos insolents ministres,
Dont j'ai craint jusqu'ici le fer ou le poison ;
Mais Pompée ou César m'en va faire raison,
Et quoi qu'avec Photin Achillas en ordonne,
Ou l'une ou l'autre main me rendra ma couronne.
Cependant mon orgueil vous laisse à démêler
Quel était l'intérêt qui me faisait parler.

SCÈNE IV. — PTOLOMÉE, PHOTIN.

PTOLOMÉE. Que dites-vous, ami, de cette âme orgueilleuse ?
PHOTIN. Seigneur, cette surprise est pour moi merveilleuse ;
Je n'en sais que penser, et mon cœur étonné
D'un secret que jamais il n'aurait soupçonné,
Inconstant et confus dans son incertitude,
Ne se résout à rien qu'avec inquiétude.
PTOLOMÉE. Sauverons-nous Pompée ?
                    PHOTIN. Il faudrait faire effort,
Si nous l'avions sauvé, pour conclure sa mort.
Cléopâtre vous hait ; elle est fière, elle est belle ;
Et si l'heureux César a de l'amour pour elle,
La tête de Pompée est l'unique présent
Qui vous fasse contre elle un rempart suffisant.
PTOLOMÉE. Ce dangereux esprit a beaucoup d'artifice.
PHOTIN. Son artifice est peu contre un si grand service.
PTOLOMÉE. Mais, si tout grand qu'il est, il cède à ses appas ?
PHOTIN. Il la faudra flatter : mais ne m'en croyez pas ;
Et pour mieux empêcher qu'elle ne vous opprime,
Consultez-en encore Achillas et Septime.
PTOLOMÉE. Allons donc les voir faire, et montons à la tour ;
Et nous en résoudrons ensemble à leur retour.

ACTE DEUXIÈME.
SCÈNE I. — CLÉOPATRE, CHARMION.

CLÉOPATRE. Je l'aime ; mais l'éclat d'une si belle flamme,
Quelque brillant qu'il soit, n'éblouit point mon âme,
Et toujours ma vertu retrace dans mon cœur
Ce qu'il doit au vaincu, brûlant pour le vainqueur.
Aussi qui l'ose aimer porte une âme trop haute
Pour souffrir seulement le soupçon d'une faute ;

Et je le traiterais avec indignité,
Si j'aspirais à lui par une lâcheté.
CHARMION. Quoi ! vous aimez César, et, si vous étiez crue,
L'Egypte pour Pompée armerait à sa vue,
Et prendrait sa défense; et par un prompt secours
Du destin de Pharsale arrêterait le cours.
L'amour certes sur vous a bien peu de puissance.
CLÉOPATRE. Les princes ont cela de leur haute naissance
Leur âme dans leur sang prend des impressions
Qui dessous leur vertu rangent leurs passions;
Leur générosité soumet tout à leur gloire :
Tout est illustre en eux quand ils daignent se croire;
Et si le peuple y voit quelques dérèglements,
C'est quand l'avis d'autrui corrompt leurs sentiments.
Ce malheur de Pompée achève la ruine.
Le roi l'eût secouru, mais Photin l'assassine :
Il croit cette âme basse, et se montre sans foi;
Mais s'il croyait la sienne, il agirait en roi.
CHARMION. Ainsi donc de César l'amante et l'ennemie...
CLÉOPATRE. Je lui garde ma foi exempte d'infamie,
Un cœur digne de lui.
    CHARMION. Vous possédez le sien ?
CLÉOPATRE. Je crois le posséder.
    CHARMION. Mais le savez-vous bien ?
CLÉOPATRE. Apprends qu'une princesse aimant sa renommée,
Quand elle dit qu'elle aime, est sûre d'être aimée,
Et que les plus beaux feux dont son cœur soit épris
N'oseraient l'exposer aux hontes d'un mépris.
Notre séjour à Rome enflamma son courage :
Là j'eus de son amour le premier témoignage,
Et depuis jusqu'ici chaque jour ses courriers
M'apportent en tribut ses vœux et ses lauriers.
Partout, en Italie, aux Gaules, en Espagne,
La fortune le suit, et l'amour l'accompagne :
Son bras ne dompte point de peuples ni de lieux,
Dont il ne rende hommage au pouvoir de mes yeux,
Et de la même main dont il quitte l'épée
Fumante encore du sang des amis de Pompée,
Il trace des soupirs, et, d'un style plaintif,
Dans son champ de victoire il se dit mon captif.
Oui, tout victorieux il m'écrit de Pharsale;
Et si sa diligence à ses feux est égale,
Ou plutôt si la mer ne s'oppose à ses feux,
L'Egypte le va voir me présenter ses vœux.
Il vient, ma Charmion, jusque dans nos murailles
Chercher auprès de moi le prix de ses batailles,
M'offrir toute sa gloire, et soumettre à mes lois
Ce cœur et cette main qui commandent aux rois
Et ma rigueur, mêlée aux faveurs de la guerre,
Ferait un malheureux du maître de la terre.
CHARMION. J'oserais bien jurer que vos charmants appas
Se vantent d'un pouvoir dont ils n'useront pas,
Et que le grand César n'a rien qui l'importune
Si vos seules rigueurs ont droit sur sa fortune.
Mais quelle est votre attente, et que prétendez-vous,
Puisque d'une autre femme il est déjà l'époux.
Et qu'avec Calpurnie un paisible hyménée
Par des liens sacrés tient son âme enchaînée?
CLÉOPATRE. Le divorce, aujourd'hui si commun aux Romains,

Peut rendre en ma faveur tous ces obstacles vains :
César en sait l'usage et la cérémonie ;
Un divorce chez lui fit place à Calpurnie.
CHARMION. Par cette même voie il pourra vous quitter.
CLÉOPATRE. Peut-être mon bonheur saura mieux l'arrêter,
Peut-être mon amour aura quelque avantage
Qui saura mieux pour moi ménager son courage.
Mais laissons au hasard ce qui peut arriver ;
Achevons cet hymen, s'il se peut achever :
Ne durât-il qu'un jour, ma gloire est sans seconde
D'être du moins un jour la maîtresse du monde.
J'ai de l'ambition, et soit vice ou vertu,
Mon cœur sous son fardeau veut bien être abattu ;
J'en aime la chaleur, et la nomme sans cesse
La seule passion digne d'une princesse.
Mais je veux que la gloire anime ses ardeurs,
Qu'elle mène sans honte au faîte des grandeurs ;
Et je la désavoue alors que sa manie
Nous présente le trône avec ignominie.
Ne t'étonne donc plus, Charmion, de me voir
Défendre encor Pompée et suivre mon devoir ;
Ne pouvant rien de plus pour sa vertu séduite,
Dans mon âme en secret je l'exhorte à la fuite,
Et voudrais qu'un orage, écartant ses vaisseaux,
Malgré lui l'enlevât aux mains de ses bourreaux.
Mais voici de retour le fidèle Achorée,
Par qui j'en apprendrai la nouvelle assurée.

SCENE II. — CLÉOPATRE, ACHORÉE, CHARMION.

CLÉOPATRE. En est-ce déjà fait, et nos bords malheureux
Sont-ils déjà souillés d'un sang si généreux ?
ACHORÉE. Madame, j'ai couru par votre ordre au rivage ;
J'ai vu la trahison, j'ai vu toute sa rage,
Du plus grand des mortels j'ai vu trancher le sort ;
J'ai vu dans son malheur la gloire de sa mort ;
Et puisque vous voulez qu'ici je vous raconte
La gloire d'une mort qui nous couvre de honte,
Ecoutez, admirez et plaignez son trépas.
 Ses trois vaisseaux en rade avaient mis voiles bas ;
Et, voyant dans le port préparer nos galères,
Il croyait que le roi, touché de ses misères,
Par un beau sentiment d'honneur et de devoir,
Avec toute sa cour le venait recevoir ;
Mais voyant que ce prince, ingrat à ses mérites,
N'envoyait qu'un esquif rempli de satellites,
Il soupçonne aussitôt le manquement de foi,
Et se laisse surprendre à quelque peu d'effroi ;
Enfin, voyant nos bords et notre flotte en armes,
Il condamne en son cœur ces indignes alarmes,
Et réduit tous les soins d'un si pressant ennui
A ne hasarder pas Cornélie avec lui :
 « N'exposons, lui dit-il, que cette seule tête
 « A la réception que l'Egypte m'apprête,
 « Et tandis que moi seul j'en courrai le danger,
 « Songe à prendre la fuite afin de me venger.
 « Le roi Juba nous garde une foi plus sincère ;
 « Chez lui tu trouveras et mon fils et ton père :
 « Mais quand tu les verrais descendre chez Pluton,
 « Ne désespère point du vivant de Caton. »

Tandis que leur amour en cet adieu conteste,
Achillas à son bord joint son esquif funeste.
Septime se présente, et lui tendant la main,
Le salue empereur en langage romain ;
Et comme député de ce jeune monarque :
« Passez, Seigneur, dit-il, passez dans cette barque ;
« Les sables et les bancs cachés dessous les eaux
« Rendent l'accès mal sûr à de plus grands vaisseaux.
Ce héros voit la fourbe, et s'en moque dans l'âme :
Il reçoit les adieux des siens et de sa femme,
Leur défend de le suivre, et s'avance au trépas
Avec le même front qu'il donnait les Etats ;
La même majesté, sur son visage empreinte,
Entre ses assassins montre un esprit sans crainte ;
Sa vertu tout entière à la mort le conduit :
Son affranchi Philippe est le seul qui le suit ;
C'est de lui que j'ai su ce que je viens de dire ;
Mes yeux ont vu le reste, et mon cœur en soupire,
Et croit que César même, en de si grands malheurs
Ne pourra refuser des soupirs et des pleurs.
CLÉOPATRE. N'épargnez pas les miens ; achevez, Achorée.
L'histoire d'une mort que j'ai déjà pleurée.
ACHORÉE. On l'amène ; et du port nous le voyons venir,
Sans que pas un d'entre eux daigne l'entretenir.
Ce mépris lui fait voir ce qu'il en doit attendre.
Sitôt qu'on a pris terre, on l'invite à descendre :
Il se lève ; et soudain, pour signal Achillas,
Derrière ce héros tirant son coutelas,
Septime et trois des siens, lâches enfants de Rome,
Percent à coups pressés les flancs de ce grand homme,
Tandis qu'Achillas même, épouvanté d'horreur,
De ces quatre enragés admirent la fureur.
CLÉOPATRE. Vous qui livrez la terre aux discordes civiles,
Si vous vengez sa mort, dieux, épargnez nos villes !
N'imputez rien aux lieux, reconnaissez les mains ;
Le crime de l'Egypte est fait par des Romains.
Mais que fait et que dit ce généreux courage ?
ACHORÉE. D'un des pans de sa robe il couvre son visage,
A son mauvais destin en aveugle obéit,
Et dédaigne de voir le ciel qui le trahit,
De peur que d'un coup d'œil contre une telle offense,
Il ne semble implorer son aide ou sa vengeance.
Aucun gémissement à son cœur échappé
Ne le montre, en mourant, digne d'être frappé :
Immobile à leurs coups, en lui-même il rappelle
Ce qu'il eut de beau sa vie, et ce qu'on dira d'elle ;
Et tient la trahison que le roi leur prescrit
Trop au-dessous de lui pour y porter l'esprit.
Sa vertu dans leur crime augmente ainsi son lustre ;
Et son dernier soupir est un soupir illustre,
Qui de cette grande âme achevant les destins,
Etale tout Pompée aux yeux des assassins.
Sur les bords de l'esquif sa tête enfin penchée,
Par le traître Septime indignement tranchée,
Passe au bout d'une lance en la main d'Achillas,
Ainsi qu'un grand trophée après de grands combats.
On descend, et pour comble à sa noire aventure,
On donne à ce héros la mer pour sépulture,
Et le tronc sous les flots roule dorénavant

Au gré de la fortune, et de l'onde et du vent.
La triste Cornélie, à cet affreux spectacle,
Par de longs cris aigus tâche d'y mettre obstacle,
Défend ce cher époux de la voix et des yeux,
Puis, n'espérant plus rien, lève les mains aux cieux
Et, cédant tout-à-coup à la douleur plus forte,
Tombe dans sa galère, évanouie ou morte.
Les siens en ce désastre, à force de ramer,
L'éloignent de la rive, et regagnent la mer.
Mais sa fuite est mal sûre; et l'infâme Septime,
Qui se voit dérober la moitié de son crime,
Afin de l'achever, prend six vaisseaux au port,
Et poursuit sur les eaux Pompée après sa mort.
 Cependant Achillas porte au roi sa conquête;
Tout le peuple tremblant en détourne la tête;
Un effroi général offre à l'un sous ses pas
Des abîmes ouverts pour venger ce trépas;
L'autre entend le tonnerre; et chacun se figure
Un désordre soudain de toute la nature :
Tant l'excès du forfait, troublant leurs jugements,
Présente à leur terreur l'excès des châtiments!
Philippe, d'autre part, montrant sur le rivage
Dans une âme servile un généreux courage,
Examine d'un œil et d'un soin curieux,
Où les vagues rendront ce dépôt précieux,
Pour lui rendre, s'il peut, ce qu'aux morts on doit rendre.
Dans quelque urne chétive en ramasser la cendre,
Et d'un peu de poussière élever un tombeau
A celui qui du monde eut le sort le plus beau.
Mais comme vers l'Afrique on poursuit Cornélie,
On voit d'ailleurs César venir de Thessalie :
Une flotte paraît, qu'on a peine à compter....

CLÉOPATRE. C'est lui-même, Achorée, il n'en faut point douter :
Tremblez, tremblez méchants, voici venir la foudre;
Cléopâtre a de quoi vous mettre tous en poudre :
César vient, elle est reine, et Pompée est vengé;
La tyrannie à bas, et le sort a changé.
 Admirons cependant le destin des grands hommes,
Plaignons-les, et par eux jugeons ce que nous sommes.
 Ce prince d'un sénat maître de l'univers,
Dont le bonheur semblait au-dessus du revers,
Lui que sa Rome a vu, plus craint que le tonnerre,
Triompher en trois fois des trois parts de la terre,
Et qui voyait encore en ces derniers hasards
L'un et l'autre consul suivre ses étendards;
Sitôt que d'un malheur sa fortune est suivie,
Les monstres de l'Egypte ordonnent de sa vie :
On voit un Achillas, un Septime, un Photin,
Arbitres souverains d'un si noble destin;
Un roi qui de ses mains a reçu la couronne
A ces pestes de cour lâchement l'abandonne.
Ainsi finit Pompée : et peut-être qu'un jour
César éprouvera même sort à son tour.
Rendez l'augure faux, dieux qui voyez mes larmes,
Et secondez partout et mes vœux et ses armes!

CHARMION. Madame, le roi vient, qui pourra vous ouïr.

  SCÈNE III. — PTOLOMÉE, CLÉOPATRE, CHARMION.

PTOLOMÉE. Savez-vous le bonheur dont nous allons jouir,

Ma sœur?
CLÉOPATRE. Oui, je le sais, le grand César arrive :
Sous les lois de Photin je ne suis plus captive.
PTOLOMÉE. Vous haïssez toujours ce fidèle sujet?
CLÉOPATRE. Non, mais en liberté je ris de son projet.
PTOLOMÉE. Quel projet faisait-il dont vous pussiez vous plaindre.
CLÉOPATRE. J'en ai souffert beaucoup, et j'avais plus à craindre.
Un si grand politique est capable de tout ;
Et vous donnez les mains à tout ce qu'il résout.
PTOLOMÉE. Si je suis ses conseils, j'en connais la prudence.
CLÉOPATRE. Si j'en crains les effets, j'en vois la violence.
PTOLOMÉE. Pour le bien de l'État tout est juste en un roi.
CLÉOPATRE. Ce genre de justice est à craindre pour moi :
Après ma part du sceptre, à ce titre usurpée,
Il en coûte la vie et la tête à Pompée.
PTOLOMÉE. Jamais un coup d'état ne fut mieux entrepris,
Le voulant secourir César nous eût surpris ;
Vous voyez sa vitesse, et l'Égypte troublée
Avant qu'être en défense en serait accablée ;
Mais je puis maintenant à cet heureux vainqueur
Offrir en sûreté mon trône et votre cœur.
CLÉOPATRE. Je ferai mes présents, n'ayez soin que des vôtres,
Et dans vos intérêts n'en confondez point d'autres.
PTOLOMÉE. Les vôtres sont les miens, étant de même sang.
CLÉOPATRE. Vous pouvez dire encore étant de même rang,
Étant rois l'un et l'autre ; et toutefois je pense
Que nos deux intérêts ont quelque différence.
PTOLOMÉE. Oui, ma sœur, car l'État, dont mon cœur est content,
Sur quelques bords du Nil à grand'peine s'étend :
Mais César à vos lois soumettant son courage,
Vous va faire régner sur le Gange et le Tage.
CLÉOPATRE. J'ai de l'ambition ; mais je la sais régler :
Elle peut m'éblouir, et non pas m'aveugler.
Ne parlons point ici du Tage, ni du Gange ;
Je connais ma portée, et ne prends point le change.
PTOLOMÉE. L'occasion vous rit, et vous en userez.
CLÉOPATRE. Si je n'en use bien, vous m'en accuserez.
PTOLOMÉE. J'en espère beaucoup, vu l'amour qui l'engage.
CLÉOPATRE. Vous la craignez peut-être encore davantage ;
Mais, quelque occasion qui me rie aujourd'hui,
N'ayez aucune peur, je ne veux rien d'autrui ;
Je ne garde pour vous ni haine ni colère ;
Et je suis bonne sœur, si vous n'êtes bon frère.
PTOLOMÉE. Vous montrez cependant un peu bien du mépris.
CLÉOPATRE. Le temps de chaque chose ordonne et fait le prix.
PTOLOMÉE. Votre façon d'agir le fait assez connaître.
CLÉOPATRE. Le grand César arrive, et vous avez un maître.
PTOLOMÉE. Il l'est de tout le monde, et je l'ai fait le mien.
CLÉOPATRE. Allez lui rendre hommage, et j'attendrai le sien.
Allez, ce n'est point trop pour lui que de vous-même ;
Je garderai pour vous l'honneur du diadème.
Photin vous vient aider à le bien recevoir ;
Consultez avec lui quel est votre devoir.

SCÈNE IV. — PTOLOMÉE, PHOTIN.

PTOLOMÉE. J'ai suivi tes conseils ; mais plus je l'ai flattée,
Et plus dans l'insolence elle s'est emportée ;
Si bien qu'enfin, outré de tant d'indignités,
Je m'allais emporter dans les extrémités ;

Mon bras, dont ses mépris forçaient la retenue,
N'eût plus considéré César, ni sa venue,
Et l'eût mise en état, malgré tout son appui,
De s'en plaindre à Pompée auparavant qu'à lui.
L'arrogante! à l'ouïr elle est déjà ma reine;
Et, si César en croit son orgueil et sa haine,
Si, comme elle s'en vante, elle est son cher objet,
De son frère et son roi je deviens son sujet.
Non, non, prévenons-la : c'est faiblesse d'attendre
Le mal qu'on voit venir sans vouloir s'en défendre :
Otons-lui les moyens de nous plus dédaigner,
Otons-lui les moyens de plaire et de régner;
Et ne permettons pas qu'après tant de bravades,
Mon sceptre soit le prix d'une de ses œillades.

PHOTIN. Seigneur, ne donnez point de prétexte à César
Pour attacher l'Égypte aux pompes de son char.
Ce cœur ambitieux, qui, par toute la terre,
Ne cherche qu'à porter l'esclavage et la guerre,
Enflé de sa victoire et des ressentiments
Qu'une perte pareille imprime aux vrais amants,
Quoique vous ne rendiez que justice à vous-même,
Prendrait l'occasion de venger ce qu'il aime;
Et, pour s'assujettir et vos États et vous,
Imputerait à crime un si juste courroux.

PTOLOMÉE. Si Cléopâtre vit, s'il la voit, elle est reine.
PHOTIN. Si Cléopâtre meurt, votre perte est certaine.
PTOLOMÉE. Je perdrai qui me perd, ne pouvant me sauver.
PHOTIN. Pour la perdre avec joie il faut vous conserver.
PTOLOMÉE. Quoi! pour voir sur sa tête éclater ma couronne?
Sceptre, s'il faut enfin que ma main t'abandonne
Passe, passe plutôt en celle du vainqueur.
PHOTIN. Vous l'arracherez mieux de celle d'une sœur.
Quelques feux que d'abord il lui fasse paraître,
Il partira bientôt, et vous serez le maître.
L'amour à ses pareils ne donne point d'ardeur
Qui ne cède aisément aux soins de leur grandeur :
Il voit encor l'Afrique et l'Espagne occupées
Par Juba, Scipion, et les jeunes Pompées;
Et le monde à ses lois n'est point assujetti,
Tant qu'il verra durer ces restes du parti.
Au sortir de Pharsale un si grand capitaine
Saurait mal son métier s'il laissait prendre haleine,
Et s'il donnait loisir à des cœurs si hardis
De relever du coup dont ils sont étourdis :
S'il les vainc, s'il parvient où son désir aspire,
Il faut qu'il aille à Rome établir son empire,
Jouir de sa fortune et de son attentat,
Et changer à son gré la forme de l'État.
Jugez durant ce temps ce que vous pourrez faire.
Seigneur, voyez César, forcez-vous à lui plaire :
En lui déférant tout, veuillez vous souvenir
Que les évènements régleront l'avenir.
Remettez en ses mains trône, sceptre, couronne,
Et, sans en murmurer, souffrez qu'il en ordonne,
Il en croira sans doute ordonner justement,
En suivant du feu roi l'ordre et le testament;
L'importance d'ailleurs de ce dernier service
Ne permet pas d'en craindre une entière injustice
Quoi qu'il en fasse enfin, feignez d'y consentir,

Louez son jugement et laissez-le partir.
Après, quand nous verrons le temps propre aux vengeances,
Nous aurons et la force et les intelligences.
Jusque-là réprimez ces transports violents
Qu'excitent d'une sœur les mépris insolents :
Les bravades enfin sont des discours frivoles,
Et qui songe aux effets néglige les paroles.
PTOLOMÉE. Ah ! tu me rends la vie et le sceptre à la fois :
Un sage conseiller est le bonheur des rois.
Cher appui de mon trône, allons, sans plus attendre,
Offrir tout à César afin de tout reprendre ;
Avec toute ma flotte allons le recevoir,
Et par ces vains honneurs séduire son pouvoir.

ACTE TROISIÈME.
SCÈNE I. — CHARMION, ACHORÉE.

CHARMION. Oui, tandis que le roi va lui-même en personne
Jusqu'aux pieds de César prosterner sa couronne,
Cléopâtre s'enferme en son appartement,
Et, sans s'en émouvoir, attend son compliment.
Comment nommerez-vous une humeur si hautaine ?
ACHORÉE. Un orgueil noble et juste, et digne d'une reine,
Qui soutient avec cœur et magnanimité
L'honneur de sa naissance et de sa dignité.
Lui pourrai-je parler ?
         CHARMION. Non : mais elle m'envoie
Savoir à cet abord ce qu'on a vu de joie ;
Ce qu'à ce beau présent César a témoigné ;
S'il a paru content, ou s'il l'a dédaigné ;
S'il traite avec douceur, s'il traite avec empire ;
Ce qu'à nos assassins enfin il a su dire.
ACHORÉE. La tête de Pompée a produit des effets
Dont ils n'ont pas sujet d'être fort satisfaits.
Je ne sais si César prendrait plaisir à feindre ;
Mais pour eux jusqu'ici je trouve lieu de craindre :
S'ils aimaient Ptolomée, ils l'ont fort mal servi.
Vous l'avez vu partir, et moi je l'ai suivi.
Ses vaisseaux en bon ordre ont éloigné la ville,
Et pour joindre César n'ont avancé qu'un mille :
Il venait à plein voile ; et si dans les hasards
Il éprouva toujours pleine faveur de Mars,
Sa flotte, qu'à l'envi favorisait Neptune,
Avait le vent en poupe ainsi que sa fortune.
Dès le premier abord notre prince étonné
Ne s'est plus souvenu de son front couronné ;
Sa frayeur a paru sous sa fausse allégresse ;
Toutes ses actions ont senti la bassesse :
J'en ai rougi moi-même, et me suis plaint à moi
De voir là Ptolomée, et n'y voir point de roi ;
Et César, qui lisait sa peur sur son visage
Le flattait par pitié pour lui donner courage.
Lui d'une voix tombante offrant ce don fatal :
« Seigneur, vous n'avez plus, lui dit-il, de rival,
« Ce que n'ont pu les dieux dans votre Thessalie,
« Je vais mettre en vos mains Pompée et Cornélie :
« En voici déjà l'un, et pour l'autre, elle fuit ;
« Mais avec six vaisseaux un des miens la poursuit. »
A ces mots Achillas découvre cette tête :

Il semble qu'à parler encore elle s'apprête ;
Qu'à ce nouvel affront un reste de chaleur
En sanglots mal formés exhale sa douleur ;
Sa bouche encore ouverte et sa vue égarée
Rappellent sa grande âme à peine séparée ;
Et son courroux mourant fait un dernier effort
Pour reprocher aux dieux sa défaite et sa mort.
César, à cet aspect comme frappé du foudre,
Et comme ne sachant que croire ou que résoudre,
Immobile, et les yeux sur l'objet attachés,
Nous tient assez longtemps ses sentiments cachés ;
Et je dirai, si j'ose en faire conjecture,
Que, par un mouvement commun à la nature,
Quelque maligne joie en son cœur s'élevait,
Dont sa gloire indignée à peine le sauvait.
L'aise de voir la terre à son pouvoir soumise
Chatouillait malgré lui son âme avec surprise,
Et de cette douceur son esprit combattu
Avec un peu d'effort rassurait sa vertu.
S'il aime sa grandeur, il hait la perfidie ;
Il se juge en autrui, se tâte, et s'étudie,
Examine en secret sa joie et ses douleurs,
Les balance, choisit, laisse, couler des pleurs,
Et forçant sa vertu d'être encor la maîtresse,
Se montre généreux par un trait de faiblesse.
Ensuite il fait ôter ce présent de ses yeux,
Lève les mains ensemble et les regards aux cieux,
Lâche deux ou trois mots contre cette insolence ;
Puis tout triste et pensif il s'obstine au silence,
Et même à ses Romains ne daigne repartir
Que d'un regard farouche et d'un profond soupir.
Enfin ayant pris terre avec trente cohortes,
Il se saisit du port, il se saisit des portes,
Met des gardes partout et des ordres secrets,
Fait voir sa défiance ainsi que ses regrets,
Parle d'Égypte en maître, et de son adversaire,
Non plus comme ennemi, mais comme son beau-père.
Voilà ce que j'ai vu.

CHARMION. Voilà ce qu'attendait,
Ce qu'au juste Osiris la reine demandait.
Je vais bien la ravir avec cette nouvelle.
Vous, continuez-lui ce service fidèle.

ACHORÉE. Qu'elle n'en doute point. Mais César vient. Allez,
Peignez-lui bien nos gens pâles et désolés ;
Et moi, soit que l'issue en soit douce ou funeste,
J'irai l'entretenir quand j'aurai vu le reste.

SCÈNE II. — CÉSAR, PTOLOMÉE, LÉPIDE, PHOTIN, ACHORÉE, soi
ROMAINS, SOLDATS ÉGYPTIENS.

PTOLOMÉE. Seigneur, montez au trône, et commandez ici.
CÉSAR. Connaissez-vous César, de lui parler ainsi ?
Que m'offrirait de pis la fortune ennemie,
À moi qui tiens le trône égal à l'infamie !
Certes, Rome à ce coup pourrait bien se vanter
D'avoir eu juste lieu de me persécuter ;
Et qui d'un même œil les donne et les dédaigne,
Qui ne voit rien aux rois qu'elle aime ou qu'elle craigne.
Et qui verse en nos cœurs, avec l'âme et le sang,
Et la haine du nom, et le mépris du rang.

C'est ce que de Pompée il vous fallait apprendre ;
S'il en eût aimé l'offre, il eût su s'en défendre :
Et le trône et le roi se seraient ennoblis
A soutenir la main qui les a rétablis.
Vous eussiez pu tomber, mais tout couvert de gloire ;
Votre chute eût valu la plus haute victoire :
Et si votre destin n'eût pu vous en sauver,
César eût pris plaisir à vous en relever.
Vous n'avez pu former une si belle envie.
Mais quel droit aviez-vous sur cette illustre vie ?
Que vous devait son sang pour y tremper vos mains,
Vous qui devez respect au moindre des Romains ?
Ai-je vaincu pour vous dans les champs de Pharsale ?
Et, par une victoire aux vaincus trop fatale,
Vous ai-je acquis sur eux, en ce dernier effort,
La puissance absolue et de vie et de mort ?
Moi qui n'ai jamais pu la souffrir à Pompée,
La souffrirai-je en vous sur lui-même usurpée,
Et que de mon bonheur vous ayez abusé
Jusqu'à plus attenter que je n'aurais osé ?
De quel nom, après tout, pensez-vous que je nomme
Ce coup où vous tranchez du souverain de Rome,
Et qui sur un seul chef lui fait bien plus d'affront
Que sur tant de milliers ne fit le roi de Pont ?
Pensez-vous que j'ignore ce que je dissimule :
Que vous n'auriez pas eu pour moi plus de scrupule
Et que, s'il m'eût vaincu, votre esprit complaisant
Lui faisait de ma tête un semblable présent ?
Graces à ma victoire, on me rend des hommages
Où ma fuite eût reçu toutes sortes d'outrages ;
Au vainqueur, non à moi, vous faites tout l'honneur :
Si César en jouit, ce n'est que par bonheur.
Amitié dangereuse, et redoutable zèle,
Que règle la fortune, et qui tourne avec elle !
Mais parlez ; c'est trop être interdit et confus.
PTOLOMÉE. Je le suis, il est vrai, si jamais je le fus,
Et vous-même avouerez que j'ai sujet de l'être.
Étant né souverain, je vois ici mon maître :
Ici, dis-je, où ma cour tremble en me regardant,
Où je n'ai point encore agi qu'en commandant,
Je vois une autre cour sous une autre puissance,
Et ne puis plus agir qu'avec obéissance.
De votre seul aspect je me suis vu surpris :
Jugez si vos discours rassurent mes esprits ;
Jugez par quels moyens je puis sortir d'un trouble
Que forme le respect, que la crainte redouble,
Et ce que vous peut dire un prince épouvanté
De voir tant de colère et tant de majesté.
Dans ces étonnements dont mon âme est frappée
De rencontrer en vous le vengeur de Pompée,
Il me souvient pourtant que, s'il fut notre appui,
Nous vous dûmes dès lors autant et plus qu'à lui :
Votre faveur pour nous éclata la première,
Tout ce qu'il fit après fut à votre prière :
Il émut le sénat pour des rois outragés,
Que sans cette prière il aurait négligés ;
Mais de ce grand sénat les saintes ordonnances
Eussent peu fait pour nous, Seigneur, sans vos finances :
Par là de nos mutins le feu roi vint à bout ;

Et, pour en bien parler, nous vous devons le tout.
Nous avons honoré votre ami, votre gendre,
Jusqu'à ce qu'à vous-même il ait osé se prendre ;
Mais voyant son pouvoir, de vos succès jaloux,
Passer en tyrannie, et s'armer contre vous...

CÉSAR. Tout beau : que votre haine en son sang assouvie
N'aille point à sa gloire ; il suffit de sa vie.
N'avancez rien ici que Rome ose nier ;
Et justifiez-vous, sans le calomnier.

PTOLOMÉE. Je laisse donc aux dieux à juger ses pensées,
Et dirai seulement qu'en vos guerres passées,
Où vous fûtes forcé par tant d'indignités,
Tous nos vœux ont été pour vos prospérités ;
Que, comme il vous traitait en mortel adversaire,
J'ai cru sa mort pour vous un malheur nécessaire ;
Et que sa haine injuste, augmentant tous les jours,
Jusque dans les enfers chercherait du secours ;
Ou qu'enfin, s'il tombait dessous votre puissance,
Il nous fallait pour vous craindre votre clémence ;
Et que le sentiment d'un cœur trop généreux,
Usant mal de vos droits, vous rendît malheureux.
J'ai donc considéré qu'en ce péril extrême
Nous vous devions, Seigneur, servir malgré vous-même ;
Et, sans attendre d'ordre en cette occasion,
Mon zèle ardent l'a pris à ma confusion.
Vous m'en désavouez, vous l'imputez à crime ;
Mais pour servir César rien n'est illégitime.
J'en ai souillé mes mains pour vous en préserver ;
Vous pouvez en jouir, et le désapprouver :
Et j'ai plus fait pour vous, plus l'action est noire,
Puisque c'est d'autant plus vous immoler ma gloire,
Et que ce sacrifice, offert par mon devoir,
Vous assure la vôtre avec votre pouvoir.

CÉSAR. Vous cherchez, Ptolomée, avecque trop de ruses
De mauvaises couleurs et de froides excuses.
Votre zèle était faux, si seul il redoutait
Ce que le monde entier à pleins vœux souhaitait,
Et s'il vous a donné ces craintes trop subtiles,
Qui m'ôtent tout le fruit de nos guerres civiles,
Où l'honneur seul m'engage, et que, pour terminer,
Je ne veux que celui de vaincre et pardonner,
Où mes plus dangereux et plus grands adversaires,
Sitôt qu'ils sont vaincus, ne sont plus que mes frères ;
Et mon ambition ne va qu'à les forcer,
Ayant dompté leur haine, à vivre et m'embrasser.
O combien d'allégresse une si triste guerre
Aurait-elle laissé dessus toute la terre,
Si Rome avait pu voir marcher en même char
Vainqueurs de leur discorde, et Pompée et César !
Voilà ces grands malheurs que craignait votre zèle.
O crainte ridicule autant que criminelle !
Vous craignez ma clémence ! ah ! n'ayez plus ce soin ;
Souhaitez-la plutôt, vous en avez besoin.
Si je n'avais égard qu'aux lois de la justice,
Je m'apaiserais Rome avec votre supplice,
Sans que ni vos respects, ni votre repentir,
Ni votre dignité, vous pussent garantir ;
Votre trône lui-même en serait le théâtre :
Mais voulant épargner le sang de Cléopâtre,

J'impute à vos flatteurs toute la trahison,
Et je veux voir comment vous m'en ferez raison ;
Suivant les sentiments dont vous serez capable
Je saurai vous tenir innocent ou coupable.
Cependant à Pompée élevez des autels ;
Rendez-lui les honneurs qu'on rend aux immortels ;
Par un prompt sacrifice expiez tous vos crimes ;
Et surtout pensez bien aux choix de vos victimes.
Allez-y donner ordre, et me laissez ici
Entretenir les miens sur quelque autre souci.

SCÈNE III. — César, Antoine, Lépide.

césar. Antoine, avez-vous vu cette reine adorable ?
antoine. Oui, Seigneur, je l'ai vue : elle est incomparable :
Le ciel n'a point encor, par de si doux accords,
Uni tant de vertus aux grâces d'un beau corps.
Une majesté douce épand sur son visage
De quoi s'assujettir le plus noble courage ;
Ses yeux savent ravir, son discours sait charmer ;
Et, si j'étais César, je la voudrais aimer.
césar. Comme a-t-elle reçu les offres de ma flamme ?
antoine. Comme n'osant la croire, et la croyant dans l'ame ;
Par un refus modeste et fait pour inviter,
Elle s'en dit indigne, et la croit mériter.
césar. En pourrai-je être aimé ?
　　　　　　　antoine. Douter qu'elle vous aime,
Elle qui de vous seul attend son diadème,
Qui n'espère qu'en vous ! douter de ses ardeurs,
Vous qui pouvez la mettre au faîte des grandeurs !
Que votre amour sans crainte à son amour prétende ;
Au vainqueur de Pompée il faut que tout se rende ;
Et vous l'épouserez. Elle craint toutefois
L'ordinaire mépris que Rome fait des rois ;
Et surtout elle craint l'amour de Calpurnie :
Mais, l'une et l'autre crainte à votre aspect bannie,
Vous ferez succéder un espoir assez doux,
Lorsque vous daignerez lui dire un mot pour vous.
césar. Allons donc l'affranchir de ces frivoles craintes,
Lui montrer de mon cœur les sensibles atteintes ;
Allons, ne tardons plus.
　　　　　　antoine. Avant que de la voir,
Sachez que Cornélie est en votre pouvoir ;
Septime vous l'amène, orgueilleux de son crime,
Et pense auprès de vous se mettre en haute estime :
Dès qu'ils ont abordé, vos chefs, par vous instruits,
Sans leur rien témoigner, les ont ici conduits.
césar. Qu'elle entre. Ah ! l'importune et la bonne nouvelle !
Qu'à mon impatience elle semble cruelle !
O ciel ! et ne pourrai-je enfin à mon amour
Donner en liberté ce qui reste du jour ?

SCÈNE IV. — César, Antoine, Lépide, Septime.

septime. Seigneur...
　　　　　　césar. Allez, Septime, allez vers votre maître :
César ne peut souffrir la présence d'un traître,
D'un Romain lâche assez pour servir sous un roi,
Après avoir servi sous Pompée et sous moi. (*Septime rentre.*)

SCÈNE V. — Cornélie, César, Antoine, Lépide.

cornélie. César, car le destin, que dans tes fers je brave,

Me fait ta prisonnière, et non pas ton esclave,
Et tu ne prétends pas qu'il m'abatte le cœur
Jusqu'à te rendre hommage et te nommer seigneur.
De quelque rude trait qu'il m'ose avoir frappée,
Veuve du jeune Crasse, et veuve de Pompée,
Fille de Scipion, et, pour dire encor plus,
Romaine, mon courage est encore au-dessus;
Et de tous les assauts que sa rigueur me livre
Rien ne me fait rougir que la honte de vivre.
J'ai vu mourir Pompée, et ne l'ai point suivi;
Et bien que le moyen m'en ait été ravi,
Qu'une pitié cruelle à mes douleurs profondes
M'ait ôté le secours et du fer et des ondes,
Je dois rougir pourtant, après un tel malheur,
De n'avoir pu mourir d'un excès de douleur :
Ma mort était ma gloire, et le destin m'en prive
Pour croître mes malheurs et me voir ta captive.
Je dois bien toutefois rendre grâces aux dieux
De ce qu'en arrivant je te trouve en ces lieux,
Que César y commande, et non pas Ptolomée.
Hélas! et sous quel astre, ô ciel! m'as-tu formée,
Si je leur dois des vœux de ce qu'ils ont permis
Que je rencontre ici mes plus grands ennemis,
Et tombe entre leurs mains plutôt qu'aux mains d'un prince
Qui doit à mon époux son trône et sa province?
César, de ta victoire écoute moins le bruit;
Elle n'est que l'effet du malheur qui me suit :
Je l'ai porté pour dot chez Pompée et chez Crasse;
Deux fois du monde entier j'ai causé la disgrace;
Deux fois de mon hymen le nœud mal assorti
A chassé tous les dieux du plus juste parti.
Heureuse en mes malheurs, si ce triste hyménée,
Pour le bonheur de Rome à César m'eût donnée!
Et si j'eusse avec moi porté dans ta maison
D'un astre envenimé l'invincible poison!
Car enfin n'attends pas que j'abaisse ma haine:
Je te l'ai déjà dit, César, je suis Romaine.
Et quoique ta captive, un cœur comme le mien,
De peur de s'oublier, ne te demande rien.
Ordonne; et, sans vouloir qu'il tremble ou s'humilie,
Souviens-toi seulement que je suis Cornélie.

CÉSAR. O d'un illustre époux noble et digne moitié,
Dont le courage étonne et le sort fait pitié?
Certes, vos sentiments font assez reconnaître
Qui vous donna la main, et qui vous donna l'être;
Et l'on juge aisément, au cœur que vous portez,
Où vous êtes entré et de qui vous sortez.
L'âme du jeune Crasse, et celle de Pompée,
L'une et l'autre vertu par le malheur trompée,
Le sang des Scipions, protecteur de nos dieux
Parlent par votre bouche et brillent dans vos yeux;
Et Rome dans ses murs ne voit point de famille
Qui soit plus honorée ou de femme ou de fille.
Plût au grand Jupiter, plût à ces mêmes dieux
Qu'Annibal eût bravés jadis sans vos aïeux,
Que ce héros si cher dont le ciel vous sépare
N'eût pas si mal connu la cour d'un roi barbare,
Ni mieux aimé tenter une incertaine foi,
Que la vieille amitié qu'il eût trouvée en moi;

Qu'il eût voulu souffrir qu'un bonheur de mes larmes
Eût vaincu ses soupçons, dissipé ses alarmes ;
Et qu'enfin m'attendant sans plus se défier,
Il m'eût donné moyen de me justifier !
Alors, foulant aux pieds la discorde et l'envie,
Je l'eusse conjuré de se donner la vie,
D'oublier ma victoire, et d'aimer un rival
Heureux d'avoir vaincu pour vivre son égal :
J'eusse alors regagné son âme satisfaite,
Jusqu'à lui faire aux dieux pardonner sa défaite,
Il eût fait à son tour, en me rendant son cœur,
Que Rome eût pardonné la victoire au vainqueur.
Mais puisque par sa perte, à jamais sans seconde,
Le sort a dérobé cette allégresse au monde,
César s'efforcera de s'acquitter vers vous
De ce qu'il voudrait rendre à cet illustre époux.
Prenez donc en ces lieux liberté tout entière :
Seulement pour deux jours soyez ma prisonnière,
Afin d'être témoin comme, après nos débats,
Je chéris sa mémoire et venge son trépas,
Et de pouvoir apprendre à toute l'Italie
De quel orgueil nouveau m'enfle la Thessalie.
Je vous laisse à vous-même, et vous quitte un moment.
Choisissez-lui, Lépide, un digne appartement ;
Et qu'on l'honore ici, mais en dame romaine,
C'est à dire un peu plus qu'on n'honore la reine.
Commandez, et chacun aura soin d'obéir.

CORNÉLIE. O ciel ! que de vertus vous me faites haïr !

ACTE QUATRIÈME.

SCÈNE I. — PTOLOMÉE, ACHILLAS, PHOTIN.

PTOLOMÉE. Quoi ! de la même main et de la même épée
Dont il vient d'immoler le malheureux Pompée,
Septime, par César indignement chassé,
Dans un tel désespoir à vos yeux a passé ?

ACHILLAS. Oui, seigneur ; et sa mort a de quoi vous apprendre
La honte qu'il prévient et qu'il vous faut attendre.
Jugez quel est César à ce courroux si lent.
Un moment pousse et rompt un transport violent ;
Mais l'indignation qu'on prend avec étude
Augmente avec le temps, et porte un coup plus rude ;
Ainsi n'espérez pas de le voir modéré ;
Par adresse il se fâche après s'être assuré.
Sa puissance établie, il a soin de sa gloire.
Il poursuivait Pompée, et chérit sa mémoire,
Et veut tirer à soi, par un courroux accort,
L'honneur de sa vengeance et le fruit de sa mort.

PTOLOMÉE. Ah ! si je t'avais cru, je n'aurais pas de maître ;
Je serais sur le trône où le ciel m'a fait naître :
Mais c'est une imprudence assez commune aux rois
D'écouter trop d'avis et se tromper au choix :
Le destin les aveugle au bord du précipice ;
Ou si quelque lumière en leur âme se glisse,
Cette fausse clarté, dont il les éblouit,
Les plonge dans un gouffre, et puis s'évanouit.

PHOTIN. J'ai mal connu César ; mais puisque en son estime
Un si rare service est un énorme crime,
Il porte dans son flanc de quoi nous en laver ;

C'est là qu'est notre grâce, il nous l'y faut trouver.
Je ne vous parle plus de souffrir sans murmure,
D'attendre son départ pour venger cette injure;
Je sais mieux conformer les remèdes au mal :
Justifions sur lui la mort de son rival;
Et, notre main alors également trempée
Et du sang de César et du sang de Pompée,
Rome, sans leur donner de titres différents,
Se croira par vous seul libre de deux tyrans.

PTOLOMÉE. Oui par là seulement ma perte est évitable ;
C'est trop craindre un tyran que j'ai fait redoutable :
Montrons que sa fortune est l'œuvre de nos mains ;
Deux fois en même jour disposons des Romains ;
Laissons leur liberté comme leur esclavage.
César, que tes exploits n'enflent plus ton courage;
Considère les miens, tes yeux en sont témoins.
Pompée était mortel, et tu ne l'es pas moins :
Il pouvait plus que toi : tu lui portais envie :
Tu n'as, non plus que lui, qu'une âme et qu'une vie;
Et son sort que tu plains te doit faire penser
Que ton cœur est sensible, et qu'on peut le percer,
Tonne, tonne à ton gré, fais peur de ta justice :
C'est à toi d'apaiser Rome par ton supplice;
C'est à moi de punir ta cruelle douceur,
Qui n'épargne en un roi que le sang de sa sœur.
Je n'abandonne plus ma vie et ma puissance
Au hasard de sa haine, ou de son inconstance,
Ne crois pas que jamais tu puisses à ce prix
Récompenser sa flamme, ou punir ses mépris :
J'emploierai contre toi de plus nobles maximes.
Tu m'as prescrit tantôt de choisir des victimes,
De bien penser au choix : j'obéis, et je voi
Que je n'en puis choisir de plus digne que toi,
Ni dont le sang offert, la fumée, et la cendre,
Puisse mieux satisfaire aux mânes de ton gendre.
Mais ce n'est pas assez, amis, de s'irriter ;
Il faut voir quels moyens on a d'exécuter ;
Toute cette chaleur est peut-être inutile ;
Les soldats du tyran sont maîtres de la ville ;
Que pouvons-nous contre eux? et, pour les prévenir,
Quel temps devons-nous prendre, et quel ordre tenir?

ACHILLAS. Nous pouvons tout, Seigneur, en l'état où nous sommes.
A deux milles d'ici, vous avez six mille hommes,
Que depuis quelques jours, craignant des remuements,
Je faisais tenir prêts à tous évènements;
Quelques soins qu'ait César, sa prudence est déçue.
Cette ville a sous terre une secrète issue,
Par où fort aisément on les peut cette nuit
Jusque dans le palais introduire sans bruit;
Car contre sa fortune aller à force ouverte,
Ce serait trop vous-même courir à votre perte.
Il nous le faut surprendre au milieu du festin,
Enivré des douceurs de l'amour et du vin.
Tout le peuple est pour nous. Tantôt, à son entrée,
J'ai remarqué l'horreur que ce peuple a montrée,
Lorsqu'avec tant de faste il a vu ses faisceaux
Marcher arrogamment et braver nos drapeaux;
Au spectacle insolent de ce pompeux outrage
Ses farouches regards étincelaient de rage :

Je voyais sa fureur à peine se dompter ;
Et, pour peu qu'on le pousse, il est prêt d'éclater :
Mais surtout les Romains que commandait Septime ;
Pressés de la terreur que sa mort leur imprime,
Ne cherchant qu'à venger par un coup généreux
Le mépris qu'en leur chef ce superbe a fait d'eux.
PTOLOMÉE. Mais qui pourra de nous approcher sa personne,
Si durant le festin sa garde l'environne ?
PHOTIN. Les gens de Cornélie, entre qui vos Romains
Ont déjà reconnu des frères, des germains,
Dont l'âpre déplaisir leur a laissé paraître
Une soif d'immoler leur tyran à leur maître ;
Ils ont donné parole, et peuvent, mieux que nous,
Dans les flancs de César porter les premiers coups :
Son faux art de clémence, ou plutôt sa folie,
Qui pense gagner Rome en flattant Cornélie,
Leur donnera sans doute un assez libre accès
Pour de ce grand dessein assurer le succès.
Mais voici Cléopâtre : agissez avec feinte,
Seigneur, et ne montrez que faiblesse et que crainte.
Nous allons vous quitter, comme objets odieux
Dont l'aspect importun offenserait ses yeux.
PTOLOMÉE. Allez : je vous rejoins.

SCÈNE II. — PTOLOMÉE, CLÉOPATRE, ACHORÉE, CHARMION.

CLÉOPATRE. J'ai vu César, mon frère,
Et de tout mon pouvoir combattu sa colère.
PTOLOMÉE. Vous êtes généreuse ; et j'avais attendu
Cette office de sœur que vous m'avez rendu.
Mais cet illustre amant vous a bientôt quittée.
CLÉOPATRE. Sur quelque brouillerie, en la ville excitée,
Il a voulu lui-même apaiser les débats
Qu'avec nos citoyens ont eu quelques soldats :
Et moi, j'ai bien voulu moi-même vous redire
Que vous ne craigniez rien pour vous ni votre empire ;
Et que le grand César blâme votre action
Avec moins de courroux que de compassion.
Il vous plaint d'écouter ces lâches politiques
Qui n'inspirent aux rois que des mœurs tyranniques.
Ainsi que la naissance, ils ont les esprits bas ;
En vain on les élève à régir des états :
Un cœur né pour servir sait mal comme on commande ;
Sa puissance l'accable alors qu'elle est trop grande ;
Et sa main, que le crime en vain fait redouter,
Laisse choir le fardeau qu'elle ne peut porter.
PTOLOMÉE. Vous dites vrai, ma sœur, et ces effets sinistres
Me font bien voir ma faute au choix de mes ministres.
Si j'avais écouté de plus nobles conseils,
Je vivrais dans la gloire où vivent mes pareils ;
Je mériterais mieux cette amitié si pure
Que pour un frère ingrat vous donne la nature ;
César embrasserait Pompée en ce palais ;
Notre Égypte à la terre aurait rendu la paix,
Et verrait son monarque encore à juste titre
Ami de tous les deux, et peut-être l'arbitre.
Mais, puisque le passé ne peut se révoquer,
Trouvez bon qu'avec vous mon cœur s'ose expliquer.
Je vous ai maltraitée, et vous êtes si bonne,
Que vous me conservez la vie et la couronne.

Vainquez-vous tout-à-fait ; et, par un digne effort,
Arrachez Achillas et Photin à la mort :
Elle leur est bien due ; ils vous ont offensée ;
Mais ma gloire en leur perte est trop intéressée :
Si César les punit des crimes de leur roi,
Toute l'ignominie en rejaillit sur moi :
Il me punit en eux ; leur supplice est ma peine.
Forcez, en ma faveur, une trop juste haine.
De quoi peut satisfaire un cœur si généreux
Le sang abject et vil de ces deux malheureux ?
Que je vous doive tout : César cherche à vous plaire :
Et vous pouvez d'un mot désarmer sa colère.

CLÉOPATRE. Si j'avais en mes mains leur vie et leur trépas,
Je les méprise assez pour ne me venger pas ;
Mais sur le grand César je puis fort peu de chose,
Quand le sang de Pompée à mes désirs s'oppose.
Je ne me vante pas de pouvoir le fléchir ;
J'en ai déjà parlé, mais il a su gauchir ;
Et, tournant le discours sur une autre matière,
Il n'a ni refusé ni souffert ma prière.
Je veux bien toutefois encor m'y hasarder :
Mes efforts redoublés pourront mieux succéder ;
Et j'ose croire...

PTOLOMÉE. Il vient ; souffrez que je l'évite ;
Je crains que ma présence à vos yeux ne l'irrite,
Que son courroux ému ne s'aigrisse à me voir ;
Et vous agirez seule avec plus de pouvoir.

SCÈNE III. — CÉSAR, CLÉOPATRE, ANTOINE, LÉPIDE, CHARMION, ACHORÉE, ROMAINS.

CÉSAR. Reine, tout est paisible ; et la ville calmée,
Qu'un trouble assez léger avait trop alarmée,
N'a plus à redouter le divorce intestin
Du soldat insolent et du peuple mutin.
Mais, ô dieux ! ce moment que je vous ai quittée,
D'un trouble bien plus grand a mon âme agitée ;
Et ces soins importuns, qui m'arrachaient de vous,
Contre ma grandeur même allumaient mon courroux.
Je lui voulais du mal de m'être si contraire,
De rendre ma présence ailleurs si nécessaire ;
Mais je lui pardonnais, au simple souvenir
Du bonheur qu'à ma flamme elle fait obtenir.
C'est elle dont je tiens cette haute espérance,
Qui flatte mes désirs d'une illustre apparence,
Et fait croire à César qu'il peut former des vœux,
Qu'il n'est pas tout-à-fait indigne de vos feux,
Et qu'il peut en prétendre une juste conquête,
N'ayant plus que les dieux au-dessus de sa tête.
Oui, reine, si quelqu'un dans ce vaste univers
Pouvait porter plus haut la gloire de vos fers ;
S'il était quelque trône où vous pussiez paraître
Plus dignement assise en captivant son maître ;
J'irais, j'irais à lui, moins pour le lui ravir,
Que pour lui disputer le droit de vous servir ;
Et je n'aspirerais au bonheur de vous plaire
Qu'après avoir mis bas un si grand adversaire.
C'était pour acquérir un droit si précieux
Que combattait partout mon bras ambitieux ;
Et dans Pharsale même il a tiré l'épée
Plus pour le conserver que pour vaincre Pompée.

Je l'ai vaincu, princesse; et le dieu des combats
M'y favorisait moins que vos divins appas;
Ils conduisaient ma main, ils enflaient mon courage;
Cette pleine victoire est leur dernier ouvrage :
C'est l'effet des ardeurs qu'ils daignaient m'inspirer;
Et vos beaux yeux enfin m'ayant fait soupirer,
Pour faire que votre âme avec gloire y réponde,
M'ont rendu le premier et de Rome et du monde.
C'est ce glorieux titre, à présent effectif,
Que je viens ennoblir par celui de captif :
Heureux, si mon esprit gagne tant sur le vôtre
Qu'il en estime l'un et me permette l'autre!

CLÉOPATRE. Je sais ce que je dois au souverain bonheur
Dont me comble et m'accable un tel excès d'honneur.
Je ne vous tiendrai plus mes passions secrètes;
Je sais ce que je suis, je sais ce que vous êtes.
Vous daignâtes m'aimer dès mes plus jeunes ans:
Le sceptre que je porte est un de vos présents;
Vous m'avez par deux fois rendu le diadême :
J'avoue, après cela, Seigneur, que je vous aime,
Et que mon cœur n'est point à l'épreuve des traits
Ni de tant de vertus, ni de tant de bienfaits.
Mais hélas! ce haut rang, cette illustre naissance,
Cet Etat de nouveau rangé sous ma puissance,
Ce sceptre par vos mains dans les miennes remis,
A mes vœux innocents sont autant d'ennemis :
Ils allument contre eux une implacable haine;
Ils me font méprisable alors qu'ils me font reine;
Et si Rome est encor telle qu'auparavant,
Le trône où je me sieds m'abaisse en m'élevant;
Et ces marques d'honneur, comme titres infames,
Me rendent à jamais indignes de vos flammes.

J'ose encor toutefois, voyant votre pouvoir,
Permettre à mes désirs un généreux espoir,
Après tant de combats, je sais qu'un si grand homme
A droit de triompher des caprices de Rome,
Et que l'injuste horreur qu'elle eut toujours des rois
Peut céder, par votre ordre, à de plus justes lois;
Je sais que vous pouvez forcer d'autres obstacles :
Vous me l'avez promis, et j'attends ces miracles.
Votre bras dans Pharsale a fait de plus grands coups,
Et je ne les demande à d'autres dieux qu'à vous.

CÉSAR. Tout miracle est facile où mon amour s'applique.
Je n'ai plus qu'à courir les côtes de l'Afrique,
Qu'à montrer mes drapeaux au reste épouvanté
Du parti malheureux qui m'a persécuté;
Rome, n'ayant plus lors d'ennemis à me faire,
Par impuissance enfin prendra soin de me plaire;
Et vos yeux la verront, par un superbe accueil,
Immoler à vos pieds sa haine et son orgueil.
Encore une défaite, et dans Alexandrie
Je veux que cette ingrate en ma faveur vous prie;
Et qu'un juste respect, conduisant ses regards,
A votre chaste amour demande des Césars.
C'est l'unique bonheur où mes désirs prétendent;
C'est le fruit que j'attends des lauriers qui m'attendent :
Heureux si mon destin, encore un peu plus doux,
Me les faisait cueillir sans m'éloigner de vous!
Mais, las! contre mon feu mon feu me sollicite;

Si je veux être à vous, il faut que je vous quitte.
En quelques lieux qu'on fuie, il me faut y courir
Pour achever de vaincre et de vous conquérir.
Permettez cependant qu'à ces douces amorces
Je prenne un nouveau cœur et de nouvelles forces,
Pour faire dire encor aux peuples pleins d'effroi,
Que venir, voir, et vaincre, est même chose en moi.

CLÉOPATRE. C'est trop, c'est trop, Seigneur, souffrez que j'en abuse :
Votre amour fait ma faute, il sera mon excuse.
Vous me rendez le sceptre, et peut-être le jour ;
Mais si j'ose abuser de cet excès d'amour,
Je vous conjure encor, par ses plus puissants charmes,
Par ce juste bonheur qui suit toujours vos armes,
Par tout ce que j'espère et que vous attendez,
De n'ensanglanter pas ce que vous me rendez.
Faites grâce, Seigneur ; ou souffrez que j'en fasse,
Et montre à tous par là que j'ai repris ma place.
Achillas et Photin sont gens à dédaigner ;
Ils sont assez punis en me voyant régner ;
Et leur crime...

CÉSAR. Ah! prenez d'autres marques de reine :
Dessus mes volontés vous êtes souveraine ;
Mais si mes sentiments peuvent être écoutés,
Choisissez des sujets dignes de vos bontés.
Ne vous donnez sur moi qu'un pouvoir légitime,
Et ne me rendez point complice de leur crime.
C'est beaucoup que pour vous j'ose épargner le roi,
Et si mes feux n'étaient...

SCÈNE IV. — CÉSAR, CORNÉLIE, CLÉOPATRE, ACHORÉE, ANTOINE, LÉPID
CHARMION, ROMAINS.

CORNÉLIE. César, prends garde à toi :
Ta mort est résolue, on la jure, on l'apprête ;
A celle de Pompée on veut joindre ta tête.
Prends-y garde, César, ou ton sang répandu
Bientôt parmi le sien se verra confondu.
Mes esclaves en sont : apprends de leurs indices
L'auteur de l'attentat, et l'ordre, et les complices :
Je te les abandonne.

CÉSAR. O cœur vraiment romain,
Et digne du héros qui vous donna la main !
Ses mânes, qui du ciel ont vu de quel courage
Je préparais la mienne à venger son outrage,
Mettant leur haine bas, me sauvent aujourd'hui
Par la moitié qu'en terre il nous laisse de lui.
Il vit, il vit encore en l'objet de sa flamme,
Il parle par sa bouche, il agit dans son ame ;
Il la pousse, il l'oppose à cette indignité,
Pour me vaincre par elle en générosité.

CORNÉLIE. Tu te flattes, César, de mettre en ta croyance
Que la haine ait fait place à la reconnaissance :
Ne le présume plus ; le sang de mon époux
A rompu pour jamais tout commerce entre nous.
J'attends la liberté qu'ici tu m'as offerte,
Afin de l'employer tout entière à ta perte ;
Et je te chercherai partout des ennemis,
Si tu m'oses tenir ce que tu m'as promis.
Mais, avec cette soif que j'ai de ta ruine,
Je me jette au-devant du coup qui t'assassine,

Et forme des désirs avec trop de raison
Pour en aimer l'effet par une trahison :
Qui la sait et la souffre a part à l'infamie.
Si je veux ton trépas, c'est en juste ennemie :
Mon époux a des fils ; il aura des neveux :
Quand ils te combattront, c'est là que je le veux ;
Et qu'une digne main par moi-même animée,
Dans ton champ de bataille, aux yeux de ton armée,
T'immole noblement et par un digne effort
Aux mânes du héros dont tu venges la mort.
Tous mes soins, tous mes vœux hâtent cette vengeance ;
Ta perte la recule, et ton salut l'avance.
Quelque espoir qui d'ailleurs me l'ose ou puisse offrir,
Ma juste impatience aurait trop à souffrir :
La vengeance éloignée est à demi-perdue ;
Et, quand il faut l'attendre, elle est trop cher vendue.
Je n'irai point chercher sur les bords africains
Le foudre souhaité que je vois en tes mains ;
La tête qu'il menace en doit être frappée :
J'ai pu donner la tienne au lieu d'elle à Pompée :
Ma haine avait le choix ; mais cette haine enfin
Sépare son vainqueur d'avec son assassin,
Et ne croit avoir droit de punir ta victoire
Qu'après le châtiment d'une action si noire.
Rome le veut ainsi : son adorable front
Aurait de quoi rougir, d'un trop honteux affront,
De voir en même jour, après tant de conquêtes,
Sous un indigne fer ses deux plus nobles têtes.
Son grand cœur, qu'à tes lois en vain tu crois soumis,
En veut aux criminels plus qu'à ses ennemis,
Et tiendrait à malheur le bien de se voir libre,
Si l'attentat du Nil affranchissait le Tibre.
Comme autre qu'un Romain n'a pu l'assujétir,
Autre aussi qu'un Romain ne doit l'en garantir
Tu tomberais ici sans être sa victime ;
Au lieu d'un châtiment, ta mort serait un crime ;
Et, sans que tes pareils en conçussent d'effroi,
L'exemple que tu dois périrait avec toi.
Venge-la de l'Egypte à son appui fatale,
Et je la vengerai, si je puis, de Pharsale.
Va, ne perds point de temps, il presse. Adieu : tu peux
Te vanter qu'une fois j'ai fait pour toi des vœux.

SCÈNE V. — César, Cléopatre, Antoine, Lépide, Achorée, Charmion.

CÉSAR. Son courage m'étonne autant que leur audace.
Reine, voyez pour qui vous me demandiez grâce !
CLÉOPATRE. Je n'ai rien à vous dire : allez, Seigneur, allez
Venger sur ces méchants tant de droits violés.
On m'en veut plus qu'à vous : c'est ma mort qu'ils respirent,
C'est contre mon pouvoir que les traîtres conspirent ;
Leur rage, pour l'abattre, attaque mon soutien,
Et par votre trépas cherche un passage au mien.
Mais, parmi ces transports d'une juste colère,
Je ne puis oublier que leur chef est mon frère.
Le saurez-vous, Seigneur, et pourrai-je obtenir
Que ce cœur irrité daigne s'en souvenir ?
CÉSAR. Oui, je me souviendrai que ce cœur magnanime
Au bonheur de son sang veut pardonner son crime.
Adieu : ne craignez rien ; Achillas et Photin

Ne sont pas gens à vaincre un si puissant destin ;
Pour les metre en déroute, eux et tous leurs complices,
Je n'ai qu'à déployer l'appareil des supplices,
Et, pour soldats choisis, envoyer des bourreaux,
Qui portent hautement mes haches pour drapeaux.
(César rentre avec les Romains.)

CLÉOPATRE. Ne quittez pas César ; allez, cher Achorée,
Repousser avec lui ma mort qu'on a jurée ;
Et, quand il punira nos lâches ennemis,
Faites-le souvenir de ce qu'il m'a promis,
Ayez l'œil sur le roi dans la chaleur des armes,
Et conservez son sang pour épargner mes larmes.

ACHORÉE. Madame, assurez-vous qu'il ne peut y périr,
Si mon zèle et mes soins peuvent le secourir.

ACTE CINQUIÈME.

SCÈNE I. — CORNÉLIE, *tenant une petite urne en sa main ;* PHILIPPE.

CORNÉLIE. Mes yeux, puis-je vous croire ? et n'est-ce point un songe
Qui sur mes tristes vœux a formé ce mensonge ?
Te revois-je, Philippe, et cet époux si cher
A-t-il reçu de toi les honneurs du bûcher ?
Cette urne que je tiens contient-elle sa cendre ?
O vous, à ma douleur objet terrible et tendre,
Éternel entretien de haine et de pitié,
Restes du grand Pompée, écoutez sa moitié.
N'attendez point de moi de regrets, ni de larmes ;
Un grand cœur à ses maux applique d'autres charmes.
Les faibles déplaisirs s'amusent à parler,
Et quiconque se plaint cherche à se consoler.
Moi, je jure des dieux la puissance suprême,
Et, pour dire encor plus, je jure par vous-même ;
Car vous pouvez bien plus sur ce cœur affligé,
Que le respect des dieux qui l'ont mal protégé.
Je jure donc par vous, ô pitoyable reste,
Ma divinité seule après ce coup funeste,
Par vous, qui seul ici pouvez me soulager,
De n'éteindre jamais l'ardeur de le venger.
Ptolomée à César, par un lâche artifice,
Rome, de ton Pompée a fait un sacrifice ;
Et je n'entrerai point dans tes murs désolés
Que le prêtre et le dieu ne lui soient immolés.
Faites-m'en souvenir, et soutenez ma haine,
O cendres, mon espoir aussi bien que ma peine ;
Et, pour m'aider un jour à perdre son vainqueur,
Versez dans tous les cœurs ce que ressent mon cœur.
Toi qui l'as honoré sur cette infame rive
D'une flamme pieuse autant comme chétive,
Dis-moi, quel bon démon a mis en ton pouvoir
De rendre à ce héros ce funèbre devoir ?

PHILIPPE. Tout couvert de son sang, et plus mort que lui-même,
Après avoir cent fois maudit le diadème,
Madame, j'ai porté mes pas et mes sanglots
Du côté que le vent poussait encor les flots.
Je cours longtemps en vain, mais enfin d'une roche
J'en découvre le tronc vers un sable assez proche,
Où la vague en courroux semblait prendre plaisir
A feindre de le rendre et puis s'en ressaisir.
Je m'y jette, et l'embrasse, et le pousse au rivage ;

Et, ramassant sous lui le débris d'un naufrage,
Je lui dresse un bûcher à la hâte et sans art,
Tel que je pus sur l'heure, et qu'il plut au hasard.
A peine brûlait-il, que le ciel plus propice
M'envoie un compagnon en ce pieux office :
Codrus, un vieux Romain qui demeure en ces lieux
Retournant de la ville, y détourne les yeux ;
Et n'y voyant qu'un tronc dont la tête est coupée,
A cette triste marque il reconnaît Pompée.
Soudain la larme à l'œil : « O toi, qui que tu sois,
« A qui le ciel permet de si dignes emplois,
« Ton sort est bien, dit-il, autre que tu ne penses :
« Tu crains des châtiments, attends des récompenses.
« César est en Égypte, et venge hautement
« Celui pour qui ton zèle a tant de sentiment.
« Tu peux faire éclater les soins qu'on t'en voit prendre
« Tu peux même à sa veuve en rapporter la cendre.
« Son vainqueur l'a reçue avec tout le respect
« Qu'un dieu pourrait ici trouver à son aspect.
« Achève, je reviens. » Il part et m'abandonne,
Et rapporte aussitôt ce vase qu'il me donne,
Où sa main et la mienne enfin ont renfermé
Ces restes d'un héros par le feu consumé.

CORNÉLIE. O que sa piété mérite de louanges !

PHILIPPE. En entrant j'ai trouvé des désordres étranges.
J'ai vu fuir tout un peuple en foule vers le port,
Où le roi, disait-on, s'était fait le plus fort.
Les Romains poursuivaient ; et César, dans la place
Ruisselante du sang de cette populace,
Montrait de sa justice un exemple assez beau,
Faisant passer Photin par les mains d'un bourreau.
Aussitôt qu'il me voit, il daigne me connaître ;
Et prenant de ma main les cendres de mon maître :
« Restes d'un demi-dieu, dont à peine je puis
« Égaler le grand nom, tout vainqueur que j'en suis,
« De vos traîtres, dit-il, voyez punir les crimes :
« Attendant des autels, recevez ces victimes ;
« Bien d'autres vont les suivre. Et toi, cours au palais
« Porter à sa moitié ce don que je lui fais,
« Porte à ses déplaisirs cette faible allégeance,
« Et dis-lui que je cours achever sa vengeance. »
Ce grand homme à ces mots me quitte en soupirant,
Et baise avec respect ce vase qu'il me rend.

CORNÉLIE. O soupirs ! ô respect ! ô qu'il est doux de plaindre
Le sort d'un ennemi quand il n'est plus à craindre !
Qu'avec chaleur, Philippe, on court à le venger
Lorsqu'on s'y voit forcé par son propre danger,
Et quand cet intérêt qu'on prend pour sa mémoire
Fait notre sûreté comme il fait notre gloire !
César est généreux, j'en veux être d'accord ;
Mais le roi le veut perdre, et son rival est mort.
Sa vertu laisse lieu de douter à l'envie
De ce qu'elle ferait s'il le voyait en vie :
Pour grand qu'en soit le prix, son péril en rabat ;
Cette ombre qui la couvre en affaiblit l'éclat :
L'amour même s'y mêle, et le force à combattre ;
Quand il venge Pompée, il défend Cléopâtre.
Tant d'intérêts sont joints à ceux de mon époux,
Que je ne devrais rien à ce qu'il fait pour nous,

Si, comme par soi-même un grand cœur juge un autre,
Je n'aimais mieux juger sa vertu par la nôtre,
Et croire que nous seuls armons ce combattant,
Parce qu'au point qu'il est j'en voudrais faire autant.

SCÈNE II. — CLÉOPATRE, CORNÉLIE, PHILIPPE, CHARMION.

CLÉOPATRE. Je ne viens pas ici pour troubler une plainte
Trop juste à la douleur dont vous êtes atteinte :
Je viens pour rendre hommage aux cendres d'un héros
Qu'un fidèle affranchi vient d'arracher aux flots,
Pour le plaindre avec vous, et vous jurer, Madame,
Que j'aurais conservé ce maître de votre ame,
Si le ciel qui vous traite avec trop de rigueur,
M'en eût donné la force aussi bien que le cœur.
Si pourtant, à l'aspect de ce qu'il vous renvoie,
Vos douleurs laissaient place à quelque peu de joie;
Si la vengeance avait de quoi vous soulager,
Je vous dirais aussi qu'on vient de vous venger,
Que le traître Photin... Vous le savez peut-être.
CORNÉLIE. Oui, princesse, je sais qu'on a puni ce traître.
CLÉOPATRE. Un si prompt châtiment vous doit être bien doux.
CORNÉLIE. S'il a quelque douceur, elle n'est que pour vous.
CLÉOPATRE. Tous les cœurs trouvent doux le succès qu'ils espèrent.
CORNÉLIE. Comme nos intérêts, nos sentiments diffèrent.
Si César à sa mort joint celle d'Achillas,
Vous êtes satisfaite, et je ne la suis pas.
Aux mânes de Pompée il faut une autre offrande;
La victime est trop basse, et l'injure est trop grande;
Et ce n'est pas un sang que pour la réparer
Son ombre et ma douleur daignent considérer :
L'ardeur de le venger, dans mon âme allumée,
En attendant César, demande Ptolomée.
Tout indigne qu'il est de vivre et de régner,
Je sais bien que César se force à l'épargner :
Mais quoi que son amour ait osé vous promettre,
Le ciel plus juste enfin n'osera le permettre;
Et, s'il peut une fois écouter tous mes vœux,
Par la main l'un de l'autre ils périront tous deux.
Mon âme à ce bonheur, si le ciel me l'envoie,
Oubliera ses douleurs pour s'ouvrir à la joie;
Mais si ce grand souhait demande trop pour moi
Si vous n'en perdez qu'un, ô ciel! perdez le roi.
CLÉOPATRE. Le ciel sur nos souhaits ne règle pas les choses.
CORNÉLIE. Le ciel règle souvent les effets sur les causes,
Et rend aux criminels ce qu'ils ont mérité.
CLÉOPATRE. Comme de la justice il a de la bonté.
CORNÉLIE. Oui; mais il fait juger, à voir comme il commence.
Que sa justice agit et non pas sa clémence.
CLÉOPATRE. Souvent de la justice il passe à la douceur.
CORNÉLIE. Reine, je parle en veuve et vous parlez en sœur.
Chacune a son sujet d'aigreur ou de tendresse,
Qui dans le sort du roi justement l'intéresse.
Apprenons par le sang qu'on aura répandu
A quels souhaits le ciel a le mieux répondu.
Voici votre Achorée.

SCÈNE III. — CORNÉLIE, CLÉOPATRE, ACHORÉE, PHILIPPE, CHARMION.

CLÉOPATRE. Hélas! sur son visage
Rien ne s'offre à mes yeux que de mauvais présages.

Ne nous déguisez rien, parlez sans me flatter ;
Qu'ai-je à craindre, Achorée, ou qu'ai-je à regretter?
ACHORÉE. Aussitôt que César eut su la perfidie...
CLÉOPATRE. Ce ne sont pas ses soins que je veux qu'on me die ;
Je sais qu'il fit trancher et clore ce conduit
Par où ce grand secours devait être introduit ;
Qu'il manda tous les siens pour s'assurer la place
Où Photin a reçu le prix de son audace ;
Que d'un si prompt supplice Achillas étonné
S'est aisément saisi du port abandonné ;
Que le roi l'a suivi ; qu'Antoine a mis à terre
Ce qui dans ses vaisseaux restait de gens de guerre ;
Que César l'a rejoint ; et je ne doute pas
Qu'il n'ait su vaincre encor et punir Achillas.
ACHORÉE. Oui, madame, on a vu son bonheur ordinaire...
CLÉOPATRE, Dites-moi seulement s'il a sauvé mon frère,
S'il m'a tenu promesse.
ACHORÉE. Oui, de tout son pouvoir.
CLÉOPATRE. C'est là l'unique point que je voulais savoir.
Madame, vous voyez, les dieux m'ont écoutée.
CORNÉLIE. Ils n'ont que différé la peine méritée.
CLÉOPATRE. Vous la vouliez sur l'heure, ils l'en ont garanti.
ACHORÉE. Il faudrait qu'à nos vœux il eût mieux consenti.
CLÉOPATRE. Que disiez-vous naguère? et que viens-je d'entendre?
Accordez ces discours que j'ai peine à comprendre.
ACHORÉE. Aucuns ordres ni soins n'ont pu le secourir ;
Malgré César et nous il a voulu périr ;
Mais il est mort, Madame, avec toutes les marques
Que puissent laisser d'eux les plus dignes monarques ;
Sa vertu rappelée a soutenu son rang,
Et sa perte aux Romains a coûté bien du sang.
  Il combattait Antoine avec tant de courage ,
Qu'il emportait déjà sur lui quelque avantage ;
Mais l'abord de César a changé le destin :
Aussitôt Achillas suit le sort de Photin ;
Il meurt, mais d'une mort trop belle pour un traître,
Les armes à la main, en défendant son maître :
Le vainqueur crie en vain qu'on épargne le roi ;
Ces mots au lieu d'espoir lui donnent de l'effroi ;
Son esprit alarmé les croit un artifice
Pour réserver sa tête à l'affront d'un supplice.
Il pousse dans nos rangs, il les perce, il fait voir
Ce que peut la vertu qu'arme le désespoir ;
Et son cœur, emporté par l'erreur qui l'accuse,
Cherche partout la mort, que chacun lui refuse.
Enfin perdant haleine après ces grands efforts,
Près d'être environné, ses meilleurs soldats morts,
Il voit quelques fuyards sauter dans une barque ;
Il s'y jette ; et les siens, qui suivent leur monarque,
D'un si grand nombre en foule accablent ce vaisseau,
Que la mer l'engloutit avec tout son fardeau.
  C'est ainsi que sa mort lui rend toute sa gloire,
A vous toute l'Égypte, à César la victoire.
Il vous proclame reine ; et, bien qu'aucun Romain
Du sang que vous pleurez n'ait vu rougir sa main,
Il nous fait voir à tous un déplaisir extrême,
Il soupire, il gémit. Mais le voici lui-même,
Qui pourra mieux que moi vous montrer la douleur
Que lui donne du roi l'invincible malheur.

SCÈNE IV. — César, Cornélie, Cléopatre, Antoine, Lépide, Achorée, Charmion, Philippe.

CORNÉLIE. César, tiens-moi parole, et me rends mes galères.
Achillas et Photin ont reçu leurs salaires ;
Leur roi n'a pu jouir de ton cœur adouci ;
Et Pompée est vengé ce qui peut l'être ici.
Je n'y saurais plus voir qu'un funeste rivage
Qui de leur attentat m'offre l'horrible image.
Ta nouvelle victoire, et le prix éclatant
Qu'aux changements de roi pousse un peuple inconstant ;
Et parmi ces objets ce qui le plus m'afflige,
C'est d'y revoir toujours l'ennemi qui m'oblige.
Laisse-moi m'affranchir de cette indignité,
Et souffre que ma haine agisse en liberté.
A cet empressement j'ajoute une requête :
Vois l'urne de Pompée ; il y manque sa tête ;
Ne me la retiens plus : c'est l'unique faveur
Dont je te puis encor prier avec honneur.

CÉSAR. Il est juste, et César est tout prêt de vous rendre
Ce reste où vous avez tant de droit de prétendre ;
Mais il est juste aussi qu'après tant de sanglots
A ses mânes errants nous rendions le repos,
Qu'un bûcher allumé par ma main et la vôtre
Le venge pleinement de la honte de l'autre ;
Que son ombre s'apaise en voyant notre ennui ;
Et qu'une urne plus digne et de vous et de lui,
Après la flamme éteinte et les pompes finies,
Renferme avec éclat ses cendres réunies.
De cette même main dont il fut combattu
Il verra des autels dressés à sa vertu ;
Il recevra des vœux, de l'encens, des victimes,
Sans recevoir par là d'honneurs que légitimes :
Pour ces justes devoirs je ne veux que demain ;
Ne me refusez pas ce bonheur souverain.
Faites un peu de force à votre impatience ;
Vous êtes libre après : partez en diligence ;
Portez à notre Rome un si digne trésor ;
Portez...

CORNÉLIE. Non pas, César, non pas à Rome encore :
Il faut que ta défaite et que tes funérailles
A cette cendre aimée en ouvrent les murailles ;
Et quoiqu'elle la tienne aussi chère que moi,
Elle n'y doit rentrer qu'en triomphant de toi.
Je la porte en Afrique ; et c'est là que j'espère
Que les fils de Pompée, et Caton, et mon père,
Secondés par l'effort d'un roi plus généreux,
Ainsi que la justice auront le sort pour eux.
C'est là que tu verras sur la terre et sur l'onde
Le débris de Pharsale armer un autre monde,
Et c'est là que j'irai, pour hâter tes malheurs,
Porter de rang en rang ces cendres et mes pleurs.
Je veux que de ma haine ils reçoivent des règles,
Qu'ils suivent au combat des urnes au lieu d'aigles ;
Et que ce triste objet porte en leur souvenir
Les soins de le venger, et ceux de te punir.
Tu veux à ce héros rendre un devoir suprême ;
L'honneur que tu lui rends rejaillit sur toi-même :
Tu m'en veux pour témoin ; j'obéis au vainqueur ;
Mais ne présume pas toucher par là mon cœur.

La perte que j'ai faite est trop irréparable ;
La source de ma haine est trop inépuisable :
A l'égal de mes jours je la ferai durer ;
Je veux vivre avec elle, avec elle expirer.
  Je l'avouerai pourtant comme vraiment Romaine,
Que pour toi mon estime est égale à ma haine ;
Que l'une et l'autre est juste, et montre le pouvoir,
L'une de ta vertu, l'autre de mon devoir ;
Que l'une est généreuse, et l'autre intéressée,
Et que dans mon esprit l'une et l'autre est forcée :
Tu vois que ta vertu, qu'en vain on veut trahir,
Me force de priser ce que je dois haïr :
Juge ainsi de la haine où mon devoir me lie,
La veuve de Pompée y force Cornélie.
J'irai, n'en doute point, au sortir de ces lieux,
Soulever contre toi les hommes et les dieux ;
Ces dieux qui t'ont flatté, ces dieux qui m'ont trompée,
Ces dieux qui dans Pharsale ont mal servi Pompée,
Qui, la foudre à la main, l'ont pu voir égorger ;
Ils connaîtront leur faute, et le voudront venger.
Mon zèle à leur refus, aidé de sa mémoire,
Te saura bien sans eux arracher la victoire ;
Et quand tout mon effort se trouvera rompu,
Cléopâtre fera ce que je n'aurai pu :
Je sais quelle est ta flamme et quelles sont ses forces,
Que tu n'ignores pas comme on fait les divorces.
Que ton amour t'aveugle, et que pour l'épouser
Rome n'a point de lois que tu n'oses briser :
Mais sache aussi qu'alors la jeunesse romaine
Se croira tout permis sur l'époux d'une reine,
Et que de cet hymen tes amis indignés
Vengeront sur ton sang leurs avis dédaignés.
J'empêche ta ruine, empêchant tes caresse.
Adieu : j'attends demain l'effet de tes promesses.

SCÈNE. V. — César, Cléopâtre, Antoine, Lépide, Achorée, Charmion.

 Cléopatre. Plutôt qu'à ces périls je vous puisse exposer,
Seigneur, perdez en moi ce qui peut les causer :
Sacrifiez ma vie au bonheur de la vôtre ;
Le mien sera trop grand, et je n'en veux point d'autre.
Indigne que je suis d'un César pour époux,
Que de vivre en votre âme, étant morte pour vous.
 César. Reine, ces vains projets sont le seul avantage
Qu'un grand cœur impuissant a du ciel en partage ;
Comme il a peu de force, il a beaucoup de soins ;
Et, s'il pouvait plus faire, il souhaiterait moins.
Les dieux empêcheront l'effet de ces augures,
Et mes félicités n'en seront pas moins pures,
Pourvu que votre amour gagne sur vos douleurs
Qu'en faveur de César vous tarissiez vos pleurs,
Et que votre bonté, sensible à ma prière,
Pour un fidèle amant oublie un mauvais frère.
 On aura pu vous dire avec quel déplaisir
J'ai vu le désespoir qu'il a voulu choisir ;
Avec combien d'efforts j'ai voulu le défendre
Des paniques terreurs qui l'avaient pu surprendre,
Il s'est de mes bontés jusqu'au bout défendu,
Et de peur de se perdre il s'est enfin perdu.
O honte pour César, qu'avec tant de puissance,

Tant de soins de vous rendre entière obéissance,
Il n'ait pu toutefois, en ces évènements,
Obéir au premier de vos commandements !
Prenez-vous en ciel, dont les ordres sublimes
Malgré tous nos efforts savent punir les crimes ;
Sa rigueur envers lui vous offre un sort plus doux,
Puisque par cette mort l'Égypte est tout à vous.

CLÉOPATRE. Je sais que j'en reçois un nouveau diadème,
Qu'on ne peut accuser que les dieux, et lui-même :
Mais comme il est, Seigneur, de la fatalité
Que l'aigreur soit mêlée à la félicité,
Ne vous offensez pas si cet heur de vos armes,
Qui me rend tant de biens, me coûte un peu de larmes,
Et si, voyant sa mort due à sa trahison,
Je donne à la nature ainsi qu'à la raison.
Je n'ouvre point les yeux sur ma grandeur si proche,
Qu'aussitôt à mon cœur mon sang ne le reproche :
J'en ressens dans mon âme un murmure secret,
Et ne puis remontrer au trône sans regret.

ACHORÉE. Un grand peuple, Seigneur, dont cette cour est pleine,
Par des cris redoublés demande à voir la reine
Et, tout impatient, déjà se plaint aux cieux.
Qu'on lui donne trop tard un bien si précieux.

CÉSAR. Ne lui refusons plus le bonheur qu'il désire,
Princesse, allons par là commencer votre empire.
Fasse le juste ciel, propice à mes désirs,
Que ses longs cris de joie étouffent vos soupirs,
Et puissent ne laisser dedans votre pensée
Que l'image des traits dont mon âme est blessée !
Cependant qu'à l'envi ma suite et votre cour
Préparent pour demain la pompe d'un beau jour,
Où, dans un digne emploi l'une et l'autre occupée,
Couronne Cléopatre et m'apaise Pompée,
Élève à l'une un trône, à l'autre des autels,
Et jure à tous les deux des respects immortels.

FIN DE POMPÉE.

RODOGUNE
PRINCESSE DES PARTHES.

TRAGÉDIE EN CINQ ACTES. — 1646.

PERSONNAGES.

CLÉOPATRE, reine de Syrie, veuve de Démetrius Nicanor.
SÉLEUCUS,) fils de Démétrius et de Cléopatre.
ANTIOCHUS,)
RODOGUNE, sœur de Phraates, roi des Parthes.
TIMAGENE, gouverneur des deux prince
ORONTE, ambassadeur de Phraates.
LAONICE, sœur de Timagène, confiden de Cléopatre.

La scène est à Séleucie, dans le palais royal.

ACTE PREMIER.

SCÈNE I. — LAONICE, TIMAGÈNE.

LAONICE. Enfin ce jour pompeux, cet heureux jour nous luit,

Qui d'un trouble si long doit dissiper la nuit;
Ce grand jour où l'hymen étouffant la vengeance,
Entre le Parthe et nous remet l'intelligence,
Affranchit sa princesse, et nous fait pour jamais
Du motif de la guerre un lien de la paix;
Ce grand jour est venu, mon frère, où notre reine,
Cessant de plus tenir la couronne incertaine,
Doit rompre aux yeux de tous son silence obstiné,
De deux princes gémeaux nous déclarer l'aîné;
Et l'avantage seul d'un moment de naissance,
Dont elle a jusqu'ici caché la connaissance,
Mettant au plus heureux le sceptre dans la main,
Va faire l'un sujet et l'autre souverain.
Mais n'admirez-vous point que cette même reine
Le donne pour époux à l'objet de sa haine,
Et n'en doit faire un roi qu'afin de couronner
Celle que dans les fers elle aimait à gêner?
Rodogune, par elle en esclave traitée,
Par elle se va voir sur le trône montée,
Puisque celui des deux qu'elle nommera roi
Lui doit donner sa main et recevoir sa foi.

TIMAGÈNE. Pour le mieux admirer, trouvez bon, je vous prie,
Que j'apprenne de vous les troubles de Syrie.
J'en ai vu les premiers, et me souviens encor
Des malheureux succès du grand roi Nicanor,
Quand des Parthes vaincus pressant l'adroite fuite,
Il tomba dans leurs fers au bout de sa poursuite.
Je n'ai pas oublié que cet évènement
Du perfide Tryphon fit le soulèvement.
Voyant le roi captif, la reine désolée,
Il crut pouvoir saisir la couronne ébranlée;
Et le sort, favorable à son lâche attentat,
Mit d'abord sous ses lois la moitié de l'Etat.
La reine, craignant tout de ces nouveaux orages,
En sut mettre à l'abri ses plus précieux gages:
Et, pour n'exposer pas l'enfance de ses fils,
Me les fit chez son frère enlever à Memphis.
Là, nous n'avons rien su que de la renommée,
Qui, par un bruit confus diversement semée,
N'a porté jusqu'à nous ces grands renversements
Que sous l'obscurité de cent déguisements.

LAONICE. Sachez donc que Tryphon, après quatre batailles,
Ayant su nous réduire à ces seules murailles,
En forma tôt le siège: et, pour comble d'effroi,
Un faux bruit s'y coula touchant la mort du roi.
Le peuple épouvanté qui, déjà dans son ame,
Ne suivait qu'à regret les ordres d'une femme,
Voulut forcer la reine à choisir un époux.
Que pouvait-elle faire et seule et contre tous?
Croyant son mari mort, elle épousa son frère.
L'effet montra soudain ce conseil salutaire.
Le prince Antiochus, devenu nouveau roi,
Sembla de tous côtés traîner l'heur avec soi;
La victoire, attachée au progrès de ses armes
Sur nos fiers ennemis rejeta nos alarmes;
Et la mort de Tryphon dans un dernier combat,
Changeant tout notre sort, lui rendit tout l'Etat.
Quelque promesse alors qu'il eût faite à la mère
De remettre ses fils au trône de leur père,

Il témoigna si peu de la vouloir tenir,
Qu'elle n'osa jamais les faire revenir.
Ayant régné sept ans, son ardeur militaire
Ralluma cette guerre où succomba son frère :
Il attaqua le Parthe, et se crut assez fort
Pour en venger sur lui la prison et la mort.
Jusque dans ses Etats il lui porta la guerre ;
Il s'y fit partout craindre à l'égal du tonnerre ;
Il lui donna bataille, où mille beaux exploits...
Je vous achèverai le reste une autre fois,
Un des princes survient.   *(Laonice veut se retirer.)*

SCÈNE II. — ANTIOCHUS, TIMAGÈNE, LAONICE.

ANTIOCHUS. Demeurez, Laonice ;
Vous pouvez, comme lui, me rendre un bon office.
Dans l'état où je suis, triste et plein de souci,
Si j'espère beaucoup, je crains beaucoup aussi.
Un seul mot aujourd'hui, maître de ma fortune,
M'ôte ou donne à jamais le sceptre et Rodogune,
Et de tous les mortels, ce secret révélé
Me rend le plus content ou le plus désolé.
Je vois dans le hasard tous les biens que j'espère,
Et ne puis être heureux sans le malheur d'un frère,
Mais d'un frère si cher qu'une sainte amitié
Fait sur moi de ses maux rejaillir la moitié.
Donc, pour moins hasarder, j'aime mieux moins prétendre ;
Et, pour rompre le coup que mon cœur n'ose attendre,
Lui cédant de deux biens le plus brillant aux yeux,
M'assurer de celui qui m'est plus précieux :
Heureux si, sans attendre un fâcheux droit d'aînesse,
Pour un trône incertain j'en obtiens la princesse,
Et puis par ce partage épargner les soupirs
Qui naîtraient de ma peine ou de ses déplaisirs !
  Va le voir de ma part, Timagène, et lui dire,
Que pour cette beauté je lui cède l'empire ;
Mais porte-lui si haut la douceur de régner,
Qu'à cet éclat du trône il se laisse gagner ;
Qu'il s'en laisse éblouir jusqu'à ne pas connaître
A quel prix je consens de l'accepter pour maître.
(Timagène s'en va, et le prince continue à parler à Laonice.)
Et vous, en ma faveur voyez ce cher objet,
Et tâchez d'abaisser ses yeux sur un sujet
Qui peut-être aujourd'hui porterait la couronne,
S'il n'attachait les siens à sa seule personne,
Et ne la préférait à cet illustre rang
Pour qui les plus grands cœurs prodiguent tout leur sang.
    (Timagène rentre sur le théâtre.)
TIMAGÈNE. Seigneur, le prince vient ; et votre amour lui-même
Lui peut sans interprète offrir le diadème.
ANTIOCHUS. Ah ! je tremble ; et la peur d'un trop juste refus
Rend ma langue muette et mon esprit confus.

SCÈNE III. — SÉLEUCUS, ANTIOCHUS, TIMAGÈNE, LAONICE.

SÉLEUCUS. Vous puis-je en confiance expliquer ma pensée?
ANTIOCHUS. Parlez ; notre amitié par ce doute est blessée.
SÉLEUCUS. Hélas ! c'est le malheur que je crains aujourd'hui.
L'égalité, mon frère, en est le ferme appui ;
C'en est le fondement, la liaison, le gage ;
Et, voyant d'un côté tomber tout l'avantage,
Avec juste raison je crains qu'entre nous deux

L'égalité rompue en rompe les doux nœuds,
Et que ce jour fatal à l'heur de notre vie
Jette sur l'un de nous trop de honte ou d'envie.
ANTIOCHUS. Comme nous n'avons eu jamais qu'un sentiment,
Cette peur me touchait, mon frère, également ;
Mais, si vous le voulez, j'en sais bien le remède.
SÉLEUCUS. Si je le veux ! bien plus je l'apporte, et vous cède
Tout ce que la couronne a de charmant en soi.
Oui, Seigneur, car je parle à présent à mon roi,
Pour le trône cédé, cédez-moi Rodogune.
Et je n'envierai point votre haute fortune.
Ainsi notre destin n'aura rien de honteux,
Ainsi notre bonheur n'aura rien de douteux ;
Et nous mépriserons ce faible droit d'aînesse,
Vous, satisfait du trône, et moi de la princesse.
ANTIOCHUS. Hélas !
  SÉLEUCUS. Recevez-vous l'offre avec déplaisir ?
ANTIOCHUS. Pouvez-vous nommer offre une ardeur de choisir,
Qui, de la même main qui me cède un empire,
M'arrache un bien plus grand, et le seul où j'aspire ?
SÉLEUCUS. Rodogune ?
  ANTIOCHUS. Elle-même ; ils en sont les témoins.
SÉLEUCUS. Quoi ! l'estimez-vous tant ?
    ANTIOCHUS. Quoi ! l'estimez-vous moins ?
SÉLEUCUS. Elle vaut bien un trône, il faut que je le die.
ANTIOCHUS. Elle vaut à mes yeux tout ce qu'en a l'Asie.
SÉLEUCUS. Vous l'aimez donc, mon frère ?
    ANTIOCHUS. Et vous l'aimez aussi :
C'est là tout mon malheur, c'est là tout mon souci.
J'espérais que l'éclat dont le trône se pare
Toucherait vos désirs plus qu'un objet si rare ;
Mais aussi bien qu'à moi son prix vous est connu,
Et dans ce juste choix vous m'avez prévenu.
Ah ! déplorable prince !
  SÉLEUCUS. Ah ! destin trop contraire !
ANTIOCHUS. Que ne ferais-je point contre un autre qu'un frère !
SÉLEUCUS. O mon cher frère ! ô nom pour un rival trop doux !
Que ne ferais-je point contre un autre que vous !
ANTIOCHUS. Où nous vas-tu réduire, amitié fraternelle !
SÉLEUCUS. Amour, qui doit ici vaincre de vous ou d'elle ?
ANTIOCHUS. L'amour, l'amour doit vaincre et la triste amitié
Ne doit être à tous deux qu'un objet de pitié.
Un grand cœur cède un trône, et le cède avec gloire :
Cet effort de vertu couronne sa mémoire ;
Mais lorsqu'un digne objet a pu nous enflammer,
Qui le cède est un lâche, et ne sait pas aimer.
De tous deux Rodogune a charmé le courage.
Cessons par trop d'amour de lui faire un outrage :
Elle doit épouser, non pas vous, non pas moi,
Mais de moi, mais de vous quiconque sera roi.
La couronne entre nous flotte encore incertaine ;
Mais sans incertitude elle doit être reine ;
Cependant, aveuglés dans notre vain projet,
Nous la faisions tous deux la femme d'un sujet !
Régnons ; l'ambition ne peut être que belle,
Et pour elle quittée, et reprise pour elle ;
Et ce trône où tous deux nous osions renoncer,
Souhaitons-le tous deux, afin de l'y placer :
C'est dans notre destin le seul conseil à prendre ;

Nous pouvons nous en plaindre, et nous devons l'attendre.
SÉLEUCUS. Il faut encore plus faire, il faut qu'en ce grand jour
Notre amitié triomphe aussi bien que l'amour.
 Ces deux sièges fameux de Thèbes et de Troie,
Qui mirent l'une en sang, l'autre aux flammes en proie,
N'eurent pour fondement à leurs maux infinis
Que ceux que contre nous le sort a réunis.
Il sème entre nous deux toute la jalousie
Qui dépeupla la Grèce et saccagea l'Asie :
Un même espoir du sceptre est permis à tous deux;
Pour la même beauté nous faisons mêmes vœux.
Thèbes périt pour l'un, Troie a brûlé pour l'autre,
Tout va choir en ma main ou tomber en la vôtre.
En vain notre amitié tâchait à partager ;
Et, si j'ose tout dire, un titre assez léger,
Un droit d'aînesse obscur, sur la foi d'une mère,
Va combler l'un de gloire, et l'autre de misère.
Que de sujets de plainte en ce double intérêt,
Aura le malheureux contre un si faible arrêt !
Que de sources de haine ! Hélas ! Jugez le reste,
Craignez-en avec moi l'évènement funeste,
Ou plutôt avec moi faites un digne effort
Pour armer votre cœur contre un si triste sort.
Malgré l'éclat du trône et l'amour d'une femme,
Faisons si bien régner l'amitié sur notre âme,
Qu'étouffant dans leur perte un regret suborneur,
Dans le bonheur d'un frère on trouve son bonheur.
Ainsi ce qui jadis perdit Thèbes et Troie
Dans nos cœurs mieux unis ne versera que joie.
Ainsi notre amitié, triomphante à son tour,
Vaincra la jalousie en cédant à l'amour ;
Et, de notre destin bravant l'ordre barbare,
Trouvera des douceurs aux maux qu'il nous prépare.
ANTIOCHUS. Le pourrez-vous, mon frère ?
 SÉLEUCUS. Ah ! que vous me pressez !
Je le voudrai du moins, mon frère, et c'est assez ;
Et ma raison sur moi gardera tant d'empire,
Que je désavouerai mon cœur, s'il en soupire.
ANTIOCHUS. J'embrasse comme vous ces nobles sentiments.
Mais allons leur donner le secours des serments,
Afin qu'étant témoins de l'amitié jurée
Les dieux contre un tel coup assurent sa durée.
SÉLEUCUS. Allons, allons l'étreindre au pied de leurs autels
Par des liens sacrés et des nœuds immortels.

SCÈNE IV. — LAONICE, TIMAGÈNE.

LAONICE. Peut-on plus dignement mériter la couronne?
TIMAGÈNE. Je ne suis point surpris de ce qui vous étonne,
Confident de tous deux, prévoyant leur douleur,
J'ai prévu leur constance, et j'ai plaint leur malheur.
Mais de grâce, achevez l'histoire commencée.
LAONICE. Pour la reprendre donc où nous l'avons laissée,
Les Parthes, au combat par les nôtres forcés
Tantôt presque vainqueurs, tantôt presque enfoncés,
Sur l'une et l'autre armée également heureuse,
Virent longtemps voler la victoire douteuse ;
Mais la fortune enfin se tourna contre nous,
Si bien qu'Antiochus percé de mille coups,
Près de tomber aux mains d'une troupe ennemie,

Lui voulut dérober les restes de sa vie,
Et, préférant aux fers la gloire de périr,
Lui-même par sa main acheva de mourir.
La reine ayant appris cette triste nouvelle,
En reçut tôt après une autre plus cruelle ;
Que Nicanor vivait ; que, sur un faux rapport,
De ce premier époux elle avait cru la mort ;
Que, piqué jusqu'au vif contre son hyménée,
Son âme à l'imiter s'était déterminée ;
Et que, pour s'affranchir des fers de son vainqueur,
Il allait épouser la princesse sa sœur :
C'est cette Rodogune, où l'un et l'autre frère
Trouve encor les appas qu'avait trouvés leur père.
La Reine envoie en vain pour se justifier ;
On a beau la défendre, on a beau la prier,
On ne rencontre en lui qu'un juge inexorable ;
Et son amour nouveau la veut croire coupable :
Son erreur est un crime ; et, pour l'en punir mieux,
Il veut même épouser Rodogune à ses yeux,
Arracher de son front le sacré diadême
Pour ceindre une autre tête en sa présence même ;
Soit qu'ainsi sa vengeance eût plus d'indignité,
Soit qu'ainsi cet hymen eût plus d'autorité,
Et qu'il assurât mieux par cette barbarie
Aux enfants qui naîtraient le trône de Syrie.
   Mais tandis qu'animé de colère et d'amour
Il vient déshériter ses fils par son retour,
Et qu'un gros escadrons de Parthes plein de joie
Conduit ces deux amants, et court comme à la proie,
La reine, au désespoir de n'en rien obtenir,
Se résout de se perdre ou de le prévenir.
Elle oublie un mari qui veut cesser de l'être,
Qui ne veut plus la voir qu'en implacable maître ;
Et, changeant à regret son amour en horreur,
Elle abandonne tout à sa juste fureur.
Elle-même leur dresse une embûche au passage,
Se mêle dans les coups, porte partout sa rage,
En pousse jusqu'au bout les furieux effets.
Que vous dirai-je enfin ? les Parthes sont défaits ;
Le roi meurt, et, dit-on, par la main de la reine ;
Rodogune captive est livrée à sa haine.
Tous les maux qu'un esclave endure dans les fers
Alors sans moi, mon frère, elle les eût soufferts.
La reine, à la gêner prenant mille délices,
Ne commettait qu'à moi l'ordre de ses supplices ;
Mais, quoi que m'ordonnât cette âme toute en feu,
Je promettais beaucoup, et j'exécutais peu.
Le Parthe cependant en jure la vengeance ;
Sur nous à main armée il fond en diligence,
Nous surprend, nous assiège, et fait un tel effort,
Que la ville aux abois, on lui parle d'accord.
Il veut fermer l'oreille, enflé de l'avantage ;
Mais voyant parmi nous Rodogune en ôtage,
Enfin il craint pour elle et nous daigne écouter ;
Et c'est ce qu'aujourd'hui l'on doit exécuter.
   La reine de l'Égypte a rappelé nos princes
Pour remettre à l'aîné son trône et ses provinces.
Rodogune a paru, sortant de sa prison,
Comme un soleil levant dessus notre horizon.

Le Parthe a décampé, pressé par d'autres guerres
Contre l'Arménien qui ravage ses terres ;
D'un ennemi cruel il s'est fait notre appui ;
La paix finit la haine, et, pour comble aujourd'hui,
Dois-je dire de bonne ou mauvaise fortune ?
Nos deux princes tous deux adorent Rodogune.
TIMAGÈNE. Sitôt qu'ils ont paru tous deux en cette cour,
Ils ont vu Rodogune, et j'ai vu leur amour ;
Mais comme étant rivaux nous les trouvons à plaindre.
Connaissant leur vertu je n'en vois rien à craindre.
Pour vous qui gouvernez cet objet de leurs vœux...
LAONICE. Je n'ai point encor vu qu'elle aime aucun des deux.
TIMAGÈNE. Vous me trouvez mal propre à cette confidence,
Et peut-être à dessein je la vois qui s'avance.
Adieu : je dois au rang qu'elle est prête à tenir
Du moins la liberté de vous entretenir.

SCÈNE V. — RODOGUNE, LAONICE.

RODOGUNE. Je ne sais quel malheur aujourd'hui me menace,
Et coule dans ma joie une secrète glace :
Je tremble, Laonice, et te voulais parler,
Ou pour chasser ma crainte ou pour m'en consoler.
LAONICE. Quoi ! Madame, en ce jour pour vous si plein de gloire ?
RODOGUNE. Ce jour m'en promet tant que j'ai peine à tout croire.
La fortune me traite avec trop de respect ;
Et le trône et l'hymen, tout me devient suspect.
L'hymen semble à mes yeux cacher quelque supplice,
Le trône sous mes pas creuser un précipice ;
Je vois de nouveaux fers après les miens brisés,
Et je prends tous ces biens pour des maux déguisés ;
En un mot, je crains tout de l'esprit de la reine.
LAONICE. La paix qu'elle a jurée en a calmé la haine.
RODOGUNE. La haine entre les grands se calme rarement ;
La paix souvent n'y sert que d'un amusement ;
Et, dans l'état où j'entre, à te parler sans feinte.
Elle a lieu de me craindre, et je crains cette crainte.
Non qu'enfin je ne donne au bien des deux Etats
Ce que j'ai dû de haine à de tels attentats :
J'oublie et pleinement toute mon aventure ;
Mais une grande offense est de cette nature,
Que toujours son auteur impute à l'offensé
Un vif ressentiment dont il le croit blessé ;
Et, quoique en apparence on les réconcilie,
Il le craint, il le hait et jamais ne s'y fie ;
Et, toujours alarmé de cette illusion,
Sitôt qu'il peut le perdre il prend l'occasion.
Telle est pour moi la reine,
     LAONICE. Ah ! Madame, je jure
Que par ce faux soupçon vous lui faites injure.
Vous devez oublier un désespoir jaloux
Où força son courage un infidèle époux.
Si, teinte de son sang et toute furieuse,
Elle vous traita lors en rivale odieuse,
L'impétuosité d'un premier mouvement
Engageait sa vengeance à ce dur traitement ;
Il fallait un prétexte à vaincre sa colère,
Il y fallait du temps ; et pour ne vous rien taire,
Quand je me dispensais à lui mal obéir,
Quand en votre faveur je semblais la trahir,

Peut-être qu'en son cœur plus doucé et repentie,
Elle en dissimulait la meilleure partie ;
Que, se voyant tromper, elle fermait les yeux,
Et qu'un peu de pitié la satisfaisait mieux.
A présent que l'amour succède à la colère,
Elle ne vous voit plus qu'avec des yeux de mère ;
Et si de cet amour je la voyais sortir,
Je jure de nouveau de vous en avertir :
Vous savez comme quoi je vous suis toute acquise.
Le roi souffrirait-il d'ailleurs quelque surprise ?

RODOGUNE. Qui que ce soit des deux qu'on couronne aujourd'hui,
Elle sera sa mère et pourra tout sur lui.

LAONICE. Qui que ce soit des deux, je sais qu'il vous adore :
Connaissant leur amour, pouvez-vous craindre encore ?

RODOGUNE. Oui, je crains leur hymen, et d'être à l'un des deux.

LAONICE. Quoi ! sont-ils des sujets indignes de vos feux ?

RODOGUNE. Comme ils ont même sang avec pareil mérite,
Un avantage égal pour eux me sollicite ;
Mais il est mal aisé, dans cette égalité
Qu'un esprit combattu ne penche d'un côté.
Il est des nœuds secrets, il est des sympathies,
Dont par le doux rapport les âmes assorties
S'attachent l'une à l'autre, et se laissent piquer
Par ces je ne sais quoi qu'on ne peut expliquer.
C'est par là que l'un d'eux obtient la préférence :
Je crois voir l'autre encore avec indifférence ;
Mais cette indifférence est une aversion
Lorsque je la compare avec ma passion.
Etrange effet d'amour ! incroyable chimère !
Je voudrais être à lui, si je n'aimais son frère ;
Et le plus grand des maux toutefois que je crains,
C'est que mon triste sort me livre entre ses mains.

LAONICE. Ne pourrais-je servir une si belle flamme ?

RODOGUNE. Ne crois pas en tirer le secret de mon ame :
Quelque époux que le ciel veuille me destiner,
C'est à lui pleinement que je veux me donner.
De celui que je crains si je suis le partage,
Je saurai l'accepter avec même visage ;
L'hymen me le rendra précieux à son tour,
Et le devoir fera ce qu'aurait fait l'amour,
Sans crainte qu'on reproche à mon humeur forcée
Qu'un autre qu'un mari règne sur ma pensée.

LAONICE. Vous craignez que ma foi vous l'ose reprocher !

RODOGUNE. Que ne puis-je à moi-même aussi bien le cacher !

LAONICE. Quoi que vous me cachiez aisément je devine,
Et, pour vous dire enfin ce que je m'imagine,
Le prince...

RODOGUNE. Garde-toi de nommer mon vainqueur,
Ma rougeur trahirait les secrets de mon cœur.
Et je te voudrais mal de cette violence
Que ta dextérité ferait à mon silence ;
Même, de peur qu'un mot par hasard échappé
Te fasse voir ce cœur et quels traits l'ont frappé,
Je romps un entretien dont la suite me blesse :
Adieu : mais souviens-toi que c'est sur ta promesse
Que mon esprit reprend quelque tranquillité.

LAONICE. Madame, assurez-vous sur ma fidélité.

ACTE DEUXIÈME.

SCÈNE I. — CLÉOPATRE.

Serments fallacieux, salutaire contrainte,
Que m'imposa la force et qu'accepta ma crainte,
Heureux déguisements d'un immortel courroux,
Vains fantômes d'Etat, évanouissez-vous !
Si d'un péril pressant la terreur vous fit naître,
Avec ce péril même il vous faut disparaître,
Semblables à ces vœux dans l'orage formés,
Qu'efface un prompt oubli quand les flots sont calmés.
Et vous, qu'avec tant d'art cette feinte a voilée,
Recours des impuissants, haine dissimulée,
Digne vertu des rois, noble secret de cour,
Eclatez, il est temps, et voici votre jour.
Montrons-nous toutes deux, non plus comme sujettes,
Mais telle que je suis, et telle que vous êtes.
Le Parthe est éloigné, nous pouvons tout oser :
Nous n'avons rien à craindre, et rien à déguiser.
Je hais, je règne encor. Laissons d'illustres marques
En quittant, s'il le faut, ce haut rang des monarques :
Faisons-en avec gloire un départ éclatant,
Et rendons-le funeste à celle qui l'attend.
C'est encor, c'est encor cette même ennemie
Qui cherchait ses honneurs dedans mon infamie,
Dont la haine à son tour croit me faire la loi,
Et régner par mon ordre et sur vous et sur moi.
Tu m'estimes bien lâche, imprudente rivale,
Si tu crois que mon cœur jusque-là se ravale,
Qu'il souffre qu'un hymen qu'on t'a promis en vain
Te mette ta vengeance et mon sceptre à la main.
Vois jusqu'où m'emporta l'amour du diadème,
Vois quel sang il me coûte, et tremble pour toi-même :
Tremble, te dis-je ; et songe, en dépit du traité,
Que, pour t'en faire un don, je l'ai trop acheté.

SCÈNE II. — CLÉOPATRE, LAONICE.

CLÉOPATRE. Laonice, vois-tu que le peuple s'apprête
Au pompeux appareil de cette grande fête ?
LAONICE. La joie en est publique, et les princes tous deux
Des Syriens ravis emportent tous les vœux :
L'un et l'autre fait voir un mérite si rare
Que le souhait confus entre les deux s'égare ;
Et ce qu'en quelques-uns on voit d'attachement
N'est qu'un faible ascendant d'un premier mouvement.
Ils penchent d'un côté, prêts à tomber de l'autre :
Leur choix pour s'affermir attend encor le vôtre ;
Et de celui qu'ils font ils sont si peu jaloux,
Que votre secret su les réunira tous.
CLÉOPATRE. Sais-tu que mon secret n'est pas ce que l'on pense ?
LAONICE. J'attends avec eux tous celui de leur naissance.
CLÉOPATRE. Pour un esprit de cour et nourri chez les grands,
Tes yeux dans leur secret sont bien peu pénétrants.
Apprends, ma confidente, apprends à me connaître.
Si je cache en quel rang le ciel les a fait naître,
Vois, vois que, tant que l'ordre en demeure douteux,
Aucun des deux ne règne, et je règne pour eux :
Quoique ce soit un bien que l'un et l'autre attende,
De crainte de le perdre aucun ne le demande ;

Cependant je possède, et leur droit incertain
Me laisse avec leur sort leur sceptre dans la main :
Voilà mon grand secret. Sais-tu par quel mystère
Je les laissais tous deux en dépôt chez mon frère?
LAONICE. J'ai cru qu'Antiochus les tenait éloignés
Pour jouir des États qu'il avait regagnés.
CLÉOPATRE. Il occupait leur trône, et craignait leur présence,
Et cette juste crainte assurait ma puissance.
Mes ordres en étaient de point en point suivis,
Quand je le menaçais du retour de mes fils,
Voyant ce foudre prêt à suivre ma colère,
Quoi qu'il me plût oser, il n'osait me déplaire ;
Et, content malgré lui du vain titre de roi,
S'il régnait au lieu d'eux, ce n'était que sous moi.
 Je te dirai bien plus. Sans violence aucune
J'aurais vu Nicanor épouser Rodogune,
Si, content de lui plaire et de me dédaigner,
Il eût vécu chez elle en me laissant régner,
Son retour me fâchait plus que son hyménée,
Et j'aurais pu l'aimer, s'il ne l'eût couronnée.
Tu vis comme il y fit des efforts superflus ;
Je fis beaucoup alors, et ferais encor plus,
S'il était quelque voie, infâme ou légitime,
Que m'enseignât la gloire, ou que m'ouvrît le crime,
Qui me pût conserver un bien que j'ai chéri
Jusqu'à verser pour lui tout le sang d'un mari.
Dans l'état pitoyable où m'en réduit la suite,
Délice de mon cœur, il faut que je te quitte ;
On m'y force, il le faut : mais on verra quel fruit
En recevra bientôt celle qui m'y réduit.
L'amour que j'ai pour toi tourne en haine pour elle
Autant que l'un fut grand, l'autre sera cruelle ;
Et, puisqu'en te perdant j'ai sur qui m'en venger,
Ma perte est supportable, et mon mal est léger.
LAONICE. Quoi ! vous parlez encore de vengeance et de haine
Pour celle dont vous-même allez faire une reine !
CLÉOPATRE. Quoi ! je ferais un roi pour être son époux,
Et m'exposer aux traits de son juste courroux !
N'apprendras-tu jamais, âme basse et grossière,
A voir par d'autres yeux que les yeux du vulgaire ?
Toi qui connais ce peuple, et sais qu'aux champs de Mars,
Lâchement d'une femme il suit les étendards ;
Que, sans Antiochus, Tryphon m'eût dépouillée ;
Que sous lui son ardeur fut soudain réveillée ;
Ne saurais-tu juger que si je nomme un roi,
C'est pour le commander, et combattre pour moi ?
J'en ai le choix en main avec le droit d'aînesse ;
Et, puisqu'il faut faire un aide à ma faiblesse ;
Que la guerre sans lui ne peut se rallumer,
J'userai bien du droit que j'ai de le nommer.
On ne montera point au rang dont je dévale,
Qu'en épousant ma haine au lieu de ma rivale :
Ce n'est qu'en me vengeant qu'on me le peut ravir,
Et je ferai régner qui me voudra servir.
LAONICE. Je vous connaissais mal.
     CLÉOPATRE. Connais-moi tout entière.
Quand je mis Rodogune en tes mains prisonnière,
Ce ne fut ni pitié, ni respect de son rang,
Qui m'arrêta le bras et conserva son sang.

La mort d'Antiochus me laissait sans armée,
Et d'une troupe en hâte à me suivre animée,
Beaucoup dans ma vengeance ayant fini leurs jours
M'exposaient à son frère, et faible et sans secours.
Je me voyais perdue à moins d'un tel ôtage :
Il vint, et sa fureur craignit pour ce cher gage :
Il m'imposa des lois, exigea des serments
Et moi, j'accordai tout pour obtenir du temps.
Le temps est un trésor plus grand qu'on ne peut croire :
J'en obtins, et je crus obtenir la victoire.
J'ai pu reprendre haleine, et sous de faux apprêts...
Mais voici mes deux fils que j'ai mandés exprès.
Écoute, et tu verras quel est cet hyménée
Où se doit terminer cette illustre journée.

SCÈNE III. — CLÉOPATRE, ANTIOCHUS, SÉLEUCUS, LAONICE.

CLÉOPATRE. Mes enfants, prenez place. Enfin voici le jour
Si doux à mes souhaits, si cher à mon amour,
Où je puis voir briller sur une de vos têtes
Ce que j'ai conservé parmi tant de tempêtes,
Et vous remettre un bien, après tant de malheurs,
Qui m'a coûté pour vous tant de soins et de pleurs.
Il peut vous souvenir quelles furent mes larmes
Quand Tryphon me donna de si rudes alarmes,
Que, pour ne vous pas voir exposés à ses coups,
Il fallut me résoudre à me priver de vous.
Quelles peines depuis, grands dieux! n'ai-je souffertes!
Chaque jour redoubla mes douleurs et mes pertes.
Je vis votre royaume entre ces murs réduit?
Je crus mort votre père; et sur un si faux bruit
Le peuple mutiné voulut avoir un maître.
J'eus beau le nommer lâche, ingrat, parjure, traître,
Il fallut satisfaire à son brutal désir,
Et, de peur qu'il en prît, il m'en fallut choisir.
Pour vous sauver l'État que n'eussé-je pu faire?
Je choisis un époux avec des yeux de mère,
Votre oncle Antiochus, et j'espérais qu'en lui
Votre trône tombant trouverait un appui :
Mais à peine son bras en relève la chute,
Que par lui de nouveau le sort me persécute;
Maître de votre État par sa valeur sauvé,
Il s'obstine à remplir ce trône relevé :
Qui lui parle de vous attire sa menace.
Il n'a défait Tryphon que pour prendre sa place;
Et de dépositaire et de libérateur
Il s'érige en tyran et lâche usurpateur.
Sa main l'en a puni : pardonnons à son ombre;
Aussi bien en un seul voici des maux sans nombre.
Nicanor votre père, et mon premier époux...
Mais pourquoi lui donner encor des noms si doux,
Puisque l'ayant cru mort, il sembla ne revivre
Que pour s'en dépouiller afin de nous poursuivre?
Passons; je ne me puis souvenir sans trembler
Du coup dont j'empêchai qu'il nous pût accabler :
Je ne sais s'il est digne ou d'horreur ou d'estime,
S'il plut aux dieux ou non, s'il fut justice ou crime;
Mais, soit crime ou justice, il est certain, mes fils,
Que mon amour pour vous fit tout ce que je fis;
Ni celui des grandeurs, ni celui de la vie

Ne jeta dans mon cœur cette aveugle furie.
J'étais lasse d'un trône où d'éternels malheurs
Me comblaient chaque jour de nouvelles douleurs.
Ma vie est presque usée, et ce reste inutile
Chez mon frère avec vous trouvait un sûr asile :
Mais voir, après douze ans et de soins et de maux,
Un père vous ôter le fruit de mes travaux !
Mais voir votre couronne après lui destinée
Aux enfants qui naîtraient d'un second hyménée !
A cette indignité je ne connus plus rien :
Je me crus tout permis pour garder votre bien.
Recevez donc, mes fils, de la main d'une mère,
Un trône racheté par le malheur d'un père.
Je crus qu'il fit lui-même un crime en vous l'ôtant,
Et si j'en ai fait un en vous le rachetant,
Daigne du juste ciel la bonté souveraine,
Vous en laisser le fruit, m'en réserver la peine,
Ne lancer que sur moi les foudres mérités,
Et n'épandre sur vous que des prospérités !

ANTIOCHUS. Jusques ici, Madame, aucun ne met en doute
Les longs et grands travaux que votre amour vous coûte ;
Et nous croyons tenir des soins de cet amour
Ce doux espoir du trône aussi bien que le jour.
Le récit nous en charme, et nous fait mieux comprendre
Quelles grâces tous deux nous vous en devons rendre :
Mais, afin qu'à jamais nous les puissions bénir,
Épargnez le dernier à notre souvenir ;
Ce sont fatalités dont l'âme embarrassée
A plus qu'elle ne veut se voit souvent forcée.
Sur les noires couleurs d'un si triste tableau
Il faut passer l'éponge, ou tirer le rideau :
Un fils est criminel quand il les examine ;
Et, quelque suite enfin que le ciel y destine,
J'en rejette l'idée, et crois qu'en ces malheurs
Le silence ou l'oubli nous sied mieux que les pleurs.
Nous attendons le sceptre avec même espérance :
Mais si nous l'attendons, c'est sans impatience ;
Nous pouvons sans régner vivre tous deux contents,
C'est le fruit de vos soins, jouissez-en longtemps :
Il tombera sur nous quand vous en serez lasse ;
Nous le recevrons lors de bien meilleure grace ;
Et l'accepter sitôt semble nous reprocher
De n'être revenus que pour vous l'arracher.

SÉLEUCUS. J'ajouterai, Madame, à ce qu'a dit mon frère
Que, bien qu'avec plaisir et l'un et l'autre espère,
L'ambition n'est pas notre plus grand désir.
Régnez, nous le verrons tous deux avec plaisir ;
Et c'est bien la raison que pour tant de puissance
Nous vous rendions du moins un peu d'obéissance,
Et que celui de nous dont le ciel a fait choix
Sous votre illustre exemple apprenne l'art des rois.

CLÉOPATRE. Dites tout, mes enfants : vous fuyez la couronne.
Non que son trop d'éclat ou son poids vous étonne,
L'unique fondement de cette aversion,
C'est la honte attachée à sa possession.
Elle passe à vos yeux pour la même infamie,
S'il faut la partager avec votre ennemie,
Et qu'un indigne hymen la fasse retomber
Sur celle qui venait pour vous la dérober.

noble sentiment d'une âme généreuse !
O fils vraiment mes fils ! ô mère trop heureuse !
Le sort de votre père enfin est éclairci.
Il était innocent, et je puis l'être aussi ;
Il vous aima toujours, et ne fut mauvais père
Que charmé par la sœur, ou forcé par le frère ;
Et dans cette embuscade où son effort fut vain,
Rodogune, mes fils, le tua par ma main.
Ainsi de cet amour la fatale puissance
Vous coûte votre père, à moi mon innocence ;
Et si ma main pour vous n'avait tout attenté,
L'effet de cet amour vous aurait tout coûté.
Ainsi vous me rendez l'innocence et l'estime,
Lorsque vous punirez la cause de mon crime.
De cette même main qui vous a tout sauvé
Dans son sang odieux je l'aurais bien lavé ;
Mais comme vous aviez votre part aux offenses,
Je vous ai réservé votre part aux vengeances ;
Et, pour ne tenir plus en suspens vos esprits,
Si vous voulez régner, le trône est à ce prix.
Entre deux fils que j'aime avec même tendresse,
Embrasser ma querelle est le seul droit d'aînesse :
La mort de Rodogune en nommera l'aîné.
Quoi ! vous montrez tous deux un visage étonné !
Redoutez-vous son frère ? après la paix infâme
Que même en la jurant je détestais dans l'âme,
J'ai fait lever des gens par des ordres secrets
Qu'à vous suivre en tous lieux vous trouverez tout prêts.
Et tandis qu'il fait tête aux princes d'Arménie
Nous pouvons sans péril briser sa tyrannie.
Qui vous fait donc pâlir à cette juste loi ?
Est-ce pitié pour elle ? est-ce haine pour moi ?
Voulez-vous l'épouser afin qu'elle me brave,
Et mettre mon destin aux mains de mon esclave ?
Vous ne répondez point ! Allez, enfants ingrats,
Pour qui je crus en vain conserver ces États :
J'ai fait votre oncle roi, j'en ferai bien un autre ;
Et mon nom peut encore ici plus que le vôtre.

SÉLEUCUS. Mais, Madame, voyez que pour premier exploit...
CLÉOPATRE. Mais que chacun de vous pense à ce qu'il me doit.
Je sais bien que le sang qu'à vos mains je demande
N'est pas le digne essai d'une valeur bien grande ;
Mais si vous me devez et le sceptre et le jour,
Ce doit être envers moi le sceau de votre amour :
Sans ce gage, ma haine à jamais s'en défie ;
Ce n'est qu'en m'imitant que l'on me justifie.
Rien ne vous sert ici de faire les surpris :
Je vous le dis encor, le trône est à ce prix ;
Je puis en disposer comme de ma conquête :
Point d'aîné, point de roi, qu'en m'apportant sa tête ;
Et puisque mon seul choix vous y peut élever,
Pour jouir de mon crime il le faut achever.

SCÈNE IV. — SÉLEUCUS, ANTIOCHUS.

SÉLEUCUS. Est-il une constance à l'épreuve du foudre
Dont ce cruel arrêt met notre espoir en poudre ?
ANTIOCHUS. Est-il un coup de foudre à comparer aux coups
Que ce cruel arrêt vient de lancer sur nous ?
SÉLEUCUS. O haines, ô fureurs dignes d'une Mégère !

O femme, que je n'ose appeler encor mère!
Apres que tes forfaits ont régné pleinement,
Ne saurais-tu souffrir qu'on règne innocemment?
Quels attraits penses-tu qu'ait pour nous la couronne!
S'il faut qu'un crime égal par ta main nous la donne?
Et de quelles horreurs nous doit-elle combler,
Si pour monter au trône il faut te ressembler!
ANTIOCHUS. Gardons plus de respect aux droits de la nature,
Et n'imputons qu'au sort notre triste aventure;
Nous le nommions cruel; mais il nous était doux
Quand il ne nous donnait à combattre que nous.
Confidents tout ensemble et rivaux l'un de l'autre,
Nous ne concevions point de mal pareil au nôtre;
Cependant, à nous voir l'un et l'autre rivaux,
Nous ne concevions point la moitié de nos maux.
SÉLEUCUS. Une douleur si sage et si respectueuse,
Ou n'est guère sensible, ou guère impétueuse,
Et c'est en de tels maux avoir l'esprit bien fort
D'en connaître la cause, et l'imputer au sort.
Pour moi, je sens les miens avec plus de faiblesse;
Plus leur cause m'est chère, et plus l'effet m'en blesse:
Non que pour m'en venger j'ose entreprendre rien;
Je donnerais encor tout mon sang pour le sien;
Je sais ce que je dois : mais dans cette contrainte,
Si je retiens mon bras, je laisse aller ma plainte;
Et j'estime qu'au point qu'elle nous a blessés,
Qui ne fait que s'en plaindre a du respect assez.
Voyez-vous bien quel est le ministère infame
Qu'ose exiger de nous la haine d'une femme?
Voyez-vous qu'aspirant à des crimes nouveaux,
De deux princes ses fils elle fait ses bourreaux?
Si vous pouvez le voir, pouvez-vous vous en taire?
ANTIOCHUS. Je vois bien plus encor, je vois qu'elle est ma mère;
Et plus je vois son crime indigne de ce rang,
Plus je lui vois souiller la source de mon sang.
J'en sens de ma douleur croître la violence;
Mais ma confusion m'impose le silence,
Lorsque dans ses forfaits sur nos fronts imprimés
Je vois les traits honteux dont nous sommes formés.
Je tâche à cet objet d'être aveugle et stupide;
J'ose me déguiser jusqu'à son parricide;
Je me cache à moi-même un excès de malheur
Où notre ignominie égale ma douleur;
Et, détournant les yeux d'une mère cruelle,
J'impute tout au sort qui m'a fait naître d'elle.
Je conserve pourtant encore un peu d'espoir;
Elle est mère, et le sang a beaucoup de pouvoir;
Et le sort l'eût-il faite encor plus inhumaine,
Une larme d'un fils peut amollir sa haine.
SÉLEUCUS. Ah! mon frère, l'amour n'est guère véhément
Pour des fils élevés dans un bannissement,
Et qu'ayant fait nourrir presque dans l'esclavage
Elle n'a rappelés que pour servir sa rage.
De ses pleurs tant vantés je découvre le fard;
Nous avons en son cœur vous et moi peu de part :
Elle fait bien sonner ce grand amour de mère;
Mais elle seule enfin s'aime et se considère :
Et, quoi que nous étale un langage si doux,
Elle a tout fait pour elle, et n'a rien fait pour nous.

Ce n'est qu'un faux amour que la haine domine :
Nous ayant embrassés, elle nous assassine,
En veut au cher objet dont nous sommes épris,
Nous demande son sang, met le trône à ce prix.
Ce n'est plus de sa main qu'il nous le faut attendre;
Il est, il est à nous, si nous osons le prendre :
Notre révolte ici n'a rien que d'innocent;
Il est à l'un de nous, si l'autre le consent :
Régnons, et son courroux ne sera que faiblesse;
C'est l'unique moyen de sauver la princesse :
Allons la voir, mon frère, et demeurons unis;
C'est l'unique moyen de voir nos maux finis.
Je forme un beau dessein que son amour m'inspire;
Mais il faut qu'avec lui notre union conspire :
Notre amour, aujourd'hui si digne de pitié,
Ne saurait triompher que par notre amitié.

ANTIOCHUS. Cet avertissement marque une défiance
Que la mienne pour vous souffre avec patience.
Allons, et soyez sûr que même le trépas
Ne peut rompre des nœuds que l'amour ne rompt pas.

ACTE TROISIÈME.

SCÈNE I. — RODOGUNE, ORONTE, LAONICE.

RODOGUNE. Voilà comme l'amour succède à la colère,
Comme elle ne me voit qu'avec des yeux de mère,
Comme elle aime la paix, comme elle fait un roi,
Et comme elle use enfin de ses fils et de moi.
Et tantôt mes soupçons lui faisaient une offense?
Elle n'avait rien fait qu'en sa juste défense?
Lorsque tu la trompais elle fermait les yeux?
Ah! que ma défiance en jugeait beaucoup mieux :
Tu le vois, Laonice.

LAONICE. Et vous voyez, Madame,
Quelle fidélité vous conserve mon ame,
Et qu'ayant reconnu sa haine et mon erreur,
Le cœur gros de soupirs, et frémissant d'horreur,
Je romps une foi due aux secrets de ma reine,
Et vous viens découvrir mon erreur et sa haine.

RODOGUNE. Cet avis salutaire est l'unique secours
A qui je crois devoir le reste de mes jours.
Mais ce n'est pas assez de m'avoir avertie;
Il faut de ces périls m'aplanir la sortie;
Il faut que tes conseils m'aident à repousser...

LAONICE. Madame, au nom des dieux, veuillez m'en dispenser;
C'est assez que pour vous je lui sois infidèle,
Sans m'engager encore à des conseils contre elle.
Oronte est avec vous, qui, comme ambassadeur,
Devait de cet hymen honorer la splendeur;
Comme c'est en ses mains que le roi votre frère
A déposé le soin d'une tête si chère,
Je vous laisse avec lui pour en délibérer,
Quoi que vous résolviez, laissez-moi l'ignorer.
Au reste, assurez-vous de l'amour des deux princes;
Plutôt que de vous perdre ils perdront leurs provinces
Mais je ne réponds pas que ce cœur inhumain
Ne veuille à leur refus s'armer d'une autre main.
Je vous parle en tremblant; si j'étais ici vue,
Votre péril croîtrait, et je serais perdue.

Fuyez, grande princesse, et souffrez cet adieu.
RODOGUNE. Va, je reconnaîtrai ce service en son lieu.

SCÈNE II. — RODOGUNE, ORONTE.

RODOGUNE. Que ferons-nous, Oronte, en ce péril extrême,
Où l'on fait de mon sang le prix d'un diadème ?
Fuirons-nous chez mon frère? attendrons-nous la mort?
Ou ferons-nous contre elle un généreux effort?
ORONTE. Notre fuite, Madame, est assez difficile :
J'ai vu des gens de guerre épandus dans la ville.
Si l'on veut votre perte, on vous fait observer;
Ou, s'il vous est permis encor de vous sauver,
L'avis de Laonice est sans doute une adresse
Feignant de vous servir elle sert sa maîtresse.
La reine, qui surtout craint de vous voir régner,
Vous donne ces terreurs pour vous faire éloigner;
Et pour rompre un hymen qu'avec peine elle endure,
Elle en veut à vous-même imputer la rupture.
Elle obtiendra par vous le but de ses souhaits,
Et vous accusera de violer la paix;
Et le roi, plus piqué contre vous que contre elle,
Vous voyant lui porter une guerre nouvelle,
Blâmera vos frayeurs et nos légèretés,
D'avoir osé douter de la foi des traités ;
Et peut-être, pressé des guerres d'Arménie,
Vous laissera moquée, et la reine impunie.
A ces honteux moyens gardez de recourir.
C'est ici qu'il vous faut ou régner ou périr.
Le ciel pour vous ailleurs n'a point fait de couronne ;
Et l'on s'en rend indigne alors qu'on l'abandonne.
RODOGUNE. Ah! que de vos conseils j'aimerais la vigueur
Si nous avions la force égale à ce grand cœur.
Mais pourrons-nous braver une reine en colère
Avec ce peu de gens que m'a laissés mon frère.
ORONTE. J'aurais perdu l'esprit si j'osais me vanter
Qu'avec ce peu de gens nous puissions résister.
Nous mourrons à vos pieds, c'est toute l'assistance
Que vous peut en ces lieux offrir notre impuissance.
Mais pouvez-vous trembler quand dans ces mêmes lieux
Vous portez le grand maître des rois et des dieux?
L'Amour fera lui seul tout ce qu'il vous faut faire.
Faites-vous un rempart des fils contre la mère;
Ménagez bien leur flamme, ils voudront tout pour vous :
Et ces astres naissants sont adorés de tous.
Quoi que puisse en ces lieux une reine cruelle,
Pouvant tout sur ses fils, vous y pouvez plus qu'elle.
Cependant trouvez bon qu'en ces extrémités,
Je tâche à rassembler nos Parthes écartés ;
Ils sont peu, mais vaillants, et peuvent de sa rage
Empêcher la surprise et le premier outrage.
Craignez moins, et surtout, Madame, en ce grand jour,
Si vous voulez régner, faites régner l'amour.

SCÈNE III. — RODOGUNE.

Quoi! je pourrais descendre à ce lâche artifice
D'aller de mes amants mendier le service,
Et, sous l'indigne appât d'un coup d'œil affecté,
J'irais jusqu'en leur cœur chercher ma sûreté !
Celles de ma naissance ont horreur des bassesses;
Leur sang tout généreux hait ces molles adresses.

Quel que soit le secours qu'ils me puissent offrir,
Je croirai faire assez de le daigner souffrir.
Je verrai leur amour, j'éprouverai sa force,
Sans flatter leurs désirs, sans leur jeter d'amorce ;
Et, s'il est assez fort pour me servir d'appui,
Je le ferai régner, mais en régnant sur lui.
Sentiments étouffés de colère et de haine,
Rallumez vos flambeaux à celles de la reine,
Et d'un oubli contraint rompez la dure loi,
Pour rendre enfin justice aux mânes d'un grand roi :
Rapportez à mes yeux son image sanglante,
D'amour et de fureur encore étincelante,
Telle que je le vis, quand tout percé de coups
Il me cria : Vengeance! adieu, je meurs pour vous ;
Chère ombre, hélas! bien loin de l'avoir poursuivie,
J'allais baiser la main qui t'arracha la vie,
Rendre un respect de fille à qui versa ton sang :
Mais pardonne aux devoirs que m'impose mon rang.
Plus la haute naissance approche des couronnes,
Plus cette grandeur même asservit nos personnes ;
Nous n'avons point de cœur pour aimer ni haïr :
Toutes nos passions ne savent qu'obéir.
Après avoir armé pour venger cet outrage,
D'une paix mal conçue on m'a faite le gage ;
Et moi, fermant les yeux sur ce noir attentat,
Je suivais mon destin en victime d'État :
Mais aujourd'hui qu'on voit cette main parricide
Des restes de ta vie insolemment avide,
Vouloir encor percer ce sein infortuné
Pour y chercher le cœur que tu m'avais donné,
De la paix qu'elle rompt je ne suis plus le gage ;
Je brise avec honneur mon illustre esclavage ;
J'ose reprendre un cœur pour aimer et haïr,
Et ce n'est plus qu'à toi que je veux obéir.
Le consentiras-tu cet effort sur ma flamme,
Toi, son vivant portrait, que j'adore dans l'âme,
Cher prince, dont je n'ose en mes plus doux souhaits
Fier encore le nom aux murs de ce palais ?
Je sais quelles seront tes douleurs et tes craintes ;
Je vois déjà tes maux j'entends déjà tes plaintes :
Mais pardonne aux devoirs qu'exige enfin un roi
A qui tu dois le jour qu'il a perdu pour moi.
J'aurai mêmes douleurs, j'aurai mêmes alarmes ;
S'il t'en coûte un soupir, j'en verserai des larmes.
    Mais, dieux! que je me trouble en les voyant tous deux !
Amour, qui me confonds, cache du moins tes feux ;
Et content de mon cœur dont je t'ai fait le maître,
Dans mes regards surpris garde-toi de paraître.

    SCÈNE IV. — ANTIOCHUS, SÉLEUCUS, RODOGUNE.
ANTIOCHUS. Ne vous offensez pas, princesse, de nous voir
    De vos yeux à vous-même expliquer le pouvoir.
    Ce n'est pas d'aujourd'hui que nos cœurs en soupirent ;
    A vos premiers regards tous deux ils se rendirent :
    Mais un profond respect nous fit taire et brûler ;
    Et ce même respect nous force de parler.
        L'heureux moment approche où votre destinée
    Semble être aucunement à la nôtre enchaînée,
    Puisque d'un droit d'aînesse incertain parmi nous

La nôtre attend un sceptre, et la vôtre un époux.
C'est trop d'indignité que notre souveraine
De l'un de ses captifs tienne le nom de reine;
Notre amour s'en offense, et, changeant cette loi,
Remet à notre reine à nous choisir un roi.
Ne vous abaissez plus à suivre la couronne;
Donnez-la, sans souffrir qu'avec elle on vous donne:
Réglez notre destin qu'ont mal réglé les dieux ;
Notre seul droit d'aînesse est de plaire à vos yeux ;
L'ardeur qu'allume en nous une flamme si pure
Préfère votre choix au choix de la nature,
Et vient sacrifier à votre élection
Toute notre espérance et notre ambition.
Prononcez donc, Madame, et faites un monarque :
Nous céderons sans honte à cette illustre marque;
Et celui qui perdra votre divin objet
Demeurera du moins votre premier sujet.
Son amour immortel saura toujours lui dire
Que ce rang près de vous vaut ailleurs un empire :
Il y mettra sa gloire, et, dans un tel malheur,
L'heur de vous obéir flattera sa douleur.

RODOGUNE. Princes, je dois beaucoup à cette déférence
De votre ambition et de votre espérance ;
Et j'en recevrais l'offre avec quelque plaisir,
Si celles de mon rang avait droit de choisir.
Comme sans leurs avis les rois disposent d'elles
Pour affermir leur trône ou finir leurs querelles,
Le destin des Etats est arbitre du leur,
Et l'ordre des traités règle tout dans leur cœur.
C'est lui que suit le mien, et non pas la couronne :
J'aimerai l'un de vous, parce qu'il me l'ordonne;
Du secret révélé j'en prendrai le pouvoir,
Et mon amour pour naître attendra mon devoir.
N'attendez rien de plus, ou votre attente est vaine.
Le choix que vous m'offrez appartient à la reine :
J'entreprendrais sur elle à l'accepter de vous.
Peut-être on vous a tu jusqu'où va son courroux ;
Mais je dois par épreuve assez bien le connaître
Pour fuir l'occasion de le faire renaître.
Que n'en ai-je souffert, et que n'a-t-elle osé !
Je veux croire avec vous que tout est apaisé;
Mais craignez avec moi que ce choix ne ranime
Cette haine mourante à quelque nouveau crime :
Pardonnez-moi ce mot qui viole un oubli
Que la paix entre nous doit avoir établi.
Le feu qui semble éteint souvent dort sous la cendre,
Qui l'ose réveiller peut s'en laisser surprendre;
Et je mériterais qu'il me pût consumer,
Si je lui fournissais de quoi se rallumer.

SÉLEUCUS. Pouvez-vous redouter sa haine renaissante,
S'il est en votre main de la rendre impuissante?
Faites un roi, Madame, et régnez avec lui,
Son courroux désarmé demeure sans appui,
Et toutes ses fureurs, sans effet rallumées,
Ne pousseront en l'air que de vaines fumées.
Mais a-t-elle intérêt au choix que vous ferez,
Pour en craindre les maux que vous vous figurez?
La couronne est à nous; et, sans lui faire injure,
Sans manquer de respect aux droits de la nature,

Chacun de nous à l'autre en peut céder sa part,
Et rendre a votre choix ce qu'il doit au hasard
Qu'un si faible scrupule en notre faveur cesse :
Votre inclination vaut bien un droit d'aînesse,
Dont vous seriez traitée avec trop de rigueur,
S'il se trouvait contraire aux vœux de votre cœur.
On vous applaudirait quand vous seriez à plaindre;
Pour vous faire régner ce serait vous contraindre,
Vous donner la couronne en vous tyrannisant,
Et verser du poison sur ce noble présent.
Au nom de ce beau feu qui tous deux nous consume,
Princesse, à notre espoir ôtez cette amertume:
Et permettez que l'heur qui suivra votre époux
Se puisse redoubler à le tenir de vous.
RODOGUNE. Ce beau feu vous aveugle autant comme il vous brûle:
Et, tâchant d'avancer, son effort vous recule.
Vous croyez que ce choix que l'un et l'autre attend
Pourra faire un heureux sans faire un mécontent,
Et moi, quelque vertu que votre cœur prépare,
Je crains d'en faire deux si le mien se déclare :
Non que de l'un et l'autre il dédaigne les vœux :
Je tiendrais à bonheur d'être à l'un de vous deux :
Mais souffrez que je suive enfin ce qu'on m'ordonne :
Je me mettrai trop haut s'il faut que je me donne ;
Quoique aisément je cède aux ordres de mon roi,
Il n'est pas bien aisé de m'obtenir de moi.
Savez-vous quels devoirs, quels travaux, quels services,
Voudront de mon orgueil exiger les caprices?
Par quels degrés de gloire on me peut mériter?
En quels affreux périls il faudra vous jeter?
Ce cœur vous est acquis après le diadême,
Princes; mais gardez-vous de le rendre à lui-même.
Vous y renoncerez peut-être pour jamais,
Quand je vous aurai dit à quel prix je le mets.
SÉLEUCUS. Quels seront les devoirs, quels travaux, quels services
Dont nous ne vous fassions d'amoureux sacrifices ?
Et quels affreux périls pourrons-nous redouter,
Si c'est par ces degrés qu'on peut vous mériter !
ANTIOCHUS. Princesse, ouvrez ce cœur, et jugez mieux du nôtre,
Jugez mieux du beau feu qui brûle l'un et l'autre,
Et dites hautement à quel prix votre choix
Veut faire l'un de nous le plus heureux des rois.
RODOGUNE. Princes, le voulez-vous?
      ANTIOCHUS. C'est notre unique envie.
RODOGUNE. Je verrai cette ardeur d'un repentir suivie.
SÉLEUCUS. Avant ce repentir tous deux nous périrons.
RODOGUNE. Enfin, vous le voulez?
     SÉLEUCUS. Nous vous en conjurons.
RODOGUNE. Hé bien donc ! il est temps de me faire connaître.
J'obéis à mon roi, puisqu'un de vous doit l'être ;
Mais quand j'aurai parlé, si vous vous en plaignez,
J'atteste tous les dieux que vous m'y contraignez,
Et que c'est malgré moi qu'à moi-même rendue,
J'écoute une chaleur qui m'était défendue,
Qu'un devoir rappelé me rend un souvenir
Que la foi des traités ne doit plus retenir.
Tremblez, Princes, tremblez au nom de votre père;
Il est mort, et pour moi, par les mains d'une mère :
Je l'avais oublié, sujette à d'autres lois;

Mais libre, je lui rends enfin ce que je dois.
C'est à vous de choisir mon amour ou ma haine.
J'aime les fils du roi, je hais ceux de la reine :
Réglez-vous là-dessus ; et sans plus me presser,
Voyez auquel des deux vous voulez renoncer.
Il faut prendre parti : mon choix suivra le vôtre :
Je respecte autant l'un que je déteste l'autre.
Mais ce que j'aime en vous du sang de ce grand roi,
S'il n'est digne de lui, n'est pas digne de moi.
Ce sang que vous portez, le trône qu'il vous laisse,
Valent bien que pour lui votre cœur s'intéresse.
Votre gloire le veut, l'amour vous le prescrit.
Qui peut contre elle et lui soulever votre esprit ?
Si vous leur préférez une mère cruelle,
Soyez cruels, ingrats, parricides comme elle :
Vous devez la punir si vous la condamnez ;
Vous devez l'imiter, si vous la soutenez.
Quoi ! cette ardeur s'éteint ! l'un et l'autre soupire !
J'avais su le prévoir, j'avais su le prédire...
ANTIOCHUS. Princesse...

        RODOGUNE. Il n'est plus temps, le mot en est lâché :
Quand j'ai voulu me taire, en vain je l'ai tâché.
Appelez ce devoir haine, rigueur, colère ;
Pour gagner Rodogune il faut venger un père :
Je me donne à ce prix ; osez me mériter,
Et voyez qui de vous daignera m'accepter.
Adieu, princes.

SCÈNE V. — ANTIOCHUS, SÉLEUCUS.

ANTIOCHUS. Hélas ! c'est donc ainsi qu'on traite
Les plus profonds respects d'une amour si parfaite !
SÉLEUCUS. Elle nous fuit, mon frère, après cette rigueur.
ANTIOCHUS. Elle fuit, mais en Parthe, en nous perçant le cœur.
SÉLEUCUS. Que le ciel est injuste ! une âme si cruelle
Méritait notre mère, et devait naître d'elle.
ANTIOCHUS. Plaignons-nous sans blasphème.

        SÉLEUCUS. Ah ! que vous me gênez
Par cette retenue où vous vous obstinez !
Faut-il encor régner ? faut-il l'aimer encore ?
ANTIOCHUS. Il faut plus de respect pour celle qu'on adore.
SÉLEUCUS. C'est ou d'elle ou du trône être ardemment épris,
Que vouloir ou l'aimer ou régner à ce prix.
ANTIOCHUS. C'est et d'elle et de lui tenir bien peu de compte
Que faire une révolte et si pleine et si prompte.
SÉLEUCUS. Lorsque l'obéissance a tant d'impiété,
La révolte devient une nécessité.
ANTIOCHUS. La révolte, mon frère, est bien précipitée,
Quand la loi qu'elle rompt peut être rétractée ?
Et c'est à nos désirs trop de témérité
De vouloir de tels biens avec facilité :
Le ciel par les travaux veut qu'on monte à la gloire :
Pour gagner un triomphe, il faut une victoire.
Mais que je tâche en vain de flatter nos tourments !
Nos malheurs sont plus forts que ces déguisements.
Leur excès à mes yeux paraît un noir abîme
Où la haine s'apprête à couronner le crime,
Où la gloire est sans nom, la vertu sans honneur,
Où sans un parricide il n'est point de bonheur :
Et, voyant de ces maux l'épouvantable image,

Je me sens affaiblir quand je vous encourage:
Je frémis, je chancelle, et mon cœur abattu
Suit tantôt sa douleur, et tantôt sa vertu.
Mon frère, pardonnez à des discours sans suite,
Qui font trop voir le trouble où mon âme est réduite.
SÉLEUCUS. J'en ferais comme vous, si mon esprit troublé
Ne secouait le joug dont il est accablé.
Dans mon ambition, dans l'ardeur de ma flamme,
Je vois ce qu'est un trône, et ce qu'est une femme;
Et, jugeant par leur prix de leur possession,
J'éteins enfin ma flamme et mon ambition;
Et je vous céderais l'un et l'autre avec joie,
Si, dans la liberté que le ciel me renvoie,
La crainte de vous faire un funeste présent
Ne me jetait dans l'âme un remord trop cuisant.
Dérobons-nous, mon frère, à ces âmes cruelles,
Et laissons-les sans nous achever leurs querelles.
ANTIOCHUS. Comme j'aime beaucoup, j'espère encore un peu.
L'espoir ne peut s'éteindre où brûle tant de feu;
Et son reste confus me rend quelques lumières
Pour juger mieux que vous de ces âmes si fières.
Croyez-moi, l'une et l'autre ont redouté nos pleurs.
Leur fuite à nos soupirs a dérobé leurs cœurs;
Et, si tantôt leur haine eût attendu nos larmes,
Leur haine à nos douleurs aurait rendu les armes.
SÉLEUCUS. Pleurez donc à leurs yeux, gémissez, soupirez,
Et je craindrai pour vous ce que vous espérez.
Quoi qu'en votre faveur vos pleurs obtiennent d'elles,
Il vous faudra parer leurs haines mutuelles,
Sauvez l'une de l'autre; et peut-être leurs coups,
Vous trouvant au milieu, ne perceront que vous:
C'est ce qu'il faut pleurer. Ni maîtresse ni mère
N'ont plus de choix ici ni de lois à nous faire;
Quoi que leur rage exige ou de vous ou de moi,
Rodogune est à vous, puisque je vous fais roi.
Épargnez vos soupirs près de l'une et de l'autre.
J'ai trouvé mon bonheur, saisissez-vous du vôtre;
Je n'en suis point jaloux; et ma triste amitié
Ne le verra jamais que d'un œil de pitié.

SCÈNE VI. — ANTIOCHUS.

Que je serais heureux si je n'aimais un frère!
Lorsqu'il ne veut pas voir le mal qu'il se veut faire,
Mon amitié s'oppose à son aveuglement:
Elle agira pour vous, mon frère, également,
Elle n'abusera point de cette violence
Que l'indignation fait à votre espérance.
La pesanteur du coup souvent nous étourdit:
On le croit repoussé quand il s'approfondit;
Et, quoi qu'un juste orgueil sur l'heure persuade,
Qui ne sent point son mal est d'autant plus malade;
Ces ombres de santé cachent mille poisons,
Et la mort suit de près ces fausses guérisons.
Daignent les justes dieux rendre vain ce présage!
Cependant allons voir, si nous vaincrons l'orage,
Et si, contre l'effort d'un si puissant courroux,
La nature et l'amour voudront parler pour nous.

ACTE QUATRIÈME.

SCÈNE I. — Antiochus, Rodogune.

RODOGUNE. Prince, qu'ai-je entendu ? parce que je soupire,
Vous présumez que j'aime, et vous m'osez le dire !
Est-ce un frère, est-ce vous, dont la témérité
S'imagine...
ANTIOCHUS. Apaisez ce courage irrité,
Princesse ; aucun de nous ne serait téméraire
Jusqu'à s'imaginer qu'il eut l'heur de vous plaire :
Je vois votre mérite et le peu que je vaux,
Et ce rival si cher connaît mieux ses défauts.
Mais si tantôt ce cœur parlait par votre bouche,
Il veut que nous croyions qu'un peu d'amour le touche,
Et qu'il daigne écouter quelques uns de nos vœux,
Puisqu'il tient à bonheur d'être à l'un de nous deux.
Si c'est présomption de croire ce miracle,
C'est une impiété de douter de l'oracle,
Et mériter les maux où vous nous condamnez,
Qu'éteindre un bel espoir que vous nous ordonnez.
Princesse, au nom des dieux, au nom de cette flamme...
RODOGUNE. Un mot ne fait pas voir jusques au fond d'une ame ;
Et votre espoir trop prompt prend trop de vanité
Des termes obligeants de ma civilité.
Je l'ai dit, il est vrai ; mais, quoi qu'il en puisse être,
Méritez cet amour que vous voulez connaître.
Lorsque j'ai soupiré, ce n'était pas pour vous ;
J'ai donné ces soupirs aux mânes d'un époux ;
Et ce sont les effets du souvenir fidèle
Que sa mort à toute heure en mon âme rappelle.
Princes, soyez ses fils, et prenez son parti.
ANTIOCHUS. Recevez donc son cœur en nous deux réparti
Ce cœur qu'un saint amour rangea sous votre empire,
Ce cœur, pour qui le vôtre à tout moment soupire,
Ce cœur, en vous aimant indignement percé,
Reprend pour vous aimer le sang qu'il a versé ;
Il le reprend en nous, il revit, il vous aime,
Et montre en vous aimant qu'il est encor le même.
Ah ! princesse, en l'état où le sort nous a mis,
Pouvons-nous mieux montrer que nous sommes ses fils ?
RODOGUNE. Si c'est son cœur en vous qui revit et qui m'aime,
Faites ce qu'il ferait s'il vivait en lui-même :
A ce cœur qu'il vous laisse osez prêter un bras ;
Pouvez-vous le porter et ne l'écouter pas ?
S'il vous explique mal ce qu'il en doit attendre,
Il emprunte ma voix pour se mieux faire entendre.
Une seconde fois il vous le dit par moi ;
Prince, il faut le venger.
ANTIOCHUS. J'accepte cette loi.
Nommez les assassins, et j'y cours.
RODOGUNE. Quel mystère
Vous fait, en l'acceptant, méconnaître une mère ?
ANTIOCHUS. Ah ! si vous ne voulez voir finir nos destins,
Nommez d'autres vengeurs ou d'autres assassins.
RODOGUNE. Ah ! je vois trop régner son parti dans votre âme ;
Prince, vous le prenez.
ANTIOCHUS. Oui, je le prends, Madame ;
Et j'apporte à vos pieds le plus pur de son sang
Que la nature enferme en ce malheureux flanc.

Satisfaites vous-même à cette voix secrète
Dont la vôtre envers nous daigne être l'interprète :
Exécutez son ordre ; et hâtez-vous sur moi
De punir une reine et de venger un roi :
Mais quitte par ma mort d'un devoir si sévère,
Écoutez-en un autre en faveur de mon frère.
De deux princes unis à soupirer pour vous
Prenez l'un pour victime et l'autre pour époux :
Punissez un des fils des crimes de la mère,
Mais payez l'autre aussi des services du père ;
Et laissez un exemple à la postérité
Et de rigueur entière, et d'entière équité.
Quoi ! n'écouterez-vous ni l'amour ni la haine ?
Ne pourrai-je obtenir ni salaire ni peine ?
Ce cœur qui vous adore, et que vous dédaignez...

RODOGUNE. Hélas, prince !

ANTIOCHUS. Est-ce encor le roi que vous plaignez ?
Ce soupir ne va-t-il que vers l'ombre d'un père ?

RODOGUNE. Allez, ou pour le moins rappelez votre frère.
Le combat pour mon âme était moins dangereux
Lorsque je vous avais à combattre tous deux :
Vous êtes plus fort seul que vous n'étiez ensemble ;
Je vous bravais tantôt, et maintenant je tremble.
J'aime ; n'abusez pas, prince, de mon secret ;
Au milieu de ma haine il m'échappe à regret ;
Mais enfin il m'échappe, et cette retenue
Ne peut plus soutenir l'effort de votre vue.
Oui, j'aime un de vous deux, malgré ce grand courroux,
Et ce dernier soupir dit assez que c'est vous.
Un rigoureux devoir à cet amour s'oppose :
Ne m'en accusez point, vous en êtes la cause ;
Vous l'avez fait renaître en me pressant d'un choix
Qui rompt de vos traités les favorables lois.
D'un père mort pour moi voyez le sort étrange :
Si vous me laissez libre, il faut que je le venge ;
Et mes feux dans mon âme ont beau s'en mutiner,
Ce n'est qu'à ce prix seul que je puis me donner :
Mais ce n'est pas de vous qu'il faut que je l'attende,
Votre refus est juste autant que ma demande.
A force de respect votre amour s'est trahi.
Je voudrais vous haïr s'il m'avait obéi,
Et je n'estime pas l'honneur d'une vengeance
Jusqu'à vouloir d'un crime être la récompense.
Rentrons donc sous les lois que m'impose la paix,
Puisque m'en affranchir c'est vous perdre à jamais.
Prince, en votre faveur je ne puis davantage :
L'orgueil de ma naissance enfle encor mon courage,
Et, quelque grand pouvoir que l'amour ait sur moi,
Je n'oublierai jamais que je me dois un roi.
Oui, malgré mon amour, j'attendrai d'une mère
Que le trône me donne ou vous ou votre frère.
Attendant son secret vous aurez mes désirs ;
Et s'il le fait régner, vous aurez mes soupirs :
C'est tout ce qu'à mes feux ma gloire peut permettre,
Et tout ce qu'à vos feux les miens osent promettre.

ANTIOCHUS. Que voudrais-je de plus ? son bonheur est le mien ;
Rendez heureux ce frère, et je ne perdrai rien.
L'amitié le consent, si l'amour l'appréhende :
Je bénirai le ciel d'une perte si grande ;

Et quittant les douceurs de cet espoir flottant,
Je mourrai de douleur, mais je mourrai content.
RODOGUNE. Et moi, si mon destin entre ses mains me livre,
Pour un autre que vous s'il m'ordonne de vivre,
Mon amour... Mais adieu, mon esprit se confond,
Prince, si votre flamme à la mienne répond,
Si vous n'êtes ingrat à ce cœur qui vous aime,
Ne me revoyez point qu'avec le diadème.

SCÈNE II. — ANTIOCHUS.

Les plus doux de mes vœux enfin sont exaucés.
Tu viens de vaincre, amour; mais ce n'est pas assez ;
Si tu veux triompher en cette conjoncture,
Après avoir vaincu, fais vaincre la nature ;
Et prête-lui pour nous ces tendres sentiments
Que ton ardeur inspire aux cœurs des vrais amants,
Cette pitié qui force, et ces dignes faiblesses
Dont la vigueur détruit les fureurs vengeresses.
Voici la reine. Amour, nature, justes dieux,
Faites-la moi fléchir, ou mourir à ses yeux.

SCÈNE III. — CLÉOPATRE, ANTIOCHUS, LAONICE.

CLÉOPATRE. Eh bien ! Antiochus, vous dois-je la couronne ?
ANTIOCHUS. Madame, vous savez si le ciel me la donne.
CLÉOPATRE. Vous savez mieux que moi si vous la méritez.
ANTIOCHUS. Je sais que je péris si vous ne m'écoutez.
CLÉOPATRE. Un peu trop lent peut-être à servir ma colère.
Vous vous êtes laissé prévenir par un frère ?
Il a su me venger quand vous délibériez,
Et je dois à son bras ce que vous espériez ?
Je vous en plains, mon fils, ce malheur est extrême :
C'est périr en effet que perdre un diadème.
Je n'y sais qu'un remède, encore est-il fâcheux,
Étonnant, incertain, et triste pour tous deux ;
Je périrai moi-même avant que de le dire :
Mais enfin on perd tout quand on perd un empire.
ANTIOCHUS. Le remède à nos maux est tout en votre main,
Et n'a rien de fâcheux, d'étonnant, d'incertain ;
Votre seule colère a fait notre infortune.
Nous perdons tout, Madame, en perdant Rodogune :
Nous l'adorons tous deux ; jugez en quels tourments
Nous jette la rigueur de vos commandements.
L'aveu de cet amour sans doute vous offense ;
Mais enfin nos malheurs croissent par le silence ;
Et votre cœur, qu'aveugle un peu d'inimitié,
S'il ignore nos maux, n'en peut prendre pitié.
Au point où je les vois, c'en est le seul remède.
CLÉOPATRE. Quelle aveugle fureur vous-même vous possède !
Avez-vous oublié que vous parlez à moi ?
Ou si vous présumez être déjà mon roi ?
ANTIOCHUS. Je tâche avec respect à vous faire connaître
Les forces d'un amour que vous avez fait naître.
CLÉOPATRE. Moi, j'aurais allumé cet insolent amour ?
ANTIOCHUS. Et quel autre prétexte a fait notre retour ?
Nous avez-vous mandés afin qu'un droit d'aînesse
Donnât à l'un de nous le trône et la princesse ?
Vous avez bien fait plus, vous nous l'avez fait voir ;
Et c'était par vos mains nous mettre en son pouvoir,
Qui de nous deux, Madame, eût osé s'en défendre,
Quand vous nous ordonniez à tous deux d'y prétendre ?

Si sa beauté dès lors n'eût allumé nos feux,
Le devoir auprès d'elle eût attaché nos vœux;
Le désir de régner eût fait la même chose;
Et, dans l'ordre des lois que la paix nous impose.
Nous devions aspirer à sa possession
Par amour, par devoir ou par ambition.
Nous avons donc aimé, nous avons cru vous plaire :
Chacun de nous n'a craint que le bonheur d'un frère;
Et cette crainte enfin cédant à l'amitié,
J'implore pour tous deux un moment de pitié.
Avons-nous dû prévoir cette haine cachée,
Que la foi des traités n'avait point arrachée?

CLÉOPATRE. Non, mais vous avez dû garder le souvenir
Des hontes que pour vous j'avais su prévenir,
Et de l'indigne état où votre Rodogune,
Sans moi, sans mon courage, eût mis votre fortune.
Je croyais que vos cœurs, sensibles à ces coups,
En sauraient conserver un généreux courroux;
Et je le retenais avec ma douceur feinte,
Afin que, grossissant sous un peu de contrainte,
Ce torrent de colère et de ressentiment
Fût plus impétueux en son débordement.
Je fais plus maintenant : je presse, sollicite,
Je commande, menace, et rien ne vous irrite.
Le sceptre, dont ma main vous doit récompenser,
N'a point de quoi vous faire un moment balancer;
Vous ne considérez ni lui ni mon injure;
L'amour étouffe en vous la voix de la nature :
Et je pourrais aimer des fils dénaturés!

ANTIOCHUS. La nature et l'amour ont leurs droits séparés;
L'un n'ôte point à l'autre une âme qu'il possède.

CLÉOPATRE. Non, non : où l'amour règne il faut que l'autre cède.

ANTIOCHUS. Leurs charmes à nos cœurs sont également doux.
Nous périrons tous deux s'il faut périr pour vous;
Mais aussi...

CLÉOPATRE. Poursuivez, fils ingrat et rebelle.

ANTIOCHUS. Nous périrons tous deux s'il faut périr pour elle.

CLÉOPATRE. Périssez, périssez, votre rébellion
Mérite plus d'horreur que de compassion.
Mes yeux sauront le voir sans verser une larme,
Sans regarder en vous que l'objet qui vous charme,
Et je triompherai, voyant périr mes fils,
De ses adorateurs et de mes ennemis.

ANTIOCHUS. Eh bien ! triomphez-en, que rien ne vous retienne :
Votre main tremble-t-elle? y voulez-vous la mienne.
Madame, commandez, je suis prêt d'obéir;
Je percerai ce cœur qui vous ose trahir :
Heureux si par ma mort je puis vous satisfaire,
Et noyer dans mon sang toute votre colère!
Mais si la dureté de votre aversion
Nomme encore notre amour une rébellion,
Du moins souvenez-vous qu'elle n'a pris pour armes
Que de faibles soupirs et d'impuissantes larmes.

CLÉOPATRE. Ah ! que n'a-t-elle pris et la flamme et le fer!
Que bien plus aisément j'en saurais triompher!
Vos larmes dans mon cœur ont trop d'intelligence;
Elles ont presque éteint cette ardeur de vengeance :
Je ne puis refuser des soupirs à vos pleurs;
Je sens que je suis mère auprès de vos douleurs.

C'en est fait, je ma rends, et me colère expire.
Rodogune est à vous aussi bien que l'empire;
Rendez grâces aux dieux qui vous ont fait l'aîné :
Possédez-la, régnez.
    ANTIOCHUS. O moment fortuné !
O trop heureuse fin de l'excès de ma peine !
Je rends grâces aux dieux qui calment votre haine.
Madame, est-il possible ?
    CLÉOPATRE. En vain j'ai résisté,
La nature est trop forte, et mon cœur s'est dompté.
Je ne vous dis plus rien, vous aimez votre mère,
Et votre amour pour moi taira ce qu'il faut taire.
ANTIOCHUS. Quoi, je triomphe donc sur le point de périr !
La main qui me blessait a daigné me guérir !
CLÉOPATRE. Oui, je veux couronner une flamme si belle.
Allez à la princesse en porter la nouvelle ;
Son cœur comme le vôtre en deviendra charmé :
Vous n'aimeriez pas tant si vous n'étiez aimé.
ANTIOCHUS. Heureux Antiochus ! heureuse Rodogune !
Oui, Madame, entre nous la joie en est commune.
CLÉOPATRE. Allez donc ; ce qu'ici vous perdez de moments
Sont autant de larcins à vos contentements :
Et ce soir, destiné pour la cérémonie,
Fera voir pleinement si ma haine est finie.
ANTIOCHUS. Et nous vous ferons voir tous nos désirs bornés
A vous donner en nous des sujets couronnés..

    SCÈNE IV. — CLÉOPATRE, LAONICE.

LAONICE. Enfin, ce grand courage a vaincu sa colère.
CLÉOPATRE. Que ne peut point un fils sur le cœur d'une mère !
LAONICE. Vos pleurs coulent encore, et ce cœur adouci...
CLÉOPATRE. Envoyez-moi son frère, et nous laissez ici.
Sa douleur sera grande, à ce que je présume;
Mais j'en saurai sur l'heure adoucir l'amertume.
Ne lui témoignez rien : il lui sera plus doux
D'apprendre tout de moi, qu'il ne serait de vous.

    SCÈNE V. — CLÉOPATRE.

Que tu pénètres mal le fond de mon courage !
Si je verse des pleurs, ce sont des pleurs de rage;
Et ma haine, qu'en vain tu crois s'évanouir,
Ne les a fait couler qu'afin de t'éblouir.
Je ne veux plus que moi dedans ma confidence.
Et toi, crédule amant, que charme l'apparence,
Et dont l'esprit léger s'attache avidement
Aux attraits captieux de mon déguisement,
Va, triomphe en idée avec ta Rodogune,
Au sort des immortels préfère ta fortune,
Tandis que mieux instruite en l'art de me venger,
En de nouveaux malheurs je saurai te plonger.
Ce n'est pas tout d'un coup que tant d'orgueil trébuche;
De qui se rend trop tôt on doit craindre une embûche;
Et c'est mal démêler le cœur avec le front,
Que prendre pour sincère un jugement si prompt.
L'effet te fera voir comme je suis changée.

    SCÈNE VI. — CLÉOPATRE, SÉLEUCUS.

CLÉOPATRE. Savez-vous, Séleucus, que je me suis vengée?
SÉLEUCUS. Pauvre princesse, hélas !
    CLÉOPATRE. Vous déplorez son sort !

Quoi ! l'aimiez-vous?
SÉLEUCUS. Assez pour regretter sa mort.
CLÉOPATRE. Vous lui pouvez servir encor d'amant fidèle :
Si j'ai su me venger, ce n'a pas été d'elle.
SÉLEUCUS. O ciel ! et de qui donc, Madame?
CLÉOPATRE. C'est de vous.
Ingrat, qui n'aspirez qu'à vous voir son époux;
De vous, qui l'adorez en dépit d'une mère;
De vous, qui dédaignez de servir ma colère;
De vous, de qui l'amour, rebelle à mes désirs,
S'oppose à ma vengeance et détruit mes plaisirs.
SÉLEUCUS. De moi?
CLÉOPATRE. De toi, perfide! Ignore, dissimule
Le mal que tu dois craindre et le feu qui te brûle;
Et si pour l'ignorer tu crois t'en garantir,
Du moins en l'apprenant commence à le sentir.
Le trône était à toi par le droit de naissance :
Rodogune avec lui tombait en ta puissance;
Tu devais l'épouser, tu devais être roi!
Mais comme ce secret n'est connu que de moi,
Je puis, comme je veux, tourner le droit d'aînesse,
Et donne à ton rival ton sceptre et ta maîtresse.
SÉLEUCUS. A mon frère?
CLÉOPATRE. C'est lui que j'ai nommé l'aîné.
SÉLEUCUS. Vous ne m'affligez point de l'avoir couronné;
Et, par une raison qui vous est inconnue,
Mes pressentiments vous avaient prévenue :
Les biens que vous m'ôtez n'ont point d'attraits si doux
Que mon cœur n'ait donnés à ce frère avant vous;
Et si vous bornez là toute votre vengeance,
Vos désirs et les miens seront d'intelligence.
CLÉOPATRE. C'est ainsi qu'on déguise un violent dépit;
C'est ainsi qu'une feinte au-dehors l'assoupit;
Et, qu'on croit amuser de fausses patiences
Ceux dont en l'âme on craint les justes défiances.
SÉLEUCUS. Quoi! je conserverais quelque courroux secret!
CLÉOPATRE. Quoi! lâche, tu pourrais la perdre sans regret,
Elle de qui les dieux te donnaient l'hyménée,
Elle dont tu plaignais la perte imaginée?
SÉLEUCUS. Considérer sa perte avec compassion,
Ce n'est pas aspirer à sa possession.
CLÉOPATRE. Que la mort la ravisse, ou qu'un rival l'emporte,
La douleur d'un amant est également forte;
Et tel qui se console après l'instant fatal
Ne saurait voir son bien aux mains de son rival :
Piqué jusques au vif, il tâche à le reprendre ;
Il fait de l'insensible, afin de mieux surprendre :
D'autant plus animé que ce qu'il a perdu,
Par rang ou par mérite, à sa flamme était dû.
SÉLEUCUS. Peut-être ; mais enfin, par quel amour de mère
Pressez-vous tellement ma douleur contre un frère?
Prenez-vous intérêt à la faire éclater ?
CLÉOPATRE. J'en prends à la connaître, et la faire avorter;
J'en prends à conserver malgré toi mon ouvrage
Des jaloux attentats de ta secrète rage.
SÉLEUCUS. Je le veux croire ainsi ; mais quel autre intérêt
Nous fait tous deux aînés quand et comme il vous plaît ?
Qui des deux vous doit croire, et par quelle justice
Faut-il que sur moi seul tombe tout le supplice ?

Et que du même amour dont nous sommes blessés
Il soit récompensé quand vous m'en punissez?
CLÉOPATRE. Comme reine, à mon choix, je fais justice ou grace,
Et je m'étonne fort d'où vous vient cette audace,
D'où vient qu'un fils, vers moi noirci de trahison,
Ose de mes faveurs me demander raison.
SÉLEUCUS. Vous pardonnerez donc ces chaleurs indiscrètes :
Je ne suis point jaloux du bien que vous lui faites :
Et je vois quel amour vous avez pour tous deux,
Plus que vous ne pensez, et plus que je ne veux ;
Le respect me défend d'en dire davantage :
Je n'ai ni faute d'yeux, ni faute de courage,
Madame ; mais enfin n'espérez voir en moi
Qu'amitié pour mon frère, et zèle pour mon roi.
Adieu.

SCÈNE VII. — CLÉOPATRE.

De quel malheur suis-je encore capable !
Leur amour m'offensait, leur amitié m'accable ;
Et contre mes fureurs je trouve en mes deux fils
Deux enfants révoltés et deux rivaux unis.
Quoi ! sans émotion perdre trône et maîtresse !
Quel est ici ton charme, odieuse princesse ?
Et par quel privilège, allumant de tels feux,
Peux-tu n'en prendre qu'un, et m'ôter tous les deux ?
N'espère pas pourtant triompher de ma haine :
Pour régner sur deux cœurs, tu n'es pas encor reine.
Je sais bien qu'en l'état où tous deux je les voi,
Il me les faut percer pour aller jusqu'à toi :
Mais n'importe ; mes mains sur le père enhardies
Pour un bras refusé sauront prendre deux vies :
Leurs jours également sont pour moi dangereux ;
J'ai commencé par lui, j'achèverai par eux.
Sors de mon cœur, nature, ou fais qu'ils m'obéissent :
Fais-les servir ma haine, ou consens qu'ils périssent.
Mais déjà l'un a vu que je les veux punir.
Souvent qui tarde trop se laisse prévenir.
Allons chercher le temps d'immoler mes victimes,
Et de me rendre heureuse à force de grands crimes.

ACTE CINQUIÈME.

SCÈNE I. — CLÉOPATRE.

Enfin, grâces aux dieux, j'ai moins d'un ennemi.
La mort de Séleucus m'a vengée à demi ;
Son ombre, en attendant Rodogune et son frère,
Peut déjà de ma part les promettre à son père.
Ils le suivront de près, et j'ai tout préparé
Pour réunir bientôt ce que j'ai séparé.
O toi, qui n'attends plus que la cérémonie
Pour jeter à mes pieds ma rivale punie,
Et par qui deux amants vont d'un seul coup du sort
Recevoir l'hyménée, et le trône et la mort ;
Poison, me sauras-tu rendre mon diadème ?
Le fer m'a bien servie, en feras-tu de même ?
Me seras-tu fidèle ? Et toi, que me veux-tu,
Ridicule retour d'une sotte vertu,
Tendresse dangereuse autant comme importune ?
Je ne veux point pour fils l'époux de Rodogune ;
Et ne vois plus en lui les restes de mon sang,

S'il m'arrache du trône, et le met en mon rang,
Reste du sang ingrat d'un époux infidèle,
Héritier d'une flamme envers moi criminelle,
Aime mon ennemie, et péris comme lui.
Pour la faire tomber j'abattrai son appui ;
Aussi bien sous mes pas c'est creuser un abîme
Que retenir ma main sur la moitié du crime,
Et, te faisant mon roi, c'est trop me négliger
Que te laisser sur moi père et frère à venger.
Qui se venge à demi court lui-même à sa peine :
Il faut ou condamner ou couronner sa haine.
Dût le peuple en fureur pour ses maîtres nouveaux
De mon sang odieux arroser leurs tombeaux,
Dût le Parthe vengeur me trouver sans défense,
Dût le ciel égaler le supplice à l'offense,
Trône, à t'abandonner je ne puis consentir ;
Par un coup de tonnerre il vaut mieux en sortir ;
Il vaut mieux mériter le sort le plus étrange.
Tombe sur moi le ciel, pourvu que je me venge !
J'en recevrai le coup d'un visage remis :
Il est doux de périr après ses ennemis ;
Et, de quelque rigueur que le destin me traite,
Je perds moins à mourir qu'à vivre leur sujette.
  Mais voici Laonice ; il faut dissimuler
Ce que le seul effet doit bientôt révéler.

SCÈNE II. — CLÉOPATRE, LAONICE.

CLÉOPATRE. Viennent-ils, nos amants ?

LAONICE. Ils approchent, Madame,
On lit dessus leur front l'allégresse de l'âme ;
L'amour s'y fait paraître avec la majesté ;
Et, suivant le vieil ordre en Syrie usité,
D'une grâce en tous deux tout auguste et royale,
Ils viennent prendre ici la coupe nuptiale,
Pour s'en aller au temple, au sortir du palais,
Par les mains du grand-prêtre être unis à jamais :
C'est là qu'il les attend pour bénir l'alliance.
Le peuple tout ravi par ses vœux le devance,
Et pour eux à grands cris demande aux immortels
Tout ce qu'on leur souhaite au pied de leurs autels,
Impatient pour eux que la cérémonie
Ne commence bientôt, ne soit bientôt finie.
Les Parthes à la foule aux Syriens mêlés,
Tous nos vieux différends de leur âme exilés,
Font leur suite assez grosse, et d'une voix commune
Bénissent à l'envi le prince et Rodogune.
Mais je les vois déjà : Madame, c'est à vous
A commencer ici des spectacles si doux.

SCÈNE III. — CLÉOPATRE, ANTIOCHUS, RODOGUNE, ORONTE, LAONICE, TROUPE DE PARTHES ET DE SYRIENS.

CLÉOPATRE. Approchez, mes enfants, car l'amour maternelle
Madame, dans mon cœur, vous tient déjà pour telle ;
Et je crois que ce nom ne vous déplaira pas.

RODOGUNE. Je le chérirai même au-delà du trépas.
Il m'est trop doux, Madame, et tout l'heur que j'espère,
C'est de vous obéir et respecter en mère.

CLÉOPATRE. Aimez-moi seulement ; vous allez être rois,
Et s'il faut du respect, c'est moi qui vous le dois.

ANTIOCHUS. Ah ! si nous recevons la suprême puissance,

Ce n'est pas pour sortir de votre obéissance :
Vous régnerez ici quand nous y régnerons,
Et ce seront vos lois que nous y donnerons.
CLÉOPATRE. J'ose le croire ainsi : mais prenez votre place ;
Il est temps d'avancer ce qu'il faut que je fasse.

(Ici Antiochus s'assied dans un fauteuil, Rodogune à sa gauche, en même rang, et Cléopatre à sa droite, mais en rang inférieur, et qui marque quelque inégalité. Oronte s'assied aussi à la gauche de Rodogune, avec la même différence ; et Cléopatre, pendant qu'ils prennent leur place, parle à l'oreille de Laonice, qui sans va quérir une coupe pleine de vin empoisonné. Après qu'elle est partie, Cléopatre continue) :

Peuple qui m'écoutez, Parthes et Syriens,
Sujets du roi son frère, ou qui fûtes les miens,
Voici de mes deux fils celui qu'un droit d'aînesse
Elève dans le trône, et donne à la princesse.
Je lui rends cet État que j'ai sauvé pour lui.
Je cesse de régner ; il commence aujourd'hui.
Qu'on ne me traite plus ici de souveraine :
Voici votre roi, peuple, et voilà votre reine.
Vivez pour les servir, respectez-les tous deux,
Aimez-les, et mourrez, s'il est besoin, pour eux.
Oronte, vous voyez avec quelle franchise
Je leur rends ce pouvoir dont je me suis démise ;
Prêtez les yeux au reste, et voyez les effets
Suivre de point en point les traités de la paix.
(*Laonice apporte une coupe à la main*).
ORONTE. Votre sincérité s'y fait assez paraître,
Madame ; et j'en ferai récit au roi mon maître.
CLÉOPATRE. L'hymen est maintenant notre plus cher souci.
L'usage veut, mon fils, qu'on le commence ici :
Recevez de ma main la coupe nuptiale,
Pour être après unis sous la loi conjugale.
Puisse-t-elle être un gage, envers votre moitié,
De votre amour ensemble et de mon amitié !
ANTIOCHUS *prenant la coupe*.
Ciel ! que ne dois-je point aux bontés d'une mère.
CLÉOPATRE. Le temps presse, et votre heur d'autant plus se diffère.
ANTIOCHUS *à Rodogune*. Madame, hâtons donc ces glorieux moments ;
Voici l'heureux essai de nos contentements.
Mais si mon frère était le témoin de ma joie....
CLÉOPATRE. C'est être trop cruel de vouloir qu'il la voie :
Ce sont des déplaisirs qu'il fait bien d'épargner,
Et sa douleur secrète a droit de l'éloigner.
ANTIOCHUS. Il m'avait assuré qu'il la verrait sans peine.
Mais n'importe, achevons.

SCÈNE IV. — CLÉOPATRE, ANTIOCHUS, RODOGUNE, ORONTE, TIMAGÈNE, LAONICE, TROUPE DE PARTHES ET DE SYRIENS.

TIMAGÈNE. Ah ! Seigneur !
CLÉOPATRE. Timagène,
Quelle est votre insolence ?
TIMAGÈNE. Ah ! Madame !
ANTIOCHUS *rendant la coupe à Laonice*. Parlez.
TIMAGÈNE. Souffrez pour un moment que mes sens rappelés.....
ANTIOCHUS. Qu'est-il donc arrivé ?
TIMAGÈNE. Le prince votre frère....
ANTIOCHUS. Quoi ! se voudrait-il rendre à mon bonheur contraire ?
TIMAGÈNE. L'ayant cherché longtemps afin de divertir
L'ennui que de sa perte il pouvait ressentir,

Je l'ai trouvé, Seigneur, au bout de cette allée
Où la clarté du ciel semble toujours voilée.
Sur un lit de gazon, de faiblesse étendu,
Il semblait déplorer ce qu'il avait perdu ;
Son âme à ce penser paraissait attachée ;
Sa tête sur un bras languissamment penchée,
Immobile et rêveur, en malheureux amant...
ANTIOCHUS. Enfin que faisait-il ? achevez promptement.
TIMAGÈNE. D'une profonde plaie en l'estomac ouverte
Son sang à gros bouillons sur cette couche verte...
CLÉOPATRE. Il est mort ?
  TIMAGÈNE. Oui, Madame.
    CLÉOPATRE. Ah ! destins ennemis,
Qui m'enviez le bien que je m'étais promis.
Voilà le coup fatal que je craignais dans l'ame,
Voilà le désespoir où l'a réduit sa flamme.
Pour vivre en vous perdant il avait trop d'amour,
Madame, et de sa main il s'est privé du jour.
TIMAGÈNE à *Cléopatre*. Madame, il a parlé ; sa main est innocente.
CLÉOPATRE à *Timagène*. La tienne est donc coupable, et ta rage insolente,
Par une lâcheté qu'on ne peut égaler,
L'ayant assassiné, le fait encor parler !
ANTIOCHUS. Timagène, souffrez la douleur d'une mère,
Et les premiers soupçons d'une aveugle colère.
Comme ce coup fatal n'a point d'autres témoins,
J'en ferais autant qu'elle à vous connaître moins.
Mais que vous a-t-il dit ? Achevez, je vous prie.
TIMAGÈNE. Surpris d'un tel spectacle, à l'instant je m'écrie :
Et soudain à mes cris ce prince, en soupirant,
Avec assez de peine entr'ouvre un œil mourant ;
Et ce reste égaré de lumière incertaine
Lui peignant son cher frère au lieu de Timagène,
Rempli de votre idée, il m'adresse pour vous
Ces mots où l'amitié règne sur le courroux :
 « Une main qui nous fut bien chère
 « Venge ainsi le refus d'un coup trop inhumain.
  « Régnez ; et surtout, mon cher frère,
  « Gardez-vous de la même main.
 « C'est... » La parque à ce mot lui coupe la parole ;
Sa lumière s'éteint, et son âme s'envole :
Et moi, tout effrayé d'un si tragique sort,
J'accours pour vous en faire un funeste rapport.
ANTIOCHUS. Rapport vraiment funeste, et sort vraiment tragique,
Qui va changer en pleurs l'allégresse publique,
O frère, plus aimé que la clarté du jour !
O rival, aussi cher que m'était mon amour !
Je te perds, et je trouve en ma douleur extrême
Un malheur dans ta mort plus grand que ta mort même.
O de ses derniers mots fatale obscurité !
En quel gouffre d'horreur m'as-tu précipité ?
Quand j'y pense chercher la main qui l'assassine,
Je m'impute à forfait tout ce que j'imagine :
Mais aux marques enfin que tu m'en viens donner,
Fatale obscurité ! qui dois-je en soupçonner ?
 « Une main qui nous fut bien chère ! »
Madame, est-ce la vôtre ou celle de ma mère ?
Vous vouliez toutes deux un coup trop inhumain ;
Nous vous avons tous deux refusé notre main ;
Qui de vous s'est vengé ? est-ce l'une, est-ce l'autre,

Qui fait agir la sienne au défaut de la nôtre!
Est-ce vous qu'en coupable il me faut regarder?
Est-ce vous désormais dont je me dois garder?
CLÉOPATRE. Quoi! vous me soupçonnez?
RODOGUNE. Quoi! je vous suis suspecte?
ANTIOCHUS. Je suis amant et fils, je vous aime et respecte;
Mais quoi que sur mon cœur puissent des noms si doux,
A ces marques enfin je ne connais que vous.
As-tu bien entendu? dis-tu vrai, Timagène?
TIMAGÈNE. Avant qu'en soupçonner la princesse ou la reine,
Je mourrais mille fois ; mais enfin mon récit
Contient, sans rien de plus, ce que le prince a dit.
ANTIOCHUS. D'un et d'autre côté l'action est si noire,
Que, n'en pouvant douter, je n'ose encor la croire.
O quiconque des deux avez versé son sang,
Ne vous préparez plus à me percer le flanc.
Nous avons mal servi vos haines mutuelles,
Aux jours l'une de l'autre également cruelles;
Mais si j'ai refusé ce détestable emploi,
Je veux bien vous servir toutes deux contre moi:
Qui que vous soyez donc, recevez une vie
Que déjà vos fureurs m'ont à demi ravie.
(*Il tire son épée, et veut se tuer.*)
RODOGUNE. Ah! Seigneur, arrêtez.
TIMAGÈNE. Seigneur, que faites-vous?
ANTIOCHUS. Je sers ou l'une ou l'autre, et je préviens ses coups.
CLÉOPATRE. Vivez, régnez heureux.
ANTIOCHUS. Otez-moi donc de doute,
Et montrez-moi la main qu'il faut que je redoute,
Qui pour m'assassiner ose me secourir,
Et me sauve de moi pour me faire périr.
Puis-je vivre et traîner cette gêne éternelle,
Confondre l'innocente avec la criminelle,
Vivre, et ne pouvoir plus vous voir sans m'alarmer,
Vous craindre toutes deux, toutes deux vous aimer?
Vivre avec ce tourment, c'est mourir à toute heure.
Tirez-moi de ce trouble, ou souffrez que je meure,
Et que mon déplaisir, par un coup généreux,
Épargne un parricide à l'une de vous deux.
CLÉOPATRE. Puisque le même jour que ma main vous couronne
Je perds un de mes fils, et l'autre me soupçonne,
Qu'au milieu de mes pleurs, qu'il devrait essuyer,
Son peu d'amour me force à me justifier,
Si vous n'en pouvez mieux consoler une mère
Qu'en la traitant d'égale avec une étrangère,
Je vous dirai, Seigneur (car ce n'est plus à moi
A nommer autrement et mon juge et mon roi),
Que vous voyez l'effet de cette vieille haine
Qu'en dépit de la paix me garde l'inhumaine,
Qu'en son cœur du passé soutient le souvenir,
Et que j'avais raison de vouloir prévenir.
Elle a soif de mon sang, elle a voulu l'épandre;
J'ai prévu d'assez loin ce que j'en viens d'apprendre;
Mais je vous ai laissé désarmer mon courroux.
(*A Rodogune.*) Sur la foi de ses pleurs je n'ai rien craint de vous,
Madame; mais, ô dieux! quelle rage est la vôtre!
Quand je vous donne un fils, vous assassinez l'autre,
Et m'enviez soudain l'unique et faible appui
Qu'une mère opprimée eût pu trouver en lui!

Quand vous m'accablerez, où sera mon refuge ?
Si je m'en plains au roi, vous possédez mon juge ;
Et s'il m'ose écouter, peut-être, hélas en vain
Il voudra se garder de cette même main.
Enfin je suis leur mère, et vous leur ennemie :
J'ai recherché leur gloire, et vous leur infamie ;
Et si je n'eusse aimé ces fils que vous m'ôtez,
Votre abord en ces lieux les eût déshérités.
C'est à lui maintenant, en cette concurrence,
A régler ses soupirs sur cette différence,
A voir de qui des deux il doit se défier,
Si vous n'avez un charme à vous justifier.
    RODOGUNE, *à Cléopatre.*
Je me défendrai mal : l'innocence étonnée
Ne peut s'imaginer qu'elle soit soupçonnée ;
Et n'ayant rien prévu d'un attentat si grand,
Qui l'en veut accuser sans peine la surprend.

Je ne m'étonne point de voir que votre haine
Pour me faire coupable a quitté Timagène.
Au moindre jour ouvert de tout jeter sur moi,
Son récit s'est trouvé digne de votre foi.
Vous l'accusiez pourtant, quand votre âme alarmée
Craignant qu'en expirant ce fils vous eût nommée :
Mais de ses derniers mots voyant le sens douteux,
Vous avez pris soudain le crime entre nous deux.
Certes, si vous voulez passer pour véritable
Que l'une de nous deux de sa mort soit coupable,
Je veux bien par respect ne vous imputer rien ;
Mais votre bras au crime est plus fait que le mien ;
Et qui sur un époux fit son apprentissage
A bien pu sur un fils achever son ouvrage.
Je ne dénierai point, puisque vous le savez,
De justes sentiments dans mon âme élevés :
Vous demandiez mon sang ; j'ai demandé le vôtre ;
Le roi sait quels motifs ont poussé l'une et l'autre ;
Comme par sa prudence il a tout adouci,
Il vous connaît peut-être, et me connaît aussi.
(*A Antiochus.*) Seigneur, s'est un moyen de vous être bien chère
Que pour don nuptial vous immoler un frère :
On fait plus ; on m'impute un coup si plein d'horreur,
Pour me faire un passage à vous percer le cœur.
(*A Cléopatre.*) Où fuirais-je de vous après tant de furie,
Madame ? et que ferait toute votre Syrie,
Où seule et sans appui contre mes attentats,
Je verrais...? Mais Seigneur, vous ne m'écoutez pas !
ANTIOCHUS. Non, je n'écoute rien ; et dans la mort d'un frère
Je ne veux point juger entre vous et ma mère ;
Assassinez un fils, massacrez un époux,
Je ne veux me garder ni d'elle ni de vous.

Suivons aveuglément ma triste destinée ;
Pour m'exposer à tout achevons l'hyménée.
Cher frère, c'est pour moi le chemin du trépas ;
La main qui t'a percée ne m'épargnera pas ;
Je cherche à te rejoindre, et non à m'en défendre,
Et lui veux bien donner tout lieu de me surprendre ;
Heureux si sa fureur qui me prive de toi
Se fait bientôt connaître en achevant sur moi,
Et si du ciel trop lent à la réduire en poudre,
Son crime redoublé peut arracher la foudre !

Donnez-moi.
RODOGUNE *l'empêchant de prendre la coupe.*
Quoi! Seigneur!
ANTIOCHUS. Vous m'arrêtez en vain :
Donnez.
RODOGUNE. Ah ! gardez-vous de l'une et l'autre main !
Cette coupe est suspecte, elle vient de la Reine :
Craignez de toutes deux quelque secrète haine.
CLÉOPATRE. Qui m'épargnait tantôt ose enfin m'accuser !
RODOGUNE. De toutes deux, Madame, il doit tout refuser.
Je n'accuse personne, et vous tiens innocente :
Mais il en faut sur l'heure une preuve évidente ;
Je veux bien à mon tour subir les mêmes lois,
On ne peut craindre trop pour le salut des rois.
Donnez donc cette preuve ; et, pour toute réplique,
Faites faire un essai par quelque domestique.

CLÉOPATRE *prenant la coupe.*
Je le ferai moi-même. Eh bien ! redoutez-vous
Quelque sinistre effet encor de mon courroux ?
J'ai souffert cet outrage avecque patience.

ANTIOCHUS *prenant la coupe de la main de Cléopatre après qu'elle a bu.*
Pardonnez-lui, Madame, un peu de défiance ;
Comme vous l'accusez, elle fait son effort
A rejeter sur vous l'horreur de cette mort :
Et, soit amour pour moi, soit adresse pour elle,
Ce soin la fait paraître un peu moins criminelle.
Pour moi, qui ne vois rien, dans le trouble où je suis,
Qu'un gouffre de malheurs, qu'un abîme d'ennuis,
Attendant qu'en plein jour ces vérités paraissent,
J'en laisse la vengeance aux dieux qui les connaissent,
Et vais sans plus tarder....

RODOGUNE. Seigneur, voyez ses yeux
Déjà tout égarés, troubles et furieux,
Cette affreuse sueur qui court sur son visage,
Cette gorge qui s'enfle. Ah ! bons dieux ! quelle rage !
Pour vous perdre après elle, elle a voulu périr.

ANTIOCHUS *rendant la coupe à Laonice.*
N'importe, elle est ma mère, il faut la secourir.
CLÉOPATRE. Va, tu me veux en vain rappeler à la vie ;
Ma haine est trop fidèle et m'a trop bien servie :
Elle a paru trop tôt pour te perdre avec moi ;
C'est le seul déplaisir qu'en mourant je reçoi ;
Mais j'ai cette douceur dedans cette disgrâce
De ne point voir régner ma rivale en ma place.
Règne ; de crime en crime enfin te voilà roi.
Je t'ai défait d'un père, et d'un frère et de moi :
Puisse le ciel tous deux vous prendre pour victimes,
Et laisser choir sur moi les peines de mes crimes !
Puissiez-vous ne trouver dedans votre union
Qu'horreur, que jalousie, et que confusion !
Et, pour vous souhaiter tous les malheurs ensemble,
Puisse naître de vous un fils qui me ressemble !
ANTIOCHUS. Ah ! vivez pour changer cette haine en amour.
CLÉOPATRE. Je maudirais les Dieux s'ils me rendaient le jour.
Qu'on m'emporte d'ici ; je me meurs, Laonice.
Si tu veux m'obliger par un dernier service,
Après les vains efforts de mes inimitiés,
Sauve-moi de l'affront de tomber à leurs pieds.

(*Elle s'en va, et Laonice lui aide à marcher.*)

ORONTE. Dans les justes rigueurs d'un sort si déplorable,
Seigneur, le juste ciel vous est bien favorable :
Il vous a préservé, sur le point de périr,
Du danger le plus grand que vous puissiez courir ;
Et, par un digne effet de ses faveurs puissantes,
La coupable est punie, et vos mains innocentes.
ANTIOCHUS. Oronte, je ne sais, dans son funeste sort,
Qui m'afflige le plus, ou sa vie ou sa mort ;
L'une et l'autre ont pour moi des malheurs sans exemple ;
Plaignez mon infortune. Et vous, allez au temple
Y changer l'allégresse en un deuil sans pareil,
La pompe nuptiale en funèbre appareil ;
Et nous verrons après, par d'autres sacrifices,
Si les dieux voudront être à nos vœux plus propices.

FIN DE RODOGUNE.

HÉRACLIUS

EMPEREUR D'ORIENT,

TRAGÉDIE EN CINQ ACTES. — 1647.

PERSONNAGES.

PHOCAS, empereur d'Orient.
HÉRACLIUS, fils de l'empereur Maurice, cru Martian, fils de Phocas, amant d'Eudoxe.
MARTIAN, fils de Phocas, cru Léonce, fils de Léontine, amant de Pulchérie.
PULCHÉRIE, fille de l'empereur Maurice, maîtresse de Martian.

LÉONTINE, dame de Constantinople, autrefois gouvernante d'Héraclius et de Martian.
EUDOXE, fille de Léontine, et maîtresse d'Héraclius.
CRISPE, gendre de Phocas.
EXUPÈRE, patricien de Constantinople.
AMINTAS, ami d'Exupère.
UN PAGE DE LÉONTINE.

La scène est à Constantinople.

ACTE PREMIER.

SCÈNE I. — PHOCAS, CRISPE.

PHOCAS. Crispe, il n'est que trop vrai, la plus belle couronne
N'a que de faux brillants dont l'éclat l'environne ;
Et celui dont le ciel pour un sceptre fait choix,
Jusqu'à ce qu'il le porte, en ignore le poids.
Mille et mille douceurs y semblent attachées,
Qui ne sont qu'un amas d'amertumes cachées :
Qui croit les posséder les sent s'évanouir ;
Et la peur de les perdre empêche d'en jouir :
Surtout qui, comme moi, d'une obscure naissance
Monte par la révolte à la toute puissance,
Qui de simple soldat à l'empire élevé
Ne l'a que par le crime acquis et conservé ;
Autant que sa fureur s'est immolé de têtes,
Autant dessus la sienne il croit voir de tempêtes ;
Et comme il n'a semé qu'épouvante et qu'horreur,
Il n'en recueille enfin que trouble et que terreur.
J'en ai semé beaucoup ; et depuis quatre lustres
Mon trône n'est fondé que sur des morts illustres,

Et j'ai mis au tombeau pour régner sans effroi,
Tout ce que j'en ai vu de plus digne que moi.
Mais le sang répandu de l'empereur Maurice,
Ses cinq fils à ses yeux envoyés au supplice,
En vain en ont été les premiers fondements,
Si pour m'ôter ce trône ils servent d'instruments.
On en fait revivre un au bout de vingt années :
Byzance ouvre, dis-tu, l'oreille à ces menées ;
Et le peuple, amoureux de tout ce qui me nuit,
D'une croyance avide embrasse ce faux bruit,
Impatient déjà de se laisser séduire
Au premier imposteur armé pour me détruire,
Qui s'osant revêtir de ce fantôme aimé,
Voudra servir d'idole à son zèle charmé.
Mais sais-tu sous quel nom ce fâcheux bruit s'excite?
CRISPE. Il nomme Héraclius celui qu'il ressuscite.
PHOCAS. Quiconque en est l'auteur devait mieux l'inventer :
Le nom d'Héraclius doit peu m'épouvanter ;
Sa mort est trop certaine, et fut trop remarquable
Pour craindre un grand effet d'une si vaine fable.
Il n'avait que six mois ; et, lui perçant le flanc,
On en fit dégoutter plus de lait que de sang ;
Et ce prodige affreux, dont je tremblai dans l'âme,
Fut aussitôt suivi de la mort de ma femme.
Il me souvient encor qu'il fut deux jours caché,
Et que sans Léontine on l'eût longtemps cherché :
Il fut livré par elle, à qui, pour récompense,
Je donnai de mon fils à gouverner l'enfance,
Du jeune Martian, qui d'âge presque égal,
Était resté sans mère en ce moment fatal.
Juge par là combien ce conte est ridicule.
CRISPE. Tout ridicule il plaît ; et le peuple est crédule :
Mais avant qu'à ce conte il se laisse emporter,
Il vous est trop aisé de le faire avorter.
Quand vous fîtes périr Maurice et sa famille,
Il vous en plut, Seigneur, réserver une fille,
Et résoudre dès lors qu'elle aurait pour époux
Ce prince destiné pour régner après vous.
Le peuple en sa personne aime encor et révère
Et son père Maurice et son aïeul Tibère,
Et vous verra sans trouble en occuper le rang
S'il voit tomber leur sceptre au reste de leur sang.
Non, il ne courra plus après l'ombre du frère,
S'il voit monter la sœur dans le trône du père.
Mais pressez cet hymen : le prince aux champs de Mars,
Chaque jour, chaque instant, s'offre à mille hasards ;
Et, n'eût été Léonce, en la dernière guerre,
Ce dessein avec lui serait tombé par terre,
Puisque, sans la valeur de ce jeune guerrier,
Martian demeurait ou mort ou prisonnier.
Avant que d'y périr, s'il faut qu'il y périsse,
Qu'il vous laisse un neveu qui le soit de Maurice,
Et qui, réunissant l'une et l'autre maison,
Tire chez vous l'amour qu'on garde pour son nom.
PHOCAS. Hélas! de quoi me sert ce dessein salutaire,
Si pour en voir l'effet tout me devient contraire?
Pulchérie et mon fils ne se trouvent d'accord
Qu'à fuir cet hyménée à l'égal de la mort ;
Et les aversions entre eux deux mutuelles

Les font d'intelligence à se montrer rebelles.
La princesse surtout frémit à mon aspect ;
Et, quoiqu'elle étudie un peu de faux respect,
Le souvenir des siens, l'orgueil de sa naissance
L'emporte à tous moments à braver ma puissance.
Sa mère, que longtemps je voulus épargner,
Et qu'en vain par douceur j'espérai de gagner,
L'a de la sorte instruite ; et ce que je vois suivre
Me punit bien du trop que je la laissai vivre.
CRISPE. Il faut agir de force avec de tels esprits,
Seigneur, et qui les flatte endurcit leurs mépris.
La violence est juste où la douceur est vaine.
PHOCAS. C'est par là qu'aujourd'hui je veux dompter sa haine.
Je l'ai mandée exprès, non plus pour la flatter,
Mais pour prendre mon ordre, et pour l'exécuter.
CRISPE. Elle entre.

SCÈNE II. — PHOCAS, PULCHÉRIE, CRISPE.

PHOCAS. Enfin, Madame, il est temps de vous rendre :
Le besoin de l'État défend de plus attendre ;
Il lui faut des Césars, et je me suis promis
D'en voir naître bientôt de vous et de mon fils.
Ce n'est pas exiger grande reconnaissance
Des soins que mes bontés ont pris de votre enfance,
De vouloir qu'aujourd'hui, pour prix de mes bienfaits,
Vous daigniez accepter les dons que je vous fais.
Ils ne font point de honte au rang le plus sublime ;
Ma couronne et mon fils valent bien quelque estime.
Je vous les offre encore après tant de refus ;
Mais apprenez aussi que je n'en souffre plus,
Que de force ou de gré je veux me satisfaire,
Qu'il me faut craindre en maître, ou me chérir en père,
Et que, si votre orgueil s'obstine à me haïr,
Qui ne peut être aimé se peut faire obéir.
PULCHÉRIE. J'ai rendu jusqu'ici cette reconnaissance
A ces soins tant vantés d'élever mon enfance,
Que, tant qu'on m'a laissée en quelque liberté,
J'ai voulu me défendre avec civilité ;
Mais, puisqu'on use enfin d'un pouvoir tyrannique,
Je vois bien qu'à mon tour il faut que je m'explique,
Que je me montre entière à l'injuste fureur,
Et parle à mon tyran en fille d'empereur.
Il fallait me cacher avec quelque artifice
Que j'étais Pulchérie, et fille de Maurice,
Si tu faisais dessein de m'éblouir les yeux
Jusqu'à prendre tes dons pour des dons précieux.
Vois quels sont ces présents, dont le refus t'étonne :
Tu me donnes, dis-tu, ton fils et ta couronne ;
Mais que me donnes-tu, puisque l'une est à moi,
Et l'autre en est indigne, étant sorti de toi ?
Ta libéralité me fait peine à comprendre :
Tu parles de donner, quand tu ne fais que rendre ;
Et puisqu'avecque moi tu veux le couronner,
Tu ne me rends mon bien que pour te le donner.
Tu veux que cet hymen que tu m'oses prescrire
Porte dans ta maison les titres de l'empire,
Et de cruel tyran, d'infame ravisseur,
Te fasse vrai monarque, et juste possesseur.
Ne reproche donc plus à mon âme indignée

Qu'en perdant tous les miens tu m'as seule épargnée :
Cette feinte douceur, cette ombre d'amitié,
Vint de ta politique, et non de ta pitié.
Ton intérêt dès lors fit seul cette réserve :
Tu m'as laissé la vie afin qu'elle te serve ;
Et mal sûr dans un trône où tu crains l'avenir,
Tu ne m'y veux placer que pour t'y maintenir ;
Tu ne m'y fais monter que de peur d'en descendre :
Mais connais Pulchérie, et cesse de prétendre.
 Je sais qu'il m'appartient ce trône où tu te sieds,
Que c'est à moi d'y voir tout le monde à mes pieds :
Mais comme il est encor teint du sang de mon père,
S'il n'est lavé du tien, il ne saurait me plaire ;
Et ta mort, que mes vœux s'efforcent de hâter,
Est l'unique degré par où j'y veux monter :
Voilà quelle je suis, et quelle je veux être.
Qu'un autre t'aime en père ou te redoute en maître,
Le cœur de Pulchérie est trop haut et trop franc
Pour craindre ou pour flatter le bourreau de son
PHOCAS. J'ai forcé ma colère à te prêter silence,
Pour voir à quel excès irait ton insolence :
J'ai vu ce qui t'abuse et me fait mépriser,
Et t'aime encore assez pour te désabuser.
 N'estime plus mon sceptre usurpé sur ton père ;
Ni que pour l'appuyer ta main soit nécessaire.
Depuis vingt ans je règne, et je règne sans toi ;
Et j'en eus tout le droit du choix qu'on fit de moi.
Le trône où je me sieds n'est pas un bien de race :
L'armée a ses raisons pour remplir cette place ;
Son choix en est le titre ; et tel est notre sort
Qu'une autre élection nous condamne à la mort.
Celle qu'on fit de moi fut l'arrêt de Maurice ;
J'en vis avec regret le triste sacrifice :
Au repos de l'État il fallut l'accorder ;
Mon cœur, qui résistait, fut contraint de céder ;
Mais pour remettre un jour l'empire à sa famille
Je fis ce que je pus, je conservai sa fille,
Et, sans avoir besoin de titres ni d'appui,
Je te fais part d'un bien qui n'était plus à lui.
PULCHÉRIE. Un chétif centenier des troupes de Mysie,
Qu'un gros de mutinés élut par fantaisie,
Oser arrogamment se vanter à mes yeux
D'être juste seigneur du bien de mes aïeux !
Lui qui n'a pour l'empire autre droit que ses crimes,
Lui qui de tous les miens fit autant de victimes,
Croire s'être lavé d'un si noir attentat
En imputant leur perte au repos de l'État !
Il fait plus, il me croit digne de cette excuse !
Souffre, souffre à son tour que je te désabuse :
Apprends que si jadis quelques séditions
Usurpèrent le droit de ces élections,
L'empire était chez nous un bien héréditaire ;
Maurice ne l'obtint qu'en gendre de Tibère ;
Et l'on voit depuis lui remonter mon destin
Jusqu'au grand Théodose, et jusqu'à Constantin.
Et je pourrais avoir l'âme assez abattue...
PHOCAS. Eh bien ! si tu le veux, je te le restitue
Cet empire, et consens encor que ta fierté
Impute à mes remords l'effet de ma bonté.

Dis que je te le rends et te fais des caresses,
Pour apaiser des tiens les ombres vengeresses,
Et tout ce qui pourra sous quelque autre couleur
Autoriser ta haine, et flatter ta douleur ;
Pour un dernier effort je veux souffrir la rage
Qu'allume dans ton cœur cette sanglante image.
Mais que t'a fait mon fils ? était-il, au berceau,
Des tiens que je perdis le juge ou le bourreau ?
Tant de vertus qu'en lui le monde entier admire
Ne l'ont-elles pas fait trop digne de l'empire ?
En ai-je eu quelque espoir qu'il n'ait assez rempli ?
Et voit-on sous le ciel prince plus accompli ?
Un cœur comme le tien, si grand, si magnanime...

PULCHÉRIE. Va, je ne confonds point ses vertus et ton crime ;
Comme ma haine est juste, et ne m'aveugle pas,
J'en vois assez en lui pour les plus grands États ;
J'admire chaque jour les preuves qu'il en donne ;
J'honore sa valeur, j'estime sa personne,
Et penche d'autant plus à lui vouloir du bien
Que s'en voyant indigne il ne demande rien,
Que ses longues froideurs témoignent qu'il s'irrite
De ce qu'on veut de moi par delà son mérite,
Et que de tes projets son cœur triste et confus
Pour m'en faire justice approuve mes refus.
Ce fils si vertueux d'un père si coupable,
S'il ne devait régner, ne pourrait être aimable ;
Et cette grandeur même où tu veux le porter
Est l'unique motif qui m'y fait résister.
Après l'assassinat de ma famille entière,
Quand tu ne m'as laissé, père, mère, ni frère,
Que j'en fasse ton fils légitime héritier !
Que j'assure par là leur trône au meurtrier !
Non, non ; si tu me crois le cœur si magnanime
Qu'il ose séparer ses vertus de ton crime,
Sépare tes présents, et ne m'offre aujourd'hui
Que ton fils sans le sceptre, ou le sceptre sans lui.
Avise ; et si tu crains qu'il te fût trop infame
De remettre l'empire en la main d'une femme,
Tu peux dès aujourd'hui le voir mieux occupé.
Le ciel me rend un frère à ta rage échappé ;
On dit qu'Héraclius est tout prêt de paraître :
Tyran, descends du trône, et fais place à ton maître.

PHOCAS. A ce compte, arrogant, un fantôme nouveau,
Qu'un murmure confus fait sortir du tombeau,
Te donne cette audace et cette confiance !
Ce bruit s'est fait déjà digne de ta croyance.
Mais...

PULCHÉRIE. Je sais qu'il est faux ; pour t'assurer ce rang
Ta rage eut trop de soin de verser tout mon sang ;
Mais la soif de ta perte en cette conjoncture
Me fait aimer l'auteur d'une belle imposture.
Au seul nom de Maurice il te fera trembler ;
Puisqu'il se dit son fils, il veut lui ressembler ;
Et cette ressemblance où son courage aspire
Mérite mieux que toi de gouverner l'empire.
J'irai par mon suffrage affermir cette erreur,
L'avouer pour mon frère et pour mon empereur,
Et dedans son parti jeter tout l'avantage
Du peuple convaincu par mon premier hommage.

Toi, si quelque remords te donne un juste effroi,
Sors du trône, et te laisse abuser comme moi ;
Prends cette occasion de te faire justice.
PHOCAS. Oui, je me la ferai bientôt par ton supplice :
Ma bonté ne peut plus arrêter mon devoir ;
Ma patience a fait par-delà son pouvoir.
Qui se laisse outrager mérite qu'on l'outrage :
Et l'audience impunie enfle trop un courage.
Tonne, menace, brave, espère en de faux bruits,
Fortifie, affermis ceux qu'ils auront séduits,
Dans ton âme à ton gré change ma destinée ;
Mais choisis pour demain la mort ou l'hyménée.
PULCHÉRIE. Il n'est pas pour ce choix besoin d'un grand effort
A qui hait l'hyménée et ne craint point la mort.

(Dans les deux scènes suivantes, Héraclius passe pour Martian, et Martian pour Léonce. Héraclius se connait, mais Martian ne se connait pas.)

SCÈNE III. — PHOCAS, PULCHÉRIE, HÉRACLIUS, CRISPE.

PHOCAS, à Pulchérie. Dis si tu veux encor. que ton cœur la souhaite.
(A Héraclius.) Approche, Martian, que je te le rejette :
Cette ingrate furie, après tant de mépris,
Conspire encor la perte et du père et du fils ;
Elle-même a semé cette erreur populaire
D'un faux Héraclius qu'elle accepte pour frère :
Mais quoi qu'à ces mutins elle puisse imposer,
Demain ils la verront mourir ou t'épouser.
HÉRACLIUS. Seigneur...
    PHOCAS. Garde sur toi d'attirer ma colère.
HÉRACLIUS. Dussè-je mal user de cet amour de père,
Étant ce que je suis, je me dois quelque effort
Pour vous dire, Seigneur, que c'est vous faire tort,
Et que c'est trop montrer d'injuste défiance
De ne pouvoir régner que par son alliance :
Sans prendre un nouveau droit du nom de son époux,
Ma naissance suffit pour régner après vous.
J'ai du cœur, et tiendrais l'empire même infame
S'il fallait le tenir de la main d'une femme.
PHOCAS. Eh bien ! elle mourra, tu n'en as pas besoin.
HÉRACLIUS. De vous-même, Seigneur, daignez mieux prendre soin,
Le peuple aime Maurice ; en perdre ce qui reste
Nous rendrait ce tumulte au dernier point funeste ;
Au nom d'Héraclius à demi-soulevé,
Vous verriez par sa mort le désordre achevé.
Il vaut mieux la priver du rang qu'elle rejette,
Faire régner une autre, et la laisser sujette ;
Et d'un parti plus bas punissant son orgueil...
PHOCAS. Quand Maurice peut tout du creux de son cercueil,
A ce fils supposé, dont il me faut défendre,
Tu parles d'ajouter un véritable gendre !
HÉRACLIUS. Seigneur, j'ai des amis chez qui cette moitié...
PHOCAS. A l'épreuve d'un sceptre il n'est point d'amitié,
Point qui ne s'éblouisse à l'éclat de sa pompe,
Point qu'après son hymen sa haine ne corrompe.
Elle mourra, te dis-je.
    PULCHÉRIE. Ah ! ne m'empêchez pas
De rejoindre les miens par un heureux trépas.
La vapeur de mon sang ira grossir la foudre
Que Dieu tient déjà prêt à le réduire en poudre :
Et ma mort, en servant de comble à tant d'horreurs...

PHOCAS. Par ses remerciments juge de ses fureurs.
J'ai prononcé l'arrêt, il faut que l'effet suive.
Résous-la de t'aimer, si tu veux qu'elle vive;
Sinon, j'en jure encore, et ne t'écoute plus,
Son trépas dès demain punira ses refus.

SCÈNE IV. — PULCHÉRIE, HÉRACLIUS, MARTIAN.

HÉRACLIUS. En vain il se promet que sous cette menace
J'espère en votre cœur surprendre quelque place;
Votre refus est juste, et j'en sais les raisons.
Ce n'est pas à nous deux d'unir les deux maisons;
D'autres destins, Madame, attendent l'un et l'autre :
Ma foi m'engage ailleurs aussi bien que la vôtre.
Vous aurez en Léonce un digne possesseur;
Je serai trop heureux d'en posséder la sœur.
Ce guerrier vous adore, et vous l'aimez de même;
Je suis aimé d'Eudoxe autant comme je l'aime :
Léontine leur mère est propice à nos vœux;
Et, quelque effort qu'on fasse à rompre ces beaux nœuds,
D'un amour si parfait les chaînes sont si belles,
Que nos captivités doivent être éternelles.
PULCHÉRIE. Seigneur, vous connaissez ce cœur infortuné :
Léonce y peut beaucoup; vous me l'avez donné,
Et votre main illustre augmente le mérite
Des vertus dont l'éclat pour lui me sollicite;
Mais à d'autres pensers il me faut recourir :
Il n'est plus temps d'aimer alors qu'il faut mourir;
Et quand à ce départ une âme se prépare...
HÉRACLIUS. Redoutez un peu moins les rigueurs d'un barbare :
Pardonnez-moi ce mot; pour vous servir d'appui
J'ai peine à reconnaître encore un père en lui.
Résolu de périr pour vous sauver la vie,
Je sens tous mes respects céder à cette envie;
Je ne suis plus son fils, s'il en veut à vos jours,
Et mon cœur tout entier vole à votre secours.
PULCHÉRIE. C'est donc avec raison que je commence à craindre,
Non la mort, non l'hymen où l'on veut me contraindre,
Mais ce péril extrême où pour me secourir
Je vois votre grand cœur aveuglément courir.
MARTIAN. Ah, mon prince! ah, Madame! il vaut mieux vous résoudre
Par un heureux hymen à dissiper ce foudre.
Au nom de votre amour et de votre amitié,
Prenez de votre sort tout deux quelque pitié.
Que la vertu du fils, si pleine et si sincère,
Vainque la juste horreur que vous avez du père;
Et, pour mon intérêt, n'exposez pas tous deux...
HÉRACLIUS. Que me dis-tu, Léonce? et qu'est-ce que tu veux?
Tu m'as sauvé la vie; et, pour reconnaissance,
Je voudrais à tes feux ôter leur récompense;
Et, ministre insolent d'un prince furieux,
Couvrir de cette honte un nom si glorieux,
Ingrat à mon ami, perfide à ce que j'aime,
Cruel à la princesse, odieux à moi-même!
Je te connais, Léonce, et mieux que tu ne crois;
Je sais ce que tu vaux, et ce que je te dois,
Son bonheur est le mien, Madame; et je vous donne
Léonce et Martian en la même personne;
C'est Martian en lui que vous favorisez.
Opposons la constance aux périls opposés.

Je vais près de Phocas essayer la prière ;
Et si je n'en obtiens la grâce tout entière,
Malgré le nom de père, et le titre de fils,
Je deviens le plus grand de tous ses ennemis.
Oui, si sa cruauté s'obstine à votre perte,
J'irai pour l'empêcher jusqu'à la force ouverte,
Et puisse, si le ciel m'y voit rien épargner,
Un faux Héraclius en ma place régner !
Adieu, Madame.
  PULCHÉRIE. Adieu, prince trop magnanime.
   (*Héraclius s'en va, et Pulchérie continue.*)
Prince digne en effet d'un trône acquis sans crime,
Digne d'un autre père. Ah, Phocas ! ah, tyran !
Se peut-il que ton sang ait formé Martian ?
 Mais allons, cher Léonce, admirant son courage,
Tâcher de notre part à repousser l'orage.
Tu t'es fait des amis, je sais des mécontents ;
Le peuple est ébranlé, ne perdons point de temps ;
L'honneur te le commande, et l'amour t'y convie.
 MARTIAN. Pour ôtage en ses mains ce tigre a votre vie ;
Et je n'oserai rien qu'avec un juste effroi
Qu'il ne venge sur vous ce qu'il craindra de moi.
 PULCHÉRIE. N'importe ; à tout oser le péril doit contraindre.
Il ne faut craindre rien quand on a tout à craindre.
Allons examiner pour ce coup généreux
Les moyens les plus prompts et les moins dangereux.

ACTE DEUXIÈME.
SCÈNE I — LÉONTINE, EUDOXE.

LÉONTINE. Voilà ce que j'ai craint de son âme enflammée.
EUDOXE. S'il m'eût caché son sort, il m'aurait mal aimée.
LÉONTINE. Avec trop d'imprudence il vous l'a révélé.
 Vous êtes fille Eudoxe, et vous avez parlé.
Vous n'avez pu savoir cette grande nouvelle
Sans la dire à l'oreille à quelque âme infidèle ;
A quelque esprit léger, ou de votre heur jaloux,
A qui ce grand secret a pesé comme à vous.
C'est par là qu'il est su, c'est par là qu'on publie
Ce prodige étonnant d'Héraclius en vie ;
C'est par là qu'un tyran, plus instruit que troublé
De l'ennemi secret qui l'aurait accablé,
Ajoutera bientôt sa mort à tant de crimes,
Et se sacrifiera pour nouvelles victimes
Ce prince dans son sein pour son fils élevé,
Vous qu'adore son âme, et moi qui l'ai sauvé.
Voyez combien de maux pour n'avoir su vous taire.
 EUDOXE. Madame, mon respect souffre tout d'une mère,
Qui, pour peu qu'elle veuille écouter la raison,
Ne m'accusera plus de cette trahison ;
Car c'en est une enfin bien digne de supplice
Qu'avoir d'un tel secret donné le moindre indice.
 LÉONTINE. Et qui donc aujourd'hui le fait connaître à tous?
Est-ce le prince, ou moi ?
     EUDOXE. Ni le prince, ni vous.
De grâce, examinez ce bruit qui vous alarme.
On dit qu'il est en vie, et son nom seul les charme ;
On ne dit point comment vous trompâtes Phocas,
Livrant un de vos fils pour ce prince au trépas,

Ni comme après, du sien étant la gouvernante,
Par une tromperie encor plus importante,
Vous en fîtes l'échange, et, prenant Martian,
Vous laissâtes pour fils ce prince à son tyran :
En sorte que le sien passe ici pour mon frère,
Cependant que de l'autre il croit être le père,
Et voit en Martian Léonce qui n'est plus,
Tandis que sous ce nom il aime Héraclius.
On dirait tout cela si, par quelque imprudence,
Il m'était échappé d'en faire confidence :
Mais pour toute nouvelle on dit qu'il est vivant;
Aucun n'ose pousser l'histoire plus avant.
Comme ce sont pour tous des routes inconnues,
Il semble à quelques uns qu'il doit tomber des nues :
Et j'en sais tel qui croit, dans sa simplicité,
Que pour punir Phocas Dieu l'a ressuscité.
Mais le voici.

SCÈNE II. — Héraclius, Léontine, Eudoxe.

HÉRACLIUS. Madame, il n'est plus temps de taire
D'un si profond secret le dangereux mystère;
Le tyran, alarmé du bruit qui le surprend,
Rend ma crainte trop juste, et le péril trop grand.
Non que de ma naissance il fasse conjecture :
Au contraire, il prend tout pour grossière imposture,
Et me connaît si peu, que, pour la renverser,
A l'hymen qu'il souhaite il prétend me forcer.
Il m'oppose à mon nom qui le vient de surprendre :
Je suis fils de Maurice ; il m'en veut faire gendre,
Et s'acquérir les droits d'un prince si chéri
En me donnant moi-même à ma sœur pour mari.
En vain nous résistons à son impatience,
Elle par haine aveugle, et moi par connaissance;
Lui, qui ne conçoit rien de l'obstacle éternel
Qu'oppose la nature à ce nœud criminel,
Menace Pulchérie, au refus obstinée,
Lui propose à demain la mort ou l'hyménée.
J'ai fait pour le fléchir un inutile effort :
Pour éviter l'inceste, elle n'a que la mort.
Jugez s'il n'est pas temps de montrer qui nous sommes,
De cesser d'être fils du plus méchant des hommes,
D'immoler mon tyran aux périls de ma sœur,
Et de rendre à mon père un juste successeur.

LÉONTINE. Puisque vous ne craignez que sa mort, ou l'inceste,
Je rends grâce, Seigneur, à la bonté céleste
De ce qu'en ce grand bruit le sort nous est si doux,
Que nous n'avons encor rien à craindre pour vous.
Votre courage seul nous donne lieu de craindre;
Modérez-en l'ardeur, daignez vous y contraindre;
Et, puisque aucun soupçon ne dit rien à Phocas,
Soyez encor son fils, et ne vous montrez pas.
De quoi que ce tyran menace Pulchérie,
J'aurai trop de moyens d'arrêter sa furie,
De rompre cet hymen, ou de le retarder,
Pourvu que vous veuillez ne vous point hasarder.
Répondez-moi de vous, et je vous réponds d'elle.

HÉRACLIUS. Jamais l'occasion ne s'offrira si belle,
Vous voyez un grand peuple à demi-révolté,
Sans qu'on sache l'auteur de cette nouveauté.

Il semble que de Dieu la main appesantie,
Se faisant du tyran l'effroyable partie,
Veuille avancer par là son juste châtiment ;
Que, par un si grand bruit semé confusément,
Il dispose les cœurs à prendre un nouveau maître,
Et presse Héraclius de se faire connaître.
C'est à nous de répondre à ce qu'il en prétend :
Montrons Héraclius au peuple qui l'attend ;
Évitons le hasard qu'un imposteur l'abuse,
Et qu'après s'être armé d'un nom que je refuse,
De mon trône, à Phocas sous ce titre arraché,
Il puisse me punir de m'être trop caché.
Il ne sera pas temps, Madame, de lui dire
Qu'il me rende mon nom, ma naissance, et l'empire,
Quand il se prévaudra de ce nom déjà pris
Pour me joindre au tyran dont je passe pour fils.
LÉONTINE. Sans vous donner pour chef à cette populace,
Je romprai bien encor ce coup, s'il vous menace :
Mais gardons jusqu'au bout ce secret important ;
Fiez-vous plus à moi qu'à ce peuple inconstant.
Ce que j'ai fait pour vous depuis votre naissance,
Semble digne, Seigneur, de cette confiance :
Je ne laisserai point mon ouvrage imparfait ;
Et bientôt mes desseins auront un plein effet :
Je punirai Phocas, je vengerai Maurice ;
Mais aucun n'aura part à ce grand sacrifice ;
J'en veux toute la gloire, et vous me la devez.
Vous régnerez par moi, si par moi vous vivez.
Laissez entre mes mains mûrir votre destinées,
Et ne hasardez point le fruit de vingt années.
EUDOXE. Seigneur, si votre amour peut écouter mes pleurs,
Ne vous exposez point au dernier des malheurs.
La mort de ce tyran, quoique trop légitime,
Aura dedans vos mains l'image d'un grand crime :
Le peuple pour miracle osera maintenir
Que le ciel par son fils l'aura voulu punir ;
Et sa haine obstinée après cette chimère
Vous croira parricide en vengeant votre père ;
La vérité n'aura ni le nom ni l'effet
Que d'un adroit mensonge à couvrir ce forfait ;
Et d'une telle erreur l'ombre sera trop noire
Pour ne pas obscurcir l'éclat de votre gloire.
Je sais bien que l'ardeur de venger vos parents...
HÉRACLIUS. Vous en êtes aussi, Madame, et je me rends ;
Je n'examine rien, et n'ai pas la puissance
De combattre l'amour et la reconnaissance.
Le secret est à vous, et je serais ingrat
Si sans votre congé j'osais en faire éclat,
Puisque, sans votre aveu, toute mon aventure
Passerait pour un songe ou pour une imposture.
Je dirai plus : l'empire est plus à vous qu'à moi,
Puisqu'à Léonce mort tout entier je le doi :
C'est le prix de son sang, c'est pour y satisfaire
Que je rends à la sœur ce que je tiens du frère :
Non que pour m'acquitter par cette élection
Mon devoir ait forcé mon inclination.
Il présenta mon cœur aux yeux qui le charmèrent ;
Il prépara mon âme au feu qu'ils allumèrent ;
Et ces yeux tout divins, par un soudain pouvoir,

Achevèrent sur moi l'effet de ce devoir.
Oui, mon cœur, chère Eudoxe, à ce trône n'aspire
Que pour vous voir bientôt maîtresse de l'empire.
Je ne me suis voulu jeter dans le hasard
Que par la seule soif de vous en faire part :
C'était là tout mon but. Pour éviter l'inceste
Je n'ai qu'à m'éloigner de ce climat funeste ;
Mais si je me dérobe au rang qui vous est dû,
Ce sera pour moi seul que vous l'aurez perdu ;
Seul je vous ôterai ce que je vous dois rendre :
Disposez des moyens et du temps de le prendre.
Quand vous voudrez régner, faites m'en possesseur :
Mais, comme enfin j'ai lieu de craindre pour ma sœur,
Tirez-le dans ce jour de ce péril extrême,
Ou demain je ne prends conseil que de moi-même.

LÉONTINE. Reposez-vous sur moi, Seigneur, de tout son sort,
Et n'en appréhendez ni l'hymen ni la mort.

SCÈNE III. — LÉONTINE, EUDOXE.

LÉONTINE. Ce n'est plus avec vous qu'il faut que je déguise ;
A ne vous rien cacher son amour m'autorise :
Vous aurez les desseins de tout ce que j'ai fait,
Et pourrez me servir à presser leur effet.
Notre vrai Martian adore la princesse :
Animons toutes deux l'amant pour la maîtresse :
Faisons que son amour nous venge de Phocas,
Et de son propre fils arme pour nous le bras.
Si j'ai pris soin de lui, si je l'ai laissé vivre,
Si je perdis Léonce, et ne le fis pas suivre,
Ce fut sur l'espoir seul qu'un jour, pour s'agrandir,
A ma pleine vengeance il pourrait s'enhardir.
Je ne l'ai conservé que pour ce parricide.

EUDOXE. Ah, Madame !

LÉONTINE. Ce mot déjà vous intimide !
C'est à de telles mains qu'il nous faut recourir ;
C'est par là qu'un tyran est digne de périr ;
Et le courroux du ciel, pour en purger la terre,
Nous doit un parricide au refus du tonnerre.
C'est à nous qu'il remet de l'y précipiter ;
Phocas le commettra, s'il le peut éviter :
Et nous immolerons au sang de votre frère
Le père par le fils, ou le fils par le père.
L'ordre est digne de nous ; le crime est digne d'eux :
Sauvons Héraclius au péril de tous deux.

EUDOXE. Je sais qu'un parricide est digne d'un tel père :
Mais faut-il qu'un tel fils soit en péril d'en faire ?
Et, sachant sa vertu, pouvez-vous justement
Abuser jusque là de son aveuglement ?

LÉONTINE. Dans le fils d'un tyran l'odieuse naissance
Mérite que l'erreur arrache l'innocence,
Et que, de quelque éclat qu'il se soit revêtu,
Un crime qu'il ignore en souille la vertu.

SCÈNE IV. — LÉONTINE, EUDOXE, UN PAGE.

LE PAGE. Exupère, Madame, est là qui vous demande.

LÉONTINE. Exupère ! à ce nom que ma surprise est grande !
Qu'il entre. A quel dessein vient-il parler à moi,
Lui que je ne vois point, qu'à peine je connoi !
Dans l'âme il hait Phocas, qui s'immola son père ;
Et sa venue ici cache quelque mystère.

Je vous l'ai déjà dit, votre langue nous perd.
SCÈNE V. — Exupère, Léontine, Eudoxe.

EXUPÈRE. Madame, Héraclius vient d'être découvert.
LÉONTINE, *à Eudoxe.*
Eh bien !
EUDOXE. Si...
          (*à Eudoxe.*)   (*à Exupère.*)
LÉONTINE. Taisez-vous.... Depuis quand ?
EXUPÈRE. Tout-à-l'heure.
LÉONTINE. Et déjà l'empereur a commandé qu'il meure ?
EXUPÈRE. Le tyran est bien loin de s'en voir éclairci.
LÉONTINE. Comment ?
EXUPÈRE. Ne craignez rien, Madame, le voici.
LÉONTINE. Je ne vois que Léonce.
EXUPÈRE. Ah ! quittez l'artifice.

SCÈNE. VI. — Martian, Léontine, Exupère, Eudoxe.

MARTIAN. Madame, dois-je croire un billet de Maurice ?
Voyez si c'est sa main, ou s'il est contrefait ;
Dites s'il me détrompe, ou m'abuse en effet,
Si je suis votre fils, ou s'il était mon père :
Vous en devez connaître encor le caractère.
LÉONTINE, *lit le billet.*
« Léontine a trompé Phocas,
Et, livrant pour mon fils un des siens au trépas,
Dérobe à sa fureur l'héritier de l'empire.
O vous qui me restez de fidèles sujets,
Honorez son grand zèle, appuyez ses projets !
Sous le nom de Léonce Héraclius respire.
MAURICE. »
(*Elle rend le billet à Exupère.*)
Seigneur, il vous dit vrai : vous étiez en mes mains
Quand on ouvrit Byzance au pire des humains.
Maurice m'honora de cette confiance ;
Mon zèle y répondit par-delà sa croyance.
Le voyant prisonnier et ses quatre autres fils,
Je cachai quelques jours ce qu'il m'avait commis ;
Mais enfin, toute prête à me voir découverte,
Ce zèle sur mon sang détourna votre perte.
J'allai pour vous sauver vous offrir à Phocas ;
Mais j'offris votre nom, et ne vous donnai pas.
La généreuse ardeur de sujette fidèle
Me rendit pour mon prince à moi-même cruelle ;
Mon fils fut, pour mourir, le fils de l'empereur.
J'éblouis le tyran, je trompai sa fureur ;
Léonce, au lieu de vous, lui servit de victime.
(*Elle fait un soupir.*)
Ah ! pardonnez, de grâce ; il m'échappe sans crime.
J'ai pris pour vous sa vie, et lui rends un soupir ;
Ce n'est pas trop, Seigneur, pour un tel souvenir :
A cet illustre effort par mon devoir séduite,
J'ai dompté la nature, et ne l'ai pas réduite.
Phocas, ravi de joie à cette illusion,
Me combla de faveurs avec profusion,
Et nous fit de sa main cette haute fortune,
Dont il n'est pas besoin que je vous importune.
   Voilà ce que mes soins vous laissaient ignorer ;
Et j'attendais, Seigneur, à vous le déclarer,
Que, par vos grands exploits, votre rare vaillance

Pût faire à l'univers croire votre naissance,
Et qu'une occasion pareille à ce grand bruit
Nous pût de son aveu promettre quelque fruit :
Car, comme j'ignorais que notre grand monarque
En eût pu rien savoir, ou laisser quelque marque,
Je doutais qu'un secret n'étant su que de moi,
Sous un tyran si craint pût trouver quelque foi.

EXUPÈRE. Comme sa cruauté, pour mieux gêner Maurice,
Le forçait de ses fils à voir le sacrifice,
Ce prince vit l'échange, et l'allait empêcher ;
Mais l'acier des bourreaux fut plus prompt à trancher :
La mort de votre fils arrêta cette envie,
Et prévint d'un moment le refus de sa vie.
  Maurice, à quelque espoir se laissant lors flatter,
S'en ouvrit à Félix qui vint le visiter,
Et trouva les moyens de lui donner ce gage
Qui vous en pût un jour rendre un plein témoignage.
Félix est mort, Madame, et naguère en mourant
Il remit ce dépôt à son plus cher parent ;
Et m'ayant tout conté, « Tiens, dit-il, Exupère,
  « Sers ton prince, et venge ton père. »
Armé d'un tel secret, Seigneur, j'ai voulu voir
Combien parmi le peuple il aurait de pouvoir.
J'ai fait semer ce bruit sans vous faire connaître ;
Et, voyant tous les cœurs vous souhaiter pour maître,
J'ai ligué du tyran les secrets ennemis,
Mais sans leur découvrir plus qu'il ne m'est permis.
Ils aiment votre nom, sans savoir davantage,
Et cette seule joie anime leur courage,
Sans qu'autres que les deux qui vous parlaient là-bas
De tout ce qu'elle a fait sachent plus que Phocas.
Vous venez de savoir ce que vous vouliez d'elle :
C'est à vous de répondre à son généreux zèle.
Le peuple est mutiné, nos amis assemblés,
Le tyran effrayé, ses confidents troublés.
Donnez l'aveu du prince à sa mort qu'on apprête,
Et ne dédaignez pas d'ordonner de sa tête.

MARTIAN. Surpris des nouveautés d'un tel évènement,
Je demeure à vos yeux muet d'étonnement.
  Je sais ce que je dois, Madame, au grand service
Dont vous avez sauvé l'héritier de Maurice.
Je croyais comme fils devoir tout à vos soins,
Et je vous dois bien plus lorsque je vous suis moins :
Mais pour vous expliquer toute ma gratitude,
Mon âme a trop de trouble et trop d'inquiétude.
J'aimais, vous le savez, et mon cœur enflammé
Trouve enfin une sœur dedans l'objet aimé.
Je perds une maîtresse en gagnant un empire ;
Mon amour en murmure, et mon cœur en soupire,
Et de mille pensers mon esprit agité
Paraît enseveli dans la stupidité.
Il est temps d'en sortir, l'honneur nous le commande
Il faut donner un chef à votre illustre bande :
Allez, brave Exupère, allez je vous rejoins ;
Souffrez que je lui parle un moment sans témoins.
Disposez cependant vos amis à bien faire :
Surtout sauvons le fils en immolant le père ;
Il n'eut rien du tyran qu'un peu de mauvais sang,
Dont la dernière guerre a trop purgé son flanc.

EXUPÈRE. Nous vous rendrons, Seigneur, entière obéissance,
Et vous allons attendre avec impatience.

SCÈNE VII. — MARTIAN, LÉONTINE, EUDOXE.

MARTIAN. Madame, pour laisser toute sa dignité
A ce dernier effort de générosité
Je crois que les raisons que vous m'avez données
M'en ont seules caché le secret tant d'années.
D'autres soupçonneraient qu'un peu d'ambition,
Du prince Martian voyant la passion,
Pour lui voir sur le trône élever votre fille,
Aurait voulu laisser l'empire en sa famille,
Et me faire trouver un tel destin bien doux
Dans l'éternelle erreur d'être sorti de vous ;
Mais je tiendrais à crime une telle pensée.
Je me plains seulement d'une ardeur insensée,
D'un détestable amour que pour ma propre sœur
Vous-même vous avez allumé dans mon cœur.
Quel dessein faisiez-vous sur cet aveugle inceste?

LÉONTINE. Je vous aurais tout dit avant ce nœud funeste :
Et je le craignais peu, trop sûre que Phocas,
Ayant d'autres desseins ne le souffrirait pas.
Je voulais donc, Seigneur, qu'une flamme si belle
Portât votre courage aux vertus dignes d'elle,
Et que, votre valeur l'ayant su mériter,
Le refus du tyran vous pût mieux irriter.
Vous n'avez pas rendu mon espérance vaine :
J'ai vu dans votre amour une source de haine,
Et j'ose dire encor qu'un bras si renommé
Peut-être aurait moins fait si le cœur n'eût aimé.
Achevez donc, Seigneur ; et puisque Pulchérie
Doit craindre l'attentat d'une aveugle furie...

MARTIAN. Peut-être il vaudrait mieux moi-même la porter
A ce que le tyran témoigne en souhaiter :
Son amour, qui pour moi résiste à sa colère,
N'y résistera plus quand je serai son frère.
Pourrai-je lui trouver un plus illustre époux ?

LÉONTINE. Seigneur, qu'allez-vous faire ? et que me dites-vous ?

MARTIAN. Que peut-être, pour rompre un si digne hyménée,
J'expose à tort sa tête avec ma destinée,
Et fais d'Héraclius un chef de conjurés
Dont je vois les complots encor mal assurés.
Aucun d'eux du tyran n'approche la personne ;
Et quand même l'issue en pourrait être bonne,
Peut-être il m'est honteux de reprendre l'État
Par l'infâme succès d'un lâche assassinat ;
Peut-être il vaudrait mieux en tête d'une armée
Faire parler pour moi toute ma renommée,
Et trouver à l'empire un chemin glorieux
Pour venger mes parents d'un bras victorieux.
C'est donc je vais résoudre avec cette princesse,
Pour qui non plus l'amour, mais le sang m'intéresse.
Vous, avec votre Eudoxe...

LÉONTINE. Ah, Seigneur, écoutez.

MARTIAN. J'ai besoin de conseils dans ces difficultés :
Mais, à parler sans fard, pour écouter les vôtres,
Outre mes intérêts vous en avez trop d'autres.
Je ne soupçonne point vos vœux ni votre foi,
Mais je ne veux d'avis que d'un cœur tout à moi.

Adieu !

SCÈNE VIII. — Léontine, Eudoxe.

LÉONTINE. Tout me confond, tout me devient contraire.
Je ne fais rien du tout, quand je pense tout faire ;
Et, lorsque le hasard me flatte avec excès,
Tout mon dessein avorte au milieu du succès :
Il semble qu'un démon funeste à sa conduite
Des beaux commencements empoisonne la suite.
Ce billet dont je vois Martian abusé,
Fait plus en ma faveur que je n'aurais osé.
Il arme puissamment le fils contre le père,
Mais, comme il a levé le bras en qui j'espère,
Sur le point de frapper je vois avec regret
Que la nature y forme un obstacle secret.
La vérité le trompe, et ne peut le séduire ;
Il sauve en reculant ce qu'il croit mieux détruire :
Il doute ; et, du côté que je le vois pencher,
Il va presser l'inceste au lieu de l'empêcher.

EUDOXE. Madame, pour le moins vous avez connaissance
De l'auteur de ce bruit, et de mon innocence.
Mais je m'étonne fort de voir à l'abandon
Du prince Héraclius les droits avec le nom.
Ce billet, confirmé par votre témoignage,
Pour monter dans le trône est un grand avantage.
Si Martian le peut sous ce titre occuper,
Pensez-vous qu'il se laisse aisément détromper,
Et qu'au premier moment qu'il vous verra dédire
Aux mains de son vrai maître il remette l'empire ?

LÉONTINE. Vous êtes curieuse, et voulez trop savoir.
N'ai-je pas déjà dit que j'y saurai pourvoir ?
Tâchons sans plus tarder à revoir Exupère,
Pour prendre en ce désordre un conseil salutaire.

ACTE TROISIÈME.

SCÈNE I. — Martian, Pulchérie.

MARTIAN. Je veux bien l'avouer, Madame, car mon cœur
A de la peine encore à vous nommer ma sœur,
Quand malgré ma fortune à vos pieds abaissée,
J'osais jusques à vous élever ma pensée,
Plus plein d'étonnement que de timidité,
J'interrogeais ce cœur sur sa témérité ;
Et dans ses mouvements pour secrète réponse
Je sentais quelque chose au-dessus de Léonce,
Dont, malgré ma raison, l'impérieux effort
Emportait mes désirs au-delà de mon sort.

PULCHÉRIE. Moi-même assez souvent j'ai senti dans mon âme
Ma naissance en secret me reprocher ma flamme.
Mais quoi ! l'impératrice à qui je dois le jour,
Avait innocemment fait naître cet amour :
J'approchais de quinze ans, alors qu'empoisonnée
Pour avoir contredit mon indigne hyménée
Elle mêla ces mots à ses derniers soupirs :
« Le tyran veut surprendre ou forcer vos désirs.
« Ma fille, et sa fureur à son fils votre destine :
« Mais prenez un époux des mains de Léontine ;
« Elle garde un trésor qui vous sera bien cher. »
Cet ordre en sa faveur me sut si bien toucher,

Qu'au lieu de la haïr d'avoir livré mon frère
J'en tins le bruit pour faux, elle me devint chère ;
Et confondant ces mots de trésor et d'époux,
Je crus les bien entendre, expliquant tout de vous,
　J'opposais de la sorte à ma fière naissance
Les favorables lois de mon obéissance ;
Et je m'imputais même à trop de vanité
De trouver entre nous quelque inégalité.
La race de Léonce était patricienne,
L'éclat de vos vertus l'égalait à la mienne ;
Et je me laissais dire, en mes douces erreurs :
« C'est de pareils héros qu'on fait les empereurs ;
« Tu peux bien sans rougir aimer un grand courage
« A qui le monde entier peut rendre un juste hommage. »
J'écoutais sans dédain ce qui m'autorisait ;
L'amour pensait le dire, et le sang le disait ;
Et de ma passion la flatteuse imposture
S'emparait dans mon cœur des droits de la nature.

MARTIAN. Ah, ma sœur ! puisque enfin mon destin éclairci
Veut que je m'accoutume à vous nommer ainsi,
Qu'aisément l'amitié jusqu'à l'amour nous mène :
C'est un penchant si doux qu'on y tombe sans peine ;
Mais quand il faut changer l'amour en amitié,
Que l'âme qui s'y force est digne de pitié !
Et qu'on doit plaindre un cœur qui, n'osant se défendre,
Se laisse déchirer avant que de se rendre !
Ainsi donc la nature à l'espoir le plus doux
Fait succéder l'horreur, et l'horreur d'être à vous !
Ce que je suis m'arrache à ce que j'aimais d'être !
Ah ! s'il m'était permis de ne me pas connaître,
Qu'un si charmant abus serait à préférer
A l'âpre vérité qui vient de m'éclairer ?

PULCHÉRIE. J'eus pour vous trop d'amour pour ignorer ses forces.
Je sais quelle amertume aigrit de tels divorces ;
Et la haine à mon gré les fait plus doucement
Que quand il faut aimer, mais aimer autrement.
J'ai senti comme vous une douleur bien vive
En brisant les beaux fers qui me tenaient captive ;
Mais j'en condamnerais le plus doux souvenir
S'il avait à mon cœur coûté plus d'un soupir.
Ce grand coup m'a surprise, et ne m'a point troublée,
Mon âme l'a reçu sans en être accablée ;
Et comme tous mes feux n'avaient rien que de saint,
L'honneur les alluma, le devoir les éteint.
Je ne vois plus d'amant où je rencontre un frère ;
L'un ne peut me toucher, ni l'autre me déplaire ;
Et je tiendrai toujours mon bonheur infini,
Si les miens sont vengés, et le tyran puni.
　Vous, que va sur le trône élever la naissance,
Régnez sur votre cœur avant que sur Byzance ;
Et domptant comme moi ce dangereux mutin,
Commencez à répondre à ce noble destin.

MARTIAN. Ah ! vous fûtes toujours l'illustre Pulchério,
En fille d'empereur dès le berceau nourrie ;
Et ce grand nom sans peine a pu vous enseigner
Comment dessus vous-même il vous fallait régner :
Mais pour moi, qui, caché sous une autre aventure
D'une âme plus commune ai pris quelque teinture,
Il n'est pas merveilleux si ce que je me crus

Mêle un peu de Léonce au cœur d'Héraclius.
A mes confus regrets soyez donc moins sévère ;
C'est Léonce qui parle, et non pas votre frère :
Mais si l'un parle mal, l'autre va bien agir,
Et l'un ni l'autre enfin ne vous fera rougir.
Je vais des conjurés embrasser l'entreprise,
Puisqu'une âme si haute à frapper m'autorise,
Et tient que, pour répandre un si coupable sang,
L'assassinat est noble et digne de mon rang.
Pourrai-je cependant vous faire une prière ?

PULCHÉRIE. Prenez sur Pulchérie une puissance entière.

MARTIAN. Puisqu'un amant si cher ne peut plus être à vous,
Ni vous, mettre l'empire à la main d'un époux,
Épousez Martian comme un autre moi-même :
Ne pouvant être à moi, soyez à ce que j'aime.

PULCHÉRIE. Ne pouvant être à vous, je pourrais justement
Vouloir n'être à personne, et fuir tout autre amant ;
Mais on pourrait nommer cette fermeté d'âme
Un reste mal éteint d'incestueuse flamme.
Afin donc qu'à ce choix j'ose tout accorder,
Soyez mon empereur pour me le commander.
Martian vaut beaucoup, sa personne m'est chère ;
Mais purgez sa vertu des crimes de son père ;
Et donnez à mes feux pour légitime objet
Dans le fils du tyran votre premier sujet.

MARTIAN. Vous le voyez, j'y cours ; mais enfin, s'il arrive
Que l'issue en devienne ou funeste ou tardive,
Votre perte est jurée ; et d'ailleurs nos amis
Au tyran immolé voudront joindre ce fils.
Sauvez d'un tel péril et sa vie et la vôtre ;
Par cet heureux hymen, conservez l'un et l'autre ;
Garantissez ma sœur des fureurs de Phocas,
Et mon ami de suivre un tel père au trépas.
Faites qu'en ce grand jour la troupe d'Exupère
Dans un sang odieux respecte mon beau-frère ;
Et donnez au tyran, qui n'en pourra jouir,
Quelque moments de joie afin de l'éblouir.

PULCHÉRIE. Mais durant ces moments, unie à sa famille,
Il deviendra mon père, et je serai sa fille ;
Je lui devrai respect, amour, fidélité ;
Ma haine n'aura plus d'impétuosité ;
Et tous mes vœux pour vous seront mols et timides,
Quand mes vœux contre lui seront des parricides.
Outre que le succès est encore à douter,
Que l'on peut vous trahir, qu'il peut vous résister ;
Si vous y succombez, pourrai-je me dédire
D'avoir porté chez lui les titres de l'empire ?
Ah ! combien ces moments de quoi vous me flattez
Alors pour mon supplice auraient d'éternités !
Votre haine voit peu l'erreur de sa tendresse :
Comme elle vient de naître, elle n'est que faiblesse :
La mienne a plus de force, et les yeux mieux ouverts ;
Et, se dût avec moi perdre tout l'univers,
Jamais un seul moment, quoi que l'on puisse faire,
Le tyran n'aura droit de me traiter de père.
Je ne refuse au fils ni mon cœur ni ma foi :
Vous l'aimez, je l'estime, il est digne de moi ;
Tout son crime est un père à qui le sang l'attache ;
Quand il n'en aura plus, il n'aura plus de tache ;

Et cette mort, propice à former ces beaux nœuds.
Purifiant l'objet, justifiera mes feux.
    Allez donc préparer cette heureuse journée,
Et du sang du tyran signez cet hyménée.
Mais quel mauvais démon devers nous le conduit?
MARTIAN. Je suis trahi, Madame, Exupère le suit.

SCÈNE II. — PHOCAS, EXUPÈRE, AMINTAS, MARTIAN, PULCHÉRIE, CRISPE.

PHOCAS. Quel est votre entretien avec cette princesse?
    Des noces que je veux?
                        MARTIAN. C'est de quoi je la presse.
PHOCAS. Et vous l'avez gagnée en faveur de mon fils?
MARTIAN. Il sera son époux, elle me l'a promis.
PHOCAS. C'est beaucoup obtenu d'une âme si rebelle.
    Mais quand?
            MARTIAN. C'est un secret que je n'ai pas su d'elle.
PHOCAS. Vous pouvez m'en dire un dont je suis plus jaloux.
    On dit qu'Héraclius est fort connu de vous:
    Si vous aimez mon fils, faites-le moi connaître.
MARTIAN. Vous le connaissez trop, puisque je vois ce traître.
EXUPÈRE. Je sers mon empereur, et je sais mon devoir.
MARTIAN. Chacun te l'avouera; tu le fais assez voir.
PHOCAS. De grâce, éclaircissez ce que je vous propose.
    Ce billet à demi m'en dit bien quelque chose;
    Mais, Léonce, c'est peu si vous ne l'achevez.
MARTIAN. Nommez-moi par mon nom, puisque vous le savez:
    Dites Héraclius, il n'est plus de Léonce;
    Et j'attends mon arrêt sans qu'on me le prononce.
PHOCAS. Tu peux bien t'y résoudre après ton vain effort
    Pour m'arracher le sceptre et conspirer ma mort.
MARTIAN. J'ai fait ce que j'ai dû. Vivre sous ta puissance,
    C'eût été démentir mon nom et ma naissance,
    Et ne point écouter le sang de mes parents,
    Qui ne crie en mon cœur que la mort des tyrans.
    Quiconque pour l'empire eut la gloire de naître
    Renonce à cet honneur s'il peut souffrir un maître:
    Hors le trône ou la mort, il doit tout dédaigner;
    C'est un lâche s'il n'ose ou se perdre ou régner.
        J'attends donc mon arrêt sans qu'on me le prononce.
    Héraclius mourra comme a vécu Léonce,
    Bon sujet, meilleur prince, et ma vie et ma mort
    Rempliront dignement et l'un et l'autre sort.
    La mort n'a rien d'affreux pour une âme bien née;
    A mes côtés pour toi je l'ai cent fois traînée;
    Et mon dernier exploit contre tes ennemis
    Fut d'arrêter ton bras qui tombait sur ton fils.
PHOCAS. Tu prends pour me toucher un mauvais artifice:
    Héraclius n'eut point de part à ce service;
    J'en ai payé Léonce, à qui seul était dû
    L'inestimable honneur de me l'avoir rendu.
    Mais, sous des noms divers à soi-même contraire.
    Qui conserva le fils attente sur le père;
    Et se désavouant d'un aveugle secours,
    Sitôt qu'il se connaît il en veut à mes jours.
    Je te devais sa vie, et je me dois justice.
    Léonce est effacé par le fils de Maurice.
    Contre un tel attentat rien n'est à balancer;
    Et je saurais punir comme récompenser.
MARTIAN. Je sais trop qu'un tyran est sans reconnaissance

Pour en avoir conçu la honteuse espérance ;
Et suis trop au-dessus de cette indignité
Pour te vouloir piquer de générosité.
Que ferais-tu pour moi, de me laisser la vie,
Si pour moi sans le trône elle n'est qu'infamie ?
Héraclius vivrait pour te faire la cour !
Rends-lui, rends-lui son sceptre, ou prive-le du jour.
Pour ton propre intérêt sois juge incorruptible :
Ta vie avec la sienne est trop incompatible ;
Un si grand ennemi ne peut être gagné,
Et je te punirais de m'avoir épargné.
Si de ton fils sauvé j'ai rappelé l'image,
J'ai voulu de Léonce étaler le courage,
Afin qu'en le voyant tu ne doutasses plus
Jusques où doit aller celui d'Héraclius.
Je me tiens plus heureux de périr en monarque,
Que de vivre en éclat sans en porter la marque :
Et puisque pour jouir d'un si glorieux sort
Je n'ai que ce moment qu'on destine à ma mort,
Je la rendrai si belle, et si digne d'envie,
Que ce moment vaudra la plus illustre vie.
M'y faisant donc conduire, assure ton pouvoir,
Et délivre mes yeux de l'horreur de te voir.

PHOCAS. Nous verrons la vertu de cette âme hautaine.
Faites-le retirer en la chambre prochaine,
Crispe ; et qu'on me l'y garde, attendant que mon choix
Pour punir son forfait vous donne d'autres lois.

MARTIAN, à *Pulchérie.*
Adieu, Madame, adieu ; je n'ai pu davantage.
Ma mort vous va laisser encor dans l'esclavage :
Le ciel par d'autres mains vous en daigne affranchir !

SCÈNE III. — PHOCAS, PULCHÉRIE, EXUPÈRE, AMINTAS.

PHOCAS. Et toi, n'espère pas désormais me fléchir.
Je tiens Héraclius, et n'ai plus rien à craindre,
Plus lieu de te flatter, plus lieu de me contraindre.
Ce frère et ton espoir vont entrer au cercueil,
Et j'abattrai d'un coup sa tête et ton orgueil.
Mais ne te contrains point dans ces rudes alarmes :
Laisse aller tes soupirs, laisse couler tes larmes.

PULCHÉRIE. Moi pleurer ! moi gémir, tyran ! J'aurais pleuré
Si quelques lâchetés l'avaient déshonoré,
S'il n'eût pas emporté sa gloire tout entière,
S'il m'avait fait rougir par la moindre prière,
Si quelque infâme espoir qu'on lui dût pardonner
Eût mérité la mort que tu lui vas donner.
Sa vertu jusqu'au bout ne s'est point démentie.
Il n'a point pris le ciel ni le sort à partie,
Point querellé le bras qui fait ces lâches coups,
Point daigné contre lui perdre un juste courroux.
Sans te nommer ingrat, sans trop te nommer traître,
De tous deux, de soi-même, il s'est montré le maître :
Et dans cette surprise il a bien su courir
A la nécessité qu'il voyait de mourir.
Je goûtais cette joie en un sort si contraire.
Je l'aimai comme amant, je l'aime comme frère ;
Et dans ce grand revers je l'ai vu hautement
Digne d'être mon frère et d'être mon amant.

PHOCAS. Explique, explique mieux le fond de ta pensée ;

Et, sans plus te parer d'une vertu forcée,
Pour apaiser le père, offre le cœur au fils,
Et tâche à racheter ce cher frère à ce prix.
PULCHÉRIE. Crois-tu que sur la foi de tes fausses promesses
Mon âme ose descendre à de telles bassesses?
Prends mon sang pour le sien; mais, s'il y faut mon cœur,
Périsse Héraclius avec sa triste sœur.
PHOCAS. Eh bien! il va périr; ta haine en est complice.
PULCHÉRIE. Et je verrai du ciel bientôt choir ton supplice.
Dieu, pour le réserver à ses puissantes mains,
Fait avorter exprès tous les moyens humains,
Il veut frapper le coup sans notre ministère.
Si l'on t'a bien donné Léonce pour mon frère,
Les quatre autres peut-être, à tes yeux abusés,
Ont été comme lui des Césars supposés.
L'État, qui, dans leur mort, voyait trop sa ruine,
Avait des généreux autres que Léontine;
Ils trompaient d'un barbare aisément la fureur,
Qui n'avait jamais vu la cour ni l'empereur.
Crains, tyran, crains encor tous les quatre peut-être:
L'un après l'autre enfin se vont faire paraître;
Et, malgré tous tes soins, malgré tout ton effort,
Tu ne les connaîtras qu'en recevant la mort.
Moi-même à leur défaut je serai la conquête
De quiconque à mes pieds apportera ta tête:
L'esclave le plus vil qu'on puisse imaginer
Sera digne de moi, s'il peut t'assassiner.
Va perdre Héraclius, et quitte la pensée
Que je me pare ici d'une vertu forcée;
Et, sans m'importuner de répondre à tes vœux,
Si tu prétends régner, défais-toi de tous deux.

SCÈNE IV. — PHOCAS, EXUPÈRE, AMINTAS.
PHOCAS. J'écoute avec plaisir ces menaces frivoles;
Je ris d'un désespoir qui n'a que des paroles;
Et, de quelque façon qu'elle m'ose outrager,
Le sang d'Héraclius m'en doit assez venger.
  Vous donc, mes vrais amis, qui me tirez de peine,
Vous, dont je vois l'amour quand j'en craignais la haine,
Vous qui m'avez livré mon secret ennemi,
Ne soyez point vers moi fidèles à demi;
Résolvez avec moi des moyens de sa perte:
La ferons-nous secrète, ou bien à force ouverte?
Prendrons-nous le plus sûr, où le plus glorieux?
EXUPÈRE. Seigneur, n'en doutez point, le plus sûr vaut le mieux;
Mais le plus sûr pour vous est que sa mort éclate,
De peur qu'en l'ignorant le peuple ne se flatte,
N'attende encor ce prince, et n'ait quelque raison
De courir en aveugle à qui prendra son nom.
PHOCAS. Donc, pour ôter tout doute à cette populace,
Nous enverrons sa tête au milieu de la place.
EXUPÈRE. Mais si vous la coupez dedans votre palais,
Ces obstinés mutins ne le croiront jamais,
Et, sans que pas un deux à son erreur renonce,
Ils diront qu'on impute un faux nom à Léonce,
Qu'on en fait un fantôme afin de les tromper,
Prêts à suivre toujours qui voudra l'usurper.
PHOCAS. Lors nous leur ferons voir ce billet de Maurice.
EXUPÈRE. Ils le tiendront pour faux et pour un artifice;

Seigneur, après vingt ans vous espérez en vain
Que ce peuple ait des yeux pour connaître sa main.
Si vous voulez calmer toute cette tempête,
Il faut en pleine place abattre cette tête,
Et qu'il die, en mourant, à ce peuple confus :
« Peuple, n'en doute point, je suis Héraclius. »
PHOCAS. Il le faut, je l'avoue ; et déjà je destine
A ce même échafaud l'infâme Léontine.
Mais si ces insolents l'arrachent de nos mains?
EXUPÈRE. Qui l'osera, Seigneur?
      PHOCAS. Ce peuple que tu crains.
EXUPÈRE. Ah! souvenez-vous mieux des désordres qu'enfante
Dans un peuple sans chef la première épouvante,
Le seul bruit de ce prince au palais arrêté
Dispersera soudain chacun de son côté ;
Les plus audacieux craindront votre justice,
Et le reste en tremblant ira voir son supplice.
Mais ne leur donnez pas, tardant trop à punir,
Le temps de se remettre et de se réunir :
Envoyez des soldats à chaque coin des rues ;
Saisissez l'Hippodrome avec ses avenues ;
Dans tous les lieux publics rendez-vous le plus fort.
Pour nous, qu'un tel indice intéresse à sa mort,
De peur que d'autres mains ne se laissent séduire,
Jusques à l'échafaud laissez-nous le conduire.
Nous aurons trop d'amis pour en venir à bout ;
J'en réponds sur ma tête, et j'aurai l'œil à tout.
PHOCAS. C'en est trop, Exupère : allez, je m'abandonne
Aux fidèles conseils que votre ardeur me donne.
C'est l'unique moyen de dompter nos mutins,
Et d'éteindre à jamais ces troubles intestins.
Je vais, sans différer, pour cette grande affaire
Donner à tous mes chefs un ordre nécessaire.
Vous, pour répondre aux soins que vous m'avez promis,
Allez de votre part assembler vos amis,
Et croyez qu'après moi, jusqu'à ce que j'expire,
Ils seront, eux et vous, les maîtres de l'empire.

SCÈNE V. — EXUPÈRE, AMINTAS.

EXUPÈRE. Nous sommes en faveur, ami, tout est à nous ;
L'heur de notre destin va faire des jaloux.
AMINTAS. Quelque allégresse ici que vous fassiez paraître,
Trouvez-vous doux les noms de perfide et de traître?
EXUPÈRE. Je sais qu'aux généreux ils doivent faire horreur :
Ils m'ont frappé l'oreille, ils m'ont blessé le cœur ;
Mais bientôt, par l'effet que nous devons attendre,
Nous serons en état de ne les plus entendre.
Allons ; pour un moment qu'il faut les endurer,
Ne fuyons pas les biens qu'ils nous font espérer.

ACTE QUATRIÈME.

SCÈNE I. — HÉRACLIUS, EUDOXE.

HÉRACLIUS. Vous avez grand sujet d'appréhender pour elle :
Phocas au dernier point la tiendra criminelle ;
Et je le connais mal ou, s'il la peut trouver,
Il n'est moyen humain qui puisse la sauver.
Je vous plains, chère Eudoxe, et non pas votre mère ;
Elle a bien mérité ce qu'a fait Exupère ;

Il trahit justement qui voulait me trahir.
EUDOXE. Vous croyez qu'à ce point elle ait pu vous haïr,
Vous pour qui son amour a forcé la nature ?
HÉRACLIUS. Comment voulez-vous donc nommer son imposture?
M'empêcher d'entreprendre, et, par un faux rapport,
Confondre en Martian et mon nom et mon sort ;
Abuser d'un billet que le hasard lui donne ;
Attacher de sa main mes droits à sa personne,
Et le mettre en état, dessous sa bonne foi,
De régner en ma place, ou de périr pour moi :
Madame, est-ce en effet me rendre un grand service?
EUDOXE. Eût-elle démenti ce billet de Maurice ?
Et l'eût-elle pu faire, à moins que révéler
Ce que surtout alors il lui fallait céler ?
Quand Martian par là n'eût pas connu son père,
C'était vous hasarder sur la foi d'Exupère :
Elle en doutait, Seigneur ; et, par l'évènement,
Vous voyez que son zèle en doutait justement.
Sûre en soi des moyens de vous rendre l'empire,
Qu'à vous-même jamais elle n'a voulu dire,
Elle a sur Martian tourné le coup fatal
De l'épreuve d'un cœur qu'elle connaissait mal.
Seigneur, où seriez-vous sans ce nouveau service ?
HÉRACLIUS. Qu'importe qui des deux on destine au supplice ?
Qu'importe, Martian, vu ce que je te doi,
Qui trahisse mon sort, d'Exupère, ou de moi ?
Si l'on ne me découvre, il faut que je m'expose ;
Et l'un et l'autre enfin ne sont que même chose,
Sinon qu'étant trahi je mourrai malheureux,
Et que, m'offrant pour toi, je mourrai généreux.
EUDOXE. Quoi ! pour désabuser une aveugle furie,
Rompre votre destin, et donner votre vie !
HÉRACLIUS. Vous êtes plus aveugle encore en votre amour.
Périra-t-il pour moi quand je lui dois le jour ?
Et lorsque sous mon nom il se livre à sa perte,
Tiendrai-je sous le sien ma fortune couverte?
S'il s'agissait ici de le faire empereur,
Je pourrais lui laisser mon nom et son erreur :
Mais conniver en lâche à ce nom qu'on me vole,
Quand son père à mes yeux au lieu de moi l'immole !
Souffrir qu'il se trahisse aux rigueur de mon sort !
Vivre par son supplice, et régner par sa mort !
EUDOXE. Ah ! ce n'est pas, Seigneur, ce que je vous demande ;
De cette lâcheté l'infamie est trop grande.
Montrez-vous pour sauver ce héros du trépas ;
Mais montrez-vous en maître, et ne vous perdez pas :
Rallumez cette ardeur où s'opposait ma mère,
Garantissez le fils par la perte du père ;
Et, prenant à l'empire un chemin éclatant,
Montrez Héraclius au peuple qui l'attend.
HÉRACLIUS. Il n'est plus temps, Madame ; un autre a pris ma place
Sa prison a rendu le peuple tout de glace :
Déjà préoccupé d'un autre Héraclius,
Dans l'effroi qui le trouble il ne me croira plus;
Et, ne me regardant que comme un fils perfide,
Il aura de l'horreur de suivre un parricide.
Mais quand même il voudrait seconder mes desseins,
Le tyran tient déjà Martian en ses mains.
S'il voit qu'en sa faveur je marche à force ouverte,

Piqué de ma révolte, il hâtera sa perte,
Et croira qu'en m'ôtant l'espoir de le sauver
Il m'ôtera l'ardeur qui me fait soulever.
N'en parlons plus : en vain votre amour me retarde,
Le sort d'Héraclius tout entier me regarde.
Soit qu'il faille régner, soit qu'il faille périr,
Au tombeau, comme au trône, on me verra courir.
Mais voici le tyran, et son traître Exupère.

SCÈNE II. — PHOCAS, HÉRACLIUS, EXUPÈRE, EUDOXE, TROUPE DE GARDES.

PHOCAS, *montrant Eudoxe à ses gardes.*
Qu'on la tienne en lieu sûr en attendant sa mère.
HÉRACLIUS. A-t-elle quelque part... ?
PHOCAS. Nous verrons à loisir :
Il est bon cependant de la faire saisir.
EUDOXE, *s'en allant.*
Seigneur, ne croyez rien de ce qu'il vous va dire.
PHOCAS, *à Eudoxe.*
Je croirai ce qu'il faut pour le bien de l'empire.

SCÈNE III. — PHOCAS, HÉRACLIUS, EXUPÈRE, GARDES.

(*A Héraclius.*) Ses pleurs pour ce coupable imploraient ta pitié ?
HÉRACLIUS. Seigneur...
PHOCAS. Je sais pour lui quelle est ton amitié ;
Mais je veux que toi-même, ayant bien vu son crime,
Tienne ton zèle injuste, et sa mort légitime.
(*Aux gardes.*) Qu'on le fasse venir. Pour en tirer l'aveu
Il ne sera besoin ni du fer ni du feu :
Loin de s'en repentir l'orgueilleux en fait gloire.
Mais que me diras-tu qu'il ne me faut pas croire ?
Eudoxe m'en conjure ; et l'avis me surprend.
Aurais-tu découvert quelque crime plus grand ?
HÉRACLIUS. Oui, sa mère a plus fait contre votre service
Que ne sait Exupère, et que n'a vu Maurice.
PHOCAS. La perfide ! Ce jour lui sera le dernier.
Parle.
HÉRACLIUS. J'achèverai devant le prisonnier.
Trouvez bon qu'un secret d'une telle importance,
Puisque vous le mandez, s'explique en sa présence.
PHOCAS. Le voici. Mais surtout ne me dis rien pour lui.

SCÈNE IV. — PHOCAS, HÉRACLIUS, MARTIAN, EXUPÈRE, TROUPE DE GARDES.

HÉRACLIUS. Je sais qu'en ma prière il aurait peu d'appui ;
Et, loin de me donner une inutile peine,
Tout ce que je demande à votre juste haine,
C'est que de tels forfaits ne soient pas impunis.
Perdez Héraclius, et sauvez votre fils :
Voilà tout mon souhait et toute ma prière.
M'en refuserez-vous ?
PHOCAS. Tu l'obtiendras entière :
Ton salut en effet est douteux sans sa mort.
MARTIAN. Ah ! prince ! j'y courais sans me plaindre du sort ;
Son indigne rigueur n'est pas ce qui me touche :
Mais en ouïr l'arrêt sortir de votre bouche !
Je vous ai mal connu jusques à mon trépas.
HÉRACLIUS. Et même en ce moment tu ne me connais pas.
Écoute, père aveugle, et toi, prince incrédule,
Ce que l'honneur défend que plus je dissimule.
Phocas, connais ton sang, et tes vrais ennemis ;
Je suis Héraclius, et Léonce est ton fils.

MARTIAN. Seigneur, que dites-vous?
HÉRACLIUS. Que je ne puis plus taire
Que deux fois Léontine osa tromper ton père ;
Et, semant de nos noms un insensible abus,
Fit un faux Martian du jeune Héraclius.
PHOCAS. Maurice te dément, lâche ! tu n'as qu'à lire :
« Sous le nom de Léonce Héraclius respire, »
Tu fais après cela des contes superflus.
HÉRACLIUS. Si ce billet fut vrai, Seigneur, il ne l'est plus.
J'étais Léonce alors, et j'ai cessé de l'être
Quand Maurice immolé n'en a pu rien connaître.
S'il laissa par écrit ce qu'il avait pu voir,
Ce qui suivit sa mort fut hors de son pouvoir.
Vous portâtes soudain la guerre dans la Perse,
Où vous eûtes trois ans la fortune diverse :
Cependant Léontine était dans le château,
Reine de nos destins et de notre berceau,
Pour me rendre le rang qu'occupait votre race,
Prit Martian pour elle, et me mit en sa place.
Ce zèle en ma faveur lui succéda si bien,
Que vous-même au retour vous n'en connûtes rien ;
Et ces informes traits qu'à six mois a l'enfance
Ayant mis entre nous fort peu de différence,
Le faible souvenir en trois ans s'en perdit :
Vous prîtes aisément ce qu'elle vous rendit.
Nous vécûmes tous deux sous le nom l'un de l'autre ;
Il passa pour son fils, je passai pour le vôtre,
Et je ne jugeais pas ce chemin criminel
Pour remonter sans meurtre au trône paternel.
Mais voyant cette erreur fatale à cette vie
Sans qui déjà la mienne aurait été ravie,
Je me croirais, Seigneur, coupable infiniment
Si je souffrais encore un tel aveuglement.
Je viens reprendre un nom qui seul a fait son crime.
Conservez votre haine, et changez de victime.
Je ne demande rien que ce qui m'est promis :
Perdez Héraclius, et sauvez votre fils.
MARTIAN, à Phocas. Admire de quel fils le ciel t'a fait le père,
Admire quel effort sa vertu vient de faire,
Tyran ; et ne prends pas pour une vérité
Ce qu'invente pour moi sa générosité.
(A Héraclius.) C'est trop, prince, c'est trop pour ce petit service
Dont honora mon bras ma fortune propice :
Je vous sauvai le vie, et ne la perdis pas ;
Et pour moi vous cherchez un assuré trépas !
Ah ! si vous m'en devez quelque reconnaissance,
Prince, ne m'ôtez pas l'honneur de ma naissance,
Avoir tant de pitié d'un sort si glorieux,
De crainte d'être ingrat, c'est m'être injurieux.
PHOCAS. En quel trouble me jette une telle dispute !
A quels nouveaux malheurs m'expose-t-elle en butte!
Lequel croire, Exupère, et lequel démentir?
Tombè-je dans l'erreur ou si j'en vais sortir?
Si ce billet est vrai, le reste est vraisemblable.
EXUPÈRE. Mais qui sait si ce reste est faux ou véritable?
PHOCAS. Léontine deux fois a pu tromper Phocas.
EXUPÈRE. Elle a pu les changer, et ne les changer pas :
Et plus que vous, Seigneur, dedans l'inquiétude,
Je ne vois que du trouble et de l'incertitude,

HÉRACLIUS. Ce n'est pas d'aujourd'hui que je sais qui je suis;
Vous voyez quels effets en ont été produits:
Depuis plus de quatre ans vous voyez quelle adresse
J'apporte à rejeter l'hymen de la princesse,
Où sans doute aisément mon cœur eût consenti,
Si Léontine alors ne m'en eût averti.
MARTIAN. Léontine?
HÉRACLIUS. Elle-même.
MARTIAN. Ah, ciel! quelle est sa ruse!
Martian aime Eudoxe, et sa mère l'abuse.
Par l'horreur d'un hymen qu'il croit incestueux,
De ce prince à sa fille elle assure les vœux;
Et son ambition, adroite à le séduire,
Le plonge en une erreur dont elle attend l'empire.
Ce n'est que d'aujourd'hui que je sais qui je suis:
Mais de mon ignorance elle espérait ces fruits,
Et me tiendrait encor la vérité cachée,
Si tantôt ce billet ne l'en eût arrachée.
PHOCAS, à *Exupère*.
La méchante l'abuse aussi bien que Phocas.
EXUPÈRE. Elle a pu l'abuser, ou ne l'abuser pas.
PHOCAS. Tu vois comme la fille a part au stratagème.
EXUPÈRE. Et que la mère a pu l'abuser elle-même.
PHOCAS. Que de pensers divers! que de soucis flottants!
EXUPÈRE. Je vous en tirerai, Seigneur, dans peu de temps.
PHOCAS. Dis-moi, tout est-il prêt pour ce juste supplice?
EXUPÈRE. Oui, si nous connaissions le vrai fils de Maurice.
HÉRACLIUS. Pouvez-vous en douter après ce que j'ai dit?
MARTIAN. Donnez-vous à l'erreur encor quelque crédit?
HÉRACLIUS. Ami, rends-moi mon nom : la faveur n'est pas grande?
Ce n'est que pour mourir que je te le demande.
Reprends ce triste jour que tu m'as racheté,
Ou rends-moi cet honneur que tu m'as presque ôté.
MARTIAN. Pourquoi, de mon tyran volontaire victime,
Précipiter vos jours pour me noircir d'un crime?
Prince, qui que je sois, j'ai conspiré sa mort,
Et nos noms au dessein donnent un divers sort :
Dedans Héraclius il a gloire solide,
Et dedans Martian il devient parricide.
Puisqu'il faut que je meure illustre ou criminel,
Couvert, ou de louange, ou d'opprobre éternel,
Ne souillez point ma mort, et ne veuillez pas faire
Du vengeur de l'empire un assassin d'un père.
HÉRACLIUS. Mon nom seul est coupable; et, sans plus disputer,
Pour te faire innocent tu n'as qu'à le quitter;
Il conspira lui seul, tu n'en es point complice.
Ce n'est qu'Héraclius qu'on envoie au supplice.
Sois son fils, tu vivras.
MARTIAN. Si je l'avais été,
Seigneur, ce traître en vain m'aurait sollicité;
Et, lorsque contre vous il m'a fait entreprendre,
La nature en secret aurait su m'en défendre.
HÉRACLIUS. Apprends donc qu'en secret mon cœur t'a prévenu.
J'ai voulu conspirer, mais on m'a retenu;
Et dedans mon péril, Léontine timide...
MARTIAN. N'a pu voir Martian commettre un parricide.
HÉRACLIUS. Toi, que de Pulchérie elle a fait amoureux,
Juge sous les deux noms ton dessein et tes feux.
Elle a rendu pour toi l'un et l'autre funeste,

Martian parricide, Héraclius inceste,
Et n'eût pas eu pour moi d'horreur d'un grand forfait.
Puisque dans ta personne elle en pressait l'effet;
Mais elle m'empêchait de hasarder ma tête,
Espérant par ton bras me livrer ma conquête.
Ce favorable aveu dont elle t'a séduit
T'exposait aux périls pour m'en donner le fruit;
Et c'était ton succès qu'attendait sa prudence
Pour découvrir au peuple ou cacher ma naissance.

PHOCAS. Hélas! je ne puis voir qui des deux est mon fils;
Et je vois que tous deux ils sont mes ennemis.
En ce piteux état quel conseil dois-je suivre?
J'ai craint un ennemi, mon bonheur me le livre;
Je sais que de mes mains il ne se peut sauver,
Je sais que je le vois et ne puis le trouver.
La nature tremblante, incertaine, étonnée,
D'un nuage confus couvre sa destinée:
L'assassin sous cette ombre échappe à ma rigueur,
Et, présent à mes yeux il se cache en mon cœur.
Martian! A ce nom aucun ne veut répondre,
Et l'amour paternel ne sert qu'à me confondre.
Trop d'un Héraclius en mes mains est remis;
Je tiens mon ennemi, mais je n'ai plus de fils.
Que veux-tu donc, nature? et que prétends-tu faire?
Si je n'ai plus de fils, puis-je encore être père?
De quoi parle à mon cœur ton murmure imparfait?
Ne me dis rien du tout, ou parle tout-à-fait.
Qui que ce soit des deux que mon sang ait fait naître,
Ou laisse-moi le perdre, ou fais-le moi connaître.
O toi, qui que tu sois, enfant dénaturé,
Et trop digne du sort que tu t'es procuré,
Mon trône est-il pour toi plus honteux qu'un supplice?
O malheureux Phocas! ô trop heureux Maurice!
Tu recouvres deux fils pour mourir après toi;
Et je n'en puis trouver pour régner après moi!
Qu'aux honneurs de ta mort je dois porter envie,
Puisque mon propre fils les préfère à sa vie!

SCÈNE V. — PHOCAS, HÉRACLIUS, MARTIAN, CRISPE, EXUPÈRE, LÉONTINE,
GARDES.

CRISPE, à Phocas. Seigneur, ma diligence enfin a réussi;
J'ai trouvé Léontine, et je l'amène ici.
    PHOCAS, à Léontine.
Approche, malheureuse!
    HÉRACLIUS, à Léontine.
      Avouez tout, Madame.
J'ai tout dit.
    LÉONTINE, à Héraclius.
   Quoi, Seigneur!
    PHOCAS. Tu l'ignores, infame.
Qui des deux est mon fils?
    LÉONTINE. Qui vous en fait douter?
    HÉRACLIUS, à Léontine.
Le nom d'Héraclius que son fils veut porter.
Il en croit ce billet et votre témoignage:
Mais ne le laissez pas dans l'erreur davantage.
PHOCAS. N'attends pas les tourments, ne me déguise rien.
M'as-tu livré ton fils? as-tu changé le mien?
LÉONTINE. Je t'ai livré mon fils, et j'en aime la gloire,

Si je parle du reste, oserais-tu m'en croire?
Et qui t'assurera que pour Héraclius,
Moi qui t'ai tant trompé, je ne te trompe plus?
PHOCAS. N'importe, fais-nous voir quelle haute prudence
En des temps si divers leur en fait confidence,
A l'un depuis quatre ans, à l'autre d'aujourd'hui.

      LÉONTINE, *en montrant les deux princes.*
Le secret n'en est su ni de lui, ni de lui;
Tu n'en sauras non plus les véritables causes:
Devine si tu peux, et choisis si tu l'oses.
    L'un des deux est ton fils ; l'autre, ton empereur,
Tremble dans ton amour, tremble dans ta fureur.
Je te veux toujours voir, quoi que ta rage fasse,
Craindre ton ennemi dedans ta propre race,
Toujours aimer ton fils dedans ton ennemi,
Sans être ni tyran ni père qu'à demi.
Tandis qu'autour des deux tu perdras ton étude,
Mon âme jouira de ton inquiétude ;
Je rirai de ta peine, ou, si tu m'en punis,
Tu perdras avec moi le secret de ton fils.
PHOCAS. Et si je les punis tous deux sans les connaître,
L'un comme Héraclius, l'autre pour vouloir l'être?
LÉONTINE. Je m'en consolerai quand je verrai Phocas
Croire affermir son sceptre en se coupant le bras,
Et de la même main son ordre tyrannique
Venger Héraclius dessus son fils unique.
PHOCAS. Quelle reconnaissance, ingrate! tu me rends
Des bienfaits répandus sur toi, sur tes parents,
De t'avoir confié ce fils que tu me caches,
D'avoir mis en tes mains ce cœur que tu m'arraches,
D'avoir mis à tes pieds ma cour qui t'adorait !
Rends-moi mon fils, ingrate.

              LÉONTINE. Il m'en désavouerait;
Et ce fils, quel qu'il soit, que tu ne peux connaître,
A le cœur assez bon pour ne pas vouloir l'être.
Admire sa vertu qui trouble ton repos.
C'est du fils d'un tyran que j'ai fait ce héros ;
Tant ce qu'il a reçu d'heureuse nourriture
Dompte ce mauvais sang qu'il eut de la nature!
C'est assez dignement répondre à tes bienfaits
Que d'avoir dégagé ton fils de tes forfaits.
Séduit par ton exemple et par sa complaisance,
Il t'aurait ressemblé, s'il eût su sa naissance;
Il serait lâche, impie, inhumain, comme toi!
Et tu me dois ainsi plus que je ne te doi.
EXUPÈRE. L'impudence et l'orgueil suivent les impostures.
Ne vous exposez plus à ce torrent d'injures,
Qui, ne faisant qu'aigrir votre ressentiment,
Vous donne peu de jours pour ce discernement.
Laissez-la moi, Seigneur, quelques moments en garde :
Puisque j'ai commencé, le reste me regarde :
Malgré l'obscurité de son illusion,
J'espère démêler cette confusion.
Vous savez à quel point l'affaire m'intéresse.
PHOCAS. Achève, si tu peux, par force ou par adresse,
Exupère ; et sois sûr que je te devrai tout,
Si l'ardeur de ton zèle en peut venir à bout!
Je saurai cependant prendre à part l'un et l'autre ;
Et peut-être qu'enfin nous trouverons le nôtre.

Agis de ton côté ; je la laisse avec toi :
Gêne, flatte, surprends. Vous autres, suivez-moi.

SCÈNE VI. — Exupère, Léontine.

EXUPÈRE. On ne peut nous entendre. Il est juste, Madame,
Que je vous ouvre enfin jusqu'au fond de mon âme :
C'est passer trop longtemps pour traître auprès de vous.
Vous haïssez Phocas, nous le haïssons tous...
LÉONTINE. Oui, c'est bien lui montrer ta haine et ta colère,
Que lui vendre ton prince et le sang de ton père !
EXUPÈRE. L'apparence vous trompe ; et je suis en effet...
LÉONTINE. L'homme le plus méchant que la nature ait fait.
EXUPÈRE. Ce qui passe à vos yeux pour une perfidie...
LÉONTINE. Cache une intention fort noble et fort hardie !
EXUPÈRE. Pouvez-vous en juger, puisque vous l'ignorez ?
Considérez l'état de tous nos conjurés :
Il n'est aucun de nous à qui sa violence
N'ait donné trop de lieu d'une juste vengeance ;
Et nous en croyant tous dans notre âme indignés,
Le tyran du palais nous a tous éloignés.
Il y fallait rentrer par quelque grand service.
LÉONTINE. Et tu crois m'éblouir avec cet artifice ?
EXUPÈRE. Madame, apprenez tout. Je n'ai rien hasardé.
Vous savez de quel nombre il est toujours gardé :
Pouvions-nous le surprendre, ou forcer les cohortes
Qui de jour et de nuit tiennent toutes ses portes?
Pouvions-nous mieux sans bruit nous approcher de lui?
Vous voyez la posture où j'y suis aujourd'hui ;
Il me parle, il m'écoute, il me croit ; et lui-même
Se livre entre mes mains, aide à mon stratagème.
C'est par mes seuls conseils qu'il veut publiquement
Du prince Héraclius faire le châtiment,
Que sa milice éparse à chaque coin des rues
A laissé du palais les portes presque nues :
Je puis en un moment m'y rendre le plus fort ;
Mes amis sont tout prêts : c'en est fait, il est mort ;
Et j'userai si bien de l'accès qu'il me donne,
Qu'aux pieds d'Héraclius je mettrai sa couronne;
Mais après mes desseins pleinement découverts,
De grâce, faites-moi connaître qui je sers ;
Et ne le cachez plus à ce cœur qui n'aspire
Qu'à le rendre aujourd'hui maître de tout l'empire.
LÉONTINE. Esprit lâche et grossier, quelle brutalité
Te fais juger en moi tant de crédulité ?
Va, d'un piège si lourd l'appât est inutile,
Traître ; et si tu n'as pas de ruse plus subtile...
EXUPÈRE. Je vous dis vrai, Madame ; et vous dirai de plus..
LÉONTINE. Ne me fais point ici de contes superflus
L'effet à tes discours ôte toute croyance.
EXUPÈRE. Hé bien ! demeurez donc dans votre défiance.
Je ne demande plus et ne vous dis plus rien ;
Gardez votre secret, je garderai le mien.
Puisque je passe encor pour homme à vous séduire,
Venez dans la prison où je vais vous conduire ;
Si vous ne me croyez, craignez ce que je puis :
Avant la fin du jour vous saurez qui je suis.

ACTE CINQUIÈME.
SCÈNE I.

HÉRACLIUS. Quelle confusion étrange
De deux princes fait un mélange
Qui met en discord deux amis !
Un père ne sait où se prendre ;
Et plus tous deux s'osent défendre
Du titre infâme de son fils,
Plus eux-mêmes cessent d'entendre
Les secrets qu'on leur a commis.
Léontine avec tant de ruse
Ou me favorise ou m'abuse,
Qu'elle brouille tout notre sort ;
Ce que j'en eus de connaissance
Brave une orgueilleuse puissance
Qui n'en croit pas mon vain effort :
Et je doute de ma naissance
Quand on me refuse la mort.
Ce fier tyran qui me caresse
Montre pour moi tant de tendresse,
Que mon cœur s'en laisse alarmer :
Lorsqu'il me prie et me conjure,
Son amitié paraît si pure,
Que je ne saurais présumer
Si c'est par instinct de nature,
Ou par coutume de m'aimer.
Dans cette croyance incertaine,
J'ai pour lui des transports de haine
Que je ne conserve pas bien.
Cette grâce qu'il veut me faire
Étonne et trouble ma colère ;
Et je n'ose résoudre rien
Quand je trouve un amour de père
En celui qui m'ôta le mien.
Retiens, grande ombre de Maurice,
Mon âme au bord du précipice
Que cette obscurité lui fait ;
Et m'aide à faire mieux connaître
Qu'en ton fils Dieu n'a pas fait naître
Un prince à ce point imparfait,
Ou que je méritais de l'être
Si je ne le suis en effet.
Soutiens ma haine qui chancelle ;
Et redoublant pour ta querelle
Cette noble ardeur de mourir,
Fais voir... Mais il m'exauce, on vient me secourir.

SCÈNE II. — HÉRACLIUS, PULCHÉRIE.

HÉRACLIUS. O ciel quel bon démon devers moi vous envoie,
Madame ?
PULCHÉRIE. Le tyran qui veut que je vous voie,
Et met tout en usage afin de s'éclaircir.
HÉRACLIUS. Par vous-même en ce trouble il pense réussir !
PULCHÉRIE. Il le pense, Seigneur ; et ce brutal espère
Mieux qu'il ne trouve un fils que je découvre un frère ;
Comme si j'étais fille à ne lui rien céler
De tout ce que le sang pourrait me révéler.
HÉRACLIUS. Puisse-t-il par un trait de lumière fidèle
Vous le mieux révéler, qu'il ne me le révèle !

Aidez-moi cependant, Madame, à repousser
Les indignes frayeurs dont je me sens presser...
PULCHÉRIE. Ah! prince, il ne faut point d'assurance plus claire;
Si vous craignez la mort, vous n'êtes point mon frère :
Ces indignes frayeurs vous ont trop découvert.
HÉRACLIUS. Moi, la craindre, Madame ! Ah ! je m'y suis offert,
Qu'il me traite en tyran, qu'il m'envoie au supplice,
Je suis Héraclius, je suis fils de Maurice :
Sous ces noms précieux je cours m'ensevelir,
Et m'étonne si peu que je l'en fais pâlir.
Mais il me traite en père, il me flatte, il m'embrasse ;
Je n'en puis arracher une seule menace :
J'ai beau faire et beau dire afin de l'irriter,
Il m'écoute si peu qu'il me force à douter.
Malgré moi, comme fils toujours il me regarde ;
Au lieu d'être en prison, je n'ai pas même un garde.
Je ne sais qui je suis, et crains de le savoir ;
Je veux ce que je dois, et cherche mon devoir :
Je crains de le haïr si j'en tiens la naissance ;
Je le plains de m'aimer si je m'en dois vengeance ;
Et mon cœur, indigné d'une telle amitié,
En frémit de colère, et tremble de pitié :
De tous ses mouvements mon esprit se défie ;
Il condamne aussitôt tout ce qu'il justifie.
La colère, l'amour, la haine, et le respect,
Ne me présentent rien qui ne me soit suspect.
Je crains tout, je fuis tout ; et, dans cette aventure,
Des deux côtés en vain j'écoute la nature,
Secourez donc un frère en ces perplexités.
PULCHÉRIE. Ah! vous ne l'êtes point, puisque vous en doutez.
Celui qui, comme vous, prétend à cette gloire,
D'un courage plus ferme en croit ce qu'il doit croire,
Comme vous on le flatte, il y sait résister ;
Rien ne le touche assez pour le faire douter ;
Et le sang, par un double et secret artifice,
Parle en vous pour Phocas, comme en lui pour Maurice.
HÉRACLIUS. A ces marques en lui connaissez Martian ;
Il a le cœur plus dur étant fils d'un tyran.
La générosité suit la belle naissance ;
La pitié l'accompagne et la reconnaissance.
Dans cette grandeur d'âme un vrai prince affermi
Est sensible aux malheurs même d'un ennemi ;
La haine qu'il lui doit ne saurait le défendre,
Quand il s'en voit aimé, de s'en laisser surprendre,
Et trouve assez souvent son devoir arrêté
Par l'effort naturel de sa propre bonté.
Cette digne vertu de l'âme la mieux née,
Madame, ne doit pas souiller ma destinée,
Je doute ; et si ce doute a quelque crime en soi,
C'est assez m'en punir que douter comme moi ;
Et mon cœur, qui sans cesse en sa faveur se flatte,
Cherche qui le soutienne, et non pas qui l'abatte :
Il demande secours pour mes sens étonnés,
Et non le coup mortel dont vous m'assassinez.
PULCHÉRIE. L'œil le plus éclairé sur de telles matières
Peut prendre de faux jours pour de vives lumières ;
Et comme notre sexe ose assez promptement
Suivre l'impression d'un premier mouvement,
Peut-être qu'en faveur de ma première idée

Ma haine pour Phocas m'a trop persuadée.
Son amour est pour vous un poison dangereux;
Et quoique la pitié montre un cœur généreux,
Celle qu'on a pour lui de ce rang dégénère.
Vous le devez haïr, et fût-il votre père :
Si ce titre est douteux, son crime ne l'est pas.
Qu'il vous offre sa grâce ou vous livre au trépas,
Il n'est pas moins tyran quand il vous favorise,
Puisque c'est ce cœur même alors qu'il tyrannise,
Et que votre devoir, par là mieux combattu,
Prince, met en péril jusqu'à votre vertu.
Doutez, mais haïssez; et, quoi qu'il exécute,
Je douterai d'un nom qu'un autre vous dispute.
En douter lorsqu'en moi vous cherchez quelque appui,
Si c'est trop peu pour vous, c'est assez contre lui.
L'un de vous est mon frère, et l'autre y peut prétendre.
Entre tant de vertus mon choix se peut méprendre;
Mais je ne puis faillir dans votre sort douteux,
A chérir l'un et l'autre et vous plaindre tous deux.
J'espère encore pourtant : on murmure, on menace;
Un tumulte, dit-on, s'élève dans la place;
Exupère est allé fondre sur ces mutins;
Et peut-être de là dépendent nos destins.
Mais Phocas entre.

SCÈNE III.—PHOCAS, HÉRACLIUS, MARTIAN, PULCHÉRIE, GARDES.

PHOCAS. Hé bien! se rendra-t-il, Madame?
PULCHÉRIE. Quelque effort que je fasse à lire dans son âme,
Je n'en vois que l'effet que je m'étais promis :
Je trouve trop d'un frère, et vous trop peu d'un fils.
PHOCAS. Ainsi le ciel vous veut enrichir de ma perte.
PULCHÉRIE. Il tient en ma faveur leur naissance couverte :
Ce frère qu'il me rend serait déjà perdu,
Si dedans votre sang il ne l'eût confondu.
PHOCAS, à Pulchérie. Cette confusion peut perdre l'un et l'autre.
En faveur de mon sang, je ferai grâce au vôtre :
Mais je veux le connaître; et ce n'est qu'à ce prix
Qu'en lui donnant la vie il me rendra mon fils.
(A Héraclius.) Pour la dernière fois, ingrat, je t'en conjure;
Car enfin c'est vers toi que penche la nature,
Et je n'ai point pour lui ces doux empressements
Qui du cœur paternel font les vrais mouvements.
Ce cœur s'attache à toi par d'invincibles charmes.
En crois-tu mes soupirs? en croiras-tu mes larmes?
Songe avec quel amour mes soins t'ont élevé,
Avec quelle valeur son bras t'a conservé;
Tu nous dois à tous deux.
                HÉRACLIUS. Et, pour reconnaissance,
Je vous rends votre fils, je lui rends sa naissance.
PHOCAS. Tu me l'ôtes, cruel, et le laisses mourir.
HÉRACLIUS. Je meurs pour vous le rendre et pour le secourir.
PHOCAS. C'est me l'ôter assez que ne vouloir plus l'être.
HÉRACLIUS. C'est vous le rendre assez que le faire connaître.
PHOCAS. C'est me l'ôter assez que me le supposer.
HÉRACLIUS. C'est vous le rendre assez que vous désabuser.
PHOCAS. Laisse-moi mon erreur, puisqu'elle m'est si chère,
Je t'adopte pour fils, accepte-moi pour père :
Fais vivre Héraclius sous l'un et l'autre sort;
Pour moi, pour toi, pour lui, fais-toi ce peu d'effort.

HÉRACLIUS. Ah! c'en est trop enfin, et ma gloire blessée
Dépouille un vieux respect où je l'avais forcée.
De quelle ignominie osez-vous me flatter?
Toutes les fois, tyran, qu'on se laisse adopter,
On veut une maison illustre autant qu'amie;
On cherche de la gloire, et non de l'infamie;
Et ce serait un monstre horrible à vos États
Que le fils de Maurice adopté par Phocas.
PHOCAS. Va, cesse d'espérer la mort que tu mérites;
Ce n'est que contre lui, lâche, que tu m'irrites :
Tu te veux rendre en vain indigne de ce rang;
Je m'en prends à la cause, et j'épargne mon sang.
Puisque ton amitié de ma foi se défie
Jusqu'à prendre son nom pour lui sauver la vie,
Soldats, sans plus tarder, qu'on l'immole à ses yeux:
Et sois, après sa mort, mon fils si tu le veux.
HÉRACLIUS. Perfides, arrêtez.
     MARTIAN. Ah! que voulez-vous faire,
 Prince?
HÉRACLIUS. Sauvez le fils de la fureur du père.
MARTIAN. Conservez-lui ce fils qu'il ne cherche qu'en vous;
Ne troublez point un sort qui lui semble si doux.
C'est avec assez d'heur qu'Héraclius expire,
Puisque c'est en vos mains que tombe son empire.
Le ciel daigne bénir votre sceptre et vos jours!
PHOCAS. C'est trop perdre de temps à souffrir ces discours.
Dépêche, Octavian.
HÉRACLIUS, à Octavian. N'attente rien, barbare,
 Je suis...
  PHOCAS. Avoue enfin.
     HÉRACLIUS. Je tremble, je m'égare;
Et mon cœur...
PHOCAS, à Héraclius. Tu pourras à loisir y penser.
(A Octavian) Frappe.
     HÉRACLIUS. Arrête, je suis... Puis-je le prononcer!
PHOCAS. Achève, ou...
    HÉRACLIUS. Je suis donc, s'il faut que je le die,
Ce qu'il faut que je sois pour lui sauver la vie.
Oui, je lui dois assez, Seigneur, quoi qu'il en soit,
Pour vous payer pour lui de l'amour qu'il vous doit;
Et je vous le promets entier, ferme, sincère,
Et tel qu'Héraclius l'aurait pour son vrai père :
J'accepte en sa faveur ses parents pour les miens.
Mais sachez que vos jours me répondront des siens :
Vous me serez garant des hasards de la guerre,
Des ennemis secrets, de l'éclat du tonnerre;
Et de quelque façon que le courroux des cieux
Me prive d'un ami qui m'est si précieux,
Je vengerai sur vous, et fussiez-vous mon père,
Ce qu'aura fait sur lui leur injuste colère.
PHOCAS. Ne crains rien; de tous deux je ferai mon appui;
L'amour qu'il a pour toi m'assure trop de lui :
Mon cœur pâme de joie, et mon âme n'aspire
Qu'à vous associer l'un et l'autre à l'empire.
J'ai retrouvé mon fils; mais sois-le tout-à-fait,
Et donne-m'en pour marque un véritable effet;
Ne laisse plus de place à la supercherie;
Pour achever ma joie, épouse Pulchérie.
HÉRACLIUS. Seigneur, elle est ma sœur.

PHOCAS. Tu n'es donc point mon fils,
   Puisque si lâchement déjà tu t'en dédis.
PULCHÉRIE. Qui te donne, tyran, une attente si vaine?
   Quoi son consentement étoufferait ma haine!
   Pour l'avoir étonné tu m'aurais fait changer!
   J'aurais pour cette honte un cœur assez léger!
   Je pourrais épouser ou ton fils ou mon frère!

SCÈNE IV. — PHOCAS, HÉRACLIUS, PULCHÉRIE, MARTIAN, CRISPE, GARDES.

CRISPE. Seigneur, vous devez tout au grand cœur d'Exupère;
   Il est l'unique auteur de nos meilleurs destins:
   Lui seul et ses amis ont dompté vos mutins;
   Il a fait prisonniers leurs chefs qu'il vous amène.
PHOCAS. Dis-lui qu'il me les garde en la salle prochaine:
   Je vais de leurs complots m'éclaircir avec eux.

SCÈNE V. — PHOCAS, HÉRACLIUS, PULCHÉRIE, MARTIAN, GARDES.

PHOCAS, *à Héraclius.*
   Toi cependant, ingrat, sois mon fils si tu veux:
   En l'état où je suis je n'ai plus lieu de feindre;
   Les mutins sont domptés, et je cesse de craindre.
   Je vous laisse tous trois. (*à Pulchérie.*) Use bien du moment
   Que je prends pour en faire un juste sentiment;
   Et si tu n'aimes mieux que l'un et l'autre meure,
   Trouve ou choisis mon fils, et l'épouse sur l'heure:
   Autrement, si leur sort demeure encor douteux,
   Je jure, à mon retour, qu'ils périront tous deux.
   Je ne veux point d'un fils dont l'implacable haine
   Prend ce nom pour affront, et mon amour pour gêne.
   Toi...
PULCHÉRIE. Ne menace point, je suis prête à mourir.
PHOCAS. A mourir! Jusque-là je pourrais te chérir.
   N'espère pas de moi cette faveur suprême;
   Et pense....
    PULCHÉRIE. A quoi, tyran?
           PHOCAS. A t'épouser moi-même,
   Au milieu de leur sang à tes pieds répandu.
PULCHÉRIE. Quel supplice!
        PHOCAS. Il est grand pour toi; mais il t'est dû:
   Tes mépris de la mort bravaient trop ma colère.
   Il est en toi de perdre ou de sauver ton frère;
   Et du moins, quelque erreur qui puisse me troubler,
   J'ai trouvé les moyens de te faire trembler.

SCÈNE VI. — HÉRACLIUS, MARTIAN, PULCHÉRIE.

PULCHÉRIE. Le lâche! il vous flattait lorsqu'il tremblait dans l'âme.
   Mais tel est d'un tyran le naturel infâme:
   Sa douceur n'a jamais qu'un mouvement contraint;
   S'il ne craint, il opprime; et s'il n'opprime, il craint:
   L'une et l'autre fortune en montre la faiblesse.
   L'une n'est qu'insolence et l'autre que bassesse:
   A peine est-il sorti de ses lâches terreurs,
   Qu'il a trouvé pour moi le comble des horreurs.
   Mes frères, puisqu'enfin vous voulez tous deux l'être,
   Si vous m'aimez en sœur, faites-le moi paraître.
HÉRACLIUS. Que pouvons-nous tous deux lorsqu'on tranche nos jours?
PULCHÉRIE. Un généreux conseil est un puissant secours.
MARTIAN. Il n'est point de conseil qui vous soit salutaire,
   Que d'épouser le fils pour éviter le père.
   L'horreur d'un mal plus grand vous y doit disposer.

PULCHÉRIE. Qui me le montrera si je veux l'épouser?
  Et dans cet hyménée, à ma gloire funeste,
  Qui me garantira des périls de l'inceste?
MARTIAN. Je le vois trop à craindre et pour vous et pour nous.
  Mais, Madame, on peut prendre un vain titre d'époux,
  Abuser du tyran la rage forcenée,
  Et vivre en frère et sœur sous un feint hyménée.
PULCHÉRIE. Feindre, et nous abaisser à cette lâcheté!
HÉRACLIUS. Pour tromper un tyran, c'est générosité;
  Et c'est mettre, en faveur d'un frère qu'il vous donne,
  Deux ennemis secrets auprès de sa personne,
  Qui, dans leur juste haine animés et constants,
  Sur l'ennemi commun sauront prendre leur temps,
  Et terminer ici la feinte avec sa vie.
PULCHÉRIE. Pour conserver vos jours et fuir mon infamie,
  Feignons; vous le voulez, et j'y résiste en vain.
  Sus donc, qui de vous deux me prêtera la main?
  Qui veut feindre avec moi? qui sera mon complice?
HÉRACLIUS. Vous, prince, à qui le ciel inspire l'artifice.
MARTIAN. Vous, que veut le tyran pour fils obstinément.
HÉRACLIUS. Vous, qui depuis quatre ans la servez en amant.
MARTIAN. Vous saurez mieux que moi surprendre sa tendresse.
HÉRACLIUS. Vous saurez mieux que moi la traiter de maîtresse.
MARTIAN. Vous aviez commencé tantôt d'y consentir.
PULCHÉRIE. Ah! princes, votre cœur ne se peut démentir;
  Et vous l'avez tous deux trop grand, trop magnanime
  Pour souffrir sans horreur l'ombre même d'un crime.
  Je vous connaissais trop pour juger autrement
  Et de votre conseil et de l'évènement;
  Et je n'y déférais que pour vous voir dédire :
  Toute fourbe est honteuse aux cœurs nés pour l'empire.
  Princes, attendons tout, sans consentir à rien.
HÉRACLIUS. Admirez cependant quel malheur est le mien :
  L'obscure vérité, que de mon sang je signe,
  Du grand nom qui me perd ne me peut rendre digne;
  On n'en croit pas ma mort, et je perds mon trépas,
  Puisque mourant pour lui je ne le sauve pas.
MARTIAN. Voyez, d'autre côté, quelle est ma destinée,
  Madame : dans le cours d'une seule journée,
  Je suis Héraclius, Léonce, et Martian;
  Je sors d'un empereur, d'un tribun, d'un tyran,
  De tous trois ce désordre en un jour me fait naître,
  Pour me faire mourir enfin sans me connaître.
PULCHÉRIE. Cédez, cédez tous deux aux rigueurs de mon sort.
  Il a fait contre vous un violent effort :
  Votre malheur est grand; mais, quoi qu'il en succède,
  La mort qu'on me refuse en sera le remède :
  Et moi... Mais, que nous veut ce perfide?

SCÈNE VII. — HÉRACLIUS, MARTIAN, PULCHÉRIE, AMINTAS.

                    AMINTAS. Mon bras
  Vient de laver ce nom dans le sang de Phocas.
HÉRACLIUS. Que nous dis-tu?
                AMINTAS. Qu'à tort vous nous prenez pour traîtres;
  Qu'il n'est plus de tyran; que vous êtes les maîtres,
HÉRACLIUS. De quoi?
        AMINTAS. De tout l'empire.
                    MARTIAN. Et par toi?
                         AMINTAS. Non, Seigneur;

Un autre en a la gloire, et j'ai part à l'honneur.
HÉRACLIUS. Et quelle heureuse main finit notre misère?
AMINTAS. Princes, l'auriez-vous cru? c'est la main d'Exupère.
MARTIAN. Lui qui me trahissait?
AMINTAS. C'est de quoi s'étonner :
Il ne vous trahissait que pour vous couronner.
HÉRACLIUS. N'a-t-il pas des mutins dissipé la furie?
AMINTAS. Son ordre excitait seul cette mutinerie.
MARTIAN. Il en a pris les chefs toutefois.
AMINTAS. Admirez
Que ces prisonniers même avec lui conjurés
Sous cette illusion couraient à leur vengeance.
Tous contre ce barbare étant d'intelligence,
Suivis d'un gros d'amis, nous passons librement,
Au travers du palais, à son appartement.
La garde y restait faible et sans aucun ombrage :
Crispe même à Phocas porte notre message.
Il vient : à ses genoux on met les prisonniers,
Qui tirent pour signal leurs poignards les premiers.
Le reste, impatient dans sa noble colère,
Enferme la victime ; et soudain Exupère :
« Qu'on arrête, dit-il, le premier coup m'est dû :
« C'est lui qui me rendra l'honneur presque perdu. »
Il frappe, et le tyran tombe aussitôt sans vie,
Tant de nos mains la sienne est promptement suivie.
Il s'élève un grand bruit, et mille cris confus
Ne laissent discerner que *Vive Héraclius!*
Nous saisissons la porte, et les gardes se rendent.
Mêmes cris aussitôt de tous côtés s'entendent;
Et de tant de soldats qui lui servaient d'appui,
Phocas, après sa mort, n'en a pas un pour lui.
PULCHÉRIE. Quel chemin Exupère a pris pour sa ruine!
AMINTAS. Le voici qui s'avance avecque Léontine.

SCÈNE VIII. — HÉRACLIUS, MARTIAN, PULCHÉRIE, LÉONTINE, EUDOXE, AMINTAS, GARDES.

HÉRACLIUS, *à Léontine.*
Est-il donc vrai, Madame? et changeons-nous de sort?
Amintas nous fait-il un fidèle rapport?
LÉONTINE. Seigneur, un tel succès à peine est concevable;
Et d'un si grand dessein la conduite admirable...
HÉRACLIUS, *à Exupère.* Perfide généreux, hâte-toi d'embrasser
Deux princes impuissants à te récompenser.
EXUPÈRE, *à Héraclius.*
Seigneur, il me faut grâce, ou de l'un, ou de l'autre :
J'ai répandu son sang, si j'ai vengé le vôtre.
MARTIAN. Qui que ce soit des deux, il doit se consoler
De la mort d'un tyran qui voulait l'immoler ;
Je ne sais quoi pourtant dans mon cœur en murmure.
HÉRACLIUS. Peut-être en vous par là s'explique la nature :
Mais, prince, votre sort n'en sera pas moins doux ;
Si l'empire est à moi, Pulchérie est à vous :
Puisque le père est mort, le fils est digne d'elle.
(*A Léontine.*) Terminez donc, Madame, enfin notre querelle.
LÉONTINE. Mon témoignage seul peut-il en décider?
MARTIAN. Quelle autre sûreté pourrions-nous demander?
LÉONTINE. Je vous puis être encor suspecte d'artifice.
Non, ne m'en croyez pas, croyez l'impératrice.

(*A Pulchérie, lui donnant un billet.*)
Vous connaissez sa main, Madame : et c'est à vous
Que je remets le sort d'un frère et d'un époux.
Voyez ce qu'en mourant me laissa votre mère.
PULCHÉRIE. J'en baise en soupirant le sacré caractère.
LÉONTINE. Apprenez d'elle enfin quel sang vous a produits,
Princes.
HÉRACLIUS, *à Eudoxe*. Qui que je sois, c'est à vous que je suis.
PULCHÉRIE, *lit le billet.*
Parmi tant de malheurs, mon bonheur est étrange :
Après avoir donné son fils au lieu du mien,
Léontine, à mes yeux, par un second échange,
Donne encore à Phocas mon fils au lieu du sien.
Vous qui pourrez douter d'un si rare service,
Sachez qu'elle a deux fois trompé notre tyran :
Celui qu'on croit Léonce est le vrai Martian,
Et le faux Martian est vrai fils de Maurice.
CONSTANTINE.
PULCHÉRIE, *à Héraclius*. Ah! vous êtes mon frère.
HÉRACLIUS, *à Pulchérie*. Et c'est heureusement
Que le trouble éclairci vous rend à votre amant.
LÉONTINE, *à Héraclius*. Vous en saviez assez pour éviter l'inceste,
Et non pas pour vous rendre un tel secret funeste.
(*A Martian.*) Mais, pardonnez, Seigneur, à mon zèle parfait
Ce que j'ai voulu faire, et ce qu'un autre a fait.
MARTIAN. Je ne m'oppose point à la commune joie :
Mais souffrez des soupirs que la nature envoie.
Quoique jamais Phocas n'ait mérité d'amour,
Un fils ne peut moins rendre à qui l'a mis au jour :
Ce n'est pas tout d'un coup qu'à ce titre on renonce.
HÉRACLIUS. Donc, pour mieux l'oublier, soyez encor Léonce ;
Sous ce nom glorieux aimez ses ennemis,
Et meure du tyran jusqu'au nom de son fils.
(*A Eudoxe.*) Vous, Madame, acceptez et ma main et l'empire
En échange d'un cœur pour qui le mien soupire.
EUDOXE, *à Héraclius*. Seigneur, vous agissez en prince généreux.
HÉRACLIUS, *à Exupère et à Amintas*.
Et vous dont la vertu me rend ce trouble heureux,
Attendant les effets de ma reconnaissance,
Reconnaissons, amis, la céleste puissance :
Allons lui rendre hommage, et, d'un esprit content,
Montrer Héraclius au peuple qui l'attend.

FIN D'HÉRACLIUS.

DON SANCHE D'ARAGON

COMÉDIE HÉROÏQUE EN CINQ ACTES. — 1651.

PERSONNAGES.

DONA ISABELLE, reine de Castille.
DONA LÉONOR, reine d'Aragon.
DONA ELVIRE, princesse d'Aragon.
BLANCHE, dame d'honneur de la reine de Castille.
CARLOS, cavalier inconnu, qui se trouve être don Sanche, roi d'Aragon.
DON RAYMOND DE MONCADE, favori du défunt roi d'Aragon.
DON LOPE DE GUSMAN, }
DON MANRIQUE DE LARE, } Grands de Castille.
DON ALVAR DE LUNE, }

La scène est à Valladolid.

ACTE PREMIER.

SCÈNE I. — DONA LÉONOR, DONA ELVIRE.

D. LÉONOR. Après tant de malheurs, enfin le ciel propice
S'est résolu, ma fille, à nous faire justice :
Notre Aragon, pour nous presque tout révolté,
Enlève à nos tyrans ce qu'il nous ont ôté,
Brise les fers honteux de leurs injustes chaînes,
Se remet sous nos lois, et reconnaît ses reines ;
Et par ses députés, qu'aujourd'hui l'on attend,
Rend d'un si long exil le retour éclatant.
 Comme nous, la Castille attend cette journée
Qui lui doit de sa reine assurer l'hyménée ;
Nous l'allons voir ici faire choix d'un époux.
Que ne puis-je, ma fille, en dire autant de vous!
Nous allons en des lieux sur qui vingt ans d'absence
Nous laissent une faible et douteuse puissance :
Le trouble règne encore où vous devez régner ;
Le peuple vous rappelle, et peut vous dédaigner,
Si vous ne lui portez, au retour de Castille,
Que l'avis d'une mère, et le nom d'une fille.
D'un mari valeureux les ordres et le bras
Sauraient bien mieux que nous assurer vos États,
Et par des actions nobles, grandes et belles,
Dissiper les mutins, et dompter les rebelles.
Vous ne pouvez manquer d'amants dignes de vous :
On aime votre sceptre, on vous aime ; et, sur tous,
Du comte don Alvar la vertu non commune
Vous aima dans l'exil et durant l'infortune.
Qui vous aima sans sceptre, et se fit votre appui,
Quand vous le recouvrez, est bien digne de lui.

D. ELVIRE. Ce comte est généreux, et me l'a fait paraître ;
Aussi le ciel pour moi l'a voulu reconnaître,
Puisque les Castillans l'ont mis entre les trois
Dont à leur grande reine ils demandent le choix ;
Et, comme ses rivaux lui cèdent en mérite,
Un espoir à présent plus doux le sollicite :
Il régnera sans nous. Mais, Madame, après tout
Savez-vous à quel choix l'Aragon se résout,
Et quels troubles nouveaux j'y puis faire renaître ?
S'il voit que je lui mène un étranger pour maître ?
Montons, de grâce, au trône ; et de là beaucoup mieux
Sur le choix d'un époux nous baisserons les yeux.

D. LÉONOR. Vous les abaissez trop ; une secrète flamme

A déjà malgré moi fait ce choix dans votre ame,
De l'inconnu Carlos l'éclatante valeur
Aux mérites du comte a fermé votre cœur.
Tout est illustre en lui, moi-même je l'avoue ;
Mais son sang, que le ciel n'a formé que de boue,
Et dont il cache exprès la source obstinément...

D. ELVIRE. Vous pourriez en juger plus favorablement
Sa naissance inconnue est peut-être sans tache :
Vous la présumez basse à cause qu'il la cache ;
Mais combien a-t-on vu de princes déguisés
Signaler leur vertu sous des noms supposés,
Dompter des nations, gagner des diadèmes,
Sans qu'aucun les connût, sans se connaître eux-mêmes !

D. LÉONOR. Quoi! voilà donc enfin de quoi vous vous flattez !

D. ELVIRE. J'aime et prise en Carlos ses rares qualités.
Il n'est point d'âme noble à qui tant de vaillance
N'arrache cette estime et cette bienveillance ;
Et l'innocent tribut de ces affections,
Que doit toute la terre aux belles actions,
N'a rien qui déshonore une jeune princesse.
En cette qualité, je l'aime et la caresse ;
En cette qualité, ses devoirs assidus
Me rendent les respects à ma naissance dus.
Il fait sa cour chez moi, comme un autre peut faire :
Il a trop de vertu pour être téméraire,
Et, si jamais ses vœux s'échappaient jusqu'à moi,
Je sais ce que je suis, et ce que je me doi.

D. LÉONOR. Daigne le juste ciel vous donner le courage
De vous en souvenir et le mettre en usage !

D. ELVIRE. Vos ordres sur mon cœur sauront toujours régner.

D. LÉONOR. Cependant ce Carlos vous doit accompagner,
Doit venir jusqu'au lieu de votre obéissance
Vous rendre ces respects dus à votre naissance,
Vous faire, comme ici, sa cour tout simplement.

D. ELVIRE. De ses pareils la guerre est l'unique élément :
Accoutumer d'aller de victoire en victoire,
Ils cherchent en tous lieux les dangers et la gloire.
La prise de Séville, et les Maures défaits,
Laissent à la Castille une profonde paix :
S'y voyant sans emploi, sa grande âme inquiète
Veut bien de don Garcie achever la défaite,
Et contre les efforts d'un reste de mutins
De toute sa valeur hâter nos bons destins.

D. LÉONOR. Mais quand il vous aura sur le trône affermie,
Et jeté sous vos pieds la puissance ennemie,
S'en ira-t-il soudain aux climats étrangers
Chercher tout de nouveau la gloire et les dangers ?

D. ELVIRE. Madame, la reine entre.

SCÈNE II. — D. ISABELLE, D. LÉONOR, D. ELVIRE, BLANCHE.

D. LÉONOR. Aujourd'hui donc, Madame,
Vous allez d'un héros rendre heureuse la flamme,
Et, d'un mot, satisfaire aux plus ardents souhaits
Que poussent vers le ciel vos fidèles sujets?

D. ISABELLE. Dites, dites plutôt, qu'aujourd'hui, grandes reines
Je m'impose à vos yeux la plus dure des gênes,
Et fais dessus moi-même un illustre attentat
Pour me sacrifier au repos de l'État.
Que c'est un sort fâcheux et triste que le nôtre

De ne pouvoir régner que sous les lois d'un autre ;
Et qu'un sceptre soit cru d'un si grand poids pour nous ;
Que, pour le soutenir, il nous faille un époux !
 A peine ai-je deux mois porté le diadême,
Que de tous les côtés j'entends dire qu'on m'aime,
Si toutefois, sans crime et sans m'en indigner
Je puis nommer amour une ardeur de régner.
L'ambition des grands à cet espoir ouverte
Semble pour m'acquérir s'apprêter à ma perte,
Et, pour trancher le cours de leurs dissensions,
Il faut fermer la porte à leurs prétentions ;
Il m'en faut choisir un : eux-mêmes m'en convient,
Mon peuple m'en conjure, et mes États m'en prient ;
Et même par mon ordre ils m'en proposent trois,
Dont mon cœur à leur gré peut faire un digne choix.
Don Lope de Gusman, don Manrique de Lare,
Et don Alvar de Lune ont un mérite rare :
Mais que me sert ce choix qu'on fait en leur faveur,
Si pas un d'eux enfin n'a celui de mon cœur?

D. LÉONOR. On vous les a nommés, mais sans vous les prescrire?
On vous obéira, quoi qu'il vous plaise élire:
Si le cœur a choisi, vous pouvez faire un roi.

D. ISABELLE. Madame, je suis reine, et dois régner sur moi.
Le rang que nous tenons, jaloux de notre gloire,
Souvent dans un tel choix nous défend de nous croire,
Jette sur nos désirs un joug impérieux,
Et dédaigne l'avis et du cœur et des yeux.
 Qu'on ouvre. Juste ciel, vois ma peine, et m'inspire
Et ce que je dois faire et ce que je dois dire !

SCÈNE III. — D. ISABELLE, D. LÉONOR, D. ELVIRE, BLANCHE, D. LOPE.
 D. MANRIQUE, D. ALVAR, CARLOS.

D. ISABELLE. Avant que de choisir je demande un serment,
Comtes, qu'on agréera mon choix aveuglément ;
Que les deux méprisés, et tous les trois peut-être,
De ma main, quel qu'il soit, accepteront un maître :
Car enfin je suis libre à disposer de moi ;
Le choix de mes États ne m'est point une loi:
D'une troupe importune il m'a débarrassée,
Et d'eux tous sur vous trois détourné ma pensée,
Mais sans nécessité de l'arrêter sur vous.
J'aime à savoir par là qu'on vous préfère à tous ;
Vous m'en êtes plus chers et plus considérables ;
J'y vois de vos vertus les preuves honorables ;
J'y vois la haute estime où sont vos grands exploits :
Mais quoique mon dessein soit d'y borner mon choix,
Le ciel en un moment quelquefois nous éclaire.
Je veux, en le faisant, pouvoir ne le pas faire,
Et que vous avouiez que, pour devenir roi,
Quiconque me plaira n'a besoin que de moi.

D. LOPE. C'est une autorité qui vous demeure entière ;
Votre État avec vous n'agit que par prière,
Et ne vous a pour nous fait voir ses sentiments
Que par obéissance à vos commandements.
Ce n'est point ni son choix ni l'éclat de ma race
Qui me font, grande reine, espérer cette grace :
Je l'attends de vous seule et de votre bonté,
Comme on attend un bien qu'on n'a pas mérité,
Et dont, sans regarder service ni famille,

Vous pouvez faire part au moindre de Castille.
C'est à nous d'obéir, et non d'en murmurer :
Mais vous nous permettrez toutefois d'espérer
Que vous ne ferez choir cette faveur insigne,
Ce bonheur d'être à vous, que sur le moins indigne;
Et que votre vertu vous fera trop savoir
Qu'il n'est pas bon d'user de tout votre pouvoir.
Voilà mon sentiment.
    D. ISABELLE. Parlez, vous, don Manrique.
 D. MANRIQUE. Madame, puisqu'il faut qu'à vos yeux je m'explique,
Quoique votre discours nous ait fait des leçons
Capables d'ouvrir l'âme à de justes soupçons,
Je vous dirai pourtant, comme à ma souveraine,
Que pour faire un vrai roi vous le fassiez en reine ;
Que vous laisser borner, c'est vous-même affaiblir
La dignité du rang qui le doit ennoblir ;
Et qu'à prendre pour lui le choix qu'on vous propose,
Le roi que vous feriez vous devrait peu de chose,
Puisqu'il tiendrait les noms de monarque et d'époux
Du choix de vos États aussi bien que de vous.
 Pour moi, qui vous aimai sans sceptre et sans couronne,
Qui n'ai jamais eu d'yeux que pour votre personne,
Que même le feu roi daigna considérer
Jusqu'à souffrir ma flamme et me faire espérer,
J'oserai me promettre un sort assez propice
De cet aveu d'un frère et quatre ans de service ;
Et sur ce doux espoir dussè-je me trahir,
Puisque vous le voulez, je jure d'obéir.
D. ISABELLE. C'est comme il faut m'aimer. Et don Alvar de Lune?
D. ALVAR. Je ne vous ferai point de harangue importune.
Choisissez hors des trois, tranchez absolument ;
Je jure d'obéir, Madame, aveuglément.
D. ISABELLE. Sous les profonds respects de cette déférence
Vous nous cachez peut-être un peu d'indifférence ;
Et comme votre cœur n'est pas sans autre amour,
Vous savez des deux parts faire bien votre cour.
D. ALVAR. Madame...
   D. ISABELLE. C'est assez ; que chacun prenne place.
(Ici les trois reines prennent chacune un fauteuil et, après que les trois comtes et le reste des grands qui sont présents se sont assis sur des bancs préparés exprès, Carlos y voyant une place vide s'y veut seoir, et don Manrique l'en empêche.)
 D. MANRIQUE. Tout beau, tout beau, Carlos ! d'où vous vient cette audace?
Et quel titre en ce rang a pu vous établir ?
CARLOS. J'ai vu la place vide, et cru la bien remplir.
D. MANRIQUE. Un soldat bien remplir une place de comte !
CARLOS. Seigneur, ce que je suis ne me fait point de honte.
Depuis plus de six ans il ne s'est fait combat
Qui ne m'ait bien acquis ce grand nom de soldat ;
J'en avais pour témoin le feu roi votre frère,
Madame ; et par trois fois...
   D. MANRIQUE. Nous vous avons vu faire,
Et savons mieux que vous ce que peut votre bras.
D. ISABELLE. Vous en êtes instruits ; et je ne le suis pas ;
Laissez-le me l'apprendre. Il importe aux monarques
Qui veulent aux vertus rendre de dignes marques
De les savoir connaître, et ne pas ignorer
Ceux d'entre leurs sujets qu'ils doivent honorer.
D. MANRIQUE. Je ne me croyais pas être ici pour l'entendre.

D. ISABELLE. Comte, encore une fois laissez-le me l'apprendre.
Nous aurons temps pour tout. Et vous, parlez, Carlos.
CARLOS. Je dirai qui je suis, Madame, en peu de mots.
On m'appelle soldat : je fais gloire de l'être ;
Au feu roi par trois fois je le fis bien paraître.
L'étendard de Castille, à ses yeux enlevé,
Des mains des ennemis par moi seul fut sauvé :
Cette seule action rétablit la bataille,
Fit rechasser le Maure au pied de sa muraille,
Et, rendant le courage aux plus timides cœurs,
Rappela les vaincus, et défit les vainqueurs.
Ce même roi me vit dedans l'Andalousie
Dégager sa personne en prodiguant ma vie,
Quand, tout percé de coups sur un monceau de morts,
Je lui fis si longtemps bouclier de mon corps,
Qu'enfin autour de lui ses troupes ralliées,
Celles qui l'enfermaient furent sacrifiées ;
Et le même escadron qui vint le secourir
Le ramena vainqueur, et moi prêt à mourir.
Je montai le premier sur les murs de Séville,
Et tins la brèche ouverte aux troupes de Castille.
Je ne vous parle point d'assez d'autres exploits,
Qui n'ont pas pour témoins eu les yeux de mes rois,
Tel me voit et m'entend, et me méprise encore,
Qui gémirait sans moi dans les prisons du Maure.
D. MANRIQUE. Nous parlez-vous, Carlos, pour don Lope et pour moi?
CARLOS. Je parle seulement de ce qu'a vu le roi,
Seigneur ; et qui voudra parle à sa conscience.
Voilà dont le feu roi me promit récompense ;
Mais la mort le surprit comme il la résolvait.
D. ISABELLE. Il se fût acquitté de ce qu'il vous devait ;
Et moi, comme héritant son sceptre et sa couronne,
Je prends sur moi sa dette, et je vous la fais bonne.
Seyez-vous, et quittons ces petits différends.
D. LOPE. Souffrez qu'auparavant il nomme ses parents.
Nous ne contestons point l'honneur de sa vaillance,
Madame ; et, s'il en faut notre reconnaissance,
Nous avouerons tous deux qu'en ces combats derniers
L'un et l'autre, sans lui nous étions prisonniers :
Mais enfin la valeur, sans l'éclat de la race,
N'eut jamais aucun droit d'occuper cette place.
CARLOS. Se pare qui voudra du nom de ses aïeux ;
Moi, je ne veux porter que moi-même en tous lieux ;
Je ne veux rien devoir à ceux qui m'ont fait naître,
Et suis assez connu sans les faire connaître ;
Mais, pour en quelque sorte obéir à vos lois,
Seigneur, pour mes parents je nomme mes exploits :
Ma valeur est ma race, et mon bras est mon père.
D. LOPE. Vous le voyez Madame, et la preuve en est claire,
Sans doute il n'est pas noble.
D. ISABELLE. Eh bien ! je l'anoblis,
Quelle que soit sa race, et de qui qu'il soit fils.
Qu'on ne conteste plus.
D. MANRIQUE. Encore un mot, de grace.
D. ISABELLE. Don Manrique, à la fin c'est prendre trop d'audace.
Ne puis-je l'anoblir si vous n'y consentez?
D. MANRIQUE. Oui, mais ce rang n'est dû qu'aux hautes dignités :
Tout autre qu'un marquis ou comte le profane.
D. ISABELLE, *à Carlos*. Eh bien ! seyez-vous donc, marquis de Santillane,

Comte de Peñafiel, gouverneur de Burgos.
Don Manrique, est-ce assez pour faire seoir Carlos?
Vous reste-t-il encor quelque scrupule en l'âme?
(Don Manrique et don Lope se lèvent, et Carlos se sied.)

D. MANRIQUE. Achevez, achevez : faites-le roi, Madame :
Par ces marques d'honneur l'élever jusqu'à nous,
C'est moins nous l'égaler, que l'approcher de vous.
Ce préambule adroit n'était pas sans mystère ;
Et ces nouveaux serments qu'il nous a fallu faire
Montraient bien dans votre âme un tel choix préparé :
Enfin vous le pouvez, et nous l'avons juré.
Je suis prêt d'obéir, et, loin d'y contredire,
Je laisse entre ses mains et vous et votre empire.
Je sors avant ce choix ; non que j'en sois jaloux,
Mais de peur que mon front n'en rougisse pour vous.

D. ISABELLE. Arrêtez, insolent : votre reine pardonne
Ce qu'une indigne crainte imprudemment soupçonne ;
Et, pour la démentir, veut bien vous assurer
Qu'au choix de ses États elle veut demeurer ;
Que vous tenez encor même rang dans son âme ;
Qu'elle prend vos transports pour un excès de flamme ;
Et qu'au lieu d'en punir le zèle injurieux,
Sur un crime d'amour elle ferme les yeux.

D. MANRIQUE. Madame, excusez donc si quelque antipathie...

D. ISABELLE. Ne faites point ici de fausse modestie :
J'ai trop vu votre orgueil pour le justifier,
Et sais bien les moyens de vous humilier.
Soit que j'aime Carlos, soit que par simple estime,
Je rende à ses vertus un honneur légitime,
Vous devez respecter, quels que soient mes desseins,
Ou le choix de mon cœur, ou l'œuvre de mes mains.
Je l'ai fait votre égal ; et, quoiqu'on s'en mutine,
Sachez qu'à plus encor ma faveur le destine.
Je veux qu'aujourd'hui même il puisse plus que moi :
J'en ai fait un marquis, je veux qu'il fasse un roi.
S'il a tant de valeur que vous-même le dites,
Il sait quelle est la vôtre, et connaît vos mérites,
Et jugera de vous avec plus de raison
Que moi qui n'en connais que la race et le nom.
Marquis, prenez ma bague, et la donnez pour marque
Au plus digne des trois que j'en fasse un monarque.
Je vous laisse y penser tout ce reste du jour.
Rivaux ambitieux, faites-lui votre cour :
Qui me rapportera l'anneau que je lui donne
Recevra sur-le-champ ma main et ma couronne.
Allons, reines, allons, et laissons-les juger
De quel côté l'amour avait su m'engager.

SCÈNE IV. — D. MANRIQUE, D. LOPE, D. ALVAR, CARLOS.

D. LOPE. Eh bien ! seigneur marquis, nous direz-vous, de grace,
Ce que pour vous gagner il est besoin qu'on fasse?
Vous êtes notre juge, il faut vous adoucir.

CARLOS. Vous y pourriez peut-être assez mal réussir.
Quittez ces contre-temps de froide raillerie.

D. MANRIQUE. Il n'en est pas saison, quand il faut qu'on vous prie.

CARLOS. Ne raillons ni prions, et demeurons amis.
Je sais ce que la reine en mes mains a remis ;
J'en userai fort bien : vous n'avez rien à craindre ;
Et pas un de vous trois n'aura lieu de se plaindre.

Je n'entreprendrai point de juger entre vous
Qui mérite le mieux le nom de son époux ;
Je serais téméraire, et m'en sens incapable ;
Et peut-être quelqu'un m'en tiendrait récusable.
Je m'en récuse donc, afin de vous donner
Un juge que sans honte on ne peut soupçonner :
Ce sera votre épée et votre bras lui-même.
Comtes de cet anneau dépend le diadême ;
Il vaut bien un combat ; vous avez tous du cœur :
Et je le garde...
    D. LOPE. À qui, Carlos?
                  CARLOS. A mon vainqueur.
Qui pourra me l'ôter l'ira rendre à la reine ;
Ce sera du plus digne une preuve certaine.
Prenez entre vous l'ordre et du temps et du lieu,
Je m'y rendrai sur l'heure, et vais l'attendre. Adieu.

SCÈNE V. — D. MANRIQUE, D. LOPE, D. ALVAR.

D. LOPE. Vous voyez l'arrogance !
                  D. ALVAR. Ainsi les grands courages
Savent en généreux repousser les outrages.
D. MANRIQUE. Il se méprend pourtant s'il pense qu'aujourd'hui
Nous daignions mesurer notre épée avec lui.
D. ALVAR. Refuser un combat !
                D. LOPE. Des généraux d'armée,
Jaloux de leur honneur et de leur renommée,
Ne se commettent point contre un aventurier.
D. ALVAR. Ne mettez point si bas un si vaillant guerrier :
Qu'il soit ce qu'en voudra présumer votre haine,
Il doit être pour nous ce qu'a voulu la reine.
D. LOPE. La reine, qui nous brave, et, sans égard au sang,
Oser souiller ainsi l'éclat de notre rang !
D. ALVAR. Les rois de leurs faveurs ne sont jamais comptables,
Ils font, comme il leur plaît, et défont nos semblables.
D. MANRIQUE. Envers les majestés vous êtes bien discret,
Voyez-vous cependant qu'elle l'aime en secret?
D. ALVAR. Dites, si vous voulez, qu'ils sont d'intelligence,
Qu'elle a de sa valeur si haute confiance
Qu'elle espère par-là faire approuver son choix,
Et se rendre avec gloire au vainqueur de tous trois ;
Qu'elle nous hait dans l'âme autant qu'elle l'adore :
C'est à nous d'honorer ce que la reine honore.
D. MANRIQUE. Vous la respectez fort : mais y prétendez-vous !
On dit que l'Aragon a des charmes si doux...
D. ALVAR. Qu'ils me soient doux ou non, je ne crois pas sans crime
Pouvoir de mon pays désavouer l'estime ;
Et, puisqu'il m'a jugé digne d'être son roi,
Je soutiendrai partout l'état qu'il fait de moi.
Je vais donc disputer, sans que rien me retarde,
Au marquis don Carlos cet anneau qu'il nous garde ;
Et, si sur sa valeur je le puis emporter,
J'attendrai de vous deux qui voudra me l'ôter :
Le champ vous sera libre.
                D. LOPE. A la bonne heure, comte ;
Nous vous irons alors le disputer sans honte ;
Nous ne dédaignons point un si digne rival :
Mais pour votre marquis, qu'il cherche son égal.

ACTE DEUXIÈME.

SCENE I. — DONA ISABELLE, BLANCHE.

D. ISABELLE. Blanche, as-tu rien connu d'égal à ma misère ?
Tu vois tous mes désirs condamnés à se taire,
Son cœur faire un beau choix sans l'oser accepter,
Et nourrir un beau feu sans l'oser écouter.
Vois par là ce que c'est, Blanche, que d'être reine :
Comptable de moi-même au nom de souveraine,
Et sujette à jamais du trône où je me voi,
Je puis tout pour tout autre, et ne puis rien pour moi.
 Ô sceptres ! s'il est vrai que tout vous soit possible ?
Pourquoi ne pouvez-vous rendre un cœur insensible ?
Pourquoi permettez-vous qu'il soit d'autres appas,
Ou que l'on ait des yeux pour ne les croire pas ?
BLANCHE. Je présumais tantôt que vous les alliez croire ;
J'en ai plus d'une fois tremblé pour votre gloire,
Ce qu'à vos trois amants vous avez fait jurer
Au choix de don Carlos semblait vous préparer ;
Je le nommais pour vous. Mais enfin par l'issue
Ma crainte s'est trouvée heureusement déçue ;
L'effort de votre amour a su se modérer ;
Vous l'avez honoré sans vous déshonorer,
Et satisfait ensemble, en trompant mon attente,
La grandeur d'une reine et l'ardeur d'une amante.
D. ISABELLE. Dis que pour honorer sa générosité
Mon amour s'est joué de mon autorité,
Et qu'il a fait servir, en trompant ton attente,
Le pouvoir de la reine au courroux de l'amante.
 D'abord par ce discours, qui t'a semblé suspect,
Je voulais seulement essayer leur respect,
Soutenir jusqu'au bout la dignité de reine,
Et, comme enfin ce choix me donnait de la peine,
Perdre quelques moments, choisir un peu plus tard :
J'allais nommer pourtant, et nommer au hasard ;
Mais tu sais quel orgueil ont lors montré les comtes,
Combien d'affronts pour lui, combien pour moi de hontes.
Certes, il est bien dur à qui se voit régner
De montrer quelque estime, et la voir dédaigner,
Sous ombre de venger sa grandeur méprisée,
L'amour à la faveur trouve une pente aisée :
A l'intérêt du sceptre aussitôt attaché,
Il agit d'autant plus qu'il se croit bien caché,
Et s'ose imaginer qu'il ne fait rien paraître
Que ce change de nom me fasse méconnaître.
J'ai fait Carlos marquis, et comte, et gouverneur ;
Il doit à ses jaloux tous ces titres d'honneur :
M'en voulant faire avare, ils m'en faisaient prodigue,
Ce torrent grossissait, rencontrant cette digue ;
C'était plus les punir que le favoriser,
L'amour me parlait trop, j'ai voulu l'amuser ;
Par ces profusions j'ai cru le satisfaire,
Et, l'ayant satisfait, l'obliger à se taire ;
Mais, hélas ! en mon cœur il avait tant d'appui,
Que je n'ai pu jamais prononcer contre lui,
Et n'ai mis en ses mains ce don du diadème
Qu'afin de l'obliger à l'exclure lui-même.
Ainsi, pour apaiser les murmures du cœur,
Mon refus a porté les marques de faveur ;

Et revêtant de gloire un invisible outrage,
De peur d'en faire un roi je l'ai fait davantage :
Outre qu'indifférente au vœu de tous les trois,
J'espérais que l'amour pourrait suivre son choix,
Et que le moindre d'eux de soi-même estimable
Recevrait de sa main la qualité d'aimable.
 Voilà, Blanche, où j'en suis ; voilà ce que j'ai fait ;
Voilà les vrais motifs dont tu voyais l'effet :
Car mon âme pour lui, quoique ardemment pressée,
Ne saurait se permettre une indigne pensée ;
Et je mourrais encore avant que m'accorder
Ce qu'en secret mon cœur ose me demander.
Mais enfin je vois bien que je me suis trompée
De m'en être remise à qui porte une épée,
Et trouve occasion, dessous cette couleur,
De venger le mépris qu'on fait de sa valeur.
Je devais par mon choix étouffer cent querelles ;
Et l'ordre que j'y tiens en forme de nouvelles,
Et jette entre les grands, amoureux de mon rang,
Une nécessité de répandre du sang.
Mais j'y saurai pourvoir.
                    BLANCHE. C'est un pénible ouvrage
D'arrêter un combat qu'autorise l'usage,
Que les lois ont réglé, que les rois vos aïeux
Daignaient assez souvent honorer de leurs yeux :
On ne s'en dédit point sans quelque ignominie ;
Et l'honneur au grand cœur est plus cher que la vie.
 D. ISABELLE. Je sais ce que tu dis, et n'irai pas de front
Faire un commandement qu'ils prendraient pour affront.
Lorsque le déshonneur souille l'obéissance,
Les rois peuvent douter de leur toute puissance :
Qui la hasarde alors n'en sait pas bien user ;
Et qui veut pouvoir tout ne doit pas tout oser.
Je romprai ce combat feignant de le permettre,
Et je le tiens rompu si je puis le remettre.
Les reines d'Aragon pourront même m'aider.
Voici déjà Carlos que je viens de mander.
Demeure, et tu verras avec combien d'adresse
Ma gloire de mon âme est toujours la maîtresse.

SCÈNE II. — D. ISABELLE, CARLOS, BLANCHE.

D. ISABELLE. Vous avez bien servi, marquis, et jusqu'ici
Vos armes ont pour nous dignement réussi :
Je pense avoir aussi bien payé vos services.
 Malgré les envieux et leurs mauvais offices,
J'ai fait beaucoup pour vous, et tout ce que j'ai fait
Ne vous a pas coûté seulement un souhait.
Si cette récompense est pourtant si petite
Qu'elle ne puisse aller jusqu'à votre mérite,
S'il vous en reste encor quelque autre à souhaiter,
Parlez, et donnez-moi moyen de m'acquitter.
CARLOS. Après tant de faveurs à pleines mains versées,
Dont mon cœur n'eût osé concevoir les pensées,
Surpris, troublé, confus, accablé de bienfaits,
Que j'osasse former encor quelques souhaits !
D. ISABELLE. Vous êtes donc content ; et j'ai lieu de me plaindre.
CARLOS. De moi ?
    D. ISABELLE. De vous, marquis. Je vous parle sans feindre.
Ecoutez. Votre bras a bien servi l'État,

Tant que vous n'avez eu que le nom de soldat;
Dès que je vous fais grand, sitôt que je vous donne
Le droit de disposer de ma propre personne,
Ce même bras s'apprête à troubler son repos.
Comme si le marquis cessait d'être Carlos,
Ou que cette grandeur ne fût qu'un avantage
Qui dût à sa ruine armer votre courage.
Les trois comtes en sont les plus fermes soutiens;
Vous attaquez en eux ses appuis et les miens;
C'est son sang le plus pur que vous voulez répandre :
Et vous pouvez juger l'honneur qu'on leur doit rendre,
Puisque ce même État, me demandant un roi,
Les a jugés eux trois les plus dignes de moi.
Peut-être un peu d'orgueil vous a mis dans la tête
Qu'à venger leur mépris ce prétexte est honnête;
Vous en avez suivi la première chaleur :
Mais leur mépris va-t-il jusqu'à votre valeur?
N'en ont-ils pas rendu témoignage à ma vue?
Ils ont fait peu d'état d'une race inconnue,
Ils ont douté d'un sort que vous voulez cacher :
Quand un doute si juste aurait dû vous toucher,
J'avais pris quelque soin de vous venger moi-même.
Remettre entre vos mains le don du diadême,
Ce n'était pas, marquis, vous venger à demi.
Je vous ai fait leur juge, et non leur ennemi;
Et si sous votre choix j'ai voulu les réduire,
C'est pour vous faire honneur, et non pour les détruire :
C'est votre seul avis, non leur sang que je veux;
Et c'est m'entendre mal que vous armer contre eux.
N'auriez-vous point pensé que, si ce grand courage
Vous pouvait sur tous trois donner quelque avantage,
On dirait que l'État, me cherchant un époux,
N'en aurait pu trouver de comparable à vous?
Ah! si je vous croyais si vain, si téméraire...
CARLOS. Madame, arrêtez là votre juste colère :
Je suis assez coupable, et n'ai que trop osé,
Sans choisir pour me perdre un crime supposé.
Je ne me défends point des sentiments d'estime
Que vos moindres sujets auraient pour vous sans crime.
Lorsque je vois en vous les célestes accords
Des grâces de l'esprit et des beautés du corps,
Je puis, de tant d'attraits l'âme toute ravie,
Sur l'heur de votre époux jeter un œil d'envie;
Je puis contre le ciel en secret murmurer
De n'être pas né roi pour pouvoir espérer;
Et, les yeux éblouis de cet éclat suprême,
Baisser soudain la vue, et rentrer en moi-même
Mais que je laisse aller d'ambitieux soupirs,
Un ridicule espoir, de criminels désirs!...
Je vous aime, Madame, et vous estime en reine;
Et quand j'aurais des feux dignes de votre haine
Si votre âme, sensible à ces indignes feux,
Se pouvait oublier jusqu'à souffrir mes vœux;
Si, par quelque malheur que je ne puis comprendre,
Du trône jusqu'à moi je la voyais descendre,
Commençant aussitôt à vous moins estimer,
Je cesserais sans doute aussi de vous aimer.
L'amour que j'ai pour vous est tout à votre gloire :
Je ne vous prétends point pour fruit de ma victoire;

Je combats vos amants sans dessein d'acquérir
Que l'heur d'en faire voir le plus digne et mourir,
Et tiendrais mon destin assez digne d'envie,
S'il le faisait connaître aux dépens de ma vie.
Serait-ce à vos faveurs répondre pleinement
Que hasarder ce choix à mon seul jugement?
Il vous doit un époux, à la Castille un maître ;
Je puis en mal juger, je puis les mal connaître.
Je sais qu'ainsi que moi le démon des combats
Peut donner au moins digne et vous et vos États ;
Mais du moins si le sort des armes journalières
En laisse par ma mort de mauvaises lumières,
Elle m'en ôtera la honte et le regret ;
Et même, si votre âme en aime un en secret,
Et que ce triste choix rencontre mal le vôtre,
Je ne vous verrai point, entre les bras d'un autre,
Reprocher à Carlos par de muets soupirs
Qu'il est l'unique auteur de tous vos déplaisirs.

D. ISABELLE. Ne cherchez point d'excuse à douter de ma flamme,
Marquis, je puis aimer, puisqu'enfin je suis femme ;
Mais, si j'aime, c'est mal me faire votre cour
Qu'exposer au trépas l'objet de mon amour ;
Et toute votre ardeur se serait modérée
A m'avoir dans ce doute assez considérée :
Je le veux éclaircir, et vous mieux éclairer,
Afin de vous apprendre à me considérer.
Je ne le cèle point, j'aime, Carlos, oui, j'aime,
Mais l'amour de l'État, plus fort que de moi-même,
Cherche, au lieu de l'objet le plus doux à mes yeux,
Le plus digne héros de régner en ces lieux ;
Et, craignant que mes feux osassent me séduire,
J'ai voulu m'en remettre à vous pour m'en instruire.
Mais je crois qu'il suffit que cet objet d'amour
Perde le trône et moi, sans perdre encor le jour ;
Et mon cœur qu'on lui vole en souffre assez d'alarmes,
Sans que sa mort pour moi me demande des larmes.

CARLOS. Ah! si le ciel tantôt me daignait inspirer
En quel heureux amant je vous dois révérer,
Que par une facile et soudaine victoire...

D. ISABELLE. Ne pensez qu'à défendre et vous et votre gloire.
Quels qu'ils soient, les respects qui l'auraient épargné
Lui donneraient un prix qu'il aurait mal gagné ;
Et céder à mes feux plutôt qu'à son mérite
Ne serait que me rendre au juge que j'évite.
Je n'abuserai point du pouvoir absolu
Pour défendre un combat entre vous résolu ;
Je blesserais par là l'honneur de tous les quatre :
Les lois vous l'ont permis, je vous verrai combattre ;
C'est à moi, comme reine, à nommer le vainqueur.
Dites-moi cependant, qui montre plus de cœur?
Qui des trois le premier éprouve la fortune?

CARLOS. Don Alvar.

D. ISABELLE. Don Alvar !

CARLOS. Oui, don Alvar de Lune.

D. ISABELLE. On dit qu'il aime ailleurs.

CARLOS. On le dit ; mais enfin
Lui seul jusqu'ici tente un si noble destin.

D. ISABELLE. Je devine à peu près quel intérêt l'engage ;
Et nous verrons demain quel sera son courage.

CARLOS. Vous ne m'avez donné que ce jour pour ce choix.
D. ISABELLE. J'aime mieux au lieu d'un vous en accorder trois.
CARLOS. Madame, son cartel, marque cette journée.
D. ISABELLE. C'est peu que son cartel, si je ne l'ai donnée :
Qu'on le fasse venir pour la voir différer.
Je vais pour vos combats faire tout préparer :
Adieu. Souvenez-vous surtout de ma défense ;
Et vous aurez demain l'honneur de ma présence.

SCÈNE III. — CARLOS.

Consens-tu qu'on diffère, honneur ? le consens-tu ?
Cet ordre n'a-t-il rien qui souille ma vertu ?
N'ai-je point à rougir de cette déférence
Que d'un combat illustre achète la licence ?
Tu murmures, ce semble ? Achève ; explique-toi ?
La reine a-t-elle droit de te faire la loi ?
Tu n'es point son sujet, l'Aragon m'a vu naître.
O ciel ! je m'en souviens ; et j'ose encor paraître !
Et je puis, sous les noms de comte et de marquis,
D'un malheureux pêcheur reconnaître le fils !
Honteuse obscurité, qui seule me fait craindre !
Injurieux destin, qui seul me rend à plaindre !
Plus on m'en fait sortir, plus je crains d'y rentrer ;
Et crois ne t'avoir fui que pour te rencontrer.
Ton cruel souvenir sans fin me persécute ;
Du rang où l'on m'élève il me montre la chute.
Lasse-toi désormais de me faire trembler ;
Je parle à mon honneur, ne viens point le troubler.
Laisse-le sans remords m'approcher des couronnes,
Et ne viens point m'ôter plus que tu ne me donnes.
Je n'ai plus rien à toi : la guerre a consumé
Tout cet indigne sang dont tu m'avais formé :
J'ai quitté jusqu'au nom que je tiens de ta haine,
Et ne puis... Mais voici ma véritable reine.

SCÈNE IV. — D. ELVIRE, CARLOS.

D. ELVIRE. Ah ! Carlos, car j'ai peine à vous nommer marquis,
Non qu'un titre si beau ne vous soit bien acquis,
Non qu'avecque justice il ne vous appartienne,
Mais parce qu'il vous vient d'autre main que la mienne,
Et que je présumais n'appartenir qu'à moi
D'élever votre gloire au rang où je le voi.
Je me consolerais toutefois avec joie
Des faveurs que sans moi le ciel sur vous déploie,
Et verrais sans envie agrandir un héros,
Si le marquis tenait ce qu'a promis Carlos,
S'il avait comme lui son bras à mon service.
Je venais à la reine en demander justice,
Mais, puisque je vous vois, vous m'en ferez raison.
Je vous accuse donc, non pas de trahison,
Pour un cœur généreux cette tache est trop noire,
Mais d'un peu seulement de manque de mémoire.
CARLOS. Moi, Madame ?
D. ELVIRE. Écoutez mes plaintes en repos,
Je me plains du marquis, et non pas de Carlos.
Carlos de tout son cœur me tiendrait sa parole ;
Mais ce qu'il m'a donné, le marquis me le vole ;
C'est lui seul qui dispose ainsi du bien d'autrui,
Et prodigue son bras quand il n'est plus à lui.
Carlos se souviendrait que sa haute vaillance

Doit ranger don Garcie à mon obéissance ;
Qu'elle doit affermir mon sceptre dans ma main ;
Qu'il doit m'accompagner peut-être dès demain :
Mais ce Carlos n'est plus, le marquis lui succède,
Qu'une autre soif de gloire, un autre objet possède,
Et qui, du même bras que m'engageait sa foi,
Entreprend trois combats pour une autre que moi.
Hélas ! si ces honneurs dont vous comble la reine
Réduisent mon espoir en une attente vaine ;
Si les nouveaux desseins que vous en concevez
Vous ont fait oublier ce que vous me devez,
Rendez-lui ces honneurs qu'un tel oubli profane ;
Rendez-lui Penafiel, Burgos et Santilane :
L'Aragon a de quoi vous payer ces refus,
Et vous donner encor quelque chose de plus.

CARLOS. Et Carlos, et marquis, je suis à vous, Madame ;
Le changement de rang ne change point mon ame :
Mais vous trouverez bon que par ces trois défis,
Carlos tâche à payer ce que doit le marquis.
Vous réserver mon bras noirci d'une infamie
Attirerait sur vous la fortune ennemie,
Et vous hasarderait, par cette lâcheté,
Au juste châtiment qu'il aurait mérité.
Quand deux occasions pressent un grand courage,
L'honneur à la plus proche avidement l'engage,
Et lui fait préférer, sans le rendre inconstant,
Celle qui se présente à celle qui l'attend.
Ce n'est pas toutefois, Madame, qu'il l'oublie :
Mais bien que je vous doive immoler don Garcie,
J'ai vu que vers la reine on perdait le respect,
Que d'un indigne amour son cœur était suspect ;
Pour m'avoir honoré je l'ai vue outragée,
Et ne puis m'acquitter qu'après l'avoir vengée.

D. ELVIRE. C'est me faire une excuse où je ne comprends rien,
Sinon que son service est préférable au mien,
Qu'avant que de me suivre on doit mourir pour elle,
Et qu'étant son sujet il faut m'être infidèle.

CARLOS. Ce n'est point en sujet que je cours au combat ;
Peut-être suis-je né dedans quelque autre État :
Mais, par un zèle entier et pour l'une et pour l'autre,
J'embrasse également son service et le vôtre ;
Et les plus grands périls n'ont rien de hasardeux
Que j'ose refuser pour aucune des deux.
Quoique engagé demain à combattre pour elle,
S'il fallait aujourd'hui venger votre querelle,
Tout ce que je lui dois ne m'empêcherait pas
De m'exposer pour vous à plus de trois combats.
Je voudrais toutes deux pouvoir vous satisfaire,
Vous, sans manquer vers elle ; elle, sans vous déplaire :
Cependant je ne puis servir elle ni vous
Sans de l'une ou de l'autre allumer le courroux.
Je plaindrais un amant qui souffrirait mes peines,
Et tel, pour deux beautés que je suis pour deux reines,
Se verrait déchiré par un égal amour,
Tel que sont mes respects dans l'une et l'autre cour :
L'âme d'un tel amant, tristement balancée,
Sur d'éternels soucis voit flotter sa pensée ;
Et, ne pouvant résoudre à quels vœux se borner,
N'ose rien acquérir, ni rien abandonner ;

Il n'aime qu'avec trouble, il ne voit qu'avec crainte ;
Tout ce qu'il entreprend donne sujet de plainte ;
Ses hommages partout ont de fausses couleurs,
Et son plus grand service est un grand crime ailleurs.
D. ELVIRE. Aussi sont-ce d'amour les premières maximes,
Que partager son âme est le plus grand des crimes.
Un cœur n'est à personne alors qu'il est à deux :
Aussitôt qu'il les offre il dérobe ses vœux ;
Ce qu'il a de constance, à choisir trop timide,
Le rend vers l'une ou l'autre incessamment perfide ;
Et, comme il n'est enfin ni rigueurs ni mépris
Qui d'un pareil amour ne soient un digne prix,
Il ne peut mériter d'aucun œil qui le charme,
En servant, un regard, en mourant, une larme.
CARLOS. Vous seriez bien sévère envers un tel amant.
D. ELVIRE. Allons voir si la reine agirait autrement,
S'il en devrait attendre un plus léger supplice.
Cependant don Alvar le premier entre en lice ;
Et vous savez l'amour qu'il m'a toujours fait voir.
CARLOS. Je sais combien sur lui vous avez de pouvoir.
D. ELVIRE. Quand vous le combattrez, pensez à ce que j'aime,
Et ménagez son sang comme le vôtre même.
CARLOS. Quoi ! m'ordonneriez-vous qu'ici j'en fisse un roi ?
D. ELVIRE. Je vous dis seulement que vous pensiez à moi.

ACTE TROISIÈME.

SCÈNE I. — DONA ELVIRE, DON ALVAR.

D. ELVIRE. Vous pouvez donc m'aimer, et d'une âme bien saine
Entreprendre un combat pour acquérir la reine !
Quel astre agit sur vous avec tant de rigueur,
Qu'il force votre bras à trahir votre cœur ?
L'honneur, me dites-vous, vers l'amour vous excuse :
Ou cet honneur se trompe, ou cet amour s'abuse ;
Et je ne comprends point, dans un mauvais tour,
Ni quel est cet honneur, ni quel est cet amour.
Tout l'honneur d'un amant, c'est d'être amant fidèle ;
Si vous m'aimez encor que prétendez-vous d'elle ?
Et, si vous l'acquérez, que voulez-vous de moi ?
Aurez-vous droit alors de lui manquer de foi ?
La mépriserez-vous, quand vous l'aurez acquise ?
D. ALVAR. Qu'étant né son sujet jamais je la méprise !
D. ELVIRE. Que me voulez-vous donc ? Vaincu par don Carlos,
Aurez-vous quelque grâce à troubler mon repos ?
Et serez-vous plus digne ? et, par cette victoire,
Répandra-t-il sur vous un rayon de sa gloire ?
D. ALVAR. Que j'ose présenter ma défaite à vos yeux !
D. ELVIRE. Que me veut donc enfin ce cœur ambitieux ?
D. ALVAR. Que vous preniez pitié de l'état déplorable
Où votre long refus réduit un misérable.
Mes vœux mieux écoutés, par un heureux effet,
M'auraient su garantir de l'honneur qu'on m'a fait ;
Et l'État par son choix ne m'eût pas mis en peine
De manquer à ma gloire, ou d'acquérir ma reine.
Votre refus m'expose à cette dure loi
D'entreprendre un combat qui n'est que contre moi ;
J'en crains également l'une et l'autre fortune.
Et le moyen aussi que j'en souhaite aucune ?
Ni vaincu ni vainqueur, je ne puis être à vous :

Vaincu, j'en suis indigne, et vainqueur, son époux ;
Et le destin m'y traite avec tant d'injustice,
Que son plus beau succès me tient lieu de supplice.
Aussi, quand mon devoir ose la disputer,
Je ne veux l'acquérir que pour vous mériter,
Que pour montrer qu'en vous j'adorais la personne,
Et me pouvais ailleurs promettre une couronne.
Fasse le juste ciel que j'y puisse, ou mourir,
Ou ne la mériter que pour vous acquérir !

D. ELVIRE. Ce sont vœux superflus de vouloir un miracle
Où votre gloire oppose un invincible obstacle ;
Et la reine pour moi vous saura bien payer
Du temps qu'un peu d'amour vous fit mal employer.
Ma couronne est douteuse, et la sienne affermie ;
L'avantage du change en ôte l'infamie.
Allez ; n'en perdez pas la digne occasion,
Poursuivez-la sans honte et sans confusion,
La légèreté même où tant d'honneur engage
Est moins légèreté que grandeur de courage :
Mais gardez que Carlos ne me venge de vous.

D. ALVAR. Ah ! laissez-moi, Madame, adorer ce courroux.
J'avais cru jusqu'ici mon combat magnanime :
Mais je suis trop heureux s'il passe pour un crime,
Et si, quand de vos lois l'honneur me fait sortir,
Vous m'estimez assez pour vous en ressentir.
De ce crime vers vous quels que soient les supplices,
Du moins il m'a valu plus que tous mes services,
Puisqu'il me fait connaître, alors qu'il vous déplaît,
Que vous daignez en moi prendre quelque intérêt.

D. ELVIRE. Le crime, don Alvar, dont je semble irritée,
C'est qu'on me persécute après m'avoir quittée ;
Et, pour vous dire encor quelque chose de plus,
Je me fâche d'entendre accuser mes refus.
Je suis reine sans sceptre, et n'en ai que le titre ;
Le pouvoir m'en est dû, le temps en est l'arbitre.
Si vous m'avez servie en généreux amant
Quand j'ai reçu du ciel le plus dur traitement,
J'ai tâché d'y répondre avec toute l'estime
Que pouvait en attendre un cœur si magnanime.
Pouvais-je en cet exil davantage sur moi ?
Je ne veux point d'époux que je n'en fasse un roi ;
Et je n'ai pas une âme assez basse et commune
Pour en faire un appui de ma triste fortune.
C'est chez moi, don Alvar, dont la pompe et l'éclat,
Que me le doit choisir le bien de mon État.
Il fallait arracher mon sceptre à mon rebelle,
Le remettre en ma main pour le recevoir d'elle ;
Je vous aurais peut-être alors considéré
Plus que ne m'a permis un sort si déploré :
Mais une occasion plus prompte et plus brillante
A surpris cependant votre amour chancelante ;
Et, soit que votre cœur s'y trouvât disposé,
Soit qu'un si long refus l'y laissât exposé,
Je ne vous blâme point de l'avoir acceptée :
De plus constants que vous l'auraient bien écoutée.
Quelle qu'en soit pourtant la cause ou la couleur,
Vous pouviez l'embrasser avec moins de chaleur,
Combattre le dernier, et, par quelque apparence,
Témoigner que l'honneur vous faisait violence ;

De cette illusion l'artifice secret
M'eût forcée à vous plaindre, et vous perdre à regret :
Mais courir au-devant, et vouloir bien qu'on voie
Que vos vœux mal reçus m'échappent avec joie !

D. ALVAR. Vous auriez donc voulu que l'honneur d'un tel choix
Eût montré votre amant le plus lâche des trois?
Que pour lui cette gloire eût eu trop peu d'amorces,
Jusqu'à ce qu'un rival eût épuisé ses forces.
Que...

D. ELVIRE. Vous achèverez au sortir du combat,
Si toutefois Carlos vous en laisse en état.
Voilà vos deux rivaux avec qui je vous laisse ;
Et vous dirai demain pour qui je m'intéresse.

D. ALVAR. Hélas ! pour le bien voir je n'ai que trop de jour.

SCÈNE II. — D. MANRIQUE, D. LOPE, D. ALVAR.

D. MANRIQUE. Qui vous traite le mieux, la fortune ou l'amour?
La reine charme-t-elle auprès de don Elvire?
D. ALVAR. Si j'emporte la bague, il faudra vous le dire.
D. LOPE. Carlos vous nuit partout, du moins à ce qu'on croit.
D. ALVAR. Il fait plus d'un jaloux, du moins à ce qu'on voit.
D. LOPE. Il devrait par pitié vous céder l'une ou l'autre.
D. ALVAR. Plaignant mon intérêt, n'oubliez pas le vôtre.
D. MANRIQUE. De vrai, la presse est grande à qui le fera roi.
D. ALVAR. Je vous plains fort tous deux, s'il vient à bout de moi.
D. MANRIQUE. Mais si vous le vainquez, serons-nous fort à plaindre?
D. ALVAR. Quand je l'aurai vaincu, vous aurez fort à craindre.
D. LOPE. Oui, de vous voir longtemps hors de combat pour nous.
D. ALVAR. Nous aurons essuyé les plus dangereux coups.
D. MANRIQUE. L'heure nous tardera d'en voir l'expérience.
D. ALVAR. On pourra vous guérir de cette impatience.
D. LOPE. De grâce, faites donc que ce soit promptement.

SCÈNE III. — D. ISABELLE, D. MANRIQUE, D. ALVAR, D. LOPE.

D. ISABELLE. Laissez-moi, don Alvar, leur parler un moment :
Je n'entreprendrai rien à votre préjudice ;
Et mon dessein ne va qu'à vous faire justice,
Qu'à vous favoriser plus que vous ne voulez.
D. ALVAR. Je ne sais qu'obéir alors que vous parlez.

SCÈNE IV. — D. ISABELLE, D. MANRIQUE, D. LOPE.

D. ISABELLE. Comtes, je ne veux plus donner lieu qu'on murmure
Que choisir par autrui c'est me faire une injure ;
Et, puisque de ma main le choix sera plus beau,
Je veux choisir moi-même, et reprendre l'anneau.
Je ferai plus pour vous : des trois qu'on me propose,
J'en exclus don Alvar ; vous en savez la cause :
Je ne veux point gêner un cœur plein d'autre feux.
Et vous ôte un rival pour le rendre à ses vœux.
Qui n'aime que par force aime qu'on le néglige,
Et mon refus du moins autant que vous l'oblige.
Vous êtes donc les seuls que je veux regarder :
Mais avant qu'à choisir j'ose me hasarder,
Je voudrais voir en vous quelque preuve certaine
Qu'en moi c'est moi qu'on aime, et non l'éclat de reine.
L'amour n'est, ce dit-on, qu'une union d'esprit ;
Et je tiendrais des deux celui-là mieux épris
Qui favoriserait ce que je favorise,
Et ne mépriserait que ce que je méprise,
Qui prendrait en m'aimant même cœur, mêmes yeux :

Si vous ne m'entendez, je vais m'expliquer mieux
   Aux vertus de Carlos j'ai paru libérale :
Je voudrais en tous deux voir une estime égale,
Qu'il trouvât même honneur, même justice en vous
Car ne présumez pas que je prenne un époux
Pour m'exposer moi-même à ce honteux outrage
Qu'un roi fait de ma main détruise mon ouvrage ;
N'y pensez l'un ni l'autre, à moins qu'un digne effet
Suive de votre part ce que pour lui j'ai fait;
Et que, par cet aveu, je demeure assurée
Que tout ce qui m'a plu doit être de durée.

D. MANRIQUE. Toujours Carlos, Madame ! et toujours son honheur
Fait dépendre de lui le nôtre, et votre cœur!
Mais puisque c'est par là qu'il faut enfin vous plaire,
Vous-même apprenez-nous ce que nous pouvons faire.
   Nous l'estimons tous deux un des braves guerriers
A qui jamais la guerre ait donné des lauriers :
Notre liberté même est due à sa vaillance ;
Et, quoiqu'il ait tantôt montré quelque insolence,
Dont nous a dû piquer l'honneur de notre rang,
Vous avez suppléé l'obscurité du sang.
Ce qu'il vous plaît qu'il soit, il est digne de l'être.
Nous lui devions beaucoup, et l'allions reconnaître,
L'honorer en soldat, et lui faire du bien ;
Mais après vos faveurs nous ne pouvons plus rien :
Qui pouvait pour Carlos ne peut rien pour un comte ;
Il n'est rien en nos mains qu'il ne reçût sans honte;
Et vous avez pris soin de le payer pour nous.

D. ISABELLE. Il est entre vos mains des présents assez doux,
Qui purgeraient vos noms de toute ingratitude,
Et mon âme pour lui de toute inquiétude ;
Il en est dont sans honte il serait possesseur :
En un mot, vous avez l'un et l'autre une sœur;
Et je veux que le roi qu'il me plaira de faire,
En recevant ma main, le fasse son beau-frère;
Et que par cet hymen son destin affermi
Ne puisse en mon époux trouver son ennemi.
   Ce n'est pas, après tout, que j'en craigne la haine;
Je sais qu'en cet État je serai toujours reine,
Et qu'un tel roi jamais, quel que soit son projet,
Ne sera sous ce nom que mon premier sujet ;
Mais je ne me plais pas à contraindre personne,
Et moins que tous un cœur à qui le mien se donne.
Répondez donc tous deux, n'y consentez-vous pas?

D. MANRIQUE. Oui, Madame, aux plus longs et plus cruels trépas.
Plutôt qu'à voir jamais de pareils hyménées
Ternir en un moment l'éclat de mille années.
Ne cherchez point par là cette union d'esprits;
Votre sceptre, Madame, est trop cher à ce prix;
Et jamais...

D. ISABELLE. Ainsi donc vous me faites connaître
Que ce que je l'ai fait il est digne de l'être,
Que je puis suppléer l'obscurité du sang?

D. MANRIQUE. Oui, bien pour l'élever jusques à notre rang.
Jamais un souverain ne doit compte à personne
Des dignités qu'il fait et des grandeurs qu'il donne;
S'il est d'un sort indigne ou l'auteur ou l'appui,
Comme il le fait lui seul la honte est toute à lui,
Mais disposer d'un sang que j'ai reçu sans tache!

Avant que le souiller il faut qu'on me l'arrache :
J'en dois compte aux aïeux dont il est hérité,
A toute leur famille, à la postérité.
D. ISABELLE. Et moi, Manrique, et moi, qui n'en dois aucun compte
J'en disposerai seule, et j'en aurai la honte.
Mais quelle extravagance a pu vous figurer
Que je me donne à vous pour vous déshonorer,
Que mon sceptre en vos mains porte quelque infamie.
Si je suis jusque-là de moi-même ennemie,
En quelle qualité de sujet, ou d'amant,
M'osez-vous expliquer ce noble sentiment?
Ah! si vous n'apprenez à parler d'autre sorte...
D. LOPE. Madame, pardonnez à l'ardeur qui l'emporte ;
Il devait s'excuser avec plus de douceur.
Nous avons en effet l'un et l'autre une sœur ;
Mais, si j'ose parler avec quelque franchise,
A d'autres qu'au marquis l'une et l'autre est promise,
D. ISABELLE. A qui, don Lope?
D. MANRIQUE. A moi, Madame.
D. ISABELLE. Et l'autre?
D. LOPE. A moi.
D. ISABELLE. J'ai donc tort parmi vous de vouloir faire un roi,
Allez, heureux amants, allez voir vos maîtresses ;
Et, parmi les douceurs de vos dignes caresses,
N'oubliez pas de dire à ces jeunes esprits
Que vous faites du trône un généreux mépris.
Je vous l'ai déjà dit, je ne force personne,
Et rends grâce à l'État des amants qu'il me donne.
D. LOPE. Écoutez-nous de grâce.
D. ISABELLE. Et que me direz-vous?
Que la constance est belle au jugement de tous?
Qu'il n'est point de grandeurs qui la doivent séduire?
Quelques autres que vous m'en sauront mieux instruire ;
Et, si cette vertu ne se doit point forcer,
Peut-être qu'à mon tour je saurai l'exercer.
D. LOPE. Exercez-la, Madame, et souffrez qu'on s'explique.
Vous connaîtrez du moins don Lope et don Manrique.
Qu'un vertueux amour qu'ils ont tous deux pour vous,
Ne pouvant rendre heureux sans en faire un jaloux,
Porte à tarir ainsi la source des querelles
Qu'entre les grands rivaux on voit si naturelles.
Ils se sont l'un et l'autre attachés par ces nœuds
Qui n'auront leur effet que pour le malheur
Il me devra sa sœur, s'il faut qu'il vous
Et si je suis à vous, je lui devrai la
Celui qui doit vous perdre, ai
A s'approcher de vous fai
Ainsi, pour consoler
L'une et l'autr
Nous ign
Puis

D. MANRIQUE. Agissez donc enfin, Madame, en souveraine,
Et souffrez qu'on s'excuse, ou commandez en reine;
Nous vous obéirons, mais sans y consentir;
Et, pour vous dire tout avant que de sortir,
Carlos est généreux, il connaît sa naissance:
Qu'il se juge en secret sur cette connaissance;
Et s'il trouve son sang digne d'un tel honneur,
Qu'il vienne, nous tiendrons l'alliance à bonheur;
Qu'il choisisse des deux, et l'épouse, s'il l'ose.
Nous n'avons plus, Madame, à vous dire autre chose:
Mettre en un tel hasard le choix de leur époux,
C'est jusqu'où nous pouvons nous abaisser pour vous;
Mais, encore une fois, que Carlos y regarde,
Et pense à quels périls cet hymen le hasarde.
D. ISABELLE. Vous-même gardez bien, pour le trop dédaigner,
Que je ne montre enfin comme je sais régner.

SCÈNE V. — DONA ISABELLE.

Quel est ce mouvement qui tous deux les mutine.
Lorsque l'obéissance au trône le destine?
Est-ce orgueil? est-ce envie? est-ce animosité,
Défiance, mépris, ou générosité?
N'est-ce point que le ciel ne consent qu'avec peine
Cette triste union d'un sujet à sa reine,
Et jette un prompt obstacle aux plus aisés desseins
Qui laissent choir mon sceptre en leurs indignes mains?
Mes yeux n'ont-ils horreur d'une telle bassesse
Que pour s'abaisser trop lorsque je les abaisse?
Quel destin à ma gloire oppose mon ardeur?
Quel destin à ma flamme oppose ma grandeur?
Si ce n'est que par là que je m'en puis défendre,
Ciel, laisse-moi donner ce que je n'ose prendre;
Et, puisqu'enfin pour moi tu n'as point fait de rois,
Souffre de mes sujets le moins indigne choix.

SCÈNE VI. — D. ISABELLE, BLANCHE.

D. ISABELLE. Blanche, j'ai perdu temps.
BLANCHE. Je l'ai perdu de même.
D. ISABELLE. Les comtes à ce prix fuyent le diadème.
BLANCHE. Et Carlos ne veut point de fortune à ce prix.
D. ISABELLE. Rend-il haine pour haine, et mépris pour mépris?
BLANCHE. Non, Madame, au contraire, il estime ces dames,
Dignes des plus grands cœurs, et des plus belles flammes.
D. ISABELLE. Et qui l'empêche donc d'aimer, et de choisir?
BLANCHE. Quelque secret obstacle arrête son désir.
Tout le bien qu'il en dit ne passe point l'estime:
Charmantes qu'elles sont, les aimer c'est un crime.
Il ne s'excuse point sur l'inégalité;
Il semble plutôt craindre une infidélité;
Et ses discours obscurs, sous un confus mélange,
M'ont fait voir malgré lui comme une horreur du change,
Comme une aversion qui n'a pour fondement
Que les secrets liens d'un autre attachement.
D. ISABELLE. Il aimerait ailleurs!
BLANCHE. Oui, si je ne m'abuse,
Il aime en lieu plus haut que n'est ce qu'il refuse;
Et, si je ne craignais votre juste courroux,
J'oserais deviner, Madame, que c'est vous.
D. ISABELLE. Ah! ce n'est pas pour moi qu'il est si téméraire!
Tantôt dans ses respects j'ai trop vu le contraire:

Si l'éclat de mon sceptre avait pu le charmer,
Il ne m'aurait jamais défendu de l'aimer.
S'il aime en lieu si haut, il aime donc Elvire;
Il doit l'accompagner jusque dans son empire;
Et fait à mes amants des défis généreux,
Non pas pour m'acquérir, mais pour se venger d'eux.
 Je l'ai donc agrandi pour le voir disparaître,
Et qu'une reine, ingrate à l'égal de ce traître,
M'enlève, après vingt ans de refuge en ces lieux,
Ce qu'avait mon État de plus doux à mes yeux :
Non, j'ai pris trop de soins de conserver sa vie.
Qu'il combatte, qu'il meure ; et j'en serai ravie.
Je saurai par sa mort à quels vœux m'engager,
Et j'aimerai des trois qui m'en saura venger.
BLANCHE. Que vous peut offenser sa flamme, ou sa retraite,
Puisque vous n'aspirez qu'à vous en voir défaite?
Je ne sais pas s'il aime ou donc Elvire ou vous,
Mais je ne comprends point ce mouvement jaloux.
D. ISABELLE. Tu ne le comprends point! et c'est ce qui m'étonne;
Je veux donner son cœur, non que son cœur le donne;
Je veux que son respect l'empêche de m'aimer,
Non des flammes qu'une autre a su mieux allumer ;
Je veux bien plus : qu'il m'aime, et qu'un juste silence
Fasse à des feux pareils pareille violence;
Que l'inégalité lui donne même ennui ;
Qu'il souffre autant pour moi que je souffre pour lui ;
Que, par le seul dessein d'affermir sa fortune,
Et non point par amour, il se donne à quelqu'une ;
Que par mon ordre seul il s'y laisse obliger ;
Que ce soit m'obéir, et non me négliger ;
Et que, voyant ma flamme à l'honorer trop prompte,
Il m'ôte de péril sans me faire de honte.
Car enfin il l'a vue, et la connaît trop bien ;
Mais il aspire au trône, et ce n'est pas au mien ;
Il me préfère une autre, et cette préférence
Forme de son respect la trompeuse apparence :
Faux respect, qui me brave, et veux régner sans moi.
BLANCHE. Pour aimer donc Elvire, il n'est pas encor roi.
D. ISABELLE. Elle est reine, et peut tout sur l'esprit de sa mère.
BLANCHE. Si ce n'est un faux bruit, le ciel lui rend un frère,
Don Sanche n'est point mort, et vient ici, dit-on,
Avec les députés qu'on attend d'Aragon :
C'est ce qu'en arrivant leurs gens ont fait entendre.
D. ISABELLE. Blanche, s'il est ainsi, que d'heur j'en dois attendre!
L'injustice du ciel, faute d'autres objets,
Me forçait d'abaisser mes yeux sur mes sujets,
Ne voyant point de prince égal à ma naissance
Qui ne fût sous l'hymen, ou Maure, ou dans l'enfance :
Mais, s'il lui rend un frère, il m'envoie un époux.
 Comtes, je n'ai plus d'yeux pour Carlos ni pour vous ;
Et, devenant par là reine de ma rivale,
J'aurai droit d'empêcher qu'elle ne se ravale,
Et ne souffrirai pas qu'elle ait plus de bonheur
Que ne m'en ont permis ces tristes lois d'honneur.
BLANCHE. La belle occasion que votre jalousie,
Douteuse encor qu'elle est, a promptement saisie!
D. ISABELLE. Allons l'examiner, Blanche ; et tâchons de voir
Quelle juste espérance on peut en concevoir.

ACTE QUATRIÈME.

SCÈNE I. — D. LÉONOR, D. MANRIQUE, D. LOPE.

D. MANRIQUE. Quoique l'espoir d'un trône et l'amour d'une reine
Soient des biens que jamais on ne céda sans peine,
Quoiqu'à l'un de nous deux elle ait promis sa foi,
Nous cessons de prétendre où nous voyons un roi.
Dans notre ambition nous savons nous connaître ;
Et bénissant le ciel qui nous donne un tel maître,
Ce prince qu'il vous rend après tant de travaux
Trouve en nous des sujets, et non pas des rivaux :
Heureux si l'Aragon, joint avec la Castille,
Du sang de deux grands rois ne fait qu'une famille !
Nous vous en conjurons, loin d'en être jaloux,
Comme étant l'un et l'autre à l'État plus qu'à nous ;
Et tous impatients d'en voir la force unie
Des Maures, nos voisins, dompter la tyrannie,
Nous renonçons sans honte à ce choix glorieux,
Qui d'une grande reine abaissait trop les yeux.

D. LÉONOR. La générosité de votre déférence,
Comtes, flatte trop tôt ma nouvelle espérance :
D'un avis si douteux j'attends fort peu de fruit ;
Et ce grand bruit enfin peut-être n'est qu'un bruit.
Mais jugez-en tous deux, et me daignez apprendre
Ce qu'avecque raison mon cœur en doit attendre.
Les troubles d'Aragon vous sont assez connus:
Je vous en ai souvent tous deux entretenus,
Et ne vous redis point quelles longues misères
Chassèrent don Fernand du trône de ses pères.
Il y voyait déjà monter ses ennemis,
Ce prince malheureux, quand j'accouchai d'un fils :
On le nomma don Sanche ; et, pour cacher sa vie
Aux barbares fureurs du traître don Garcie,
A peine eus-je loisir de lui dire un adieu,
Qu'il le fit enlever sans me dire en quel lieu ;
Et je n'en pus jamais savoir que quelques marques,
Pour reconnaître un jour le sang de nos monarques.
Trop inutiles soins contre un si mauvais sort !
Lui-même au bout d'un an m'apprit qu'il était mort.
Quatre ans après il meurt, et me laisse une fille
Dont je vins par son ordre accoucher en Castille.
Il me souvient toujours de ses derniers propos ;
Il mourut en mes bras avec ces tristes mots :
« Je meurs, et je vous laisse en un sort déplorable !
« Le ciel vous puisse un jour être plus favorable !
« Don Raymond a pour vous des secrets importants,
« Et vous les apprendra quand il en sera temps :
« Fuyez dans la Castille. » A ces mots il expire,
Et jamais don Raymond ne me voulut rien dire.
Je partis sans lumière en ces obscurités :
Mais le voyant venir avec ces députés,
Et que c'est par leurs gens que ce grand bruit éclate,
(Voyez qu'en sa faveur aisément on se flatte !)
J'ai cru que du secret le temps était venu,
Et que don Sanche était ce mystère inconnu ;
Qu'il l'amenait ici reconnaître sa mère.
Hélas ! que c'est en vain que mon amour l'espère !
A ma confusion ce bruit s'est éclairci ;
Bien loin de l'amener, ils le cherchent ici :

Voyez quelle apparence, et si cette province
A jamais su le nom de ce malheureux prince.
D. LOPE. Si vous croyez au nom, vous croirez son trépas,
Et qu'on cherche don Sanche où don Sanche n'est pas ;
Mais si vous en voulez croire la voix publique,
Et que notre pensée avec elle s'explique,
Ou le ciel pour jamais a repris ce héros,
Ou cet illustre prince est le vaillant Carlos.
Nous le dirons tous deux, quoique suspects d'envie,
C'est un miracle pur que le cours de sa vie.
Cette haute vertu qui charme tant d'esprits,
Cette fière valeur qui brave nos mépris,
Ce port majestueux qui, tout inconnu même,
A plus d'accès que nous auprès du diadème ;
Deux reines qu'à l'envi nous voyons l'estimer,
Et qui peut-être ont peine à ne le pas aimer ;
Ce prompt consentement d'un peuple qui l'adore :
Madame, après cela j'ose le dire encore,
Ou le ciel pour jamais a repris ce héros,
Ou cet illustre prince est le vaillant Carlos.
Nous avons méprisé sa naissance inconnue :
Mais à ce peu de jour nous recouvrons la vue,
Et verrions à regret qu'il fallût aujourd'hui
Céder notre espérance à tout autre qu'à lui.
D. LÉONOR. Il en a le mérite, et non pas la naissance ;
Et lui-même il en donne assez de connaissance,
Abandonnant la reine à choisir parmi vous
Un roi pour la Castille, et pour elle un époux.
D. MANRIQUE. Et ne voyez-vous pas que se valeur s'apprête
A faire sur tous trois cette illustre conquête ?
Oubliez-vous déjà qu'il a dit à vos yeux
Qu'il ne veut rien devoir au nom de ses aïeux ?
Son grand cœur se dérobe à ce haut avantage,
Pour devoir sa grandeur entière à son courage ;
Dans une cour si belle et si pleine d'appas,
Avez-vous remarqué qu'il aime en lieu plus bas ?
D. LÉONOR. Le voici, nous saurons ce que lui-même en pense.

SCÈNE II. — D. LÉONOR, CARLOS, D. MANRIQUE, D. LOPE.

CARLOS. Madame, sauvez-moi d'un honneur qui m'offense :
Un peuple opiniâtre à m'arracher mon nom
Veut que je sois don Sanche et prince d'Aragon.
Puisque par sa présence il faut que ce bruit meure,
Dois-je être, en l'attendant, le fantôme d'une heure ?
Ou si c'est une erreur qui lui promet ce roi,
Souffrez-vous qu'elle abuse et de vous et de moi ?
D. LÉONOR. Quoi que vous présumiez de la voix populaire,
Par de secrets rayons le ciel souvent l'éclaire :
Vous apprendrez par là du moins les vœux de tous,
Et quelle opinion les peuples ont de vous.
D. LOPE. Prince, ne cachez plus ce que le ciel découvre ;
Ne fermez pas nos yeux quand sa main nous les ouvre.
Vous devez être las de nous faire faillir,
Nous ignorons quel fruit vous en vouliez cueillir ;
Mais nous avions pour vous une estime assez haute
Pour n'être pas forcés à commettre une faute ;
Et notre honneur, au vôtre en aveugle opposé,
Méritait par pitié d'être désabusé.
Notre orgueil n'est pas tel, qu'il s'attache aux personnes,

Ou qu'il ose oublier ce qu'il doit aux couronnes ;
Et, s'il n'a pas eu d'yeux pour un roi déguisé,
Si l'inconnu Carlos s'en est vu méprisé,
Nous respectons don Sanche, et l'acceptons pour maître,
Sitôt qu'à notre reine il se fera connaître ;
Et sans doute son cœur nous en avouera bien.
Hâtez cette union de votre sceptre au sien,
Seigneur, et, d'un soldat quittant la fausse image,
Recevez, comme roi, notre premier hommage.

CARLOS. Comtes, ces faux respects, dont je me vois surpris
Sont plus injurieux encor que vos mépris.
Je pense avoir rendu mon nom assez illustre
Pour n'avoir pas besoin qu'on lui donne un faux lustre
Reprenez vos honneurs où je n'ai point de part.
J'imputais ce faux bruit aux fureurs du hasard,
Et doutais qu'il pût être une âme assez hardie
Pour ériger Carlos en roi de comédie :
Mais, puisque c'est un jeu de votre belle humeur,
Sachez que les vaillants honorent la valeur ;
Et que tous vos pareils auraient quelque scrupule
A faire de la mienne un éclat ridicule.
Si c'est votre dessein d'en réjouir ces lieux,
Quand vous m'aurez vaincu vous me raillerez mieux
La raillerie est belle après une victoire ;
On la fait avec grâce aussi bien qu'avec gloire.
Mais vous précipitez un peu trop ce dessein :
La bague de la reine est encore en ma main ;
Et l'inconnu Carlos, sans nommer sa famille,
Vous sert encor d'obstacle au trône de Castille.
Ce bras qui vous sauva de la captivité,
Peut s'opposer encore à votre avidité.

D. MANRIQUE. Pour n'être que Carlos, vous parlez bien en maître,
Et tranchez bien du prince, en déniant de l'être.
Si nous avons tantôt jusqu'au bout défendu
L'honneur qu'à notre rang nous voyions être dû,
Nous saurons bien encor jusqu'au bout le défendre :
Mais ce que nous devons, nous aimons à le rendre.
Que vous soyez don Sanche, ou qu'un autre le soit,
L'un et l'autre de nous lui rendra ce qu'il doit.
Pour le nouveau marquis, quoique l'honneur l'irrite,
Qu'il sache qu'on l'honore autant qu'il le mérite ;
Mais que, pour nous combattre, il faut que le bon sang
Aide un peu sa valeur à soutenir ce rang.
Qu'il n'y prétende point à moins qu'il se déclare :
Non que nous demandions qu'il soit Gusman ou Lare ;
Qu'il soit noble, il suffit pour nous traiter d'égal :
Nous le verrons tous deux comme un digne rival ;
Et si don Sanche, enfin n'est qu'une attente vaine,
Nous lui disputerons cet anneau de la reine.
Qu'il souffre cependant, quoique brave guerrier,
Que notre bras dédaigne un simple aventurier.
Nous vous laissons, Madame, éclaircir ce mystère :
Le sang a des secrets qu'entend mieux une mère ;
Et, dans les différends qu'avec lui nous avons,
Nous craignons d'oublier ce que nous vous devons.

SCÈNE III. — D. LÉONOR, CARLOS.

CARLOS. Madame, vous voyez comme l'orgueil me traite ;
Pour me faire un honneur on veut que je l'achète :

Mais, s'il faut qu'il m'en coûte un secret de vingt ans,
Cet anneau dans mes mains pourra briller longtemps.
D. LÉONOR. Laissons-là ce combat, et parlons de don Sanche
Ce bruit est grand pour vous, toute la cour y penche :
De grâce, dites-moi, vous connaissez-vous bien ?
CARLOS. Plût à Dieu qu'en mon sort je ne connusse rien !
Si j'étais quelque enfant épargné des tempêtes,
Livré dans un désert à la merci des bêtes,
Exposé par la crainte ou par l'inimitié,
Rencontré par hasard, et nourri par pitié,
Mon orgueil à ce bruit prendrait quelque espérance
Sur votre incertitude et sur mon ignorance ;
Je me figurerais ces destins merveilleux,
Qui tiraient du néant les héros fabuleux,
Et me revêtirais des brillantes chimères
Qu'osa former pour eux le loisir de nos pères :
Car enfin je suis vain, et mon ambition
Ne peut s'examiner sans indignation ;
Je ne puis regarder sceptre ni diadème
Qu'ils n'emportent mon âme au-delà d'elle-même :
Inutiles élans d'un vol impétueux
Que pousse vers le ciel un cœur présomptueux,
Que soutiennent en l'air quelques exploits de guerre,
Et qu'un coup d'œil sur moi rabat soudain à terre !
Je ne suis point don Sanche, et connais mes parents ;
Ce bruit me donne en vain un nom que je vous rends ;
Gardez-le pour ce prince : une heure ou deux peut-être,
Avec vos députés vous le feront connaître.
Laissez-moi cependant à cette obscurité
Qui ne fait que justice à ma témérité.
D. LÉONOR. En vain donc je me flatte, et ce que j'aime à croire
N'est qu'une illusion que me fait votre gloire ?
Mon cœur vous en dédit : un secret mouvement,
Qui le penche vers vous, malgré moi vous dément ;
Mais je ne puis juger quelle source l'anime,
Si c'est l'ardeur du sang, ou l'effort de l'estime ;
Si la nature agit, ou si c'est le désir ;
Si c'est vous reconnaître, ou si c'est vous choisir.
Je veux bien toutefois étouffer ce murmure
Comme de vos vertus une aimable imposture,
Condamner pour vous plaire un bruit qui m'est si doux ;
Mais où sera mon fils s'il ne vit point en vous ?
On veut qu'il soit ici ; je n'en vois aucun signe :
On connaît, hormis vous, quiconque en serait digne :
Et le vrai sang des rois, sous le sort abattu,
Peut cacher sa naissance, et non pas sa vertu :
Il porte sur le front un brillant caractère
Qui parle malgré lui de tout ce qu'il veut taire ;
Et celui que le ciel sur le vôtre avait mis
Pouvait seul m'éblouir si vous l'eussiez permis.
Vous ne l'êtes donc point, puisque vous me le dites ;
Mais vous êtes à craindre avec tant de mérites.
Souffrez que j'en demeure à cette obscurité.
Je ne condamne point votre témérité ;
Mon estime au contraire est pour vous si puissante,
Qu'il ne tiendra qu'à vous que mon cœur y consente :
Votre sang avec moi n'a qu'à se déclarer,
Et je vous donne après liberté d'espérer.
Que si même à ce prix vous cachez votre race,

Ne me refusez point du moins une autre grace :
Ne vous préparez plus à nous accompagner ;
Nous n'avons plus besoin de secours pour régner :
La mort de don Garcie a puni tous ses crimes,
Et rendu l'Aragon à ses rois légitimes ;
N'en cherchez plus la gloire, et quels que soient vos vœux,
Ne me contraignez point à plus que je ne veux :
Le prix de la valeur doit avoir ses limites ;
Et je vous crains enfin avec tant de mérites.
C'est assez vous en dire. Adieu : pensez-y bien ;
Et faites-vous connaître, ou n'aspirez à rien.

SCÈNE IV. — CARLOS, BLANCHE.

BLANCHE. Qui ne vous craindra point, si les reines vous craignent?
CARLOS. Elles se font raison lorsqu'elles me dédaignent.
BLANCHE. Dédaigner un héros qu'on reconnaît pour roi !
CARLOS. N'aide point à l'envie à se jouer de moi,
Blanche ; et si tu te plais à seconder sa haine,
Du moins respecte en moi l'ouvrage de ta reine.
BLANCHE. La reine même en vous ne voit plus aujourd'hui
Qu'un prince que le ciel nous montre malgré lui.
Mais c'est trop la tenir dedans l'incertitude :
Ce silence vers elle est une ingratitude ;
Ce qu'a fait pour Carlos sa générosité
Méritait de don Sanche une civilité.
CARLOS. Ah ! nom fatal pour moi, que tu me persécutes,
Et prépares mon âme à d'effroyables chutes.

SCÈNE V. — D. ISABELLE, CARLOS, BLANCHE.

CARLOS. Madame, commandez qu'on me laisse en repos,
Qu'on ne confonde plus don Sanche avec Carlos :
C'est faire au nom d'un prince une trop longue injure ;
Je ne veux que celui de votre créature ;
Et si le sort jaloux, qui semble me flatter,
Veut m'élever plus haut pour m'en précipiter,
Souffrez qu'en m'éloignant je dérobe ma tête
A l'indigne revers que sa fureur m'apprête.
Je le vois de trop loin pour l'attendre en ce lieu :
Souffrez que je l'évite en vous disant adieu ;
Souffrez...
D. ISABELLE. Quoi ! ce grand cœur redoute une couronne
Quand on le croit monarque, il frémit, il s'étonne !
Il veut fuir cette gloire, et se laisse alarmer
De ce que sa vertu force d'en présumer !
CARLOS. Ah ! vous ne voyez pas que cette erreur commune
N'est qu'une trahison de ma bonne fortune ;
Que déjà mes secrets sont à demi-trahis.
Je lui cachais en vain ma race et mon pays.
En vain sous un faux nom je me faisais connaître,
Pour lui faire oublier ce qu'elle m'a fait naître ;
Elle a déjà trouvé mon pays et mon nom.
Je suis Sanche, Madame, et né dans l'Aragon ;
Et je crois déjà voir sa malice funeste
Détruire votre ouvrage en découvrant le reste,
Et faire voir ici, par un honteux effet,
Quel comte et quel marquis votre faveur a fait.
D. ISABELLE. Pourrais-je alors manquer de force et de courage
Pour empêcher le sort d'abattre mon ouvrage?
Ne me dérobez point ce qu'il ne peut ternir ;
Et la main qui l'a fait saura le soutenir.

Mais vous vous en formez une vaine menace
Pour faire un beau prétexte à l'amour qui vous chasse.
Je ne demande plus d'où partait ce dédain,
Quand j'ai voulu vous faire un hymen de ma main.
Allez dans l'Aragon suivre votre princesse,
Mais allez-y du moins sans feindre une faiblesse ;
Et, puisque ce grand cœur s'attache à ses appas,
Montrez en la suivant que vous ne fuyez pas.

CARLOS. Ah ! Madame, plutôt apprenez tous mes crimes :
Ma tête est à vos pieds, s'il vous faut des victimes.
    Tout chétif que je suis, je dois vous avouer
Qu'en me plaignant du sort j'ai de quoi m'en louer :
S'il m'a fait en naissant quelque désavantage,
Il m'a donné d'un roi le nom et le courage ;
Et, depuis que mon cœur est capable d'aimer,
A moins que d'une reine, il n'a pu s'enflammer :
Voilà mon premier crime, et je ne puis vous dire
Qui m'a fait infidèle, ou vous, ou donc Elvire ;
Mais je sais que ce cœur, des deux parts engagé,
Se donnant à vous deux, ne s'est point partagé,
Toujours prêt d'embrasser son service et le vôtre,
Toujours prêt à mourir et pour l'une et pour l'autre,
Pour n'en adorer qu'une, il eût fallu choisir ;
Et ce choix eût été du moins quelque désir,
Quelque espoir outrageux d'être mieux reçu d'elle,
Et j'ai cru moins de crime à paraître infidèle.
Qui n'a rien à prétendre en peut bien aimer deux,
Et perdre en plus d'un lieu des soupirs et des vœux :
Voilà mon second crime ; et quoique ma souffrance
Jamais à ce beau feu n'ait permis d'espérance,
Je ne puis, sans mourir d'un désespoir jaloux,
Voir dans les bras d'un autre, ou donc Elvire, ou vous.
Voyant que votre choix m'apprêtait ce martyre,
Je voulais m'y soustraire en suivant donc Elvire,
Et languir auprès d'elle, attendant que le sort,
Par un semblable hymen, m'eût envoyé la mort.
Depuis, l'occasion, que vous-même avez faite,
M'a fait quitter le soin d'une telle retraite.
Ce trouble a quelque temps amusé ma douleur ;
J'ai cru par ces combats reculer mon malheur.
Le coup de votre perte est devenu moins rude,
Lorsque j'en ai vu l'heure en quelque incertitude,
Et que j'ai pu me faire une si douce loi
Que ma mort vous donnât un plus vaillant que moi.
Mais je n'ai plus, Madame, aucun combat à faire,
Je vois pour vous don Sanche un époux nécessaire :
Car ce n'est point l'amour qui fait l'hymen des rois ;
Les raisons de l'État règlent toujours leur choix :
Leur sévère grandeur jamais ne se ravale,
Ayant devant les yeux un prince qui l'égale ;
Et, puisque le saint nœud qui le fait votre époux
Arrête comme sœur donc Elvire avec vous,
Que je ne puis la voir sans voir ce qui me tue,
Permettez que j'évite une fatale vue,
Et que je porte ailleurs les criminels soupirs
D'un reste malheureux de tant de déplaisirs.

D. ISABELLE. Vous m'en dites assez pour mériter ma haine,
Si je laissais agir les sentiments de reine ;
Par un trouble secret je les sens confondus :

Partez, je le consens, et ne les troublez plus.
Mais non : pour fuir don Sanche, attendez qu'on le voie.
Ce bruit peut être faux, et me rendre ma joie.
Que dis-je? Allez, marquis, j'y consens de nouveau;
Mais, avant que partir, donnez-lui mon anneau;
Si ce n'est toutefois une faveur trop grande
Que pour tant de faveurs une reine demande.

CARLOS. Vous voulez que je meure, et je dois obéir.
Dût cette obéissance à mon sort me trahir :
Je recevrai pour grâce un si juste supplice,
S'il en rompt la menace, et prévient la malice,
Et souffre que Carlos, en donnant cet anneau,
Emporte ce faux nom et sa gloire au tombeau.
C'est l'unique bonheur où ce coupable aspire.

D. ISABELLE. Que n'êtes-vous don Sanche! Ah ciel! qu'osé-je dire?
Adieu : ne croyez pas ce soupir indiscret.

CARLOS. Il m'en a dit assez pour mourir sans regret.

ACTE CINQUIÈME.

SCÈNE I. — DON ALVAR, DONA ELVIRE.

D. ALVAR. Enfin, après un sort à mes vœux si contraire,
Je dois bénir le ciel qui vous renvoie un frère;
Puisque de notre reine il doit être l'époux,
Cette heureuse union me laisse tout à vous.
Je me vois affranchi d'un honneur tyrannique,
D'un joug que m'imposait cette faveur publique,
D'un choix qui me forçait à vouloir être roi;
Je n'ai plus de combat à faire contre moi,
Plus à craindre le prix d'une triste victoire;
Et l'infidélité que vous faisait ma gloire
Consent que mon amour, de ses lois dégagé,
Vous rende un inconstant qui n'a jamais changé.

D. ELVIRE. Vous êtes généreux, mais votre impatience
Sur un bruit incertain prend trop de confiance;
Et cette prompte ardeur de rentrer dans mes fers
Me console trop tôt d'un trône que je perds.
Ma perte n'est encor qu'une rumeur confuse,
Qui du nom de Carlos, malgré Carlos, abuse;
Et vous ne savez pas, à vous en bien parler,
Par quelle offre et quels vœux on m'en peut consoler.
Plus que vous ne pensez la couronne m'est chère;
Je perds plus qu'on ne croit, si Carlos est mon frère.
Attendez les effets que produiront ces bruits;
Attendez que je sache au vrai ce que je suis,
Si le ciel m'ôte ou laisse enfin le diadême,
S'il vous faut m'obtenir d'un frère ou de moi-même,
Si, par l'ordre d'autrui, je vous dois écouter,
Ou si j'ai seulement mon cœur à consulter.

D. ALVAR. Ah! ce n'est qu'à ce cœur que le mien vous demande,
Madame, c'est lui seul que je veux qui m'entende;
Et mon propre bonheur m'accablerait d'ennui
Si je n'étais à vous que par l'ordre d'autrui.
Pourrais-je de ce frère implorer la puissance
Pour ne vous obtenir que par obéissance;
Et, par un lâche abus de son autorité,
M'élever en tyran sur votre volonté?

D. ELVIRE. Avec peu de raison vous craignez qu'il arrive
Qu'il ait des sentiments que mon âme ne suive :

Le digne sang des rois n'a point d'yeux que leurs yeux,
Et leurs premiers sujets obéissent le mieux.
Mais vous êtes étrange avec vos déférences,
Dont les soumissions cherchent des assurances.
Vous ne craignez d'agir contre ce que je veux,
Que pour tirer de moi que j'accepte vos vœux,
Et vous obstineriez dans ce respect extrême
Jusques à me forcer à dire : « Je vous aime. »
Ce mot est un peu rude à prononcer pour nous ;
Souffrez qu'à m'expliquer j'en trouve de plus doux.
Je vous dirai beaucoup, sans pourtant vous rien dire.
Je sais depuis quel temps vous aimez donc Elvire ;
Je sais ce que je dois, je sais ce que je puis :
Mais, encore une fois, sachons ce que je suis ;
Et, si vous n'aspirez qu'au bonheur de me plaire,
Tâchez d'approfondir ce dangereux mystère.
Carlos a tant de lieu de vous considérer,
Que, s'il devient mon roi, vous devez espérer.

D. ALVAR. Madame...

D. ELVIRE. En ma faveur donnez-vous cette peine,
Et me laissez, de grâce, entretenir la reine.

D. ALVAR. J'obéis avec joie, et ferai mon pouvoir
A vous dire bientôt ce qui s'en peut savoir.

SCÈNE II. — D. LÉONOR, D. ELVIRE.

D. LÉONOR. Don Alvar me fuit-il ?

D. ELVIRE. Madame, à ma prière,
Il va dans tous ces bruits chercher quelque lumière.
J'ai craint, en vous voyant, un secours pour ses feux,
Et de défendre mal mon cœur contre vous deux.

D. LÉONOR. Ne pourra-t-il jamais gagner votre courage ?

D. ELVIRE. Il peut tout obtenir, ayant votre suffrage.

D. LÉONOR. Je lui puis donc enfin promettre votre foi ?

D. ELVIRE. Oui, si vous lui gagnez celui du nouveau roi.

D. LÉONOR. Et si ce bruit est faux, si vous demeurez reine ?

D. ELVIRE. Que vous puis-je répondre, en étant incertaine ?

D. LÉONOR. En cette incertitude on peut faire espérer.

D. ELVIRE. On peut attendre aussi pour en délibérer :
On agit autrement quand le pouvoir suprême...

SCÈNE III. — D. ISABELLE, D. LÉONOR, D. ELVIRE.

D. ISABELLE. J'interromps vos secrets, mais j'y prends part moi-même ;
Et j'ai tant d'intérêt de connaître ce fils,
Que j'ose demander ce qui s'en est appris.

D. LÉONOR. Vous ne m'en voyez point davantage éclaircie.

D. ISABELLE. Mais de qui tenez-vous la mort de don Garcie,
Vu que, depuis un mois qu'il vient des députés,
On parlait seulement de peuples révoltés ?

D. LÉONOR. Je vous puis sur ce point aisément satisfaire ;
Leurs gens m'en ont donné la raison assez claire.
On assiégeait encore, alors qu'ils sont partis,
Dedans leur dernier fort don Garcie et son fils :
On l'a pris tôt après ; et soudain par sa prise
Don Raymond prisonnier, recouvrant sa franchise,
Les voyant tous deux morts, publie à haute voix
Que nous avions un roi du vrai sang de nos rois,
Que don Sanche vivait, et part en diligence
Pour rendre à l'Aragon le bien de sa présence :
Il joint nos députés hier sur la fin du jour,
Et leur dit que ce prince était en votre cour.

C'est tout ce que j'ai pu tirer d'un domestique :
Outre qu'avec ces gens rarement on s'explique,
Comme ils entendent mal, leur rapport est confus;
Mais bientôt don Raymond vous dira le surplus.
Que nous veut cependant Blanche tout étonnée?

SCÈNE IV. — D. ISABELLE, D. LÉONOR, D. ELVIRE, BLANCHE.

BLANCHE. Ah! Madame!
   D. ISABELLE. Qu'as-tu?
      BLANCHE. La funeste journée!
Votre Carlos...
 D. ISABELLE. Eh bien?
     BLANCHE. Son père est en ces lieux,
Et n'est...
D. ISABELLE. Quoi!
  BLANCHE. Qu'un pêcheur.
     D. ISABELLE. Qui te l'a dit?
       BLANCHE. Mes yeux.
D. ISABELLE. Tes yeux?
   BLANCHE. Mes propres yeux.
      D. ISABELLE. Que j'ai peine à les croire!
D. LÉONOR. Voudriez-vous, Madame, en apprendre l'histoire?
D. ELVIRE. Que le ciel est injuste!
     D. ISABELLE. Il l'est, et nous fait voir,
Par cet injuste effet, son absolu pouvoir,
Qui du sang le plus vil tire une âme si belle,
Et forme une vertu qui n'a lustre que d'elle.
Parle, Blanche, et dis-nous comme il voit ce malheur.
BLANCHE. Avec beaucoup de honte, et plus encor de cœur.
Du haut de l'escalier je le voyais descendre;
En vain de ce faux bruit il se voulait défendre;
Votre cour, obstinée à lui changer de nom,
Murmurait tout autour : « Don Sanche d'Aragon, »
Quand un chétif vieillard le saisit et l'embrasse.
Lui qui le reconnaît frémit de sa disgrâce;
Puis, laissant la nature à ses pleins mouvements,
Répond avec tendresse à ses embrassements.
Ses pleurs mêlent aux siens une fierté sincère :
On n'entend que soupirs : » Ah! mon fils! ah! mon père!
« O jour trois fois heureux! moment trop attendu!
« Tu m'as rendu la vie! » et « Vous m'avez perdu! »
Chose étrange! à ces cris de douleur et de joie
Un grand peuple accouru ne veut pas qu'on les croie;
Il s'aveugle soi-même : et ce pauvre pêcheur
En dépit de Carlos, passe pour imposteur.
Dans les bras de ce fils on lui fait mille hontes :
C'est un fourbe, un méchant suborné par les comtes.
Eux-mêmes (admirez leur générosité)
S'efforcent d'affermir cette incrédulité :
Non qu'ils prennent sur eux de si lâches pratiques;
Mais ils en font auteur de leurs domestiques,
Qui, pensant bien leur plaire, a si mal à propos
Instruit ce malheureux pour affronter Carlos.
Avec avidité cette histoire est reçue;
Chacun la tient trop vraie aussitôt qu'elle est sue;
Et pour plus de croyance à cette trahison,
Les comtes font traîner ce bonhomme en prison.
Carlos rend témoignage en vain contre soi-même;
Les vérités qu'il dit cèdent au stratagème :

Et dans le déshonneur qui l'accable aujourd'hui,
Ses plus grands envieux l'en sauvent malgré lui,
Il tempête, il menace, et, bouillant de colère,
Il crie à pleine voix qu'on lui rende son père :
On tremble devant lui, sans croire son courroux ;
Et rien... Mais le voici qui vient s'en plaindre à vous.

SCÈNE V. — D. ISABELLE, D. LÉONOR, D. ELVIRE, BLANCHE, CARLOS, D. MANRIQUE, D. LOPE.

CARLOS. Eh bien ! Madame, enfin on connaît ma naissance :
Voilà le digne fruit de mon obéissance.
J'ai prévu ce malheur, et l'aurais évité
Si vos commandements ne m'eussent arrêté.
Ils m'ont livré, Madame, à ce moment funeste ;
Et l'on m'arrache encor le seul bien qui me reste !
On me vole mon père ! on le fait criminel !
On attache à son nom un opprobre éternel !
Je suis fils d'un pêcheur, mais non pas d'un infame ;
La bassesse du sang ne va pas jusqu'à l'ame :
Et je renonce aux noms de comte et de marquis
Avec bien plus d'honneur qu'aux sentiments de fils :
Rien ne peut effacer le sacré caractère.
De grâce, commandez qu'on me rende mon père :
Ce doit leur être assez de savoir qui je suis,
Sans m'accabler encor par de nouveaux ennuis.

D. MANRIQUE. Forcez ce grand courage à conserver sa gloire,
Madame, et l'empêchez lui-même de se croire.
Nous n'avons pu souffrir qu'un bras qui tant de fois
A fait trembler le Maure et triompher nos rois,
Reçut de sa naissance une tache éternelle ;
Tant de valeur mérite une source plus belle.
Aidez ainsi que nous ce peuple à s'abuser ;
Il aime son erreur, daignez l'autoriser :
A tant de beaux exploits rendez cette justice,
Et de notre pitié soutenez l'artifice.

CARLOS. Je suis bien malheureux si je vous fais pitié !
Reprenez votre orgueil et votre inimitié.
Après que ma fortune a soûlé votre envie,
Vous plaignez aisément mon entrée à la vie ;
Et, me croyant par elle à jamais abattu,
Vous exercez sans peine une haute vertu.
Peut-être elle ne fait qu'une embûche à la mienne
La gloire de mon nom vaut bien qu'on la retienne ;
Mais son plus bel éclat serait trop acheté,
Si je le retenais par une lâcheté.
Si ma naissance est basse, elle est du moins sans tache ;
Puisque vous le savez, je veux bien qu'on la sache.
Sanche, fils d'un pêcheur, et non d'un imposteur,
De deux comtes jadis fut le libérateur :
Sanche, fils d'un pêcheur, mettait naguère en peine
Deux illustres rivaux sur le choix de leur reine :
Sanche, fils d'un pêcheur, tient encore en sa main
De quoi faire bientôt tout l'heur d'un souverain :
Sanche, enfin malgré lui, dedans cette province,
Quoique fils d'un pêcheur, a passé pour un prince.
Voilà ce qu'a pu faire et qu'a fait à vos yeux
Un cœur que ravalait le nom de ses aïeux.
La gloire qui m'en reste après cette disgrace
Éclate encore assez pour honorer ma race,

Et paraîtra plus grande à qui comprendra bien
Qu'à l'exemple du ciel j'ai fait beaucoup de rien.
D. LOPE. Cette noble fierté désavoue un tel père,
Et, par un témoignage à soi-même contraire,
Obscurcit de nouveau ce qu'on voit éclairci.
Non, le fils d'un pêcheur ne parle point ainsi,
Et son âme paraît si dignement formée,
Que j'en crois plus que lui l'erreur que j'ai semée.
Je le soutiens, Carlos, vous n'êtes point son fils :
La justice du ciel ne peut l'avoir permis ;
Les tendresses du sang vous font une imposture,
Et je démens pour vous la voix de la nature.
Ne vous repentez point de tant de dignités
Dont il vous plut orner ses rares qualités ;
Jamais plus digne main ne fit plus digne ouvrage,
Madame : il les relève avec ce grand courage ;
Et vous ne leur pouviez trouver plus haut appui,
Puisque même le sort est au-dessous de lui.
D. ISABELLE. La générosité qu'en tous les trois j'admire
Me met en un état de n'avoir que leur dire,
Et, dans la nouveauté de ces évènements,
Par un illustre effort prévient mes sentiments.
Ils paraîtront en vain, comtes, s'ils vous excitent
A lui rendre l'honneur que ses hauts faits méritent,
Et ne dédaigner pas l'illustre et rare objet
D'une haute valeur qui part d'un sang abject :
Vous courez au-devant avec tant de franchise,
Qu'autant que du pêcheur je m'en trouve surprise.
Et vous, que par mon ordre ici j'ai retenu,
Sanche, puisqu'à ce nom vous êtes reconnu,
Miraculeux héros, dont la gloire refuse
L'avantageuse erreur d'un peuple qui s'abuse,
Parmi les déplaisirs que vous en recevez,
Puis-je vous consoler d'un sort que vous bravez ?
Puis-je vous demander ce que je vous vois faire ?
Je vous tiens malheureux d'être né d'un tel père ;
Mais je vous tiens ensemble heureux au dernier point
D'être né d'un tel père, et de n'en rougir point,
Et de ce qu'un grand cœur, mis dans l'autre balance,
Emporte encor si haut une telle naissance.

SCÈNE VI. — D. ISABELLE, D. LÉONOR, D. ELVIRE, CARLOS, D. MANRIQUE, D. LOPE, D. ALVAR, BLANCHE, UN GARDE.

D. ALVAR. Princesse, admirez l'orgueil d'un prisonnier
Qu'en faveur de son fils on veut calomnier.
Ce malheureux pêcheur, par promesse ni crainte,
Ne saurait se résoudre à souffrir une feinte.
J'ai voulu lui parler, et n'en fais que sortir ;
J'ai tâché, mais en vain, de lui faire sentir
Combien mal à propos sa présence importune
D'un fils si généreux renverse la fortune,
Et qu'il le perd d'honneur, à moins que d'avouer
Que c'est un lâche tour qu'on le force à jouer ;
J'ai même à ces raisons ajouté la menace :
Rien ne peut l'ébranler, Sanche est toujours sa race ;
Et quant à ce qu'il perd de fortune et d'honneur,
Il dit qu'il a de quoi le faire grand seigneur,
Et que plus de cent fois il a su de sa femme
(Voyez qu'il est crédule et simple au fond de l'ame)

Que voyant ce présent qu'en mes mains il a mis,
La reine d'Aragon agrandirait son fils.
(*A D. Léonor.*) Si vous le recevez avec autant de joie,
Madame, que par moi ce vieillard vous l'envoie,
Vous donnerez sans doute à cet illustre fils
Un rang encor plus haut que celui de marquis.
Ce bonhomme en paraît l'âme toute comblée.

(Don Alvar présente à dona Léonor un petit écrin qui s'ouvre sans clef au moyen d'un secret.)

D. ISABELLE. Madame, à cet aspect vous paraissez troublée!
D. LÉONOR. J'ai bien sujet de l'être en recevant ce don,
Madame, j'en saurai si mon fils vit, ou non ;
Et c'est où le feu roi, déguisant sa naissance,
D'un sort si précieux mit la reconnaissance.
Disons ce qu'il enferme avant que de l'ouvrir.
Ah! Sanche, si par là je puis le découvrir,
Vous pouvez être sûr d'un entier avantage
Dans les lieux dont le ciel a fait notre partage ;
Et qu'après ce trésor que vous m'aurez rendu
Vous recevrez le prix qui vous en sera dû.
Mais à ce doux transport c'est déjà trop permettre ;
Trouvons notre bonheur avant que d'en promettre.
Ce présent donc enferme un tissu de cheveux
Que reçut don Fernand pour arrhes de mes vœux.
Son portrait et le mien, deux pierres les plus rares
Que forme le soleil sous les climats barbares,
Et, pour un témoignage encore plus certain,
Un billet que lui-même écrivit de sa main.
UN GARDE. Madame, don Raymond vous demande audience.
D. LÉONOR. Qu'il entre. Pardonnez à mon impatience
Si l'ardeur de le voir et de l'entretenir
Avant votre congé l'ose faire venir.
D. ISABELLE. Vous pouvez commander dans toute la Castille,
Et je ne vous vois plus qu'avec des yeux de fille.

SCÈNE VII. — D. ISABELLE, D. LÉONOR, D. ELVIRE, CARLOS, D. MANRIQUE, D. LOPE, D. ALVAR, BLANCHE, D. RAYMOND.

D. LÉONOR. Laissez-là, don Raymond, la mort de nos tyrans,
Et rendez seulement don Sanche à ses parents.
Vit-il? peut-il braver nos fières destinées?
D. RAYMOND. Sortant d'une prison de plus de six années,
Je l'ai cherché, Madame, où, pour les mieux braver,
Par l'ordre du feu roi je le fis élever,
Avec tant de secret, que même un second père
Qui l'estime son fils ignore ce mystère.
Ainsi qu'en votre cour Sanche y fut son vrai nom ;
Et l'on n'en retrancha que cet illustre Don.
Là, j'ai su qu'à seize ans son généreux courage
S'indigna des emplois de ce faux parentage ;
Qu'impatient déjà d'être si mal tombé,
A sa fausse bassesse il s'était dérobé ;
Que déguisant son nom, et cachant sa famille,
Il avait fait merveille aux guerres de Castille,
D'où quelque sien voisin, depuis peu de retour,
L'avait vu plein de gloire, et fort bien à la cour ;
Que du bruit de son nom elle était toute pleine,
Qu'il était connu même et chéri de la reine ;
Si bien que ce pêcheur, d'aise tout transporté,
Avait couru chercher ce fils si fort vanté.

D. LÉONOR. Don Raymond, si vos yeux pouvaient le reconnaître...
D. RAYMOND. Oui, je le vois, Madame. Ah! Seigneur! ah! mon maître!
D. LOPE. Nous l'avions bien jugé. Grand prince, rendez-vous;
La vérité paraît, cédez aux vœux de tous.
D. LÉONOR. Don Sanche, voulez-vous être seul incrédule?
CARLOS. Je crains encor du sort un revers ridicule :
Mais, Madame, voyez si le billet du roi
Accorde à don Raymond ce qu'il vous dit de moi.

D. LÉONOR *ouvre l'écrin, et en tire un billet qu'elle lit.*

« Pour tromper un tyran je vous trompe vous-même.
« Vous reverrez ce fils que je vous fais pleurer :
« Cette erreur lui peut rendre un jour le diadème;
« Et je vous l'ai caché pour le mieux assurer.
   « Si ma feinte vers vous passe pour criminelle,
« Pardonnez-moi les maux qu'elle vous fait souffrir,
« De crainte que les soins de l'amour maternelle
« Par leurs empressements le fissent découvrir.
   « Nugne, un pauvre pêcheur, s'en croit être le père;
« Sa femme en son absence accouchant d'un fils mort,
« Elle reçut le vôtre, et sut si bien se taire,
« Que le père et le fils en ignorent le sort.
   « Elle-même l'ignore; et d'un si grand échange
« Elle sait seulement qu'il n'est pas de son sang,
« Et croit que ce présent, par un miracle étrange,
« Doit un jour par vos mains lui rendre son vrai rang.
   « A ces marques un jour daignez le reconnaître;
« Et puisse l'Aragon, retournant sous vos lois,
« Apprendre ainsi que vous, de moi qui l'ai vu naître,
« Que Sanche, fils de Nugne, est le sang de ses rois!
               « DON FERNAND D'ARAGON. »

D. LÉONOR, *après avoir lu.* Ah! mon fils, s'il en faut encore davantage,
Croyez-en vos vertus et votre grand courage.
CARLOS, *à Léonor.* Ce serait mal répondre à ce rare bonheur
Que vouloir me défendre encor d'un tel honneur
(*A D. Isabelle.*) Je reprends toutefois Nugne pour mon vrai père,
Si vous ne m'ordonnez, Madame, que j'espère.
D. ISABELLE. C'est trop peu d'espérer, quand tout vous est acquis.
Je vous avais fait tort en vous faisant marquis ;
Et vous n'aurez pas lieu désormais de vous plaindre
De ce retardement où j'ai su vous contraindre.
Et pour moi, que le ciel destinait pour un roi
Digne de la Castille, et digne encor de moi,
J'avais mis cette bague en des mains assez bonnes
Pour la rendre à don Sanche, et joindre nos couronnes.
CARLOS. Je ne m'étonne plus de l'orgueil de mes vœux
Qui sans le partager donnaient mon cœur à deux :
Dans les obscurités d'une telle aventure,
L'amour se confondait avecque la nature.
D. ELVIRE. Le nôtre y répondait sans faire honte au rang,
Et le mien vous payait ce que devait le sang.
CARLOS, *à D. Elvire.* Si vous m'aimez encore et m'honorez en frère.
Un époux de ma main pourrait-il vous déplaire?
D. ELVIRE. Si don Alvar de Lune est cet illustre époux,
Il vaut bien à mes yeux tout ce qui n'est point vous.
CARLOS, *à D. Elvire.* Il honorait en moi la vertu toute nue.
          (*A don Manrique et don Lope.*)
Et vous qui dédaigniez ma naissance inconnue,
Comtes, et les premiers en cet évènement
Jugiez en ma faveur si véritablement,

Votre dédain fut juste autant que son estime :
C'est la même vertu sous un autre maxime.

D. RAYMOND, *à D. Isabelle.* Souffrez qu'à l'Aragon il daigne se montrer :
Nos députés, Madame, impatients d'entrer...

D. ISABELLE. Il vaut mieux leur donner audience publique,
Afin qu'aux yeux de tous ce miracle s'explique.
Allons ; et cependant qu'on mette en liberté
Celui par qui tant d'heur nous vient d'être apporté :
Et qu'on l'amène ici, plus heureux qu'il ne pense.
Recevoir de ses soins la digne récompense.

FIN DE DON SANCHE D'ARAGON.

NICOMÈDE

TRAGÉDIE EN CINQ ACTES. — 1652.

PERSONNAGES.

PRUSIAS, roi de Bithynie.
FLAMINIUS, ambassadeur de Rome.
ARSINOÉ, seconde femme de Prusias.
LAODICE, reine d'Arménie.
NICOMÈDE, fils aîné de Prusias, sorti du premier lit.
ATTALE, fils de Prusias et d'Arsinoé.
ARASPE, capitaine des gardes de Prusias.
CLÉONE, confidente d'Arsinoé.

La scène est à Nicomédie.

ACTE PREMIER.

SCÈNE I. — NICOMÈDE, LAODICE.

LAODICE. Après tant de hauts faits, il m'est bien doux, Seigneur,
De voir encor mes yeux régner sur votre cœur ;
De voir, sous les lauriers qui vous couvrent la tête,
Un si grand conquérant être encor ma conquête,
Et de toute la gloire acquise à ses travaux
Faire un illustre hommage à ce peu que je vaux.
Quelques biens toutefois que le ciel me renvoie,
Mon cœur épouvanté se refuse à la joie :
Je vous vois à regret, tant mon cœur amoureux
Trouve la cour pour vous un séjour dangereux.
Votre marâtre y règne ; et le roi votre père
Ne voit que par ses yeux, seule la considère,
Pour souveraine loi n'a que sa volonté :
Jugez après cela de votre sûreté.
La haine que pour vous elle a si naturelle
A mon occasion encor se renouvelle.
Votre frère son fils, depuis peu de retour...

NICOMÈDE. Je le sais, ma princesse, et qu'il vous fait la cour.
Je sais que les Romains, qui l'avaient en ôtage,
L'ont enfin renvoyé pour un plus digne ouvrage ;
Que ce don à sa mère était le prix fatal
Dont leur Flaminius marchandait Annibal ;
Que le roi par son ordre eût livré ce grand homme,
S'il n'eût par le poison lui-même évité Rome,
Et rompu par sa mort les spectacles pompeux
Où l'effroi de son nom le destinait chez eux.
Par mon dernier combat je voyais réunie
La Cappadoce entière avec la Bithynie,

Lorsqu'à cette nouvelle, enflammé de courroux
D'avoir perdu mon maître, et de craindre pour vous,
J'ai laissé mon armée aux mains de Théagène,
Pour voler en ces lieux au secours de ma reine.
Vous en aviez besoin, Madame, et je le voi,
Puisque Flaminius obsède encor le roi.
Si de son arrivée Annibal fut la cause,
Lui mort, ce long séjour prétend quelque autre chose ;
Et je ne vois que vous qui le puisse arrêter,
Pour aider à mon frère à vous persécuter.

LAODICE. Je ne veux point douter que sa vertu romaine
N'embrasse avec chaleur l'intérêt de la reine :
Annibal, qu'elle vient de lui sacrifier,
L'engage en sa querelle, et m'en fait défier.
Mais, Seigneur, jusqu'ici j'aurais tort de m'en plaindre :
Et, quoi qu'il entreprenne, avez-vous lieu de craindre ?
Ma gloire et mon amour peuvent bien peu sur moi,
S'il faut votre présence à soutenir ma foi,
Et si je puis tomber en cette frénésie
De préférer Attale au vainqueur de l'Asie ;
Attale, qu'en ôtage ont nourri les Romains,
Ou plutôt qu'en esclave ont façonné leurs mains,
Sans lui rien mettre au cœur qu'une crainte servile
Qui tremble à voir un aigle, et respecte un édile !

NICOMÈDE. Plutôt, plutôt la mort, que mon esprit jaloux
Forme des sentiments si peu dignes de vous.
Je crains la violence, et non votre faiblesse ;
Et si Rome une fois contre nous s'intéresse...

LAODICE. Je suis reine, Seigneur ; et Rome a beau tonner,
Elle ni votre roi n'ont rien à m'ordonner :
Si de mes jeunes ans il est dépositaire,
C'est pour exécuter les ordres de mon père :
Il m'a donnée à vous, et nul autre que moi
N'a droit de l'en dédire, et me choisir un roi.
Par son ordre et le mien, la reine d'Arménie
Est due à l'héritier du roi de Bithynie,
Et ne prendra jamais un cœur assez abject
Pour se laisser réduire à l'hymen d'un sujet.
Mettez-vous en repos.

NICOMÈDE. Et le puis-je, Madame,
Vous voyant exposée aux fureurs d'une femme
Qui, pouvant tout ici, se croira tout permis
Pour se mettre en état de voir régner son fils ?
Il n'est rien de si saint qu'elle ne fasse enfreindre.
Qui livrait Annibal pourra bien vous contraindre,
Et saura vous garder même fidélité
Qu'elle a gardée aux droits de l'hospitalité.

LAODICE. Mais ceux de la nature ont-ils un privilége
Qui vous assure d'elle après ce sacrilége ?
Seigneur, votre retour, loin de rompre ses coups,
Vous expose vous-même, et m'expose après vous.
Comme il est fait sans ordre, il passera pour crime ;
Et vous serez bientôt la première victime
Que la mère et le fils, ne pouvant m'ébranler,
Pour m'ôter mon appui se voudront immoler.
Si j'ai besoin de vous de peur qu'on me contraigne,
J'ai besoin que le roi qu'elle-même vous craigne.
Retournez à l'armée, et pour me protéger
Montrez cent mille bras tout prêts à me venger.

Parlez la force en main, et hors de leur atteinte :
S'ils vous tiennent ici, tout est pour eux sans crainte ;
Et ne vous flattez point ni sur votre grand cœur,
Ni sur l'éclat d'un nom cent et cent fois vainqueur ;
Quelque haute valeur que puisse être la vôtre,
Vous n'avez en ces lieux que deux bras comme un autre ;
Et, fussiez-vous du monde et l'amour et l'effroi,
Quiconque entre au palais porte sa tête au roi.
Je vous le dis encor, retournez à l'armée,
Ne montrez à la cour que votre renommée ;
Assurez votre sort pour assurer le mien ;
Faites que l'on vous craigne, et je ne craindrai rien.
NICOMÈDE. Retourner à l'armée ! ah ! sachez que la reine
La sème d'assassins achetés par sa haine.
Deux s'y sont découverts, que j'amène avec moi
Afin de la convaincre et détromper le roi.
Quoiqu'il soit son époux, il est encor mon père ;
Et, quand il forcera la nature à se taire,
Trois sceptres à son trône attachés par mon bras
Parleront au lieu d'elle, et ne se tairont pas.
Que si notre fortune à ma perte animée
La prépare à la cour aussi bien qu'à l'armée,
Dans ce péril égal qui me suit en tous lieux,
M'envierez-vous l'honneur de mourir à vos yeux ?
LAODICE. Non, je ne vous dis plus désormais que je tremble,
Mais que s'il faut périr, nous périrons ensemble.
Armons-nous de courage, et nous ferons trembler
Ceux dont les lâchetés pensent nous accabler.
Le peuple ici vous aime et hait ces cœurs infâmes ;
Et c'est bien votre fort que régner sur tant d'âmes.
Mais votre frère Attale adresse ici ses pas.
NICOMÈDE. Il ne m'a jamais vu ; ne me découvrez pas.

SCÈNE II. — LAODICE, NICOMÈDE, ATTALE.

ATTALE. Quoi ! Madame, toujours un front inexorable !
Ne pourrais-je surprendre un regard favorable,
Un regard désarmé de toutes ces rigueurs,
Et tel qu'il est enfin quand il gagne les cœurs ?
LAODICE. Si ce front est mal propre à m'acquérir le vôtre,
Quand j'en aurai dessein, j'en saurai prendre un autre.
ATTALE. Vous ne l'acquerrez point, puisqu'il est tout à vous.
LAODICE. Je n'ai donc pas besoin d'un visage plus doux.
ATTALE. Conservez-le, de grâce, après l'avoir su prendre.
LAODICE. C'est un bien mal acquis que j'aime mieux vous rendre.
ATTALE. Vous l'estimez trop peu pour le vouloir garder.
LAODICE. Je vous estime trop pour vouloir rien farder.
Votre rang et le mien ne sauraient le permettre :
Pour garder votre cœur je n'ai pas où le mettre ;
La place est occupée : et je vous l'ai tant dit,
Prince, que ce discours vous dût être interdit :
On le souffre d'abord, mais la suite importune.
ATTALE. Que celui qui l'occupe a de bonne fortune !
Et que serait heureux qui pourrait aujourd'hui
Disputer cette place, et l'emporter sur lui !
NICOMÈDE. La place à l'emporter coûterait bien des têtes,
Seigneur : ce conquérant garde bien ses conquêtes,
Et l'on ignore encor parmi ses ennemis
L'art de reprendre un fort qu'une fois il a pris.
ATTALE. Celui-ci toutefois peut s'attaquer de sorte

Que, tout vaillant qu'il est, il faudra qu'il en sorte.
LAODICE. Vous pourriez vous méprendre.
ATTALE. Et si le roi le veut?
LAODICE. Le roi, juste et prudent, ne veut que ce qu'il peut.
ATTALE. Et que ne peut ici la grandeur souveraine?
LAODICE. Ne parlez pas si haut : s'il est roi, je suis reine;
Et vers moi tout l'effort de son autorité
N'agit que par prière et par civilité.
ATTALE. Non ; mais agir ainsi souvent c'est beaucoup dire
Aux reines comme vous qu'on voit dans son empire :
Et, si ce n'est assez des prières d'un roi,
Rome qui m'a nourri vous parlera pour moi.
NICOMÈDE. Rome, Seigneur!
ATTALE. Oui, Rome ; en êtes-vous en doute?
NICOMÈDE. Seigneur, je crains pour vous qu'un Romain vous écoute;
Et si Rome savait de quels feux vous brûlez,
Bien loin de vous prêter l'appui dont vous parlez,
Elle s'indignerait de voir sa créature
A l'éclat de son nom faire une telle injure,
Et vous dégraderait peut-être dès demain
Du titre glorieux de citoyen romain.
Vous l'a-t-elle donné pour mériter sa haine
En le déshonorant par l'amour d'une reine?
Et ne savez-vous plus qu'il n'est princes ni rois
Qu'elle daigne égaler à ses moindres bourgeois ?
Pour avoir tant vécu chez ces cœurs magnanimes,
Vous en avez bientôt oublié les maximes.
Reprenez un orgueil digne d'elle et de vous ;
Remplissez mieux un nom sous qui nous tremblons tous;
Et, sans plus l'abaisser à cette ignominie
D'idolâtrer en vain la reine d'Arménie,
Songez qu'il faut du moins, pour toucher votre cœur,
La fille d'un tribun ou celle d'un préteur;
Que Rome vous permet cette haute alliance,
Dont vous aurait exclus le défaut de naissance,
Si l'honneur souverain de son adoption
Ne vous autorisait à tant d'ambition.
Forcez, rompez, brisez de si honteuses chaînes,
Aux rois qu'elle méprise abandonnez les reines,
Et concevez enfin des vœux plus élevés,
Pour mériter les biens qui vous sont réservés.
ATTALE. Si cet homme est à vous, imposez-lui silence,
Madame, et retenez une telle insolence.
Pour voir jusqu'à quel point elle pourrait aller,
J'ai forcé ma colère de le laisser parler;
Mais je crains qu'elle échappe, et que, s'il continue,
Je ne m'obstine plus à tant de retenue.
NICOMÈDE. Seigneur, si j'ai raison, qu'importe à qui je sois?
Perd-elle de son prix pour emprunter ma voix?
Vous-même, amour à part, je vous en fais arbitre.
Ce grand nom de Romain est un précieux titre :
Et la reine et le roi l'ont assez acheté
Pour ne se plaire pas à le voir rejeté,
Puisqu'ils se sont privés, pour ce nom d'importance,
Des charmantes douceurs d'élever votre enfance.
Dès l'âge de quatre ans ils vous ont éloigné;
Jugez si c'est pour voir ce titre dédaigné,
Pour vous voir renoncer, par l'hymen d'une reine,
A la part qu'il avaient à la grandeur romaine.

D'un si rare trésor l'un et l'autre jaloux.
ATTALE. Madame, encore un coup, cet homme est-il à vous.
Et pour vous divertir est-il si nécessaire
Que vous ne lui puissiez ordonner de se taire?
LAODICE. Puisqu'il vous a déplu vous traitant de Romain,
Je veux bien vous traiter de fils de souverain.
En cette qualité vous devez reconnaître
Qu'un prince votre aîné doit être votre maître,
Craindre de lui déplaire, et savoir que le sang
Ne vous empêche pas de différer de rang,
Lui garder le respect qu'exige sa naissance,
Et, loin de lui voler son bien en son absence...
ATTALE. Si l'honneur d'être à vous est maintenant son bien,
Dites un mot, Madame, et ce sera le mien ;
Et si l'âge à mon rang fait quelque préjudice,
Vous en corrigerez la fatale injustice.
Mais, si je lui dois tant en fils de souverain,
Permettez qu'une fois je vous parle en Romain.
Sachez qu'il n'en est point que le ciel n'ait fait naître
Pour commander aux rois et pour vivre sans maître ;
Sachez que mon amour est un noble projet
Pour éviter l'affront de me voir son sujet ;
Sachez...
LAODICE. Je m'en doutais, Seigneur, que ma couronne
Vous charmait bien du moins autant que ma personne ;
Mais, telle que je suis, et ma couronne et moi,
Tout est à cet aîné qui sera votre roi ;
Et s'il était ici, peut-être en sa présence
Vous penseriez deux fois à lui faire une offense.
ATTALE. Que ne puis-je l'y voir ! mon courage amoureux...
NICOMÈDE. Faites quelques souhaits qui soient moins dangereux,
Seigneur ; s'il les savait, il pourrait bien lui-même
Venir d'un tel amour venger l'objet qu'il aime.
ATTALE. Insolent ! est-ce enfin le respect qui m'est dû ?
NICOMÈDE. Je ne sais de nous deux, Seigneur, qui l'a perdu.
ATTALE. Peux-tu bien me connaître et tenir ce langage ?
NICOMÈDE. Je sais à qui je parle, et c'est mon avantage
Que, n'étant point connu, Prince, vous ne savez
Si je vous dois respect ou si vous m'en devez.
ATTALE. Ah ! Madame, souffrez que ma juste colère...
LAODICE. Consultez-en, Seigneur, la reine votre mère ;
Elle entre.

SCÈNE III. — NICOMÈDE, ARSINOÉ, LAODICE, ATTALE, CLÉONE.

NICOMÈDE. Instruisez mieux le prince votre fils,
Madame, et dites-lui, de grace, qui je suis :
Faute de me connaître, il s'emporte, il s'égare ;
Et ce désordre est mal dans une âme si rare ;
J'en ai pitié.
ARSINOÉ. Seigneur, vous êtes donc ici ?
NICOMÈDE. Oui, Madame, j'y suis, et Métrobate aussi.
ARSINOÉ. Métrobate ! ah, le traître !
NICOMÈDE. Il n'a rien dit, Madame,
Qui vous doive jeter aucun trouble dans l'ame.
ARSINOÉ. Mais qui cause, Seigneur, ce retour surprenant?
Et votre armée ?
NICOMÈDE. Elle est sous un bon lieutenant ;
Et quant à mon retour, peu de chose le presse.
J'avais ici laissé mon maître et ma maîtresse :

Vous m'avez ôté l'un, vous, dis-je, ou les Romains,
Et je viens sauver l'autre, et d'eux, et de vos mains.
ARSINOÉ. C'est ce qui vous amène ?
NICOMÈDE. Oui, Madame; et j'espère
Que vous m'y servirez auprès du roi mon père.
ARSINOÉ. Je vous y servirai comme vous l'espérez.
NICOMÈDE. De votre bon vouloir nous sommes assurés.
Il ne tiendra qu'au roi qu'aux effets je ne passe.
NICOMÈDE. Vous voulez à tous deux nous faire cette grace ?
ARSINOÉ. Tenez-vous assuré que je n oublierai rien.
NICOMÈDE. Je connais votre cœur, ne doutez pas du mien.
ATTALE. Madame, c'est donc là le prince Nicomède ?
NICOMÈDE. Oui, c'est moi qui viens voir s'il faut que je vous cède.
ATTALE. Ah ! Seigneur, excusez si vous connaissant mal...
NICOMÈDE. Prince, faites-moi voir un plus digne rival.
Si vous aviez dessein d'attaquer cette place,
Ne vous départez point d'une si noble audace ;
Mais, comme à son secours je n'amène que moi,
Ne la menacez plus de Rome ni du roi.
Je la défendrai seul ; attaquez-la de même,
Avec tous les respects qu'on doit au diadème.
Je veux bien mettre à part avec le nom d'aîné,
Le rang de votre maître où je suis destiné ;
Et nous verrons ainsi qui fait mieux un brave homme,
Des leçons d'Annibal, ou de celles de Rome.
Adieu ; pensez-y bien, je vous laisse y rêver.

SCÈNE IV. — ARSINOÉ, ATTALE, CLÉONE.

ARSINOÉ. Quoi ! tu faisais excuse à qui m'osait braver !
ATTALE. Que ne peut point, Madame, une telle surprise ?
Ce prompt retour me perd, et rompt votre entreprise.
ARSINOÉ. Tu l'entends mal, Attale ; il la met dans ma main.
Va trouver de ma part l'ambassadeur romain ;
Dedans mon cabinet amène-le sans suite ,
Et de ton heureux sort laissez-moi la conduite.
ATTALE. Mais, Madame, s'il faut...
ARSINOÉ. Va, n'appréhende rien ;
Et, pour avancer tout hâte cet entretien.

SCÈNE V. — ARSINOÉ, CLÉONE.

CLÉONE. Vous lui cachez, Madame, un dessein qui le touche !
ARSINOÉ. Je crains qu'en l'apprenant son cœur ne s'effarouche ;
Je crains qu'à la vertu par les Romains instruit
De ce que je prépare il ne m'ôte le fruit,
Et ne conçoive mal qu'il n'est fourbe ni crime
Qu'un trône acquis par là ne rende légitime.
CLÉONE. J'aurais cru les Romains un peu moins scrupuleux,
Et la mort d'Annibal m'eût fait mal juger d'eux.
ARSINOÉ. Ne leur impute pas une telle injustice ;
Un Romain seul l'a faite, et par mon artifice.
Rome l'eût laissé vivre ; et sa légalité
N'eût point forcé les lois de l'hospitalité.
Savante à ses dépens de ce qu'il savait faire,
Elle le souffrait mal auprès d'un adversaire ;
Mais quoique, par ce triste et prudent souvenir,
De chez Antiochus elle l'ait fait bannir,
Elle aurait vu couler sans crainte et sans envie
Chez un prince allié les restes de sa vie.
Le seul Flaminius, trop piqué de l'affront
Que son père défait lui laisse sur le front ;

Car je crois que tu sais que, quand l'aigle romaine
Vit choir ses légions aux bords de Trasimène,
Flaminius son père en était général,
Et qu'il y tomba mort de la main d'Annibal;
Ce fils donc qu'a pressé la soif de sa vengeance,
S'est aisément rendu de mon intelligence :
L'espoir d'en voir l'objet entre ses mains remis
A pratiqué par lui le retour de mon fils ;
Par lui j'ai jeté Rome en haute jalousie
De ce que Nicomède a conquis dans l'Asie,
Et de voir Laodice unir tous ses États,
Par l'hymen de ce prince, à ceux de Prusias ;
Si bien que le sénat prenant un juste ombrage
D'un empire si grand sous un si grand courage,
Il s'en est fait nommer lui-même ambassadeur,
Pour rompre cet hymen, et borner sa grandeur ;
Et voilà le seul point où Rome s'intéresse.
CLÉONE. Attale à ce dessein entreprend sa maîtresse!
Mais que n'agissait Rome avant que le retour
De cet amant si cher affermît son amour?
ARSINOÉ. Irriter un vainqueur en tête d'une armée
Prête à suivre en tous lieux sa colère allumée,
C'était trop hasarder ; et j'ai cru pour le mieux
Qu'il fallait de son fort l'attirer en ces lieux,
Métrobate l'a fait, par des terreurs paniques,
Feignant de lui trahir mes ordres tyranniques ;
Et, pour l'assassiner se disant suborné,
Il l'a, grâces aux dieux, doucement amené.
Il vient s'en plaindre au roi, lui demander justice,
Et sa plainte le jette au bord du précipice.
Sans prendre aucun souci de m'en justifier,
Je saurai m'en servir à me fortifier.
Tantôt en le voyant j'ai fait de l'effrayée,
J'ai changé de couleur, je me suis écriée :
Il a cru me surprendre, et l'a cru bien en vain,
Puisque son retour même est l'œuvre de ma main.
CLÉONE. Mais, quoi que Rome fasse et qu'Attale prétende
Le moyen qu'à ses yeux Laodice se rende?
ARSINOÉ. Et je m'engage aussi mon fils en cet amour
Qu'à dessein d'éblouir le roi, Rome, et la cour.
Je n'en veux pas, Cléone, au sceptre d'Arménie ;
Je cherche à m'assurer celui de Bithynie ;
Et, si ce diadème une fois est à nous,
Que cette reine après se choisisse un époux.
Je ne la vais presser que pour la voir rebelle,
Que pour aigrir les cœurs de son amant et d'elle.
Le Roi, que le Romain poussera vivement,
De peur d'offenser Rome agira chaudement ;
Et ce prince, piqué d'une juste colère,
S'emportera sans doute et bravera son père.
S'il est prompt et bouillant, le roi ne l'est pas moins ;
Et, comme à l'échauffer j'appliquerai mes soins,
Pour peu qu'à de tels coups cet amant soit sensible,
Mon entreprise est sûre, et sa perte infaillible.
Voilà mon cœur ouvert, et tout ce qu'il prétend,
Mais dans mon cabinet Flaminius m'attend.
Allons, et garde bien le secret de la reine.
CLÉONE. Vous me connaissez trop pour vous en mettre en peine.

ACTE DEUXIÈME.

SCÈNE I. — PRUSIAS, ARASPE.

PRUSIAS. Revenir sans mon ordre, et se montrer ici !
ARASPE. Sire, vous auriez tort d'en prendre aucun souci,
Et la haute vertu du prince Nicomède
Pour ce qu'on peut en craindre est un puissant remède ;
Mais tout autre que lui devrait être suspect :
Un retour si soudain manque un peu de respect,
Et donne lieu d'entrer en quelque défiance
Des secrètes raisons de tant d'impatience.
PRUSIAS. Je ne le vois que trop, et sa témérité
N'est qu'un pur attentat sur mon autorité ;
Il n'en veut plus dépendre, et croit que ses conquêtes
Au-dessus de son bras ne laissent point de têtes ;
Qu'il est lui seul sa règle, et que, sans se trahir
Des héros tels que lui ne sauraient obéir.
ARASPE. C'est d'ordinaire ainsi que ses pareils agissent :
A suivre leur devoir leurs hauts faits se ternissent ;
Et ces grands cœurs, enflés du bruit de leurs combats,
Souverains dans l'armée et parmi leurs soldats,
Font du commandement une douce habitude,
Pour qui l'obéissance est un métier bien rude.
PRUSIAS. Dis tout, Araspe ; dis que le nom de sujet
Réduit toute leur gloire en un rang trop abject ;
Que, bien que leur naissance au trône les destine,
Si son ordre est trop lent, leur grand cœur s'en mutine ;
Qu'un père garde trop un bien qui leur est dû,
Et qui perd de son prix étant trop attendu ;
Qu'on voit naître de là mille sourdes pratiques
Dans le gros de son peuple, et dans ses domestiques ;
Et que, si l'on ne va jusqu'à trancher le cours
De son règne ennuyeux, et de ses tristes jours,
Du moins une insolente et fausse obéissance,
Lui laissant un vain titre, usurpe sa puissance.
ARASPE. C'est ce que de tout autre il faudrait redouter,
Seigneur, et qu'en tout autre il faudrait arrêter.
Mais ce n'est pas pour vous un avis nécessaire ;
Le prince est vertueux, et vous êtes bon père.
PRUSIAS. Si je n'étais bon père, il serait criminel :
Il doit son innocence à l'amour paternel ;
C'est lui seul qui l'excuse, et qui me justifie,
Ou lui seul qui me trompe, et qui me sacrifie :
Car je dois craindre enfin que sa haute vertu
Contre l'ambition n'ait en vain combattu,
Qu'il ne force en son cœur la nature à se taire.
Qui se lasse d'un roi peut se lasser d'un père ;
Mille exemples sanglants nous peuvent l'enseigner :
Il n'est rien qui ne cède à l'ardeur de régner ;
Et depuis qu'une fois elle nous inquiète,
La nature est aveugle, et la vertu muette.
Te le dirais-je, Araspe ? il m'a trop bien servi ;
Augmentant mon pouvoir, il me l'a tout ravi :
Il n'est plus mon sujet qu'autant qu'il le veut être ;
Et qui me fait régner en effet est mon maître.
Pour paraître à mes yeux son mérite est trop grand :
On n'aime point à voir ceux à qui l'on doit tant :
Tout ce qu'il a fait parle au moment qu'il m'approche ;
Et sa seule présence est un secret reproché :

Elle me dit toujours qu'il m'a fait trois fois roi ;
Que je tiens plus de lui qu'il ne tiendra de moi ;
Et que, si je lui laisse un jour une couronne,
Ma tête en porte trois que sa valeur me donne.
J'en rougis dans mon âme ; et ma confusion,
Qui renouvelle et croît à chaque occasion,
Sans cesse offre à mes yeux une vue importune,
Que qui m'en donne trois peut bien m'en ôter une ;
Qu'il n'a qu'à l'entreprendre, et peut tout ce qu'il veut.
Juge, Araspe, où j'en suis, s'il veut tout ce qu'il peut.
ARASPE. Pour tout autre que lui je sais comme s'explique
La règle de la vraie et saine politique.
Aussitôt qu'un sujet s'est rendu trop puissant,
Encor qu'il soit sans crime, il n'est pas innocent :
On n'attend point alors qu'il s'ose tout permettre ;
C'est un crime d'État que d'en pouvoir commettre ;
Et qui sait bien régner l'empêche prudemment
De mériter un juste et plus grand châtiment,
Et prévient, par un ordre à tous deux salutaire,
Ou les maux qu'il prépare, ou ceux qu'il pourrait faire.
Mais, Seigneur, pour le prince, il a trop de vertu ;
Je vous l'ai déjà dit.
        PRUSIAS. Et m'en répondras-tu ?
Me seras-tu garant de ce qu'il pourra faire
Pour venger Annibal, ou pour perdre son frère ?
Et le prends-tu pour homme à voir d'un œil égal
Et l'amour de son frère, et la mort d'Annibal ?
Non, ne nous flattons point, il court à sa vengeance ;
Il en a le prétexte, il en a la puissance ;
Il est l'astre naissant qu'adorent mes États ;
Il est le dieu du peuple, et celui des soldats.
Sûr de ceux-ci, sans doute il vient soulever l'autre,
Fondre avec son pouvoir sur le reste du nôtre :
Mais ce peu qui m'en reste, encor que languissant,
N'est pas peut-être encor tout-à-fait impuissant.
Je veux bien toutefois agir avec adresse,
Joindre beaucoup d'honneur à bien peu de rudesse,
Le chasser avec gloire, et mêler doucement
Le prix de son mérite à mon ressentiment :
Mais, s'il ne m'obéit, ou s'il ose s'en plaindre,
Quoi qu'il ait fait pour moi, quoi que j'en voie à craindre,
Dussé-je voir par là tout l'État hasardé...
ARASPE. Il vient.

SCÈNE II. — PRUSIAS, NICOMÈDE, ARASPE.

PRUSIAS. Vous voilà, prince ! Et qui vous a mandé ?
NICOMÈDE. La seule ambition de pouvoir en personne
Mettre à vos pieds, Seigneur, encore une couronne,
De jouir de l'honneur de vos embrassements,
Et d'être le témoin de vos contentements.
Après la Capadoce heureusement unie
Aux royaumes du Pont et de la Bithynie,
Je viens remercier et mon père et mon roi
D'avoir eu la bonté de s'y servir de moi,
D'avoir choisi mon bras pour une telle gloire,
Et fait tomber sur moi l'honneur de sa victoire.
PRUSIAS. Vous pouviez vous passer de mes embrassements,
Me faire par écrit de tels remerciments ;
Et vous ne deviez pas envelopper d'un crime

Ce que votre victoire ajoute à votre estime.
Abandonner mon camp en est un capital,
Inexcusable en tous, et plus au général ;
Et tout autre que vous, malgré cette conquête,
Revenant sans mon ordre, eût payé de sa tête.
NICOMÈDE. J'ai failli, je l'avoue, et mon cœur imprudent
A trop cru les transports d'un désir trop ardent :
L'amour que j'ai pour vous a commis cette offense,
Lui seul à mon devoir fait cette violence,
Si le bien de vous voir m'étaient moins précieux,
Je serais innocent, mais si loin de vos yeux.
Que j'aime mieux, Seigneur, en perdre un peu d'estime,
Et qu'un bonheur si grand me coûte un petit crime,
Qui ne craindra jamais la plus sévère loi,
Si l'amour juge en vous ce qu'il a fait en moi.
PRUSIAS. La plus mauvaise excuse est assez pour un père,
Et sous le nom d'un fils toute faute est légère.
Je ne veux voir en vous que mon unique appui :
Recevez tout l'honneur qu'on vous doit aujourd'hui.
L'ambassadeur romain me demande audience ;
Il verra ce qu'en vous je prends de confiance ;
Vous l'écouterez, prince, et répondrez pour moi.
Vous êtes aussi bien le véritable roi ;
Je n'en suis plus que l'ombre, et l'âge ne m'en laisse
Qu'un vain titre d'honneur qu'on rend à ma vieillesse ;
Je n'ai plus que deux jours peut-être à le garder :
L'intérêt de l'État vous doit seul regarder.
Prenez-en aujourd'hui la marque la plus haute :
Mais gardez-vous aussi d'oublier votre faute ;
Et, comme elle fait brèche au pouvoir souverain,
Pour la bien réparer retournez dès demain.
Remettez en éclat la puissance absolue ;
Attendez-la de moi comme je l'ai reçue,
Inviolable, entière ; et n'autorisez pas
De plus méchants que vous à la mettre plus bas.
Le peuple qui vous voit, la cour qui vous contemple,
Vous désobéiraient sur votre propre exemple :
Donnez-leur-en un autre, et montrez à leurs yeux
Que nos premiers sujets obéissent le mieux.
NICOMÈDE. J'obéirai, Seigneur, et plus tôt qu'on ne pen
Mais je demande un prix de mon obéissance.
La reine d'Arménie est due à ses États,
Et j'en vois les chemins ouverts par nos combats.
Il est temps qu'en son ciel cet astre aille reluire ;
De grâce, accordez-moi l'honneur de l'y conduire.
PRUSIAS. Il n'appartient qu'à vous ; et cet illustre emploi
Demande un roi lui-même, ou l'héritier d'un roi ;
Mais pour la renvoyer jusqu'en son Arménie
Vous savez qu'il y faut quelque cérémonie ;
Tandis que je ferai préparer son départ,
Vous irez dans mon camp l'attendre de ma part.
NICOMÈDE. Elle est prête à partir sans plus grand équipage.
PRUSIAS. Je n'ai garde à son rang de faire un tel outrage.
Mais l'ambassadeur entre, il le faut écouter ;
Puis nous verrons quel ordre on y doit apporter.

SCÈNE III. — PRUSIAS, NICOMÈDE, FLAMINIUS, ARASPE.
FLAMINIUS. Sur le point de partir, Rome, seigneur, me mande
Que je vous fasse encor pour elle une demande.

Elle a nourri vingt ans un prince votre fils ;
Et vous pouvez juger les soins qu'elle en a pris
Par les hautes vertus et les illustres marques
Qui font briller en lui le sang de vos monarques.
Surtout il est instruit en l'art de bien régner :
C'est à vous de le croire et de le témoigner.
Si vous faites état de cette nourriture,
Donnez ordre qu'il règne, elle vous en coujure
Et vous offenseriez l'estime qu'elle en fait
Si vous le laissiez vivre et mourir en sujet.
Faites donc aujourd'hui que je lui puisse dire
Où vous lui destinez un souverain empire.

PRUSIAS. Les soins qu'ont pris de lui le peuple et le sénat
Ne trouveront en moi jamais un père ingrat ;
Je crois que pour régner il en a les mérites,
Et n'en veux point douter après ce que vous dites ;
Mais vous voyez, Seigneur, le prince son aîné,
Dont le bras généreux trois fois m'a couronné ;
Il ne fait que sortir encor d'une victoire ;
Et pour tant de hauts faits je lui dois quelque gloire
Souffrez qu'il ait l'honneur de répondre pour moi.

NICOMÈDE. Seigneur, c'est à vous seul de faire Attale roi.

PRUSIAS. C'est votre intérêt seul que sa demande touche

NICOMÈDE. Le vôtre toutefois m'ouvrira seul la bouche.
De quoi se mêle Rome, et d'où prend le sénat,
Vous vivant, vous régnant, ce droit sur votre État ?
Vivez, régnez, Seigneur, jusqu'à la sépulture,
Et laisser faire après ou Rome ou la nature.

PRUSIAS. Pour de pareils amis il faut se faire effort.

NICOMÈDE. Qui partage vos biens aspire à votre mort ;
Et de pareils amis, en bonne politique...

PRUSIAS. Ah ! ne me brouillez point avec la république ;
Portez plus de respect à de tels alliés.

NICOMÈDE. Je ne puis voir sous eux les rois humiliés ;
Et, quel que soit ce fils que Rome vous renvoie,
Seigneur, je lui rendrais son présent avec joie.
S'il est si bien instruit en l'art de commander,
C'est un rare trésor qu'elle devrait garder,
Et conserver chez soi sa chère nourriture,
Où pour le consulat, ou pour la dictature.

FLAMINIUS, à Prusias. Seigneur, dans ce discours qui nous traite si mal,
Vous voyez un effet des leçons d'Annibal :
Ce perfide ennemi de la grandeur romaine
N'en a mis en son cœur que mépris et que haine.

NICOMÈDE. Non, mais il m'a surtout laissé ferme en ce point.
D'estimer beaucoup Rome, et ne la craindre point.
On me croit son disciple, et je le tiens à la gloire ;
Et quand Flaminius attaque sa mémoire,
Il doit savoir qu'un jour il me fera raison
D'avoir réduit mon maître au secours du poison,
Et n'oublier jamais qu'autrefois ce grand homme
Commença par son père à triompher de Rome.

FLAMINIUS. Ah ! c'est trop m'outrager.

NICOMÈDE. N'outragez plus les morts.

PRUSIAS. Et vous ne cherchez point à former de discords ;
Parlez et nettement sur ce qu'il me propose.

NICOMÈDE. Hé bien ! s'il est besoin de répondre autre chose,
Attale doit régner, Rome l'a résolu ;
Et, puisqu'elle a partout un pouvoir absolu,

C'est aux rois d'obéir alors qu'elle commande.
 Attale a le cœur grand, l'esprit grand, l'âme grande,
Et toutes les grandeurs dont se fait un grand roi.
Mais c'est trop que d'en croire un Romain sur sa foi ;
Par quelque grand effet voyons s'il en est digne,
S'il a cette vertu, cette valeur insigne :
Donnez-lui votre armée, et voyons ces grands coups ;
Qu'il en fasse pour lui ce que j'ai fait pour vous ;
Qu'il règne avec éclat sur sa propre conquête,
Et que de sa victoire il couronne sa tête.
Je lui prête mon bras, et veux dès maintenant,
S'il daigne s'en servir, être son lieutenant.
L'exemple des Romains m'autorise à le faire ;
Le fameux Scipion le fut bien de son frère ;
Et, lorsque Antiochus fut par eux détrôné,
Sous les lois du plus jeune on vit marcher l'aîné.
Les bords de l'Hellespont, ceux de la mer Egée,
Le reste de l'Asie à nos côtés rangée,
Offrent une matière à son ambition...

FLAMINIUS. Rome prend tout ce reste en sa protection ;
Et vous n'y pouvez plus étendre vos conquêtes
Sans attirer sur vous d'effroyables tempêtes.

NICOMÈDE. J'ignore sur ce point les volontés du roi :
Mais peut-être qu'un jour je dépendrai de moi ;
Et nous verrons alors l'effet de ces menaces.
 Vous pouvez cependant faire munir ces places,
Préparer un obstacle à mes nouveaux desseins,
Disposer de bonne heure un secours de Romains ;
Et si Flaminius en est le capitaine,
Nous pourrons lui trouver un lac de Trasimène.

PRUSIAS. Prince, vous abusez trop tôt de ma bonté :
Le rang d'ambassadeur doit être respecté ;
Et l'honneur souverain qu'ici je vous défère...

NICOMÈDE. Ou laissez-moi parler, Sire, ou faites-moi taire.
Je ne sais point répondre autrement pour un roi
A qui dessus son trône on veut faire la loi.

PRUSIAS. Vous m'offensez moi-même en parlant de la sorte,
Et vous devez dompter l'ardeur qui vous emporte.

NICOMÈDE. Quoi je verrai, seigneur, qu'on borne vos États,
Qu'au milieu de ma course on m'arrête le bras,
Que de vous menacer on ait même l'audace,
Et je ne rendrai point menace pour menace !
Et je remercierai qui me dit hautement
Qu'il ne m'est plus permis de vaincre impunément.

PRUSIAS, à *Flaminius*.
Seigneur, vous pardonnez aux chaleurs de son âge ;
Le temps et la raison pourront le rendre sage.

NICOMÈDE. La raison et le temps m'ouvrent assez les yeux,
Et l'âge ne fera que me les ouvrir mieux.
 Si j'avais jusqu'ici vécu comme ce frère,
Avec une vertu qui fût imaginaire
(Car je l'appelle ainsi quand elle est sans effets ;
Et l'admiration de tant d'hommes parfaits
Dont il a vu dans Rome éclater le mérite :
N'est pas grande vertu si on ne les imite) ;
Si j'avais donc vécu dans ce même repos
Qu'il a vécu dans Rome auprès de ses héros,
Elle me laisserait la Bythinie entière,
Telle que de tous temps l'aîné la tient d'un père,

Et s'empresserait moins à le faire régner,
Si vos armes sous moi n'avaient su rien gagner.:
Mais parce qu'elle voit avec la Bithynie
Par trois sceptres conquis trop de puissance unie,
Il faut la diviser ; et, dans ce beau projet,
Ce prince est trop bien né pour vivre mon sujet !
Puisqu'il peut la servir à me faire descendre,
Il a plus de vertu que n'en eut Alexandre ;
Et je lui dois quitter, pour le mettre en mon rang,
Le bien de mes aïeux, ou le prix de mon sang.
Graces aux immortels, l'effort de mon courage
Et ma grandeur future ont mis Rome en ombrage :
Vous pouvez l'en guérir, Seigneur, et promptement;
Mais n'exigez d'un fils aucun consentement :
Le maître qui prit soin d'instruire ma jeunesse
Ne m'a jamais appris à faire une bassesse.

FLAMINIUS. A ce que je puis voir, vous avez combattu,
Prince, par intérêt plutôt que par vertu.
Les plus rares exploits que vous ayez pu faire
N'ont jeté qu'un dépôt sur la tête d'un père ;
Il n'est que gardien de leur illustre prix,
Et ce n'est que pour vous que vous avez conquis,
Puisque cette grandeur à son trône attachée
Sur nul autre que vous ne peut être épanchée.
Certes, je vous croyais un peu plus généreux :
Quand les Romains le sont, ils ne font rien pour eux.
Scipion, dont tantôt vous vantiez le courage,
Ne voulait point régner sur les murs de Carthage ;
Et de tout ce qu'il fit pour l'empire romain
Il n'en eut que la gloire et le nom d'Africain.
Mais on ne voit qu'à Rome une vertu si pure :
Le reste de la terre est d'une autre nature.
  Quant aux raisons d'État qui vous font concevoir
Que nous craignons en vous l'union du pouvoir,
Si vous en consultiez des têtes bien sensées,
Elles vous déferaient de ces belles pensées.
Par respect pour le roi je ne dis rien de plus,
Prenez quelque loisir de rêver là-dessus ;
Laissez moins de fumée à vos feux militaires,
Et vous pourrez avoir des visions plus claires.

NICOMÈDE. Le temps pourra donner quelque décision
Si la pensée est belle ou si c'est vision.
Cependant...

FLAMINIUS. Cependant si vous trouvez des charmes
A pousser plus avant la gloire de vos armes,
Nous ne la bornons point ; mais, comme il est permis
Contre qui que ce soit de servir ses amis,
Si vous ne le savez, je veux bien vous l'apprendre,
Et vous en donne avis pour ne vous pas surprendre.
Au reste soyez sûr que vous posséderez
Tout ce qu'en votre cœur déjà vous dévorez :
Le Pont sera pour vous avec la Galatie,
Avec la Cappadoce, avec la Bithynie.
Ce bien de vos aïeux, ces prix de votre sang,
Ne mettront point Attale en votre illustre rang ;
Et, puisque leur partage est pour vous un supplice,
Rome n'a pas dessein de vous faire injustice :
Ce prince régnera sans rien prendre sur vous.
(A Prusias.) La reine d'Arménie a besoin d'un époux,

Seigneur, l'occasion ne peut être plus belle,
Elle vit sous vos lois, et vous disposez d'elle.
NICOMÈDE. Voilà le vrai secret de faire Attale roi,
Comme vous l'avez dit, sans rien prendre sur moi
La pièce est délicate, et ceux qui l'ont tissue
A de si longs détours font une longue issue.
Je n'y réponds qu'un mot, étant sans intérêt.
Traitez cette princesse en reine comme elle est ;
Ne touchez point en elle aux droits du diadème,
Ou pour les maintenir je périrai moi-même.
Je vous en donne avis, et que jamais les rois,
Pour vivre en nos États, ne vivent sous nos lois ;
Qu'elle seule en ces lieux d'elle-même dispose.
PRUSIAS. N'avez-vous, Nicomède, à lui dire autre chose ?
NICOMÈDE. Non, Seigneur, si ce n'est que la reine, après tout,
Sachant ce que je puis, me pousse trop à bout.
PRUSIAS. Contre elle dans ma cour que peut votre insolence ?
NICOMÈDE. Rien du tout, que garder ou rompre le silence.
Une seconde fois avisez, s'il vous plaît,
A traiter Laodice en reine comme elle est ;
C'est moi qui vous en prie.

SCÈNE IV. — PRUSIAS, FLAMINIUS, ARASPE.

FLAMINIUS. Hé quoi ! toujours obstacle !
PRUSIAS. De la part d'un amant ce n'est pas grand miracle.
Cet orgueilleux esprit, enflé de ses succès,
Pense bien de son cœur nous empêcher l'accès ;
Mais il faut que chacun suive sa destinée.
L'amour entre les rois ne fait pas l'hyménée ;
Et les raisons d'État, plus fortes que ses nœuds,
Trouvent bien les moyens d'en éteindre les feux.
FLAMINIUS. Comme elle a de l'amour, elle aura du caprice.
PRUSIAS. Non, non ; je vous réponds, Seigneur, de Laodice.
Mais enfin elle est reine ; et cette qualité
Semble exiger de nous quelque civilité.
J'ai sur elle, après tout, une puissance entière,
Mais j'aime à la cacher sous le nom de prière.
Rendons-lui donc visite ; et, comme ambassadeur,
Proposez cet hymen vous-même à sa grandeur.
Je seconderai Rome, et veux vous introduire.
Puisqu'elle est en nos mains, l'amour ne nous peut nuire.
Allons de sa réponse à votre compliment
Prendre l'occasion de parler hautement.

ACTE TROISIÈME.

SCÈNE I. — PRUSIAS, FLAMINIUS, LAODICE.

PRUSIAS. Reine, puisque ce titre a pour vous tant de charmes
Sa perte vous devrait donner quelques alarmes :
Qui tranche trop du roi ne règne pas longtemps,
LAODICE. J'observerai, Seigneur ces avis importants ;
Et, si jamais je règne, on verra la pratique
D'une si salutaire et noble politique.
PRUSIAS. Vous vous mettez fort mal au chemin de régner.
LAODICE. Seigneur, si je m'égare, on peut me l'enseigner.
PRUSIAS. Vous méprisez trop Rome, et vous devriez faire
Plus d'estime d'un roi qui vous tient lieu de père.
LAODICE. Vous verriez qu'à tous deux je rends ce que je dois,
Si vous vouliez mieux voir ce que c'est qu'être roi.

Recevoir ambassade en qualité de reine,
Ce serait à vos yeux faire la souveraine,
Entreprendre sur vous, et dedans votre État
Sur votre autorité commettre un attentat :
Je la refuse donc, Seigneur et me dénie
L'honneur qui ne m'est dû que dans mon Arménie.
C'est là que sur mon trône avec plus de splendeur
Je puis honorer Rome en son ambassadeur,
Faire réponse en reine, et comme le mérite
Et de qui l'on me parle, et qui m'en sollicite.
Ici c'est un métier que je n'entends pas bien :
Car hors de l'Arménie enfin je ne suis rien ;
Et ce grand nom de reine ailleurs ne m'autorise
Qu'à n'y voir point de trône à qui je sois soumise,
A vivre indépendante, et n'avoir en tous lieux
Pour souverains que moi, la raison, et les dieux.

PRUSIAS. Ces dieux vos souverains, et le roi votre père,
De leur pouvoir sur vous m'ont fait dépositaire ;
Et vous pourrez peut-être apprendre une autre fois
Ce que c'est en tous lieux que la raison des rois.
Pour en faire l'épreuve allons en Arménie ;
Je vais vous y remettre en bonne compagnie :
Partons ; et dès demain, puisque vous le voulez,
Préparez-vous à voir vos pays désolés ;
Préparez-vous à voir par toute votre terre
Ce qu'ont de plus affreux les fureurs de la guerre,
Des montagnes de morts, des rivières de sang.

LAODICE. Je perdrai mes États et garderai mon rang ;
Et ces vastes malheurs où mon orgueil me jette
Me feront votre esclave, et non votre sujette :
Ma vie est en vos mains, et non ma dignité.

PRUSIAS. Nous ferons bien changer ce courage indompté ;
Et quand vos yeux, frappés de toutes ces misères,
Verront Attale assis au trône de vos pères,
Alors peut-être, alors vous le prierez en vain
Que pour y remonter il vous donne la main.

LAODICE. Si jamais jusque-là votre guerre m'engage
Je serai bien changée et d'âme et de courage.
Mais peut-être, Seigneur, vous n'irez pas si loin :
Les dieux de ma fortune auront un peu de soin ;
Ils vous inspireront, ou trouveront un homme
Contre tant de héros que vous prêtera Rome.

PRUSIAS. Sur un présomptueux vous fondez votre appui
Mais il court à sa perte et vous traîne avec lui.
Pensez-y bien, Madame, et faites-vous justice :
Choisissez d'être reine, ou d'être Laodice ;
Et, pour dernier avis que vous aurez de moi,
Si vous voulez régner faites Attale roi.
Adieu.

SCÈNE II. — FLAMINIUS, LAODICE.

FLAMINIUS. Madame, enfin une vertu parfaite...

LAODICE. Suivez le roi, Seigneur, votre ambassade est faite ;
Et je vous dis encor, pour ne vous point flatter,
Qu'ici je ne la dois, ni la veux écouter.

FLAMINIUS. Et je vous parle aussi, dans ce péril extrême,
Moins en ambassadeur qu'en homme qui vous aime,
Et qui, touché du sort que vous vous préparez,
Tâche à rompre le cours des maux où vous courez.

J'ose donc comme ami vous dire en confidence
Qu'une vertu parfaite a besoin de prudence,
Et doit considérer, pour son propre intérêt,
Et les temps où l'on vit, et les lieux où l'on est.
La grandeur de courage en une âme royale
N'est sans cette vertu qu'une vertu brutale,
Que son mérite aveugle, et qu'un faux jour d'honneur
Jette en un tel divorce avec le vrai bonheur.
Qu'elle-même se livre à ce qu'elle doit craindre,
Ne se fait admirer que pour se faire plaindre,
Que pour nous pouvoir dire, après un grand soupir :
« J'avais droit de régner, et n'ai su m'en servir. »
Vous irritez un roi dont vous voyez l'armée
Nombreuse, obéissante, à vaincre accoutumée ;
Vous êtes en ses mains, vous vivez dans sa cour.

LAODICE. Je ne sais si l'honneur eut jamais un faux jour,
Seigneur ; mais je veux bien vous répondre en amie.
Ma prudence n'est pas tout-à-fait endormie ;
Et, sans examiner par quel destin jaloux
La grandeur de courage est si mal avec vous,
Je veux vous faire voir que celle que j'étale
N'est pas tant qu'il vous semble une vertu brutale ;
Que, si j'ai droit au trône, elle s'en veut servir,
Et sait bien repousser qui me la veut ravir.
Je vois sur la frontière une puissante armée,
Comme vous l'avez dit, à vaincre accoutumée ;
Mais par quelle conduite, et sous quel général ?
Le roi, s'il s'en fait fort, pourrait s'en trouver mal ;
Et, s'il voulait passer de son pays au nôtre,
Je lui conseillerais de s'assurer d'un autre.
Mais je vis dans sa cour, je suis dans ses États,
Et j'ai peu de raison de ne le craindre pas.
Seigneur, dans sa cour même, et hors de l'Arménie,
La vertu trouve appui contre la tyrannie.
Tout son peuple a des yeux pour voir quel attentat
Font sur le bien public les maximes d'État :
Il connaît Nicomède, il connaît sa marâtre.
Il en sait, il en voit la haine opiniâtre ;
Il voit la servitude où le roi s'est soumis,
Et connaît d'autant mieux les dangereux amis.
Pour moi, que vous croyez au bord du précipice,
Bien loin de mépriser Attale par caprice,
J'évite les mépris qu'il recevrait de moi
S'il tenait de ma main la qualité de roi.
Je le regarderais comme une âme commune,
Comme un homme mieux né pour une autre fortune
Plus mon sujet qu'époux ; et le nœud conjugal
Ne le tirerait pas de ce rang inégal.
Mon peuple à mon exemple en ferait peu d'estime.
Ce serait trop, Seigneur, pour un cœur magnanime :
Mon refus lui fait grâce, et, malgré ses désirs,
J'épargne à sa vertu d'éternels déplaisirs.

FLAMINIUS. Si vous me dites vrai, vous êtes ici reine :
Sur l'armée et la cour je vous vois souveraine ;
Le roi n'est qu'une idée, et n'a de son pouvoir
Que ce que par pitié vous lui laissez avoir.
Quoi ! même vous allez jusques à faire grâce !
Après cela, Madame, excusez mon audace ;
Souffrez que Rome enfin vous parle par ma voix :

Recevoir ambassade est encor de vos droits ;
Oui, si ce nom vous choque ailleurs qu'en Arménie.
Comme simple Romain souffrez que je vous die
Qu'être allié de Rome, et s'en faire un appui,
C'est l'unique moyen de régner aujourd'hui ;
Que c'est par là qu'on tient ses voisins en contrainte ;
Ses peuples en repos, ses ennemis en crainte ;
Qu'un prince est dans son trône à jamais affermi
Quand il est honoré du nom de son ami,
Qu'Attale avec ce titre est plus roi, plus monarque
Que tous ceux dont le front ose en porter la marque ;
Et qu'enfin...

LAODICE. Il suffit, je vois bien ce que c'est :
Tous les rois ne sont rois qu'autant comme il vous plaît
Mais si de leurs États Rome à son gré dispose,
Certes, pour son Attale elle fait peu de chose ;
Et qui tient en sa main tant de quoi lui donner
A mendier pour lui devrait moins s'obstiner.
Pour un prince si cher sa réserve m'étonne ;
Que ne me l'offre-t-elle avec une couronne ?
C'est trop m'importuner en faveur d'un sujet,
Moi qui tiendrais un roi pour un indigne objet,
S'il venait par votre ordre, et si votre alliance
Souillait entre ses mains la suprême puissance.
Ce sont des sentiments que je ne puis trahir :
Je ne veux point de rois qui sachent obéir ;
Et, puisque vous voyez mon âme tout entière,
Seigneur, ne perdez plus menace ni prière.

FLAMINIUS. Puis-je ne point vous plaindre en cet aveuglement ?
Madame, encore un coup, pensez-y mûrement,
Songez mieux ce qu'est Rome et ce qu'elle peut faire ;
Et, si vous vous aimez, craignez de lui déplaire.
Carthage étant détruite, Antiochus défait,
Rien de nos volontés ne peut troubler l'effet ;
Tout fléchit sur la terre et tout tremble sur l'onde ;
Et Rome est aujourd'hui la maîtresse du monde.

LAODICE. La maîtresse du monde ! Ah ! vous me feriez peur
S'il ne s'en fallait pas l'Arménie et mon cœur,
Si le grand Annibal n'avait qui lui succède,
S'il ne revivait pas au prince Nicomède,
Et s'il n'avait laissé dans de si dignes mains
L'infaillible secret de vaincre les Romains.
Un si vaillant disciple aura bien le courage
D'en mettre jusqu'au bout les leçons en usage ;
L'Asie en fait l'épreuve, où trois sceptres conquis
Font voir en quelle école il en a tant appris.
Ce sont des coups d'essai, mais si grands que peut-être
Le Capitole a droit d'en craindre un coup de maître,
Et qu'il ne puisse un jour...

FLAMINIUS. Ce jour est encor loin,
Madame, et quelques-uns vous diront, au besoin,
Quels dieux du haut en bas renversent les profanes,
Et que, même au sortir de Trébie et de Cannes,
Son ombre épouvanta votre grand Annibal.
Mais le voici ce bras à Rome si fatal.

SCÈNE III. — NICOMÈDE, LAODICE, FLAMINIUS.

NICOMÈDE. Ou Rome à ses agens donne un pouvoir bien large,
Ou vous êtes bien long à faire votre charge.

FLAMINIUS. Je sais quel est mon ordre ; et, si j'en sors ou non
C'est à d'autres qu'à vous que j'en rendrai raison.
NICOMÈDE. Allez-y donc, de grâce, et laissez à ma flamme
Le bonheur à son tour d'entretenir Madame :
Vous avez dans son cœur fait de si grands progrès,
Et vos discours pour elle ont de si grands attraits,
Que sans de grands efforts je n'y pourrai détruire
Ce que votre harangue y voulait introduire.
FLAMINIUS. Les malheurs où la plonge une indigne amitié
Me faisaient lui donner un conseil par pitié.
NICOMÈDE. Lui donner de la sorte un conseil charitable,
C'est être ambassadeur et tendre et pitoyable.
Vous a-t-il conseillé beaucoup de lâchetés,
Madame ?
FLAMINIUS. Ah ! c'en est trop ; et vous vous emportez.
NICOMÈDE. Je m'emporte ?
FLAMINIUS. Sachez qu'il n'est point de contrée
Où d'un ambassadeur la dignité sacrée...
NICOMÈDE. Ne nous vantez plus tant son rang et sa splendeur :
Qui fait le conseiller n'est plus ambassadeur ;
Il excède sa charge, et lui-même y renonce.
Mais, dites-moi, Madame, a-t-il eu sa réponse ?
LAODICE. Oui, Seigneur.
NICOMÈDE. Sachez donc que je ne vous prends plus
Que pour l'agent d'Attale, et pour Flaminius ;
Et, si vous me fâchiez, j'ajouterais peut-être
Que pour l'empoisonneur d'Annibal, de mon maître.
Voilà tous les honneurs que vous aurez de moi ;
S'ils ne vous satisfont, allez vous plaindre au roi.
FLAMINIUS. Il me fera justice, encor qu'il soit bon père ;
Ou Rome à son refus se la saura bien faire.
NICOMÈDE. Allez de l'un et l'autre embrasser les genoux.
FLAMINIUS. Les effets répondront. Prince, pensez à vous.

SCÈNE IV. — NICOMÈDE, LAODICE.

NICOMÈDE. Cet avis est plus propre à donner à la reine.
Ma générosité cède enfin à sa haine :
Je l'épargnais assez pour ne découvrir pas
Les infâmes projets de ses assassinats ;
Mais enfin on m'y force, et tout son crime éclate.
J'ai fait entendre au roi Zénon et Méthrobate ;
Et comme leur rapport a de quoi l'étonner,
Lui-même il prend le soin de les examiner.
LAODICE. Je ne sais pas, Seigneur, quelle en sera la suite ;
Mais je ne comprends point toute cette conduite,
Ni comme à cet éclat la reine vous contraint.
Plus elle vous doit craindre, et moins elle vous craint ;
Et plus vous la pouvez accabler d'infamie,
Plus elle vous attaque en mortelle ennemie.
NICOMÈDE. Elle prévient ma plainte, et cherche adroitement
A la faire passer pour un ressentiment ;
Et ce masque trompeur de fausse hardiesse
Nous déguise sa crainte, et couvre sa faiblesse.
LAODICE. Les mystères de cour souvent sont si cachés
Que les plus clairvoyants y sont bien empêchés.
Lorsque vous n'étiez point ici pour me défendre,
Je n'avais contre Attale aucun combat à rendre ;
Rome ne songeait point à troubler notre amour :
Bien plus, on ne vous souffre ici que ce seul jour ;

Et dans ce même jour Rome, en votre présence,
Avec chaleur pour lui presse mon alliance.
Pour moi, je ne vois goutte en ce raisonnement
Qui n'attend point le temps de votre éloignement,
Et j'ai devant les yeux toujours quelque nuage
Qui m'offusque la vue, et m'y jette un ombrage.
Le roi chérit sa femme, il craint Rome ; et, pour vous,
S'il ne voit vos hauts faits d'un œil un peu jaloux,
Du moins, à dire tout, je ne saurais vous taire
Qu'il est trop bon mari pour être assez bon père.
Voyez quel contre-temps Attale prend ici !
Qui l'appelle avec nous ? quel projet ? quel souci ?
Je conçois mal, Seigneur, ce qu'il faut que j'en pense ;
Mais j'en romprai le coup, s'il y faut ma présence.
Je vous quitte.

SCÈNE V. — NICOMÈDE, ATTALE, LAODICE.

ATTALE. Madame, un si doux entretien
N'est plus charmant pour vous quand j'y mêle le mien.
LAODICE. Votre importunité, que j'ose dire extrême,
Me peut entretenir en un autre moi-même :
Il connaît tout mon cœur, et répondra pour moi,
Comme à Flaminius il a fait pour le roi.

SCÈNE VI. — NICOMÈDE, ATTALE.

ATTALE. Puisque c'est la chasser, Seigneur, je me retire.
NICOMÈDE. Non, non ; j'ai quelque chose aussi bien à vous dire,
Prince. J'avais mis bas, avec le nom d'aîné,
L'avantage du trône où je suis destiné ;
Et voulant seul ici défendre ce que j'aime,
Je vous avais prié de l'attaquer de même,
Et de ne mêler point surtout dans vos desseins
Ni le secours du roi, ni celui des Romains :
Mais, ou vous n'avez pas la mémoire fort bonne,
Ou vous n'y mettez rien de ce qu'on vous ordonne.
ATTALE. Seigneur, vous me forcez à m'en souvenir mal,
Quand vous n'achevez pas de rendre tout égal.
Vous vous défaites bien de quelques droits d'aînesse ;
Mais vous défaites-vous du cœur de la princesse,
De toutes les vertus qui vous en font aimer,
Des hautes qualités qui savent tout charmer,
De trois sceptres conquis, du gain de six batailles,
Des glorieux assauts de plus de cent murailles ?
Avec de tels seconds rien n'est pour vous douteux.
Rendez donc la princesse égale entre nous deux :
Ne lui laissez plus voir ce long amas de gloire
Qu'à pleines mains sur vous a versé la victoire ;
Et faites qu'elle puisse oublier une fois
Et vos rares vertus et vos fameux exploits ;
Ou contre son amour, contre votre vaillance,
Souffrez Rome et le roi dedans l'autre balance :
Le peu qu'ils ont gagné vous fait assez juger
Qu'ils n'y mettront jamais qu'un contre-poids léger.
NICOMÈDE. C'est n'avoir pas perdu tout votre temps à Rome,
Que vous savoir ainsi défendre en galant homme :
Vous avez de l'esprit si vous n'avez du cœur.

SCÈNE VII. — ARSINOÉ, NICOMÈDE, ATTALE, ARASPE.

ARASPE. Seigneur, le roi vous mande.
NICOMÈDE. Il me mande !

ARASPE. Oui, Seigneur.
ARSINOÉ. Prince, la calomnie est aisée à détruire.
NICOMÈDE. J'ignore à quel sujet vous m'en venez instruire,
Moi qui ne doute point de cette vérité,
Madame.
ARSINOÉ. Si jamais vous n'en aviez douté,
Prince, vous n'auriez pas, sous l'espoir qui vous flatte,
Amené de si loin Zénon et Métrobate.
NICOMÈDE. Je m'obstinais, Madame, à tout dissimuler ;
Mais vous m'avez forcé de les faire parler.
ARSINOÉ. La vérité les force, et mieux que vos largesses.
Ces hommes du commun tiennent mal leurs promesses ;
Tous deux en ont plus dit qu'ils n'avaient résolu.
NICOMÈDE. J'en suis fâché pour vous, mais vous l'avez voulu.
ARSINOÉ. Je le veux bien encore, et je n'en suis fâchée
Que d'avoir vu par là votre vertu tachée,
Et qu'il faille ajouter à vos titres d'honneur
La noble qualité de mauvais suborneur.
NICOMÈDE. Je les ai subornés contre vous à ce compte?
ARSINOÉ. J'en ai le déplaisir, vous en aurez la honte.
NICOMÈDE. Et vous pensez par là leur ôter tout crédit?
ARSINOÉ. Non, Seigneur ; je me tiens à ce qu'ils en ont dit.
NICOMÈDE. Qu'ont-ils dit qui vous plaise, et que vous vouliez croire?
ARSINOÉ. Deux mots de vérité qui vous comblent de gloire.
NICOMÈDE. Peut-on savoir de vous ces deux mots importants?
ARASPE. Seigneur, le roi s'ennuie, et vous tardez longtemps.
ARSINOÉ. Vous les saurez de lui, c'est trop le faire attendre.
NICOMÈDE. Je commence, Madame, enfin à vous entendre :
Son amour conjugal, chassant le paternel,
Vous fera l'innocente, et moi le criminel.
Mais...
ARSINOÉ. Achevez, Seigneur ; ce mais, que veut-il dire?
NICOMÈDE. Deux mots de vérité qui font que je respire.
ARSINOÉ. Peut-on savoir de vous ces deux mots importants?
NICOMÈDE. Vous les saurez du roi, je tarde trop longtemps.

SCÈNE VIII. — ARSINOÉ, ATTALE.

ARSINOÉ. Nous triomphons, Attale ; et ce grand Nicomède
Voit quelle digne issue à ses fourbes succède.
Les deux accusateurs que lui-même a produits,
Que pour l'assassiner je dois avoir séduits,
Pour me calomnier subornés par lui-même,
N'ont su bien soutenir un si noir stratagème :
Tous deux m'ont accusée, et tous deux avoué
L'infâme et lâche tour qu'un prince m'a joué.
Qu'en présence des rois les vérités sont fortes !
Que pour sortir d'un cœur elles trouvent de portes !
Qu'on en voit le mensonge aisément confondu !
Tous deux voulaient me perdre, et tous deux l'ont perdu.
ATTALE. Je suis ravi de voir qu'une telle imposture
Ait laissé votre gloire et plus grande et plus pure ;
Mais pour l'examiner, et bien voir ce que c'est,
Si vous pouviez vous mettre un peu hors d'intérêt,
Vous ne pourriez jamais, sans un peu de scrupule,
Avoir pour deux méchants une âme si crédule.
Ces perfides tous deux se sont dits aujourd'hui,
Et subornés par vous, et subornés par lui :
Contre tant de vertus, contre tant de victoires,
Doit-on quelque croyance à des âmes si noires ?

Qui se confesse traître est indigne de foi.
ARSINOÉ. Vous êtes généreux, Attale, et je le voi,
Même de vos rivaux la gloire vous est chère.
ATTALE. Si je suis son rival, je suis aussi son frère :
Nous ne sommes qu'un sang, et ce sang dans mon cœur
A peine à le passer pour calomniateur.
ARSINOÉ. Et vous en avez moins à me croire assassine,
Moi, dont la perte est sûre à moins que sa ruine ?
ATTALE. Si contre lui j'ai peine à croire ces témoins,
Quand ils vous accusaient je les croyais bien moins.
Votre vertu, Madame, est au-dessus du crime.
Souffrez donc que pour lui je garde un peu d'estime :
La sienne dans la cour lui fait mille jaloux,
Dont quelqu'un a voulu le perdre auprès de vous ;
Et ce lâche attentat n'est qu'un trait de l'envie
Qui s'efforce à noircir une si belle vie.
Pour moi, si par soi-même on peut juger d'autrui,
Ce que je sens en moi, je le présume en lui.
Contre un si grand rival j'agis à force ouverte,
Sans blesser son honneur, sans pratiquer sa perte.
J'emprunte du secours, et le fais hautement :
Je crois qu'il n'agit pas moins généreusement,
Qu'il n'a que les desseins où sa gloire l'invite,
Et n'oppose à mes vœux que son propre mérite.
ARSINOÉ. Vous êtes peu du monde, et savez mal la cour.
ATTALE. Est-ce autrement qu'en prince on doit traiter l'amour ?
ARSINOÉ. Vous le traitez, mon fils, et parlez en jeune homme.
ATTALE. Madame, je n'ai vu que des vertus à Rome.
ARSINOÉ. Le temps vous apprendra, par de nouveaux emplois,
Quelles vertus il faut à la suite des rois.
Cependant, si le prince est encor votre frère,
Souvenez-vous aussi que je suis votre mère ;
Et, malgré les soupçons que vous avez conçus,
Venez savoir du roi ce qu'il croit là-dessus.

ACTE QUATRIÈME.

SCÈNE I. — PRUSIAS, ARSINOÉ, ARASPE.

PRUSIAS. Faites venir le prince, Araspe. (*Araspe rentre.*)
　　　　　　　　　　　　　　　　Et vous, Madame,
Retenez des soupirs dont vous me percez l'ame.
Quel besoin d'accabler mon cœur de vos douleurs,
Quand vous y pouvez tout sans le secours des pleurs ?
Quel besoin que ces pleurs prennent votre défense ?
Douté-je de son crime, ou de votre innocence ?
Et reconnaissez-vous que tout ce qu'il m'a dit
Par quelque impression ébranle mon esprit ?
ARSINOÉ. Ah! Seigneur, est-il rien qui répare l'injure
Que fait à l'innocence un moment d'imposture ?
Et peut-on voir mensonge assez tôt avorté,
Pour rendre à la vertu toute sa pureté ?
Il en reste toujours quelque indigne mémoire
Qui porte une souillure à la plus haute gloire.
Combien en votre cour est-il de médisants !
Combien le prince a-t-il d'aveugles partisans,
Qui, sachant une fois qu'on m'a calomniée,
Croiront que votre amour m'a seul justifiée !
Et, si la moindre tache en demeure à mon nom,
Si le moindre du peuple en conserve un soupçon,

Suis-je digne de vous? et de telles alarmes
Touchent-elles trop peu pour mériter mes larmes?
PRUSIAS. Ah! c'est trop de scrupule, et trop mal présumer
D'un mari qui vous aime, et qui vous doit aimer.
La gloire est plus solide après la calomnie,
Et brille d'autant mieux, qu'elle s'en vit ternie.
Mais voici Nicomède, et je veux qu'aujourd'hui...

SCÈNE II. — PRUSIAS, ARSINOÉ, NICOMÈDE, ARASPE, GARDES.

ARSINOÉ. Grâce, grâce, Seigneur, à notre unique appui!
Grâce à tant de lauriers en sa main si fertiles!
Grâce à ce conquérant, à ce preneur de villes!
Grâce...
NICOMÈDE. De quoi, Madame? est-ce d'avoir conquis
Trois sceptres que ma perte expose à votre fils;
D'avoir porté si loin vos armes dans l'Asie,
Que même votre Rome en a pris jalousie;
D'avoir trop soutenu la majesté des rois,
Trop rempli votre cour du bruit de mes exploits,
Trop du grand Annibal pratiqué les maximes?
S'il faut grâce pour moi, choisissez de mes crimes;
Les voilà tous, Madame; et si vous y joignez
D'avoir cru des méchants par quelque autre gagnés,
D'avoir une âme ouverte, une franchise entière,
Qui dans leur artifice a manqué de lumière,
C'est gloire et non pas crime à qui ne voit le jour
Qu'au milieu d'une armée et loin de votre cour,
Qui n'a que la vertu de son intelligence,
Et, vivant sans remords, marche sans défiance.
ARSINOÉ. Je m'en dédis, Seigneur; il n'est point criminel.
S'il m'a voulu noircir d'un opprobre éternel,
Il n'a fait qu'obéir à la haine ordinaire
Qu'imprime à ses pareils le nom de belle-mère.
De cette aversion son cœur préoccupé
M'impute tous les traits dont il se sent frappé.
Que son maître Annibal, malgré la foi publique,
S'abandonne aux fureurs d'une terreur panique;
Que ce vieillard confié et gloire et liberté
Plutôt au désespoir qu'à l'hospitalité;
Ces terreurs, ces fureurs sont de mon artifice.
Quelque appas que lui-même il trouve en Laodice,
C'est moi qui fait qu'Attale a des yeux comme lui;
C'est moi qui force Rome à lui servir d'appui;
De cette seule main part tout ce qui le blesse:
Et, pour venger ce maître et sauver sa maîtresse,
S'il a tâché, Seigneur, de m'éloigner de vous,
Tout est trop excusable en un amant jaloux.
Ce faible et vain effort ne touche point mon âme.
Je sais que tout mon crime est d'être votre femme:
Que ce nom seul l'oblige à me persécuter:
Car enfin hors de là que peut-il m'imputer?
Ma voix, depuis dix ans qu'il commande une armée
A-t-elle refusé d'enfler sa renommée?
Et, lorsqu'il l'a fallu puissamment secourir,
Que la moindre longueur l'aurait laissé périr,
Quel autre a mieux pressé les secours nécessaires?
Qui l'a mieux dégagé de ses desseins contraires?
A-t-il eu près de vous un plus soigneux agent
Pour hâter les renforts et d'hommes et d'argent?

Vous le savez, Seigneur ; et pour reconnaissance,
Après l'avoir servi de toute ma puissance,
Je vois qu'il a voulu me perdre auprès de vous.
Mais tout est excusable en un amant jaloux,
Je vous l'ai déjà dit.
PRUSIAS. Ingrat ! que peux-tu dire ?
NICOMÈDE. Que la reine a pour moi des bontés que j'admire.
Je ne vous dirai point que ces puissants secours
Dont elle a conservé mon honneur et mes jours,
Et qu'avec tant de pompe à vos yeux elle étale,
Travaillaient par ma main à la grandeur d'Attale ;
Que par mon propre bras elle amassait pour lui,
Et préparait dès lors ce qu'on voit aujourd'hui.
Par quelques sentiments qu'elle ait été poussée,
J'en laisse le ciel juge : il connaît sa pensée ;
Il sait pour mon salut comme elle a fait des vœux ;
Il lui rendra justice, et peut-être à tous deux.
Cependant, puisqu'enfin l'apparence est si belle,
Elle a parlé pour moi, je dois parler pour elle ;
Et, pour son intérêt, vous faire souvenir
Que vous laissez longtemps deux méchants à punir.
Envoyez Métrobate et Zénon au supplice.
Sa gloire attend de vous ce digne sacrifice :
Tous deux l'ont accusée ; et, s'ils s'en sont dédits,
Pour la faire innocente et charger votre fils,
Ils n'ont rien fait pour eux, et leur mort est trop juste
Après s'être joués d'une personne auguste.
L'offense une fois faite à ceux de notre rang
Ne se répare point que par des flots de sang :
On n'en fut jamais quitte ainsi pour s'en dédire.
Il faut sous les tourments que l'imposture expire ;
Ou vous exposeriez tout votre sang royal
A la légèreté d'un esprit déloyal.
L'exemple est dangereux, et hasarde nos vies
S'il met en sûreté de telles calomnies.
ARSINOÉ. Quoi ! Seigneur, les punir de la sincérité
Qui soudain dans leur bouche a mis la vérité,
Qui vous a contre moi sa fourbe découverte,
Qui vous rend votre femme et m'arrache à ma perte.
Qui vous a retenu d'en prononcer l'arrêt ;
Et couvrir tout cela de mon seul intérêt !
C'est être trop adroit, prince, et trop bien l'entendre.
PRUSIAS. Laisse là Métrobate, et songe à te défendre.
Purge-toi d'un forfait si honteux et si bas.
NICOMÈDE. M'en purger ! moi, Seigneur ! vous ne le croyez pas :
Vous ne savez que trop qu'un homme de ma sorte,
Quand il se rend coupable, un peu plus haut se porte :
Qu'il lui faut un grand crime à tenter son devoir,
Où sa gloire se sauve à l'ombre du pouvoir.
Soulever votre peuple, et jeter votre armée
Dedans les intérêts d'une reine opprimée ;
Venir, le bras levé, la tirer de vos mains
Malgré l'amour d'Attale et l'effort des Romains,
Et fondre en vos pays contre leur tyrannie
Avec tous vos soldats et toute l'Arménie ;
C'est ce que pourrait faire un homme tel que moi
S'il pouvait se résoudre à vous manquer de foi.
La fourbe n'est le jeu que de petites âmes,
Et c'est là proprement le partage des femmes.

Punissez donc, Seigneur, Métrobate et Zénon ;
Pour la reine ou pour moi, faites-vous-en raison,
A ce dernier moment la conscience presse ;
Pour rendre compte aux dieux tout respect humain cesse ;
Et ces esprits légers, approchant des abois,
Pourraient bien se dédire une seconde fois.

ARSINOÉ. Seigneur...

NICOMÈDE. Parlez, Madame, et dites quelle cause
A leur juste supplice obstinément s'oppose ;
Ou laissez-nous penser qu'aux portes du trépas
Ils auraient des remords qui ne vous plairaient pas.

ARSINOÉ. Vous voyez à quel point sa haine m'est cruelle :
Quand je le justifie, il me fait criminelle.
Mais sans doute, Seigneur, ma présence l'aigrit,
Et mon éloignement remettra son esprit :
Il rendra quelque calme à son cœur magnanime,
Et lui pourra sans doute épargner plus d'un crime.
Je ne demande point que par compassion
Vous assuriez un sceptre à ma protection,
Ni que pour garantir la personne d'Attale
Vous partagiez entre eux la puissance royale :
Si vos amis de Rome en ont pris quelque soin,
C'était sans mon aveu, je n'en ai pas besoin.
Je n'aime point si mal que de ne vous pas suivre,
Sitôt qu'entre mes bras vous cesserez de vivre ;
Et sur votre tombeau mes premières douleurs
Verseront tout ensemble et mon sang et mes pleurs.

PRUSIAS. Ah! Madame!

ARSINOÉ. Oui, Seigneur, cette heure infortunée
Par vos derniers soupirs clora ma destinée ;
Et puisqu'ainsi jamais il ne sera mon roi,
Qu'ai-je à craindre de lui? que peut-il contre moi?
Tout ce que je demande en faveur de ce gage,
De ce fils qui déjà lui donne tant d'ombrage,
C'est que chez les Romains il retourne achever
Des jours que dans leur sein vous fîtes élever ;
Qu'il retourne y traîner, sans péril et sans gloire,
De votre amour pour moi l'impuissante mémoire.
Ce grand prince vous sert, et vous servira mieux,
Quand il n'aura plus rien qui lui blesse les yeux.
Et n'appréhendez point Rome, ni sa vengeance ;
Contre tout son pouvoir il a trop de vaillance :
Il sait tous les secrets du fameux Annibal,
De ce héros à Rome en tous lieux si fatal,
Que l'Asie et l'Afrique admirent l'avantage
Qu'en tire Antiochus et qu'en reçut Carthage.
Je me retire donc, afin qu'en liberté
Les tendresses du sang pressent votre bonté ;
Et je ne veux plus voir, ni qu'en votre présence
Un prince que j'estime indignement m'offense,
Ni que je sois forcée à vous mettre en courroux
Contre un fils si vaillant et si digne de vous.

SCÈNE III. — PRUSIAS, NICOMÈDE, ARASPE.

PRUSIAS. Nicomède, en deux mots, ce désordre me fâche.
Quoi qu'on t'ose imputer, je ne te crois point lâche ;
Mais donnons quelque chose à Rome, qui se plaint,
Et tâchons d'assurer la reine, qui te craint.
J'ai tendresse pour toi, j'ai passion pour elle

Et je ne veux pas voir cette haine éternelle,
Ni que des sentiments que j'aime à voir durer
Ne règnent dans mon cœur que pour le déchirer.
J'y veux mettre d'accord l'amour et la nature,
Être père et mari dans cette conjoncture...
NICOMÈDE. Seigneur, voulez-vous bien vous en fier à moi?
Ne soyez l'un ni l'autre.
PRUSIAS. Et que dois-je être?
NICOMÈDE. Roi.
Reprenez hautement ce noble caractère.
Un véritable roi n'est ni mari ni père;
Il regarde son trône, et rien de plus. Régnez,
Rome vous craindra plus que vous ne la craignez.
Malgré cette puissance et si vaste et si grande,
Vous pouvez déjà voir comme elle m'appréhende,
Combien en me perdant elle espère gagner,
Parce qu'elle prévoit que je saurai régner.
PRUSIAS. Je règne donc, ingrat! puisque tu me l'ordonnes.
Choisis, ou Laodice, ou mes quatre couronnes;
Ton roi fait ce partage entre ton frère et toi;
Je ne suis plus ton père, obéis à ton roi.
NICOMÈDE. Si vous étiez aussi le roi de Laodice
Pour l'offrir à mon choix avec quelque justice,
Je vous demanderais le loisir d'y penser;
Mais enfin, pour vous plaire et ne pas l'offenser,
J'obéirai, Seigneur, sans répliques frivoles,
A vos intentions, et non à vos paroles.
A ce frère si cher transportez tous mes droits,
Et laissez Laodice en liberté du choix,
Voilà quel est le mien.
PRUSIAS. Quelle bassesse d'ame!
Quelle fureur t'aveugle en faveur d'une femme!
Tu la préfères, lâche! à ces prix glorieux
Que ta valeur unit au bien de tes aïeux!
Après cette infamie es-tu digne de vivre?
NICOMÈDE. Je crois que votre exemple est glorieux à suivre.
Ne préférez-vous pas une femme à ce fils
Par qui tous ces États aux vôtres sont unis?
PRUSIAS. Me vois-tu renoncer pour elle au diadême?
NICOMÈDE. Me voyez-vous pour l'autre y renoncer moi-même?
Que cédè-je à mon frère en cédant vos États?
Ai-je droit d'y prétendre avant votre trépas?
Pardonnez-moi ce mot, il est fâcheux à dire.
Mais un monarque enfin comme un autre homme expire:
Et vos peuples alors, ayant besoin d'un roi,
Voudront choisir peut-être entre ce prince et moi.
Seigneur, nous n'avons pas si grande ressemblance,
Qu'il faille de bons yeux pour y voir différence;
Et ce vieux droit d'aînesse est souvent si puissant,
Que pour remplir un trône il rappelle un absent.
Que si leurs sentiments se règlent sur les vôtres,
Sous le joug de vos lois j'en ai bien rangé d'autres;
Et, dussent vos Romains en être encor jaloux,
Je ferai bien pour moi ce que j'ai fait pour vous.
PRUSIAS. J'y donnerai bon ordre.
NICOMÈDE. Oui, si leur artifice
De votre sang pour vous se fait un sacrifice:
Autrement vos États à ce prince livrés
Ne seront en ses mains qu'autant que vous vivrez.

Ce n'est point en secret que je vous le déclare,
Je le dis à lui-même, afin qu'il s'y prépare ;
Le voilà qui m'entend.
     PRUSIAS. Va, sans verser mon sang,
Je saurai bien, ingrat ! l'assurer en ce rang ;
Et demain...

SCÈNE IV. — PRUSIAS, NICOMÈDE, ATTALE, FLAMINIUS, ARASPE, GARDES.

FLAMINIUS. Si pour moi vous êtes en colère,
Seigneur, je n'ai reçu qu'une offense légère :
Le sénat en effet pourra s'en indigner ;
Mais j'ai quelques amis qui sauront le gagner.
PRUSIAS. Je lui ferai raison : et dès demain Attale
Recevra de ma main la puissance royale ;
Je le fais roi de Pont, et mon seul héritier.
Et quant à ce rebelle, à ce courage fier,
Rome entre vous et lui jugera de l'outrage.
Je veux qu'au lieu d'Attale il lui serve d'ôtage ;
Et pour l'y mieux conduire il vous sera donné,
Sitôt qu'il aura vu son frère couronné.
NICOMÈDE. Vous m'enverrez à Rome !
     PRUSIAS. On t'y fera justice.
Va, va lui demander ta chère Laodice.
NICOMÈDE. J'irai, j'irai, Seigneur, vous le voulez ainsi ;
Et j'y serais plus roi que vous n'êtes ici.
FLAMINIUS. Rome sait vos hauts faits et déjà vous adore.
NICOMÈDE. Tout beau, Flaminius ; je n'y suis pas encore.
La route en est mal sûre, à tout considérer ;
Et qui m'y conduira pourrait bien s'égarer.
PRUSIAS. Qu'on le ramène, Araspe ; et redoublez sa garde.
(A Attale.) Toi, rends grâces à Rome, et sans cesse regarde
Que, comme son pouvoir est la source du tien,
En perdant son appui tu ne seras plus rien.
Vous, Seigneur, excusez si, me trouvant en peine
De quelques déplaisirs que m'a fait voir la reine,
Je vais l'en consoler, et vous laisse avec lui.
Attale, encore un coup, rends grâce à son appui.

    SCÈNE V. — FLAMINIUS, ATTALE.

ATTALE. Seigneur, que vous dirais-je après des avantages
Qui sont même trop grands pour les plus grands courages ?
Vous n'avez point de borne, et votre affection
Passe votre promesse et mon ambition.
Je l'avouerai pourtant, le trône de mon père
Ne fait pas le bonheur que plus je considère ;
Ce qui touche mon cœur, ce qui charme mes sens,
C'est Laodice acquise à mes vœux innocents.
La qualité de roi qui me rend digne d'elle...
FLAMINIUS. Ne rendra pas son cœur à vos yeux moins rebelle.
ATTALE. Seigneur, l'occasion fait un cœur différent :
D'ailleurs, c'est l'ordre exprès de son père mourant ;
Et par son propre aveu la reine d'Arménie
Est due à l'héritier du roi de Bithynie.
FLAMINIUS. Ce n'est pas loi pour elle ; et, reine comme elle est,
Cet ordre, à bien parler, n'est que ce qu'il lui plaît.
Aimerait-elle en vous l'éclat du diadème
Qu'on vous donne aux dépens d'un grand prince qu'elle aime,
En vous qui la privez d'un si cher protecteur,
En vous qui de sa chute êtes l'unique auteur?
ATTALE. Ce prince hors d'ici, Seigneur, que fera-t-elle?

Qui contre Rome et nous soutiendra sa querelle?
Car j'ose me promettre encor votre secours.
FLAMINIUS. Les choses quelquefois prennent un autre cours.
Pour ne vous point flatter, je n'en veux pas répondre.
ATTALE. Ce serait bien, Seigneur, de tout point me confondre,
Et je serais moins roi qu'un objet de pitié,
Si le bandeau royal m'ôtait votre amitié.
Mais je m'alarme trop, et Rome est plus égale.
N'en avez-vous pas l'ordre?
      FLAMINIUS. Oui, pour le prince Attale,
Pour un homme en son sein nourri dès le berceau :
Mais pour le roi de Pont, il faut ordre nouveau.
ATTALE. Il faut ordre nouveau! Quoi! se pourrait-il faire
Qu'à l'œuvre de ses mains Rome devînt contraire,
Que ma grandeur naissante y fît quelques jaloux?
FLAMINIUS. Que présumez-vous, Prince? et que me dites-vous?
ATTALE. Vous-même, dites-moi comme il faut que j'explique
Cette inégalité de votre république.
FLAMINIUS. Je vais vous l'expliquer, et veux bien vous guérir
D'une erreur dangereuse où vous semblez courir.
Rome qui vous servait auprès de Laodice
Pour vous donner son trône eût fait une injustice
Son amitié pour vous lui faisait cette loi :
Mais par d'autres moyens elle vous a fait roi ;
Et le soin de sa gloire à présent la dispense
De se porter pour vous à cette violence.
Laissez donc cette reine en pleine liberté,
Et tournez vos désirs de quelque autre côté.
Rome de votre hymen prendra soin elle-même.
ATTALE. Mais s'il arrive enfin que Laodice m'aime?
FLAMINIUS. Ce serait mettre encor Rome dans le hasard
Que l'on crût artifice ou force de sa part ;
Cet hymen jeterait une ombre sur sa gloire.
Prince, n'y pensez plus, si vous m'en pouvez croire;
Ou, si de mes conseils vous faites peu d'état,
N'y pensez plus du moins sans l'aveu du sénat.
ATTALE. A voir quelle froideur à tant d'amour succède,
Rome ne m'aime pas ; elle hait Nicomède :
Et, lorsqu'à mes désirs elle a feint d'applaudir,
Elle a voulu le perdre et non pas m'agrandir.
FLAMINIUS. Pour ne vous faire pas de réponse trop rude
Sur ce beau coup d'essai de votre ingratitude,
Suivez votre caprice, offensez vos amis;
Vous êtes souverain, et tout vous est permis.
Mais puisqu'enfin ce jour vous doit faire connaître
Que Rome vous a fait ce que vous allez être,
Que perdant son appui vous ne serez plus rien,
Que le roi vous l'a dit, souvenez-vous en bien.

SCÈNE VI. — ATTALE.

Attale, était-ce ainsi que régnaient tes ancêtres?
Veux-tu le nom de roi pour avoir tant de maîtres?
Ah! ce titre à ce prix déjà m'est importun ;
S'il nous en faut avoir, du moins n'en ayons qu'un.
Le ciel nous l'a donné trop grand, trop magnanime,
Pour souffrir qu'aux Romains il serve de victime.
Montrons-leur hautement que nous avons des yeux,
Et d'un si rude joug affranchissons ces lieux.
Puisqu'à leurs intérêts tout ce qu'ils font s'applique,

Que leur vaine amitié cède à leur politique,
Soyons à notre tour de leur grandeur jaloux,
Et comme ils font pour eux, faisons aussi pour nous.

ACTE CINQUIÈME.

SCÈNE I. — Arsinoé, Attale.

ARSINOÉ. J'ai prévu ce tumulte, et n'en vois rien à craindre,
Comme un moment l'allume, un moment peut l'éteindre :
Et si l'obscurité laisse croître ce bruit,
Le jour dissipera les vapeurs de la nuit.
Je me fâche bien moins qu'un peuple se mutine,
Que de voir que ton cœur dans son amour s'obstine,
Et, d'une indigne ardeur lâchement embrasé,
Ne rend point de mépris à qui t'a méprisé.
Venge-toi d'une ingrate, et quitte une cruelle,
A présent que le sort t'a mis au-dessus d'elle.
Son trône, et non ses yeux, avait dû te charmer.
Tu vas régner sans elle ; à quel propos l'aimer ?
Porte, porte ce cœur à de plus douces chaînes.
Puisque te voilà roi, l'Asie a d'autres reines,
Qui, loin de te donner des rigueurs à souffrir,
T'épargneront bientôt la peine de t'offrir.
ATTALE. Mais, Madame...
         ARSINOÉ. Hé bien ! soit, je veux qu'elle se rende :
Prévois-tu les malheurs qu'ensuite j'appréhende ?
Sitôt que d'Arménie elle t'aura fait roi,
Elle t'engagera dans sa haine pour moi.
Mais, ô dieux ! pourra-t-elle y borner sa vengeance ?
Pourras-tu dans son lit dormir en assurance ?
Et refusera-t-elle à son ressentiment
Le fer ou le poison pour venger son amant ?
Qu'est-ce qu'en sa fureur une femme n'essaie ?
ATTALE. Que de fausses raisons pour me cacher la vraie !
Rome, qui n'aime pas à voir un puissant roi,
L'a craint en Nicomède, et le craindrait en moi.
Je ne dois plus prétendre à l'hymen d'une reine,
Si je ne veux déplaire à notre souveraine ;
Et puisque la fâcher ce serait me trahir,
Afin qu'elle me souffre il vaut mieux obéir.
Je sais par quels moyens sa sagesse profonde
S'achemine à grands pas à l'empire du monde :
Aussitôt qu'un État devient un peu trop grand,
Sa chute doit guérir l'ombrage qu'elle en prend.
C'est blesser les Romains que faire une conquête,
Que mettre trop de bras sous une seule tête ;
Et leur guerre est trop juste après cet attentat
Que fait sur leur grandeur un tel crime d'État.
Eux qui pour gouverner sont les premiers des hommes,
Veulent que sous leurs ordres on soit ce que nous somme
Veulent sur tous les rois un si haut ascendant
Que leur empire seul demeure indépendant.
Je les connais, Madame, et j'ai vu cet ombrage
Détruire Antiochus et renverser Carthage.
De peur de choir comme eux, je veux bien m'abaisser,
Et cède à des raisons que je ne puis forcer :
D'autant plus justement mon impuissance y cède,
Que je vois qu'en leurs mains on livre Nicomède :

Un si grand ennemi leur répond de ma foi.
C'est un lion tout prêt à déchaîner sur moi.
ARSINOÉ. C'est de quoi je voulais vous faire confidence.
Mais vous me ravissez d'avoir cette prudence.
Le temps pourra changer, cependant prenez soin
D'assurer des jaloux dont vous avez besoin.

SCÈNE II. — FLAMINIUS, ARSINOÉ, ATTALE.

ARSINOÉ. Seigneur, c'est remporter une haute victoire
Que de rendre un amant capable de me croire.
J'ai su le ramener aux termes du devoir,
Et sur lui la raison a repris son pouvoir.
FLAMINIUS. Madame, voyez donc si vous serez capable
De rendre également ce peuple raisonnable.
Le mal croît, il est temps d'agir de votre part,
Ou, quand vous le voudrez, vous le voudrez trop tard.
Ne vous figurez plus que ce soit le confondre
Que de le laisser faire et ne lui point répondre.
Rome autrefois a vu de ces émotions,
Sans embrasser jamais vos résolutions.
Quand il fallait calmer toute une populace,
Le sénat n'épargnait promesse ni menace,
Et rappelait par là son escadron mutin
Et du mont Quirinal et du mont Aventin,
Dont il l'aurait vu faire une horrible descente,
S'il eût traité longtemps sa fureur d'impuissante,
Et l'eût abandonnée à sa confusion,
Comme vous semblez faire en cette occasion.
ARSINOÉ. Après ce grand exemple en vain on délibère :
Ce qu'a fait le sénat montre ce qu'il faut faire ;
Et le roi... Mais il vient.

SCÈNE III. — PRUSIAS, ARSINOÉ, FLAMINIUS, ATTALE.

PRUSIAS. Je ne puis plus douter,
Seigneur, d'où vient le mal que je vois éclater :
Ces mutins ont pour chefs les gens de Laodice.
FLAMINIUS. J'en avais soupçonné déjà son artifice.
ATTALE. Ainsi votre tendresse et vos soins sont payés!
FLAMINIUS. Seigneur, il faut agir ; et si vous m'en croyez...

SCÈNE IV. — PRUSIAS, ARSINOÉ, FLAMINIUS, ATTALE, CLÉONE.

CLÉONE. Tout est perdu, Madame, à moins d'un prompt remède :
Tout le peuple à grands cris demande Nicomède ;
Il commence lui-même à se faire raison,
Et vient de déchirer Métrobate et Zénon.
ARSINOÉ. Il n'est donc plus à craindre, il a pris ses victimes :
Sa fureur sur leur sang va consumer ses crimes;
Elle s'applaudira de cet illustre effet,
Et croira Nicomède amplement satisfait.
FLAMINIUS. Si ce désordre était sans chefs et sans conduite,
Je voudrais, comme vous, en craindre moins la suite ;
Le peuple par leur mort pourrait s'être adouci :
Mais un dessein formé ne tombe pas ainsi ;
Il suit toujours son but jusqu'à ce qu'il l'emporte :
Le premier sang versé rend sa fureur plus forte :
Il l'amorce, il l'acharne, il en éteint l'horreur,
Et ne lui laisse plus ni pitié ni terreur.

SCÈNE V. — PRUSIAS, FLAMINIUS, ARSINOÉ, ATTALE, CLÉONE, ARASPE.

ARASPE. Seigneur, de tous côtés le peuple vient en foule ;
De moment en moment votre garde s'écoule ;

Et, suivant les discours qu'ici même j'entends,
Le prince entre mes mains ne sera pas longtemps :
Je n'en puis plus répondre.
             PRUSIAS. Allons, allons le rendre
Ce précieux objet d'une amitié si tendre :
Obéissons, Madame, à ce peuple sans foi,
Qui, las de m'obéir, en veut faire son roi ;
Et du haut d'un balcon, pour calmer la tempête,
Sur ses nouveaux sujets faisons voler sa tête
ATTALE. Ah ! Seigneur.
             PRUSIAS. C'est ainsi qu'il lui sera rendu :
A qui le cherche ainsi, c'est ainsi qu'il est dû.
ATTALE. Ah! Seigneur, c'est tout perdre et livrer à sa rage
Tout ce qui de plus près touche votre courage ;
Et j'ose dire ici que votre majesté
Aurait peine elle-même à trouver sûreté.
PRUSIAS. Il faut donc se résoudre à tout ce qu'il m'ordonne,
Lui rendre Nicomède avecque ma couronne :
Je n'ai point d'autre choix ; et, s'il est le plus fort,
Je dois à son idole, ou mon sceptre, ou la mort.
FLAMINIUS. Seigneur, quand ce dessein aurait quelque justice,
Est-ce à vous d'ordonner que ce prince périsse ?
Quel pouvoir sur ses jours vous demeure permis ?
C'est l'ôtage de Rome, et non plus votre fils :
Je dois m'en souvenir, quand son père l'oublie :
C'est attenter sur nous qu'ordonner de sa vie :
J'en dois compte au sénat, et n'y puis consentir.
Ma galère est au port toute prête à partir :
Le palais y répond par la porte secrète ;
Si vous le voulez perdre, agréez ma retraite ;
Souffrez que mon départ fasse connaître à tous
Que Rome a des conseils plus justes et plus doux ;
Et ne l'exposez pas à ce honteux outrage
De voir à ses yeux même immoler son ôtage.
ARSINOÉ. Me croirez-vous, Seigneur ? et puis-je m'expliquer ?
PRUSIAS. Ah ! rien de votre part ne saurait me choquer.
Parlez.
ARSINOÉ. Le ciel m'inspire un dessein dont j'espère
Et satisfaire Rome et ne vous pas déplaire.
S'il est prêt à partir, il peut en ce moment
Enlever avec lui son ôtage aisément :
Cette porte secrète ici nous favorise.
Mais pour faciliter d'autant mieux l'entreprise,
Montrez-vous à ce peuple, et, flattant son courroux,
Amusez-le du moins à débattre avec vous ;
Faites-lui perdre temps, tandis qu'en assurance
La galère s'éloigne avec son espérance.
S'il force le palais, et ne l'y trouve plus,
Vous ferez comme lui le surpris, le confus ;
Vous accuserez Rome, et promettrez vengeance
Sur quiconque sera de son intelligence.
Vous enverrez après, sitôt qu'il sera jour,
Et vous lui donnerez l'espoir d'un prompt retour,
Où mille empêchements que vous ferez vous-même
Pourront de toutes parts aider au stratagème.
Quelque aveugle transport qu'il témoigne aujourd'hui,
Il n'attentera rien tant qu'il craindra pour lui,
Tant qu'il présumera son effort inutile
Ici la délivrance en paraît trop facile :

Et s'il l'obtient, Seigneur, il faut fuir, vous et moi;
S'il le voit à sa tête, il en fera son roi ;
Vous le jugez vous-même.
     PRUSIAS. Ah ! j'avouerai, Madame,
Que le ciel a versé ce conseil dans votre ame.
Seigneur, se peut-il voir rien de mieux concerté ?
 FLAMINIUS. Il vous assure et vie, et gloire, et liberté ;
Et vous avez d'ailleurs Laodice en ôtage.
Mais qui perd temps ici perd tout son avantage.
 PRUSIAS. Il n'en faut donc plus perdre : allons-y de ce pas.
 ARSINOÉ. Ne prenez avec vous qu'Araspe et trois soldats :
Peut-être un plus grand nombre aurait quelque infidèle.
J'irai chez Laodice, et m'assurerai d'elle.
Attale, où courez-vous ?
     ATTALE. Je vais, de mon côté,
De ce peuple mutin amuser la fierté,
A votre stratagème en ajouter quelque autre.
 ARSINOÉ. Songez que ce n'est qu'un que mon sort et le vôtre,
Que vos seuls intérêts me mettent en danger.
 ATTALE. Je vais périr, Madame, ou vous en dégager.
 ARSINOÉ. Allez donc. J'aperçois la reine d'Arménie.
    SCÈNE VI. — ARSINOÉ, LAODICE, CLÉONE.
 ARSINOÉ. La cause de nos maux doit-elle être impunie ?
 LAODICE. Non, Madame ; et, pour peu qu'elle ait d'ambition,
Je vous réponds déjà de sa punition.
 ARSINOÉ. Vous qui savez son crime, ordonnez de sa peine.
 LAODICE. Un peu d'abaissement suffit pour une reine :
C'est déjà trop de voir son dessein avorté.
 ARSINOÉ. Dites, pour châtiment de sa témérité,
Qu'il lui faudrait du front tirer le diadème.
 LAODICE. Parmi les généreux il n'en va pas de même ;
Ils savent oublier quand ils ont le dessus,
Et ne veulent que voir leurs ennemis confus.
 ARSINOÉ. Ainsi qui peut vous croire aisément se contente.
 LAODICE. Le ciel ne m'a pas fait l'âme plus violente.
 ARSINOÉ. Soulever des sujets contre leur souverain,
Leur mettre à tous le fer et la flamme en la main,
Jusque dans le palais pousser leur insolence,
Vous appelez cela fort peu de violence !
 LAODICE. Nous nous entendons mal, Madame, et je le voi ;
Ce que je dis pour vous, vous l'expliquez pour moi.
Je suis hors de souci pour ce qui me regarde ;
Et je viens vous chercher pour vous prendre en ma garde,
Pour ne hasarder pas en vous la majesté
Au manque de respect d'un grand peuple irrité.
Faites venir le roi, rappelez votre Attale,
Que je conserve en eux la dignité royale :
Ce peuple en sa fureur peut les connaître mal.
 ARSINOÉ. Peut-on voir un orgueil à votre orgueil égal !
Vous, par qui seule ici tout ce désordre arrive ;
Vous, qui dans ce palais vous voyez ma captive ;
Vous, qui me répondrez au prix de votre sang
De tout ce qu'un tel crime attente sur mon rang,
Vous me parlez encore avec la même audace
Que si j'avais besoin de vous demander grâce !
 LAODICE. Vous obstiner, Madame, à me parler ainsi,
C'est ne vouloir point voir que je commande ici,
Que, quand il me plaira, vous serez ma victime,
Et ne m'imputez point ce grand désordre à crime :

Votre peuple est coupable, et dans tous vos sujets
Ces cris séditieux sont autant de forfaits :
Mais pour moi, qui suis reine, et qui, dans nos querelles,
Pour triompher de vous, vous ai fait ces rebelles,
Par le droit de la guerre, il fut toujours permis
D'allumer la révolte entre ses ennemis :
M'enlever mon époux, c'est vous faire la mienne.

ARSINOÉ. Je la suis donc, Madame ; et, quoi qu'il en advienne,
Si ce peuple une fois enfonce le palais.
C'est fait de votre vie, et je vous le promets.

LAODICE. Vous tiendrez mal parole, ou bientôt sur ma tombe
Tout le sang de vos rois servira d'hécatombe.
Mais avez-vous encor parmi votre maison
Quelque autre Métrobate ou quelque autre Zénon ?
N'appréhendez-vous point que tous vos domestiques
Ne soient déjà gagnés par mes sourdes pratiques?
En savez-vous quelqu'un si prêt à se trahir,
Si las de voir le jour, que de vous obéir?
Je ne veux point régner sur votre Bithynie :
Ouvrez-moi seulement les chemins d'Arménie ;
Et, pour voir tout d'un coup vos malheurs terminés,
Rendez-moi cet époux qu'en vain vous retenez.

ARSINOÉ. Sur le chemin de Rome il vous faut l'aller prendre ;
Flaminius l'y mène, et pourra vous le rendre :
Mais hâtez-vous, de grâce, et faites bien ramer,
Car déjà sa galère a pris le large en mer.

LAODICE. Ah ! si je le croyais...

ARSINOÉ. N'en doutez point, Madame.

LAODICE. Fuyez donc les fureurs qui saisissent mon ame :
Après le coup fatal de cette indignité,
Je n'ai plus ni respect ni générosité.
Mais plutôt demeurez pour me servir d'ôtage
Jusqu'à ce que ma main de ses fers le dégage.
J'irai jusque dans Rome en briser les liens,
Avec tous vos sujets, avecque tous les miens ;
Aussi bien Annibal nommait une folie
De présumer la vaincre ailleurs qu'en Italie.
Je veux qu'elle me voie au cœur de ses États
Soutenir ma fureur d'un million de bras,
Et sous mon désespoir rangeant sa tyrannie...

ARSINOÉ. Vous voulez donc enfin régner en Bithynie?
Et, dans cette fureur qui vous trouble aujourd'hui,
Le roi pourra souffrir que vous régniez pour lui?

LAODICE. J'y régnerai, Madame, et sans lui faire injure.
Puisque le roi veut bien n'être roi qu'en peinture,
Que lui doit importer qui donne ici la loi,
Et qui règne pour lui, des Romains ou de moi?
Mais un second ôtage entre mes mains se jette.

SCÈNE VII. — ARSINOÉ, LAODICE, ATTALE, CLÉON.

ARSINOÉ. Attale, avez-vous su comme ils ont fait retraite?

ATTALE. Ah ! Madame !

ARSINOÉ. Parlez.

ATTALE. Tous les dieux irrités
Dans les derniers malheurs nous ont précipités.
Le prince est échappé.

LAODICE. Ne craignez plus, Madame ;
La générosité déjà rentre en mon ame.

ARSINOÉ. Attale, prenez-vous plaisir à m'alarmer?

ATTALE. Ne vous flattez point tant que de le présumer.

Le malheureux Araspe, avec sa faible escorte,
L'avait déjà conduit à cette fausse porte;
L'ambassadeur de Rome était déjà passé,
Quand dans le sein d'Araspe un poignard enfoncé
Le jette aux pieds du prince. Il s'écrie; et sa suite,
De peur d'un pareil sort, prend aussitôt la fuite.
ARSINOÉ. Et qui dans cette porte a pu le poignarder?
ATTALE. Dix ou douze soldats qui semblaient le garder;
Et ce prince...
ARSINOÉ. Ah! mon fils! qu'il est partout des traîtres!
Qu'il est peu de sujets fidèles à leurs maîtres!
Mais de qui savez-vous un désastre si grand?
ATTALE. Des compagnons d'Araspe, et d'Araspe mourant.
Mais écoutez encor ce qui me désespère :
J'ai couru me ranger auprès du roi mon père;
Il n'en était plus temps : ce monarque étonné,
A ses frayeurs déjà s'était abandonné,
Avait pris un esquif pour tâcher de rejoindre
Ce Romain dont l'effroi peut-être n'est pas moindre.

SCÈNE VIII. — PRUSIAS, FLAMINIUS, ARSINOÉ, LAODICE, ATTALE, CLÉONE
PRUSIAS. Non, non, nous revenons l'un et l'autre en ces lieux
Défendre votre gloire ou mourir à vos yeux.
ARSINOÉ. Mourons, mourons, Seigneur, et dérobons nos vies
A l'absolu pouvoir des fureurs ennemies;
N'attendons pas leur ordre, et montrons-nous jaloux
De l'honneur qu'ils auraient à disposer de nous.
LAODICE. Ce désespoir, Madame, offense un si grand homme
Plus que vous n'avez fait en l'envoyant à Rome.
Vous devez le connaître; et, puisqu'il a ma foi,
Vous devez présumer qu'il est digne de moi :
Je le désavouerais, s'il n'était magnanime,
S'il manquait à remplir l'effort de mon estime,
S'il ne faisait paraître un cœur toujours égal.
Mais le voici, voyez si je le connais mal.

SCÈNE IX. — PRUSIAS, NICOMÈDE, ARSINOÉ, LAODICE, FLAMINIUS, ATTALE
CLÉONE.
NICOMÈDE. Tout est calme, Seigneur : un moment de ma vue
A soudain apaisé la populace émue.
PRUSIAS. Quoi! me viens-tu braver jusque dans mon palais,
Rebelle?
NICOMÈDE. C'est un nom que je n'aurai jamais.
Je ne viens point ici montrer à votre haine
Un captif insolent d'avoir brisé sa chaîne;
Je viens, en bon sujet vous rendre le repos
Que d'autres intérêts troublaient mal à propos.
Non que je veuille à Rome imputer quelque crime :
Du grand art de régner elle suit la maxime;
Et son ambassadeur ne fait que son devoir
Quand il veut entre nous partager le pouvoir.
Mais ne permettez pas qu'elle vous y contraigne :
Rendez-moi votre amour, afin qu'elle vous craigne :
Pardonnez à ce peuple un peu trop de chaleur
Qu'à sa passion seule a donné mon malheur;
Pardonnez un forfait qu'il a cru nécessaire,
Et qui ne produira qu'un effet salutaire.
Faites-lui grâce aussi, Madame, et permettez
Que jusques au tombeau j'adore vos bontés.
Je sais par quel motif vous m'êtes si contraire :
Votre amour maternel veut voir régner mon frère;

Et je contribuerai moi-même à ce dessein,
Si vous pouvez souffrir qu'il soit roi de ma main
Oui, l'Asie à mon bras offre encor des conquêtes,
Et pour l'en couronner mes mains sont toutes prêtes.
Commandez seulement, choisissez en quels lieux;
Et j'en apporterai la couronne à vos yeux.

ARSINOÉ. Seigneur, faut-il si loin pousser votre victoire,
Et qu'ayant en vos mains et mes jours et ma gloire,
La haute ambition d'un si puissant vainqueur
Veuille encor triompher jusque dedans mon cœur?
Contre tant de vertu je ne puis le défendre;
Il est impatient lui-même de se rendre.
Joignez cette conquête à trois sceptres conquis,
Et je croirai gagner en vous un second fils.

PRUSIAS. Je me rends donc aussi, Madame; et je veux croire
Qu'avoir un fils si grand est ma plus grande gloire.
Mais parmi les douceurs qu'enfin nous recevons,
Faites-nous savoir, Prince, à qui nous vous devons.

NICOMÈDE. L'auteur d'un si grand coup m'a caché son visage;
Mais il m'a demandé mon diamant pour gage,
Et me le doit ici rapporter dès demain.

ATTALE. Le voulez-vous, Seigneur, reprendre de ma main?

NICOMÈDE. Ah! laissez-moi toujours à cette digne marque
Reconnaître en mon sang un vrai sang de monarque.
Ce n'est plus des Romains l'esclave ambitieux,
C'est le libérateur d'un sang si précieux.
Mon frère, avec mes fers vous en brisez bien d'autres,
Ceux du roi, de la reine, et les siens et les vôtres.
Mais, pourquoi vous cacher en sauvant tout l'État?

ATTALE. Pour voir votre vertu dans son plus haut éclat,
Pour la voir seule agir contre notre injustice,
Sans la préoccuper par ce faible service,
Et me venger enfin ou sur vous ou sur moi,
Si j'eusse mal jugé de tout ce que je voi.
Mais, Madame...

ARSINOÉ. Il suffit, voilà le stratagème
Que vous m'aviez promis pour moi contre moi-même.
(A Nicomède.) Et j'ai l'esprit, Seigneur, d'autant plus satisfait,
Que mon sang rompt le cours du mal que j'avais fait.

NICOMÈDE, à Flaminius.
Seigneur, à découvert, toute âme généreuse
D'avoir votre amitié doit se tenir heureuse;
Mais nous n'en voulons plus avec ces dures lois
Qu'elle jette toujours sur la tête des rois;
Nous vous la demandons hors de la servitude;
Ou le nom d'ennemi nous semblera moins rude.

FLAMINIUS, à Nicomède.
C'est de quoi le sénat pourra délibérer :
Mais cependant pour lui j'ose vous assurer,
Prince, qu'à ce défaut vous aurez son estime,
Telle que doit l'attendre un cœur si magnanime;
Et qu'il croira se faire un illustre ennemi,
S'il ne vous reçoit pas pour généreux ami.

PRUSIAS. Nous autres, réunis sous de meilleurs auspices,
Préparons à demain de justes sacrifices;
Et demandons aux dieux, nos dignes souverains,
Pour comble de bonheur l'amitié des Romains.

FIN DE NICOMÈDE.

SERTORIUS

TRAGÉDIE EN CINQ ACTES. — 1651.

PERSONNAGES.

SERTORIUS, général du parti de Marius en Espagne.
PERPENNA, lieutenant de Sertorius.
AUFIDE, tribun de l'armée de Sertorius.
POMPÉE, général du parti de Sylla.
ARISTIE, femme de Pompée.
VIRIATE, reine de Lusitnie, à présent Portugal.
THAMIRE, dame d'honneur de Viriate.
CELSUS, tribun du parti de Pompée.
ARCAS, affranchi d'Aristius, frère d'Aristie.

La scène est à Nertobrige, ville d'Aragon, conquise par Sertorius, à présent Calatayud.

ACTE PREMIER.

SCÈNE I. — Perpenna, Aufide.

PERPENNA. D'où me vient ce désordre, Aufide ? et que veut dire
Que mon cœur sur mes vœux garde si peu d'empire ?
L'horreur que malgré moi me fait la trahison
Contre tout mon espoir révolte ma raison ;
Et de cette grandeur sur le crime fondée,
Dont jusqu'à ce moment m'a trop flatté l'idée,
L'image tout affreuse au point d'exécuter
Ne trouve plus en moi de bras à lui prêter.
En vain l'ambition qui presse mon courage
D'un faux brillant d'honneur pare son noir ouvrage ;
En vain, pour me soumettre à ses lâches efforts,
Mon âme a secoué le joug de cent remords :
Cette âme, d'avec soi tout-à-coup divisée,
Reprend de ses remords la chaîne mal brisée ;
Et de Sertorius le surprenant bonheur
Arrête une main prête à lui percer le cœur.

AUFIDE. Quel honteux contre-temps de vertu délicate
S'oppose au beau succès de l'espoir qui vous flatte ?
Et depuis quand, Seigneur, la soif du premier rang
Craint-elle de répandre un peu de mauvais sang ?
Avez-vous oublié cette grande maxime,
Que la guerre civile est le règne du crime ;
Et qu'aux lieux où le crime a plein droit de régner
L'innocence timide est seule à dédaigner ?
L'honneur et la vertu sont des noms ridicules :
Marius ni Carbon n'eurent point de scrupules ;
Jamais Sylla, jamais...

PERPENNA. Sylla ni Marius
N'ont jamais épargné le sang de leurs vaincus ;
Tour-à-tour la victoire, autour d'eux en furie,
A poussé leur courroux jusqu'à la barbarie ;
Tour-à-tour le carnage et les proscriptions
Ont sacrifié Rome à leurs dissensions ;
Mais leurs sanglants discords, qui nous donnent des maîtres,
Ont fait des meurtriers, et n'ont point fait de traîtres ;
Leurs plus vastes fureurs jamais n'ont consenti
Qu'aucun versât le sang de son propre parti ;
Et dans l'un ni dans l'autre aucun n'a pris l'audace
D'assassiner son chef pour monter en sa place.

AUFIDE. Vous y renoncez donc, et n'êtes plus jaloux
De suivre les drapeaux d'un chef moindre que vous ?

Ah ! s'il faut obéir, ne faisons plus la guerre ;
Prenons le même joug qu'a pris toute la terre.
Pourquoi tant de périls ? pourquoi tant de combats ?
Si nous voulons servir, Sylla nous tend les bras,
C'est mal vivre en Romain, que prendre loi d'un homme ;
Mais, tyran pour tyran, il vaut mieux vivre à Rome.
PERPENNA. Vois mieux ce que tu dis quand tu parles ainsi.
Du moins la liberté respire encore ici :
De notre république à Rome anéantie
On y voit refleurir la plus noble partie ;
Et cet asyle ouvert aux illustres proscrits
Réunit du sénat le précieux débris.
Par lui Sertorius découvre ces provinces,
Leur impose tribut, fait des lois à leurs princes,
Maintient de nos Romains le reste indépendant.
Mais comme tout parti demande un commandant,
Ce bonheur imprévu qui partout l'accompagne,
Ce nom qu'il s'est acquis chez les peuples d'Espagne...
AUFIDE. Ah ! c'est ce nom acquis avec trop de bonheur
Qui rompt votre fortune, et vous ravit l'honneur :
Vous n'en sauriez douter, pour peu qu'il vous souvienne
Du jour que votre armée alla joindre la sienne.
Lors...
PERPENNA. N'envenime point le cuisant souvenir
Que le commandement devait m'appartenir.
Je le passais en nombre aussi bien qu'en noblesse ;
Il succombait sans moi sous sa propre faiblesse :
Mais sitôt qu'il parut je vis en moins de rien
Tout mon camp déserté pour repeupler le sien.
Je vis par mes soldats mes aigles arrachées ;
Pour se ranger sous lui voler vers ses tranchées ;
Et, pour en colorer l'emportement honteux,
Je les suivis de rage, et m'y rangeai comme eux.
L'impérieuse aigreur de l'âpre jalousie
Dont en secret dès lors mon âme fut saisie
Grossit de jour en jour sous une passion
Qui tyrannise encor plus que l'ambition :
J'adore Viriate ; et cette grande reine,
Des Lusitaniens l'illustre souveraine,
Pourrait par son hymen me rendre sur les siens
Ce pouvoir absolu qu'il m'ôte sur les miens.
Mais elle-même, hélas ! de ce grand nom charmée,
S'attache au bruit heureux que fait sa renommée ;
Cependant qu'insensible à ce qu'elle a d'appas
Il me dérobe un cœur qu'il ne demande pas.
De son astre opposé telle est la violence,
Qu'il me vole partout, même sans qu'il y pense,
Et que, toutes les fois qu'il m'enlève mon bien,
Son nom fait tout pour lui sans qu'il en sache rien.
Je sais qu'il peut aimer et nous cacher sa flamme :
Mais je veux sur ce point lui découvrir mon ame ;
Et, s'il me peut céder ce trône où je prétends,
J'immolerai ma haine à mes désirs contents ;
Et je n'envierai plus le rang dont il s'empare,[1]
S'il m'en assure autant chez ce peuple barbare,
Qui, formé par nos soins, instruit de notre main,
Sous notre discipline est devenu romain.
AUFIDE. Lorsqu'on fait des projets d'une telle importance,
Les intérêts d'amour entrent-ils en balance ?

Et si ces intérêts vous sont enfin si doux,
Viriate, lui mort, n'est-elle pas à vous ?
PERPENNA. Oui ; mais de cette mort la suite m'embarrasse,
Aurai-je sa fortune aussi bien que sa place ?
Ceux dont il a gagné la confiance et l'appui
Prendront-ils même joie à m'obéir qu'à lui ?
Et, pour venger sa trame indignement coupée,
N'arboreront-ils point l'étendard de Pompée ?
AUFIDE. C'est trop craindre, et trop tard : c'est dans votre festin
Que ce soir, par mon ordre, on tranche son destin.
La trêve a dispersé l'armée à la campagne,
Et vous en commandez ce qui nous accompagne.
L'occasion nous rit dans un si grand dessein ;
Mais tel bras n'est à nous que jusques à demain.
Si vous rompez le coup, prévenez les indices ;
Perdez Sertorius, ou perdez vos complices,
Craignez ce qu'il faut craindre : il en est parmi nous
Qui pourraient bien avoir mêmes remords que vous,
Et si vous différez... Mais le tyran arrive.
Tâchez d'en obtenir l'objet qui vous captive ;
Et je prierai les dieux que, dans cet entretien,
Vous ayez assez d'heur pour n'en obtenir rien.

SCÈNE II. — SERTORIUS, PERPENNA.

SERTORIUS. Apprenez un dessein qui vient de me surprendre.
Dans deux heures Pompée en ce lieux doit se rendre :
Il veut sur nos débats conférer avec moi,
Et pour toute assurance il ne prend que ma foi.
PERPENNA. La parole suffit entre les grands courages.
D'un homme tel que vous la foi vaut cent ôtages ;
Je n'en suis point surpris : mais ce qui me surprend,
C'est de voir que Pompée a pris le nom de grand
Pour faire encore au vôtre entière déférence,
Sans vouloir de lieu neutre à cette conférence.
C'est avoir beaucoup fait, que d'avoir jusques-là
Fait descendre l'orgueil des héros de Sylla.
SERTORIUS. S'il est plus fort que nous, ce n'est plus en Espagne,
Où nous forçons les siens de quitter la campagne,
Et de se retrancher dans l'empire douteux
Que lui souffre à regret une province ou deux,
Qu'à sa fortune lasse il craint que je n'enlève,
Sitôt que le printemps aura fini la trêve.
C'est l'heureuse union de vos drapeaux aux miens
Qui fait ces beaux succès qu'à toute heure j'obtiens :
C'est à vous que je dois ce que j'ai de puissance ;
Attendez tout aussi de ma reconnaissance.
Je reviens à Pompée, et pense deviner
Quels motifs jusqu'ici peuvent nous l'amener.
Comme il trouve avec nous peu de gloire à prétendre,
Et qu'au lieu d'attaquer il a peine à défendre,
Il voudrait qu'un accord, avantageux ou non,
L'affranchît d'un emploi qui ternit ce grand nom ;
Et chatouillé d'ailleurs par l'espoir qui le flatte
De faire avec plus d'heur la guerre à Mithridate,
Il brûle d'être à Rome, afin d'en recevoir
Du maître qu'il s'y donne et l'ordre et le pouvoir.
PERPENNA. J'aurais cru qu'Aristie ici réfugiée,
Que, forcé par ce maître, il a répudiée,
Par un reste d'amour l'attirât en ces lieux

Sous une autre couleur lui faire ses adieux ;
Car de son cher tyran l'injustice fut telle,
Qu'il ne lui permit pas de prendre congé d'elle.
SERTORIUS. Cela peut être encore ; ils s'aimaient chèrement :
Mais il pourrait ici trouver du changement.
L'affront pique à tel point le grand cœur d'Aristie,
Que, sa première flamme en haine convertie,
Elle cherche bien moins un asyle chez nous
Que la gloire d'y prendre un plus illustre époux.
C'est ainsi qu'elle parle, et m'offre l'assistance
De ce que Rome encore a de gens d'importance,
Dont les uns ses parents, les autres ses amis,
Si je veux l'épouser, ont pour moi tout promis.
Leurs lettres en font foi, qu'elle me vient de rendre.
Voyez avec loisir ce que j'en dois attendre ;
Je veux bien m'en remettre à votre sentiment.
PERPENNA. Pourriez-vous bien, Seigneur, balancer un moment,
A moins d'une secrète et forte antipathie
Qui vous montre un supplice en l'hymen d'Aristie ?
Voyant ce que pour dot Rome lui veut donner,
Vous n'avez aucun lieu de rien examiner.
SERTORIUS. Il faut donc, Perpenna, vous faire confidence
Et de ce que je crains, et de ce que je pense.
J'aime ailleurs. A mon âge il sied si mal d'aimer,
Que je le cache même à qui m'a su charmer :
Mais, tel que je puis être, on m'aime, ou pour mieux dire,
La reine Viriate à mon hymen aspire ;
Elle veut que ce choix de mon ambition
De son peuple avec nous commence l'union,
Et qu'ensuite à l'envi mille autres hyménées
De nos deux nations l'une à l'autre enchaînées
Mêlent si bien le sang et l'intérêt commun,
Qu'ils réduisent bientôt les deux peuples en un.
C'est ce qu'elle prétend pour digne récompense
De nous avoir servis avec cette constance
Qui n'épargne ni biens ni sang de ses sujets
Pour affermir ici nos généreux projets :
Non qu'elle me l'ait dit, ou quelque autre pour elle ;
Mais j'en vois chaque jour quelque marque fidèle ;
Et comme ce dessein n'est plus pour moi douteux,
Je ne puis l'ignorer qu'autant que je le veux.
Je crains donc de l'aigrir, si j'épouse Aristie,
Et que de ses sujets la meilleure partie,
Pour venger ce mépris, et servir son courroux,
Ne tourne obstinément ses armes contre nous.
Auprès d'un tel malheur, pour nous irréparable,
Ce qu'on promet pour l'autre est peu considérable ;
Et, sous un faux espoir de nous mieux établir,
Ce renfort accepté pourrait nous affaiblir.
Voilà ce qui retient mon esprit en balance.
Je n'ai pour Aristie aucune répugnance ;
Et la reine à tel point n'asservit point mon cœur,
Qu'il ne fasse encor tout pour le commun bonheur.
PERPENNA. Cette crainte, Seigneur, dont votre âme est gênée
Ne doit pas d'un moment retarder l'hyménée.
Viriate, il est vrai, pourra s'en émouvoir ;
Mais que sert la colère où manque le pouvoir ?
Malgré sa jalousie et ses vaines menaces,
N'êtes-vous pas toujours le maître de ses places ?

Les siens, dont vous craignez le vif ressentiment,
Ont-ils dans votre armée aucun commandement?
Des plus nobles d'entre eux, et des plus grands courages,
N'avez-vous pas les fils dans Osca pour ôtages?
Tous leurs chefs sont Romains ; et leurs propres soldats,
Dispersés dans nos rangs, ont fait tant de combats,
Que la vieille amitié qui les attache aux nôtres
Leur fait aimer nos lois et n'en vouloir point d'autres.
Pourquoi donc tant les craindre? et pourquoi refuser...
SERTORIUS. Vous-même, Perpenna, pourquoi tant déguiser?
Je vois ce qu'on m'a dit : vous aimez Viriate ;
Et votre amour caché dans vos raisons éclate.
Mais les raisonnements sont ici superflus :
Dites que vous l'aimez, et je ne l'aime plus.
Parlez : je vous dois tant, que ma reconnaissance
Ne peut être sans honte un moment en balance.
PERPENNA. L'aveu que vous voulez à mon cœur est si doux,
Que j'ose...
SERTORIUS. C'est assez : je parlerai pour vous.
PERPENNA. Ah! Seigneur, c'en est trop ; et...
SERTORIUS. Point de repartie :
Tous mes vœux sont déjà du côté d'Aristie ;
Et je l'épouserai, pourvu qu'en même jour
La reine se résolve à payer votre amour :
Car, quoi que vous disiez, je dois craindre sa haine,
Et fuirais à ce prix cette illustre Romaine.
La voici : laissez-moi ménager son esprit ;
Et voyez cependant de quel air on m'écrit.

SCÈNE III. — SERTORIUS, ARISTIE.

ARISTIE. Ne vous offensez pas si dans mon infortune
Ma faiblesse me force à vous être importune ;
Non pas pour mon hymen : les suites d'un tel choix
Méritent qu'on y pense un peu plus d'une fois ;
Mais vous pouvez, Seigneur, joindre à mes espérances
Contre un péril nouveau nouvelles assurances.
J'apprends qu'un infidèle, autrefois mon époux,
Vient jusque dans ces murs conférer avec vous :
L'ordre de son tyran, et sa flamme inquiète,
Me pourront envier l'honneur de ma retraite :
L'un en prévoit la suite, et l'autre en craint l'éclat ;
Et tous les deux contre elle ont leur raison d'État.
Je vous demande donc sûreté tout entière
Contre la violence et contre la prière,
Si par l'une ou par l'autre il veut se ressaisir,
De ce qu'il ne peut voir ailleurs sans déplaisir.
SERTORIUS. Il en a lieu, Madame ; un si rare mérite
Semble croître de prix quand par force on le quitte :
Mais vous avez ici sûreté contre tous,
Pourvu que vous puissiez en trouver contre vous,
Et que, contre un ingrat dont l'amour fut si tendre,
Lorsqu'il vous parlera, vous sachiez vous défendre.
On a peine à haïr ce qu'on a bien aimé,
Et le feu mal éteint est bientôt rallumé.
ARISTIE. L'ingrat, par son divorce en faveur d'Æmilie,
M'a livrée au mépris de toute l'Italie.
Vous savez à quel point mon courage est blessé :
Mais s'il se dédisait d'un outrage forcé,
S'il chassait Æmilie, et me rendait ma place,

J'aurais peine, Seigneur, à lui refuser grace;
Et tant que je serai maîtresse de ma foi,
Je me dois tout à lui, s'il revient tout à moi.
SERTORIUS. En vain donc je me flatte ; en vain j'ose, Madame,
Promettre à mon espoir quelque part en votre ame,
Pompée en est encor l'unique souverain :
Tous vos ressentiments n'offrent que votre main ;
Et quand par ses refus j'aurai droit d'y prétendre,
Le cœur, toujours à lui ne voudra pas se rendre
ARISTIE. Qu'importe de mon cœur, si je sais mon devoir,
Et si mon hyménée enfle votre pouvoir ?
Vous ravaleriez-vous jusques à la bassesse
D'exiger de ce cœur des marques de tendresse,
Et de les préférer à ce qu'il fait d'effort
Pour braver mon tyran, et relever mon sort ?
Laissons, Seigneur, laissons pour les petites ames
Ce commerce rampant de soupirs et de flammes ;
Et ne nous unissons que pour mieux soutenir
La liberté que Rome est prête à voir finir.
Unissons ma vengeance à votre politique,
Pour sauver des abois toute la république :
L'hymen seul peut unir des intérêts si grands.
Je sais que c'est beaucoup que ce que je prétends :
Mais, dans ce dur exil que mon tyran m'impose,
Le rebut de Pompée est encor quelque chose ;
Et j'ai des sentiments trop nobles ou trop vains
Pour le porter ailleurs qu'au plus grand des Romains.
SERTORIUS. Ce nom ne m'est pas dû, je suis...
         ARISTIE. Ce que vous faites
Montre à tout l'univers, Seigneur, ce que vous êtes ;
Mais quand ce même nom semblerait trop pour vous,
Du moins mon infidèle est d'un rang au-dessous :
Il sert dans son parti, vous commandez au vôtre :
Vous êtes chef de l'un, et lui sujet dans l'autre ;
Et son divorce enfin, qui m'arrache sa foi,
L'y laisse par Sylla plus opprimé que moi,
Si votre hymen m'élève à la grandeur sublime,
Tandis qu'en l'esclavage un autre hymen l'abîme.
 Mais, Seigneur, je m'emporte, et l'excès d'un tel heur
Me fait vous en parler avec trop de chaleur.
Tout mon bien est encor dedans l'incertitude :
Je n'en conçois l'espoir qu'avec inquiétude ;
Et je craindrai toujours d'avoir trop prétendu,
Tant que de cet espoir vous m'ayez répondu.
Vous me pouvez d'un mot assurer, ou confondre.
SERTORIUS. Mais, Madame, après tout, que puis-je vous répondre ?
De quoi vous assurer si vous-même parlez
Sans être sûre encor de ce que vous voulez?
De votre illustre hymen je sais les avantages :
J'adore les grands noms que j'en ai pour ôtages,
Et vois que leur secours, nous rehaussant le bras,
Aurait bientôt jeté la tyrannie à bas :
Mais cette attente aussi pourrait se voir trompée
Dans l'offre d'une main qui se garde à Pompée,
Et qui n'étale ici la grandeur d'un tel bien
Que pour me tout promettre, et ne me donner rien.
ARISTIE. Si vous vouliez ma main par choix de ma personne,
Je vous dirais : « Seigneur, prenez, je vous la donne ;
« Quoi que veuille Pompée, il le voudra trop tard. »

Mais, comme en cet hymen l'amour n'a point de part,
Qu'il n'est qu'un pur effet de noble politique,
Souffrez que je vous die, afin que je m'explique,
Que, quand j'aurais pour dot un million de bras,
Je vous donne encor plus en ne l'achevant pas.
   Si je réduis Pompée à chasser Æmilie,
Peut-il, Sylla régnant, regarder l'Italie?
Ira-t-il se livrer à son juste courroux?
Non, non, si je le gagne, il faut qu'il vienne à vous.
Ainsi par mon hymen vous avez assurance
Que mille vrais Romains prendront votre défense :
Mais si j'en romps l'accord pour lui rendre mes vœux,
Vous aurez ces Romains, et Pompée avec eux ;
Vous aurez ses amis par ce nouveau divorce ;
Vous aurez du tyran la principale force,
Son armée, ou du moins ses plus braves soldats,
Qui de leur général voudront suivre les pas ;
Vous marcherez vers Rome à communes enseignes.
Il sera temps alors, Sylla, que tu me craignes.
Tremble, et crois voir bientôt trébucher ta fierté,
Si je puis t'enlever ce que tu m'as ôté.
Pour faire de Pompée un gendre de ta femme,
Tu l'as fait un parjure, un méchant, un infâme :
Mais s'il me laisse encor quelques droits sur son cœur,
Il reprendra sa foi, sa vertu, son honneur ;
Pour rentrer dans mes fers il brisera tes chaînes ;
Et nous t'accablerons sous nos communes haines.
J'abuse trop, Seigneur, d'un précieux loisir :
Voilà vos intérêts ; c'est à vous de choisir.
Si votre amour trop prompt veut borner sa conquête,
Je vous le dis encor, ma main est toute prête.
Je vous laisse y penser ; surtout souvenez-vous
Que ma gloire en ces lieux me demande un époux ;
Qu'elle ne peut souffrir que ma fuite m'y range,
En captive de guerre, au péril d'un échange,
Qu'elle veut un grand homme à recevoir ma foi,
Qu'après vous et Pompée il n'en est point pour moi ;
Et que...
SERTORIUS. Vous le verrez et saurez sa pensée.
ARISTIE. Adieu, Seigneur : j'y suis la plus intéressée ;
Et j'y vais préparer mon reste de pouvoir.
SERTORIUS. Moi, je vais donner ordre à le bien recevoir.
   (*Seul.*) Dieux, souffrez qu'à mon tour avec vous je m'explique.
Que c'est un sort cruel d'aimer par politique !
Et que ses intérêts sont d'étranges malheurs,
S'ils font donner la main quand le cœur est ailleurs !

ACTE DEUXIÈME.

SCÈNE I. — VIRIATE, THAMIRE.

VIRIATE. Thamire, il faut parler, l'occasion nous presse :
Rome jusqu'en ces murs m'envoie une maîtresse ;
Et l'exil d'Aristie, enveloppé d'ennuis,
Est prêt à l'emporter sur tout ce que je suis.
En vain de mes regards l'ingénieux langage,
Pour découvrir mon cœur a tout mis en usage ;
En vain par le mépris des vœux de tous nos rois
J'ai cru faire éclater l'orgueil d'un autre choix ;

Le seul pour qui je tâche à le rendre visible,
Ou n'ose en rien connaître, ou demeure insensible.
Et laisse à ma pudeur des sentiments confus,
Que l'amour-propre obstine à douter du refus.
Epargne-m'en la honte, et prends soin de lui dire,
A ce héros si cher... Tu le connais, Thamire;
Car d'où pourrait mon trône attendre un ferme appui?
Et pour qui mépriser tous nos rois, que pour lui?
Sertorius, lui seul digne de Viriate,
Mérite que pour lui tout mon amour éclate.
Fais-lui, fais-lui savoir le glorieux dessein
De m'affermir au trône en lui donnant la main :
Dis-lui... Mais j'aurais tort d'instruire ton adresse,
Moi qui connais ton zèle à servir ta princesse.

THAMIRE. Madame, en ce héros tout est illustre et grand;
Mais, à parler sans fard, votre amour me surprend.
Il est assez nouveau qu'un homme de son âge
Ait des charmes si forts pour un jeune courage,
Et que d'un front ridé les replis jaunissants
Trouvent l'heureux secret de captiver les sens.

VIRIATE. Ce ne sont pas les sens que mon amour consulte;
Il hait des passions l'impétueux tumulte;
Et son feu que j'attache aux soins de ma grandeur
Dédaigne tout mélange avec sa folle ardeur.
J'aime en Sertorius ce grand art de la guerre
Qui soutient un banni contre toute la terre;
J'aime en lui ces cheveux tout couverts de lauriers,
Ce front qui fait trembler les plus braves guerriers,
Ce bras qui semble avoir la victoire en partage :
L'amour de la vertu n'a jamais d'yeux pour l'âge;
Le mérite a toujours des charmes éclatants;
Et quiconque peut tout est aimable en tout temps.

THAMIRE. Mais, Madame, les rois, dont l'amour vous irrite,
N'ont-ils tous ni vertu, ni pouvoir, ni mérite?
Et dans votre parti se peut-il qu'aucun d'eux
N'ait signalé son nom par des exploits fameux?
Celui des Turdetans, celui des Celtibères,
Soutiendraient-ils si mal le sceptre de vos pères?

VIRIATE. Contre des rois comme eux j'aimerais leur soutien;
Mais contre des Romains tout leur pouvoir n'est rien.
Rome seule aujourd'hui peut résister à Rome :
Il faut pour la braver qu'elle nous prête un homme,
Et que son propre sang en faveur de ces lieux
Balance les destins, et partage les dieux.
Depuis qu'elle a daigné protéger nos provinces,
Et de son amitié faire honneur à leurs princes,
Sous un si haut appui nos rois humiliés
N'ont été que sujets sous le nom d'alliés;
Et ce qu'ils ont osé contre leur servitude
N'en a rendu le joug que plus fort et plus rude.
Qu'a fait Mandonius, qu'a fait Indibilis,
Qu'y plonger plus avant leurs trônes avilis,
Et voir leur fier amas de puissance et de gloire
Brisé contre l'écueil d'une seule victoire?
Le grand Viriatus, de qui je tiens le jour,
D'un sort plus favorable eut un pareil retour.
Il défit trois préteurs, il gagna dix batailles,
Il repoussa l'assaut de plus de cent murailles;
Et de Servilius l'art si prédominant

Dissipa tout d'un coup ce bonheur étonnant.
Ce grand roi fut défait, il en perdit la vie,
Et laissait sa couronne à jamais asservie,
Si pour briser les fers de mon peuple captif
Rome n'eût envoyé ce noble fugitif.
Depuis que son courage à nos destins préside,
Un bonheur si constant de nos armes décide,
Que deux lustres de guerre assurent nos climats
Contre ces souverains de tant de potentats,
Et leur laissant à peine, au bout de dix années,
Pour se couvrir de nous l'ombre des Pyrénées.
Nos rois, sans ce héros, l'un de l'autre jaloux,
Du plus heureux sans cesse auraient rompu les coups;
Jamais ils n'auraient pu choisir entre eux un maître.
THAMIRE. Mais consentiront-ils qu'un Romain puisse l'être?
VIRIATE. Il n'en prend pas le titre, et les traite d'égal;
Mais, Thamire, après tout, il est leur général;
Ils combattent sous lui, sous son ordre ils s'unissent;
Et tous ces rois de nom en effet obéissent,
Tandis que de leur rang l'inutile fierté
S'applaudit d'une vaine et fausse égalité.
THAMIRE. Je n'ose vous rien dire après cet avantage,
Et voudrais comme vous faire grâce à son âge:
Mais enfin ce héros, sujet au cours des ans,
A trop longtemps vaincu pour vaincre encor longtemps;
Et sa mort...
    VIRIATE. Jouissons, en dépit de l'envie,
Des restes glorieux de son illustre vie;
Sa mort me laissera pour ma protection
La splendeur de son ombre et l'éclat de son nom.
Sur ces deux grands appuis ma couronne affermie
Ne redoutera point de puissance ennemie:
Ils feront plus pour moi que ne feraient cent rois.
Mais nous en parlerons encor quelque autre fois.
Je l'aperçois qui vient.

SCÈNE II. — SERTORIUS, VIRIATE, THAMIRE.

    SERTORIUS. Que direz-vous, Madame,
Du dessein téméraire où s'échappe mon âme?
N'est-ce point oublier ce qu'on vous doit d'honneur,
Que demander à voir le fond de votre cœur?
VIRIATE. Il est si peu fermé que chacun y peut lire,
Seigneur, peut-être plus que je ne puis vous dire;
Pour voir ce qui s'y passe, il ne faut que des yeux.
SERTORIUS. J'ai besoin toutefois qu'il s'explique un peu mieux.
Tous vos rois à l'envi briguent votre hyménée;
Et comme vos bontés font notre destinée,
Par ces mêmes bontés j'ose vous conjurer,
En faisant ce grand choix, de nous considérer.
Si vous prenez un prince inconstant, infidèle,
Ou qui pour le parti n'ait point assez de zèle,
Jugez en quel état nous nous verrons réduits.
Si je pourrai longtemps encor ce que je puis,
Si mon bras...
    VIRIATE. Vous formez des craintes que j'admire.
J'ai mis tous mes États si bien sous votre empire,
Que quand il me plaira faire choix d'un époux,
Quelque projet qu'il fasse, il dépendra de vous.
Mais, pour vous mieux ôter cette frivole crainte,

Choisissez-le vous-même, et parlez-moi sans feinte :
Pour qui de tous ces rois êtes-vous sans soupçon?
A qui d'eux pouvez-vous confier ce grand nom?
SERTORIUS. Je voudrais faire un choix qui pût aussi vous plaire ;
Mais, à ce froid accueil que je vous vois leur faire,
Il semble que pour tous sans aucun intérêt...
VIRIATE. C'est peut-être, Seigneur, qu'aucun d'eux ne me plaît,
Et que de leur haut rang la pompe la plus vaine
S'efface au seul aspect de la grandeur romaine.
SERTORIUS. Si donc je vous offrais pour époux un Romain?
VIRIATE. Pourrai-je refuser un don de votre main?
SERTORIUS. J'ose après cet aveu vous faire offre d'un homme
Digne d'être avoué de l'ancienne Rome.
Il en a la naissance, il en a le grand cœur,
Il est couvert de gloire, il est plein de valeur ;
De toute votre Espagne il a gagné l'estime,
Libéral, intrépide, affable, magnanime ;
Enfin c'est Perpenna sur qui vous emportez...
VIRIATE. J'attendais votre nom après ces qualités :
Les éloges brillants que vous daignez y joindre
Ne me permettaient pas d'espérer rien de moindre :
Mais certes le détour est un peu surprenant.
Vous donnez une reine à votre lieutenant!
Si vos Romains ainsi choisissent des maîtresses,
A vos derniers tribuns il faudra des princesses.
SERTORIUS. Madame...
          VIRIATE. Parlons net sur ce choix d'un époux.
Etes-vous trop pour moi? suis-je trop peu pour vous?
C'est m'offrir, et ce mot peut blesser les oreilles :
Mais un pareil amour sied bien à mes pareilles ;
Et je veux bien, Seigneur, qu'on sache désormais
Que j'ai d'assez bons yeux pour voir ce que je fais.
Je le dis donc tout haut, afin que l'on m'entende :
Je veux bien un Romain ; mais je veux qu'il commande ;
Et ne trouverais pas nos rois à dédaigner,
N'était qu'ils savent mieux obéir que régner.
Mais, si de leur puissance ils vous laissent l'arbitre,
Leur faiblesse du moins en conserve le titre :
Ainsi ce noble orgueil qui vous préfère à tous
En préfère le moindre à tout autre qu'à vous ;
Car enfin, pour remplir l'honneur de ma naissance,
Il me faudrait un roi de titre et de puissance ;
Mais, comme il n'en est plus, je pense m'en devoir
Ou le pouvoir sans nom, ou le nom sans pouvoir.
SERTORIUS. J'adore ce grand cœur qui rend ce qu'il doit rendre
Aux illustres aïeux dont on vous voit descendre.
A de moindres pensers son orgueil abaissé
Ne soutiendrait pas bien ce qu'ils vous ont laissé.
Mais puisque, pour remplir la dignité royale,
Votre haute naissance en demande une égale,
Perpenna parmi nous est le seul dont le sang
Ne mêlerait point d'ombre à la splendeur du rang :
Il descend de nos rois et de ceux d'Étrurie.
Pour moi, qu'un sang moins noble a transmis à la vie
Je n'ose m'éblouir d'un peu de nom fameux,
Jusqu'à déshonorer le trône par mes vœux.
Cessez de m'estimer jusqu'à lui faire injure ;
Je ne veux que le nom de votre créature :
Un si glorieux titre a de quoi me ravir ;

Il m'a fait triompher en voulant vous servir ;
Et malgré tout le peu que le ciel m'a fait naître...
VIRIATE. Si vous prenez ce titre, agissez moins en maître,
Ou m'apprenez du moins, Seigneur, par quelle loi
Vous n'osez m'accepter, et disposer de moi.
Accordez le respect que mon trône vous donne,
Avec cet attentat sur ma propre personne.
Voir toute mon estime, et n'en pas mieux user,
C'en est un qu'aucun art ne saurait déguiser.
Ne m'honorez donc pas jusqu'à me faire injure ;
Puisque vous le voulez, soyez ma créature ;
Et, me laissant en reine ordonner de vos vœux,
Portez-les jusqu'à moi, parce que je le veux.
 Pour votre Perpenna, que sa haute naissance
N'affranchit point encor de votre obéissance,
Fût-il du sang des dieux aussi bien que des rois,
Ne lui promettez plus la gloire de mon choix.
Rome n'attache point le grade à la noblesse :
Votre grand Marius naquit dans la bassesse.
Et c'est pourtant le seul que le peuple romain
Ait jusques à sept fois choisi pour souverain.
Ainsi, pour estimer chacun à sa manière,
Au sang d'un Espagnol je ferais grâce entière,
Mais parmi vos Romains je prends peu garde au sang,
Quand j'y vois la vertu prendre le plus haut rang.
Vous, si vous haïssez comme eux le nom de reine,
Regardez-moi, Seigneur, comme dame romaine :
Le droit de bourgeoisie à nos peuples donné
Ne perd rien de son prix sur un front couronné.
Sous ce titre adoptif, étant ce que vous êtes,
Je pense bien valoir une de mes sujettes ;
Et, si quelque Romaine a causé vos refus,
Je suis tout ce qu'elle est, et reine encor de plus.
Peut-être la pitié d'une illustre misère...
SERTORIUS. Je vous entends, Madame, et, pour ne vous rien taire,
J'avouerai qu'Aristie.
   VIRIATE. Elle nous a tout dit :
Je sais ce qu'elle espère et ce qu'on vous écrit.
Sans y perdre de temps, ouvrez votre pensée.
SERTORIUS. Au seul bien de la cause elle est intéressée :
Mais puisque, pour ôter l'Espagne à nos tyrans,
Nous prenons, vous et moi, des chemins différents,
De grâce, examinez le commun avantage,
Et jugez ce que doit un généreux courage.
 Je trahirais, Madame, et vous et vos États,
De voir un tel secours, et ne l'accepter pas :
Mais ce même secours deviendrait notre perte,
S'il nous ôtait la main que vous m'avez offerte,
Et qu'un destin, jaloux de nos communs desseins
Jetât ce grand dépôt en de mauvaises mains.
Je tiens Sylla perdu, si vous laissez unie
A ce puissant renfort cette Lusitanie.
Mais vous pouvez enfin dépendre d'un époux,
Et le seul Perpenna peut m'assurer de vous.
Voyez ce qu'il a fait : je lui dois tant, Madame
Qu'une juste prière en faveur de sa flamme...
VIRIATE. Si vous lui devez tant, ne me devez-vous rien ?
Et lui faut-il payer vos dettes de mon bien ?
Après que ma couronne a garanti vos têtes,

CORNEILLE.

Ne mérité-je point de part en vos conquêtes?
Ne vous ai-je servi que pour servir toujours,
Et m'assurer des fers par mon propre secours?
Ne vous y trompez pas : si Perpenna m'épouse,
Du pouvoir souverain je deviendrai jalouse,
Et le rendrai moi-même assez entreprenant
Pour ne vous pas laisser un roi pour lieutenant.
Je vous avouerai plus : à qui que je me donne,
Je voudrai hautement soutenir ma couronne;
Et c'est ce qui me force à vous considérer,
De peur de perdre tout, s'il nous faut séparer.
Je ne vois que vous seul qui, des mers aux montagnes,
Sous un même étendard puisse unir nos Espagnes;
Mais ce que je propose en est le seul moyen :
Et, quoi qu'ait fait pour vous ce cher concitoyen,
S'il vous a secouru contre la tyrannie,
Il en est bien payé d'avoir sauvé sa vie.
Les malheurs du parti l'accablaient à tel point,
Qu'il se voyait perdu, s'il ne vous eût pas joint;
Et même, si j'en veux croire la renommée,
Ses troupes, malgré lui, grossirent votre armée.
Rome offre un grand secours, du moins on vous l'écrit;
Mais, s'armât-elle toute en faveur d'un proscrit,
Quand nous sommes aux bords d'une pleine victoire,
Quel besoin avons-nous d'en partager la gloire?
Encore une campagne, et nos seuls escadrons
Aux aigles de Sylla font repasser les monts :
Et ces derniers venus auront droit de nous dire
Qu'ils auront en ces lieux établi notre empire!
Soyons d'un tel auteur l'un et l'autre jaloux ;
Et, quand nous pouvons tout, ne devons rien qu'à nous.

SERTORIUS. L'espoir le mieux fondé n'a jamais trop de forces:
Le plus heureux destin surprend par les divorces;
Du trop de confiance il aime à se venger,
Et dans un grand dessein rien n'est à négliger.
Devons-nous exposer à tant d'incertitude
L'esclavage de Rome et notre servitude,
De peur de partager avec d'autres Romains
Un honneur où le ciel veut peut-être leurs mains?
Notre gloire, il est vrai, deviendra sans seconde,
Si nous faisons sans eux la liberté du monde ;
Mais si quelque malheur suit tant d'heureux combats,
Quels reproches cruels ne nous ferons-nous pas!
D'ailleurs, considérez que Perpenna vous aime;
Qu'il est, ou qu'il se croit digne du diadème,
Qu'il peut ici beaucoup ; qu'il s'est vu de tout temps
Qu'en gouvernant le mieux on fait des mécontents;
Que, piqué du mépris, il osera peut-être...

VIRIATE. Tranchez le mot, Seigneur : je vous ai fait mon maître,
Et je dois obéir malgré mon sentiment :
C'est à quoi se réduit tout ce raisonnement.
Faites, faites entrer ce héros d'importance,
Que je fasse un essai de mon obéissance ;
Et si vous le craignez, craignez autant du moins
Un long et vain regret d'avoir prêté vos soins.

SERTORIUS. Madame, croiriez-vous...

                    VIRIATE. Ce mot vous doit suffire ;
J'entends ce qu'on me dit et ce qu'on me veut dire.
Allez, faites-lui place, et ne présumez pas...

SERTORIUS. Je parle pour un autre, et toutefois, hélas !
 Si vous saviez...
　　　　　　VIRIATE. Seigneur, que faut-il que je sache?
 Et quel est le secret que ce soupir me cache?
SERTORIUS. Ce soupir redoublé...
　　　　　　　　VIRIATE. N'achevez point : allez ;
 Je vous obéirai plus que vous ne voulez.
　　　SCÈNE III. — VIRIATE, THAMIRE.
THAMIRE. Sa dureté m'étonne, et je ne puis, Madame...
VIRIATE. L'apparence t'abuse ; il m'aime au fond de l'ame.
THAMIRE. Quoi ! quand pour un rival il s'obstine au refus...
VIRIATE. Il veut que je l'amuse, et ne veut rien de plus.
THAMIRE. Vous avez des clartés que mon insuffisance...
VIRIATE. Parlons à ce rival : le voilà qui s'avance.
　　SCÈNE IV. — VIRIATE, PERPENNA, AUFIDE, THAMIRE.
VIRIATE. Vous m'aimez, Perpenna ; Sertorius le dit :
 Je crois sur sa parole, et lui dois tout crédit.
 Je sais donc votre amour ; mais tirez-moi de peine :
 Par où prétendez-vous mériter une reine,
 A quel titre lui plaire, et par quel charme un jour
 Obliger sa couronne à payer votre amour?
PERPENNA. Par de sincères vœux, par d'assidus services,
 Par de profonds respects, par d'humbles sacrifices ;
 Et si quelques effets peuvent justifier...
VIRIATE. Eh bien ! qu'êtes-vous prêt à lui sacrifier?
PERPENNA. Tous mes soins, tout mon sang, mon courage, ma vie.
VIRIATE. Pourriez-vous la servir dans une jalousie?
PERPENNA. Ah, Madame !
　　　　　　VIRIATE. A ce mot, en vain le cœur vous bat ;
 Elle n'est pas d'amour, elle n'est que d'État.
 J'ai de l'ambition, et mon orgueil de reine
 Ne peut voir sans chagrin une autre souveraine
 Qui, sur mon propre trône, à mes yeux s'élevant,
 Jusque dans mes États prenne le pas devant.
 Sertorius y règne, et dans tout notre empire
 Il dispense des lois où j'ai voulu souscrire.
 Je ne m'en repens point, il en a bien usé :
 Je rends grâces au ciel qui l'a favorisé.
 Mais, pour vous dire enfin de quoi je suis jalouse,
 Quel rang puis-je garder auprès de son épouse?
 Aristie y prétend, et l'offre qu'elle fait,
 Ou que l'on fait pour elle, en assure l'effet.
 Délivrez nos climats de cette vagabonde,
 Qui vient par son exil troubler un autre monde ;
 Et forcez-la, sans bruit d'honorer d'autres lieux
 De cet illustre objet qui me blesse les yeux.
 Assez d'autres États lui prêteront asile.
PERPENNA. Quoi que vous m'ordonniez, tout me sera facile ;
 Mais quand Sertorius ne l'épouserait pas,
 Un autre hymen vous met dans le même embarras.
 Et qu'importe, après tout, d'une autre ou d'Aristie,
 Si...
VIRIATE. Rompons, Perpenna, rompons cette partie ;
 Donnons ordre au présent ; et quant à l'avenir,
 Suivant l'occasion nous saurons y fournir.
 Le temps est un grand maître, il règle bien des choses.
 Enfin, je suis jalouse, et vous en dis les causes.
 Voulez-vous me servir?

PERPENNA. Si je le veux ! j'y cours,
Madame, et meurs déjà d'y consacrer mes jours.
Mais pourrai-je espérer que ce faible service
Attirera sur moi quelque regard propice,
Que le cœur attendri fera suivre...
VIRIATE. Arrêtez,
Vous porteriez trop loin des vœux précipités.
Sans doute un tel service aura droit de me plaire ;
Mais laissez-moi, de grâce, arbitre du salaire.
Je ne suis point ingrate, et sais ce que je dois ;
Et c'est vous dire assez pour la première fois.
Adieu.

SCÈNE V. — PERPENNA, AUFIDE.

AUFIDE. Vous le voyez, Seigneur, comme on vous joue.
Tout son cœur est ailleurs ; Sertorius l'avoue,
Et fait auprès de vous l'officieux rival.
Cependant que la reine...
PERPENNA. Ah ! n'en juge point mal.
A lui rendre service elle m'ouvre une voie
Que tout mon cœur embrasse avec excès de joie.
AUFIDE. Vous ne voyez donc pas que son esprit jaloux
Ne cherche à se servir de vous que contre vous,
Et que, rompant le cours d'une flamme nouvelle,
Vous forcez ce rival à retourner vers elle ?
PERPENNA. N'importe, servons-la, méritons son amour ;
La force et la vengeance agiront à leur tour.
Hasardons quelques jours sur l'espoir qui nous flatte,
Dussions-nous, pour tout fruit, ne faire qu'une ingrate.
AUFIDE. Mais, Seigneur...
PERPENNA. Epargnons les discours superflus ;
Songeons à la servir, et ne contestons plus :
Cet unique souci tient mon âme occupée.
Cependant de nos murs on découvre Pompée ;
Tu sais qu'on me l'a dit : allons le recevoir,
Puisque Sertorius m'impose ce devoir.

ACTE TROISIÈME.

SCÈNE I. — SERTORIUS, POMPÉE.

SERTORIUS. Seigneur, qui des mortels eût jamais osé croire
Que la trève à tel point dût rehausser ma gloire ;
Qu'un nom à qui la guerre a fait trop applaudir
Dans l'ombre de la paix trouvât à s'agrandir ?
Certes, je doute encor si ma vue est trompée,
Alors que dans ces murs je vois le grand Pompée ;
Et quand il lui plaira, je saurai quel bonheur
Comble Sertorius d'un tel excès d'honneur.
POMPÉE. Deux raisons. Mais, Seigneur, faites qu'on se retire,
Afin qu'en liberté, je puisse vous le dire.
L'inimitié qui règne entre nos deux partis
N'y rend pas de l'honneur tous les droits amortis.
Comme le vrai mérite a ses prérogatives,
Qui prennent le dessus des haines les plus vives,
L'estime et le respect sont de justes tributs
Qu'aux plus fiers ennemis arrachent les vertus ;
Et c'est ce que vient rendre à la haute vaillance
Dont je ne fais ici que trop d'expérience,
L'ardeur de voir de près un si fameux héros,

Sans lui voir en la main piques ni javelots,
Et le front désarmé de ce regard terrible
Qui dans nos escadrons guide un bras invincible.
Je suis jeune et guerrier, et tant de fois vainqueur
Que mon trop de fortune a pu m'enfler le cœur;
Mais, et ce franc aveu sied bien aux grands courages,
J'apprends plus contre vous par mes désavantages
Que les plus beaux succès qu'ailleurs j'aie emportés
Ne m'ont encore appris par mes prospérités.
Je vois ce qu'il faut faire, à voir ce que vous faites :
Les siéges, les assauts, les savantes retraites,
Bien camper, bien choisir à chacun son emploi;
Votre exemple est partout une étude pour moi.
Ah! si je vous pouvais rendre à la république,
Que je croirais lui faire un présent magnifique!
Et que j'irais, Seigneur, à Rome avec plaisir,
Puisque la trève enfin m'en donne le loisir,
Si j'y pouvais porter quelque faible espérance
D'y conclure un accord d'une telle importance!
Près de l'heureux Sylla ne puis-je rien pour vous?
Et près de vous, Seigneur, ne puis-je rien pour tous?

SERTORIUS. Vous me pourriez sans doute épargner quelque peine,
Si vous vouliez avoir l'âme toute romaine :
Mais, avant que d'entrer en ces difficultés,
Souffrez que je réponde à vos civilités.
Vous ne me donnez rien par cette haute estime
Que vous n'ayez déjà dans le degré sublime.
La victoire attachée à vos premiers exploits,
Un triomphe avant l'âge où le souffrent nos lois,
Avant la dignité qui permet d'y prétendre,
Font trop voir quels respects l'univers vous doit rendre.
Si dans l'occasion je ménage un peu mieux
L'assiette du pays et la faveur des lieux,
Si mon expérience en prend quelque avantage,
Le grand art de la guerre attend quelquefois l'âge;
Le temps y fait beaucoup; et de mes actions
S'il vous a plu tirer quelques instructions,
Mes exemples un jour ayant fait place aux vôtres,
Ce que je vous apprends, vous l'apprendrez à d'autres;
Et ceux qu'aura ma mort saisis de mon emploi
S'instruiront contre vous, comme vous contre moi.
Quant à l'heureux Sylla, je n'ai rien à vous dire.
Je vous ai montré l'art d'affaiblir son empire;
Et si je puis jamais y joindre des leçons
Dignes de vous apprendre à repasser les monts,
Je suivrai d'assez près votre illustre retraite
Pour traiter avec lui sans besoin d'interprète,
Et sur les bords du Tibre, une pique à la main,
Lui demander raison pour le peuple romain.

POMPÉE. De si hautes leçons, Seigneur, sont difficiles,
Et pourraient vous donner quelques soins inutiles,
Si vous faisiez dessein de me les expliquer,
Jusqu'à m'avoir appris à les bien pratiquer.

SERTORIUS. Aussi me pourriez-vous épargner quelque peine,
Si vous vouliez avoir l'âme toute romaine :
Je vous l'ai déjà dit.

    POMPÉE. Ce discours rabattu
Lasserait une austère et farouche vertu.
Pour moi, qui vous honore assez pour me contraindre

A fuir obstinément tout sujet de m'en plaindre,
Je ne veux rien comprendre en ces obscurités.
SERTORIUS. Je sais qu'on n'aime point de telles vérités :
Mais, Seigneur, étant seuls, je parle avec franchise ;
Bannissant les témoins vous me l'avez permise :
Et je garde avec vous la même liberté
Que si votre Sylla n'avait jamais été.

Est-ce être tout Romain qu'être chef d'une guerre
Qui veut tenir aux fers les maîtres de la terre?.
Ce nom, sans vous et lui, nous serait encor dû ;
C'est par lui, c'est par vous, que nous l'avons perdu.
C'est vous qui sous le joug traînez des cœurs si braves;
Ils étaient plus que roi, ils sont moindres qu'esclaves ;
Et la gloire qui suit vos plus nobles travaux
Ne fait qu'approfondir l'abîme de leurs maux;
Leur misère est le fruit de votre illustre peine :
Et vous pensez avoir l'âme toute romaine !.
Vous avez hérité ce nom de vos aïeux;
Mais, s'il vous était cher, vous le rempliriez mieux.
POMPÉE. Je crois le bien remplir quand tout mon cœur s'applique
Aux soins de rétablir un jour la république ;
Mais vous jugez, Seigneur, de l'âme par le bras ;
Et souvent l'un paraît ce que l'autre n'est pas.

Lorsque deux factions divisent un empire,
Chacun suit au hasard la meilleure ou la pire,
Suivant l'occasion ou la nécessité
Qui l'emporte vers l'un ou vers l'autre côté.
Le plus juste parti, difficile à connaître,
Nous laisse en liberté de nous choisir un maître :
Mais, quand ce choix est fait, on ne s'en dédit plus.
J'ai servi sous Sylla du temps de Marius,
Et servirai sous lui, tant qu'un destin funeste
De nos divisions soutiendra quelque reste.
Comme je ne vois pas dans le fond de son cœur,
J'ignore quels projets peut former son bonheur :
S'il les pousse trop loin, moi-même je l'en blâme ;
Je lui prête mon bras sans engager mon âme ;
Je m'abandonne au cours de sa félicité,
Tandis que tous mes vœux sont pour la liberté ;
Et c'est ce qui me force à garder une place
Qu'usurperaient sans moi l'injustice et l'audace,
Afin que, Sylla mort, ce dangereux pouvoir
Ne tombe qu'en des mains qui sachent leur devoir.
Enfin je sais mon but et vous savez le vôtre.
SERTORIUS. Mais cependant, Seigneur, vous servez comme un autre ;
Et nous, qui jugeons tout sur la foi de nos yeux,
Et laissons le dedans à pénétrer aux dieux,
Nous craignons votre exemple, et doutons si dans Rome
Il n'instruit point le peuple à prendre loi d'un homme ;
Et si votre valeur sous le pouvoir d'autrui
Ne sème point pour vous lorsqu'elle agit pour lui.
Comme je vous estime, il m'est aisé de croire
Que de la liberté vous feriez votre gloire,
Que votre âme en secret lui donne tous ses vœux ;
Mais si je m'en rapporte aux esprits soupçonneux,
Vous aidez aux Romains à faire essai d'un maître,
Sous ce flatteur espoir qu'un jour vous pourriez l'être.
La main qui les opprime, et que vous soutenez,
Les accoutume au joug que vous leur destinez ;

Et, doutant s'ils voudront se faire à l'esclavage,
Aux périls de Sylla vous tâtez leur courage.
POMPÉE. Le temps détrompera ceux qui parlent ainsi;
Mais justifiera-t-il ce que l'on voit ici ?
Permettez qu'à mon tour je parle avec franchise ;
Votre exemple à la fois m'instruit et m'autorise :
Je juge, comme vous, sur la foi de mes yeux,
Et laisse le dedans à pénétrer aux dieux.
 Ne vit-on pas ici sous les ordres d'un homme ?
N'y commandez-vous pas comme Sylla dans Rome ?
Du nom de dictateur, du nom de général,
Qu'importe, si des deux le pouvoir est égal ?
Les titres différents ne font rien à la chose :
Vous imposez des lois ainsi qu'il en impose;
Et, s'il est périlleux de s'en faire haïr,
Il ne serait pas sûr de vous désobéir.
 Pour moi, si quelque jour je suis ce que vous êtes,
J'en userai peut-être alors comme vous faites :
Jusque là...
SERTORIUS. Vous pourriez en douter jusque-là,
Et me faire un peu moins ressembler à Sylla.
Si je commande ici, le sénat me l'ordonne.
Mes ordres n'ont encor assassiné personne.
Je n'ai pour ennemis que ceux du bien commun ;
Je leur fais bonne guerre, et n'en proscris pas un :
C'est un asyle ouvert que mon pouvoir suprême ;
Et, si l'on m'obéit, ce n'est qu'autant qu'on m'aime.
POMPÉE. Et votre empire en est d'autant plus dangereux,
Qu'il rend de vos vertus les peuples amoureux,
Qu'en assujettissant vous avez l'art de plaire,
Qu'on croit n'être en vos fers qu'esclave volontaire ;
Et que la liberté trouvera peu de jour
A détruire un pouvoir que fait régner l'amour.
 Ainsi parlent, Seigneur, les âmes soupçonneuses.
Mais n'examinons point ces questions fâcheuses,
Ni si c'est un sénat qu'un amas de bannis
Que cet asyle ouvert sous vous a réunis.
Une seconde fois, n'est-il aucune voie
Par où je puisse à Rome emporter quelque joie ?
Elle serait extrême à trouver les moyens
De rendre un si grand homme à ses concitoyens.
Il est doux de revoir les murs de la patrie :
C'est elle par ma voix, Seigneur, qui vous en prie ;
C'est Rome...
SERTORIUS. Le séjour de votre potentat,
Qui n'a que ses fureurs pour maximes d'État?
Je n'appelle plus Rome un enclos de murailles
Que ses proscriptions comblent de funérailles;
Ces murs, dont le destin fut autrefois si beau,
N'en sont que la prison, ou plutôt le tombeau :
Mais, pour revivre ailleurs dans sa première force,
Avec les faux Romains elle a fait plein divorce;
Et, comme autour de moi j'ai tous ses vrais appuis,
Rome n'est plus dans Rome, elle est toute où je suis.
 Parlons pourtant d'accord. Je ne sais qu'une voie
Qui puisse avec honneur nous donner cette joie.
Unissons-nous ensemble, et le tyran est bas :
Rome à ce grand dessein ouvrira tous ses bras.
Ainsi nous ferons voir l'amour de la patrie,

Pour qui vont les grands cœurs jusqu'à l'idolâtrie ;
Et nous épargnerons ces flots de sang romain
Que versent tous les ans votre bras et ma main.
POMPÉE. Ce projet, qui pour vous est tout brillant de gloire,
N'aurait-il rien pour moi d'une action trop noire ?
Moi qui commande ailleurs ? Puis-je servir sous vous ?
SERTORIUS. Du droit de commander je ne suis point jaloux :
Je ne l'ai qu'en dépôt ; et je vous l'abandonne,
Non jusqu'à vous servir de ma seule personne ;
Je prétends un peu plus ; mais dans cette union
De votre lieutenant m'envieriez-vous le nom ?
POMPÉE. De pareils lieutenants n'ont des chefs qu'en idée :
Leur nom retient pour eux l'autorité cédée ;
Ils n'en quittent que l'ombre ; et l'on ne sait que c'est
De suivre ou d'obéir que suivant qu'il leur plaît.
Je sais une autre voie, et plus noble, et plus sûre.
Sylla, si vous voulez, quitte sa dictature ;
Et déjà de lui-même il s'en serait démis,
S'il voyait qu'en ces lieux il n'eût plus d'ennemis.
Mettez les armes bas, je réponds de l'issue ;
J'en donne ma parole après l'avoir reçue.
Si vous êtes Romain, prenez l'occasion.
SERTORIUS. Je ne m'éblouis point de cette illusion.
Je connais le tyran, j'en vois le stratagème ;
Quoi qu'il semble promettre, il est toujours lui-même.
Vous qu'à sa défiance il a sacrifié
Jusques à vous forcer d'être son allié...
POMPÉE. Hélas ! ce mot me tue, et je le dis sans feinte,
C'est l'unique sujet qu'il m'a donné de plainte :
J'aimais mon Aristie ; il m'en vient d'arracher ;
Mon cœur frémit encore à me le reprocher ;
Vers tant de biens perdus sans cesse il me rappelle ;
Et je vous rends, Seigneur, mille grâces pour elle,
A vous, à ce grand cœur dont la compassion
Daigne ici l'honorer de sa protection.
SERTORIUS. Protéger hautement les vertus malheureuses,
C'est le moindre devoir des âmes généreuses ;
Aussi fais-je encor plus, je lui donne un époux.
POMPÉE. Un époux ! dieux ! qu'entends-je ! Et qui, Seigneur ?
         SERTORIUS. Moi.
          POMPÉE. Vous !
Seigneur, toute son âme est à moi dès l'enfance :
N'imitez point Sylla par cette violence :
Mes maux sont assez grands, sans y joindre celui
De voir tout ce que j'aime entre les bras d'autrui.
SERTORIUS. Tout est encore à vous.
   (A Aristie qui s'avance.) Venez, venez, Madame,
Faire voir quel pouvoir j'usurpe sur votre ame,
Et montrer, s'il se peut, à tout le genre humain
La force qu'on vous fait pour me donner la main.
POMPÉE. C'est elle-même, ô ciel !
        SERTORIUS. Je vous laisse avec elle,
Et sais que tout son cœur vous est encor fidèle.
Reprenez votre bien ; ou ne vous plaignez plus
Si j'ose m'enrichir, Seigneur, de vos refus.

SCÈNE II. — POMPÉE, ARISTIE.

POMPÉE. Me dit-on vrai, Madame, et serait-il possible...
ARISTIE. Oui, Seigneur, il est vrai que j'ai le cœur sensible ;

Suivant qu'on m'aime ou hait, j'aime ou hais à mon tour,
Et ma gloire soutient ma haine et mon amour.
Mais si de mon amour elle est la souveraine,
Elle n'est pas toujours maîtresse de ma haine ;
Je ne la suis pas même ; et je hais quelquefois
Et moins que je ne veux, et moins que je ne dois.

POMPÉE. Cette haine a pour moi toute son étendue,
Madame, et la pitié ne l'a point suspendue ;
La générosité n'a pu la modérer.

ARISTIE. Vous ne voyez donc pas qu'elle a peine à durer ?
Mon feu, qui n'est éteint que parce qu'il doit l'être,
Cherche en dépit de moi le vôtre pour renaître ;
Et je sens qu'à vos yeux mon courroux chancelant
Trébuche, perd sa force, et meurt en vous parlant.
M'aimeriez-vous encor, Seigneur ?

POMPÉE. Si je vous aime !
Demandez si je vis, ou si je suis moi-même.
Votre amour est ma vie, et ma vie est à vous.

ARISTIE. Sortez de mon esprit, ressentiments jaloux :
Noirs enfants du dépit, ennemis de ma gloire,
Tristes ressentiments, je ne veux plus vous croire.
Quoi qu'on m'ait fait d'outrage, il ne m'en souvient plus.
Plus de nouvel hymen, plus de Sertorius ;
Je suis au grand Pompée ; et puisqu'il m'aime encore,
Puisqu'il me rend son cœur, de nouveau je l'adore.
Plus de Sertorius. Mais, Seigneur, répondez ;
Faites parler ce cœur qu'enfin vous me rendez.
Plus de Sertorius. Hélas ! quoi que je die,
Vous ne me dites point, Seigneur, plus d'Æmilie.
Rentrez dans mon esprit, jaloux ressentiments,
Fiers enfants de l'honneur, nobles emportements ;
C'est vous que je veux croire ; et Pompée infidèle
Ne saurait plus souffrir que ma haine chancèle ;
Il l'affermit pour moi. Venez, Sertorius :
Il me rend tout à vous par ce muet refus.
Donnons ce grand témoin à ce grand hyménée :
Son âme tout ailleurs n'en sera point gênée ;
Il le verra sans peine, et cette dureté
Passera chez Sylla pour magnanimité.

POMPÉE. Ce qu'il vous faut d'injure également m'outrage :
Mais enfin je vous aime, et ne puis davantage.
Vous, si jamais ma flamme eut pour vous quelque appas,
Plaignez-vous, haïssez ; mais ne vous donnez pas ;
Demeurez en état d'être toujours ma femme,
Gardez jusqu'au tombeau l'empire de mon âme.
Sylla n'a que son temps, il est vieil et cassé ;
Son règne passera, s'il n'est déjà passé ;
Ce grand pouvoir lui pèse, il s'apprête à le rendre :
Comme à Sertorius, je veux bien vous l'apprendre.
Ne vous jetez donc point, Madame, en d'autres bras ;
Plaignez-vous, haïssez, mais ne vous donnez pas :
Si vous voulez ma main, n'engagez point la vôtre.

ARISTIE. Mais quoi ! n'êtes-vous pas entre les bras d'une autre ?

POMPÉE. Non, puisqu'il vous en faut confier le secret,
Æmilie à Sylla n'obéit qu'à regret.
Des bras d'un autre époux ce tyran qui l'arrache
Ne rompt point dans son cœur le saint nœud qui l'attache
Elle porte en ses flancs un fruit de cet amour,
Que bientôt chez moi-même elle va mettre au jour ;

Et, dans ce triste état, sa main qu'il m'a donnée
N'a fait que l'éblouir par un feint hyménée,
Tandis que, tout entière à son cher Gabrion,
Elle paraît ma femme, et n'en a que le nom.
ARISTIE. Et ce nom seul est tout pour celles de ma sorte.
Rendez-le-moi, Seigneur, ce grand nom qu'elle porte.
J'aime votre tendresse et vos empressements:
Mais je suis au-dessus de ces attachements;
Et tout me sera doux, si ma trame coupée
Me rend à mes aïeux en femme de Pompée,
Et que sur mon tombeau, ce grand titre gravé
Montre à tout l'univers que je l'ai conservé.
J'en fais toute ma gloire et toutes mes délices;
Un moment de sa perte a pour moi des supplices.
Vengez-moi de Sylla, qui me l'ôte aujourd'hui,
Ou souffrez qu'on me venge et de vous et de lui;
Qu'un autre hymen me rende un titre qui l'égale :
Qu'il me relève autant que Sylla me ravale:
Non que je puisse aimer aucun autre que vous ;
Mais pour venger ma gloire il me faut un époux,
Il m'en faut un illustre, et dont la renommée...
POMPÉE. Ah ! ne vous lassez pas d'aimer et d'être aimée.
Peut-être touchons-nous au moment désiré
Qui saura réunir ce qu'on a séparé.
Ayez plus de courage, et moins d'impatience;
Souffrez que Sylla meure, ou quitte sa puissance...
ARISTIE. J'attendrais de sa mort, ou de son repentir
Qu'à me rendre l'honneur vous daigniez consentir?
Et je verrais toujours votre cœur plein de glace,
Mon tyran impuni, ma rivale en ma place;
Jusqu'à ce qu'il renonce au pouvoir absolu,
Après l'avoir gardé tant qu'il l'aura voulu ?
POMPÉE. Mais, tant qu'il pourra tout, que pourrai-je, Madame?
ARISTIE. Suivre en tous lieux, Seigneur, l'exil de votre femme,
La ramener chez vous avec vos légions,
Et rendre un heureux calme à nos divisions.
Que ne pourrez-vous point en tête d'une armée,
Partout, hors de l'Espagne, à vaincre accoutumée!
Et, quand Sertorius sera joint avec vous,
Que pourra le tyran ? qu'osera son courroux.
POMPÉE. Ce n'est pas s'affranchir qu'un moment le paraître;
Ni secouer le joug que de changer de maître.
Sertorius pour vous est un illustre appui;
Mais en faire le mien, c'est me ranger sous lui;
Joindre nos étendards, c'est grossir son empire.
Perpenna qui l'a joint saura que vous en dire.
Je sers; mais jusqu'ici l'ordre vient de si loin,
Qu'avant qu'on le reçoive il n'en est plus besoin
Et ce peu que j'y rends de vaine déférence,
Jaloux du vrai pouvoir, ne sert qu'en apparence.
Je crois n'avoir plus même à servir qu'un moment;
Et, quand Sylla prépare un si doux changement,
Pouvez-vous m'ordonner de me bannir de Rome,
Pour la remettre au joug, sous les lois d'un autre homme;
Moi qui ne suis jaloux de mon autorité
Que pour lui rendre un jour toute sa liberté?
Non, non, si vous m'aimez comme j'aime à le croire,
Vous saurez accorder mon amour et ma gloire,
Céder avec prudence au temps prêt à changer,

Et ne me perdre pas au lieu de vous venger.
ARISTIE. Si vous m'avez aimée, et qu'il vous en souvienne,
Vous mettrez votre gloire à me rendre la mienne.
Mais il est temps qu'un mot termine ces débats.
Me voulez-vous, Seigneur? ne me voulez-vous pas?
Parlez : que votre choix règle ma destinée.
Suis-je encore à l'époux à qui l'on m'a donnée?
Suis-je à Sertorius? C'est assez consulté :
Rendez-moi mes liens, ou pleine liberté...
POMPÉE. Je le vois bien, Madame, il faut rompre la trêve,
Pour briser en vainqueur cet hymen, s'il s'achève;
Et vous savez si peu l'art de vous secourir,
Que, pour vous en instruire, il faut vous conquérir.
ARISTIE. Sertorius sait vaincre, et garder ses conquêtes.
POMPÉE. La vôtre à la garder coûtera bien des têtes ;
Comme elle fermera la porte à tout accord,
Rien ne l'en peut jamais assurer que ma mort.
Oui, j'en jure les dieux, s'il faut qu'il vous obtienne,
Rien ne peut empêcher sa perte que la mienne;
Et peut-être tous deux, l'un par l'autre percés,
Nous vous ferons connaître à quoi vous nous forcez.
ARISTIE. Je ne suis pas, Seigneur, d'une telle importance.
D'autres soins éteindront cette ardeur de vengeance :
Ceux de vous agrandir vous porteront ailleurs,
Où vous pourrez trouver quelques destins meilleurs ;
Ceux de servir Sylla, d'aimer son Æmilie,
D'imprimer du respect à toute l'Italie,
De rendre à votre Rome un jour sa liberté,
Sauront tourner vos pas de quelque autre côté.
Surtout ce privilége acquis aux grandes ames,
De changer à leur gré de maris et de femmes,
Mérite qu'on l'étale au bout de l'univers,
Pour en donner l'exemple à cent climats divers.
POMPÉE. Ah! c'en est trop, Madame, et de nouveau je jure...
ARISTIE. Seigneur, les vérités font-elles quelque injure?
POMPÉE. Vous oubliez trop tôt que je suis votre époux.
ARISTIE. Ah! si ce nom vous plaît, je suis encore à vous.
Voilà ma main, Seigneur.
    POMPÉE. Gardez-la moi, Madame.
ARISTIE. Tandis que vous avez à Rome une autre femme?
Que pour un autre hymen vous me déshonorez?
Me punissent les dieux que vous avez jurés,
Si, passé ce moment, et hors de votre vue,
Je vous garde une foi que vous avez rompue!
POMPÉE. Qu'allez-vous faire? hélas!
    ARISTIE. Ce que vous m'enseignez.
POMPÉE. Eteindre un tel amour !
    ARISTIE. Vous-même l'éteignez.
POMPÉE. La victoire aura droit de le faire renaître.
ARISTIE. Si ma haine est trop faible, elle la fera croître.
POMPÉE. Pourrez-vous me haïr?
    ARISTIE. J'en fais tous mes souhaits.
POMPÉE. Adieu donc pour deux jours.
    ARISTIE. Adieu pour tout jamais.

ACTE QUATRIÈME.

SCÈNE I. — SERTORIUS, THAMIRE.

SERTORIUS. Pourrai-je voir la reine?

THAMIRE. Attendant qu'elle vienne,
Elle m'a commandé que je vous entretienne,
Et veut demeurer seule encor quelques moments.
SERTORIUS. Ne m'apprendrez-vous point où vont ses sentiments?
Ce que doit Perpenna concevoir d'espérance?
THAMIRE. Elle ne m'en fait pas beaucoup de confidence;
Mais j'ose présumer qu'offert de votre main
Il aura peu de peine à fléchir son dédain.
Vous pouvez tout sur elle.
SERTORIUS. Ah! j'y puis peu de chose,
Si jusqu'à l'accepter mon malheur la dispose;
Ou, pour en parler mieux, j'y suis trop, et trop peu.
THAMIRE. Elle croit fort vous plaire en secondant son feu.
SERTORIUS. Me plaire?
THAMIRE. Oui : mais, Seigneur, d'où vient cette surprise?
Et de quoi s'inquiète un cœur qui la méprise?
SERTORIUS. N'appelez point mépris un violent respect
Que sur mes plus doux vœux fait régner son aspect.
THAMIRE. Il est peu de respects qui ressemblent au vôtre,
S'il ne sait que trouver des raisons pour un autre;
Et je préférerais un peu d'emportement
Aux plus humbles devoirs d'un tel accablement.
SERTORIUS. Il n'en est rien parti capable de me nuire,
Qu'un soupir échappé ne dût soudain détruire :
Mais la reine, sensible à de nouveaux désirs,
Entendait mes raisons, et non pas mes soupirs.
THAMIRE. Seigneur, quand un Romain, quand un héros soupire,
Nous n'entendons pas bien ce qu'un soupir veut dire;
Et je vous servirais de meilleur truchement,
Si vous vous expliquiez un peu plus clairement.
Je sais qu'en ce climat, que vous nommez barbare,
L'amour par un soupir quelquefois se déclare :
Mais la gloire, qui fait toutes vos passions,
Vous met trop au-dessus de ces impressions;
De tels désirs trop bas pour les grands cœurs de Rome...
SERTORIUS. Ah! pour être Romain, je n'en suis pas moins homme:
J'aime, et peut-être plus qu'on n'a jamais aimé;
Malgré mon âge et moi, mon cœur s'est enflammé.
J'ai cru pouvoir me vaincre; et toute mon adresse
Dans mes plus grands efforts, m'a fait voir ma faiblesse :
Ceux de la politique, et ceux de l'amitié,
M'ont mis dans un état à me faire pitié.
Le souvenir m'en tue, et ma vie incertaine
Dépend d'un peu d'espoir que j'attends de la reine.
Si toutefois...
THAMIRE. Seigneur, elle a de la bonté;
Mais je vois son esprit fortement irrité;
Et, si vous m'ordonnez de vous parler sans feindre,
Vous pouvez espérer, mais vous avez à craindre.
N'y perdez point de temps, et ne négligez rien ;
C'est peut-être un dessein mal ferme que le sien.
La voici. Profitez des avis qu'on vous donne.
Et gardez bien surtout qu'elle ne m'en soupçonne.

SCÈNE II. — VIRIATE, SERTORIUS, THAMIRE.

VIRIATE. On m'a dit qu'Aristie a manqué son projet.
Et que Pompée échappe à cet illustre objet :
Serait-il vrai, Seigneur?
SERTORIUS. Il est trop vrai, Madame ;
Mais, bien qu'il l'abandonne, il l'adore dans l'âme,

Et rompra, m'a-t-il dit, la trève dès demain,
S'il voit qu'elle s'apprête à me donner la main.
VIRIATE. Vous vous alarmez peu d'une telle menace?
SERTORIUS. Ce n'est pas en effet ce qui plus m'embarrasse,
Mais vous, pour Perpenna, qu'avez-vous résolu?
VIRIATE. D'obéir sans remise au pouvoir absolu;
Et si d'une offre en l'air votre âme encor frappée
Veut bien s'embarrasser du rebut de Pompée,
Il ne tiendra qu'à vous que dès demain tous deux
De l'un et l'autre hymen nous n'assurions les nœuds;
Dût se rompre la trève, et dût la jalousie
Jusqu'au dernier éclat pousser la frénésie.
SERTORIUS. Vous pourrez dès demain...
       VIRIATE. Dès ce même moment.
Ce n'est pas obéir qu'obéir lentement;
Et quand l'obéissance a de l'exactitude,
Elle voit que sa gloire est dans la promptitude.
SERTORIUS. Mes prières pouvaient souffrir quelques refus.
VIRIATE. Je les prendrai toujours pour ordres absolus.
Qui peut ce qui lui plaît commande alors qu'il prie.
D'ailleurs, Perpenna m'aime avec idolâtrie:
Tant d'amour, tant de rois d'où son sang est venu,
Le pouvoir souverain dont il est soutenu,
Valent bien tous ensemble un trône imaginaire
Qui ne peut subsister que par l'heur de vous plaire.
SERTORIUS. Je n'ai donc qu'à mourir en faveur de ce choix:
J'en ai reçu la loi de votre propre voix;
C'est un ordre absolu qu'il est temps que j'entende.
Pour aimer un Romain, vous voulez qu'il commande;
Et comme Perpenna ne le peut sans ma mort,
Pour remplir votre trône il lui faut tout mon sort.
Lui donner votre main, c'est m'ordonner, Madame,
De lui céder ma place au camp et dans votre âme.
Il est, il est trop juste, après un tel bonheur,
Qu'il l'ait dans notre armée ainsi qu'en votre cœur.
J'obéis sans murmure, et veux bien que ma vie...
VIRIATE. Avant que par cet ordre elle vous soit ravie,
Puis-je me plaindre à vous d'un retour inégal
Qui tient moins d'un ami qu'il ne fait d'un rival.
Vous trouvez ma faveur et trop prompte et trop pleine!
L'hymen où je m'apprête est pour vous une gêne!
Vous m'en parlez enfin comme si vous m'aimiez!
SERTORIUS. Souffrez, après ce mot, que je meure à vos pieds
J'y veux bien immoler tout mon bonheur au vôtre;
Mais je ne puis vous voir entre les bras d'un autre;
Et c'est assez vous dire à quelle extrémité
Me réduit un amour que j'ai mal écouté.
Bien qu'un si digne objet le rendît excusable,
J'ai cru honteux d'aimer quand on n'est plus aimable:
J'ai voulu m'en défendre à voir mes cheveux gris,
Et me suis répondu longtemps de vos mépris.
Mais j'ai vu dans votre âme ensuite une autre idée,
Sur qui mon espérance aussitôt s'est fondée;
Et je me suis promis bien plus qu'à tous vos rois,
Quand j'ai vu que l'amour n'en ferait point le choix.
J'allais me déclarer sans l'offre d'Aristie:
Non que ma passion s'en soit vue alentie;
Mais je n'ai point douté qu'il ne fût d'un grand cœur
De tout sacrifier pour le commun bonheur.

L'amour de Perpenna s'est joint à ces pensées :
Vous avez vu le reste, et mes raisons forcées.
Je m'étais figuré que de tels déplaisirs
Pourraient ne me coûter que deux ou trois soupirs;
Et, pour m'en consoler, j'envisageais l'estime
Et d'ami généreux et de chef magnanime :
Mais, près du coup fatal, je sens par mes ennuis
Que je me promettais bien plus que je ne puis.
Je me rends donc, Madame : ordonnez de ma vie;
Encor tout de nouveau je vous la sacrifie.
Aimez-vous Perpenna ?

VIRIATE. Je sais vous obéir,
Mais je ne sais que c'est d'aimer ou de haïr ;
Et la part que tantôt vous aviez dans mon ame
Fut un don de ma gloire, et non pas de ma flamme.
Je n'en ai point pour lui, je n'en eus point pour vous :
Je ne veux point d'amant, mais je veux un époux,
Mais je veux un héros qui par son hyménée
Sache élever si haut le trône où je suis née,
Qu'il puisse de l'Espagne être l'heureux soutien,
Et laisser de vrais rois de mon sang et du sien.

Je le trouvais en vous, n'eût été la bassesse
Qui pour ce cher rival contre moi s'intéresse,
Et dont, quand je vous mets au-dessus de cent rois,
Une répudiée a mérité le choix.
Je l'oublierai pourtant, et veux vous faire grâce.
M'aimez-vous ?

SERTORIUS. Oserais-je en prendre encor l'audace.
VIRIATE. Prenez-la, j'y consens, Seigneur; et dès demain,
Au lieu de Perpenna, donnez-moi votre main.
SERTORIUS. Que se tiendrait heureux un amour moins sincère
Qui n'aurait autre but que de se satisfaire,
Et qui se remplirait de sa félicité
Sans prendre aucun souci de votre dignité!
Mais quand vous oubliez ce que j'ai pu vous dire,
Puis-je oublier les soins d'agrandir votre empire,
Que votre grand projet est celui de régner?
VIRIATE. Seigneur vous faire grâce, est-ce m'en éloigner?
SERTORIUS. Ah! Madame, est-il temps que cette grâce éclate?
VIRIATE. C'est cet éclat, Seigneur, que cherche Viriate.
SERTORIUS. Nous perdons tout, Madame, à le précipiter,
L'amour de Perpenna le fera révolter;
Souffrez qu'un peu de temps doucement le ménage,
Qu'auprès d'un autre objet un autre amour l'engage :
Des amours d'Artistie assurons le secours
A force de promettre, en différant toujours.
Détruire tout l'espoir qui les tient en haleine,
C'est les perdre, c'est mettre un jaloux hors de peine,
Dont l'esprit ébranlé ne se doit pas guérir
De cette impression qui peut nous l'acquérir.
Pourrions-nous venger Rome après de telles pertes?
Pourrions-nous l'affranchir des misères souffertes ?
Et de ses intérêts un si haut abandon...
VIRIATE. Et que m'importe à moi que Rome souffre ou non ?
Quand j'aurai de ses maux effacé l'infamie,
J'en obtiendrai pour fruit le nom de son amie!
Je vous verrai consul m'en apporter les lois,
Et m'abaisser vous-même au rang des autres rois!
Si vous m'aimez, Seigneur, nos mers et nos montagnes

Doivent borner vos vœux, ainsi que nos Espagnes :
Nous pouvons nous y faire un assez beau destin,
Sans chercher d'autre gloire au pied de l'Aventin :
Affranchissons le Tage, et laissons faire au Tibre,
La liberté n'est rien quand tout le monde est libre :
Mais il est beau de l'être, et voir tout l'univers
Soupirer sous le joug et gémir dans les fers;
Il est beau d'étaler cette prérogative
Aux yeux du Rhône esclave et de Rome captive;
Et de voir envier aux peuples abattus
Ce respect que le sort garde pour vos vertus.
   Quant au grand Perpenna, s'il est si redoutable,
Remettez-moi le soin de le rendre traitable :
Je sais l'art d'empêcher les grands cœurs de faillir.
SERTORIUS. Mais quel fruit pensez-vous en pouvoir recueillir?
Je le sais comme vous, et voit quelles tempêtes
Cet ordre surprenant formera sur nos têtes.
Ne cherchons point, Madame, à faire des mutins,
Et ne nous brouillons point avec nos bons destins.
Rome nous donnera, sans eux, assez de peine,
Avant que de souscrire à l'hymen d'une reine;
Et nous n'en fléchirons jamais la dureté,
A moins qu'elle nous doive et gloire et liberté.
VIRIATE. Je vous avouerai plus, Seigneur ; loin d'y souscrire,
Elle en prendra pour vous une haine où j'aspire,
Un courroux implacable, un orgueil endurci;
Et c'est par où je veux vous arrêter ici.
Qu'ai-je à faire dans Rome? et pourquoi, je vous prie...
SERTORIUS. Mais nos Romains, Madame, aiment tous leur patrie ;
Et de tous leurs travaux l'unique et doux espoir,
C'est de vaincre bientôt assez pour la revoir.
VIRIATE. Pour les enchaîner tous sur les rives du Tage,
Nous n'avons qu'à laisser Rome dans l'esclavage :
Ils aimeront à vivre et sous vous et sous moi,
Tant qu'ils n'auront qu'un choix, d'un tyran, ou d'un roi.
SERTORIUS. Ils ont pour l'un ou l'autre une pareille haine,
Et n'obéiront point au mari d'une reine.
VIRIATE. Qu'ils aillent donc chercher des climats à leur choix,
Où le gouvernement n'ait ni tyrans ni rois.
Nos Espagnols, formés à votre art militaire,
Achèveront sans eux ce qui nous reste à faire,
La perte de Sylla n'est pas ce que je veux;
Rome attire encor moins la fierté de mes vœux :
L'hymen où je prétends ne peut trouver d'amorces
Au milieu d'une ville où règnent les divorces;
Et du haut de mon trône on ne voit point d'attraits
Où l'on n'est roi qu'un an pour n'être rien après.
Enfin, pour achever, j'ai fait pour vous plus qu'elle :
Elle vous a banni, j'ai pris votre querelle ;
Je conserve des jours qu'elle veut vous ravir:
Prenez le diadème, et laissez-la servir.
Il est beau de tenter des choses inouïes,
Dût-on voir par l'effet ses volontés trahies.
Pour moi, d'un grand Romain je veux faire un grand roi;
Vous, s'il y faut périr, périssez avec moi :
C'est gloire de se perdre en servant ce qu'on aime.
SERTORIUS. Mais porter dès l'abord les choses à l'extrême,
Madame, et sans besoin faire des mécontents!
Soyons heureux plus tard pour l'être plus longtemps.

Une victoire ou deux jointes à quelque adresse...
VIRIATE. Vous savez que l'amour n'est pas ce qui me presse,
Seigneur. Mais après tout, je dois le confesser,
Tant de précaution commence à me lasser.
Je suis reine ; et qui sait porter une couronne,
Quand il a prononcé, n'aime point qu'on raisonne.
Je vais penser à moi, vous penserez à vous.
SERTORIUS. Ah ! si vous écoutez cet injuste courroux...
VIRIATE. Je n'en ai point, Seigneur ; mais mon inquiétude
Ne veut plus dans mon sort aucune incertitude :
Vous me direz demain où je dois l'arrêter.
Cependant je vous laisse avec qui consulter.

SCÈNE III. — SERTORIUS, PERPENNA, AUFIDE.

PERPENNA, à Aufide. Dieux ! qui peut faire ainsi disparaître la reine?
AUFIDE, à Perpenna. Lui-même a quelque chose en l'âme qui le gêne,
Seigneur ; et notre abord le rend tout interdit.
SERTORIUS. De Pompée en ces lieux savez-vous ce qu'on dit ?
L'avez-vous mis fort loin au-delà de la porte ?
PERPENNA. Comme assez près des murs il avait son escorte,
Je me suis dispensé de le mettre plus loin.
Mais de votre secours, Seigneur, j'ai grand besoin.
Tout son visage montre une fierté si haute...
SERTORIUS. Nous n'avons rien conclu, mais ce n'est pas ma faute ;
Et vous savez...
PERPENNA. Je sais qu'en de pareils débats...
SERTORIUS. Je n'ai point cru devoir mettre les armes bas :
Il n'est pas encor temps.
PERPENNA. Continuez, de grace ;
Il n'est pas encor temps que l'amitié se lasse.
SERTORIUS. Votre intérêt m'arrête autant comme le mien :
Si je m'en trouvais mal, vous ne seriez pas bien.
PERPENNA. De vrai, sans votre appui je serais fort à plaindre ;
Mais je ne vois pour vous aucun sujet de craindre.
SERTORIUS. Je serais le premier dont on serait jaloux ;
Mais ensuite le sort pourrait tomber sur vous.
Le tyran, après moi, vous craint plus qu'aucun autre,
Et ma tête abattue ébranlerait la vôtre.
Nous ferons bien tous deux d'attendre plus d'un an.
PERPENNA. Que parlez-vous, Seigneur, de tête et de tyran?
SERTORIUS. Je parle de Sylla, vous le devez connaître.
PERPENNA. Et je parlais des feux que la reine a fait naître !
Nos esprits étaient donc également distraits ;
Tout le mien s'attachait aux périls de la paix ;
Et je vous demandais quel bruit fait par la ville
De Pompée et de moi l'entretien inutile.
Vous le saurez, Aufide?
AUFIDE. A ne rien déguiser,
Seigneur, ceux de sa suite en ont su mal user :
J'en crains parmi le peuple un insolent murmure,
Ils ont dit que Sylla quitte sa dictature,
Que vous seul refusez les douceurs de la paix,
Et voulez une guerre à ne finir jamais.
Déjà de nos soldats l'âme préoccupée
Montre un peu trop de joie à parler de Pompée,
Et si l'erreur s'épand jusqu'en nos garnisons,
Elle y pourra semer de dangereux poisons.
SERTORIUS. Nous en romprons le coup avant qu'elle grossisse,
Et ferons par nos soins avorter l'artifice.

D'autres plus grands périls le ciel m'a garanti.
PERPENNA. Ne ferions-nous pas mieux d'accepter le parti,
Seigneur? trouvez-vous l'offre, ou honteuse, ou mal sûre?
SERTORIUS. Sylla peut en effet quitter sa dictature ;
Mais il peut faire aussi des consuls à son choix,
De qui la pourpre esclave agira sous ses lois ;
Et, quand nous n'en craindrons aucuns ordres sinistres,
Nous périrons par ceux de ses lâches ministres.
Croyez-moi, pour des gens comme vous deux et moi,
Rien n'est si dangereux que trop de bonne foi.
Sylla par politique a pris cette mesure
De montrer au soldat l'impunité fort sûre ;
Mais pour Cinna, Carbon, le jeune Marius,
Il a voulu leur tête, et les a tous perdus.
Pour moi, que tout mon camp sur ce bruit m'abandonne,
Qu'il ne reste pour moi que ma seule personne,
Je me perdrai plutôt dans quelque affreux climat,
Qu'aller tant qu'il vivra briguer le consulat.
Vous...
PERPENNA. Ce n'est pas, Seigneur, ce qui me tient en peine,
Exclu du consulat par l'hymen d'une reine,
Du moins si vos bontés m'obtiennent ce bonheur,
Je n'attends plus de Rome aucun degré d'honneur ;
Et banni pour jamais dans la Lusitanie,
J'y crois en sûreté les restes de ma vie.
SERTORIUS. Oui ; mais je ne vois pas encor de sûreté
A ce que vous et moi nous avions concerté.
Vous savez que la reine est d'une humeur si fière...
Mais peut-être le temps la rendra moins altière.
Adieu : dispensez-moi de parler là-dessus.
PERPENNA. Parlez, Seigneur : mes vœux sont-ils si mal reçus ?
Est-ce en vain que je l'aime, en vain que je soupire ?
SERTORIUS. Sa retraite a plus dit que je ne puis vous dire.
PERPENNA. Elle m'a dit beaucoup ; mais, Seigneur, achevez,
Et ne me cachez point ce que vous en savez,
Ne m'auriez-vous rempli que d'un espoir frivole ?
SERTORIUS. Non, je vous l'ai cédée, et vous tiendrai parole.
Je l'aime, et vous la donne encor malgré mon feu :
Mais je crains que ce don n'ait jamais son aveu,
Qu'il n'attire sur nous d'impitoyables haines.
Que vous dirai-je enfin ? L'Espagne a d'autres reines ;
Et vous pourriez vous faire un destin bien plus doux,
Si vous faisiez pour moi ce que je fais pour vous.
Celle des Vacéens, celle des Ilergètes,
Rendraient vos volontés bien plutôt satisfaites :
La reine avec chaleur saurait vous y servir.
PERPENNA. Vous me l'avez promise, et me l'allez ravir.
SERTORIUS. Que sert que je promette et que je vous la donne
Quand son ambition l'attache à ma personne ?
Vous savez les raisons de cet attachement :
Je vous en ai tantôt parlé confidemment ;
Je vous en fais encor la même confidence.
Faites à votre amour un peu de violence ;
J'ai triomphé du mien ; j'y suis encor tout prêt :
Mais il faut du parti ménager l'intérêt.
Faut-il pousser à bout une reine obstinée,
Qui veut faire à son choix toute sa destinée,
Et de qui le secours, depuis plus de dix ans
Nous a mieux soutenus que tous nos partisans,

CORNEILLE.

PERPENNA. La trouvez-vous, Seigneur, en état de vous nuire?
SERTORIUS. Non, elle ne peut pas tout-à-fait nous détruire ;
Mais si vous m'enchaînez à ce que j'ai promis,
Dès demain elle traite avec nos ennemis.
Leur camp n'est que trop proche ; ici chacun murmure ;
Jugez ce qu'il faut craindre en cette conjoncture ;
Voyez quel prompt remède on y peut apporter,
Et quel fruit nous aurons de la violenter.
PERPENNA. C'est à moi de me vaincre et la raison l'ordonne :
Mais d'un si grand dessein tout mon cœur qui frissonne...
SERTORIUS. Ne vous contraignez point ; dût m'en coûter le jour,
Je tiendrai ma promesse en dépit de l'amour.
PERPENNA. Si vos promesses n'ont l'aveu de Viriate.
SERTORIUS. Je ne puis de sa part rien dire qui vous flatte.
PERPENNA. Je dois donc me contraindre, et j'y suis résolu.
Oui, sur tous mes désirs je me rends absolu :
J'en veux, à votre exemple, être aujourd'hui le maître ;
Et, malgré cet amour que j'ai laissé trop croître,
Vous direz à la reine...
    SERTORIUS. Eh bien ! je lui dirai ?
PERPENNA. Rien, Seigneur, rien encor ; demain j'y penserai.
Toutefois la colère où s'emporte son âme
Pourrait dès cette nuit commencer quelque trame.
Vous lui direz, Seigneur, tout ce que vous voudrez ;
Et je suivrai l'avis que pour moi vous prendrez.
SERTORIUS. Je vous admire et plains.
    PERPENNA. Que j'ai l'âme accablée !
SERTORIUS. Je partage les maux dont je la vois comblée.
Adieu ; j'entre un moment pour calmer son chagrin,
Et me rendrai chez vous à l'heure du festin.

SCÈNE IV. — PERPENNA, AUFIDE.

AUFIDE. Ce maître si chéri fait pour vous des merveilles ;
Votre flamme en reçoit des faveurs sans pareilles !
Son nom seul, malgré lui, vous avait tout volé,
Et la reine se rend sitôt qu'il a parlé !
Quels services faut-il que votre espoir hasarde
Afin de mériter l'amour qu'elle vous garde ?
Et dans quel temps, Seigneur, purgerez-vous ces lieux
De cet illustre objet qui lui blesse les yeux ?
Elle n'est point ingrate ; et les lois qu'elle impose
Pour se faire obéir, promettent peu de chose ;
Mais on n'a qu'à laisser le salaire à son choix,
Et courir sans scrupule exécuter ses lois.
Vous ne me dites rien ? Apprenez-moi, de grâce,
Comment vous résolvez que le festin se passe ?
Dissimulerez-vous ce manquement de foi?
Et voulez-vous...
    PERPENNA. Allons en résoudre chez moi.

ACTE CINQUIÈME.
SCÈNE I. — ARISTIE, VIRIATE.

ARISTIE. Oui, Madame, j'en suis comme vous ennemie.
Vous aimez les grandeurs, et je hais l'infamie.
Je cherche à me venger, vous, à vous établir ;
Mais vous pourrez me perdre, et moi vous affaiblir,
Si le cœur mieux ouvert ne met d'intelligence
Votre établissement avecque ma vengeance.

On m'a volé Pompée ; et moi, pour le braver,
Cet ingrat que sa foi n'ose me conserver,
Je cherche un autre époux qui le passe ou l'égale :
Mais je n'ai pas dessein d'être votre rivale,
Et n'ai point dû prévoir, ni que vers un Romain
Une reine jamais daignât pencher sa main,
Ni qu'un héros dont l'âme a paru si romaine
Démentît ce grand nom par l'hymen d'une reine.
J'ai cru dans sa naissance et votre dignité
Pareille aversion et contraire fierté.
Cependant on me dit qu'il consent l'hyménée,
Et qu'en vain il s'oppose au choix de la journée,
Puisque, si dès demain il n'a tout son éclat,
Vous allez du parti séparer votre État.
Comme je n'ai pour but que d'en grossir les forces,
J'aurais grand déplaisir d'y causer des divorces,
Et de servir Sylla mieux que tous ses amis,
Quand je lui veux partout faire des ennemis.
Parlez donc : quelque espoir que vous m'ayez vu prendre,
Si vous y prétendez, je cesse d'y prétendre.
Un reste d'autre espoir, et plus juste, et plus doux,
Saura voir sans chagrin Sertorius à vous.
Mon cœur veut à toute heure immoler à Pompée
Tous les ressentiments de ma place usurpée ;
Et comme son amour eut peine à me trahir,
J'ai voulu me venger, et n'ai pu le haïr.
Ne me déguisez rien, non plus que je déguise.

VIRIATE. Viriate à son tour vous doit même franchise,
Madame ; et d'ailleurs même on vous en a trop dit,
Pour vous dissimuler ce que j'ai dans l'esprit.
J'ai fait venir exprès Sertorius d'Afrique
Pour sauver mes États d'un pouvoir tyrannique ;
Et mes voisins domptés m'apprenaient que sans lui
Nos rois contre Sylla n'étaient qu'un vain appui.
Avec un seul vaisseau ce grand héros prit terre ;
Avec mes sujets seuls il commença la guerre :
Je mis entre ses mains mes places et mes ports,
Et je lui confiai mon sceptre et mes trésors.
Dès l'abord il sut vaincre, et j'ai vu la victoire
Enfler de jour en jour sa puissance et sa gloire.
Nos rois lassés du joug, et vos persécutés,
Avec tant de chaleur l'ont joint de tous côtés,
Qu'enfin il a poussé nos armes fortunées
Jusques à vous réduire au pied des Pyrénées.
Mais, après l'avoir mis au point où je le voi,
Je ne puis voir que lui qui soit digne de moi ;
Et, regardant sa gloire ainsi que mon ouvrage,
Je périrai plutôt qu'une autre la partage.
Mes sujets valent bien que j'aime à leur donner
Des monarques d'un sang qui sache gouverner,
Qui sache faire tête à vos tyrans du monde,
Et rendre notre Espagne en lauriers si féconde
Qu'on voie un jour le Pô redouter ses efforts,
Et le Tibre lui-même en trembler pour ses bords.

ARISTIE. Votre dessein est grand ; mais à quoi qu'il aspire...
VIRIATE. Il m'a dit les raisons que vous me voulez dire.
Je sais qu'il serait bon de taire et différer
Ce glorieux hymen qu'il me fait espérer ;
Mais la paix qu'aujourd'hui l'on offre à ce grand homme

Ouvre trop les chemins et les portes de Rome.
Je vois que, s'il y rentre, il est perdu pour moi,
Et je l'en veux bannir par le don de ma foi.
Si je hasarde trop de m'être déclarée,
J'aime mieux ce péril, que ma perte assurée ;
Et si tous vos proscrits osent s'en désunir,
Nos bons destins sans eux pourront nous soutenir.
Mes peuples, aguerris sous votre discipline,
N'auront jamais au cœur de Rome qui domine ;
Et ce sont des Romains dont l'unique souci
Est de combattre, vaincre, et triompher ici.
Tant qu'ils verront marcher ce héros à leur tête,
Ils iront sans frayeur de conquête en conquête.
Un exemple si grand dignement soutenu
Saura... Mais que nous veut ce Romain inconnu ?

SCÈNE II. — Aristie, Viriate, Arcas.

ARISTIE. Madame, c'est Arcas, l'affranchi de mon frère :
Sa venue en ces lieux cache quelque mystère.
Parle, Arcas, et dis-nous...

ARCAS. Ces lettres mieux que moi
Vous diront un succès qu'à peine encore je croi.

ARISTIE *lit*.

« Chère sœur, pour ta joie il est temps que tu saches
« Que nos maux et les tiens vont finir en effet.
« Sylla marche en public sans faisceaux et sans haches,
« Prêt à rendre raison de tout ce qu'il a fait.
  « Il s'est en plein sénat démis de sa puissance ;
« Et si vers toi Pompée a le moindre penchant,
« Le ciel vient de briser sa nouvelle alliance,
« Et la triste Æmilie est morte en accouchant.
  « Sylla même consent, pour calmer tant de haines,
« Qu'un feu qui fut si beau rentre en sa dignité,
« Et que l'hymen te rende à tes premières chaînes,
« En même temps qu'à Rome il rend sa liberté.

QUINTUS ARISTIUS. »

Le ciel s'est donc lassé de m'être impitoyable !
Ce bonheur, comme à toi, me paraît incroyable.
Cours au camp de Pompée, et dis-lui, cher Arcas...

ARCAS. Il a cette nouvelle, et revient sur ses pas.
De la part de Sylla chargé de lui remettre
Sur ce grand changement une pareille lettre,
A deux milles d'ici j'ai su le rencontrer.

ARISTIE. Quel amour, quelle joie a-t-il daigné montrer ?
Que dit-il ? que fait-il ?

ARCAS. Par votre expérience
Vous pouvez bien juger de son impatience :
Mais, rappelé vers vous par un transport d'amour
Qui ne lui permet pas d'achever son retour,
L'ordre que pour son camp ce grand effet demande
L'arrête à le donner, attendant qu'il s'y rende.
Il me suivra de près, et m'a fait avancer
Pour vous dire un miracle où vous n'osiez penser.

ARISTIE. Vous avez lieu d'en prendre une allégresse égale,
Madame, vous voilà sans crainte et sans rivale.

VIRIATE. Je n'en ai plus en vous, et je n'en puis douter :
Mais il m'en reste une autre, et plus à redouter ;
Rome, que ce héros aime plus que lui-même ;
Et qu'il préférerait sans doute au diadème ,

Si contre cet amour...

SCÈNE III. — VIRIATE, ARISTIE, THAMIRE, ARCAS.

THAMIRE. Ah, Madame !
VIRIATE. Qu'as-tu,
Thamire ? et d'où te vient ce visage abattu ?
Que nous disent tes pleurs ?
THAMIRE. Que vous êtes perdue ;
Que cet illustre bras qui vous a défendue...
VIRIATE. Sertorius ?
THAMIRE. Hélas ! ce grand Sertorius...
VIRIATE. N'achèveras-tu point ?
THAMIRE. Madame, il ne vit plus.
VIRIATE. Il ne vit plus, ô ciel ! Qui te l'a dit, Thamire ?
THAMIRE. Ses assassins font gloire eux-mêmes de le dire.
Ses tigres, dont la rage, au milieu du festin,
Par l'ordre d'un perfide a tranché son destin,
Tout couverts de son sang courent parmi la ville
Émouvoir les soldats et le peuple imbécille ;
Et Perpenna par eux proclamé général
Ne vous fait que trop voir d'où part ce coup fatal.
VIRIATE. Il m'en fait voir ensemble et l'auteur et la cause :
Par cet assassinat c'est de moi qu'on dispose ;
C'est mon trône, c'est moi qu'on prétend conquérir ;
Et c'est mon juste choix qui seul l'a fait périr.
Madame, après sa perte, et parmi ces alarmes,
N'attendez point de moi de soupirs ni de larmes ;
Ce sont amusements que dédaigne aisément
Le prompt et noble orgueil d'un vif ressentiment ;
Qui pleure l'affaiblit, qui soupire l'exhale.
Il faut plus de fierté dans une âme royale ;
Et ma douleur, soumise aux soins de le venger...
ARISTIE. Mais vous vous aveuglez au milieu du danger.
Songez à fuir, Madame.
THAMIRE. Il n'est plus temps : Aufide
Des portes du palais saisi pour ce perfide,
En fait votre prison, et lui répond de vous.
Il vient ; dissimulez un si juste courroux ;
Et jusqu'à ce qu'un temps plus favorable arrive,
Daignez vous souvenir que vous êtes captive.
VIRIATE. Je sais ce que je suis, et le serai toujours.
N'eussè-je que le ciel et moi pour mon secours.

SCÈNE IV. — PERPENNA, ARISTIE, VIRIATE, THAMIRE, ARCAS.

PERPENNA, à Viriate. Sertorius est mort : cessez d'être jalouse,
Madame, du haut rang qu'aurait pris son épouse,
Et n'appréhendez plus, comme de son vivant,
Qu'en vos propres États elle ait le pas devant.
Si l'espoir d'Aristie a fait ombrage au vôtre,
Je puis vous assurer et d'elle et de tout autre,
Et que ce coup heureux saura vous maintenir
Et contre le présent et contre l'avenir.
C'était un grand guerrier, mais dont le sang ni l'âge
Ne pouvaient avec vous faire un digne assemblage ;
Et, malgré ces défauts, ce qui vous en plaisait,
C'était sa dignité qui vous tyrannisait.
Le nom de général vous le rendait aimable ;
A vos rois, à moi-même il était préférable :
Vous vous éblouissiez du titre et de l'emploi ;
Et je viens vous offrir et l'un et l'autre en moi,

Avec des qualités où votre âme hautaine
Trouvera mieux de quoi mériter une reine.
Un Romain qui commande et sort du sang des rois
(Je laisse l'âge à part) peut espérer son choix,
Surtout quand d'un affront son amour l'a vengée,
Et que d'un choix abject son bras l'a dégagée.

ARISTIE. Après t'être immolé chez toi ton général,
Toi, que faisait trembler l'ombre d'un tel rival,
Lâche, tu viens ici braver encor des femmes,
Vanter insolemment tes détestables flammes,
T'emparer d'une reine en son propre palais,
Et demander sa main pour prix de tes forfaits !
Crains les dieux, scélérat, crains les dieux, ou Pompée ;
Crains leur haine, ou son bras, leur foudre, ou son épée ;
Et, quelque noir orgueil qui te puisse aveugler,
Apprends qu'il m'aime encor ; et commence à trembler.
Tu le verras, méchant, plutôt que tu ne penses ;
Attends, attends de lui tes dignes récompenses.

PERPENNA. S'il en croit votre ardeur, je suis sûr du trépas ;
Mais peut-être, Madame, il ne l'en croira pas ;
Et quand il me verra commander une armée
Contre lui tant de fois à vaincre accoutumée,
Il se rendra facile à conclure une paix
Qui faisait dès tantôt ses plus ardents souhaits.
J'ai même entre mes mains un assez bon ôtage,
Pour faires mes traités avec quelque avantage.
Cependant vous pourriez, pour votre heur et le mien,
Ne parler pas si haut à qui ne vous dit rien.
Ces menaces en l'air vous donnent trop de peine.
Après ce que j'ai fait, laissez faire la reine.
Et, sans blâmer des vœux qui ne vont point à vous,
Songez à regagner le cœur de votre époux.

VIRIATE. Oui, Madame, en effet, c'est à moi de répondre ;
Et mon silence ingrat à droit de me confondre.
Ce généreux exploit, ces nobles sentiments,
Méritent de ma part de hauts remercîments :
Les différer encor, c'est lui faire injustice.
 Il m'a rendu sans doute un signalé service ;
Mais il n'en sait encor la grandeur qu'à demi.
Le grand Sertorius fut son parfait ami.
Apprenez-le, Seigneur, (car je me persuade
Que nous devons ce titre à votre nouveau grade ;
Et pour le peu de temps qu'il pourra vous durer,
Il me coûtera peu de vous le déférer) :
Sachez donc que pour vous il osa me déplaire,
Ce héros ; qu'il osa mériter ma colère ;
Que malgré son amour, que malgré mon courroux,
Il a fait des efforts pour me donner à vous ;
Et qu'à moins qu'il vous plût lui rendre sa parole,
Tout mon dessein n'était qu'une attente frivole ;
Qu'il s'obstinait pour vous au refus de ma main.

ARISTIE. Et tu peux lui plonger un poignard dans le sein !
Et ton bras...
  VIRIATE. Permettez, Madame, que j'estime
La grandeur de l'amour par la grandeur du crime.
Chez lui-même, à sa table, au milieu d'un festin,
D'un si parfait ami devenir l'assassin,
Et de son général se faire un sacrifice,
Lorsque son amitié lui rend un tel service ;

Renoncer à la gloire, accepter pour jamais
L'infamie et l'horreur qui suit les grands forfaits;
Jusqu'en mon cabinet porter sa violence,
Pour obtenir ma main m'y tenir sans défense :
Tout cela d'autant plus fait voir ce que je doi
A cet excès d'amour qu'il daigne avoir pour moi;
Tout cela montre une âme au dernier point charmée :
Il serait moins coupable à m'avoir moins aimée;
Et comme je n'ai point les sentiments ingrats,
Je lui veux conseiller de ne m'épouser pas,
Ce serait en son lit mettre son ennemie,
Pour être à tous moments maîtresse de sa vie;
Et je me résoudrais à cet excès d'honneur,
Pour mieux choisir la place à lui percer le cœur.
Seigneur, voilà l'effet de ma reconnaissance.
Du reste, ma personne est en votre puissance;
Vous êtes maître ici : commandez, disposez,
Et recevez enfin ma main, si vous l'osez.

PERPENNA. Moi ! si je l'oserai ? Vos conseils magnanimes
Pouvaient perdre moins d'art à m'étaler mes crimes
J'en connais mieux que vous toute l'énormité,
Et, pour bien la connaître, ils m'ont assez coûté.
On ne s'attache point, sans un remords bien rude,
A tant de perfidie et tant d'ingratitude :
Pour vous je l'ai dompté, pour vous je l'ai détruit ;
J'en ai l'ignominie, et j'en aurai le fruit.
Menacez mes forfaits, et proscrivez ma tête ;
De ces mêmes forfaits vous serez la conquête :
Et n'eût tout mon bonheur que deux jours à durer,
Vous n'avez dès demain qu'à vous y préparer.
J'accepte votre haine, et l'ai bien méritée ;
J'en ai prévu la suite, et j'en sais la portée.
Mon triomphe...

SCÈNE V. — PERPENNA, ARISTIE, VIRIATE, AUFIDE, ARCAS, THAMIRE.

AUFIDE. Seigneur, Pompée est arrivé.
Nos soldats mutinés, le peuple soulevé,
La porte s'est ouverte en son nom, à son ombre.
Nous n'avons point d'amis qui ne cèdent au nombre
Antoine et Manlius déchirés par morceaux,
Tout morts et tout sanglants, ont encor des bourreaux.
On cherche avec chaleur les restes des complices,
Que lui-même il destine à de pareils supplices.
Je défendais mon poste, il l'a soudain forcé,
Et de sa propre main vous me voyez percé ;
Maître absolu de tout, il change ici la garde.
Pensez à vous ; je meurs : la suite vous regarde.

ARISTIE. Pour quelle heure, Seigneur, faut-il se préparer
A ce rare bonheur qu'il vient vous assurer ?
Avez-vous en vos mains un assez bon ôtage
Pour faire vos traités avec grand avantage ?

PERPENNA. C'est prendre en ma faveur un peu trop de souci,
Madame ; j'ai de quoi le satisfaire ici.

SCÈNE VI. — POMPÉE, PERPENNA, VIRIATE, ARISTIE, CELSUS, ARCAS, THAMIRE.

PERPENNA. Seigneur, vous aurez su ce que je viens de faire.
Je vous ai de la paix immolé l'adversaire,
L'amant de votre femme, et ce rival fameux
Qui s'opposait partout au succès de vos vœux

Je vous rends Aristie, et finis cette crainte
Dont votre âme tantôt se montrait trop atteinte :
Et je vous affranchis de ce jaloux ennui
Qui ne pouvait la voir entre les bras d'autrui.
    Je fais plus : je vous livre une fière ennemie,
Avec tout son orgueil, et sa Lusitanie ;
Je vous en ai fait maître, et de tous ces Romains
Que déjà leur bonheur a remis en vos mains.
Comme en un grand dessein, et qui veut promptitude,
On ne s'explique pas avec la multitude,
Je n'ai point cru, Seigneur, devoir apprendre à tous
Celui d'aller demain me rendre auprès de vous ;
Mais j'en porte sur moi d'assurés témoignages :
Ces lettres de ma foi vous seront de bons gages ;
Et vous reconnaîtrez, par leurs perfides traits,
Combien Rome pour vous a d'ennemis secrets,
Qui tous, pour Aristie, enflammés de vengeance,
Avec Sertorius étaient d'intelligence :
Lisez.

(*Il lui donne les lettres qu'Aristie avaient apportées de Rome à Sertorius.*)

ARISTIE. Quoi, scélérat ! quoi ! lâche ! oses-tu bien..

PERPENNA. Madame, il est ici votre maître et le mien ;
Il faut en sa présence un peu de modestie.
Et si je vous oblige à quelque repartie,
La faire sans aigreur, sans outrages mêlés,
Et ne point oublier devant qui vous parlez.
Vous voyez là, Seigneur, deux illustres rivales,
Que cette perte anime à des haines égales.
Jusques au dernier point elles m'ont outragé ;
Mais, puisque je vous vois, je suis assez vengé.
Je vous regarde aussi comme un dieu tutélaire,
Et ne puis... Mais, ô dieux ! Seigneur, qu'allez-vous faire ?

POMPÉE, *après avoir brûlé les lettres sans les lire.*
Montrer d'un tel secret ce que je veux savoir.
Si vous m'aviez connu, vous l'auriez su prévoir.
Rome en deux factions trop longtemps partagée
N'y sera point pour moi de nouveau replongée ;
Et quand Sylla lui rend sa gloire et son bonheur,
Je n'y remettrai point le carnage et l'horreur.
Oyez, Celsus... (*Il lui parle bas.*)
            Surtout empêchez qu'il ne nomme
Aucun des ennemis qu'elle m'a faits à Rome.
(*A Perpenna.*) Vous, suivez ce tribun ; j'ai quelques intérêts
Qui demandent ici des entretiens secrets.

PERPENNA. Seigneur, se pourrait-il qu'après un tel service...

POMPÉE. J'en connais l'importance, et lui rendrai justice.
Allez.

PERPENNA. Mais cependant leur haine...

                    POMPÉE. C'est assez.
Je suis maître, je parle, allez, obéissez.

SCÈNE VII. — POMPÉE, VIRIATE, ARISTIE, THAMIRE, ARCAS.

POMPÉE. Ne vous offensez pas d'ouïr parler en maître,
Grande reine ; ce n'est que pour punir un traître.
Criminel envers vous d'avoir trop écouté
L'insolence où montait sa noire lâcheté,
J'ai cru devoir sur lui prendre ce haut empire,
Pour me justifier avant que vous rien dire :
Mais je n'abuse point d'un si facile accès,
Et je n'ai jamais su dérober mes succès.
Quelque appui que son crime aujourd'hui vous enlève,

Je vous offre la paix, et ne romps point la trêve ;
Et ceux de nos Romains qui sont auprès de vous
Peuvent y demeurer sans craindre mon courroux.
Si de quelque péril je vous ai garantie,
Je ne veux pour tout prix enlever qu'Aristie,
A qui, devant vos yeux, enfin maître de moi,
Je rapporte avec joie et ma main et ma foi.
Je ne dis rien du cœur, il tint toujours pour elle.

ARISTIE. Le mien savait vous rendre une ardeur mutuelle ;
Et, pour mieux recevoir ce don renouvelé,
Il oubliera, Seigneur, qu'on me l'avait volé.

VIRIATE. Moi, j'accepte la paix que vous m'avez offerte ;
C'est tout ce que je puis, Seigneur, après ma perte ;
Elle est irréparable : et comme je ne voi
Ni chefs dignes de vous, ni rois dignes de moi,
Je renonce à la guerre, ainsi qu'à l'hyménée ;
Mais j'aime encor l'honneur du trône où je suis née.
D'une juste amitié je sais garder les lois,
Et ne sais point régner comme règnent nos rois.
S'il faut que sous votre ordre ainsi qu'eux je domine,
Je m'ensevelirai sous ma propre ruine ;
Mais si je puis régner sans honte et sans époux,
Je ne veux d'héritiers que votre Rome, ou vous ;
Vous choisirez, Seigneur ; ou, si votre alliance
Ne peut voir sous mes États sous ma seule puissance
Vous n'avez qu'à garder cette place en vos mains,
Et je m'y tiens déjà captive des Romains.

POMPÉE. Madame, vous avez l'âme trop généreuse
Pour n'en pas obtenir une paix glorieuse ;
Et l'on verra chez eux mon pouvoir abattu,
Ou j'y ferai toujours honorer la vertu.

SCÈNE VIII. — POMPÉE, ARISTIE, VIRIATE, CELSUS, ARCAS, THAMIRE.

POMPÉE. En est-ce fait, Celsus ?

CELSUS. Oui, Seigneur ; le perfide
A vu plus de cent bras punir son parricide ;
Et livré par votre ordre à ce peuple irrité,
Sans rien dire...

POMPÉE. Il suffit, Rome est en sûreté ;
Et ceux qu'à me haïr j'avais trop su contraindre,
N'y craignant rien de moi, n'y donnent rien à craindre.
(A Viriate.) Vous, Madame, agréez pour notre grand héros
Que ses mânes vengés goûtent un plein repos.
Allons donner votre ordre à des pompes funèbres,
A l'égal de son nom illustres et célèbres,
Et dresser un tombeau témoin de son malheur,
Qui le soit de sa gloire et de notre douleur.

FIN DE SERTORIUS.

ARIANE

TRAGÉDIE EN CINQ ACTES. — 1672.

PERSONNAGES.

OENARUS, roi de Naxe.
THÉSÉE, fils d'Ægée, roi d'Athènes.
PIRITHOÜS, fils d'Ixion, roi des Laphites.
ARIANE, fille de Minos, roi de Crète.
PHÈDRE, sœur d'Ariane.
NÉRINE, confidente d'Ariane.
ARCAS, Naxien, confident d'OEnarus.

La scène est dans l'île de Naxe.

ACTE PREMIER.

SCÈNE I. — OEnarus, Arcas.

OENARUS. Je le confesse, Arcas, ma faiblesse redouble
Je ne puis voir ici Pirithoüs sans trouble.
Quelques maux où ma flamme ait dû me préparer,
C'était toujours beaucoup que les voir différer.
La princesse avait beau m'étaler sa constance,
Son hymen reculé flattait mon espérance ;
Et si Thésée avait et son cœur et sa foi,
Contre elle, contre lui, le temps était pour moi.
De ce faible secours Pirithoüs me prive ;
Par lui de mon malheur l'instant fatal arrive.
Cet ami, si longtemps de Thésée attendu,
Pour partager sa joie en ces lieux s'est rendu ;
Il vient être témoin du bonheur de sa flamme.
Ainsi plus de remise ; il faut m'arracher l'ame,
Et me soumettre enfin au tourment sans égal
De voir tout ce que j'aime au pouvoir d'un rival.
ARCAS. Ariane vous charme, et sans doute elle est belle ;
Mais, Seigneur, quand l'amour vous a parlé pour elle,
Avez-vous ignoré que déjà d'autres feux
La mettaient hors d'état de répondre à vos vœux ?
Sitôt que dans cette île, où les vents se poussèrent,
Aux yeux de votre cour ses beautés éclatèrent,
Vous sûtes que Thésée avait par son secours
Du labyrinthe en Crète évité les détours,
Et que, pour reconnaître une amour si fidèle,
Vainqueur du Minotaure, il fuyait avec elle.
Quel espoir vous laissaient des nœuds si bien formés ?
Ils étaient l'un de l'autre également charmés :
Chacun d'eux l'avouait ; et vous-même en cette île,
Contre le fier Minos leur promettant asyle,
Vous les pressiez d'abord d'avancer l'heureux jour
Qui devait par l'hymen couronner leur amour.
OENARUS. Que n'ont-ils pu me croire ! ils m'auraient vu sans peine
Consentir à ces nœuds dont l'image me gêne.
Quoique alors Ariane eût les mêmes appas,
On résiste aisément quand on n'espère pas ;
Et du moins je n'eusse eu, pour sauver ma franchise,
Qu'à vaincre de mes sens la première surprise.
Mais si mon triste cœur à l'amour s'est rendu,
Thésée en est la cause, et lui seul m'a perdu.
Sans songer quels honneurs l'attendent dans Athènes,
Ici depuis trois mois il languit dans ses chaînes ;
Et, quoique dans l'hymen il dût trouver d'appas,

Pirithoüs absent, il ne les goûtait pas.
Pour en choisir le jour il a fallu l'attendre.
C'est beaucoup d'amitié pour une amour si tendre,
Ces délais démentaient un cœur bien enflammé.
Et qui n'aurait pas cru qu'il n'aurait point aimé?
Voilà sur quoi mon âme à l'espoir enhardie
S'est peut-être en secret un peu trop applaudie.
Les plus charmants objets qui brillent dans ma cour
Semblaient chercher Thésée, et briguer son amour.
Il rendait quelques soins à Mégiste, à Cyane.
Tout cela me flattait du côté d'Ariane ;
Et j'allais quelquefois jusqu'à m'imaginer
Qu'il dédaignait un bien qu'il n'osait me donner.

ARCAS. Dans l'étroite amitié qui depuis tant d'années
De deux amis si chers unit les destinées,
Il n'est pas surprenant que, malgré de beaux feux,
Thésée ait jusqu'ici refusé d'être heureux.
C'est de quoi mieux goûter le fruit de sa victoire,
Qu'avoir Pirithoüs pour témoin de sa gloire.
Mais, Seigneur, Ariane a-t-elle en son amant
Blâmé pour un ami ce trop d'empressement?
En avez-vous trouvé plus d'accès auprès d'elle?

ŒNARUS. C'est là ma peine, Arcas : Ariane est fidèle.
Mes languissants regards, mes inquiets soupirs,
N'ont que trop de ma flamme expliqué les désirs :
C'était peu ; j'ai parlé. Mais pour l'heureux Thésée
D'un feu si violent son âme est embrasée
Qu'elle a toujours depuis appliqué tous ses soins
A fuir l'occasion de me voir sans témoins.
Phèdre sa sœur, qui sait les peines que j'endure,
Soulage en m'écoutant ma funeste aventure ;
Et, comme il ne faut rien pour flatter un amant,
Je m'obstine par elle, et chéris mon tourment.

ARCAS. Avec un tel secours vous êtes moins à plaindre.
Mais Phèdre est sans amour, et d'un mérite à craindre :
Vous la voyez souvent ; et j'admire, Seigneur,
Que sa beauté n'ait rien qui touche votre cœur.

ŒNARUS. Vois par là de l'amour le bizarre caprice.
Phèdre dans sa beauté n'a rien qui n'éblouisse ;
Les charmes de sa sœur sont à peine aussi doux ;
Je n'ai qu'à dire un mot pour en être l'époux :
Cependant, quoiqu'aimable et peut-être plus belle,
Je la vois, je lui parle, et ne sens rien pour elle.
Non, ce n'est ni par choix, ni par raison d'aimer,
Qu'en voyant ce qui plaît on se laisse enflammer ;
D'un aveugle penchant le charme imperceptible
Frappe, saisit, entraîne, et rend un cœur sensible,
Et, par une discrète et nécessaire loi,
On se livre à l'amour sans qu'on sache pourquoi.
Je l'éprouve au supplice où le ciel me condamne.
Tout me parle pour Phèdre, et tout contre Ariane ;
Et, quoique sur le choix ma raison ait le jour,
L'une a ma seule estime, et l'autre mon amour.

ARCAS. Mais d'un pareil amour n'êtes-vous pas le maître?
Qui peut tout ose tout.

    ŒNARUS. Que me fais-tu connaître?
L'ayant reçu ici, j'aurais la lâcheté
De violer les droits de l'hospitalité!
Quand je m'y résoudrais, quel espoir pour ma flamme

En la tyrannisant, toucherais-je son âme ?
Thésée est un héros fameux par tant d'exploits,
Qu'auprès d'elle en mérite il efface les rois.
Son cœur est tout à lui, j'en connais la constance ;
Et nous ferions en vain agir la violence.
Ainsi par mon respect, au défaut d'être aimé,
Méritons jusqu'au bout de m'en voir estimé.
Par d'illustres efforts les grands cœurs se connaissent,
Et malgré mon amour... Mais les princes paraissent.

SCÈNE II. — OENARUS, THÉSÉE, PIRITHOUS, ARCAS.

OENARUS. Enfin voici ce jour si longtemps attendu :
Pirithoüs dans Naxe à Thésée est rendu ;
Et, quand un heureux sort permet qu'il le revoie,
Il n'est pas malaisé de juger de sa joie.
Après un tel bonheur rien ne manque à sa foi.

PIRITHOUS. Cette joie est encor plus sensible pour moi,
Seigneur ; et plus Thésée a pendant mon absence
D'un destin rigoureux souffert la violence,
Plus c'est pour ma tendresse un aimable transport
D'embrasser un ami dont j'ai pleuré la mort.
Qui l'eût cru, que du sort le choix illégitime
L'ayant au Minotaure envoyé pour victime,
Il dût, par un triomphe à jamais glorieux,
Affranchir son pays d'un tribut odieux ?
Sur le bruit qui rendait ces nouvelles certaines,
L'espoir de son retour m'attira dans Athènes ;
Et par un ordre exprès ce fut là que je sus
Qu'il attendait ici son cher Pirithoüs.
Soudain je vole à Naxe, où de sa renommée
Mon âme à le revoir est d'autant plus charmée
Que, tout comblé qu'il est des faveurs d'un grand roi,
Même zèle toujours l'intéresse pour moi.

OENARUS. Que Thésée est heureux ! Tandis qu'il peut attendre
Tous les biens que promet l'amitié la plus tendre,
Du plus parfait amour les favorables nœuds
N'ont rien qu'un bel objet n'abandonne à ses vœux.

THÉSÉE. Il ne faut pas juger sur ce qu'on voit paraître,
Seigneur : on est heureux qu'autant qu'on le croit être.
Vous m'accablez de biens ; et, quand je vous dois tant,
Ne pouvant m'acquitter, je ne vis point content.

OENARUS. Ce que j'ai fait pour vous vaut peu que l'on y pense,
Mais si j'en attendais quelque reconnaissance,
Prince, me dussiez-vous et la vie et l'honneur,
Il serait un moyen.

THÉSÉE. Quel ? Achevez, Seigneur.
J'offre tout ; et déjà mon cœur cède à la joie
De penser...

OENARUS. Vous voulez en vain que je le croie.
Cessez d'avoir pour moi des soins trop empressés ;
Ils vous en coûterait plus que vous ne pensez.

THÉSÉE. Doutez-vous de mon zèle ? et...

OENARUS. Non ; je me condamne.
Aimez Pirithoüs ; possédez Ariane.
Un ami si parfait... de si charmants appas...
J'en dis trop. C'est à vous de ne m'entendre pas :
Ma gloire le veut, prince ; et je vous le demande.

SCÈNE III. — PIRITHOUS, THÉSÉE.

PIRITHOUS. Je ne sais si le roi ne veut pas qu'on l'entende ;

Mais au nom d'Ariane un peu trop de chaleur
Me fait craindre pour vous le trouble de son cœur.
Songez-y. S'il fallait qu'épris d'amour pour elle...
THÉSÉE. Sa passion est forte, et ne m'est pas nouvelle:
Je la sus dès l'instant qu'il s'en laissa charmer :
Mais ce n'est pas un mal qui me doive alarmer.
PIRITHOUS. Il est vrai qu'Ariane aurait lieu de se plaindre,
Si, chérie sans réserve, elle vous voyait craindre.
Je viens de lui parler, et je ne vis jamais
Pour un illustre amant de plus ardents souhaits.
C'est un amour pour vous si fort, si pur, si tendre,
Que, quoique pour vous plaire il fallût entreprendre,
Son cœur, de cette gloire uniquement charmé...
THÉSÉE. Hélas! et que ne puis-je en être moins aimé!
Je ne me verrais pas dans l'état déplorable
Où me réduit sans cesse un amour qui m'accable,
Un amour qui ne montre à mes sens désolés...
Le puis-je dire ?
    PIRITHOUS. O dieux ! Est-ce vous qui parlez ?
Ariane en beauté partout si renommée,
Aimant avec excès, ne serait point aimée?
Vous seriez insensible à de si doux appas!
THÉSÉE. Ils ont de quoi toucher, je ne l'ignore pas.
Ma raison, qui toujours s'intéresse pour elle,
Me dit qu'elle est aimable et mes yeux qu'elle est belle.
L'amour sur leur rapport tâche de m'ébranler :
Mais, quand le cœur se tait, l'amour a beau parler;
Pour engager ce cœur ses amorces sont vaines,
S'il ne court de lui-même au-devant de ses chaînes,
Et ne confond d'abord, par ses doux embarras,
Tous les raisonnements d'aimer ou n'aimer pas.
PIRITHOUS. Mais vous souvenez-vous que pour sauver Thésée,
La fidèle Ariane à tout s'est exposée?
Par-là du labyrinthe heureusement tiré...
THÉSÉE. Il est vrai ; tout cela était désespéré.
Du succès attendu son adresse suivie,
Malgré le sort jaloux, m'a conservé la vie ;
Je la dois à ses soins. Mais par quelle rigueur
Vouloir que je la paie aux dépens de mon cœur ?
Ce n'est pas qu'en secret l'ardeur d'un si beau zèle
Contre ma dureté n'ait combattu pour elle :
Touché de son amour, confus de son éclat,
Je me suis mille fois reproché d'être ingrat :
Mille fois j'ai rougi de ce que j'ose faire.
Mais mon ingratitude est un mal nécessaire;
Et l'on s'efforce enfin, par d'assidus combats,
A disposer d'un cœur qui ne se donne pas.
PIRITHOUS. Votre mérite est grand, et peut l'avoir charmée;
Mais, quand elle vous aime, elle se croit aimée.
Ainsi vos vœux d'abord auront flatté sa foi,
Et vous aurez juré...
    THÉSÉE. Qui n'eût fait comme moi ?
Pour me suivre, Ariane abandonnait son père ;
Je lui devais la vie ; elle avait de quoi plaire ;
Mon cœur sans passion me laissait présumer
Qu'il prendrait à mon choix l'habitude d'aimer.
Et par là ce qu'il doit à la reconnaissance
De l'amour auprès d'elle eut l'entière apparence.
Pour payer ce qu'au sien je voyais être dû,

Mille devoirs... Hélas! c'est ce qui m'a perdu.
Je les rendais d'un air à me tromper moi-même,
A croire que déjà ma flamme était extrême,
Lorsqu'un trouble soudain me fit apercevoir
Que souvent, pour aimer, c'est peu que le vouloir.
Phèdre à mes yeux surpris à toute heure exposée...

PIRITHOUS. Quoi! la sœur d'Ariane a fait changer Thésée?

THÉSÉE. Oui, je l'aime; et telle est cette brûlante ardeur,
Qu'il n'est rien qui la puisse arracher de mon cœur.
Sa beauté, pour qui seule en secret je soupire,
M'a fait voir de l'amour jusqu'où s'étend l'empire;
D'un hymen dont peut-être on m'aurait fait presser,
Je l'ai connu par elle, et ne m'en sens charmé
Que depuis que je l'aime et que j'en suis aimé.

PIRITHOUS. Elle vous aime?

THÉSÉE. Autant que je le puis attendre
Dans l'intérêt du sang qu'une sœur lui fait prendre.
Comme depuis longtemps l'amitié qui les joint
Forme entre elle des nœuds que l'amour ne rompt point,
Elle a quelquefois peine à contraindre son ame
De laisser sans scrupule agir toute sa flamme;
Et voudrait, pour montrer ce qu'elle sent pour moi,
Qu'Ariane eût cessé de prétendre à ma foi.
Cependant, pour ôter toute défiance
Qu'aurait donné le cours de notre intelligence,
Naxe a peu de beautés pour qui des soins rendus
Ne me semble coûter quelques soupirs perdus :
Cyane, Églé, Mégiste, ont part à cet hommage.
Ariane le voit, et n'en prend point d'ombrage;
Rien n'alarme son cœur : tant ce que je lui doi
Contre ma trahison lui répond de ma foi!

PIRITHOUS. Ces devoirs partagés ont trop d'indifférence
Pour vous faire aisément soupçonner d'inconstance.
Mais, quand depuis trois mois vous m'avez attendu,
Ne vous déclarant point, qu'avez-vous prétendu?

THÉSÉE. Flatter l'espoir du roi, donner temps à sa flamme
De pouvoir, malgré lui, tyranniser son âme,
Gagner l'esprit de Phèdre, et me débarasser
D'un hymen dont peut-être on m'aurait fait presser.

PIRITHOUS. Mais, me voici dans Naxe; et, quoi qu'on puisse faire,
Votre infidélité ne saurait plus se taire.
Quel prétexte auriez-vous encore à différer?

THÉSÉE. Je me suis trop contraint, il faut me déclarer.
Quoi que doive Ariane en ressentir de peine,
Il faut lui découvrir que son hymen me gêne,
Et, pour punir mon crime et se venger de moi,
La porter, s'il se peut, à faire choix du roi.
Vous seul, (car de quel front lui confesser moi-même
Qu'en moi c'est un ingrat, un parjure qu'elle aime?...
Non, vous lui peindrez mieux l'embarras de mon cœur.)
Parlez; mais gardez bien de lui nommer sa sœur.
Savoir qu'une rivale ait mon âme charmée,
La chercher, la trouver dans une sœur aimée,
Ce serait un supplice, après mon changement,
A faire tout oser à son ressentiment.
Ménagez sa douleur pour la rendre plus lente :
Avouez-lui l'amour, mais cachez-lui l'amante.
Sur qui que ses soupçons puissent ailleurs tomber,
Phèdre à sa défiance est seule à dérober.

PIRITHOÜS. Je tairai ce qu'il faut ; mais comme je condamne
Votre ingrate conduite au regard d'Ariane,
N'attendez point de moi que pour vous dégager
Je lui parle du feu qui vous porte à changer.
C'est un aveu honteux qu'un autre lui peut faire.
Cependant, mon secours vous étant nécessaire,
Si sur l'hymen du roi je puis être écouté,
J'appuierai le projet dont je vous vois flatté.
Phèdre vient, je vous laisse.

THÉSÉE. O trop charmante vue.

SCÈNE IV. — THÉSÉE, PHÈDRE.

THÉSÉE. Eh bien ! à quoi, Madame, êtes-vous résolue ?
Je n'ai plus de prétexte à cacher mon secret.
Ne verrez-vous jamais mon amour qu'à regret ?
Et quand Pirithoüs, que je feignais d'attendre,
Me contraint à l'éclat qu'il m'a fallu suspendre,
M'aimerez-vous si peu que, pour le retarder,
Vous me disiez encor que c'est trop hasarder ?

PHÈDRE. Vous pouvez là-dessus vous répondre vous-même
Prince, je vous l'ai dit, il est vrai, je vous aime;
Et, quand d'un cœur bien né la gloire est le secours,
L'avoir dit une fois, c'est le dire toujours.
Je n'examine point si je pouvais sans blâme
Au feu qui m'a surprise abandonner mon âme;
Peut-être à me défendre aurais-je trouvé jour :
Mais il entre souvent du destin dans l'amour;
Et, dût-il m'en coûter un éternel martyre,
Le destin l'a voulu, c'est à moi d'y souscrire.
J'aime donc ; mais, malgré l'appât flatteur et doux
Des tendres sentiments qui me parlent pour vous,
Je ne puis oublier qu'Ariane exilée
S'est, pour vos intérêts, elle-même immolée ;
Qu'aucun amour jamais n'eût tant de fermeté ;
Qu'ayant tout fait pour vous elle a tout mérité ;
Et plus l'instant approche où cette infortunée,
Après un long espoir, doit être abandonnée,
Plus un secret remords trouve à me reprocher
Que je lui vole un bien qui lui coûte si cher.
Vous lui devez ce cœur dont vous m'offrez l'hommage;
Vous lui devez la foi que votre amour m'engage;
Vous lui devez ces vœux que déjà tant de fois...

THÉSÉE. Ah ! ne me parlez plus de ce que je lui dois.
Pour elle contre vous qu'ai-je oublié de faire ?
Quels efforts ! J'ai tâché de l'aimer pour vous plaire ;
C'est mon crime, et peut-être il m'en faudrait haïr :
Mais, vous m'en donniez l'ordre, il fallait obéir.
Il fallait me la peindre aimable, jeune et belle,
Voir son pays quitté, mes jours sauvés par elle :
C'était de quoi sans doute assujettir mes vœux
A n'aimer qu'à lui plaire, à m'en tenir heureux.
Mais son mérite en vain semblait fixer ma flamme;
Un tendre souvenir frappait soudain mon ame :
Dès le moindre retour vers un charme si doux,
Je cédais au penchant qui m'entraîne vers vous,
Et sentais dissiper par cette ardeur nouvelle
Tous les projets d'amour que j'avais faits pour elle.

PHÈDRE. J'aurais de ces combats affranchi votre cœur
Si j'eusse eu pour rivale une autre qu'une sœur;

Mais trahir l'amitié dont on la voit sans cesse...
Non, Thésée ; elle m'aime avec trop de tendresse.
D'un supplice si rude il faut la garantir ;
Sans doute elle en mourrait, je n'y puis consentir.
Rendez-lui votre amour, cette amour qui sans elle
Aurait peut-être dû me demeurer fidèle ;
Cet amour qui, toujours trop propre à me charmer,
N'ose...

THÉSÉE. Apprenez-moi donc à ne vous plus aimer,
A briser ces liens où mon âme asservie
A mis tout ce qui fait le bonheur de ma vie.
Ces feux dont ma raison ne saurait triompher,
Apprenez-moi comment on peut les étouffer,
Comment on peut du cœur bannir la chère image...
Mais à quel sentiment ma passion m'engage !
Si la douceur d'aimer a pour vous quelque appas,
Me pourriez-vous apprendre à ne vous aimer pas ?

PHÈDRE. Il en est un moyen que ma gloire envisage :
Il faut de votre cœur arracher cette image.
Ma vue étant pour vous un mal contagieux,
Pour dégager ce cœur commencez par les yeux.
Fuyez de mes regards la trop flatteuse amorce ;
Plus vous les souffrirez, plus ils auront de force.
Ce n'est qu'en s'éloignant qu'on pare de tels coups :
Si le triomphe est rude, il est digne de vous.
Il est beau d'étouffer ce qui peut trop nous plaire ;
D'immoler à sa gloire...

THÉSÉE. Et le pourrez-vous faire ?
Ces traits qu'en votre cœur mon amour a tracés,
Quand vous me verrez moins seront-ils effacés ?
Oublierez-vous sitôt cet ardent sacrifice ?...

PHÈDRE. Cruel ! pourquoi vouloir accroître mon supplice ?
M'accable-t-il si peu qu'il y faille ajouter
Les plaintes d'un amour que je n'ose écouter ?
Puisque mon fier devoir le condamne à se taire,
Laissez-moi me cacher que vous m'avez su plaire ;
Laissez-moi déguiser à mes chagrins jaloux
Qu'il n'est point d'heur pour moi, point de repos sans vous.
C'est trop : déjà mon cœur, à ma gloire infidèle,
De mes sens mutinés suit le parti rebelle ;
Il se trouble, il s'emporte ; et, dès que je vous vois,
Ma tremblante vertu ne répond plus de moi.

THÉSÉE. Ah ! puisqu'en ma faveur l'amour fait ce miracle,
Oubliez qu'une sœur y voudra mettre obstacle.
Pourquoi, pour l'épargner, trahir un si beau feu ?

PHÈDRE. Mais sur quoi vous flatter d'obtenir son aveu ?
Sachant que vous m'aimez...

THÉSÉE. C'est ce qu'il faut lui taire.
Sa fuite de Minos allume la colère :
Pour s'en mettre à couvert elle a besoin d'appui.
Le roi l'aime, faisons qu'elle s'attache à lui,
Et qu'acceptant sa main au défaut de la mienne,
Elle souffre en ces lieux qu'un trône la soutienne.
Quand un nouvel amour, par l'hymen établi,
M'aura par l'habitude attiré son oubli,
Qu'elle verra pour moi son mépris nécessaire,
Nous pourrons de nos feux découvrir le mystère.
Mais, prêt à la porter à ce grand changement,
J'ai besoin de vous voir enhardir un amant ;

De voir que dans vos yeux, quand ce projet me flatte,
En faveur de l'amour un peu de joie éclate;
Que, contre vos frayeurs rassurant votre esprit,
Elle efface...

PHÈDRE. Allez, prince; on vous aime, il suffit.
Peut-être que sur moi la crainte a trop d'empire.
Suivez ce qu'en secret votre cœur vous inspire;
Et de quoi que le mien puisse encor s'alarmer,
N'écoutez que l'amour, si vous savez aimer.

ACTE DEUXIÈME.

SCÈNE I. — ARIANE, NÉRINE.

NÉRINE. Le roi de ce refus eût eu lieu de se plaindre,
Madame, vous devez un moment vous contraindre;
Et, quoiqu'en l'écoutant vous ne puissiez douter
Que c'est son amour seul qu'il vous faut écouter,
Votre hymen, dont enfin l'heureux moment s'avance,
Semble vous obliger à cette complaisance.
Il vous perd, et la plainte a de quoi soulager.

ARIANE. Je sais qu'avec le roi j'ai tout à ménager:
J'aurais tort de l'aigrir. L'asyle qu'il nous prête
Contre la violence assure ma retraite.
D'ailleurs, tant de respect accompagne ses vœux,
Que souvent j'ai regret qu'il ne puisse être heureux;
Mais quand d'un premier feu l'âme tout occupée
Ne trouve de douceurs qu'aux traits qui l'ont frappée,
C'est un sujet d'ennui qui ne peut s'exprimer,
Qu'un amant qu'on néglige, et qui parle d'aimer.
Pour m'en rendre la peine à souffrir plus aisée,
Tandis que le roi vient, parle-moi de Thésée :
Peins-moi bien quel honneur je reçois de sa foi;
Peins-moi bien tout l'amour dont il brûle pour moi;
Offres-en à mes yeux la plus sensible image.

NÉRINE. Je crois que de son cœur vous avez tout l'hommage;
Mais au point que de lui je vois vos sens charmés,
C'est beaucoup s'il vous aime autant que vous l'aimez.

ARIANE. Et puis-je trop l'aimer, quand, tout brillant de gloire,
Mille fameux exploits l'offrent à ma mémoire?
De cent monstres par lui l'univers dégagé
Se voit d'un mauvais sang heureusement purgé.
Combien ainsi qu'Hercule a-t-il pris de victimes!
Combien vengé de morts! combien puni de crimes!
Procuste et Cercyon, la terreur des humains,
N'ont-ils pas succombé sous ses vaillantes mains?
Ce n'est point le vanter que ce qu'on m'entend dire;
Tout le monde le sait, tout le monde l'admire :
Mais c'est peu ; je voudrais que tout ce que je voi
S'en entretînt sans cesse, en parlât comme moi.
J'aime Phèdre; tu sais combien elle m'est chère :
Si quelque chose en elle a de quoi me déplaire,
C'est de voir son esprit, de froideur combattu,
Négliger entre nous de louer sa vertu.
Quand je dis qu'il s'acquiert une gloire immortelle,
Elle applaudit, m'approuve : et qui ferait moins qu'elle?
Mais enfin d'elle-même on ne l'entend jamais
De ce charmant héros élever les hauts faits ;

Il faut en leur faveur expliquer son silence.
NÉRINE. Je ne m'étonne point de cette indifférence :
N'ayant jamais aimé, son cœur ne conçoit pas...
ARIANE. Elle évite peut-être un cruel embarras.
L'amour n'a bien souvent qu'une douceur trompeuse ?
Mais vivre indifférente, est-ce une vie heureuse ?
NÉRINE. Apprenez-le du roi, qui, de vous trop charmé,
Ne souffrirait pas tant s'il n'avait point aimé.

SCÈNE II. — ŒNARUS, ARIANE, NÉRINE.

ŒNARUS. Ne vous offensez point, princesse incomparable,
Si prêt à succomber au malheur qui m'accable,
Pour la dernière fois j'ai tâché d'obtenir
La triste liberté de vous entretenir.
Je la demande entière ; et quoi que puisse dire
Ce feu qui malgré vous prend sur moi trop d'empire,
Vous pouvez sans scrupule en voir mon cœur atteint,
Quand, pour prix de mes maux, je ne veux qu'être plaint.
ARIANE. Je connais tout l'amour dont votre âme est éprise ;
Son excès m'a souvent causé de la surprise,
Et vous ne direz rien que mon cœur interdit
Pour vous-même avant vous ne se soit déjà dit.
Tant d'ardeur méritait que ce cœur, plus sensible,
A l'offre de vos vœux ne fût pas inflexible,
Que d'un si noble hommage il se trouvât charmé ;
Mais, quand je vous ai vu, Thésée était aimé :
Vous savez son mérite, et le prix qu'il me coûte.
Après cela, Seigneur, parlez, je vous écoute.
ŒNARUS. Thésée a du mérite, et je l'ai dit cent fois :
Votre amour eût eu peine à faire un plus beau choix.
Partout sa gloire éclate ; on l'estime, on l'honore.
Il vous aime, ou plutôt, Madame, il vous adore ;
Vous le dire à toute heure est son soin le plus doux ;
Et qui pourrait moins faire étant aimé de vous ?
Après cette justice à sa flamme rendue,
La mienne par pitié sera-t-elle entendue ?
Je ne vous redis point que tous mes sens ravis
Cédèrent à l'amour sitôt que je vous vis :
Vous l'avez déjà su par l'aveu téméraire
Que de ma passion j'osai d'abord vous faire.
Il fallut pour cesser de vous être suspect
Ne vous en parler plus, je l'ai fait par respect.
Pour ne vous aigrir pas, d'un généreux silence
Je me suis imposé la dure violence ;
Et, s'il m'est échappé d'en soupirer tout bas,
C'était bien m'en punir que ne m'écouter pas.
Tant de rigueur n'a pu diminuer ma flamme.
Pour vous voir sans pitié, je n'ai point changé d'âme,
J'ai souffert, j'ai langui d'amour tout consumé,
Madame, et tout cela sans espoir d'être aimé.
Par vos seuls intérêts vous m'avez été chère :
J'ai regardé l'amour sans chercher le salaire ;
Et même, en ce funeste et dernier entretien,
Prêt peut-être à mourir, je ne demande rien.
Rendez Thésée heureux ; vous l'aimez, il vous aime :
Mais songez, en plaignant mon infortune extrême,
Que vos bienfaits n'ont point sollicité ma foi,
Que vous n'avez rien fait, rien hasardé pour moi,
Et que lorsque mon cœur dispose de ma vie,

C'est sans vous la devoir qu'il vous la sacrifie.
Pour prix du pur amour qui le fait soupirer,
S'il était quelque grâce où je pusse aspirer,
Je vous demanderais pour flatter mon martyre,
Qu'au moins quand je vous perds vous daignassiez me dire
Que, sans ce premier feu pour vous si plein d'appas,
J'aurais pu par mes soins ne vous déplaire pas.
Pour adoucir les maux où votre hymen m'expose,
Ce que j'ose exiger sans doute est peu de chose ;
Mais un mot favorable, un sincère soupir,
Est tout pour qui ne veut que l'entendre et mourir.
ARIANE. Seigneur, tant de vertu dans votre amour éclate,
Qu'il faut vous l'avouer, je ne suis point ingrate.
Mon cœur se sent touché de ce que je vous doi,
Et voudrait être à vous s'il pouvait être à moi ;
Mais il perdrait le prix dont vous le croyez être
Si l'infidélité vous en rendait le maître.
Thésée y règne seul, et s'y trouve adoré.
Dès la première fois je vous l'ai déclaré ;
Dès la première fois...
    OENARUS. C'en est assez, Madame ;
Thésée a mérité que vous payiez sa flamme.
Pour lui Pirithoüs arrivé dans ma cour
Va presser votre hymen ; choisissez-en le jour.
S'il faut que je donne ordre à l'apprêt nécessaire,
Parlez ; il me suffit que ce sera vous plaire :
J'exécuterai tout. Peut-être il serait mieux
De vouloir épargner ce supplice à mes yeux.
Que doit faire le coup, si l'image me tue !
Mais je me priverais par là de votre vue.
C'est ce qui peut surtout aigrir mon désespoir ;
Et j'aime mieux mourir que cesser de vous voir.

SCÈNE III. — ŒNARUS, THÉSÉE, ARIANE, NÉRINE.

ŒNARUS. Prince, mon trouble parle ; et, quand je voudrais taire
Le supplice où m'expose un destin trop contraire,
De mes yeux interdits la confuse langueur
Trahirait malgré moi le secret de mon cœur.
J'aime ; et de cet amour dont j'adore les charmes
La princesse est l'objet. N'en prenez point d'alarmes :
Au point de votre hymen vous en faire l'aveu,
C'est vous montrer assez ce qu'est un si beau feu.
De tous ses mouvements ma raison me rend maître :
L'effort est grand, sans doute ; on en souffre ; et peut-être
Un rival tel que moi, par sa vertu trahi,
Mérite d'être plaint et non d'être haï.
C'est tout ce qu'il prétend pour prix de sa victoire,
Ce malheureux rival qui s'immole à sa gloire.
Vos soupçons auraient pu faire outrage à ma foi,
S'ils s'étaient avec vous expliqués avant moi :
C'est en les prévenant que je me justifie.
Ne considérez point le bonheur de ma vie.
L'hymen depuis longtemps attire tous vos vœux ;
J'y consens : dès demain vous pouvez être heureux.
Pirithoüs présent n'y laisse plus d'obstacle ;
Ma cour qui vous honore attend ce grand spectacle
Ordonnez-en la pompe ; et, dans un sort si doux,
Quoi que j'aie à souffrir, ne regardez que vous.
Adieu, Madame.

SCÈNE IV. — Thésée, Ariane, Nérine.

THÉSÉE. Il faut l'avouer à sa gloire,
Sa vertu va plus loin que je n'aurais pu croire.
Au bonheur d'un rival lui-même consentir !
ARIANE. L'honneur à cet effort a dû l'assujettir,
Qu'eût-il fait ? Il sait trop que mon amour extrême,
En s'attachant à vous n'a cherché que vous-même ;
Et qu'ayant tout quitté pour vous prouver ma foi,
Mille trônes offerts ne pourraient rien sur moi.
THÉSÉE. Tant d'amour me confond ; et plus je vois, Madame,
Que je dois...
    ARIANE. Apprenez un projet de ma flamme.
Pour m'attacher à vous par de plus fermes nœuds,
J'ai dans Pirithoüs trouvé ce que je veux.
Vous l'aimez chèrement ; il faut que l'hyménée
De ma sœur avec lui joigne la destinée,
Et que nous partagions ce que pour les grands cœurs
L'amour et l'amitié font naître de douceurs.
Ma sœur a du mérite ; elle est aimable et belle,
Suit mes conseils en tout ; et je vous réponds d'elle.
Voyez Pirithoüs, et tâchez d'obtenir
Que par elle avec nous il consente à s'unir.
THÉSÉE. L'offre de cet hymen rendra sa joie extrême :
Mais, Madame, le roi... Vous savez qu'il vous aime.
S'il faut...
    ARIANE. Je vous entends. Le roi trop combattu
Peut laisser à l'amour séduire sa vertu ?
Cet inquiet souci ne saurait me déplaire ;
Et, pour le dissiper, je sais ce qu'il faut faire.
THÉSÉE. C'en est trop... Mon cœur... Dieux !
    ARIANE. Que ce trouble m'est doux !
Ce qu'il vous fait sentir, je me le dis pour vous.
Je me dis...
    THÉSÉE. Plût aux dieux ! vous sauriez la contrainte...
ARIANE. Encore un coup, perdez cette jalouse crainte :
J'en connais le remède ; et, si l'on m'ose aimer,
Vous n'aurez pas longtemps à vous en alarmer.
THÉSÉE. Minos peut vous poursuivre ; et si de sa vengeance...
ARIANE. Et n'ai-je pas en vous une sûre défense ?
THÉSÉE. Elle est sûre il est vrai ; mais...
    ARIANE. Achevez.
    THÉSÉE. J'attends...
ARIANE. Ce désordre me gêne, et dure trop longtemps.
Expliquez-vous enfin.
    THÉSÉE. Je le veux, et ne l'ose ;
A mes propres souhaits moi-même je m'oppose ;
Je poursuis un aveu que je crains d'obtenir.
Il faut parler pourtant : c'est trop me retenir,
Vous m'aimez, et peut-être une plus digne flamme
N'a jamais eu de quoi toucher une grande ame.
Tout mon sang aurait peine à m'acquitter vers vous ;
Et cependant le sort, de ma gloire jaloux,
Par une tyrannie à vos désirs funeste...
Adieu : Pirithoüs vous peut dire le reste,
Sans l'amour qui du roi vous soumet les États.
Je vous conseillerais de ne l'apprendre pas.

SCÈNE V. — Ariane, Pirithous, Nérine.

ARIANE. Quel est ce grand secret, prince ? et par quel mystère

Vouloir me l'expliquer, et tout-à-coup se taire ?
PIRITHOUS. Ne me demandez rien : il sort tout interdit,
Madame ; et par son trouble il vous en a trop dit.
ARIANE. Je vous comprends tous deux. Vous arrivez d'Athènes :
Du sang dont je suis née on n'y veut point de reines ;
Et le peuple indigné refuse à ce héros
D'admettre dans son lit la fille de Minos.
Qu'après la mort d'Ægée il soit toujours le même ;
Qu'il m'ôte, s'il le peut, l'honneur du rang suprême :
Trône, sceptre, grandeurs, sont des biens superflus ;
Thésée étant à moi, je ne veux rien de plus.
Son amour paie assez ce que le mien me coûte ;
Le reste est peu de chose.
    PIRITHOUS. Il vous aime, sans doute.
Et comment pourrait-il avoir le cœur si bas
Que tenir tout de vous et ne vous aimer pas ?
Mais, Madame, ce n'est que des âmes communes
Que l'amour s'autorise à régler les fortunes.
Qu'Athènes se déclare ou pour ou contre vous,
Vous avez de Minos à craindre le courroux ;
Et l'hymen seul du roi peut sans incertitude
Vous ôter là-dessus tout lieu d'inquiétude.
Il vous aime ; et de vous Naxe prenant la loi
Calmera...
  ARIANE. Vous voulez que j'épouse le roi ?
Certes l'avis est rare ! et, si, j'ose vous croire,
Un noble changement me va combler de gloire !
Me connaissez-vous bien ?
     PIRITHOUS. Les moindres lâchetés
Sont pour votre grand cœur des crimes détestés ;
Vous avez pour la gloire une ardeur sans pareille :
Mais, Madame, je sais ce que je vous conseille ;
Et si vous me croyez, quels que soient mes avis,
Vous vous trouverez bien de les avoir suivis.
ARIANE. Qui ? moi les suivre ? moi, qui voudrais pour Thésée
A cent et cent périls voir ma vie exposée ?
Dieux ! quel étonnement serait au sien égal,
S'il savait qu'un ami parlât pour son rival,
S'il savait qu'il voulût lui ravir ce qu'il aime.
PIRITHOUS. Vous le consulterez ; n'en croyez que lui-même.
ARIANE. Quoi ? si l'offre d'un trône avait pu m'éblouir,
Je lui demanderais si je dois le trahir,
Si je dois l'exposer au plus cruel martyre
Qu'un amant...
  PIRITHOUS. Je n'ai dit que ce j'ai dû dire,
Vous y penserez mieux ; et peut-être qu'un jour
Vous prendrez un peu moins le parti de l'amour.
Adieu, Madame.
  ARIANE. Il dit ce qu'il faut qu'il me dise !
Demeurez. Avec moi c'est en vain qu'on déguise :
Vous en avez trop dit pour ne me pas tirer
D'un doute dont mon cœur commence à soupirer.
J'en tremble, et c'est pour moi la plus sensible atteinte.
Éclaircissez ce doute, et dissipez ma crainte :
Autrement je croirai qu'une nouvelle ardeur
Rend Thésée infidèle, et me vole son cœur ;
Que pour un autre objet, sans souci de sa gloire...
PIRITHOUS. Je me tais ; c'est à vous à voir ce qu'il faut croire.
ARIANE. Ce qu'il faut croire ? Ah ! dieux ! vous me désespérez.

Je verrais à mes vœux d'autres vœux préférés !
Thésée à me quitter... Mais quel soupçon j'écoute !
Non, non, Pirithoüs, on vous trompe, sans doute.
Il m'aime ; et s'il m'en faut séparer quelque jour,
Je pleurerai sa mort, et non pas son amour.
PIRITHOUS. Souvent ce qui nous plaît par une erreur fatale...
ARIANE. Parlez plus clairement : ai-je quelque rivale ?
Thésée a-t-il changé ? viole-t-il sa foi ?
PIRITHOUS. Mon silence déjà s'est expliqué pour moi ;
Par là je vous dis tout. Vos ennuis me font peine ;
Mais quand leur seul remède est de vous faire reine,
N'oubliez point qu'à Naxe on veut vous couronner ;
C'est le meilleur conseil qu'on vous puisse donner.
Ma présence commence à vous être importune ;
Je me retire.

SCÈNE VI. — ARIANE, NÉRINE.

ARIANE. As-tu conçu mon infortune ?
Il n'en faut point douter, je suis trahie. Hélas,
Nérine !
NÉRINE. Je vous plains.
ARIANE. Qui ne me plaindrait pas ?
Tu le sais, tu l'as vu, j'ai tout fait pour Thésée ;
Seule à son mauvais sort je me suis opposée :
Et quand je me dois tout promettre de sa foi,
Thésée a de l'amour pour une autre que moi !
Une autre passion dans son cœur a pu naître !
J'ai mal ouï, Nérine, et cela ne peut être.
Ce serait trahir tout, raison, gloire, équité.
Thésée a trop de cœur pour tant de lâcheté,
Pour croire qu'à ma mort son injustice aspire.
NÉRINE. Pirithoüs ne dit que ce qu'il lui fait dire :
Et quand il a voulu l'attendre si longtemps,
Ce n'était qu'un prétexte à ses feux inconstants ;
Il nourrissait dès lors l'ardeur qui le domine.
ARIANE. Ah ! que me fais-tu voir, trop cruelle Nérine ?
Sur le gouffre des maux qui me vont abîmer,
Pourquoi m'ouvrir les yeux quand je les veux fermer ?
Hélas ! il est donc vrai que mon âme abusée
N'adorait qu'un ingrat en adorant Thésée !
Dieux, contre un tel ennui soutenez ma raison ;
Elle cède à l'horreur de cette trahison :
Je la sens qui déjà... Mais quand elle s'égare,
Pourquoi la regretter cette raison barbare,
Qui ne peut plus servir qu'à me faire mieux voir
Le sujet de ma rage et de mon désespoir ?
Quoi ! Nérine, pour prix de l'amour le plus tendre...

SCÈNE VII. — ARIANE, PHÈDRE, NÉRINE.

ARIANE. Ah ! ma sœur, savez-vous ce qu'on vient de m'apprendre ?
Vous avez cru Thésée un héros tout parfait ;
Vous l'estimiez, sans doute ; et qui ne l'eût pas fait ?
N'attendez plus de foi, plus d'honneur : tout chancelle,
Tout doit être suspect : Thésée est infidèle.
PHÈDRE. Quoi ! Thésée...
ARIANE. Oui, ma sœur, après ce qu'il me doit,
Me quitter est le prix que ma flamme en reçoit ;
Il me trahit au point que sa foi violée
Doit avoir irrité mon âme désolée.
J'ai honte, en vous contant l'excès de mes malheurs,

Que mon ressentiment s'exhale par mes pleurs !
Son sang devrait payer la douleur qui me presse.
C'est là, ma sœur, c'est là, sans pitié, sans tendresse,
Comme après un forfait si noir, si peu commun,
On traite les ingrats ; et Thésée en est un.
Mais quoi qu'à ma vengeance un fier dépit suggère,
Mon amour est encor plus fort que ma colère.
Ma main tremble ; et, malgré son parjure odieux,
Je vois toujours en lui ce que j'aime le mieux.

PHÈDRE. Un revers si cruel vous rend, sans doute, à plaindre ;
Et vous voyant souffrir ce qu'on n'a pas dû craindre,
On conçoit aisément jusqu'où le désespoir...

ARIANE. Ah ! qu'on est éloigné de le bien concevoir !
Pour pénétrer l'horreur du tourment de mon ame,
Il faudrait qu'on sentît même ardeur, même flamme ;
Qu'avec même tendresse on eût donné sa foi,
Et personne jamais n'a tant aimé que moi.
Se peut-il qu'un héros d'une vertu sublime
Souille ainsi... Quelquefois le remords suit le crime,
Si le sien lui faisait sentir ces durs combats...
Ma sœur, au nom des dieux, ne m'abandonnez pas.
Je sais que vous m'aimez, et vous le devez faire.
Vous m'avez dès l'enfance été toujours si chère,
Que cette inébranlable et fidèle amitié
Mérite bien de vous au moins quelque pitié.
Allez trouver... hélas ! dirai-je mon parjure ?
Peignez-lui bien l'excès du tourment que j'endure.
Prenez, pour l'arracher à son nouveau penchant,
Ce que les plus grands maux offrent de plus touchant.
Dites-lui qu'à son feu j'immolerais ma vie,
S'il pouvait vivre heureux après m'avoir trahie.
D'un juste et long remords avancez-lui les coups.
Enfin, ma sœur, enfin je n'espère qu'en vous.
Le ciel m'inspira bien, quand par l'amour séduite
Je vous fis malgré vous accompagner ma fuite :
Il semble que dès lors il me faisait prévoir
Le funeste besoin que j'en devais avoir.
Sans vous, à mes malheurs où chercher du remède !

PHÈDRE. Je vais mander Thésée ; et si son cœur ne cède,
Madame, en lui parlant, vous devez présumer...

ARIANE. Hélas ! et plût au ciel que vous sussiez aimer,
Que vous puissiez savoir, par votre expérience,
Jusqu'où d'un fort amour s'étend la violence !
Pour émouvoir l'ingrat, pour fléchir sa rigueur,
Vous trouveriez bien mieux le chemin de son cœur ;
Vous auriez plus d'adresse à lui faire l'image
De mes confus transports de douleur et de rage :
Tous les traits en seraient plus vivement tracés.
N'importe ; essayez tout, parlez, priez, pressez.
Au défaut de l'amour, puisqu'il n'a pu vous plaire,
Votre amitié pour moi fera ce qu'il faut faire.
Allez ma sœur ; courez empêcher mon trépas.
Toi, viens, suis-moi, Nérine, et ne me quitte pas.

ACTE TROISIÈME.

SCÈNE I. — PIRITHOUS, PHÈDRE.

PIRITHOUS. Ce serait perdre temps, il ne faut plus prétendre
Que rien touche Thésée, et le force à se rendre.

J'admire encor, Madame avec quelle vertu
Vous avez de nouveau si longtemps combattu.
Par son manque de foi, contre vous-même armée,
Vous avez fait paraître une sœur opprimée ;
Vous avez essayé par un tendre retour
De ramener son cœur vers son premier amour ;
Et prière, et menace, et fierté de courage,
Tout vient pour le fléchir d'être mis en usage.
Mais, sur ce changement qui semble vous gêner,
L'ingratitude en vain vous le fait condamner :
Vos yeux rendent pour lui ce crime nécessaire ;
Et s'il cède au remords quelquefois pour vous plaire
Quoi que vous ait promis ce repentir confus,
Sitôt qu'il vous regarde, il ne s'en souvient plus.

PHÈDRE. Les dieux me sont témoins que de son injustice
Je souffre malgré moi qu'il me rende complice.
Ce qu'il doit à ma sœur méritait que sa foi
Se fît de l'aimer seule une sévère loi ;
Et quand des longs ennuis où ce refus l'expose
Par ma facilité je me trouve la cause,
Il n'est peine, supplice, où pour l'en garantir,
La pitié de ses maux ne me fît consentir.
L'amour que j'ai pour lui me noircit peu vers elle ;
Je l'ai pris sans songer à le rendre infidèle ;
Où plutôt j'ai senti tout mon cœur s'enflammer
Avant que de savoir si je voulais aimer.
Mais si ce feu trop prompt n'eut rien de volontaire,
Il dépendait de moi de parler ou me taire.
J'ai parlé, c'est mon crime ; et Thésée applaudi
A l'infidélité par là s'est enhardi.
Ah ! qu'on se défend mal auprès de ce qu'on aime !
Ses regards m'expliquaient sa passion extrême ;
Les miens à la flatter s'échappaient malgré moi ;
N'était-ce pas assez pour corrompre sa foi ?
J'eus beau vouloir régler son âme trop charmée,
Il fallut voir sa flamme, et souffrir d'être aimée ;
J'en craignis le péril, il me sut éblouir.
Que de faiblesse ! il faut l'empêcher d'en jouir,
Combattre incessamment son infidèle audace.
Allez, Pirithoüs ; renvoyez-le, de grace :
De peur qu'en mon amour il prenne trop d'appui,
Otez lui tout espoir que je puisse être à lui.
J'ai déjà beaucoup dit, dites-lui plus encore.

PIRITHOUS. Nous avancerions peu, Madame ; il vous adore :
Et quand, pour l'étonner à force de refus,
Vous vous obstineriez à ne l'écouter plus.
Son âme tout à vous n'en serait pas plus prête
A suivre d'autres lois, et changer de conquête.
Quoique le coup soit rude, achevons de frapper.
Pour servir Ariane il faut la détromper ;
Il faut lui faire voir qu'une flamme nouvelle
Ayant détruit l'amour que Thésée eut pour elle,
Sa sûreté l'oblige à ne pas dédaigner
La gloire d'un hymen qui la fera régner.
Le roi l'aime, et son trône est pour elle un asyle.

PHÈDRE. Quoi ! je la trahirais, elle qui, trop facile,
Trop aveugle à m'aimer se confie à ma foi
Pour toucher un amant qui la quitte pour moi !
Et quand elle saurait que par mes faibles charmes,

Pour lui percer le cœur, j'aurais prêté des armes,
Je pourrais à ses yeux lâchement exposer
Les criminels appas qui la font mépriser !
Je pourrais soutenir le sensible reproche
Qu'un trop juste courroux...
　　　　　　　PIRITHOUS. Voyez qu'elle s'approche.
Parlons : son intérêt nous oblige à bannir
Tout l'espoir que son feu tâche d'entretenir.

SCÈNE II. — ARIANE, PIRITHOUS, PHÈDRE, NÉRINE.

ARIANE. Eh bien ! ma sœur, Thésée est-il inexorable?
N'avez-vous pu surprendre un soupir favorable?
Et quand au repentir on le porte à céder,
Croit-il que mon amour ose trop demander ?
PHÈDRE. Madame, j'ai tout fait pour ébranler son âme.
J'ai peint son changement lâche, odieux, infâme.
Pirithoüs lui-même est témoin des efforts,
Par où j'ai cru pouvoir le contraindre au remords.
Il connaît et son crime et son ingratitude :
Il s'en hait; il en sent la peine la plus rude;
Ses ennuis de vos maux égalent la rigueur :
Mais l'amour en tyran dispose de son cœur;
Et le destin, plus fort que sa reconnaissance,
Malgré ce qu'il vous doit, l'entraîne à l'inconstance.
ARIANE. Quelle excuse ! et pour moi qu'il rend peu de combat !
Il hait l'ingratitude, et se plaît d'être ingrat!
Puisqu'en sa dureté son lâche cœur demeure,
Ma sœur, il ne sait point qu'il faudra que j'en meure;
Vous avez oublié de bien marquer l'horreur
Du fatal désespoir qui règne dans mon cœur;
Vous avez oublié, pour bien peindre ma rage,
D'assembler tous les maux dont on connaît l'image
Il y serait sensible, et ne pourrait souffrir
Que qui sauva ses jours fût forcé à mourir.
PHÈDRE. Si vous saviez pour vous ce qu'a fait ma tendresse,
Vous soupçonneriez moins...
　　　　　　　ARIANE. J'ai tort, je le confesse;
Mais, dans un mal sous qui la constance est à bout,
On s'égare, on s'emporte, et l'on s'en prend à tout.
PIRITHOUS. Madame, de ces maux à qui la raison cède,
Le temps qui calme tout est l'unique remède :
C'est par lui seul...
　　　　　　　ARIANE. Les coups n'en sont guère importants,
Quand on peut se résoudre à s'en remettre au temps.
Thésée est insensible à l'ennui qui me touche!
Il y consent ! Je veux l'apprendre de sa bouche;
Je l'attendrai, ma sœur ; qu'il vienne.
　　　　　　　PIRITHOUS. Je crains bien
Que vous ne vous plaigniez de ce triste entretien.
Voir un ingrat qu'on aime, et le voir inflexible,
C'est de tous les ennuis l'ennui le plus sensible.
Vous en souffrirez trop, et pour peu de souci...
ARIANE. Allez, ma sœur, de grâce, et l'envoyez ici.

SCÈNE III. — ARIANE, PIRITHOUS, NÉRINE.

PIRITHOUS. Par ce que je vous dis, ne croyez pas, Madame,
Que je veuille applaudir à sa nouvelle flamme.
Sachant ce qu'il devait au généreux amour
Qui vous fit tout oser pour lui sauver le jour,
Je partageai dès lors l'heureuse destinée

Qu'à ses vœux les plus doux offrait votre hyménée;
Et je venais ici, plein de ressentiment,
Rendre grâce à l'amante, en embrassant l'amant.
Jugez de ma surprise à le voir infidèle,
A voir que vers une autre une autre ardeur l'appelle,
Et qu'il ne m'attendait que pour vous annoncer
L'injustice où l'amour se plaît à le forcer.
ARIANE. Et ne devais-je pas, quoi qu'il me fît entendre,
Pénétrer les raisons qui vous faisaient attendre,
Et juger qu'en un cœur épris d'un feu constant
L'amour à l'amitié ne défère pas tant?
Ah! quand il est ardent, qu'aisément il s'abuse!
Il croit ce qu'il souhaite, et prend tout pour excuse.
Si Thésée avait peu de ces empressements
Qu'une sensible ardeur inspire aux vrais amants,
Je croyais que son âme au-dessus du vulgaire
Dédaignait de l'amour la conduite ordinaire,
Et qu'en sa passion garder tant de repos
C'était suivre en aimant la route des héros.
Je faisais plus; j'allais jusqu'à voir sans alarmes
Que des beautés de Naxe il estimât les charmes;
Et ne pouvais penser qu'ayant reçu sa foi,
Quelques vœux égarés pussent rien contre moi.
Mais enfin, puisque rien pour lui n'est plus à taire,
Quel est ce rare objet que son choix me préfère?
PIRITHOUS. C'est ce que de son cœur je ne puis arracher.
ARIANE. Ma colère est suspecte, il faut me le cacher.
PIRITHOUS. J'ignore ce qu'il craint; mais lorsqu'il vous outrage,
Songez que d'un grand roi vous recevez l'hommage:
Il vous offre son trône; et, malgré le destin,
Votre malheur par là trouve une heureuse fin.
Tout vous porte, Madame, à ce grand hyménée.
Pourriez-vous demeurer errante, abandonnée?
Déjà la Crète cherche à se venger de vous;
Et Minos...
    ARIANE. J'en crains peu le plus ardent courroux.
Qu'il s'arme contre moi, que j'en sois poursuivie,
Sans ce que j'aime, hélas? que faire de la vie?
Au décret de mon sort achevons d'obéir.
Thésée avec le ciel conspire à me trahir:
Rompre un si grand projet, ce serait lui déplaire.
L'ingrat veut que je meure, il faut le satisfaire,
Et lui laisser sentir, pour double châtiment,
Le remords de ma perte et de son changement.
PIRITHOUS. Le voici qui paraît. N'épargnez rien, Madame
Pour rentrer dans vos droits, pour regagner son âme:
Et si l'espoir en vain s'obstine à vous flatter,
Songez ce qu'offre un trône à qui peut y monter.

SCÈNE IV. — ARIANE, THÉSÉE, NÉRINE.

ARIANE. Approchez-vous, Thésée, et perdez cette crainte.
Pourquoi dans vos regards marquer tant de contrainte,
Et m'aborder ainsi, quand rien ne vous confond,
Le trouble dans les yeux, et la rougeur au front.
Un héros tel que vous, à qui la gloire est chère,
Quoi qu'il fasse, ne fait que ce qu'il voit à faire:
Et si ce qu'on m'a dit a quelque vérité,
Vous cessez de m'aimer, je l'aurai mérité.
Le changement est grand, mais il est légitime,

Je le crois ; seulement apprenez-moi mon crime,
Et d'où vient qu'exposée à de si rudes coups
Ariane n'est plus ce qu'elle fut pour vous.
THÉSÉE. Ah! pourquoi le penser ? Elle est toujours la même
Même zèle toujours suit mon respect extrême ;
Et le temps dans mon cœur n'affaiblira jamais
Le pressant souvenir de ses rares bienfaits ;
M'en acquitter vers elle est ma plus forte envie.
Oui, Madame, ordonnez de mon sang, de ma vie.
Si la fin vous en plaît, le sort me sera doux
Par qui j'obtiendrai l'heur de la perdre pour vous.
ARIANE. Si quand je vous connus la fin eût pu m'en plaire,
Le destin la voulait, je l'aurais laissé faire.
Par moi, par mon amour, le labyrinthe ouvert
Vous fit fuir le trépas à vos regards offert :
Et quand à votre foi cet amour s'abandonne,
Des serments de respect sont le prix qu'on lui donne!
Par ce soin de vos jours qui m'a tout fait quitter,
N'aspirais-je à rien plus qu'à me voir respecter?
Un service pareil veut un autre salaire.
C'est le cœur, le cœur seul, qui peut y satisfaire :
Il a seul pour mes vœux ce qui peut les borner ;
C'est lui seul...
THÉSÉE. Je voudrais vous le pouvoir donner ;
Mais ce cœur malgré moi vit sous un autre empire :
Je le sens à regrets, je rougis à le dire ;
Et quand je plains vos feux par ma flamme déçus,
Je hais mon injustice, et ne puis rien de plus.
ARIANE. Tu ne peux rien de plus! Qu'aurais-tu fait, parjure,
Si, quand tu vins du monstre éprouver l'aventure,
Abandonnant ta vie à ta seule valeur,
Je me fusse arrêtée à plaindre ton malheur?
Pour mériter ce cœur qui pouvait seul me plaire,
Si j'ai fait peu pour toi, que fallait-il plus faire?
Et que s'est-il offert que je pusse tenter,
Qu'en ta faveur ma flamme ait craint d'exécuter?
Pour te sauver le jour dont ta rigueur me prive,
Ai-je pris à regret le nom de fugitive?
La mer, les vents, l'exil, ont-ils pu m'étonner?
Te suivre c'était plus que me voir couronner.
Fatigues, peines, maux, j'aimais tout par leur cause.
Dis-moi que non, ingrat, si ta lâcheté l'ose ;
Et désavouant tout, éblouis-moi si bien
Que je puisse penser que tu ne me dois rien.
THÉSÉE. Comment désavouer ce que l'honneur me presse
De voir, d'examiner, de me dire sans cesse?
Si par mon changement je trompe votre choix,
C'est sans rien oublier de ce que je vous dois.
Ainsi joignez aux noms de traître et de parjure
Tout l'éclat que produit la plus sanglante injure :
Ce que vous me direz n'aura point la rigueur
Des reproches secrets qui déchirent mon cœur.
Mais pourquoi, m'accusant, en croître les atteintes?
Madame, croyez-moi, je ne vaux pas vos plaintes.
L'oubli, l'indifférence, et vos plus fiers mépris
De mon manque de foi doivent être le prix.
A monter sur le trône un grand roi vous invite ;
Vengez-vous, en l'aimant, d'un lâche qui vous quitte.
Quoi qu'aujourd'hui pour moi l'inconstance ait de doux,

Vous perdant pour jamais, je perdrai plus que vous.
ARIANE. Quelle perte, grands dieux! quand elle est volontaire!
Périsse tout, s'il faut cesser de t'être chère!
Qu'ai-je à faire du trône et de la main d'un roi?
De l'univers entier je ne voulais que toi.
Pour toi, pour m'attacher à ta seule personne,
J'ai tout abandonné, repos, gloire, couronne;
Et quand ces mêmes biens ici me sont offerts,
Que je puis en jouir, c'est toi seul que je perds.
Pour voir leur impuissance à réparer ta perte,
Je te suis, mène-moi dans quelque île déserte,
Où, renonçant à tout, je me laisse charmer
De l'unique douceur de te voir, de t'aimer :
Là, possédant ton cœur, ma gloire est sans seconde;
Ce cœur me sera plus que l'empire du monde.
Point de ressentiment de ton crime passé;
Tu n'as qu'à dire un mot, ce crime est effacé.
C'en est fait, tu le vois, je n'ai plus de colère.
THÉSÉE. Un si beau feu m'accable, il devait seul me plaire,
Mais telle est de l'amour la tyrannique ardeur...
ARIANE. Va, tu me répondras des transports de mon cœur :
Si ma flamme sur toi n'avait qu'un faible empire,
Si tu la dédaignais, il fallait me le dire,
Et ne pas m'engager, par un trompeur espoir,
A te laisser sur moi prendre tant de pouvoir;
C'est là surtout, c'est là ce qui souille ta gloire :
Tu t'es plu sans m'aimer à me le faire croire;
Tes indignes serments sur mon crédule esprit...
THÉSÉE. Quand je vous les ai faits, j'ai cru ce que j'ai dit:
Je partais glorieux d'être votre conquête;
Mais enfin, dans ces lieux poussé par la tempête,
J'ai trop vu ce qu'à voir me conviait l'amour;
J'ai trop...
ARIANE. Naxe te change? Ah! funeste séjour!
Dans Naxe, tu le sais, un roi grand, magnanime,
Pour moi, dès qu'il me vit, prit une tendre estime,
Il soumit à mes vœux et son trône et sa foi :
Quoi qu'il ait pu m'offrir, ai-je fait comme toi?
Si tu n'es point touché de ma douleur extrême,
Rends-moi ton cœur ingrat, par pitié de toi-même.
Je ne demande point quelle est cette beauté
Qui semble te contraindre à l'infidélité :
Si tu crois quelque honte à la faire connaître,
Ton secret est à toi; mais, qui qu'elle puisse être,
Pour gagner ton estime et mériter ta foi,
Peut-être elle n'a pas plus de charmes que moi.
Elle n'a pas du moins cette ardeur toute pure
Qui m'a fait pour te suivre étouffer la nature;
Ces beaux feux qui, volant d'abord à ton secours,
Pour te sauver la vie ont exposé mes jours;
Et si de mon amour ce tendre sacrifice
De ta légèreté ne rompt point l'injustice,
Pour ce nouvel objet ne lui devant pas tant,
Par où présumes-tu pouvoir être constant?
A peine ton hymen aura payé sa flamme,
Qu'un violent remords viendra saisir ton âme:
Tu ne pourras plus voir ton crime sans effroi,
Et qui sait ce qu'alors tu sentiras pour moi!
Qui sait par quel retour ton amour refroidie

Te fera détester ta lâche perfidie?
Tu verras de mes feux les transports éclatants;
Tu les regretteras; il ne sera plus temps.
Ne précipite rien, quelque amour qui t'appelle,
Prends conseil de ta gloire avant qu'être infidèle.
Vois Ariane en pleurs : Ariane autrefois,
Tout aimable à tes yeux, méritait bien ton choix;
Elle n'a point changé, d'où vient que ton cœur change?

THÉSÉE. Par un amour forcé qui sous ses lois me range.
Je le crois comme vous : le ciel est juste; un jour
Vous me verrez puni de ce perfide amour :
Mais à sa violence il faut que ma voix cède.
Je vous l'ai déjà dit, c'est un mal sans remède.

ARIANE. Ah! c'est trop; puisque rien ne te saurait toucher,
Parjure, oublie un feu qui dut t'être si cher.
Je ne demande plus que ta lâcheté cesse,
Je rougis d'avoir pu m'en souffrir la bassesse ;
Tire-moi seulement d'un séjour odieux,
Où tout me désespère, où tout blesse mes yeux;
Et, pour faciliter ta coupable entreprise,
Ramène-moi, barbare, aux lieux où tu m'as prise :
La Crète, où pour toi seul je me suis fait haïr,
Me plaira mieux que Naxe, où tu m'oses trahir.

THÉSÉE. Vous ramener en Crète! Oubliez-vous, Madame,
Ce qu'est pour vous un père, et quel courroux l'enflamme?
Songez-vous quels ennuis vous y sont apprêtés?

ARIANE. Laisse-les-moi souffrir, je les ai mérités;
Mais de ton faux amour les feintes concertées,
Tes noires trahisons, les ai-je méritées?
Et ce qu'en ta faveur il m'a plu d'immoler
Te rend-il cette foi que tu veux violer?
Vaine et fausse pitié! quand ma mort peut te plaire,
Tu crains pour moi les maux que j'ai voulu me faire,
Ces maux qu'ont tant hâtés mes plus tendres souhaits;
Et tu ne trembles point de ceux que tu me fais !
N'espère pas pourtant éviter le supplice
Que toujours après soi fait suivre l'injustice.
Tu romps ce que l'amour forma de plus beaux nœuds;
Tu m'arraches le cœur. J'en mourrai : tu le veux ;
Mais, quitte des ennuis où m'enchaîne la vie,
Crois déjà, crois me voir, de ma douleur suivie,
Dans le fond de ton âme armer, pour te punir,
Ce qu'a de plus funeste un fatal souvenir,
Et te dire d'un ton et d'un regard sévère :
« J'ai tout fait, tout osé pour t'aimer, pour te plaire;
« J'ai trahi mon pays, et mon père, et mon roi :
« Cependant vois le prix, ingrat, que j'en reçoi. »

THÉSÉE. Ah! si mon changement doit causer votre perte.
Frappez, prenez ma vie, elle vous est offerte;
Prévenez par ce coup le forfait odieux
Qu'un amour trop aveugle...

ARIANE. Ote-toi de mes yeux ;
De ta constance ailleurs va montrer les mérites ;
Je ne veux pas avoir l'affront que tu me quittes.

THÉSÉE. Madame...

ARIANE. Ote-toi, dis-je, et me laisse en pouvoir
De te haïr autant que je le crois devoir.

SCÈNE V. — ARIANE, NÉRINE.

ARIANE. Il sort, Nérine. Hélas!

NÉRINE. Qu'aurait fait sa présence
Qu'accroître de vos maux la triste violence?
ARIANE. M'avoir ainsi quittée, et partout me trahir!
NÉRINE. Vous l'avez commandé.
ARIANE. Devait-il obéir?
NÉRINE. Que vouliez-vous qu'il fît? vous pressiez sa retraite.
ARIANE. Qu'il sût, en s'emportant, ce que l'amour souhaite,
Et que mon désespoir souffrant un libre cours,
Il s'entendît chasser, et demeurât toujours.
Quoique sa trahison et m'accable et me tue,
Au moins j'aurais joui du plaisir de sa vue :
Mais il ne saurait plus souffrir la mienne. Ah! dieux!
As-tu vu quelle joie a paru dans ses yeux,
Combien il est sorti satisfait de ma haine?
Que de mépris!
NÉRINE. Son crime auprès de vous le gêne,
Madame; et, n'ayant point d'excuse à vous donner,
S'il vous fuit, j'y vois peu de quoi vous étonner :
Il s'épargne une peine à peu d'autres égale.
ARIANE. M'en voir trahie! Il faut découvrir ma rivale.
Examine avec moi. De toute cette cour
Qui crois-tu la plus propre à donner de l'amour?
Est-ce Mégiste, Æglé, qui le rend infidèle?
De tout ce qu'il y voit Cyane est la plus belle :
Il lui parle souvent; mais, pour m'ôter sa foi,
Doit-elle être à ses yeux plus aimable que moi?
Vains et faibles appas qui m'aviez trop flattée,
Voilà votre pouvoir, un lâche m'a quittée!
Mais si d'un autre amour il se laisse éblouir,
Peut-être il n'aura pas la douceur d'en jouir :
Il verra ce que c'est que de me percer l'âme.
Allons, Nérine, allons : je suis amante et femme :
Il veut ma mort, j'y cours; mais, avant que mourir,
Je ne sais qui des deux aura plus à souffrir.

ACTE QUATRIÈME.

SCÈNE I. — ŒNARUS, PHÈDRE.

ŒNARUS. Un si grand changement ne peut trop me surprendre.
J'en ai la certitude, et ne le puis comprendre.
Après ce pur amour dont il suivait la loi,
Thésée à ce qu'il aime ose manquer de foi!
Dans la rigueur du coup, je ne vois qu'avec crainte
Ce qu'au cœur d'Ariane il doit porter d'atteinte.
J'en tremble; et si tantôt, lui peignant mon amour,
Je voulais être plaint, je la plains à son tour.
Perdre un bien qui jamais ne permit d'espérance
N'est qu'un mal dont le temps calme la violence;
Mais voir un bel espoir tout-à-coup avorter
Passe tous les malheurs qu'on ait à redouter :
C'est du courroux du ciel la plus funeste preuve.
PHÈDRE. Ariane, Seigneur, en fait la triste épreuve;
Et si de ses ennuis vous n'arrêtez le cours,
J'ignore, pour le rompre, où chercher du secours :
Son cœur est accablé d'une douleur mortelle.
ŒNARUS. Vous ne savez que trop l'amour que j'ai pour elle;
Il veut, il offre tout : mais hélas! je crains bien
Que cet amour ne parle, et qu'il n'obtienne rien.
Si Thésée a changé, j'en serai responsable ;

C'est dans ma cour qu'il trouve un autre objet aimable :
Et sans doute on voudra que je sois le garant
De l'hommage inconnu que sa flamme lui rend.
PHÈDRE. Je doute qu'Ariane, encor que méprisée,
Veuille par votre hymen se venger de Thésée ;
Et si ce changement vous permet d'espérer,
Il ne faut pas, Seigneur, vous y trop assurer.
Mais quoi qu'elle résolve après la perfidie
Qui doit tenir pour lui sa flamme refroidie,
Qu'elle accepte vos vœux ou refuse vos soins,
La gloire vous oblige à ne l'aimer pas moins.
Vous lui pouvez toujours servir d'appui fidèle,
Et c'est ce que je viens vous demander pour elle :
Si la Crète vous force à d'injustes combats,
Au courroux de Minos ne l'abandonnez pas :
Vous savez les périls où sa fuite l'expose.
OENARUS. Ah ! pour l'en garantir il n'est rien que je n'ose,
Madame ; et vous verrez mon trône trébucher,
Avant que je néglige un intérêt si cher.
Plût aux dieux que ce soin la tînt seule inquiète !
PHÈDRE. Voyez dans quels ennuis ce changement la jette :
Son visage vous parle, et sa triste langueur
Vous fait lire en ses yeux ce que souffre son cœur.

SCÈNE II. — OENARUS, ARIANE, PHÈDRE, NÉRINE.

OENARUS. Madame, je ne sais si l'ennui qui vous touche
Doit m'ouvrir pour vous plaindre ou me fermer la bouche :
Après les sentiments que j'ai fait voir pour vous,
Je dois, quoi qui vous blesse, en partager les coups,
Mais si j'ose assurer que, jusqu'au fond de l'âme,
Je sens le changement qui trahit votre flamme,
Que je le mets au rang des plus noirs attentats,
J'aime, il m'ôte un rival, vous ne me croirez pas.
Il est certain pourtant, et le ciel qui m'écoute
M'en sera le témoin si votre cœur en doute,
Que si de tout mon sang je pouvais racheter
Ce que...
ARIANE. Cessez, Seigneur, de me le protester.
S'il dépendait de vous de me rendre Thésée,
La gloire y trouverait votre âme disposée :
Je le crois de ce cœur qui sut tout m'immoler ;
Aussi veux-je avec vous ne rien dissimuler.
J'aimais, Seigneur ; après mon infortune extrême,
Il me serait honteux de dire encor que j'aime.
Ce n'est pas que le cœur qu'un vrai mérite émeut
Cesse d'être sensible au moment qu'il le veut.
Le mien fut à Thésée, et je l'en croyais digne.
Ses vertus à mes yeux étaient d'un prix insigne ;
Rien ne brillait en lui que de grand, de parfait ;
Il feignait de m'aimer, je l'aimais en effet ;
Et comme d'une foi qui sert à me confondre
Ce qu'il doit à ma flamme eut lieu de me répondre,
Malgré l'ingratitude ordinaire aux amants,
D'autres que moi peut-être auraient cru ses serments.
Je m'immolais entière à l'ardeur d'un pur zèle ;
Cet effort valait bien qu'il fût toujours fidèle.
Sa perfidie enfin n'a plus rien de secret ;
Il la fait éclater, je la vois à regret.
C'est d'abord un ennui qui ronge, qui dévore

J'en ai déjà souffert, j'en puis souffrir encore :
Mais quand à m'aimer plus un grand cœur se résout,
Le vouloir, c'est assez pour en venir à bout.
Quoi qu'un pareil triomphe ait de dur, de funeste,
On s'arrache à soi-même, et le temps fait le reste.
  Voilà l'état, Seigneur, où ma triste raison
A mis enfin mon âme après sa trahison.
Vous avez su tantôt, par un aveu sincère,
Que sans lui votre amour eût eu de quoi me plaire
Et que mon cœur, touché du respect de vos feux,
S'il ne m'eût pas aimée, eût accepté vos vœux.
Puisqu'il me rend à moi, je vous tiendrai parole ;
Mais après ce qu'il faut que ma gloire s'immole,
Étouffant un amour et si tendre et si doux,
Je ne vous réponds pas d'en prendre autant pour vous.
Ce sont des traits de feu que le temps seul imprime :
J'ai pour votre vertu la plus parfaite estime ;
Et, pour être en état de remplir votre espoir,
Cette estime suffit à qui sait son devoir.
ŒNARUS. Ah ! pour la mériter, si le plus pur hommage...
ARIANE. Seigneur, dispensez-moi d'en ouïr davantage.
J'ai tous les sens encor de trouble embarrassés :
Ma main dépend de vous, ce vous doit être assez ;
Mais, pour vous la donner, j'avouerai ma faiblesse,
J'ai besoin qu'un ingrat par son hymen m'en presse.
Tant que je le verrais en pouvoir d'être à moi,
Je prétendrais en vain disposer de ma foi.
Un feu bien allumé ne s'éteint qu'avec peine.
Le parjure Thésée a mérité ma haine ;
Mon cœur veut être à vous, et ne peut mieux choisir :
Mais s'il me voit, me parle, il peut s'en ressaisir.
L'amour par le remords aisément se désarme :
Il ne faut quelquefois qu'un soupir, qu'une larme ;
Et du plus fier courroux quoi qu'on se soit promis,
On ne tient pas longtemps contre un amant soumis.
Ce sont vos intérêts que, sans m'en vouloir croire,
Thésée à ses désirs abandonne sa gloire ;
Dès que d'un autre objet je le verrai l'époux,
Si vous m'aimez encor, Seigneur, je suis à vous.
Mon cœur de votre hymen se fait un heur suprême.
Et c'est ce que je veux lui déclarer moi-même.
Qu'on le fasse venir. Allez, Nérine. Ainsi,
De mon cœur, de ma foi n'ayez aucun souci :
Après ce que j'ai dit, vous en êtes le maître.
ŒNARUS. Ah ! Madame, par où puis-je assez reconnaître.
ARIANE. Seigneur, un peu de trêve ; en l'état où je suis,
J'ai comblé votre espoir, c'est tout ce que je puis.

SCÈNE III. — ARIANE, PHÈDRE.

PHÈDRE. Ce retour me surprend. Tantôt contre Thésée
  Du plus ardent courroux vous étiez embrasée :
  Et déjà la raison a calmé ce transport !
ARIANE. Que ferais-je, ma sœur ? c'est un arrêt du sort.
  Thésée a résolu d'achever son parjure.
  Il veut me voir souffrir ; je me tais, et j'endure.
PHÈDRE. Mais vous répondez-vous d'oublier aisément
  Ce que sa passion eut pour vous de charmant ;
  D'avoir à d'autres vœux un cœur si peu contraire,
  Que...

ARIANE. Je n'ai rien promis que je ne veuille faire,
  Qu'il s'engage à l'hymen, j'épouserai le roi.
PHÈDRE. Quoi! par votre aveu même il donnera sa foi?
  Et lorsque son amour a tant reçu du vôtre,
  Vous le verrez sans peine entre les bras d'une autre.
ARIANE. Entre les bras d'une autre! Avant ce coup, ma sœur,
  J'aime, je suis trahie, on connaîtra mon cœur.
  Tant de périls bravés, tant d'amour, tant de zèle,
  M'auront fait mériter les soins d'un infidèle!
  A ma honte partout ma flamme aura fait bruit,
  Et ma lâche rivale en cueillera le fruit!
  J'y donnerai bon ordre. Il faut, pour la connaître,
  Empêcher, s'il se peut, ma fureur de paraître :
  Moins l'amour outragé fait voir d'emportement,
  Plus, quand le cœur approche, il frappe sûrement.
  C'est par là qu'affectant une douleur aisée
  Je feins de consentir à l'hymen de Thésée ;
  A savoir son secret j'intéresse le roi.
  Pour l'apprendre, ma sœur, travaillez avec moi ;
  Car je ne doute point qu'une amitié sincère
  Contre sa trahison n'arme votre colère,
  Que vous ne ressentiez tout ce que sent mon cœur.
PHÈDRE. Madame, vous savez...
              ARIANE. Je vous connais, ma sœur.
  Aussi c'est seulement en vous ouvrant mon ame
  Que dans son désespoir je soulage ma flamme.
  Que de projets trahis! Sans cet indigne abus,
  J'arrêtais votre hymen avec Pirithoüs ;
  Et de mon amitié cette marque nouvelle
  Vous doit faire encor plus haïr mon infidèle.
  Sur le bruit qu'aura fait son changement d'amour
  Sachez adroitement ce qu'on dit à la cour ;
  Voyez Æglé, Mégiste, et parlez d'Ariane.
  Mais surtout prenez soin d'entretenir Cyane
  C'est elle qui d'abord a frappé mon esprit.
  Vous savez que l'amour aisément se trahit :
  Observez ses regards, son trouble, son silence.
PHÈDRE. J'y prends trop d'intérêt pour manquer de prudence
  Dans l'ardeur de venger tant de droits violés.
  C'est donc cette rivale à qui vous en voulez?
ARIANE. Pour porter sur l'ingrat un coup vraiment terrible,
  Il faut frapper par là: c'est son endroit sensible.
  Vous-même, jugez-en. Elle me fait trahir ;
  Par elle je perds tout : la puis-je assez haïr!
  Puis-je assez consentir à tout ce que la rage
  M'offre de plus sanglant pour venger mon outrage?
  Rien, après ce forfait, ne me doit retenir :
  Ma sœur, il est de ceux qu'on ne peut trop punir.
    Si Thésée, oubliant un amour ordinaire,
  M'avait manqué de foi dans la cour de mon père,
  Quoi que pût le dépit en secret m'ordonner,
  Cette infidélité serait à pardonner.
  Ma rivale, dirais-je, a pu sans injustice
  D'un cœur qui fut à moi chérir le sacrifice ;
  La douceur d'être aimée ayant touché le sien,
  Elle a dû préférer son intérêt au mien.
  Mais étrangère ici, pour l'avoir osé croire,
  J'ai sacrifié tout jusqu'au soin de ma gloire ;
  Et pour ce qu'a quitté ma trop crédule foi

Je n'avais que ce cœur que je croyais à moi.
Je le perds, on me l'ôte : il n'est rien que n'essaie
La fureur qui m'anime, afin qu'on me le paie.
J'en mettrai haut le prix, c'est à lui d'y penser.

PHÈDRE. Ce revers est sensible, il faut le confesser :
Mais, quand vous connaîtrez celle qu'il vous préfère,
Pour venger votre amour que prétendez-vous faire ?

ARIANE. L'aller trouver, la voir, et, de ma propre main,
Lui mettre, lui plonger un poignard dans le sein.
Mais, pour mieux adoucir les peines que j'endure,
Je veux porter le coup, aux yeux de mon parjure,
Et qu'en son cœur les miens pénètrent à loisir
Ce qu'aura de mortel son affreux déplaisir.
Alors ma passion trouvera de doux charmes
A jouir de ses pleurs comme il fait de mes larmes :
Alors il me dira si se voir lâchement
Arracher ce qu'on aime est un léger tourment.

PHÈDRE. Mais, sans l'autoriser à vous être infidèle,
Cette rivale a pu le voir brûler pour elle ;
Elle a peine à ses vœux peut-être à consentir.

ARIANE. Point de pardon, ma sœur ; il fallait m'avertir :
Son silence fait voir qu'elle a part au parjure.
Enfin il faut du sang pour laver mon injure.
De Thésée, il est vrai, je puis percer le cœur ;
Mais, si je m'y résous, vous n'avez plus de sœur.
Vous aurez beau vouloir que mon bras se retienne ;
Tout perfide qu'il est, ma mort suivra la sienne ;
Et sur mon propre sang l'ardeur de nous unir
Me le fera venger aussitôt que punir.
Non, non ; un sort trop doux suivrait sa perfidie,
Si mes ressentiments se bornaient à sa vie.
Portons, portons plus loin l'ardeur de l'accabler ;
Et donnons, s'il se peut, aux ingrats à trembler.
Vous figurez-vous bien son désespoir extrême,
Quand, dégouttante encor du sang de ce qu'il aime,
Ma main, offerte au roi dans ce fatal instant,
Bravera jusqu'au bout la douleur qui l'attend ?
C'est en vain de son cœur qu'il croit m'avoir chassée :
Je n'y suis pas peut-être encor tout effacée ;
Et ce sera de quoi mieux combler son ennui,
Que de vivre à ses yeux pour un autre que lui.

PHÈDRE. Mais pour aimer le roi vous sentez-vous dans l'ame...

ARIANE. Et le moyen, ma sœur, qu'un autre objet m'enflamme ?
Jamais, soit qu'on se trompe ou réussisse au choix
Les fortes passions ne touchent qu'une fois :
Ainsi l'hymen du roi me tiendra lieu de peine.
Mais je dois à mon cœur cette cruelle gêne.
C'est lui qui m'a fait prendre un trop indigne amour,
Il m'a trahie : il faut le trahir à mon tour.
Oui, je le punirai de n'avoir pu connaître
Qu'en parlant pour Thésée il parlait pour un traître,
D'avoir... Mais le voici. Contraignons-nous si bien,
Que de mon artifice il ne soupçonne rien.

SCÈNE IV. — ARIANE, THÉSÉE, PHÈDRE, NÉRINE.

ARIANE. Enfin à ma raison mon courroux rend les armes.
De l'amour aisément on ne vainc pas les charmes.
Si c'était un effort qui dépendît de nous,
Je regretterais moins ce que je perds en vous.

Il vous force à changer ; il faut que j'y consente.
Au moins c'est de vos soins une marque obligeante,
Que, par ces nouveaux feux ne pouvant être à moi,
Vous preniez intérêt à me donner au roi.
Son trône est un appui qui flatte ma disgrace ;
Mais ce n'est que par vous que j'y puis prendre place.
Si l'infidélité ne vous peut étonner,
J'en veux avoir l'exemple, et non pas le donner :
C'est peu qu'aux yeux de tous vous brûliez pour une autre ;
Tout ce que peut ma main, c'est d'imiter la vôtre,
Lorsque, par votre hymen m'ayant rendu ma foi,
Vous m'aurez mise en droit de disposer de moi,
Pour me faire jouir des biens qu'on me prépare,
C'est à vous de hâter le coup qui nous sépare :
Votre intérêt le veut encor plus que le mien.

THÉSÉE. Madame, je n'ai pas...

ARIANE. Ne me répliquez rien.
Si ma perte est un mal dont votre cœur soupire,
Vos remords trouveront le temps de me le dire ;
Et cependant ma sœur, qui peut vous écouter,
Saura ce qu'il vous reste encore à consulter.

SCÈNE V. — PHÈDRE, THÉSÉE.

THÉSÉE. Le ciel à mon amour serait-il favorable
Jusqu'à rendre sitôt Ariane exorable ?
Madame, quel bonheur qu'après tant de soupirs
Je pusse sans contrainte expliquer mes désirs,
Vous peindre en liberté ce que pour vous m'inspire...

PHÈDRE. Renfermez-le, de grâce, et craignez d'en trop dire.
Vous voyez que j'observe, avant que vous parler,
Qu'aucun témoin ici ne se puisse couler.
Un grand calme à vos yeux commence de paraître.
Tremblez, Prince, tremblez ; l'orage est prêt de naître.
Tout ce que vous pouvez vous figurer d'horreur
Des violents projets de l'amour en fureur
N'est qu'un faible rayon de la secrète rage
Qui possède Ariane et trouble son courage.
L'aveu qu'à votre hymen elle semble donner
Vers le piége tendu cherche à vous entraîner.
C'est par là qu'elle croit découvrir sa rivale ;
Et, dans les vifs transports que sa vengeance étale,
Plus le sang nous unit, plus son ressentiment,
Quand je serai connue, aura d'emportement.
Rien ne m'en peut sauver, ma mort est assurée.
Tout-à-l'heure avec moi sa haine l'a jurée :
J'en ai reçu l'arrêt. Ainsi, le fort amour
Souvent sans le savoir mettant sa flamme au jour,
Mon sang doit s'apprêter à laver son outrage,
Vous l'avez voulu, Prince, achevez votre ouvrage.

THÉSÉE. A quoi que son courroux puisse être disposé,
Il est pour s'en défendre un moyen bien aisé.
Ce calme qu'elle affecte afin de me surprendre
Ne me fait que trop voir ce que j'en dois attendre
La foudre gronde, il faut vous mettre hors d'état
D'en ouïr la menace et d'en craindre l'éclat.
Fuyons d'ici, Madame ; et venez dans Athènes,
Par un heureux hymen, voir la fin de nos peines.
J'ai mon vaisseau tout prêt. Dans cette même nuit
Nous pouvons de ces lieux disparaître sans bruit.

Quand même pour vos jours nous n'aurions rien à craindre,
Assez d'autres raisons nous y doivent contraindre.
Ariane, forcée à renoncer à moi,
N'aura plus de prétexte à refuser le roi :
Pour son propre intérêt il faut s'éloigner d'elle.
PHÈDRE Et qui me répondra que vous serez fidèle?
THÉSÉE. Ma foi, que ni le temps ni le ciel en courroux...
PHÈDRE. Ma sœur l'avait reçue en fuyant avec vous.
THÉSÉE. L'emmener avec moi fut un coup nécessaire ;
Il fallait la sauver de la fureur d'un père ;
Et la reconnaissance eut part seul aux serments
Par qui mon cœur du sien paya les sentiments ;
Ce cœur violenté n'aimait qu'avec étude.
Et, quand il entrerait un peu d'ingratitude
Dans ce manque de foi qui vous semble odieux,
Pourquoi me reprocher un crime de vos yeux?
L'habitude à les voir me fit de l'inconstance
Une nécessité dont rien ne me dispense ;
Ce que je lui disais d'engageant et de doux,
Vous ne saviez que trop qu'il s'adressait à vous.
Je n'examinais point, en vous ouvrant mon âme,
Si c'était d'Ariane entretenir la flamme ;
Je songeais seulement à vous marquer ma foi ;
Je me faisais entendre, et c'était tout pour moi.
PHÈDRE. Dieux! qu'elle en souffrira! que d'ennuis! que de larmes
J'en sens naître en mon cœur les plus rudes alarmes ;
Il voit avec horreur ce qui doit arriver.
Cependant j'ai trop fait pour ne pas achever.
Ces foudroyants regards, ces accablants reproches,
Dont par son désespoir je vois les coups si proches,
Pour moi, pour une sœur, sont plus à redouter
Que cette triste mort qu'elle croit m'apprêter.
Elle a su votre amour, elle saura le reste.
De ses pleurs, de ses cris, fuyons l'éclat funeste ;
Je vois bien qu'il le faut. Mais las !
    THÉSÉE. Vous soupirez?
PHÈDRE. Oui, Prince, je veux trop ce que vous désirez.
Elle se fie à moi, cette sœur, elle m'aime ;
C'est une ardeur sincère, une tendresse extrême ;
Jamais son amitié ne me refusa rien :
Pour l'en récompenser je lui vole son bien,
Je l'expose aux rigueurs du sort le plus sévère,
Je la tue ; et c'est vous qui me le faites faire!
Pourquoi vous ai-je aimé ?
    THÉSÉE. Vous en repentez-vous?
PHÈDRE. Je ne sais. Pour mon cœur il n'est rien de plus doux
Mais, vous le remarquez, ce cœur tremble, soupire ;
Et perdant une sœur, si j'ose encor le dire,
Vous la laissez dans Naxe en proie à ses douleurs,
Votre légèreté me peut laisser ailleurs.
Qui voudra plaindre alors les ennuis de ma vie
Sur l'exemple éclatant d'Ariane trahie?
Je l'aurai bien voulu. Mais c'en est fait ; partons.
THÉSÉE. En vain...
    PHÈDRE. Le temps se perd quand nous en consultons,
Si vous blâmez la crainte où ce soupçon me livre,
J'en répare l'outrage en m'offrant à vous suivre ;
Puisqu'à ce grand effort ma flamme se résout,
Donnez l'ordre qu'il faut, je serai prête à tout.

ACTE CINQUIÈME.

SCÈNE I. — ARIANE, NÉRINE.

NÉRINE. Un peu plus de pouvoir, Madame, sur vous-même.
A quoi sert ce transport, ce désespoir extrême ?
Vous avez, dans un trouble à nul autre pareil,
Prévenu ce matin le lever du soleil.
Dans le palais errante, interdite, abattue,
Vous avez laissé voir la douleur qui vous tue :
Ce ne sont que soupirs, que larmes, que sanglots.
ARIANE. On me trahit, Nérine, où trouver du repos ?
Quoi ! ce parfait amour dont mon âme ravie
Ne croyait voir la fin qu'en celle de ma vie,
Ces feux, ces tendres feux pour moi trop allumés,
Dans le cœur d'un ingrat sont déjà consumés !
Thésée avec plaisir a pu les voir éteindre !
Ma mort n'est qu'un malheur qui ne vaut pas le craindre !
Et ce parjure amant qui se rit de ma foi,
Quoiqu'il vive toujours, ne vivra plus pour moi !
Que fait Pirithoüs ? viendra-t-il ?
      NÉRINE. Oui, Madame ;
Je l'ai fait avertir.
    ARIANE. Quels combats dans mon âme !
NÉRINE. Pirithoüs viendra ; mais ce transport jaloux
Qu'attend-il de sa vue ? et que lui direz-vous ?
ARIANE. Dans l'excès étonnant de mon cruel martyre,
Hélas ! demandes-tu ce que je pourrai dire ?
Dût ma douleur sans cesse avoir le même cours,
Se plaint-on trop souvent de ce qu'on sent toujours ?
Tu dis donc qu'hier au soir chacun avec murmure
Parlait diversement de ma triste aventure ;
Que la jeune Cyane est celle que l'on croit
Que Thésée...
   NÉRINE. On la nomme à cause qu'il la voit :
Mais qu'en pouvoir juger ? il voit Phèdre de même ;
Et cependant, Madame, est-ce Phèdre qu'il aime ?
ARIANE. Que n'a-t-il pu l'aimer ! Phèdre l'aurait connu,
Et par là mon malheur eût été prévenu.
De sa flamme par elle aussitôt avertie,
Dans sa première ardeur je l'aurais amortie.
Par où vaincre d'ailleurs les rebuts de ma sœur ?
NÉRINE. En vain il aurait cru pouvoir toucher son cœur ;
Je le sais : mais enfin quand un amant sait plaire,
Qui consent à l'ouïr peut aimer et se taire.
ARIANE. Je soupçonnerais Phèdre, elle de qui les pleurs
Semblaient en s'embarquant présager nos malheurs ?
Avant que la résoudre à seconder ma fuite,
A quoi, pour la gagner, ne fus-je pas réduite !
Combien de résistance et d'obstinés refus !
NÉRINE. Vous n'avez rien, Madame, à craindre là-dessus
Je connais sa tendresse ; elle est pour vous si forte,
Qu'elle mourrait plutôt...
     ARIANE. Je veux la voir, n'importe.
Va, fais-lui promptement savoir que je l'attends ;
Dis-lui que le sommeil l'arrête trop longtemps,
Que je sens ma douleur croître par son absence.
Qu'elle est heureuse, hélas ? dans son indifférence !
Son repos n'est troublé d'aucun mortel souci.

Pirithoüs paraît : fais-la venir ici.

SCÈNE II. — ARIANE, PIRITHOUS.

ARIANE. Eh bien ! puis-je accepter la main qui m'est offerte ?
Le roi s'empresse-t-il à réparer ma perte?
Et, pour me laisser libre à payer son amour,
De l'hymen de Thésée a-t-on choisi le jour?
PIRITHOUS. Le roi sur ce projet entretint hier Thésée,
Mais il trouve son âme encor mal disposée.
Il est pour les ingrats de rigoureux instants ;
Thésée en fit l'épreuve, et demanda du temps.
ARIANE. Différer d'être heureux après son inconstance,
C'est montrer en aimant bien peu d'impatience ;
Et ce nouvel objet dont son cœur est épris
Y doit pour son amour croire trop de mépris.
Pour moi, je l'avouerai, sa trahison me fâche ;
Mais puisqu'en me quittant il lui plaît d'être lâche,
Si je dois être au roi, je voudrais que sa main
Eût pu déjà fixer mon destin incertain.
L'irrésolution m'embarrasse et me gêne.
PIRITHOUS. Si l'on m'avait dit vrai, vous seriez hors de peine ;
Mais, Madame, je puis être mal averti.
ARIANE. Et de quoi, prince ?
PIRITHOUS. On dit que Thésée est parti.
Par là vous seriez libre.
ARIANE. Ah ! que viens-je d'entendre ?
Il est parti, dit-on ?
PIRITHOUS. Ce bruit doit vous surprendre.
ARIANE. Il est parti ! Le ciel me trahirait toujours !
Mais non ; que deviendraient ses nouvelles amours ?
Ferait-il cet outrage à l'objet qui l'enflamme ?
L'abandonnerait-il ?
PIRITHOUS. Je ne sais ; mais, Madame,
Un vaisseau cette nuit s'est échappé du port.
ARIANE. Ce n'est pas lui, sans doute, on le soupçonne à tort.
Peut-il être parti sans que le roi le sache,
Sans que Pirithoüs, à qui rien ne se cache,
Sans qu'enfin... Mais de quoi me voudrais-je étonner?
Que ne peut-il pas faire ? il m'ose abandonner,
Oublier un amour qui, toujours trop fidèle,
M'oblige encor pour lui...

SCÈNE III. — ARIANE, PIRITHOUS, NÉRINE.

ARIANE, *à Nérine*. Que fait ma sœur ? vient-elle ?
Avec quelle surprise elle va recevoir
La nouvelle d'un coup qui confond mon espoir,
D'un coup par qui ma haine à languir est forcée !
NÉRINE. Madame, j'ai longtemps...
ARIANE. Où l'as-tu donc laissée ?
Parle.
NÉRINE. De tous côtés j'ai couru vainement ;
On ne la trouve point dans son appartement.
ARIANE. On ne la trouve point ! quoi ! si matin ! je tremble.
Tant de maux à mes yeux viennent s'offrir ensemble,
Que, stupide, égarée, en ce trouble importun,
De crainte d'en trop voir, je n'en regarde aucun,
N'as-tu rien ouï dire?
NÉRINE. On parle de Thésée.
On veut que cette nuit, voyant la fuite aisée...

ARIANE. O nuit! ô trahison! dont la double noirceur
Passe tout... Mais pourquoi m'alarmer de ma sœur?
Sa tendresse pour moi, l'intérêt de sa gloire,
Sa vertu, tout enfin me défend de rien croire.
Cependant contre moi quand tout prend son parti,
Elle ne paraît point, et Thésée est parti!
Qu'on la cherche; c'est trop languir dans ce supplice;
Je m'en sens accablée, il est temps qu'il finisse.
Quoique mon cœur rejette un doute injurieux,
Il a besoin, ce cœur, du secours de mes yeux.
La moindre inquiétude est trop tard apaisée.

SCÈNE IV. — ARIANE, PIRITHOUS, ARCAS, NÉRINE.

ARCAS, *à Pirithoüs*. Seigneur, je vous apporte un billet de Thésée.
ARIANE. Donnez, je le verrai. Par qui l'a-t-on reçu?
D'où l'a-t-on envoyé? Qu'a-t-on fait? Qu'a-t-on su?
Il est parti, Nérine! Ah! trop funeste marque!
ARCAS. On vient de voir au port arriver une barque,
C'est de là qu'est venu le billet que voici.
ARIANE. Lisons: mon amour tremble à se voir éclairci.
    « THÉSÉE A PIRITHOUS.
« Pardonnez une fuite où l'amour me condamne;
« Je pars sans vous en avertir.
« Phèdre du même amour n'a pu se garantir;
« Elle fuit avec moi. Prenez soin d'Ariane. »
Prenez soin d'Ariane! Il viole sa foi,
Me désespère, et veut qu'on prenne soin de moi!
PIRITHOUS. Madame, en vos malheurs qui font peine à comprendre...
ARIANE. Laissez-moi, je ne veux vous voir ni vous entendre.
C'est vous, Pirithoüs, dont le funeste abord,
Toujours fatal pour moi, précipite ma mort.
PIRITHOUS. J'ignore...
    ARIANE. Allez au roi porter cette nouvelle:
Nérine me demeure, il me suffira d'elle.
PIRITHOUS. D'un départ si secret le roi sera surpris.
ARIANE. Sans son ordre, Thésée eût-il rien entrepris?
Son aveu l'autorise; et, de ses injustices,
Le roi, vous et les dieux, vous êtes tous complices.

SCÈNE V. — ARIANE, NÉRINE.

ARIANE. Ah! Nérine!
    NÉRINE. Madame, après ce que je vois,
Je l'avoue, il n'est plus ni d'honneur ni de foi:
Sur les plus saints devoirs l'injustice l'emporte.
Que de chagrins!
    ARIANE. Tu vois, ma douleur est si forte,
Que, succombant aux maux qu'on me fait découvrir,
Je demeure insensible à force de souffrir.
Enfin d'un fol espoir je suis désabusée;
Pour moi, pour mon amour, il n'est plus de Thésée.
Le temps au repentir aurait pu le forcer;
Mais c'en est fait, Nérine, il n'y faut plus penser.
Hélas! qui l'aurait cru, quand son injuste flamme
Par l'ennui de le perdre accablait tant mon ame,
Qu'en ce terrible excès de peine et de douleurs
Je ne connusse encor que mes moindres malheurs?
Une rivale au moins pour soulager ma peine
M'offrait en la perdant de quoi plaire à ma haine;
Je promettais son sang à mes bouillants transports.
Mais je trouve à briser les liens les plus forts;

Et, quand dans une sœur, après ce noir outrage,
Je découvre en tremblant la cause de ma rage,
Ma rivale et mon traître, aidés de mon erreur,
Triomphent par leur fuite, et bravent ma fureur.
Nérine, entres-tu bien, lorsque le ciel m'accable,
Dans tout ce qu'a mon sort d'affreux, d'épouvantable,
La rivale sur qui tombe cette fureur,
C'est Phèdre, cette Phèdre à qui j'ouvrais mon cœur!
Quand je lui faisais voir ma peine sans égale,
Que j'en marquais l'horreur, c'était à ma rivale!
La perfide, abusant de ma tendre amitié,
Montrait de ma disgrâce une fausse pitié!
Et, jouissant des maux que j'aimais à lui peindre,
Elle en était la cause, et feignait de me plaindre!
C'est là mon désespoir. Pour avoir trop parlé,
Je perds ce que déjà je tenais immolé.
Je l'ai portée à fuir, et, par mon imprudence,
Moi-même je me suis dérobé ma vengeance.
Dérobé ma vengeance! A quoi pensé-je? Ah! dieux!
L'ingrate! On la verrait triompher à mes yeux!
C'est trop de patience en de si rudes peines.
Allons, partons, Nérine, et volons vers Athènes.
Mettons un prompt obstacle à ce qu'on lui promet:
Elle n'est pas encore où son espoir la met.
Sa mort, sa seule mort, mais une mort cruelle...

NÉRINE. Calmez cette douleur: où vous emporte-t-elle?
Madame, songez-vous que tous ces vains projets
Par l'éclat de vos cris s'entendent au palais?

ARIANE. Qu'importe que partout mes plaintes soient ouïes?
On connaît, on a vu des amantes trahies;
A d'autres quelquefois on a manqué de foi:
Mais, Nérine, jamais il n'en fut comme moi.
Par cette tendre ardeur dont j'ai chéri Thésée
Avais-je mérité de m'en voir méprisée?
De tout ce que j'ai fait considère le fruit.
Quand je fuis pour lui seul, c'est moi seule qu'il fuit.
Pour lui seul je dédaigne une couronne offerte:
En séduisant ma sœur, il conspire ma perte.
De ma foi chaque jour ce sont gages nouveaux:
Je le comble de biens, il m'accable de maux;
Et, par une rigueur jusqu'au bout poursuivie,
Quand j'empêche sa mort, il m'arrache la vie.
Après l'indigne éclat d'un procédé si noir
Je ne m'étonne plus qu'il craigne de me voir:
La honte qu'il en a lui fait fuir ma rencontre.
Mais enfin à mes yeux il faudra qu'il se montre:
Nous verrons s'il tiendra contre ce qu'il me doit;
Mes larmes parleront, c'en est fait s'il les voit.
Ne les contraignons plus, et par cette faiblesse
De son cœur étonné surprenons la tendresse.
Ayant à mon amour immolé ma raison,
La peur d'en faire trop serait hors de saison.
Plus d'égard à ma gloire; approuvée ou blâmée,
J'aurai tout fait pour moi, si je demeure aimée.
Mais à quel lâche espoir mon trouble me réduit!
Si j'aime encor Thésée, oublié-je qu'il fuit?
Peut-être en ce moment aux pieds de ma rivale
Il rit des vains projets où mon cœur se ravale.
Tous deux peut-être... Ah! ciel! Nérine, empêche-moi

D'ouïr ce que j'entends, de voir ce que je vois.
Leur triomphe me tue ; et, toute possédée
De cette assassinante et trop funeste idée,
Quelques bras que contre eux ma haine puisse unir,
Je souffre plus encor qu'elle ne peut punir.

SCÈNE VI. — OEnarus, Ariane, Pirithous, Nérine, Arcas.

OEnarus. Je ne viens point, Madame, opposer à vos plaintes
De faux raisonnements, ou d'injustes contraintes ;
Je viens vous protester que tout ce qu'en ma cour...
Ariane. Je sais ce que je dois, Seigneur, à votre amour ;
Je connais même à quoi ma parole m'engage...
Mais...
OEnarus. A vos déplaisirs épargnons cette image.
Vous répondriez mal d'un cœur...
Ariane. Comment, hélas !
Répondrais-je de moi ? je ne me connais pas.
OEnarus. Si du secours du temps ma foi favorisée
Peut mériter qu'un jour vous oubliiez Thésée...
Ariane. Si j'oublierai Thésée ? Ah ! dieux ! mon lâche cœur
Nourrirait pour Thésée une honteuse ardeur !
Thésée encor sur moi garderait quelque empire !
Je dois haïr Thésée et voudrais m'en dédire !
Oui, Thésée à jamais sentira mon courroux :
Et si c'est pour vos vœux quelque chose de doux,
Je jure par les dieux, par ces dieux qui, peut être,
S'uniront avec moi pour me venger d'un traître,
Que j'oublierai Thésée ; et que, pour m'émouvoir,
Remords, larmes, soupirs, manqueront de pouvoir.
Pirithous. Madame, si j'osais...
Ariane. Non, parjure Thésée,
Ne crois pas que jamais je puisse être apaisée ;
Ton amour y ferait des efforts superflus,
Le plus grand de mes maux est de ne t'aimer plus :
Mais après ton forfait, ta noire perfidie,
Pourvu qu'à te gêner le remords s'étudie,
Qu'il te livre sans cesse à de secrets bourreaux,
C'est peu pour m'étonner que le plus grand des maux.
J'ai trop gémi, j'ai trop pleuré tes injustices ;
Tu m'as bravée : il faut qu'à ton tour tu gémisses.
Mais quelle est mon erreur ! Dieux ! je menace en l'air.
L'ingrat se donne ailleurs quand je crois lui parler.
Il goûte la douceur de ses nouvelles chaînes.
Si vous m'aimez, Seigneur, suivons-le dans Athènes.
Avant que ma rivale y puisse triompher,
Partons ; portons-y plus que la flamme et le fer.
Que par vous la perfide entre mes mains livrée
Puisse voir ma fureur de son sang enivrée.
Par ce terrible éclat signalez ce grand jour,
Et méritez ma main en vengeant mon amour.
OEnarus. Consultons-en le temps, Madame ; et s'il faut faire...
Ariane. Le temps ! Mon désespoir souffre-t-il qu'on diffère ?
Puisque tout m'abandonne, il est pour mon secours
Une plus sûre voie et des moyens plus courts.
(Elle se jette sur l'épée de Pirithoüs.)
Tu m'arrêtes, cruel !
Nérine. Que faites-vous, Madame ?
Ariane, à Nérine. Soutiens-moi, je succombe aux transports de mon âme.
Si dans mes déplaisirs tu veux me secourir,

Ajoute à ma faiblesse et me laisse mourir.
ŒNARUS. Elle semble pâmer. Qu'on la secoure vite.
Sa douleur est un mal qu'un prompt remède irrite ;
Et c'en serait sans doute accroître les efforts,
Qu'opposer quelque obstacle à ses premiers transports.

FIN D'ARIANE.

LE FESTIN DE PIERRE

COMÉDIE EN CINQ ACTES.

PERSONNAGES.

DON LOUIS, père de don Juan.
DON JUAN.
SGANARELLE, valet de don Juan.
DON CARLOS, frère d'Elvire.
ALONSE, ami de don Carlos.
PIERROT, paysan.
M. DIMANCHE, marchand.
GUSMAN, domestique d'Elvire.
LA STATUE DU COMMANDEUR.

LA RAMÉE, valet de chambre de don Juan.
LA VIOLETTE, laquais de don Juan.
ELVIRE, ayant épousé don Juan.
THÉRÈSE, tante de Léonor.
LÉONOR, demoiselle de campagne.
PASCALE, nourrice de Léonor.
CHARLOTTE, paysanne accordée à Pierrot.
MATHURINE, autre paysanne.

AVIS.

Cette pièce, dont les comédiens donnent tous les ans plusieurs représentations, est la même que M. Molière fit jouer en prose peu de temps avant sa mort. Quelques personnes qui ont tout pouvoir sur moi m'ayant engagé à la mettre en vers, je me réservai la liberté d'adoucir certaines expressions qui avaient blessé les scrupuleux. J'ai suivi la prose assez exactement dans tout le reste, à l'exception des scènes du troisième et du cinquième actes, où j'ai fait parler des femmes. Ce sont scènes ajoutées à cet excellent original, et dont les défauts ne doivent point être imputés au célèbre auteur sous le nom duquel cette comédie est toujours représentée.

ACTE PREMIER.

SCÈNE I. — SGANARELLE, GUSMAN.

SGANARELLE, *prenant du tabac et en offrant à Gusman.*
Quoi qu'en dise Aristote, et sa docte cabale,
Le tabac est divin, il n'est rien qui l'égale ;
Et par les fainéants, pour fuir l'oisiveté,
Jamais amusement ne fut mieux inventé.
Ne saurait-on que dire ? on prend la tabatière ;
Soudain à gauche, à droite, par devant, par derrière,
Gens de toutes façons, connus et non connus,
Pour y demander part sont les très bien venus.
Mais c'est peu qu'à donner instruisant la jeunesse,
Le tabac l'accoutume à faire ainsi largesse ;
C'est dans la médecine un remède nouveau :
Il purge, réjouit, conforte le cerveau ;
De toute noire humeur promptement le délivre ;
Et qui vit sans tabac n'est pas digne de vivre.
O tabac, ô tabac, mes plus chères amours !...
Mais reprenons un peu notre premier discours.
Si bien, mon cher Gusman, qu'Elvire ta maîtresse,
Pour don Juan mon maître a pris tant de tendresse
Qu'apprenant son départ l'excès de son ennui
L'a fait mettre en campagne et courir après lui.
Le soin de le chercher est obligeant, sans doute ;

C'est aimer fortement ; mais tout voyage coûte :
Et j'ai peur, s'il te faut exprimer mon souci,
Qu'on l'indemnise mal des frais de celui-ci.
GUSMAN. Et la raison encor ! Dis-moi, je te conjure,
D'où te vient une peur de si mauvais augure ?
Ton maître là-dessus t'a-t-il ouvert son cœur ?
T'a-t-il fait remarquer pour nous quelque froideur ?
Qui d'un départ si prompt...
   SGANARELLE. Je n'en sais point les causes.
Mais, Gusman, à peu près je vois le train des choses ;
Et sans que don Juan m'ait rien dit de cela,
Tout franc, je gagerais que l'affaire va là.
Je pourrais me tromper, mais j'ai peine à le croire,
GUSMAN. Quoi ! ton maître ferait cette tache à sa gloire ?
Il trahirait Elvire, et d'un crime si bas...
SGANARELLE. Il est trop jeune encore : il n'oserait !
        GUSMAN, Hélas !
Ni d'un si lâche tour l'infamie éternelle,
Ni de sa qualité...
  SGANARELLE. La raison en est belle :
Sa qualité ! C'est là ce qui l'arrêterait !
GUSMAN. Tant de vœux...
  SGANARELLE. Rien pour lui n'est trop chaud ni trop froid.
Vœux, serments, sans scrupule il met tout en usage.
GUSMAN. Mais ne songe-t-il pas à l'hymen qui l'engage ?
Croit-il le pouvoir rompre ?
    SGANARELLE. Eh ! mon pauvre Gusman
Tu ne sais pas encor quel homme est don Juan.
GUSMAN. S'il est ce que tu dis, le moyen de connaître
De tous les scélérats le plus grand, le plus traître ?
Le moyen de penser qu'après tant de serments,
Tant de transport d'amour, d'ardeur, d'empressements,
De protestations des plus passionnées,
De larmes, de soupirs, d'assurances données,
Il ait réduit Elvire à sortir du couvent,
A venir l'épouser ; et tout cela du vent ?
SGANARELLE. Il s'embarrasse peu de pareilles affaires,
Ce sont des tours d'esprit qui lui sont ordinaires ;
Et si tu connaissais le pèlerin, crois-moi,
Tu ferais peu de fond sur le don de sa foi.
Ce n'est pas que je sache avec plus d'assurance
Que déjà pour Elvire il sait ce que je pense.
Pour un dessein secret en ces lieux appelé,
Depuis son arrivée il ne m'a point parlé ;
Mais, par précaution, je puis ici te dire
Qu'il n'est devoirs si saints dont il ne s'ose rire ;
Que c'est un endurci dans la fange plongé,
Un chien, un hérétique, un Turc, un enragé ;
Qu'il n'a ni foi ni loi ; que tout ce qui le tente...
GUSMAN. Quoi ! le ciel ni l'enfer n'ont rien qui l'épouvante.
SGANARELLE. Bon ! parlez-lui du ciel, il répond d'un souris ;
Parlez-lui de l'enfer, il met le diable au pis ;
Et, parce qu'il est jeune, il croit qu'il est en âge
Où la vertu sied moins que le libertinage.
Remontrance, reproche, autant de temps perdu.
Il cherche avec ardeur ce qu'il voit défendu ;
Et, ne refusant rien à madame Nature,
Il est ce qu'on appelle un pourceau d'Épicure.
Ainsi ne me dis point sur sa légèreté,

Qu'Elvire par l'hymen se trouve en sûreté.
C'est peu, par bon contrat, qu'il en ait fait sa femme;
Pour en venir à bout, et contenter sa flamme,
Avec elle, au besoin, par ce même contrat,
Il aurait épousé toi, son chien, et son chat.
C'est un piège qu'il tend partout à chaque belle :
Paysanne, bourgeoise, et dame, et demoiselle,
Tout le charme; et d'abord, pour leur donner leçon,
Un mariage fait lui semble une chanson.
Toujours objets nouveaux, toujours nouvelles flammes;
Et si je te disais combien il a de femmes,
Tu serais convaincu que ce n'est pas en vain
Qu'on le croit l'épouseur de tout le genre humain.
GUSMAN. Quel abominable homme!
                      SGANARELLE. Et plus qu'abominable.
Il se moque de tout, ne craint ni dieu, ni diable;
Et je ne doute point, comme il est sans retour,
Qu'il ne soit par la foudre écrasé quelque jour.
Il le mérite bien ; et s'il te faut tout dire,
Depuis qu'en le servant je souffre le martyre,
J'en ai vu tant d'horreurs, que j'avoue aujourd'hui,
Qu'il vaudrait mieux cent fois être au diable qu'à lui.
GUSMAN. Que ne le quittes-tu?
              SGANARELLE. Le quitter! comment faire?
Un grand Seigneur méchant est une étrange affaire.
Vois-tu, si j'avais fui, j'aurais beau me cacher,
Jusque dans l'enfer même il viendrait me chercher.
La crainte me retient ; et, ce qui me désole,
C'est qu'il faut avec lui faire souvent l'idole,
Louer ce qu'on déteste ; et, de peur du bâton,
Approuver ce qu'il fait, et chanter sur son ton.
Je crois dans ce palais le voir qui se promène;
C'est lui. Prends garde, au moins...
                    GUSMAN. Ne t'en mets point en peine.
SGANARELLE. Je t'ai conté sa vie un peu légèrement,
C'est à toi là-dessus de te taire ; autrement...
GUSMAN, *s'en allant.* Ne crains rien.

SCÈNE II. D. JUAN, SGANARELLE.

D. JUAN. Avec qui parlais-tu? pourrait-ce être
Le bonhomme Gusman? J'ai cru le reconnaître.
SGANARELLE. Vous avez fort bien cru ; c'était lui-même.
                                      D. JUAN. Il vient
Demander quelle affaire en ces lieux nous retient?
SGANARELLE. Il est un peu surpris de ce que, sans rien dire,
Vous avez pu sitôt abandonner Elvire.
D. JUAN. Que lui fais-tu penser d'un départ si prompt?
                                  SGANARELLE. Moi?
Rien du tout : ce n'est point mon affaire.
                              D. JUAN. Mais toi,
Qu'en penses-tu?
          SGANARELLE. Je crois, sans trop juger en bête,
Que vous avez encor quelque amourette en tête.
D. JUAN. Tu le crois?
          SGANARELLE. Oui.
                  D. JUAN. Ma foi! tu crois juste; et mon cœur
Pour un objet nouveau sent la plus forte ardeur.
SGANARELLE. Eh! mon Dieu, j'entrevois d'abord ce qui s'y passe.
Votre cœur n'aime point à demeurer en place;

Et, sans lui faire tort sur sa fidélité,
C'est le plus grand coureur qui jamais ait été.
Tout est de votre goût : brune ou blonde, n'importe.
D. JUAN. Et n'ai-je pas raison d'en user de la sorte?
SGANARELLE. Eh! Monsieur...
D. JUAN. Quoi?
SGANARELLE. Sans doute, il est aisé de voir
Que vous avez raison, si vous voulez l'avoir;
Mais si, comme on n'est pas bon juge dans sa cause,
Vous ne le vouliez pas, ce serait autre chose.
D. JUAN. Hé bien! je te permets de parler librement.
SGANARELLE. En ce cas, je vous dis très sérieusement
Qu'on trouve fort vilain qu'allant de belle en belle
Vous fassiez vanité partout d'être infidèle.
D. JUAN. Quoi! si d'un bel objet je suis d'abord touché,
Tu veux que pour toujours j'y demeure attaché;
Qu'un éternel amour de ma foi lui réponde,
Et me laisse sans yeux pour le reste du monde!
Le rare et doux plaisir qui se trouve en aimant,
S'il faut s'ensevelir dans un attachement,
Renoncer pour lui seul à toute autre tendresse,
Et vouloir sottement mourir dès sa jeunesse!
Va, crois-moi, la constance était bonne jadis,
Où les leçons d'aimer venaient des Amadis;
Mais à présent on suit des lois plus naturelles:
On aime sans façon tout ce qu'on voit de belles;
Et l'amour qu'en nos cœurs la première a produit
N'ôte rien aux appas de celle qui la suit.
Pour moi, qui ne saurais faire l'inexorable,
Je me donne partout où je trouve l'aimable;
Et tout ce qu'une belle a sur moi de pouvoir
Ne me rend point ailleurs incapable de voir.
Sans me vouloir piquer du nom d'amant fidèle,
J'ai des yeux pour une autre aussi bien que pour elle;
Et dès qu'un beau visage a demandé mon cœur,
Je ne puis me résoudre à l'armer de rigueur.
Ravi de voir qu'il cède à la douce contrainte
Qui d'abord laisse en lui toute autre flamme éteinte,
Je l'abandonne aux traits dont il aime les coups;
Et si j'en avais cent, je les donnerais tous.
SGANARELLE. Vous êtes libéral.
D. JUAN. Que de douceurs charmantes
Font goûter aux amants les passions naissantes!
Si pour chaque beauté je m'enflamme aisément,
Le vrai plaisir d'aimer est dans le changement:
Il consiste à pouvoir, par d'empressés hommages,
Forcer d'un jeune cœur les scrupuleux ombrages;
A désarmer sa crainte; à voir, de jour en jour,
Par cent petits progrès avancer notre amour;
A vaincre doucement la pudeur innocente
Qu'oppose à nos désirs une âme chancelante,
Et la réduire enfin, à force de parler,
A se laisser conduire où nous voulons aller.
Mais, quand on a vaincu, la passion expire :
Ne souhaitant plus rien, on n'a plus rien à dire,
A l'amour satisfait tout son charme est ôté;
Et nous nous endormons dans sa tranquillité,
Si quelque objet nouveau, par sa conquête à faire,
Ne réveille en nos cœurs l'ambition de plaire.

Enfin, j'aime en amour les exploits différents ;
Et j'ai sur ce sujet l'ardeur des conquérants,
Qui, sans cesse courant de victoire en victoire,
Ne peuvent se résoudre à voir borner leur gloire.
De mes vastes désirs le vol précipité
Par cent objets vaincus ne peut être arrêté :
Je sens mon cœur plus loin capable de s'étendre :
Et je souhaiterais, comme fit Alexandre,
Qu'il fût un autre monde encore à découvrir,
Où je pusse en amour chercher à conquérir.

SGANARELLE. Comme vous débitez ! Ma foi, je vous admire !
Votre langue...

D. JUAN. Qu'as-tu là-dessus à me dire ?

SGANARELLE. A vous dire, moi ? J'ai... Mais, que dirais-je ? Rien ;
Car, quoi que vous disiez, vous le tournez si bien,
Que, sans avoir raison, il semble, à vous entendre,
Qu'on soit, quand vous parlez, obligé de se rendre.
J'avais, pour disputer, des raisons dans l'esprit...
Je veux une autre fois les mettre par écrit :
Avec vous, sans cela, je n'aurais qu'à me taire,
Vous me brouilleriez tout.

D. JUAN. Tu ne saurais mieux faire.

SGANARELLE. Mais, Monsieur, par hasard, me serait-il permis
De vous dire qu'à moi, comme à tous vos amis,
Votre genre de vie un tant soit peu fait peine ?

D. JUAN. Le fat ! Et quelle vie est-ce donc que je mène ?

SGANARELLE. Fort bonne, assurément ; mais enfin... quelquefois...
Par exemple, vous voir marier tous les mois !

D. JUAN. Est-il rien de plus doux, rien qui soit plus capable...

SGANARELLE. Il est vrai, je conçois cela fort agréable ;
Et c'est, si sans péché j'en avais le pouvoir,
Un divertissement que je voudrais avoir :
Mais sans aucun respect pour les plus saints mystères...

D. JUAN. Ne t'embarrasse point, ce sont là mes affaires.

SGANARELLE. On doit craindre le ciel ; et jamais libertin
N'a fait encor, dit-on, qu'une méchante fin.

D. JUAN. Je hais la remontrance ; et, quand on s'y hasarde...

SGANARELLE. Ah ! ce n'est pas à vous que j'en fais ; Dieu m'en garde !
J'aurais tort de vouloir vous donner des leçons :
Si vous vous égarez, vous avez vos raisons ;
Et quand vous faites mal, comme c'est l'ordinaire,
Du moins vous savez bien qu'il vous plaît de le faire.
Bon cela : mais il est certains impertinents,
Adroits, de fort esprit, hardis, entreprenants,
Qui, sans savoir pourquoi, traitent de ridicules
Les plus justes motifs des plus sages scrupules,
Et qui font vanité de ne trembler de rien,
Par l'entêtement seul que cela leur sied bien.
Si j'avais, par malheur, un tel maître : « Ame crasse, »
Lui dirais-je tout net, le regardant en face,
« Osez-vous bien ainsi braver à tous moments
« Ce que l'enfer pour vous amasse de tourments ?
« Un rien, un mirmidon, un petit ver de terre,
« Au ciel impunément croit déclarer la guerre !
« Allez, malheur cent fois à qui vous applaudit !
« C'est bien à vous (je parle au maître que j'ai dit),
« A vouloir vous railler des choses les plus saintes ;
« A secouer le joug des plus louables craintes.
« Pour avoir de grands biens et de la qualité,

« Une perruque blonde, être propre, ajusté,
« Tout en couleur de feu ; pensez-vous... » Prenez garde,
Ce n'est pas vous, au moins, que tout ceci regarde.
« Pensez-vous en avoir plus de droit d'éclater
« Contre les vérités dont vous osez douter ?
« De moi, votre valet, apprenez, je vous prie,
« Qu'en vain les libertins de tout font raillerie ;
« Que le ciel, tôt ou tard, pour leur punition... »

D. JUAN. Paix !

SGANARELLE. Ça, voyons : de quoi serait-il question ?

D. JUAN. De te dire en deux mots qu'une flamme nouvelle
Ici, sans t'en parler, m'a fait suivre une belle.

SGANARELLE. Et n'y craignez-vous rien pour ce Commandeur mort ?

D. JUAN. Je l'ai si bien tué, chacun le sait.

SGANARELLE. D'accord,
On ne peut rien de mieux ; et s'il osait s'en plaindre,
Il aurait tort ; mais...

D. JUAN. Quoi ?

SGANARELLE. Ses parents sont à craindre.

D. JUAN. Laissons là tes frayeurs, et songeons seulement
A ce qui me peut faire un destin tout charmant.
Celle qui me réduit à soupirer pour elle
Est une fiancée aimable, jeune, belle,
Et conduite en ces lieux, où j'ai suivi ses pas,
Par l'heureux à qui sont destinés tant d'appas.
Je la vis par hasard, et j'eus cet avantage
Dans le temps qu'ils songeaient à faire leur voyage.
Il faut te l'avouer ; jamais jusqu'à ce jour
Je n'ai vu deux amants se montrer tant d'amour.
De leurs cœurs trop unis la tendresse visible,
Me frappant tout-à-coup, rendit le mien sensible ;
Et, les voyant céder aux transports les plus doux,
Si je devins amant, je fus amant jaloux.
Oui, je ne pus souffrir sans un dépit extrême
Qu'ils s'aimassent autant que l'un et l'autre s'aime.
Ce bizarre chagrin alluma mes désirs :
Je me fis un plaisir de troubler leurs plaisirs,
De rompre adroitement l'étroite intelligence
Dont mon cœur délicat se faisait une offense.
N'ayant pu réussir, plus amoureux toujours,
C'est au dernier remède, enfin, que j'ai recours :
Cet époux prétendu, dont le bonheur me blesse,
Doit aujourd'hui sur mer régaler sa maîtresse ;
Sans t'en avoir rien dit, j'ai dans mes intérêts
Quelques gens qu'au besoin nous trouverons tout prêts ;
Ils auront une barque où la belle enlevée
Rendra de mon amour la victoire achevée.

SGANARELLE. Ah ! Monsieur.

D. JUAN. Hé ?

SGANARELLE. C'est là le prendre comme il faut :
Vous faites bien.

D. JUAN. L'amour n'est pas un grand défaut.

SGANARELLE. Sottise ! Il n'est rien tel que de se satisfaire.
(A part.) La méchante âme !

D. JUAN. Allons songer à cette affaire :
Voici l'heure à peu près où ceux...

SCÈNE III. — ELVIRE, D. JUAN, SGANARELLE, GUSMAN.

D. JUAN. Mais qu'est ceci ?

Tu ne m'avais pas dit qu'Elvire était ici ?
SGANARELLE. Savais-je que si tôt vous la verriez paraître ?
ELVIRE. Don Juan voudra-t-il encor me reconnaître ?
Et puis-je me flatter que le soin que j'ai pris ?...
D. JUAN. Madame, à dire vrai, j'en suis un peu surpris ;
Rien ne devait ici presser votre voyage.
ELVIRE. J'y viens faire, sans doute, un méchant personnage ;
Et, par ce froid accueil, je commence de voir
L'erreur où m'avait mise un trop crédule espoir.
J'admire ma faiblesse, et l'imprudence extrême
Qui m'a fait consentir à me tromper moi-même,
A démentir mes yeux sur une trahison
Où mon cœur refusait de croire ma raison.
Oui, pour vous, contre moi, ma tendresse séduite,
Quoi qu'on pût m'opposer, excusait votre fuite :
Cent soupçons, qui devaient alarmer mon amour,
Avaient beau contre vous me parler chaque jour ;
A vous justifier toujours trop favorable,
J'en rejetais la voix qui me rendait coupable ;
Et je ne regardais, dans ce trouble odieux,
Que ce qui vous peignait innocent à mes yeux.
Mais un accueil si froid et si plein de surprise
M'apprend trop ce qu'il faut que pour vous je me dise ;
Je n'ai plus à douter qu'un honteux repentir
Ne vous ait, sans rien dire, obligé de partir.
J'en veux pourtant, j'en veux, dans mon malheur extrême,
Entendre les raisons de votre bouche même.
Parlez donc ; et sachons par où j'ai mérité
Ce qu'ose contre moi votre infidélité.
D. JUAN. Si mon éloignement m'a fait croire infidèle,
J'ai mes raisons, Madame ; et voilà Sganarelle,
Qui vous dira pourquoi...
    SGANARELLE. Je le dirai ? Fort bien.
D. JUAN. Il sait...
    SGANARELLE. Moi ! s'il vous plaît, Monsieur, je ne sais rien.
ELVIRE. Eh bien ! qu'il parle ; il faut tout souffrir pour vous plaire.
D. JUAN. Allons, parle à Madame ; il ne faut point se taire.
SGANARELLE. Vous vous moquez, Monsieur.
    ELVIRE, *à Sganarelle.* Puisqu'on le veut ainsi,
Approchez, et voyons ce mystère éclairci.
Quoi ! tous deux interdits ! Est-ce là pour confondre...
D. JUAN. Tu ne répondras pas ?
    SGANARELLE. Je n'ai rien à répondre.
D. JUAN. Veux-tu parler ? te dis-je.
    SGANARELLE. Hé bien ! allons tout doux.
Madame...
ELVIRE. Quoi ?
    SGANARELLE, *à don Juan.*
Monsieur...
    D. JUAN. Redoute mon courroux.
SGANARELLE. Madame, un autre monde, avec quelque autre chose,
Comme les conquérants, Alexandre est la cause
Qui nous a fait en hâte, et sans vous dire adieu,
Décamper l'un et l'autre, et venir en ce lieu.
Voilà pour vous, Monsieur, tout ce que je puis faire.
ELVIRE. Vous plaît-il, don Juan, m'éclaircir ce mystère ?
D. JUAN. Madame, à dire vrai, pour ne pas abuser...
ELVIRE. Ah ! que vous savez peu l'art de vous déguiser !
Pour un homme de cour, qui doit, avec étude,

De feindre, de tromper, avoir pris l'habitude,
Demeurer interdit, c'est mal faire valoir
La noble effronterie où je vous devrais voir.
Que ne me jurez-vous que vous êtes le même ;
Que vous m'aimez toujours autant que je vous aime ;
Et que la seule mort, dégageant votre foi,
Rompra l'attachement que vous avez pour moi ?
Que ne me dites-vous qu'une affaire importante
A causé le départ dont j'ai pris l'épouvante ;
Que, si de son secret j'ai lieu de m'offenser,
Vous avez craint les pleurs qu'il m'aurait fait verser ;
Qu'ici d'un long séjour ne pouvant vous défendre,
Je n'ai qu'à vous quitter et vous aller attendre ;
Que vous me rejoindrez avec l'empressement
Qu'a pour ce qu'il adore un véritable amant ;
Et qu'éloigné de moi, l'ardeur qui vous enflamme
Vous rend ce qu'est un corps séparé de son âme :
Voilà par où, du moins, vous me feriez douter
D'un oubli que mes feux devraient peu redouter.

D. JUAN. Madame, puisqu'il faut parler avec franchise,
Apprenez ce qu'en vain mon trouble vous déguise.
Je ne vous dirai point que mes empressements
Vous conservent toujours les mêmes sentiments,
Et que, loin de vos yeux, ma juste impatience
Pour le plus grand des maux me fait compter l'absence :
Si j'ai pu me résoudre à fuir, à vous quitter,
Je n'ai pris ce dessein que pour vous éviter,
Non que mon cœur encor, trop touché de vos charmes,
N'ait le même penchant à vous rendre les armes ;
Mais un pressant scrupule, à qui j'ai dû céder,
M'ouvrant les yeux de l'âme a su m'intimider,
Et fait voir qu'avec vous, quelque amour qui m'engage,
Je ne puis, sans péché, demeurer davantage.
J'ai fait réflexion que, pour vous épouser,
Moi-même trop longtemps j'ai voulu m'abuser :
Que je vous ai forcée à faire au ciel l'injure
De rompre en ma faveur une sainte clôture
Où par des vœux sacrés vous aviez entrepris
De garder pour le monde un éternel mépris.
Sur ces réflexions, un repentir sincère
M'a fait appréhender la céleste colère :
J'ai cru que votre hymen trop mal autorisé,
N'était pour tous les deux qu'un crime déguisé ;
Et que je ne pouvais en éviter les peines,
Qu'en tâchant de vous rendre à vos premières chaînes
N'en doutez point : voilà, quoique avec mille ennuis,
Et pourquoi je m'éloigne, et pourquoi je vous fuis.
Par un frivole amour voudriez-vous, Madame,
Combattre les remords qui déchirent mon ame ;
Et qu'en vous retenant j'attirasse sur nous
Du ciel toujours vengeur l'implacable courroux ?

ELVIRE. Ah ! scélérat ! ton cœur, aussi lâche que traître,
Commence tout entier à se faire connaître ;
Et ce qui me confond dans tout ce que j'entends,
Je le connais enfin, lorsqu'il n'en est plus temps.
Mais sache à me tromper quand ce cœur s'étudie,
Que ta perte suivra ta noire perfidie ;
Et que ce même ciel, dont tu n'oses railler,
A me venger de toi voudra bien travailler.

SGANARELLE, (*bas.*) Se peut-il qu'il résiste, et que rien ne l'étonne? (*Haut.*) Monsieur...

D. JUAN. De fausseté je vois qu'on me soupçonne ;
Mais, Madame...

ELVIRE. Il suffit, je t'ai trop écouté:
En ouïr davantage est une lâcheté ;
Et, quoi qu'on ait à dire, il faut qu'on se surmonte,
Pour ne se faire pas trop expliquer sa honte.
Ne te figure point qu'en reproches en l'air
Mon courroux contre toi veuille ici s'exhaler;
Tout ce qu'il peut avoir d'ardeur, de violence,
Se réserve à mieux faire éclater ma vengeance.
Je te le dis encor, le ciel armé pour moi
Punira tôt ou tard ton manquement de foi ;
Et si tu ne crains point sa justice blessée,
Crains du moins la fureur d'une femme offensée.

SCÈNE IV. — D. JUAN, SGANARELLE.

SGANARELLE. Il ne dit mot, il rêve ; et les yeux sur les siens...
Hélas ! si le remords le pouvait prendre !

D. JUAN. Viens:
Il est temps d'achever l'amoureuse entreprise
Qui me livre l'objet dont mon âme est éprise.
Suis-moi.

SGANARELLE. Le détestable ! A quel maître maudit,
Malgré moi, si longtemps, mon malheur m'asservit !

ACTE DEUXIÈME.
SCÈNE I. — CHARLOTTE, PIERROT.

CHARLOTTE. Notre-dinse, Piarrot, pour les tirer de peine,
Tu t'es là rencontré bian à point.

PIERROT. Oh ! marguienne !
Sans nous, c'en était fait.

CHARLOTTE. Je le crois bian.

PIERROT. Vois-tu ?
Il ne s'en fallait pas l'époisseur d'un fétu,
Tous deux de se nayer eussiont fait la sottise.

CHARLOTTE. C'est donc l'vent d'à matin...

PIERROT. Aga, quien, sans feintise,
Je te vas tout fin drait conter par le menu
Comme, en n'y pensant pas, le hasard est venu.
Ils avaient bian besoin d'un œil comme le nôtre,
Qui les vit de tout loin ; car c'est moi, comme s'dit l'autre,
Qui les ai le premier avisés. Tanquia don,
Sur le bord de la mar bian leu prend que j'équion,
Où de tarre Gros-Jean me jetait une motte,
Tout en batifolant ; car comm' tu sais, Charlotte,
Pour v'nir batifoler, Gros-Jean ne charge qu'où ;
Et moi, par fouas aussi, je batifole itou.
En batifolant don, j'ai fait l'apercevance
D'un grouillement sugliau, sans voir la différence.
De c'qui pouvait grouiller : çà grouillait à tous coups,
Et, grouillant par secousse, allait comme envars nous.
J'étas embarrassé ; c'n'était point stratagème,
Et tout com' je te vois, je voyas çà de même,
Aussi fixiblement ; et pis tout d'un coup, quien,
Je voyas qu'après ça je ne voyas plus rien.
Hé, Gros-Jean, ç'ai-je fait, stanpendant que je sommes

A niaiser parmi nous, je pens'que vlà de zommes
Qui nagiant tout là-bas. Bon, s'm'a-t-i fait vrament,
T'auras de queuque chat vu le trépassement ;
T'as la veu'trouble. Oh bian, c'ei-je fait, t'as biau dire,
Je n'ai point la veu'trouble, et c'n'est point jeu pour rire.
C'est là de zommes. Point, s'm'a-t-i fait, c'n'en est pas,
Piarrot, t'as la barlue. Oh ! j'ai c'que tu voudras,
C'ai-je fait ; mais gageons que j'n'ai point la barlue,
Et qu'ça qu'en vôit là-bas, ç'ai-je fait, qui remue,
C'est de zommes, vois-tu, qui nageont vars ici.
Gag'que non, s'm'a-t-i fait. Oh, margué, gag'que si.
Dix sous. Oh ! s'ma-t-i fait, je le veux bian, marguienne,
Quien, mets argent su jeu, vlà le mien. Palsanguionne,
Je n'ai fait là-dessus l'étourdi, ni le fou,
J'ai bravement bouté par tarre mé dix sou,
Quatre pièce tapée, et le restant en double :
Jarnigué, je varron si j'avon la veu' trouble,
C'ai-je fait, les boutant... plus hardiment enfin
Que si j'eusse avalé queuque varre de vin ;
Car j'sis basardeux, moi : qu'en me mette en boutade,
Je vas, sans tant d'raisons, tout à la débandade.
Je savas bian pourtant c'que j'faisa d'en par là,
Queuque gniais ! Enfin don, j'non pas putôt mis, vlà
Que j'voyons tout à plain com'deu zomme à la nage
Nous faision signe ; et moi, sans rien dir'davantage,
De prendre le zenjeux. Allon, Gros-Jean, allon,
C'ai-je fait, vois-tu pas comme i nous zappelon ?
Is'vont nayer. Tant mieux, s'ma-t-il fait, je m'en gausse,
I m'ant fait pardre. A don, le tirant pa lé chausse
J'l'ai si bian sarmoné, qu'à la parfin vars eux
J'avon dans une barque avironné tou deux ;
Et pis, cahin, caha, j'on tant fait que je somme
Venus tout contre ; et pis j'les avons tiré, comme
Ils aviont quazi bu déjà pu que de jeu.
Et pis j'le zon cheu nous menés auprès du feu,
Où je l'zon vu tout nuds sécher leu zoupelande ;
Et pis, il en est v'nu deux autres de leu bande,
Qui s'équian, vois-tu bian, sauvé tout seul ; et pis
Mathurine est venue à voir leu biau zabits ;
Et pis, i liont conté qu'al n'était pas tant sotte,
Qu'al avait du malin dans l'œil ; et pis, Charlotte ;
Vl'à tout com'ç'a s'est fait, pour te l'dire en un mot.
CHARLOTTE. Et ne m'disais-tu pas qu'glien avait un, Piarrot,
Qu'était bian pu mieux fait que tretous ?

PIERROT. C'est le maître.
Queuque bian gros monsieu, dé pu gros qui puisse être ;
Car i n'a que du d'or par ilà, par ici ;
Et ceux qui le sarvont sont dé monsieus aussi.
Stanpendant, si je n'eûme été là, palsanguienne,
Il en tenait.
CHARLOTTE. Ardez un peu.

PIERROT. Jamais, marguienne,
Tout gros monsieu qu'il est, il n'en fût revenu.
CHARLOTTE. Et cheu toi, dis, Piarrot, est-il encor tout nu ?
PIERROT. Nannain : tout devant nou, qui le regardion faire
I l'avon rabillé. Monguieu, combian d'affaire !
J'n'avais vu s'habiller jamais de courtisans,
Ni leu zangingorniaux : je me pardrais dedans,
Pour le zy faire entré, comme n'en lé balotte !

J'étas tout ébobi de voir ça. Quien, Charlotte,
Quand i sont zabillés y vou zan tout à point
De grands cheveux toufus, mais qui ne tenont point
A leu tête, et pis vlà tout d'un coup qui l'y passe,
I boutont ça tout comme un bonnet de filace.
Leu chemise, qu'à voir j'étas tout étourdi,
Ant dé manche, où tou deux j'entrerions tout brandi.
En deglieu d'haut de chausse, ils ant sartaine histoire
Qui ne leu vient que là. J'auras bian de quoi boire,
Si j'avas tout l'argent dé lisets de dessu.
Glien·a tant, glien a tant, qu'en n'en saurait voir pu.
Ils n'ant jusqu'au colet qui n'va point en darrière,
Et qui leu pen devant, bâti d'une manière
Que je n'te l'saurais dire, et si j'lai vu de près.
Ils ant au bout dé bras d'autres petits colets,
Aveu des passements faits de dentale blanche,
Qui, veniant par le bout, faison le tour dé manche.

CHARLOTTE. I faut que j'aille voir, Piarrot.

PIERROT. Oh! si te plaît
J'ai queuq'chose à te dire.

CHARLOTTE. Hé bian, dis qu'esque c'est.

PIERROT. Vois-tu, Charlotte, i faut qu'aveu toi, com's'dit l'autre,
Je débonde mon cœur; il irait trop du nôtre,
Quand je somme pour être à nou deux tout de bon,
Si je n'me plaignais pas.

CHARLOTTE. Quement? Qu'esqu'iglia don?

PIERROT. Iglia que franchement tu me chagraigne l'âme.

CHARLOTTE. Et d'où vient?

PIERROT. Tatigué, tu dois être ma femme,
Et tu ne m'aimes pas.

CHARLOTTE. Ah! ah! n'est-ce que çà?

PIERROT. Non, c'n'est qu'ça; stanpendant c'est bian assez. Vian çà.

CHARLOTTE. Mongieu, toujou, Piarrot, tu m'dis la même chose.

PIERROT. Si j'te la dis toujou, c'est toi qu'en est la cause;
Et si tu me faisais queuque fouas autrement,
J'te diras autre chose.

CHARLOTTE. Appren-moi donc quement
Tu voudrais que j'te fisse.

PIERROT. Oh! je veux que tu m'aime.

CHARLOTTE. Esque je n't'aime pas?

PIERROT. Non, tu fais tout de même
Que si j'na'vion point fait no zacordaills; et si
J'nai rien à me r'procher là-dessus, Dieu marci.
Das qui passe un marcier, tout aussitôt j't'ajette
Lé pu jolis lacets qui soient dans sa banette.
Pour t'aller dénicher dé marle, j'ne sai zoù,
Tou les jours je m'azarde à me rompre le cou.
Je fais jouer pour toi lé vielleu' zà ta fête,
Et tout ça, contre un mur c'est me cogné la tête:
J'n'y gagne rien. Vois-tu? ç'a n'est ni biau ni bon,
De n'vouloir pas aimer les gens qui nou zaimon.

CHARLOTTE. Mon guieu, je t'aime aussi; de quoi te mettre en peine?

PIERROT. Oui, tu m'aimes, mais c'est d'une belle déguaine.

CHARLOTTE. Qu'es don qu'tu veux qu'en fasse?

PIERROT. Oh! je veux que tout haut
L'en fasse ce qu'en fait pour aimer comme i faut.

CHARLOTTE. J't'aime aussi comme i faut; pourquoi don qu'tu t'étonne?

PIERROT. Non, ça s'voit quand il est; et toujou zau parsonne,
Quand c'est tout d'bon qu'on aime, en leu fait en passant

M'il p'tite singerie. Hé, sis-je un innocent?
Margué, je n'veux que voir com'la grosse Thomasse
Fait au jeune Robain; al'n'tien jamais en place,
Tant al'n'est assotée; et dès qu'al'voit passer,
Al'n'attend point qui vienne, al's'en court l'agacer,
Li jett'son chapiau bas, et toujou, sans reproche,
Li fait exprès queuqu'niche, ou baille une taloche:
Et darrainment encor que su zun escabiau
Il regardait danser, al's'en fut bian et biau
Li tirer de dessous, et l'mit à la ranvarse.
Jarni, vlà c'qu'c'est qu'aimer; mais, margué, l'en me barso,
Quand dret comme un piquet j'voi qu'tu viens te parcher.
Tu n'me dis jamais mot, et j'ai biau tentincher,
En glieu de m'fair'présent d'un'bonne égratignure,
De m'bailler queuque coup, ou d'voir par aventure
Si j'sis point chatouilleux, tu te grattes les doigts;
Et t'es là toujou, comme une vrai souche d'bois.
T'es trop fraide, vois-tu: ventregué, ça me choque.

CHARLOTTE. C'est mon imeur, Piarrot, que veux-tu?

PIERROT. Tu te moque.
Quand l'en aime les gens, l'en en baille toujou
Queuq'petit' signifiance.

CHARLOTTE. Oh! cherche donc par où.
Stu penses qu'à-t'aimer queuque autre soit pu prompte,
Va l'aimer, j'te l'accorde.

PIERROT. Hé bien, vlà pas mon compte?
Tatigué, stu m'aimais, m'dirais-tu ça?

CHARLOTTE. Pourquoi
M'viens-tu tarabuster toujou l'esprit?

PIERROT. Dis-moi,
Queu mal t'fais-je à vouloir que tu m'fasses paraître
Un peu d'amiquié?

CHARLOTTE. Va, ça m'viendra peut-être,
Ne me presse point tant, et laisse faire.

PIERROT. Hé bien,
Touche donc là, Charlotte, et d'bon cœur.

CHARLOTTE. Hé bien, quien.

PIERROT. Promets que tu tâchera za m'aimer davantage.

SCÈNE II. — CHARLOTTE, PIERROT, D. JUAN, SGANARELLE.

CHARLOTTE. Est-ce là ce Monsieu?

PIERROT. Oui, le vlà.

CHARLOTTE. Queu dommage
Qu'il eût été nayé! Qu'il est genti!

PIERROT. Je vas
Boire chopeine, agieu, je ne tarderai pas.

SCÈNE III. — D. JUAN, SGANARELLE, CHARLOTTE.

D. JUAN. Il n'y faut plus penser, c'en est fait, Sganarelle:
La force entre mes bras allait mettre la belle,
Lorsque ce coup de vent, difficile à prévoir,
Renversant notre barque, a trompé mon espoir.
Si par là de mon feu l'espérance est frivole,
L'aimable paysanne aisément m'en console.
Et c'est une conquête assez pleine d'appas,
Qui dans l'occasion ne m'échappera pas.
Déjà par cent douceurs j'ai jeté dans son âme
Des dispositions à bien traiter ma flamme:
On se plaît à m'entendre, et je puis espérer
Qu'ici je n'aurai pas longtemps à soupirer.

SGANARELLE. Ah ! Monsieur, je frémis à vous entendre dire :
Quoi ! des bras de la mort, quand le ciel nous retire,
Au lieu de mériter par quelque amendement,
Les bontés qu'il répand sur nous incessamment :
Au lieu de renoncer aux folles amourettes,
Qui déjà tant de fois...Paix, coquin que vous êtes :
Monsieur sait ce qu'il fait ; et vous ne savez, vous,
Ce que vous dites.
   D. JUAN. Ah ! que vois-je auprès de nous ?
SGANARELLE. Qu'est-ce ?
   D. JUAN. Tourne les yeux, Sganarelle et condamne
La surprise où me met cette autre paysanne.
D'où sort-elle ? Peut-on rien voir de plus charmant ?
Celle-ci vaut bien l'autre, et mieux.
   SGANARELLE. Assurément.
D. JUAN. Il faut que je lui parle.
   SGANARELLE. Autre pièce nouvelle.
D. JUAN. L'agréable rencontre ! Et d'où me vient, la belle,
L'inespéré bonheur de trouver en ces lieux,
Sous cet habit rustique, un chef-d'œuvre des cieux ?
CHARLOTTE. Hé, monsieur...
   D. JUAN. Il n'est point un plus joli visage.
CHARLOTTE. Monsieu...
   D. JUAN. Demeurez-vous, ma belle, en ce village ?
CHARLOTTE. Oui, monsieu.
   D. JUAN. Votre nom ?
   CHARLOTTE. Charlotte, à vous servir.
Si j'en étais capable.
   D. JUAN. Ah ! je me sens ravir.
Qu'elle est belle ! et qu'au cœur sa vue est dangereuse !
Pour moi...
CHARLOTTE. Vous me rendez, monsieur, toute honteuse.
D. JUAN. Honteuse d'ouïr dire ici vos vérités ?
Sganarelle, as-tu vu jamais tant de beautés ?
Tournez-vous, s'il vous plaît. Que sa taille est mignonne !
Haussez un peu la tête. Ah ! l'aimable personne
Cette bouche, ces yeux !... ouvrez-les tout-à-fait.
Qu'ils sont beaux ! Et vos dents ! il n'est rien si parfait.
Ces lèvres ont surtout un vermeil que j'admire.
J'en suis charmé.
   CHARLOTTE. Monsieu, cela vous plaît à dire ;
Et je ne sais si c'est pour vous railler de moi.
D. JUAN. Me railler de vous ? Non, j'ai trop de bonne foi.
Regarde cette main plus blanche que l'ivoire ;
Sganarelle, peut-on...
   CHARLOTTE. Fi, monsieu, al est noire
Tout comme je n'sais quoi.
   D. JUAN. Laissez-la moi baiser.
CHARLOTTE. C'est trop d'honneur pour moi ; j'nos'rais vous refuser ;
Mais si j'eus su tout ça devant votre arrivée,
Exprès avec du son je m'la serais lavée.
D. JUAN. Vous n'êtes point encor mariée !
   CHARLOTTE. Oh ! non pas ;
Mais je dois bientôt l'être au fils du grand Lucas
Il se nomme Piarrot : c'est ma tante Phlipotte
Qui nous fait marier.
   D. JUAN. Quoi ! vous, belle Charlotte,
D'un simple paysan être la femme ? non :
Il vous faut autre chose ; et je crois tout de bon

Que le ciel m'a conduit exprès dans ce village
Pour rompre cet injuste et honteux mariage ;
Car enfin je vous aime, et, malgré les jaloux,
Pourvu que je vous plaise il ne tiendra qu'à vous
Qu'on ne trouve moyen de vous faire paraître
Dans l'éclat des honneurs où vous méritez d'être.
Cet amour est bien prompt, je l'avouerai ; mais, quoi ?
Vos beautés, tout d'un coup, ont triomphé de moi ;
Et je vous aime autant, Charlotte, en un quart-d'heure,
Qu'on aimerait une autre en six mois.
     CHARLOTTE. Oui ?
        D. JUAN. Je meure
S'il est rien de plus vrai.
    CHARLOTTE. Monsieu, je voudrais bien
Que ça fût tout com'ça : car vous ne m'dites rien
Qui ne m'fasse assé zaise, et j'aurais bian envie
De n'vous mécroire point ; mais j'ai toute ma vie
Entendu dire à ceux qui savon bien c'que c'est,
Qu'i n'est point de monsieu qui ne soit toujou prêt
A tromper queuque fille, à moins qu'al n'y regarde.
D. JUAN. Suis-je de ces gens-là ? non, Charlotte.
      SGANARELLE. Il n'a garde.
D. JUAN. Le temps vous fera voir comme j'en veux user.
CHARLOTTE. Aussi je n'voudrais pas me laisser abuser,
Voyez-vou : si j'sis pauvre, et native au village,
J'ai d'l'honneur, tout autant qu'on en ait à mon âge ;
Et, pour tout l'or du monde, on n'me pourrait tenter,
Si j'pensais qu'en m'aimant l'en me l'voulût ôter.
D. JUAN. Je voudrais vous l'ôter, moi ? ce soupçon m'offense.
Croyez que pour cela j'ai trop de conscience ;
Et que, si vos appas m'ont su d'abord charmer,
Ce n'est qu'en tout honneur que je vous veux aimer.
Pour vous le faire voir, apprenez que dans l'ame
J'ai formé le dessein de vous faire ma femme ;
J'en donne ma parole ; et pour vous, au besoin,
L'homme que vous voyez en sera le témoin.
CHARLOTTE. Vous m'vouriez épouser, moi ?
      D. JUAN. Cela vous étonne ?
Demandez au témoin que mon amour vous donne.
Il me connaît.
 SGANARELLE. Très fort. Ne craignez rien : allez,
Il vous épousera cent fois, si vous voulez :
J'en réponds.
   D. JUAN. Hé bien donc ! pour le prix de ma flamme
Ne consentez-vous pas à devenir ma femme.
CHARLOTTE. Il faudrait à ma tante en dire un petit mot
Pour qu'al en fût contente : al aime bien Piarrot.
D. JUAN. Je dirai ce qu'il faut, et m'en rendrai le maître.
Touchez-là seulement, pour me faire connaître
Que de votre côté vous voulez bien de moi.
CHARLOTTE. J'n'en veux que trop ; mais vous ?
      D. JUAN. Je vous donne ma foi,
Et deux petits baisers vont vous servir de gage.

SCÈNE IV. — D. JUAN, CHARLOTTE, PIERROT, *dans le fond* ; SGANARELLE.

 CHARLOTTE. Oh, monsieu ! attendez qu'j'ons fait le mariage ;
Après ça, voyez-vous, je vous baiserai tant
Que vous n'erez qu'à dire.
    D. JUAN. Ah ! me voilà content.

Tout ce que vous voulez, je le veux pour vous plaire ;
Donnez-moi seulement votre main ?
CHARLOTTE. Pourquoi faire?
D. JUAN. Il faut que cent baisers vous marquent l'intérêt...
PIERROT, s'approchant.
Tout doucement, Monsieu, tenez-vous, s'il vous plaît;
Vous pourriez, v's'échauffant, gagner la purésie.
D. JUAN. D'où cet impertinent nous vient-il?
PIERROT. Oh ! jarnie,
J'vous dis qu'on vous tegnai, et qui n'est pas besoin
Qu'ou vegniais courtiser nos femmes de si loin.
D. JUAN, le poussant. Ah ! que bruit !
PIERROT. Morgué! je n'nou zémouvons guère
Pour cé pousseu de gens.
CHARLOTTE. Piarrot, laisse-le faire.
PIERROT. Quement? que j'l'laisse faire? et je ne l'veux pas, moi.
D. JUAN. Ah !
PIERROT. Parc'qu'il est monsieu, i s'en viendra, je croi,
Caresser à not' barbe ici nos zaccordées.
Pargué! j'en sis d'avis, que j'vous l'zayon gardées.
Allez-v's'en caresser lé vôtres.
D. JUAN, lui donnant plusieurs soufffets.
Hé?
PIERROT. Eh! margué.
N'vous avisé pas trop de m'frapper : jarnigué!
Ventregué! tatigué! voyez un peu la chance
D'venir battre les gens! c'n'est pas la récompense
D'vous être allé tantôt sauvé d'être nayé.
J'vous devions laisser boire. Il est bien employé.
CHARLOTTE. Va, ne te fâche point, Piarrot.
PIERROT. Oh! palsanguienne!
I m'plaît de me fâcher ; et t'es une vilaine
D'endurer qu'en t'cageole.
CHARLOTTE. Il me veut épouser,
Et tu n'te devrais pas si fort colériser.
C'n'est pas c'qu'tu penses da.
PIERROT. Jarni, tu m'es promise.
CHARLOTTE. Ça n'y fait rian, Piarrot, tu n'mas pas encor prise.
S'tu m'aimes comme i faut, s'ras-tu pas tout joyeux
De m'voir madame?
PIERROT. Non, j'aimerais cent fois mieux
Te voir crever, qu'non pas qu'un autre t'eût. Marguienne...
CHARLOTTE. Laiss'moi que je la sois, et n'te met point en peine :
Je te ferais cheux nous apporter des œufs frais,
Du beurre...
PIERROT. Palsanguié! je gnien port'rai jamais
Quand tu m'en f'rais payer deux fois autant. Acoute :
C'est donc com'ça q'tu fais? si j'en eusse eu queuq'doute
Je m's'ras bien empêché de le tirer de gliau,
Et j' gli aurais baillé putôt un chinfreneau
D'un bon coup d'aviron sur la tête.
D. JUAN. Hé?
PIERROT, s'éloignant. Parsonne
M'me fait peur.
D. JUAN. Attendez, j'aime assez qu'on raisonne.
PIERROT, s'éloignant toujours.
Je m'gobarg' de tout, moi.
D. JUAN. Voyons un peu cela
PIERROT. J'en avon bien vu d'autre.

D. JUAN. Houaïs !
SGANARELLE. Monsieur, laissez là
Ce pauvre diable : à quoi peut servir de le battre ?
Vous voyez bien qu'il est obstiné comme quatre.
Va, mon pauvre garçon, va-t-en, retire-toi,
Et ne lui dis plus rien.
PIERROT. Et j'li veux dire moi.
D. JUAN, *donnant un soufflet à Sganarelle, croyant le donner à Pierrot, qui se baisse.*
Ah ! je vous apprendrai...
SGANARELLE. Peste soit du maroufle !
D. JUAN. Voilà ta charité.
PIERROT. Je m'ris d'queuq'vent qui soufle,
Et j'm'en vas à ta tante en lâcher quatre mots ;
Laisse faire. (*Il s'en va.*)
SCÈNE V. — D. JUAN, CHARLOTTE, SGANARELLE.
D. JUAN. A la fin il nous laisse en repos,
Et je puis à la joie abandonner mon ame.
Que de ravissements quand vous serez ma femme !
Sera-t-il un bonheur égal au mien ?
SCÈNE VI. — CHARLOTTE, D. JUAN, MATHURINE, SGANARELLE.
SGANARELLE, *voyant Mathurine.* Ah ! ah !
Voici l'autre.
MATHURINE. Monsieur, qu'es don qu'ou faites là ?
Esqu'ou parlez d'amour à Charlotte ?
D. JUAN, *à Mathurine.* Au contraire ;
C'est qu'elle m'aime, et moi, comme je suis sincère,
Je lui dis que déjà vous possédez mon cœur.
CHARLOTTE. Qu'es-donc que vous veut là Mathurine ?
D. JUAN, *à Charlotte.* Elle a peur
Que je ne vous épouse ; et je viens de lui dire
Que je vous l'ai promis.
MATHURINE. Quoi ! Charlotte, es'pour rire ?
D. JUAN, *à Mathurine.* Tout ce que vous direz ne servira de rien :
Elle me veut aimer.
CHARLOTTE. Mathurine, est-il bien
D'empêcher que Monsieur...
D. JUAN, *à Charlotte.* Vous voyez qu'elle enrage.
MATHURINE. Oh ! je n'empêche rien ; il m'a déjà...
D. JUAN, *à Charlotte.* Je gage
Qu'elle vous soutiendra qu'elle a reçu ma foi.
CHARLOTTE. Je n'pensais pas...
D. JUAN, *à Mathurine.* Gageons qu'elle dira de moi
Que j'aurai fait serment de la prendre pour femme.
MATHURINE. Vous v'nez un peu trop tard.
CHARLOTTE. Vous le dites.
MATHURINE. Tredame !
Pour me disputer ?
CHARLOTTE. Pisq'monsieur me veut du bien.
MATHURINE. C'est moi qu'i veut putôt.
CHARLOTTE. Oh ! pourtant j'n'en crois rien.
MATHURINE. Il m'a vu la première, et m'l'a dit : qu'i réponde.
CHARLOTTE. Si v's'a vu la première, il m'a vu la seconde,
Et m'veut épouser.
MATHURINE. Bon !...
D. JUAN, *à Mathurine.* Hé ! que vous ai-je dit ?
MATHURINE. C'est moi qu'il épous'ra. Voyez le bel esprit !
D. JUAN, *à Charlotte.* N'ai-je pas deviné ? La folle ! je l'admire !
CHARLOTTE. Si j'n'avons pas raison, le v'là qu'est pour le dire :

Il sait notre querelle.

MATHURINE. Oui, pisqui sait qu'en est,
Qu'i nous juge.

CHARLOTTE. Monsieu, jugé nous, si vous plaît :
Laquelle est parmi nous...

MATHURINE. Gageon q'c'est moi qu'il aime ?
Vous alléz voir.

CHARLOTTE. Tant mieux : vous zallez voir vous-même.

MATHURINE. Dites.

CHARLOTTE. Parlez.

D. JUAN. Comment? est-ce pour vous moquer ?
Quel besoin avez-vous de me faire expliquer ?
A l'une de vous deux j'ai promis mariage ;
J'en demeure d'accord : en faut-il davantage ?
Et chacune de vous, dans un débat si prompt,
Ne sait-elle pas bien comme les choses vont ?
Celle à qui je me suis engagé doit peu craindre
Ce que, pour l'étonner, l'autre s'obstine à feindre ;
Et tous ces vains propos ne sont qu'à mépriser,
Pourvu que je sois prêt toujours à l'épouser.
Qui va de bonne foi hait les discours frivoles ;
J'ai promis des effets, laissons là les paroles.
C'est par eux que je songe à vous mettre d'accord ;
Et l'on saura bientôt qui de vous deux a tort,
Puisqu'en me mariant je dois faire connaître
Pour laquelle l'amour dans mon cœur a su naître.
(A Mathurine.) Laissez-la se flatter, je n'adore que vous ;
(A Charlotte.) Ne la détrompez point, je serai votre époux.
(A Mathurine.) Il n'est charmes si vifs que n'effacent les vôtres.
(A Charlotte.) Quand on a vu vos yeux, on n'en peut souffrir d'autres.
Une affaire me presse, et je cours l'achever ;
Adieu : dans un moment je viens vous retrouver.

SCÈNE VII. — MATHURINE, CHARLOTTE, SGANARELLE.

CHARLOTTE. C'est moi qui li plaît mieux, au moins.

MATHURINE. Pourtant je pense
Que je l'épuseron.

SGANARELLE. Je plains votre innocence,
Pauvres jeunes brebis, qui, pour trop croire un fou,
Vous-mêmes vous jetez dans la gueule du loup !
Croyez-moi toutes deux, ne soyez pas si promptes
A vous laisser ainsi duper par de beaux contes.
Songez à vos oisons, c'est le plus assuré.

SCÈNE VIII. — D. JUAN, MATHURINE, CHARLOTTE, SGANARELLE.

D. JUAN, *dans le fond du théâtre.*
D'où vient que Sganarelle est ici demeuré ?

SGANARELLE. Mon maître n'est qu'un fourbe, et tout ce qu'il débite :
Fadaise ; il ne promet que pour aller plus vite.
Parlant de mariage, il cherche à vous tromper.
Il en épouse autant qu'il en peut attraper ;
Et...

(Apercevant don Juan qui l'écoute.)
Cela n'est pas vrai : si l'on vient vous le dire,
Répondez hardiment qu'on se plaît à médire ;
Que mon maître n'est fourbe en aucune action,
Qu'il n'épouse jamais qu'à bonne intention,
Qu'il n'abuse personne, et que s'il dit qu'il aime...
Ah ! tenez, le voilà ; sachez-le de lui-même.

D. JUAN, *à Sganarelle.* Oui !

SGANARELLE. Le monde est si plein, Monsieur, de médisants

Que, comme on parle mal surtout des courtisans,
Je leur faisais entendre à toutes deux, pour cause
Que, si quelqu'un de vous leur disait quelque chose
Il fallait n'en rien croire ; et que de suborneur...
D. JUAN. Sganarelle !...
SGANARELLE. Oui, mon maître est un homme d'honneur.
Je le garantis tel.
D. JUAN. Hon !
SGANARELLE. Ce seront des bêtes,
Ceux qui tiendront de lui des discours malhonnêtes.

SCÈNE IX. — D. JUAN, LA RAMÉE, CHARLOTTE, MATHURINE, SGANARELLE.

LA RAMÉE, *à don Juan.*
Je viens vous avertir, Monsieur, qu'ici pour vous
Il ne fait pas fort bon.
SGANARELLE. Ah ! Monsieur, sauvons-nous.
D. JUAN, *à la Ramée.*
Qu'est-ce ?
LA RAMÉE. Dans un moment doivent ici descendre
Douze hommes à cheval commandés pour vous prendre ;
Ils ont dépeint vos traits à ceux qui me l'ont dit.
Songez à vous.

SCÈNE X. — D. JUAN, SGANARELLE, CHARLOTTE, MATHURINE.

SGANARELLE. Pourquoi s'aller perdre à crédit ?
Tirons-nous promptement, Monsieur.
D. JUAN. Adieu, les belles ;
Celles que j'aime aura demain de mes nouvelles.
MATHURINE, *s'en allant.* C'est à moi qu'i promet, Charlotte.
CHARLOTTE, *s'en allant.* Oh ! c'est à moi.

SCÈNE XI. — D. JUAN, SGANARELLE.

DON JUAN. Il faut céder : la force est une étrange loi.
Viens ; pour ne risquer rien, usons de stratagème ;
Tu prendras mes habits.
SGANARELLE. Moi, Monsieur ?
D. JUAN. Oui, toi-même.
SGANARELLE. Monsieur, vous vous moquez. Comment ! sous vos habits,
M'aller faire tuer !
D. JUAN. Tu mets la chose au pis ?
Mais dis-moi, lâche, dis, quand cela devrait être,
N'est-on pas glorieux de mourir pour son maître ?
SGANARELLE. Serviteur à la gloire.

SCÈNE XII. — SGANARELLE.

O ciel ! fais qu'aujourd'hui
Sganarelle, en fuyant, ne soit pas pris pour lui.

ACTE TROISIÈME.

SCÈNE I. — D. JUAN, SGANARELLE, *habillé en médecin.*

SGANARELLE. Avouez qu'au besoin j'ai l'imaginative
Aussi prompte d'aller que personne qui vive.
Votre premier dessein n'était point à propos.
Sous ce déguisement, j'ai l'esprit en repos.
Après tout, ces habits nous cachent l'un et l'autre
Beaucoup mieux qu'on n'eût pu me cacher sous le vôtre ;
J'en regardais le risque avec quelque souci ;
Tout franc, il me choquait.
D. JUAN. Te voilà bien ainsi.
Où diable as-tu donc pris ce grotesque équipage ?

SGANARELLE. Il vient d'un médecin qui l'avait mis en gage :
Quoique vieux, j'ai donné de l'argent pour l'avoir ;
Mais, Monsieur, savez-vous quel en est le pouvoir ?
Il me fait saluer des gens que je rencontre,
Et passer pour docteur partout où je me montre :
Ainsi qu'un habile homme on me vient consulter.
D. JUAN. Comment donc?
SGANARELLE. Mon savoir va bientôt éclater.
Déjà six paysans, autant de paysannes,
Accoutumés sans doute à parler à des ânes,
M'ont, sur différents maux, demandé mon avis.
D. JUAN. Et qu'as-tu répondu ?
SGANARELLE. Moi ?
D. JUAN. Tu t'es trouvé pris.
SGANARELLE. Pas trop. Sans m'étonner, de l'habit que je porte
J'ai soutenu l'honneur, et raisonné de sorte
Que, sur mon ordonnance, aucun d'eux n'a douté
Qu'il n'eût entre les mains un trésor de santé.
D. JUAN. Et comment as-tu pu bâtir tes ordonnances ?
SGANARELLE. Ma foi ! j'ai ramassé beaucoup d'impertinences,
Mélé casse, opium, rhubarbe, et cœtera,
Tout par drachme ; et le mal aille comme il pourra,
Que m'importe ?
D. JUAN. Fort bien. Ce que tu viens de dire
Me réjouit.
SGANARELLE. Et si, pour vous faire mieux rire,
Par hasard (car enfin, quelquefois, que sait-on) ?
Mes malades venaient à guérir ?
D. JUAN. Pourquoi non ?
Les autres médecins, que les sages méprisent,
Dupent-ils moins que toi dans tout ce qu'ils nous disent ?
Et, pour quelques grands mots que nous n'entendons pas,
Ont-ils aux guérisons plus de part que tu n'as ?
Crois-moi, tu peux comme eux, quoi qu'on s'en persuade,
Profiter, s'ils avaient du bonheur du malade,
Et voir attribuer au seul pouvoir de l'art
Ce qu'avec la nature aura fait le hasard...
SGANARELLE. Oh ! jusqu'où vous poussez votre humeur libertine !
Je ne vous croyais pas impie en médecine.
D. JUAN. Il n'est pas parmi nous d'erreur plus grande.
SGANARELLE. Quoi
Pour un art tout divin vous n'avez point de foi !
La casse, le séné, ni le vin émétique...
D. JUAN. La peste soit le fou !
SGANARELLE. Vous êtes hérétique,
Monsieur. Songez-vous bien quel bruit, depuis un temps,
Fait le vin émétique ?
D. JUAN. Oui, pour certaines gens.
SGANARELLE. Ses miracles partout ont vaincu les scrupules :
Leur force a converti jusqu'aux plus incrédules :
Et, sans aller plus loin, moi qui vous parle, moi,
J'en ai vu des effets si surprenants...
D. JUAN. En quoi ?
SGANARELLE. Tout peut être nié, si sa vertu se nie.
Depuis six jours un homme était à l'agonie,
Les plus experts docteurs n'y connaissaient plus rien ;
Il avait mis à bout la médecine.
D. JUAN. Hé bien !
SGANARELLE. Recours à l'émétique : il en prend pour leur plaire ;

Soudain...
  D. JUAN. Le grand miracle! il réchappe?
                    SGANARELLE. Au contraire,
Il en meurt.
  D. JUAN. Merveilleux moyen de le guérir!
SGANARELLE. Comment! depuis six jours il ne pouvait mourir;
Et, dès qu'il en a pris, le voilà qui trépasse:
Vit-on jamais remède avoir plus d'efficace?
D. JUAN. Tu raisonnes fort juste.
          SGANARELLE. Il est vrai, cet habit
Sur le raisonnement m'inspire de l'esprit;
Et si, sur certains points où je voudrais vous mettre,
La dispute...
      D. JUAN. Une fois je veux te la permettre.
SGANARELLE. Errez en médecine autant qu'il vous plaira,
La seule Faculté s'en scandalisera.
Mais sur le reste, là, que le cœur se déploie.
Que croyez-vous?
      D. JUAN. Je crois ce qu'il faut que je croie.
SGANARELLE. Bon ; parlons doucement et sans nous échauffer.
Le ciel...
  D. JUAN. Laissons cela.
          SGANARELLE. C'est fort bien dit. L'enfer..
D. JUAN. Laissons cela, te dis-je.
          SGANARELLE. Il n'est pas nécessaire
De vous expliquer mieux ; votre réponse est claire.
Malheur si l'esprit fort s'y trouvait oublié!
Voilà ce que vous sert d'avoir étudié;
Temps perdu. Quant à moi, personne ne peut dire
Que l'ont m'ait rien appris : je sais à peine lire,
Et j'ai de l'ignorance à fond; mais, franchement,
Avec mon petit sens, mon petit jugement,
Je vois, je comprends mieux ce que je dois comprendre;
Que vos livres jamais ne pourraient me l'apprendre.
Ce monde où je me trouve, et ce soleil qui luit,
Sont-ce des champignons venus en une nuit?
Se sont-ils faits tout seuls? Cette masse de pierre
Qui s'élève en rochers, ces arbres, cette terre,
Ce ciel planté là-haut; est-ce que tout cela
S'est bâti de soi-même? Et vous, seriez-vous là
Sans votre père, à qui le sien fut nécessaire
Pour devenir le vôtre? Ainsi, de père en père,
Allant jusqu'au premier, qui veut-on qui l'ai fait,
Ce premier? Et dans l'homme, ouvrage si parfait,
Tous ces os agencés l'un dans l'autre, cette ame,
Ces veines, ce poumon, ce cœur, ce foie... Oh! dame,
Parlez à votre tour, comme les autres font;
Je ne puis disputer si l'on ne m'interrompt.
Vous vous taisez exprès, et c'est belle malice.
D. JUAN. Ton raisonnement charme, et j'attends qu'il finisse.
SGANARELLE. Mon raisonnement est, Monsieur, quoi qu'il en soit,
Que l'homme est admirable en tout, et qu'on y voit
Certains ingrédients que, plus ou les contemple,
Moins on peut expliquer... D'où vient que... Par exemple,
N'est-il pas merveilleux que je sois ici, moi,
Et qu'en la tête, là, j'aie un je ne sais quoi,
Qui fait qu'en un moment, sans en savoir les causes,
Je pense, s'il le faut, cent différentes choses,
Et ne me mêle point d'ajuster les ressorts

Que ce je ne sais quoi fait mouvoir dans mon corps?

SCÈNE II. — LÉONOR, *dans le fond;* D. JUAN, SGANARELLE.

SGANARELLE, *continuant.*
Je veux lever un doigt, deux, trois, la main entière,
Aller à droite, à gauche, en avant, en arrière...
DON JUAN, *apercevant Léonor dans le fond du théâtre.*
Ah! Sganarelle, vois. Peut-on, sans s'étonner...
SGANARELLE. Voilà ce qu'il vous faut, Monsieur, pour raisonner.
Vous n'êtes point muet, en voyant une belle.
D. JUAN. Celle-ci me ravit.
SGANARELLE. Vraiment!
D. JUAN. Que cherche-t-elle?
SGANARELLE. Vous devriez déjà l'être allé demander.
D. JUAN, *à Léonor.* Quel bien plus grand le ciel pouvait-il m'accorder?
Présenter à mes yeux dans un lieu si sauvage,
La plus belle personne...
LÉONOR. Oh! point, Monsieur.
D. JUAN. Je gage
Que vous n'avez encor que quatorze ans au plus.
SGANARELLE, *bas à don Juan.*
C'est comme il vous les faut.
LÉONOR. Quatorze ans? Je les eus
Le dernier de juillet.
SGANARELLE, *à part.* O ma pauvre innocente!
D. JUAN. Mais que cherchez-vous là?
LÉONOR. Des herbes pour ma tante,
C'est pour faire un remède; elle en prend très souvent.
D. JUAN. Veut-elle consulter un homme fort savant?
Monsieur est médecin.
LÉONOR. Ce serait là sa joie.
SGANARELLE, *d'un ton grave.*
Où son mal lui tient-il? est-ce à la rate, au foie?
LÉONOR. Sur les arbres assise, elle prend l'air là-bas;
Allons le savoir d'elle.
D. JUAN. Hé! ne nous pressons pas.
(*A Sganarelle.*) Qu'elle est propre à causer une flamme amoureuse!
LÉONOR. Il faudra que je sois pourtant religieuse.
D. JUAN. Ah! quel meurtre! Et d'où vient? Est-ce que vous avez
Tant de vocation...
LÉONOR. Pas trop; mais vous savez
Qu'on menace une fille; et qu'il faut, sans murmure...
D. JUAN. C'est cela qui vous tient?
LÉONOR. Et puis, ma tante assure
Que je ne suis point propre au mariage.
D. JUAN. Vous?
Elle se moque; allez, faites choix d'un époux.
Je vous garantis, moi, s'il faut que j'en réponde,
Propre à vous marier plus que fille du monde.
Monsieur le médecin s'y connaît; et je veux
Que lui-même...
SGANARELLE, *lui tâtant le pouls.*
Voyons. Le cas n'est point douteux,
Mariez-vous; il faut vous mettre deux ensemble,
Sinon il vous viendra mal-encombre.
LÉONOR. Ah! je tremble.
Et quel mal est-ce là que vous nommez?
SGANARELLE. Un mal
Qui consume en six mois l'humide radical.

Mal terrible, astringent, vaporeux.
LÉONOR. Je suis morte.
SGANARELLE. Mal, surtout, qui s'augmente au couvent.
LÉONOR. Il n'importe.
On ne laissera pas de m'y mettre.
D. JUAN. Et pourquoi?
LÉONOR. A cause de ma sœur qu'on aime plus que moi :
On la mariera mieux, quand on n'aura plus qu'elle.
D. JUAN. Vous êtes pour cela trop aimable et trop belle.
Non, je ne puis souffrir cet excès de rigueur;
Et, dès demain, pour faire enrager votre sœur,
Je veux vous épouser : en serez-vous contente ?
LÉONOR. Hé! mon dieu ! n'allez pas en rien dire à ma tante.
Sitôt que du couvent elle voit que je ris,
Deux soufflets me sont sûrs : et ce serait bien pis
Si vous alliez pour moi parler de mariage.
D. JUAN. Hé bien ! marions-nous en secret : je m'engage,
Puisqu'elle vous maltraite, à vous mettre en état
De ne rien craindre d'elle.
SGANARELLE. Et par un bon contrat;
Ce n'est point à demi que Monsieur fait les choses.
D. JUAN. J'avais pour fuir l'hymen d'assez pressantes causes;
Mais, pour vous faire entrer au couvent malgré vous
Savoir qu'à la menace on ajoute les coups,
C'est un acte inhumain, dont je me rends coupable
Si je ne vous épouse.
SGANARELLE. Il est fort charitable;
Voyez ! se marier, pour vous ôter l'ennui
D'être religieuse ! Attendez tout de lui.
LÉONOR. Si j'osais m'assurer...
SGANARELLE. C'est une bagatelle,
Que ce qu'il vous promet. Sa bonté naturelle
Va si loin qu'il est prêt, pour faire trêve aux coups,
D'épouser, s'il le faut, votre tante avec vous.
LÉONOR. Ah ! qu'il n'en fasse rien ; elle est si dégoûtante...
Mais moi, suis-je assez belle...
D. JUAN. Ah ciel ! toute charmante,
Quelle douceur pour moi de vivre sous vos lois !
Non, ce qui fait l'hymen n'est point de notre choix,
J'en suis trop convaincu ; je vous connais à peine,
Et tout-à-coup je cède à l'amour qui m'entraîne.
LÉONOR. Je voudrais qu'il fût vrai; car ma tante, et la peur
Que me fait le couvent...
D. JUAN. Ah ! connaissez mon cœur.
Voulez-vous que ma foi, pour preuve indubitable,
Vous fasse le serment le plus épouvantable?
Que le ciel...
LÉONOR. Je vous crois, ne jurez point.
D. JUAN. Hé bien ?
LÉONOR. Mais, pour nous marier sans que l'on en sût rien,
Si la chose pressait, comment faudrait-il faire.
D. JUAN. Il faudrait avec moi venir chez un notaire,
Signer le mariage ; et, quand tout serait fait,
Nous laisserions gronder votre tante.
SGANARELLE. En effet,
Quand une chose est faite, elle n'est pas à faire.
LÉONOR. Oh ! ma tante et ma sœur seront bien en colère ;
Car j'aurai, pour ma part, plus de vingt mille écus,
Bien des gens me l'ont dit.

D. JUAN. Vous me rendez confus,
Pensez-vous que ce soit votre bien qui m'engage?
Ce sont les agréments de ce charmant visage,
Cette bouche, ces yeux ; enfin, soyez à moi,
Et je renonce au reste.
SGANARELLE. Il est de bonne foi.
Vos écus sont pour lui des beautés peu touchantes.
LÉONOR. J'ai dans le bourg voisin une de mes parentes
Qui veut qu'on me marie, et qui m'a toujours dit
Que, si quelqu'un m'aimait...
D. JUAN. C'est avoir de l'esprit.
LÉONOR. Elle enverrait chercher de bon cœur le notaire.
Si nous allions chez elle ?
D. JUAN. Hé bien ! il le faut faire.
Me voilà prêt, allons.
LÉONOR. Mais quoi ! seule avec vous ?
D. JUAN. Venir avecque moi, c'est suivre votre époux.
Est-ce un scrupule à faire, après la foi promise ?
LÉONOR. Pas trop, mais j'ai toujours...
D. JUAN. Vous verrez ma franchise.
LÉONOR. Du moins...

SCÈNE III. — THÉRÈSE, LÉONOR, D. JUAN, SGANARELLE.

D. JUAN. Par où faut-il vous mener ?
LÉONOR. Par ici.
Mais quel malheur !
D. JUAN. Comment ?
LÉONOR. Ma tante que voici...
D. JUAN, à part. Le fâcheux contretemps ! qui diable nous l'amène ?
SGANARELLE, à part. Ma foi ! c'en était fait sans cela.
D. JUAN. Quelle peine !
LÉONOR. Sans rien dire venez m'attendre ici ce soir ;
Je m'y rendrai.
THÉRÈSE, à Léonor. Vraiment ! j'aime assez à vous voir,
Impudente ! il vous faut parler avec des hommes !
SGANARELLE, à Thérèse.
Vous ne savez pas bien, Madame, qui nous sommes.
LÉONOR. Est-ce faire du mal, quand c'est à bonne fin ?
Ce Monsieur-là m'a dit qu'il était médecin ;
Et je lui demandais si, pour guérir votre asthme,
Il ne savait pas...
SGANARELLE. Oui, j'ai certain cataplasme,
Qui, posé lorsqu'on tombe en suffocation,
Facilite aussitôt la respiration.
THÉRÈSE. Hé mon Dieu ! là-dessus j'ai vu les plus habiles ;
Leurs remèdes me sont remèdes inutiles.
SGANARELLE. Je le crois. La plupart des plus grands médecins
Ne sont bons qu'à venir visiter des bassins ;
Mais pour moi, qui vais droit au souverain dictame,
Je guéris de tous maux ; et je voudrais, Madame,
Que votre asthme vous tînt du haut jusques au bas ;
Trois jours mon cataplasme, il n'y paraîtrait pas.
THÉRÈSE. Hélas ! que vous feriez une admirable cure !
SGANARELLE. Je parle hardiment, mais ma parole est sûre.
Demandez à Monsieur. Outre l'asthme, il avait
Un bolus au côté, qui toujours s'élevait.
Du diaphragme impur l'humeur trop réunie
Le mettait tous les ans dix fois à l'agonie :
En huit jours je vous ai balayé tout cela,

Nettoyé l'impur, et... Regardez, le voilà
Aussi frais, aussi plein de vigueur énergique,
Que s'il n'avait jamais eu tache d'asthmatique.
THÉRÈSE. Son teint est frais, sans doute, et d'un vif éclatant.
SGANARELLE. Çà, voyons votre pouls. Il est intermittent;
La palpitation du poumon s'y dénote.
THÉRÈSE. Quelquefois...
   SGANARELLE. Votre langue. Elle n'est pas tant sotte.
En dessous, levez-la. L'asthme y paraît marqué.
Ah! si mon cataplasme était vite appliqué...
THÉRÈSE. Où donc l'applique-t-on?
SGANARELLE, *lui parlant avec action, pour l'empêcher de voir*
 que Don Juan entretient tout bas Léonor.
     Tout droit sur la partie
Où la force de l'asthme est la plus départie.
Comme l'obstruction se fait de ce côté,
Il faut, autant qu'on peut, la mettre en liberté ;
Car, selon que d'abord la chaleur restringente
A pu se ramasser, la partie est souffrante,
Et laisse à respirer le conduit plus étroit :
Or, est-il que le chaud ne vient jamais du froid.
Par conséquent, sitôt que dans une famille
Vous voyez que le mal prend cours...
   THÉRÈSE, *à Léonor*. Petite-fille,
Passez de ce côté.
SGANARELLE, *continuant*. Ne différez jamais.
D. JUAN, *bas à Léonor*. Vous viendrez donc ce soir?
    LÉONOR. Oui, je vous le promets.
SGANARELLE. A vous cataplasmer commencez de bonne heure.
En quel lieu faites-vous ici votre demeure?
THÉRÈSE. Vous voyez ma maison.
SGANARELLE, *tirant sa tabatière*. Dans trois heures d'ici,
Prenez dans un œuf frais de cette poudre-ci ;
Et du reste du jour ne parlez à personne.
Voilà, jusqu'à demain, ce que je vous ordonne :
Je ne manquerai pas à me rendre chez vous.
THÉRÈSE. Venez : vous faites seul mon espoir le plus doux.
Allons, petite-fille, aidez-moi.
   LÉONOR. Ça, ma tante.

SCÈNE IV. — D. JUAN, SGANARELLE.

SGANARELLE. Qu'en dites-vous, Monsieur?
    D. JUAN. La rencontre est plaisante !
SGANARELLE. M'érigeant en docteur, j'ai là, fort à propos,
Pour amuser la tante, étalé de grands mots!
D. JUAN. Où diable as-tu pêché ce jargon ?
    SGANARELLE. Laissez faire ;
J'ai servi quelque temps chez un apothicaire :
S'il faut jaser encor, je suis médecin né.
Mais, ce tabac en poudre à la vieille donné ?
D. JUAN. Sa nièce est fort aimable, et doit ici se rendre,
Quand le jour...
   SGANARELLE. Quoi! Monsieur, vous l'y viendrez attendre?
D. JUAN. Oui sans doute.
   SGANARELLE. Et de là, vous l'épouseur banal,
Vous irez lui passer un écrit nuptial?
D. JUAN. Souffrir, faute d'un mot, qu'elle échappe à ma flamme.
SGANARELLE. Quel diable de métier ! toujours femme sur femme?
D. JUAN. En vain pour moi ton zèle y voit de l'embarras ;

CORNEILLE.

Les femmes n'en font point.
SGANARELLE. Je ne vous comprends pas ;
Mille gens, dont je vois partout qu'on se contente,
En ont souvent trop d'une, et vous en prenez trente !
D. JUAN. Je ne me pique pas aussi de les garder ;
Le grand nombre, en ce cas, pourrait m'incommoder.
SGANARELLE. Pourquoi ? Vous en feriez un sérail. Mais je tremble !
Quel cliquetis, Monsieur ! Ah !
D. JUAN. Trois hommes ensemble
En attaquent un seul ! Il faut le secourir.

SCÈNE V. — SGANARELLE.

Voilà l'humeur de l'homme. Où s'en va-t-il courir ?
S'aller faire échiner, sans qu'il soit nécessaire !
Quels grands coups il alonge ! Il faut le laisser faire.
Le plus sûr cependant est de m'aller cacher ;
S'il a besoin de moi, qu'il vienne me chercher.

SCÈNE VI. — D. CARLOS, D. JUAN.

D. CARLOS. Ces voleurs, par leur fuite, ont fait assez connaître
Qu'où votre bras se montre on n'ose plus paraître ;
Et je ne puis nier qu'à cet heureux secours,
Si je respire encor, je ne doive mes jours :
Ainsi, Monsieur, souffrez que pour vous rendre grâce...
D. JUAN. J'ai fait ce que vous-même auriez fait en ma place ;
Et prendre ce parti contre leur lâcheté
Était plutôt devoir que générosité.
Mais, d'où vous êtes-vous attiré leur poursuite ?
D. CARLOS. Je m'étais par malheur, écarté de ma suite :
Ils m'ont rencontré seul, et mon cheval tué
A leur infâme audace a fort contribué.
Sans vous, j'étais perdu.
D. JUAN. Vous allez à la ville !
D. CARLOS. Non ; certains intérêts...
D. JUAN. Vous peut-on être utile ?
D. CARLOS. Cette offre met le comble à ce que je vous doi.
Une affaire d'honneur, très sensible pour moi,
M'oblige dans ces lieux à tenir la campagne.
D. JUAN. Je suis à vous ; souffrez que je vous accompagne.
Mais puis-je demander, sans me rendre indiscret,
Quel outrage reçu...
D. CARLOS. Ce n'est plus un secret ;
Et je ne dois songer, dans le bruit de l'offense,
Qu'à faire promptement éclater ma vengeance.
Une sœur, qu'au couvent j'avais fait élever,
Depuis quatre ou cinq jours s'est laissée enlever !
Un don Juan Giron est l'auteur de l'injure :
Il a pris cette route, au moins on m'en assure,
Et je viens l'y chercher, sur ce que j'en ai su.
D. JUAN. Et le connaissez-vous ?
D. CARLOS. Je ne l'ai jamais vu ;
Mais j'amène avec moi des gens qui le connaissent ;
Et par ses actions, telles qu'elles paraissent,
Je crois, sans passion, qu'il peut être permis...
D. JUAN. N'en dites point de mal, il est de mes amis.
D. CARLOS. Après un tel aveu, j'aurais tort d'en rien dire ;
Mais lorsque mon honneur à la vengeance aspire,
Malgré cette amitié, j'ose espérer de vous...
D. JUAN. Je sais ce que se doit un si juste courroux ;
Et, pour vous épargner des peines inutiles,

Quels que soient vos desseins, je les rendrai faciles.
Si d'aimer don Juan je ne puis m'empêcher,
C'est sans avoir servi jamais à le cacher :
D'un enlèvement fait avecque trop d'audace,
Vous demandez raison, il faut qu'il vous la fasse.

D. CARLOS. Et comment me la faire?

D. JUAN. Il est homme de cœur :
Vous pouvez là-dessus consulter votre honneur ;
Pour se battre avec vous, quand vous aurez su prendre
Le lieu, l'heure et le jour, il viendra vous attendre.
Vous répondre de lui, c'est vous en dire assez.

D. CARLOS. Cette assurance est douce à des cœurs offensés :
Mais je vous avouerai que, vous devant la vie,
Je ne puis, sans douleur, vous voir de la partie

D. JUAN. Une telle amitié nous a joints jusqu'ici,
Que, s'il se bat, il faut que je me batte aussi :
Notre union le veut.

D. CARLOS. Et c'est dont je soupire.
Faut-il, quand je vous dois le jour que je respire,
Que j'aie à me venger, et qu'il vous soit permis
D'aimer le plus mortel de tous mes ennemis !

SCÈNE VII. — D. CARLOS, D. JUAN, ALONSE.

ALONSE, *à un valet.* Fais boire nos chevaux, et que l'on nous attende.
Par où donc... Mais, ô ciel ! que ma surprise est grande.

D. CARLOS, *à Alonse.* D'où vient qu'ainsi sur nous vos regards attachés

ALONSE. Voilà votre ennemi, celui que vous cherchez,
Don Juan.

D. CARLOS. Don Juan !

D. JUAN. Oui, je renonce à feindre ;
L'avantage du nombre est peu pour m'y contraindre.
Je suis ce don Juan dont le trépas juré...

ALONSE, *à don Carlos.* Voulez-vous?...

D. CARLOS. Arrêtez. M'étant seul égaré,
Des lâches m'ont surpris, et je lui dois la vie,
Qui, par eux, sans son bras, m'aurait été ravie.
Don Juan, vous voyez, malgré tout mon courroux,
Que je vous rends le bien que j'ai reçu de vous :
Jugez par là du reste ; et si de mon offense,
Pour payer un bienfait, je suspens la vengeance.
Croyez que ce délai ne fera qu'augmenter
Le vif ressentiment que j'ai fait éclater.
Je ne demande point qu'ici, sans plus attendre,
Vous preniez le parti que vous aviez à prendre :
Pour m'acquitter vers vous, je veux bien vous laisser,
Quoi que vous résolviez, le loisir d'y penser.
Sur l'outrage reçu ; qu'en vain on voudrait taire,
Vous savez quels moyens peuvent me satisfaire :
Il en est de sanglants, il en est de plus doux :
Voyez-les, consultez ; le choix dépend de vous.
Mais enfin, quel qu'il soit, souvenez-vous, de grace,
Qu'il faut que mon affront par don Juan s'efface,
Que ce seul intérêt m'a conduit en ce lieu,
Que vous m'avez pour lui donné parole. Adieu.

ALONSE. Quoi, Monsieur !

D. CARLOS. Suivez-moi.

ALONSE. Faut-il...

D. CARLOS. Notre querelle
Se doit vider ailleurs.

SCÈNE VIII. — D. JUAN.

Holà, ho! Sganarelle?

SCÈNE IX. — D. JUAN, SGANARELLE.

SGANARELLE, *derrière le théâtre*. Qui va là?
      D. JUAN. Viendras-tu?
        SGANARELLE. Tout-à-l'heure. Ah! c'est vous?
D. JUAN. Coquin, quand je me bats, tu te sauves des coups!
SGANARELLE. J'étais allé, Monsieur, ici près, d'où j'arrive.
 Cet habit est, je crois, de vertu purgative;
 Le porter, c'est autant qu'avoir pris...
      D. JUAN. Effronté!
D'un voile honnête, au moins, couvre ta lâcheté.
SGANARELLE. D'un vaillant homme mort la gloire se publie;
 Mais j'en fais moins de cas que d'un poltron en vie.
D. JUAN. Sais-tu pour qui mon bras vient de s'employer?
        SGANARELLE. Non.
D. JUAN. Pour un frère d'Elvire.
     SGANARELLE. Un frère? Tout de bon?
D. JUAN. J'ai regret de nous voir ainsi brouillés ensemble;
 Il paraît honnête homme.
      SGANARELLE. Ah! Monsieur, il me semble
Qu'en rendant un peu plus de justice à sa sœur...
D. JUAN. Ma passion pour elle est usée en mon cœur,
 Et les objets nouveaux le rendent si sensible,
 Qu'avec l'engagement il est incompatible.
 D'ailleurs, ayant pris femme en vingt lieux différents,
 Tu sais pour le secret les détours que je prends :
 A ne point éclater, toutes je les engage;
 Et si l'une en public avait quelque avantage,
 Les autres parleraient, et tout serait perdu.
SGANARELLE. Vous pourriez bien alors, Monsieur, être pendu.
D. JUAN. Maraud!
   SGANARELLE. Je vous entends, il serait plus honnête,
Pour mieux vous ennoblir qu'on vous coupât la tête;
Mais c'est toujours mourir.
   D. JUAN, *voyant un tombeau, sur lequel est une statue.*
      Quel ouvrage nouveau
Vois-je paraître ici?
    SGANARELLE. Bon! et c'est le tombeau
Où votre commandeur, qui pour lui le fit faire,
Grâce à vous, gît plus tôt qu'il n'était nécessaire.
D. JUAN. On ne m'avait pas dit qu'il fût de ce côté.
 Allons le voir.
   SGANARELLE. Pourquoi cette civilité?
Laissons-le là, Monsieur; aussi bien il me semble
Que vous ne devez pas être trop bien ensemble.
D. JUAN. C'est pour faire la paix que je cherche à le voir:
 Et, s'il est galant homme, il doit nous recevoir.
 Entrons.
SGANARELLE. Ah! que ce marbre est beau! Ne lui déplaise,
 Il s'est là, pour un mort, logé fort à son aise.
D. JUAN. J'admire cette aveugle et sotte vanité,
 Un homme, en son vivant, se sera contenté
 D'un bâtiment fort simple; et le visionnaire
 En veut un tout pompeux, quand il n'en a que faire.
SGANARELLE. Voyez-vous sa statue, et comme il tient sa main?
D. JUAN. Parbleu! le voilà bien en empereur romain.
SGANARELLE. Il me fait quasi peur. Quels regards il nous jette!

C'est pour nous obliger, je pense, à la retraite ;
Sans doute qu'à nous voir il prend peu de plaisir.
D. JUAN. Si de venir dîner il avait le loisir,
Je le régalerais. De ma part, Sganarelle,
Va l'en prier.
SGANARELLE. Lui ?
D. JUAN. Cours.
SGANARELLE. La prière est nouvelle !
Un mort ! Vous moquez-vous ?
D. JUAN. Fais ce que je t'ai dit.
SGANARELLE. Le pauvre homme, Monsieur, a perdu l'appétit.
D. JUAN. Si tu n'y vas...
SGANARELLE. J'y vais. Que faut-il que je dise ?
D. JUAN. Que je l'attends chez moi.
SGANARELLE. Je ris de ma sottise :
Mais mon maître le veut. Monsieur le commandeur,
Don Juan voudrait bien avoir chez lui l'honneur
De vous faire un régal. Y viendrez-vous ?
(La statue baisse la tête, et Sganarelle, tombant sur les genoux, s'écrie :)
A l'aide !
D. JUAN. Qu'est-ce ? qu'as-tu ? Dis donc.
SGANARELLE. Je suis mort sans remède.
La statue...
D. JUAN. Hé bien ! quoi ! Que veux-tu dire ?
SGANARELLE. Hélas !
La statue...
D. JUAN. Enfin donc, tu ne parleras pas ?
SGANARELLE. Je parle, et je vous dis, Monsieur, que la statue...
D. JUAN. Encor ?
SGANARELLE. Sa tête...
D. JUAN. Hé bien !
SGANARELLE. Vers moi s'est abattue.
Elle m'a fait...
D. JUAN. Coquin !
SGANARELLE. Si je ne vous dis vrai,
Vous pouvez lui parler, pour en faire l'essai.
Peut-être...
D. JUAN. Viens, maraud, puisqu'il faut que j'en rie,
Viens être convaincu de ta poltronnerie,
Prends garde. Commandeur, te rendras-tu chez moi !
Je t'attends à dîner.
(La statue baisse encore la tête.)
SGANARELLE. Vous en tenez, ma foi !
Voilà mes esprits forts, qui ne veulent rien croire.
Disputons à présent, j'ai gagné le victoire.
D. JUAN, *après avoir rêvé un moment.*
Allons, sortons d'ici.
SGANARELLE. Sortons ; je vous promets,
Quand je serai dehors, de n'y rentrer jamais.

ACTE QUATRIÈME.
SCÈNE I. — D. JUAN, SGANARELLE.

D. JUAN. Cesse de raisonner sur une bagatelle :
Un faux rapport des yeux n'est pas chose nouvelle ;
Et souvent il ne faut qu'une simple vapeur,
Pour faire ce qu'en toi j'imputais à la peur.
La vue en est troublée, et je tiens ridicule...

SGANARELLE. Quoi! là-dessus encor vous êtes incrédule?
Et ce que de nos yeux, de ces yeux que voilà,
Tous deux nous avons vu, vous le démentez? Là,
Traitez-moi d'ignorant, d'impertinent, de bête,
Il n'est rien de plus vrai que ce signe de tête;
Et je ne doute point que, pour vous convertir,
Le ciel, qui de l'enfer cherche à vous garantir,
N'ait rendu tout exprès ce dernier témoignage.

D. JUAN. Ecoute. S'il t'échappe un seul mot davantage
Sur tes moralités, je vais faire venir
Quatre hommes des plus forts, te bien faire tenir,
Afin qu'un nerf de bœuf à loisir te réponde.
M'entends-tu? dis.

SGANARELLE. Fort bien, Monsieur, le mieux du monde
Vous vous expliquez net; c'est là ce qui me plaît.
D'autres ont des détours, qu'on ne sait ce que c'est;
Mais vous, en quatre mots vous vous faites entendre,
Vous dites tout; rien n'est si facile à comprendre.

D. JUAN. Qu'on me fasse dîner le plus tôt qu'on pourra.
Un siége.

SCÈNE II. — D. JUAN, SGANARELLE, LA VIOLETTE.

SGANARELLE, à la Violette. Va savoir quand Monsieur dînera,
Dépêche.

SCÈNE III. — D. JUAN, SGANARELLE, LA VIOLETTE.

D. JUAN. Que veut-on?

LA VIOLETTE. C'est monsieur votre père.

SCÈNE IV. — D. JUAN, SGANARELLE.

D. JUAN. Ah! que cette visite était peu nécessaire!
Quels contes de nouveau me vient-il débiter?
Qu'il a de temps à perdre!

SGANARELLE. Il le faut écouter.

SCÈNE V. — D. LOUIS, D. JUAN, SGANARELLE.

D. LOUIS. Ma présence vous choque, et je vois que sans peine
Vous pourriez vous passer d'un père qui vous gêne.
Tous deux, à dire vrai, par plus d'une raison,
Nous nous incommodons d'une étrange façon;
Et, si vous êtes las d'ouïr mes remontrances,
Je suis bien las aussi de vos extravagances.
Ah! que d'aveuglement! quand, raisonnant en fous,
Nous voulons que le ciel soit moins sage que nous;
Quand, sur ce qu'il connaît qui nous est nécessaire,
Nos imprudents désirs ne le laissent pas faire;
Et qu'à force de vœux nous tâchons d'obtenir
Ce qui nous est souvent donné pour nous punir.
La naissance d'un fils fut ma plus forte envie,
Mes souhaits en faisaient tout le bien de ma vie,
Et ce fils que j'obtiens est fléau rigoureux
De ces jours que par lui je croyais rendre heureux.
De quel œil, dites-moi, pensez-vous que je voie
Ces commerces honteux qui seuls font votre joie;
Ce scandaleux amas de viles actions
Qu'entassent chaque jour vos folles passions:
Ce long enchaînement de méchantes affaires,
Où du prince pour vous les grâces nécessaires
Ont épuisé déjà tout ce qu'auprès de lui
Mes services pouvaient m'avoir acquis d'appui?
Ah, fils! indigne fils! quelle est votre bassesse,

D'avoir de vos aïeux démenti la noblesse;
D'avoir osé ternir, par tant de lâchetés,
Le glorieux éclat du sang d'où vous sortez,
De ce sang que l'histoire en mille endroits renomme!
Et qu'avez-vous donc fait pour être gentilhomme?
Si ce titre ne peut vous être contesté,
Pensez-vous avoir droit d'en tirer vanité,
Et qu'il ait rien en vous qui puisse être estimable,
Quand vos dérèglements l'y rendent méprisable?
Non, non, de nos aïeux on a beau faire cas,
La naissance n'est rien où la vertu n'est pas;
Aussi ne pouvons-nous avoir part à leur gloire,
Qu'autant que nous faisons honneur à leur mémoire.
L'éclat que leur conduite a répandu sur nous
Des mêmes sentiments nous doit rendre jaloux;
C'est un engagement dont rien ne nous dispense
De marcher sur les pas qu'a tracés leur prudence,
D'être à les imiter attachés, prompts, ardents,
Si nous voulons passer pour leurs vrais descendants.
Ainsi de ces héros, que nos histoires louent,
Vous descendez en vain, lorsqu'ils vous désavouent,
Et que ce qu'ils ont fait et d'illustre et de grand
N'a pu de votre cœur leur être un sûr garant.
Loin d'être de leur sang, loin que l'on vous en compte,
L'éclat n'en rejaillit sur vous qu'à votre honte;
Et c'est comme un flambeau qui, devant vous porté,
Fait de vos actions mieux voir l'indignité.
Enfin, si la noblesse est un précieux titre,
Sachez que la vertu doit en être l'arbitre;
Qu'il n'est point de grands noms, qui sans elle obscurcis..

D. JUAN. Monsieur, vous seriez mieux si vous parliez assis.

D. LOUIS. Je ne veux pas m'asseoir, insolent. J'ai beau dire!
Ma remontrance est vaine, et tu ne fais que rire.
C'est trop : si jusqu'ici, dans mon cœur malgré moi,
La tendresse de père a combattu pour toi,
Je l'étouffe; aussi bien il est temps que j'efface
La honte de te voir déshonorer ma race;
Et, qu'arrêtant le cours de tes dérèglements,
Je prévienne du ciel les justes châtiments :
J'en mourrai; mais je dois mon bras à ma colère.

SCÈNE VI. — D. JUAN, SGANARELLE.

D. JUAN. Mourez quand vous voudrez, il ne m'importe guère.
Ah! que sur ce jargon, qu'à toute heure j'entends,
Les pères sont fâcheux qui vivent trop longtemps!

SGANARELLE. Monsieur...

D. JUAN. Quelle sottise à moi, quand je l'écoute.

SGANARELLE. Vous avez tort.

D. JUAN. J'ai tort?

SGANARELLE. Eh!..

D. JUAN. J'ai tort?

SGANARELLE. Oui, sans doute.
Vous avez très grand tort de l'avoir écouté
Avec tant de douceur et tant d'honnêteté.
Le chassant au milieu de sa sotte harangue,
Vous lui deviez apprendre à mieux régler sa langue.
A-t-on jamais rien vu de plus impertinent!
Parbleu! l'on ne saurait être plus insolent!
Lui venir dire au nez que l'honneur le convie
A mener dans le monde une louable vie!

Le faire souvenir qu'étant d'un noble sang
Il ne devrait rien faire indigne de son rang ;
Les beaux renseignements! C'est bien ce que doit suivre
Un homme tel que vous, qui sait comme il faut vivre!
De votre patience on se doit étonner ;
Pour moi, je vous l'aurais envoyé promener.

SCÈNE VII. — D. JUAN, SGANARELLE, LA VIOLETTE.

LA VIOLETTE. Votre marchand est là, Monsieur.

D. JUAN. Qui?

LA VIOLETTE. Ce grand homme...
Monsieur Dimanche.

SGANARELLE. Peste! un créancier assomme.
De quoi s'avise-t-il d'être si diligent
A venir chez les gens demander de l'argent?
Que ne lui disais-tu que Monsieur dîne en ville?

LA VIOLETTE. Vraiment oui! c'est un homme à croire bien facile.
Malgré ce que j'ai dit, il a voulu s'asseoir
Là-dedans pour l'attendre.

SGANARELLE. Hé bien! jusqu'au soir
Qu'il y demeure.

D. JUAN. Non, fais qu'il entre, au contraire.

SCÈNE VIII. — D. JUAN, SGANARELLE.

D. JUAN. Je ne tarderai pas longtemps à m'en défaire.
Lorsque des créanciers cherchent à nous parler
Je trouve qu'il est mal de se faire céler.
Leurs visites ayant une fort juste cause,
Il les faut, tout au moins, payer de quelque chose;
Et, sans leur rien donner, je ne manque jamais
A les faire de moi retourner satisfaits.

SCÈNE IX. — D. JUAN, M. DIMANCHE, SGANARELLE.

D. JUAN. Bon jour, Monsieur Dimanche. Eh! que ce m'est de joie
De pouvoir... Ne souffrez jamais qu'on vous renvoie.
J'ai bien grondé mes gens, qui, sans doute, ont eu tort
De n'avoir pas voulu vous faire entrer d'abord.
Ils ont ordre aujourd'hui de n'ouvrir à personne;
Mais ce n'est pas pour vous que cette ordre se donne,
Et vous êtes en droit, quand vous venez chez moi,
De n'y trouver jamais rien de fermé.

M. DIMANCHE. Je croi,
Monsieur, qu'il...

D. JUAN. Les coquins! Voyez, laisser attendre
Monsieur Dimanche seul! Oh! je leur veux apprendre
A connaître les gens.

M. DIMANCHE. Cela n'est rien.

D. JUAN. Comment?
Quand je suis dans ma chambre, oser effrontément
Dire à Monsieur Dimanche, au meilleur...

M. DIMANCHE. Sans colère,
Monsieur ; une autre fois ils craindront de le faire.
J'étais venu...

D. JUAN. Jamais ils ne font autrement.
Çà, pour Monsieur Dimanche un siége promptement.

M. DIMANCHE. Je suis dans mon devoir.

D. JUAN. Debout! Que je l'endure?
Non, vous serez assis.

M. DIMANCHE. Monsieur, je vous conjure...

D. JUAN. Apportez. Je vous aime, et je vous vois d'un œil...

Otez-moi ce pliant, et donnez un fauteuil.
M. DIMANCHE. Je n'ai garde, Monsieur de...
D. JUAN. Je le dis encore,
Au point que je vous aime, et que je vous honore,
Je ne souffrirai point qu'on mette entre nous deux
Aucune différence.
M. DIMANCHE. Ah! Monsieur!
D. JUAN. Je le veux.
Allons, asseyez-vous.
M. DIMANCHE. Comme le temps empire...
D. JUAN. Mettez-vous là.
M. DIMANCHE. Monsieur, je n'ai qu'un mot à dire.
J'étais...
D. JUAN. Mettez-vous là, vous dis-je.
M. DIMANCHE. Je suis bien.
D. JUAN. Non, si vous n'êtes là je n'écouterai rien.
M. DIMANCHE, *s'asseyant dans un fauteuil.*
C'est pour vous obéir. Sans le besoin extrême...
D. JUAN. Parbleu, monsieur Dimanche, avouez-le vous-même,
Vous vous portez bien.
M. DIMANCHE. Oui, mieux depuis quelque mois,
Que je n'avais pas fait. Je suis...
D. JUAN. Plus je vous vois,
Plus j'admire sur vous certain vif qui s'épanche.
Quel teint!
M. DIMANCHE. Je viens, Monsieur...
D. JUAN. Et madame Dimanche
Comment se porte-t-elle?
M. DIMANCHE. Assez bien, Dieu merci.
Je viens vous...
D. JUAN. Du ménage elle a tout le souci.
C'est une brave femme.
M. DIMANCHE. Elle est votre servante.
J'étais...
D. JUAN. Elle a bien lieu d'avoir l'âme contente.
Que ses enfants sont beaux! La petite Louison,
Hé?
M. DIMANCHE. C'est l'enfant gâté, Monsieur, de la maison.
Je...
D. JUAN. Rien n'est si joli.
M. DIMANCHE. Monsieur, je...
D. JUAN. Que je l'aime!
Et le petit Colin, est-il encor de même?
Fait-il toujours grand bruit avecque son tambour?
M. DIMANCHE. Oui, Monsieur; on en est étourdi tout le jour.
Je venais...
D. JUAN. Et Brusquet, est-ce à son ordinaire?
L'aimable petit chien, pour ne pouvoir se taire.
Mord-il toujours les gens aux jambes?
M. DIMANCHE. A ravir.
C'est pis que ce n'était; nous n'en saurions chevir:
Et quand il ne voit pas notre petite fille...
D. JUAN. Je prends tant d'intérêt en toute la famille,
Qu'on doit peut s'étonner si je m'informe ainsi
De tout l'un après l'autre.
M. DIMANCHE. Oh! je vous compte aussi
Parmi ceux qui nous font...
D. JUAN. Allons donc, je vous prie.
Touchez, monsieur Dimanche.

M. DIMANCHE. Ah!

D. JUAN. Mais, sans raillerie,
M'aimez-vous un peu? Là.

M. DIMANCHE. Très humble serviteur.

D. JUAN. Parbleu, je suis à vous aussi de tout mon cœur.

M. DIMANCHE. Vous me rendez confus. Je...

D. JUAN. Pour votre service,
Il n'est rien qu'avec joie en tout temps je ne fisse

M. DIMANCHE. C'est trop d'honneur pour moi; mais, monsieur, s'il vous plaît,
Je viens pour...

D. JUAN. Et cela, sans aucun intérêt;
Croyez-le.

M. DIMANCHE. Je n'ai point mérité cette grace.
Mais...

D. JUAN. Servir mes amis n'a rien qui m'embarrasse.

M. DIMANCHE. Si vous...

D. JUAN. Monsieur Dimanche, oh ça, de bonne foi,
Vous n'avez point dîné; dînez avecque moi :
Vous voilà tout porté.

M. DIMANCHE. Non, Monsieur, une affaire
Me rappelle chez nous, et m'y rend nécessaire.

D. JUAN, *se levant*. Vite, allons, ma calèche.

M. DIMANCHE. Ah! c'est trop de moitié.

D. JUAN. Dépêchons.

M. DIMANCHE. Non, Monsieur.

D. JUAN. Vous n'irez point à pié.

M. DIMANCHE. Monsieur, j'y vais toujours.

D. JUAN. La résistance est vaine,
Vous m'êtes venu voir, je veux qu'on vous remène.

M. DIMANCHE. J'avais là...

D. JUAN. Tenez-moi pour votre serviteur.

M. DIMANCHE. Je voulais...

D. JUAN. Je le suis, et votre débiteur.

M. DIMANCHE. Ah! Monsieur.

D. JUAN. Je n'en fais un secret à personne;
Et de ce que je dois j'ai la mémoire bonne.

M. DIMANCHE. Si vous me...

D. JUAN. Voulez-vous que je descende en bas,
Que je vous reconduise?

M. DIMANCHE. Ah! je ne le veux pas.
Mais...

D. JUAN. Embrassez-moi donc; c'est d'une amitié pure,
Qu'une seconde fois ici je vous conjure
D'être persuadé qu'envers et contre tous
Il n'est rien qu'au besoin je ne fisse pour vous.

SCÈNE X. — M. DIMANCHE, SGANARELLE.

SGANARELLE. Vous avez en Monsieur un ami véritable;
Un...

M. DIMANCHE. De civilités il est vrai qu'il m'accable
Et j'en suis si confus, que je ne sais comment
Lui pouvoir demander ce qu'il me doit.

SGANARELLE. Vraiment!
Quand on parle de vous, il ne faut que l'entendre!
Comme lui tous ses gens ont pour vous le cœur tendre;
Et pour vous le montrer, ah! que ne vous vient-on
Donner quelque nazarde, ou des coups de bâton!
Vous verriez de quel air...

M. DIMANCHE. Je le crois, Sganarelle.
Mais pour lui mille écus sont une bagatelle ;
Et deux mots dits par vous...
SGANARELLE. Allez, ne craignez rien ;
Vous en dût-il vingt mille, il vous les paierait bien.
M. DIMANCHE. Mais vous, vous me devez aussi pour votre compte...
SGANARELLE. Fi, parler de cela ! N'avez-vous point de honte ?
M. DIMANCHE. comment ?
SGANARELLE. Ne sais-je pas que je vous dois ?
M. DIMANCHE. Si tous...
SGANARELLE. Allez, monsieur Dimanche on vous attend chez vous.
M. DIMANCHE. Mais mon argent ?
SGANARELLE. Hé bien ! je dois : qui doit s'oblige...
M. DIMANCHE. Je veux...
SGANARELLE. Ah !
M. DIMANCHE. J'entends...
SGANARELLE. Bon.
M. DIMANCHE. Mais...
SGANARELLE. Fi !
M. DIMANCHE. Je...
SGANARELLE. Fi vous dis-je.

SCÈNE XI. — D. JUAN, SGANARELLE.

SGANARELLE. Nous en voilà défaits.
D. JUAN. Et fort civilement.
A-t-il lieu de s'en plaindre ?
SGANARELLE. Il aurait tort. Comment !
D. JUAN. N'ai-je pas...
SGANARELLE. Ceux qui font les fautes, qu'ils les boivent.
Est-ce aux gens comme vous à payer ce qu'ils doivent ?
D. JUAN. Qu'on sache si bientôt le dîner sera prêt.

SCÈNE XII. — ELVIRE, D. JUAN, SGANARELLE.

D. JUAN. Quoi ! vous encor, Madame ! En deux mots, s'il vous plaît ;
J'ai hâte.
ELVIRE. Dans l'ennui dont mon âme est atteinte,
Vous craignez ma douleur ; mais perdez cette crainte.
Je ne viens point ici pleine de ce courroux
Que je n'ai que trop fait éclater devant vous.
Par un premier hymen, une autre vous possède :
On m'a tout éclairci : c'est un mal sans remède ;
Et je me ferais tort de vouloir disputer
Ce que contre les lois je ne puis emporter.
J'ai sans doute à rougir, malgré mon innocence,
D'avoir cru mon amour avec tant d'imprudence,
Qu'en vous donnant la main j'ai reçu votre foi,
Sans voir si vous étiez en pouvoir d'être à moi.
Ce dessein avait beau me sembler téméraire,
Je cherchais le secret par la crainte d'un frère ;
Et le tendre penchant qui me fit tout oser
Sur vos serments trompeurs servit à m'abuser.
Le crime est pour vous seul, puisqu'enfin éclaircie
Je songe à satisfaire à ma gloire noircie ;
Et que, ne vous pouvant conserver pour époux,
J'éteins la folle ardeur qui m'attachait à vous.
Non, qu'un juste remords l'étouffe dans mon âme,
Jusques à n'y laisser aucun reste de flamme ;
Mais ce reste n'est plus qu'un amour épuré :
C'est un feu dont pour vous mon cœur est éclairé,
Un feu purgé de tout, une sainte tendresse.

Qu'au commerce des sens nul désir n'intéresse,
Qui n'agit que pour vous.
   SGANARELLE. Ah!
     D. JUAN. Tu pleures, je croi.
Ton cœur est attendri.
   SGANARELLE. Monsieur, pardonnez-moi.
ELVIRE. C'est ce parfait amour qui m'engage à vous dire
Ce qu'aujourd'hui le ciel pour votre bien m'inspire,
Le ciel, dont la bonté cherche à vous secourir,
Prêt à choir, dans l'abîme où je vous vois courir.
Oui, don Juan, je sais par quel amas de crimes
Vos peines, qu'il résout, lui semblent légitimes;
Et je viens de sa part vous dire que pour vous
Sa clémence a fait place à son juste courroux;
Que, las de vous attendre, il tient la foudre prête,
Qui, depuis si longtemps, menace votre tête;
Qu'il est encore en vous, par un prompt repentir,
De trouver les moyens de vous en garantir;
Et que, pour éviter un malheur si funeste,
Ce jour, ce jour peut-être est le seul qui vous reste.
SGANARELLE. Monsieur!
   ELVIRE. Pour moi, qui sors de mon aveuglement,
Je n'ai plus pour la terre aucun attachement :
Ma retraite est conclue; et c'est là sans cesse
Mes larmes tâcheront d'effacer ma faiblesse.
Heureuse si je puis, par son austérité,
Obtenir le pardon de ma crédulité!
Mais dans cette retraite, où l'on meurt à soi-même,
J'aurais, je vous l'avoue, une douleur extrême,
Qu'un homme à qui j'ai cru pouvoir innocemment
De mes plus tendres vœux donner l'empressement
Devînt, par un revers aux méchants redoutable,
Des vengeances du ciel l'exemple épouvantable.
SGANARELLE. Monsieur, encore un coup...
   ELVIRE. De grâce, accordez-moi
Ce que doit mériter l'état où je me voi.
Votre salut fait seul mes plus fortes alarmes :
Ne le refusez point à mes vœux, à mes larmes;
Et, si votre intérêt ne vous saurait toucher,
Au crime, en ma faveur, daignez vous arracher,
Et m'épargner l'ennui d'avoir pour vous à craindre
Le courroux que jamais le ciel ne laisse éteindre.
SGANARELLE. La pauvre femme!
   ELVIRE. Enfin, si le faux nom d'époux
M'a fait tout oublier pour vivre tout à vous;
Si je vous ai fait voir la plus forte tendresse
Qui jamais d'un cœur noble ait été la maîtresse,
Dont le prix que j'en veux, c'est de vous voir songer
Au bonheur que pour vous je tâche à ménager.
SGANARELLE. Cœur de tigre!
   ELVIRE. Voyez que tout est périssable.
Examinez la peine infaillible au coupable
Et de votre salut faites-vous une loi,
Ou pour l'amour de vous, ou pour l'amour de moi.
C'est à ce but qu'il faut que tous vos désirs tendent,
Et ce que de nouveau mes larmes vous demandent.
Si ces larmes sont peu, j'ose vous en presser
Par tout ce qui jamais vous put intéresser.
Après cette prière, adieu, je me retire.

Songez à vous : c'est tout ce que j'avais à dire.
D. JUAN. J'ai fort prêté l'oreille à ce pieux discours,
Madame ; avecque moi demeurez quelques jours :
Peut-être, en me parlant, vous me toucherez l'âme.
ELVIRE. Demeurer avec vous, n'étant point votre femme !
Je vous ai découvert de grandes vérités,
Don Juan, craignez tout, si vous n'en profitez.

SCÈNE XIII. — D. JUAN, SGANARELLE, SUITE.

SGANARELLE. La laisser partir, sans !...
D. JUAN. Sais-tu bien, Sganarelle
Que mon cœur s'est encor presque senti pour elle?
Ses larmes, son chagrin, sa résolution,
Tout cela m'a fait naître un peu d'émotion.
Dans son air languissant je l'ai trouvée aimable.
SGANARELLE. Et tout ce qu'elle a dit n'a point été capable..
D. JUAN. Vite, à dîner.
SGANARELLE. Fort bien !
D. JUAN. Pourquoi me regarder?
Va, va, je vais bientôt songer à m'amender.
SGANARELLE. Ma foi ! n'en riez point ; rien n'est si nécessaire
Que de se convertir.
D. JUAN. C'est ce que je veux faire.
Encor vingt ou trente ans des plaisirs les plus doux,
Toujours en joie, et puis nous penserons à nous.
SGANARELLE. Voilà des libertins l'ordinaire langage ;
Mais la mort...
D. JUAN. Hé?
SGANARELLE. Qu'on serve. Ah ! bon, monsieur, courage !
Grande chère, tandis que nous nous portons bien.
(Il prend un morceau dans un des plats qu'on apporte, et le met dans sa bouche.)
D. JUAN. Quelle enflure est-ce là? Parle, dis; qu'as-tu?
SGANARELLE. Rien.
D. JUAN. Attends, montre. Sa joue est toute contrefaite :
C'est une fluxion ; qu'on cherche une lancette.
Le pauvre garçon ! Vite : il faut le secourir.
Si cet abcès rentrait, il en pourrait mourir.
Qu'on le perce, il est mûr. Ah! coquin que vous êtes.
Vous osez donc...
SGANARELLE. Ma foi, sans chercher de défaites,
Je voulais voir, Monsieur, si votre cuisinier
N'avait point trop poivré ce ragoût : le dernier
L'était en diable ; aussi vous n'en mangeâtes guère.
D. JUAN. Puisque la faim te presse, il faut la satisfaire.
Fais-toi donner un siège, et mange avecque moi ;
Aussi bien, cela fait, j'aurai besoin de toi.
Mets-toi là.

SGANARELLE, *prenant un siège.*
Volontiers, j'y tiendrai bien ma place.
D. JUAN. Mange donc.
SGANARELLE. Vous serez content : de votre grace,
Vous m'avez fait partir, sans déjeûner ; ainsi
J'ai l'appétit, Monsieur, bien-ouvert, Dieu merci.
D. JUAN. Je le vois.
SGANARELLE. Quand j'ai faim, je mange comme trente.
Tâtez-moi de cela, la sauce est excellente.
Si j'avais ce chapon, je le mènerais loin.
(A la Violette, qui lui veut donner une assiette blanche.)

Tout doux, petit compère, il n'en est pas besoin ;
Rengaînez. Vertubleu ! pour lever les assiettes,
Vous êtes bien soigneux d'en présenter de nettes,
Et vous, monsieur Picard, trève de compliment,
Je n'ai point encore soif.

D. JUAN. Va, dîne posément.
SGANARELLE. C'est bien dit.
D. JUAN. Chante-moi quelque chanson à boire.
SGANARELLE. Bientôt, Monsieur ; laissons travailler la mâchoire.
Quand j'aurai dit trois mots à chacun de ces plats...

SCÈNE XIV. — D. JUAN, SGANARELLE, LA STATUE DU COMMANDEUR, SUITE.
LA STATUE DU COMMANDEUR, *en dehors, frappe à la porte.*

SCÈNE XV. — D. JUAN, SGANARELLE, SUITE.

SGANARELLE. Qui diable frappe ainsi ?
D. JUAN, *à un laquais.* Dis que je n'y suis pas.
SGANARELLE. Attendez, j'aime mieux l'aller dire moi-même.
(Il va, ouvre la porte, revient précipitamment en donnant les signes du plus grand effroi.)

Ah, Monsieur !
D. JUAN. D'où te vient cette frayeur extrême ?
SGANARELLE, *baissant la tête.*
C'est le...
D. JUAN. Quoi ?
SGANARELLE. Je suis mort.
D. JUAN. Veux-tu pas t'expliquer ?
SGANARELLE. Du faiseur de... tantôt vous pensiez vous moquer :
Avancez, il est là ; c'est lui qui vous demande.
D. JUAN. Allons le recevoir.
SGANARELLE. Si j'y vais, qu'on me pende.
D. JUAN. Quoi ! d'un rien ton courage est si tôt abattu !
SGANARELLE. Ah ! pauvre Sganarelle, où te cacheras-tu ?

SCÈNE XVI. — D. JUAN, LA STATUE DU COMMANDEUR, SGANARELLE, SUITE.

D. JUAN, *à sa suite. (Au commandeur.)*
Une chaise, un couvert. Je te suis redevable
D'être si ponctuel. (*A Sganarelle.*) Viens te remettre à table.
SGANARELLE. J'ai mangé comme un chancre, et je n'ai plus de faim.
D. JUAN, *au commandeur.*
Si de t'avoir ici j'eusse été plus certain,
Un repas mieux réglé t'aurait marqué mon zèle.
A boire. A ta santé, Commandeur. Sganarelle,
Je te la porte : allons, qu'on lui donne du vin.
Bois.
SGANARELLE. Je ne bois jamais quand il est si matin.
D. JUAN. Chante ; le Commandeur te voudra bien entendre.
SGANARELLE. Je suis trop enrhumé.
LA STATUE. Laisse-le s'en défendre.
C'en est assez, je suis content de ton repas ;
Le temps fuit, la mort vient, et tu n'y penses pas.
D. JUAN. Ces avertissements me sont peu nécessaires.
Chantons ; une autre fois nous parlerons d'affaires.
LA STATUE. Peut-être une autre fois tu le voudras trop tard :
Mais, puisque tu veux bien en courir le hasard,
Dans mon tombeau, ce soir, à souper je t'engage.
Promets-moi d'y venir ; auras-tu ce courage ?
D. JUAN. Oui ; Sganarelle et moi nous irons.
SGANARELLE. Moi ! non pas.
D. JUAN. Poltron !

SGANARELLE. Jamais par jour je ne fais qu'un repas.
LA STATUE. Adieu.
D. JUAN. Jusqu'à ce soir.
LA STATUE. Je t'attends.
SCÈNE XVII — D. JUAN, SGANARELLE SUITE.
SGANARELLE. Misérable !
Où me veut-il mener ?
D. JUAN. J'irai, fût-ce le diable.
Je veux voir comme on est régalé chez les morts:
SGANARELLE. Pour cent coups de bâton, que n'en suis-je dehors!

ACTE CINQUIÈME.

SCÈNE I. — D. LOUIS, D. JUAN, SGANARELLE.
D. LOUIS. Ne m'abusez-vous point ? et serait-il possible
  Que votre cœur, ce cœur si longtemps inflexible,
  Si longtemps, en aveugle, au crime abandonné,
  Eût rompu les liens dont il fut enchaîné ?
  Qu'un pareil changement me va causer de joie !
  Mais, encore une fois, faut-il que je le croie ?
  Et se peut-il qu'enfin le ciel m'ait accordé
  Ce qu'avec tant d'ardeur j'ai toujours demandé ?
D. JUAN. Oui, Monsieur : ce retour dont j'étais si peu digne,
  Nous est de ses bontés un témoignage insigne.
  Je ne suis plus ce fils dont les lâches désirs
  N'eurent pour seul objet que d'infames plaisirs ;
  Le ciel, dont la clémence est pour moi sans seconde,
  M'a fait voir tout-à-coup les vains abus du monde ;
  Tout-à-coup de sa voix l'attrait victorieux
  A pénétré mon âme, et dessillé mes yeux ;
  Et je vois, par l'effet dont sa grâce est suivie,
  Avec autant d'horreur les taches de ma vie,
  Que j'eus d'emportement pour tout ce que mes sens
  Trouvaient à me flatter d'appas éblouissants.
  Quand j'ose rappeler l'excès abominable
  Des désordres honteux dont je me sens coupable,
  Je frémis, et m'étonne, en m'y voyant courir,
  Comme le ciel a pu si longtemps me souffrir ;
  Comme cent et cent fois il n'a pas sur ma tête
  Lancé l'affreux carreau qu'aux méchants il apprête.
  L'amour qui tint pour moi son courroux suspendu
  M'apprend à ses bontés quel sacrifice est dû.
  Il l'attend, et ne veut que ce cœur infidèle,
  Ce cœur jusqu'à ce jour à ses ordres rebelle.
  Enfin, et vos soupirs l'ont sans doute obtenu,
  De mes égarements me voilà revenu.
  Plus de remise. Il faut qu'aux yeux de tout le monde
  A mes folles erreurs mon repentir réponde ;
  Que j'efface, en changeant mes criminels désirs,
  L'empressement fatal que j'eus pour les plaisirs,
  Et tâche à réparer par une ardeur égale
  Ce que mes passions ont causé de scandale.
  C'est à quoi tous mes vœux aujourd'hui sont portés:
  Et je devrai beaucoup, Monsieur, à vos bontés,
  Si, dans le changement où ce retour m'engage,
  Vous me daignez choisir quelque saint personnage,
  Qui, me servant de guide, ait soin de me montrer
  A bien suivre la route où je m'en vais entrer,

D. LOUIS. Ah! qu'aisément un fils trouve le cœur d'un père
Prêt, au moindre remords, à calmer sa colère!
Quels que soient les chagrins que par vous j'ai reçus,
Vous vous en repentez, je ne m'en souviens plus.
Tout vous porte à gagner cette grande victoire,
L'intérêt du salut, celui de votre gloire;
Combattez, et surtout ne vous relâchez pas.
Mais, dans cette campagne, où s'adresse vos pas ?
J'ai sorti de la ville exprès pour une affaire
Où dès hier ma présence était fort nécessaire,
Et j'ai voulu marcher un moment au retour;
Mon carrosse m'attend à ce premier détour :
Venez

D. JUAN. Non ; aujourd'hui souffrez-moi l'avantage
D'un peu de solitude au prochain ermitage.
C'est là que, retiré, loin du monde et du bruit,
Pour m'offrir mieux au ciel, je veux passer la nuit
Ma peine y finira. Tout ce qui m'en peut faire
Dans ce détachement qui m'est si nécessaire,
C'est que, pour mes plaisirs, je me suis fait prêter
Des sommes que je suis hors d'état d'acquitter.
Faute de rendre, il est des gens qui me maudissent,
Qui font...

D. LOUIS. Que là-dessus vos scrupules finissent.
Je paierai tout, mon fils, et prétends de mon bien
Vous donner...

D. JUAN. Ah! pour moi, je ne demande rien,
Pourvu que par mes pleurs mes fautes réparées...

D. LOUIS. O consolation! douceurs inespérées!
Tous mes vœux sont enfin heureusement remplis ;
Grâce aux bontés du ciel, j'ai retrouvé mon fils:
Il se rend à la voix qui vers lui le rappelle.
Je cours à votre mère en porter la nouvelle.
Adieu, prenez courage; et, si vous persistez,
N'attendez plus que joie et que prospérités.

SCÈNE II. — D. JUAN, SGANARELLE.

SGANARELLE, *en pleurant.*

Monsieur?

D. JUAN. Qu'est-ce?

SGANARELLE. Ah!

D. JUAN. Comment! tu pleures?

SGANARELLE. C'est de joie
De vous voir embrasser enfin la bonne voie :
Jamais encor, je crois, je n'en ai tant senti.
Ah! quel plaisir ce m'est de vous voir converti !
Le ciel a bien pour vous exaucé mon envie.
Franchement, vous meniez une diable de vie.
Mais, à tout pécheur grâce, il n'en faut plus parler.
L'ermitage est-il loin où vous voulez aller ?

D. JUAN. Hé?

SGANARELLE. Serait-ce là bas, vers cet endroit sauvage?

D. JUAN. La peste ! le benêt, avec son ermitage !

SGANARELLE. Pourquoi! Frère Pacôme est un homme de bien,
Et je crois qu'avec lui vous ne perdriez rien.

D. JUAN. Parbleu! tu me ravis. Quoi! tu me crois sincère
Dans un conte forgé pour attraper mon père?

SGANARELLE.
Comment? vous ne... Monsieur, c'est... Où donc allons-nous?

D. JUAN. La belle de tantôt m'a donné rendez-vous.
Voici l'heure, et j'y vais : c'est là mon ermitage.
SGANARELLE. La retraite sera méritoire. Ah! j'enrage.
D. JUAN. Elle est jolie, oui.
SGANARELLE. Mais l'aller chercher si loin?
D. JUAN. Elle m'a touché l'âme ; et s'il était besoin,
Pour ne la manquer pas, j'irais jusques à Rome.
SGANARELLE. Belle conversion! Ah! quel homme, quel homme?
Vous l'attendrez en vain, elle ne viendra pas.
D. JUAN. Je crois qu'elle viendra, moi.
SGANARELLE. Tant pis.
D. JUAN. En tous cas,
Ma peine au rendez-vous ne sera point perdue :
C'est où du Commandeur on a mis la statue
Il nous a conviés à souper : on verra
Comment, s'il nous reçoit, il s'en acquittera.
SGANARELLE. Souper avec un mort, tué par vous?
D. JUAN. N'importe;
J'ai promis : sur la peur ma promesse l'emporte.
SGANARELLE. Et si la belle vient, et se laisse emmener?
D. JUAN. Oh! ma foi, la statue ira se promener,
Je préfère à tout mort une jeune vivante.
SGANARELLE. Mais voir une statue et mouvante et parlante,
N'est-ce pas...
D. JUAN. Il est vrai, c'est quelque chose; en vain
Je ferais là-dessus un jugement certain :
Pour ne s'y point méprendre, il faut en voir la suite.
Cependant, si j'ai feint de changer de conduite,
Si j'ai dit que j'allais me déchirer le cœur,
D'une vie exemplaire embrasser la rigueur,
C'est un pur stratagème, un ressort nécessaire,
Par où ma politique, éblouissant mon père,
Me va mettre à couvert de divers embarras,
Dont, sans lui, mes amis ne me tireraient pas.
Si l'on m'en inquiète, il obtiendra ma grace
Tu vois comme déjà ma première grimace
L'a porté de lui-même à se vouloir charger
Des dettes dont par lui je vais me dégager.
SGANARELLE. Mais, n'étant point dévot, par quelle effronterie.
De la dévotion faire une momerie?
D. JUAN. Il est des gens de bien, et vraiment vertueux;
Tout méchant que je suis, j'ai du respect pour eux :
Mais, si l'on n'en peut trop élever les mérites,
Parmi ces gens de bien il est mille hypocrites
Qui ne se contrefont que pour en profiter;
Et pour mes intérêts je veux les imiter.
SGANARELLE. Ah! quel homme! quel homme!
D. JUAN. Il n'est rien si commode.
Vois-tu? l'hypocrisie est un vice à la mode;
Et quand de ses couleurs un vice est revêtu,
Sous l'appui de la mode, il passe pour vertu.
Sur tout ce qu'à jouer il est de personnages,
Celui d'homme de bien a de grands avantages :
C'est un art grimacier, dont les détours flatteurs
Cachent sous un beau voile un amas d'imposteurs.
On a beau découvrir que ce n'est qu'un faux zèle,
L'imposture est reçue, on ne peut rien contre elle :
La censure voudrait y mordre vainement.
Contre tout autre vice on parle hautement,

Chacun a liberté d'en faire voir le piège ;
Mais, pour l'hypocrisie, elle a son privilège,
Qui, sous le masque adroit d'un visage emprunté,
Lui fait tout entreprendre avec impunité.
Flattant ceux du parti plus qu'aucun redoutable,
On se fait d'un grand corps le membre inséparable :
C'est alors qu'on est sûr de ne succomber pas.
Quiconque en blesse l'un les a tous sur les bras,
Et ceux même qu'on sait que le ciel seul occupe
Des singes de leurs mœurs sont l'ordinaire dupe :
A quoi que leur malice ait pu se dispenser,
Leur appui leur est sûr, ils ont vu grimacer.
Ah ! combien j'en connais qui, par ce stratagême,
Après avoir vécu dans un désordre extrême,
S'armant du bouclier de la religion,
Ont rhabillé sans bruit leur dépravation,
Et pris droit, au milieu de tout ce que nous sommes,
D'être sous ce manteau les plus méchants des hommes.
On a beau les connaître, et savoir ce qu'ils sont,
Trouver lieu de scandale aux intrigues qu'ils ont,
Toujours même crédit : un maintien doux, honnête,
Quelques roulements d'yeux, des baissements de tête,
Trois ou quatre soupirs mêlés dans un discours,
Sont, pour tout rajuster, d'un merveilleux secours.
C'est sous un tel abri qu'assurant mes affaires,
Je veux de mes censeurs duper les plus sévères :
Je ne quitterai point mes pratiques d'amour,
J'aurai soin seulement d'éviter le grand jour ;
Et saurai, ne voyant en public que des prudes,
Garder à petit bruit mes douces habitudes.
Si je suis découvert dans mes plaisirs secrets,
Tout le corps en chaleur prendra mes intérêts ;
Et, sans me remuer, je verrai la cabale
Me mettre hautement à couvert du scandale.
C'est là le vrai moyen d'oser impunément
Permettre à mes désirs un plein emportement :
Des actions d'autrui je ferai le critique,
Médirai saintement ; et, d'un ton pacifique,
Applaudissant à tout ce qui sera blâmé,
Ne croirai que moi seul digne d'être estimé.
S'il faut que d'intérêt quelque affaire se passe,
Fût-ce veuve, orphelin, point d'accord, point de grace ;
Et, pour peu qu'on me choque, ardent à me venger,
Jamais rien au pardon ne pourra m'obliger.
J'aurai tout doucement le zèle charitable
De nourrir une haine irréconciliable ;
Et, quand on me viendra porter à la douceur,
Des intérêts du ciel je ferai le vengeur :
Le prenant pour garant du soin de sa querelle,
J'appuierai de mon cœur la malice infidèle ;
Et, selon qu'on m'aura plus ou moins respecté,
Je damnerai les gens de mon autorité.
C'est ainsi que l'on peut, dans le siècle où nous sommes,
Profiter sagement des faiblesses des hommes,
Et qu'un esprit bien fait, s'il craint les mécontents,
Se doit accommoder aux vices de son temps.

SGANARELLE. Qu'entends-je ? C'en est fait, Monsieur, et je le quitte ;
Il ne vous manquait plus que vous faire hypocrite :
Vous êtes de tout point achevé, je le voi.

Assommez-moi de coups, percez-moi, tuez-moi,
Il faut que je vous parle, il faut que je vous dise :
« Tant va la cruche à l'eau, qu'enfin elle se brise. »
Et, comme dit fort bien, en moindre ou pareil cas,
Un auteur renommé, que je ne connais pas :
Un oiseau sur la branche est proprement l'exemple
De l'homme qu'en pécheur ici-bas je contemple.
La branche est attachée à l'arbre, qui produit,
Selon qu'il est planté, de bon ou mauvais fruit.
Le fruit, s'il est mauvais, nuit plus qu'il ne profite ;
Ce qui nuit vers la mort nous fait aller plus vite :
La mort est une loi d'un usage important ;
Qui peut vivre sans loi, vit en brute ; et partant,
Ramassez, ce sont là preuves indubitables,
Qui font que vous irez, Monsieur, à tous les diables.

D. JUAN. Le beau raisonnement !

SGANARELLE. Ne vous rendez donc pas ;
Soyez damné tout seul, car, pour moi, je suis las...

SCÈNE III. — D. JUAN, LÉONORE, PASCALE, SGANARELLE.

D. JUAN, *apercevant Léonor.* N'avais-je pas raison ? Regarde, Sganarelle ;
(*A Léonor.*) Vient-on au rendez-vous ? Que de joie ! Ah ! ma belle,
Vous voilà ! je tremblais que, par quelque embarras,
Vous ne pussiez sortir.

LÉONOR. Oh ! point. Mais, n'est-ce pas
Monsieur le médecin que je vois là ?

D. JUAN. Lui-même.
Il a pris cet habit, mais c'est par stratagème,
Pour certain langoureux, chez qui je l'ai mené,
Contre les médecins de tout temps déchaîné :
Il n'en veut voir aucun ; et Monsieur, sans rien dire,
A reconnu son mal, dont il ne fait que rire.
Certaine herbe déjà l'a fort diminué.

LÉONOR. Ma tante a pris sa poudre.

SGANARELLE, *gravement à Léonor.* A-t-elle éternué ?

LÉONOR. Je ne sais ; car soudain, sans vouloir voir personne,
Elle s'est mise au lit.

SGANARELLE. La chaleur est fort bonne
Pour ces sortes de maux.

LÉONOR. Oh ! je crois bien cela.

D. JUAN. Et qui donc avec vous nous amenez-vous là ?

LÉONOR. C'est ma nourrice. Ah ! si vous saviez, elle m'aime...

D. JUAN. Vous avez fort bien fait, et ma joie est extrême
Que, quand je vous épouse elle soit caution...

PASCALE. Vous faites-là, Monsieur, une bonne action.
Pour entrer au couvent la pauvre créature
Tous les jours de soufflets avait pleine mesure ;
C'était pitié...

D. JUAN. Bientôt, Dieu merci, la voilà
Exempte, en m'épousant, de tous ces chagrins là.

LÉONOR. Monsieur...

D. JUAN. C'est à mes yeux la plus aimable fille...

PASCALE. Jamais vous n'en pouviez prendre une plus gentille,
Qui vous pût mieux... Enfin, traitez-la doucement,
Vous en aurez, Monsieur, bien du contentement.

D. JUAN. Je le crois. Mais allons, sans tarder davantage,
Dresser tout ce qu'il faut pour notre mariage :
Je veux le faire en forme, et qu'il n'y manque rien.

PASCALE. Eh ! vous n'y perdrez pas ; ma fille a de bon bien.

Quand son père mourut, il avait des pistoles
Plus gros...
　　　　D. JUAN. Ne perdons point le temps à des paroles,
Allons, venez, ma belle. Ah ! que j'ai de bonheur
Vous allez être à moi.
　　　　　　LÉONOR. Ce m'est beaucoup d'honneur
　　　　　　SGANARELLE, *bas à Pascale*
Il cherche à la duper ; gardez qu'il ne l'emmène
C'est un fourbe.
　　　　PASCALE. Comment ?
　　　　　　　SGANARELLE, *bas.* A plus d'une douzaine...
　　　　　(Haut, se voyant observé par don Juan.)
Ah, l'honnête homme ! Allez, votre fille aujourd'hui
Aurait eu beau chercher, pour trouver mieux que lui.
Il a de l'amitié... Croyez-moi qu'une femme
Sera la bien... Et puis il la fera grand'dame.
　　　　　　D. JUAN, *à Léonor.*
Ne nous arrêtons point, ma belle ; j'aurais peur
Que quelqu'un ne survînt.
　　　　SGANARELLE, *bas à Pascale.* C'est le plus grand trompeur.
　　　　　　PASCALE, *à don Juan.*
Où donc nous menez-vous ?
　　　　　　　D. JUAN. Tout droit chez un notaire.
PASCALE. Non, Monsieur ; dans le bourg il sera nécessaire
D'aller chez sa cousine, afin qu'étant témoin
De votre foi donnée...
　　　　　　D. JUAN. Il n'en est pas besoin ;
Monsieur le médecin, et vous, devez suffire.
　　　　　　LÉONOR, *à Pascale.*
Sommes-nous pas d'accord ?
　　　　　　　D. JUAN. Il ne faut plus qu'écrire.
Quand ils auront signé tous deux avecque nous
Que je vous prends pour femme, et vous, moi pour époux,
C'est comme si...
　　　　PASCALE. Non, non ; sa cousine y doit être.
　　　　　　SGANARELLE, *bas à Pascale.*
Fort bien.
　　　LÉONOR. Quelque amitié qu'elle m'ait fait paraître,
Si chez elle il n'est pas nécessaire d'aller,
Ne disons rien : peut-être elle voudrait parler.
D. JUAN. Oui, quand on veut tenir une affaire secrète,
Moins on a de témoins, plus la chose est bien faite.
PASCALE. Mon Dieu, tout comme ailleurs, chez elle, sans éclat,
Les notaires du bourg dresseront le contrat.
SGANARELLE. Pourquoi vous défier ? Monsieur a-t-il la mine
D'être un fourbe. Voyez. (*Bas à Pascale.*) Ferme, chez la cousine.
　　　　　　D. JUAN, *à Léonor.*
Au hasard de l'entendre enfin nous quereller,
Avançons.
　　　　　PASCALE, *arrêtant Léonor.*
　　Ce n'est point par là qu'il faut aller :
Vous n'êtes pas encor où vous pensez, beau sire.
　　　　　　D. JUAN, *à Léonor.*
Doublons le pas ensemble ; il faut la laisser dire.

SCÈNE IV. — D. JUAN, LA STATUE DU COMMANDEUR, LÉONOR, PASCALE,
　　　　　　SGANARELLE.

　　　　LA STATUE, *prenant don Juan, par le bras.*
Arrête, don Juan.

LÉONOR. Ah! qu'est-ce que je voi?
Sauvons-nous vite, hélas!

SCÈNE V. — D. JUAN, LA STATUE DU COMMANDEUR, SGANARELLE.

D. JUAN, *tâchant à se défaire de la statue*.
Ma belle, attendez-moi,
Je ne vous quitte point.

LA STATUE. Encore un coup, demeure;
Tu résistes en vain.

SGANARELLE. Voici ma dernière heure;
C'en est fait.

D. JUAN, *à la statue*.
Laisse-moi.

SGANARELLE. Je suis à vos genoux,
Madame la statue, ayez pitié de nous.

LA STATUE. Je t'attendais ce soir à souper.

D. JUAN. Je t'en quitte;
On me demande ailleurs.

LA STATUE. Tu n'iras pas si vite:
L'arrêt en est donné; tu touches au moment
Où le ciel va punir ton endurcissement.
Tremble.

D. JUAN. Tu me fais tort, quand tu m'en crois capable:
Je ne sais ce que c'est que trembler.

SGANARELLE. Détestable!

LA STATUE. Je t'ai dit, dès tantôt, que tu ne songeais pas
Que la mort chaque jour s'avançait à grands pas.
Au lieu d'y réfléchir tu retournes au crime,
Et t'ouvres à toute heure abîme sur abîme.
Après avoir en vain si longtemps attendu,
Le ciel se lasse; prends, voilà ce qui t'es dû.

(La statue embrasse don Juan, et un moment après tous les deux sont abîmés.)

D. JUAN. Je brûle, et c'est trop tard que mon âme interdite...
Ciel!

SCÈNE VI. — SGANARELLE.

Il est englouti! je cours me rendre ermite.
L'exemple est étonnant pour tous les scélérats:
Malheur à qui le voit, et n'en profite pas!

TABLE

DES MATIERES.

	Pages.
Notice sur Corneille.	v
Le Cid, tragédie.	9
Horace, tragédie.	43
Cinna, tragédie.	75
Le Menteur, comédie.	107
Pompée, tragédie.	142
Rodogune, tragédie.	174
Héraclius, tragédie.	208
Don Sanche d'Aragon, comédie héroïque.	244
Nicomède, tragédie.	277
Sertorius, tragédie.	311
Ariane, tragédie.	346
Le Festin de Pierre, comédie.	378

FIN DE LA TABLE.

Imprimerie hydraulique de Giroux et Vialat, à Lagny,

...... Ton impudence,
Téméraire vieillard, aura sa récompense.
CID. acte 1er sc. III.

Imprimerie et Stéréotypie de GIROUX et VIALAT, à Lagny.

www.ingramcontent.com/pod-product-compliance
Lightning Source LLC
Chambersburg PA
CBHW050910230426
43666CB00010B/2105